나혜석, 한국 근대사를 거닐다

한국문화총서 **4**

나혜석,
한국 근대사를
거닐다

윤범모, 박영택, 서정자, 송명희, 김은실, 김형목 공저

 푸른사상
PRUNSASANG

『나혜석, 한국 근대사를 거닐다』 발간에 즈음하여

씨앗이 자라 하나의 생명체가 나오기까지는 많은 정성이 있어야 한다. 그런 정성들이 모여 1999년부터 나혜석 바로알기 학술심포지엄을 개최하기 시작하였고 이제 13년째로 접어들었다. 더구나 올해부터는 '나혜석 학술상'이 제정되어 나혜석 연구가 더욱 활발해질 것으로 기대된다. 또한 나혜석을 되살리기 위한 노력의 하나로, 염태영 수원시장이 후보 시절부터 내세운 공약사업 중 하나인 정월 나혜석 생가복원을 실현에 옮기고자 기본예산을 세워 생가터 대지 매입을 진행 중이다.

이런 일들이 순조롭게 성사되도록 하기 위한 축원의 뜻을 담아 그간 나혜석 바로알기 학술대회에서 발표된 논문 중 우수논문을 선정하여 펴내게 되었다. 그 논문들이 한데 묶인 것이 바로 『나혜석, 한국 근대사를 거닐다』이다.

미술, 문학, 여성학, 독립운동사 관련 교수 및 전문가들을 모시고 그간 여러 차례 모임을 가졌다. 어떤 논문을 선정할 것인지 토론하고 이를 정리하여 제14회 나혜석 바로알기 학술심포지엄 개최를 기하여 출간키로 하였다. 따라서 본서에는 '한국 미술사에 나타난 나혜석', '한국 문학사에 나타난 나혜석', '한국 페미니즘에 나타난 나혜석', '한국 민족의식에 나타난 나혜석' 등 총 4부로 나뉘어 관련 논문들이 실려 있다.

많은 사람들이 "나혜석, 그 이름은 아직도 신선하다"고들 한다. 이 책을 통해 보다 많은 사람들이 그런 나혜석의 진면목을 알게 될 것이다.

때맞춰 정월 나혜석이 탄생한 마을 주민들이 모여 나혜석 생가터 문화예술제를 벌인다. 심포지엄 개최 전날인 4월 22일을 전야제로 하여 4월 30일까지 문화예술잔치가 벌어진다. 대한민국 정부가 선정한 문화인물인 나혜석이 탄생한 마을이라는 것은 한껏 자랑할 만한 일이다. 그 자부심이 끊임없이 이어지길 바랄 뿐이다.

주말이라고 마다하지 않고 회의에 참석할 정도로 도서가 출간되기까지 많은 정성을 모아주신 편집위원들과 푸른사상사 한봉숙 사장을 위시한 직원 여러분께 감사드린다.

2011년 4월

정월 나혜석 기념사업회 회장 유 동 준

『나혜석, 한국 근대사를 거닐다』를 펴내면서

　나혜석, 그의 이름은 아직도 신선하다. 20세기 전반부 그러니까 일제 강점으로 조국이 식민지 치하에서 신음할 때, 나혜석은 그야말로 샛별처럼 나타난 선각자였다. 그가 걸어간 길은 가시밭길, 하지만 이 땅에서는 '최초'의 것으로 기록하게 했다. 나혜석이 우리 근대역사에서 이룩한 '기록'은 무엇인가. 그가 보여준 역사적 기록들, 그것은 선구자로서의 유화가, 소설가, 여성운동가, 민족운동가 등등, 실로 다채롭고도 찬란하다.

　나혜석은 1918년 도쿄의 여자미술전문학교를 졸업하고 귀국하니 국내 최초의 여성 유화가라는 기록을 갖게 되었다. 이 땅에 서구적 조형어법이 막 태동할 때 나혜석은 당당하게 여성으로서 화가의 길을 개척하기 시작한 것이다. 그는 동시대의 남성 화가들이 절필하면서 작가의 길에서 이탈할 때에도 붓을 놓지 않았다. 나혜석은 예술가였다. 이런 점은 나혜석을 최초의 여성 유화가라는 점 이외 근대기 최초의 본격적 전업 화가라는 측면에서도 높게 평가하게 한다. 나혜석은 생전에 2백점의 소품을 포함 약 3백점의 작품을 발표했다. 이렇듯 많은 작품 제작과 발표를 실현한 일제 치하의 유화가는 없다. 더불어 그의 미술세계는 다양한 바, 인물과 풍경으로 대별되면서 유화라는 새로운 표현매체의 국내 정착에 매진했다. 초기의 일하는 여성을 주제로 한 작품은 이런 면에서 주목을 요한다. 현재 화가 나혜석은 불리한 입장에 있다. 대부분의 유화작품은 망실되었고, 극소수의 작품만이 세간에 전해지고 있으나 그나마 출처가 확실하면서 대표작급에 속하는 작품은 매우 희귀하여 안타깝게 하고 있다.

나혜석이 이룩한 문학적 성과 또한 소홀히 할 수 없다. 나혜석은 시, 소설, 에세이 등 꾸준히 글쓰기를 실현한 여성이었다. 그의 글은 문학사에서도 높게 평가되고 있는 바, 「경희」와 같은 단편소설은 근대문학 초기의 화려한 금자탑으로 주목을 받고 있다. 나혜석의 글은 페미니즘의 측면에서도 연구 대상이 되어 오늘날에도 신선한 담론을 제공하고 있다. 1920~30년대에 이룩한 발언하는 여성으로서 나혜석의 주장, 이는 매우 선진적 사례로 꼽히고 있다. 나혜석 담론이 연구대상으로 오늘날 여성학자들 사이에서 각광받고 있음은 결코 우연한 일이 아닐 것이다. 더불어 나혜석의 민족 독립운동은 우리 독립운동사의 한 페이지를 당당하게 차지하고 있음도 간과할 수 없다. 3·1독립운동에 참여한 이래 나혜석은 만주시절에도 독립운동가들을 물심양면으로 도우면서 조국 독립의 길에 공을 세우기도 했다.

이렇듯 화려한 이력의 나혜석, 하지만 1930년대의 가정 파탄에 이은 이혼 그리고 대중을 향한 이혼고백과 법정투쟁으로 그녀 자신이 여성의 희생으로 연결되는 불행을 안아야 했다. 나혜석은 소설 「경희」에서도 실감나게 묘사했지만, 가부장제도 사회에서의 여성의 사회적 지위에 대한 여권 신장이라는 차원에서, 희생을 감수한 선각자였다. 그의 주장이 반세기 뒤에야 (법적으로) 실현되기 시작했고, 어떤 주장은 아직도 안개 속에서 잠자고 있는 형편이기도 하다.

　나혜석은 우리 근대사에서 족적을 뚜렷이 한 여성 선각자임에 틀림없다. 그럼에도 불구하고 나혜석은 일반 대중 사이에서 실체가 뚜렷하게 드러나 있지 않다. 나혜석이라는 이름을 모르는 한국인도 없겠지만 사실 나혜석에 대하여 자세히 아는 한국인도 드물 것 같다. 이 같은 불행을 극복하고자 그동안 정월 나혜석 기념사업회를 결성하여 이 선각자를 기리는 사업을 펼쳐 왔다. 특히 기념사업회는 지난 1999년 4월부터 매년 '나혜석 바로알기 심포지엄'을 개최해 오고 있다. 이 학술대회에는 미술, 문학, 페미니즘, 민족운동 등 다양한 분야의 학자들이 참여하여 주옥같은 연구논문을 발표하고 있다. 세월이 흐르면서 연구의 축적도 제법 두툼하게 쌓여졌고, 경향의 각지에서 이들 연구성과가 주목받는 상황에 이르기도 했다. 기념사업회는 이와 같은 나혜석 열기에 부응하기 위해 2권의 두툼한 자료집을 발행하여 연구자들에게 배포한 바 있다. 본서는 이 같은 학술대회의 성과를 바탕으로 하여 대중용으로 만든 연구논문 모음집이다. 그동안 나혜석 관련 연구서와 대중용 에세이류가 없지 않았으나 본서처럼 다양한 분야의 학자들에 의한 본격 논문의 집대성은 초유의 일이 아닌가 한다. 이 같은 역사적 출판을 위해 기념사업회의 위촉으로 편집위원이 구성되었고, 위원들은 몇 차례에 걸쳐 관련 논문을 꼼꼼히 살피면서 편집체제를 마련했다. 나혜석 연구논문을 살피면서 편저자 일동은 나혜석 연구의 수준이 매우 높다는 사실을 새삼 확인하고 스스로 놀라기도 했다. 다만 아쉬운 것은 단행본의 체제상 관련 논문을 모두 수용할 수 없다는 점이었다. 본서에 꼭 수록해야 할 논문도 적지 않았으나 분량 관계로 누락된 논문 필자들에게 이 자리를 빌려 죄송하다는 말을 전하고 싶다.

　본서는 미술, 문학, 페미니즘, 민족의식의 4부로 나누어 관련 논문을 배치했다. 총 20편의 논문을 통하여 우리는 나혜석의 실체를 이해하는 데 커다란 도움을 얻으리라 확신한다. 선구자 나혜석의 족적을 정리한 현 단계 우리 학계의 진면목이라고 간주해도 좋을 것이다. 이로써 우리는 구설수와 안개 속에 묻혀 있던 나혜석의 실상이 양지로 나와 일반 사회에서 당당하게 역사적 평가의 대상이 되기를 희망한다. 이를 위해 원고를 새롭게 다듬어주면서 재수록을 허락한 필자 여러분에게 고개를 숙인다. 더불어 창립 이래 정월 나혜석 기념사업회를 이끌면서 본서 발행의 계기를 마련한 유동준 회장에게 감사의 뜻을 전한다. 끝으로 이렇게 예쁘고도 무게 있는 책을 발행하여 나혜석 재평가 작업에 동참한 푸른사상사의 한봉숙 대표에게 감사의 꽃다발을 올린다.

　나혜석, 그 신선한 이름, 영원하리라.

2011년 4월
공저 일동

차례

제1부

한국 미술사에 나타난 나혜석

한국 근대미술사에서 나혜석의 위치

1. 들어가는 말

나혜석은 한국 최초의 여자서양화가로 알려져 있다. 한국근대미술사에서 나혜석은 그만큼 선구자적 존재로 각인되어 있다. 그러나 나혜석은 단순한 화가로 머물지 않는다. 그녀는 또한 여류문학의 개척자로서, 개화기 여성해방운동의 상징적 인물로도 인식되고 있다. 그래서인지 미술계보다 오히려 문학 쪽에서 나혜석에 대한 연구와 평가가 활발하게 전개되고 있다는 생각이다. 또한 최근 페미니즘에 대한 논의와 연구가 진행되는 과정에서 나혜석의 존재가 그만큼 상대적으로 선명하게 부각되고 조명되고 있는 것 같다. 나혜석의 당시 글들은 지금 읽어보아도, 놀라울 정도로 여성문제에 관한 대담한 논조를 지니고 있다. 그녀는 문학/글을 통해 여성해방의 논리를 강력하게 주장해나갔는데 그 내용은 억압 없는 성의 구현, 도덕적으로 위장된 여성억압으로부터의 자유, 남녀평등사상, 여성 교육과 사회진출의 요구 등이다. 적극적으로 외래사조와 외국여성의 삶을 소개하며 부르주아 계층의 신여성을 대상으로 계몽활동을 하였다. 물론 여류서양화가로서의 활동 역시 만만찮은 궤적을 보여주었다. 일제식민지시대에 많은 남성 작가들도 작업하기 어려운 조건, 환경 속에서 절필을 한 경우가 상당수인 데 반해 여성으로서 전문적인 화가의 길을 선택 활발한 작품 활동을 해나간 것 자체는 분명 의미 있는 일이었다. 그러나 근자에 나혜석에 대한 일련의 연구들은 그녀가 남긴 글/그림을 통해 페미니즘의 선구자로서 자리매김하거나 최초의 여자서양화가라는 상징성만을 지나치게 과장하거나 의미부여를 한다는 생각이다. 물론 그녀의 글에서는 충분히 페미니즘의 선구적 자취를 엿볼 수 있다. 반면 그림에서는 그런 의식을 사실 찾아보기 어렵다고 해야 할 것이다. 특히나 나혜석의 남겨진 작품이 거의 없고 일부 작품들은 흑백 도판 사진으로만 현존하고 있는 상황에서 그녀의 작품세계를 엄밀하게 정의하기는 어려운 일이다. 그녀는 글쓰기와 그림그리기를 병행하면서 활동해왔지만 그 두 세계가 반드시 일치하지 않는다. 그 괴리가 어디에서 연유하는지는 의문이다. 미술과 문학 장르의 차이에서 오는 것일 수도 있고 당시 서양화를 처음으로 수입하고 수용하는 과정에서 그 매체를 다루는 기술적인 능력의 미숙함에서 오는 것일 수도 있는가 하면 나혜석이 지닌 세계관의 분열을 반영하는 것일 수도 있다. 이 글은 그간 나혜석에 관련된 주요 연구를 바탕으로 그녀의 작업세계가 미술사적으로 어떻게 자리매김되고 있으며 주로 어떠한 논의가 진행되었는지를 살펴보고자 한다.

2. 나혜석의 생애와 가족사에 대한 연구

나혜석의 생애와 그의 가족사를 다룬 글 「나혜석 예술세계의 원형탐구」[1]를 통해 윤범모 교수는 아직까지도 나혜석 예술세계로부터 생애에 이르기까지 본격적인 규명이 안 되어 있다는 지적을 폈다. 여기에는 한 예술가에 있어 작품보다 생애가 더욱 주목을 받는다는 것이 바람직하지 않다는 측면에서 나혜석이 존재할 수 있도록 토대를 이룬 배경, 즉 그녀의 가족환경 등을 새롭게 살펴보면서 나혜석 예술세계의 원형 탐구에 초점을 맞춘 연구가 우선적으로 필요하다는 지적에 따른 연구였다. 나혜석에 대한 본격적인 연구자로 기억될 그는 무엇보다도 그녀의 일차적 자료에 근거하는 동시에 진작에 해당하는 조선미술전람회 작품을 그녀 작업의 본령으로 삼은 연구가 우선될 수밖에 없다는 의견도 피력했다.

그의 연구와 또 다른 자료들을 종합해 본 나혜석의 생애와 가족사는 다음과 같다.

나혜석은 1896년 4월 18일 수원 신풍면 신창리에서 출생하였다. 5 남매 중 넷째였다. 나주 나씨이며 시조는 중국 무관으로 고려시대 나주로 이주, 이후 수원으로 이주했다고 한다. 수원지방의 지주였던 부친 나기정은 대한 제국 말기에서 한일합방 초기에 이르는 동안 경제적 특권층으로 지배 권력에 비교적 순응하면서 신문물을 적극적으로 받아들인 개명관료였던 것으로 보인다. 민족의식을 내세운 선비라기보다는 실용적이고 다분히 현실적인 인물로서 시세를 읽고 따를 줄 알았던 인물이었다고들 한다. 자식들의 교육에 그만큼 관심이 컸으며 따라서 나혜석의 오빠들은 일찍이 일본유학을 갔으며 그 오빠의 설득으로 부친은 여자인 나혜석 역시 일본유학길을 허락한다. 그녀는 어린 시절부터 그림에 재주를 보였으며 유복한 가정생활 속에서 어려움 없이 자랐다. 그의 생애는 크게 유학기였던 제1기 (1913~1919)를 준비기, 결혼 안정기이던 제2기(1920~1930)를 전성기,

---

1) 『미술사논단』 9호, 한국미술연구소, 1999.

제 1 부 한국 미술사에 나타난 나혜석

이혼기인 제3기(1931~1938)를 퇴조기로 나누어 살펴볼 수 있다.

1913년 진명여자고등보통학교를 우등으로 졸업한 후 곧바로 도쿄 유학을 단행, 1913년(다이쇼 2년) 4월 15일 도쿄여자미술전문학교 서양화 선과(選科) 보통과(普通科)에 입학했다. 입학 당시의 학적부에 의하면 진명학교처럼 본명 나명순이 혜석으로 개명되어 기재되어 있다(호적명은 아지(兒只)). 후견인은 오빠 나경석(景錫)이었으며 거주지는 간다(神田)의 한 지기(知己)의 댁이라고 주소를 밝혔다. 1914년 나혜석은 서양화과 선과 2학년에 진학했다. 1915년 재도쿄 여학생의 모임인 '조선여자친목회'를 조직, 기관지 《여자계》를 출간하고, 도쿄유학생 동인지인 《학지광》에 여권의식을 피력한 「이상적 부인」(1914), 「잡감」(1917.3), 「잡감―K언니에게 여함」(1917.7) 등을 피력, 페미니즘 의식이 이미 이 당시에 형성된 것임을 알 수 있다. 당시 미술학교는 3학기제를 채택하고 있었는데 나혜석은 제3학기의 수업일수 59일 가운데 59일을 결석한 것으로 명기되었다. 1916년과 1917년에는 재학하여 성적을 받았다. 3학년 당시(1917) 애인 최승구가 사망했으며, 1918년에 졸업(서양화과 고등사범학과)하여 귀국했다.

당시 나혜석의 성적을 살펴보면 다음과 같다.[2] 그녀는 미술학교에 입학하던 해부터 3학기에 걸쳐(총 수업일수 228일 중 결석 6일) 실기 및 학과의 평균점수 77점을 받았다. 수강 과목과 성적은 수신(修身) 83점, 가사(家事) 56점, 국어(일본어) 76점, 영어 72점, 조화(造花) 85점이었다. 실기과목은 1, 2학기만 목탄화(80, 80+85), 유회(油繪 70, 75+80)이며 3학기까지 포함한 평균 실기점수는 79점이었다. 1914년(선과 보통과 제2학년) 성적은 가사 65점, 국어 49점, 영어 80점, 조화 81점으로 학과목의 총점은 350점이며 평균 점수는 70점이

2) 윤범모, 「여성 유화가 나혜석과 고향논쟁」, 『한국근대미술』, 한길사, 2000, 380~1면.

었다. 이어 실기과목은 목탄(82), 유화(86) 2과목으로 총점 168점에 평균 84점을 받았으며 학과와 실기의 평균점수는 77점이었다. 이는 1학년의 성적과 똑같은 평균 점수였다. 1916년도의 성적은 국화(國畵, 85, 90, 85→260), 용기화(用器畵, 50, 30, 50→130), 윤리학(65, 98, 70→233), 교육학(83, 91, 88→262), 일본미술사(80, 90, 80→250), 예용해부(藝用解剖, 86, 85, 75→246) 등에서 합계 1천 381점에 평균점수는 77점이었다. 또한 목탄화(80)와 유회(84, 85, 85→254)는 평균 85점을 받았으며, 학과 실기의 평균은 81점이었다. 서양화 고등사범과 3학년(1917)의 성적은 수신(92), 국어(79), 교육(64), 해부(92), 미술사(94), 미학(75), 용기화(48), 모필화(毛筆畵, 88)에서 합계(533, 635, 713)에 평균 79점이었다. 실기과목은 연필화 · 수채화(88), 목탄화 · 유화(84), 인체유화(92)를 수강했고 성적은 평균 90점이었다. 졸업학년에 이르러 실기 점수의 향상이 눈에 띄며 전반적으로 좋은 성적을 얻었다 (학과 · 실기의 평균성적 85점대). 특히 나혜석은 미술사와 인체유화 같은 과목에서 90점대 이상의 좋은 성적을 보여 관심사를 엿볼 수 있다. 1918년 도쿄 유학을 마치고 그녀는 귀국한다. 이후 서울 정신여학교에 미술교사로 취직하여 여성교육에 정진하는 한편, 《여자계》 2호와 3호에 여성의 신교육과 신결혼관의 승리를 선언하는 「경희」와 모권과 여성 역할을 강조하는 「회생한 손녀에게」를 발표하는데 유학 전후의 이러한 논고나 소설들, 그리고 1919년 3 · 1항쟁에 가담하여 옥고를 치른 사건 등은 나혜석이 1910년대에 성행한 계몽적민족주의 페미니즘에 상당히 경도되었음을 말해준다. 그러나 동시대 민족주의 여성운동가들과 다르게 그녀는 단체에 가입하여 애국계몽운동을 벌이는 대신에 독자적인 문사로서 여성계몽운동가의 역할을 하였던 것으로 추정된다. 1920년에는 김억, 남궁벽, 이혁로 등과 함께 낭만주의 문예지 《폐허》의 동인으로 활동, 2호에 「냇물」과

「사(砂)」등 낭만주의 내지 퇴폐주의 경향의 유미주의적 시를 발표하기도 하였는데 그러나 그녀의 낭만주의 경향은 《폐허》활동으로 그치고 그 이후는 1921년 《매일신보》에 발표한 「인형의 가(家)」가 그 예증이듯이 여권의식을 일깨우는 계몽주의적 시론이나 수필에 일관한다. 이 당시 미술작품으로는 전해지는 것이 없으나 1919년 《매일신보》에 연재한 삽화 연작, 1920년 《신여자》에 게재한 〈김일엽의 하루〉등의 스케치나, 1920년대 초기의 농촌 풍경화들로 미루어보아 그녀의 작업이 초보적인 재현회화, 사실주의적 묘사에 가깝다는 것을 알수 있다. 이후 그녀는 인상주의적, 표현주의적 경향 등을 수용하면서 사실주의에서 점차 멀어져간다. 1920년대는 나혜석 생애의 일종의 전성기다. 1920년 교토제대 법과 출신의 엘리트 인사 김우영과 결혼, 결혼 후 첫 10년간은 활발한 미술작품 제작과 기고 활동을 병행한 풍요로운 다작의 시대이자 경성을 벗어나 넓은 세계로 향하는 개안의 시대이기도 했다. 1923년 김우영이 만주 안동현에 부영사로 부임하게 되어 그곳에서 5년을 보내고 곧이어 1927년부터 하르빈, 시베리아를 거쳐 베를린, 스페인, 이태리 등 유럽제국을 여행하고 파리 체류 이후 미국을 방문하고 귀국하는 장장 2년에 걸친 세계만유를 하게 된 것이다. 그러나 유복한 결혼생활과 상류생활에 세계일주까지 하면서 서구 문물에 도취된 그녀는 서구식 자유연애론을 여권운동의 기치로 내걸면서 점차 초기의 계몽적 의지를 상실해갔던 것으로 보인다.

1921년의 「부인 의복 개량 문제」(《동아일보》), 1923년의 「부처 간의 문답」(《신여성》), 1926년의 「생활개량에 대한 여자의 부르짖음」(《동아일보》) 등이 이 시기의 대표적인 논고들이다. 결혼 전 막연하게 여권 향상을 강조한 것과는 달리 이제는 여성의 미술교육, 부인복 개량, 가사노동의 문제 등 구체적 이슈를 취급하고 있는데 이러한 논고들이나 1926년의 소설 「원한」을 통해 나혜석은 일종의 페미니스트 문필가로 입지를 굳혀가고 있었다. 그러나 이러한 글쓰기에서 드러나는 것은 민족주의와 서구지향주의, 가부장제 비판과 체제 순응적 태도 등, 상반된 이데올로기를 왕래하는 인식론상의 양면성이었다.

미술활동으로는 1921년 3월 내청각 개인전을 필두로 서화협회 전시회(서화협전)과 조선미술전람회(조선미전)에 출품하여 수차례의 입선 및 특선을 거듭하면서 화가로서 성공을 거두게 된다. 매일신보사와 경성일보사 후원으로 열린 내청각 개인전은 나혜석 개인뿐 아니라 한국 근대 여성미술의 역사가 열리는 의미 있는 전시회였다. 경성에서는 처음으로 열린 이 유화 개인전의 주인공이 여성이란 점에서도 대중적 호기심을 불러일으켜 5천 명의 관객이 다녀갔고 작품 〈신춘〉은 경쟁 속에서 350원에 매각되는 등 모두 20여 점이나 팔렸다고 전해진다.

나혜석의 작가 경력은 이렇듯 철저하게 조선미전을 축으로 전개되었다. 1922년 1회 때 고희동, 정규익과 함께 유화부에 입선하여 최초의 여성화가로서의 위상을 돈독히 하였으며, 2회 출품작 〈봉황성의 남문〉은 4등 입선을 기록, 3회 입선을 거쳐 4회에도 〈낭랑묘〉가 3등 입상하였고, 1926년 5회 때 〈천후궁〉이 특선하여 명성을 확인시켰다. 남편의 안동현 임기가 끝나 구미여행길에 오르는 1927년에도 미전에 출품하는 열의를 보인다.

1928년에는 미술의 본거지인 파리에 체류하면서 미술 작업에 몰두, 프랑스와 스페인 풍경, 서양 여인을 모델로 한 누드화 등이 이 당시의 산물이다. 유럽여행과 함께 나혜석의 서구지향적이고 부르주아적인 자유연애사상은 더욱 깊어져 그녀는 김우영의 지인이자 천도교의 중추원 참의인 최린과 불륜의 관계를 맺게 되는데, 그녀의 외국 만유가 결과적으로 이혼으로 귀결되게 된 것이다. 1929년 귀국 후 신문, 잡지에 유럽 문물을 소개하는 한편, 수원에서 외국 풍경화로 귀국전을 연다. 조선미전 7~8회에는 불참했으나 1930년 9회부터 다시 출품하기 시작한다.

나혜석 경력의 퇴조기는 1931년 나이 35세에 남편으로부터 이혼 당하고, 1934년에 발표한 「이혼 고백서」와 최린을 상대로 낸 제소장 때문에 더는 용납될 수 없는 이단자로 낙인찍혀 사회적 냉대 속에 몰락의 길을 걷게 되는 일련의 과정을 거치며 진행된다. 이혼하는 1931년 10회 조선미전에도 출품, 그 가운데 〈정원〉이 특선하여 여성 대가로서의 기량을 과시하였고 이어 1932년 11회에 출품한 3점이 무 감사 입선하였지만, 1933년 12회에는 낙선하였다. 이 후 그녀는 조선 미전에 불참하게 되는데, 나혜석의 12회 미전 낙선은 이혼 후 그녀 의 불행을 예고하는 상징적인 사건이 된 셈이다.

1933년 2월 나혜석은 수송동 146번지 15호 목조 2층 건물에 여자미 술학사를 개설, 초상화 제작으로 생계를 유지하는 한편 미술학교의 설립의 꿈을 실현하고자 했다. 나혜석은 이 학사의 건립을 기해 여 성들을 위해 "새벽에 우는 닭이 되련다"는 "여자미술학사 취의서"를 발표, 그녀의 계몽정신이 아직도 잔존하고 있음을 재확인시켰다. 나 혜석은 1934년 「이혼 고백서」를 발표한 후 이목을 피해 낙향을 결심, 그해 3월 수원으로 내려갔다. 서호성 밖에 작업실을 마련하고 다시 작업에 집중, 1935년 10월 진고개 조선관에서 대규모 전시회를 가졌 다. 근작소품 200여 점을 출품하고 재기를 꿈꾸었음에도 불구하고 언론으로부터도 관객으로부터도 호응을 얻지 못한 냉담한 반응 속 에서 그녀의 마지막 전시회가 되었다.

1930년대의 나혜석은 자신의 불행에 직면하여 그것을 극복하기 위하여서인지 또는 그것을 감추기 위하여서인지 극단의 자유연애주의, 비현실적 연애지상주의로 경도되었다. 그러한 자유연애주의는 사회적 지탄을 받으면서 점차 퇴폐적 에로티즘으로 변색, 1935년 「신생활에 들면서」는 신정조론·남녀공창제를 주창하기에 이른다. 그러나 실생활에서 그녀는 금욕적인 태도로 재기의 기회를 다짐하는 한편, 생애 말기에도 1936년 소설 「현숙」을 비롯, 40편의 산문을 남기고 있지만 결국 과장된 의욕과 좌절이 교차되는 가운데 1938년의 「해인사의 풍광」을 마지막으로 문단에서도 종지부를 찍고 자취를 감춘다. 그러나 나혜석은 1940년대 초까지 다수의 글을 발표하면서 사회로부터 완전히 고립되지 않았음을 상기해야 할 것이다. 나혜석은 1948년의 추운 12월 10일 저녁에 헌옷을 입고 아무런 소지품도 없이 52년 인생을 행려병자로 사망했다. 그녀의 사망에 대한 내용은 당시의 관보(官報)가 명백하게 밝혀주고 있다.[3] 대한민국 정부 공보처 발행의 관보(1949년 3월 14일자)에 의하면 광고란으로 '행려사망(行旅死亡)'이란 항목이 있는데, 이에 따르면 나혜석의 사망관계를 공식적으로 밝혀 주고 있음을 확인할 수 있다. 그 내용으로는 본적 주소 미상인체 나혜석(연령 53세)의 인상(人相)으로는 신장(身長) 4척5촌에, 두발(頭髮)은 장(長)이고, 수족(手足) 정상, 구비안이(口鼻眼耳) 정상, 체격 보통, 기타 특징 무(無)라 했다. 또한 착의(着衣)는 고의(古衣)이고, 소지품 무(無), 사인(死因) 병사(病死), 사망장소 시립 자제원(慈濟院), 사망년월일 단기 4281년 12월 10일 하오 8시 30분, 취급자는 서울시 용산구청장 명완신이라고 명기되었다.

윤범모는 그녀의 예술세계의 원초성에는 가부장제의 가정적 체험으로 인해 둘째 콤플렉스로부터 일탈하고픈 잠재적 정신구조가 영향력을

---

3) 『관보』 제56호, 대한민국공보처, 1949.3.14.

끼쳤다고 본다. 그것이 자연스레 자유주의 여성해방론과 연결되었으며 이에 따라 남성은 평등화의 대상이면서 동시에 극복의 대상이라는 이중 구조가 형성되었다는 것이다. 그에 따라 나혜석은 자존의식 때문에 가족사적 굴레를 극복하고자 평범한 상식선을 뛰어넘는 언행도 서슴없이 실현할 수 있었으며 화려한 사회활동 이후에도 둘째 콤플렉스 대신 신데렐라 콤플렉스로 대체되었다고 주장한다.[4] 나혜석의 작품세계와 그녀의 페미니즘적 의식을 그녀의 유년시절의 정신적 상처와 연결지어 본 의도는 그간의 나혜석 연구가 지나치게 양화선구자, 최초의 여류화가, 페미니즘작가로 섣불리 단정 짓는 데서 보다 진전된 고찰의 한 유형을 제공한 측면이 존재한다. 반면 유년시절의 정신적 상흔과 가조가, 성장기의 여러 정황과 그녀의 의식 및 작품세계의 반영을 해명하기 위해서는 좀 더 정치한 연구가 요구된다고 하겠다.

1) 나혜석의 작품연구에 관련된 논의

화가 나혜석을 연구하는 데 가장 큰 어려움은 무엇보다도 그녀의 진작으로 알려진 것이 거의 남아있지 못하다는 점이다. 현재 그녀의 것이라고 전해 오고 있는 미술작품이 대략 30여 점이 된다고 하지만 그것들 대부분이 수준미달이어서 작가의 이미지에 흠결사항으로 지적케 하며 나아가 이들 유존작품의 상당수는 출처가 지극히 의심스러워 진위문제에 있어 상당한 논란을 야기하고 있다는 점이다. 1932년까지 조선미술전람회에 출품했던 입선·특선작 18점이 하나도 전해지지 않고 있으며 다만 파리와 유럽여행 때에 그려진 그림들이 여러 점 전해지고는 있지만 그것들이 과연 나혜석의 진작인지는 가늠하기 어렵다는 것이다. 그

---

4) 윤범모, 앞의 글, 188면.

에 따라 "나혜석 작품에서 중요한 것은 여성 해방의 내용이지 감동을 주는 작품이 없다"[5]는 주장도 있다. 이에 대해 그녀 그림이 진위도 불분명하고 그나마 몇 점 남아있지 않아 그렇게 말할 수는 있지만 그녀가 수백점의 그림을 그린 것만은 확실하고 당시의 증언에 비추어볼 때 나혜석의 그림이 수준 이하인 것은 아니기에 그녀를 단지 현대 전문작가의 개념으로 보아서는 안 된다는 의견도 있다.[6]

그녀가 남긴 자화상은 현실과 이상의 괴리, 일상과 예술의 마찰, 인습과 개혁의 갈등을 드러내는 이중적 자아, 자신의 분신이 잘 드러난 작품이며 그 외에 여러 풍경화에서도 경계공간이 유난히 눈에 많이 띄는데 이는 불안정한 시대를 사는 과도기 화가의 내면표출이며 특히 소재상 일하는 여성이 많이 등장하는 것을 보면 일하는 여성에 대한 페미니스트다운 애정이라는 주장도 있다.

오늘날 나혜석 작품이라고 전해오는 그림들의 화풍과 품격은 비록 흑백도판상으로만 확인할 수 있지만 조선미술전람회 출품작 18점이며 그녀가 가장 활발하게 활동했던 시기의 내역을 짐작케 하는 중요한 자료이기에 이들 작품분석을 통해 나혜석 예술세계의 원형을 추출해낼 수밖에 없다는 주장이 윤범모에 의해 제기되었다.[7]

유존된 작품 가운데 출처가 확실한 기준작 혹은 대표작이 없다면 차선책으로 조선미전 출품작이 특성을 통해 나혜석 미술의 특징을 살필 수밖에 없다는 것이다. 그를 통해 화가로서의 나혜석은 주요 활동무대

---

5) 유홍준, 「나혜석을 다시 생각한다」, 정월 나혜석 기념사업회, 『나혜석 바로알기 제1회 국제심포지엄』, 1999.4.27.
6) 안숙원, 「나혜석 문학과 미술의 만남」.
7) 윤범모, 「나혜석의 조선미전 출품작 고찰」, 정월 나혜석 기념사업회, 『나혜석 바로알기 제5회 심포지엄』, 2002.

를 동시대 화가들과 마찬가지로 조선미전으로 대신했으며 이는 그녀의 작가로서의 명예를 보증해주는 제도적 장치를 활용한 사례이다.

그를 통해 살펴본 초기 작품들은 일하는 사람들의 모습을 그린 농촌 풍경이며 이를 통해 그녀의 현실의식의 일단을 엿볼 수 있다고 주장한다. 그리고 이는 동시대 남성작가들과 확연히 차별되는 부분이라는 것이다. 기법상으로는 당당한 필치로 어느 한 구석이라도 빈틈을 남기지 않고 견고하게 처리하는 습관이 나혜석 그림의 특징이며 그녀의 장점은 인물화보다는 풍경화에서 잘 드러난다고 보았다. 그림의 특징을 좀 더 나열한 것을 보면 견고한 구성, 치밀한 묘사력, 형태의 완결미, 아웃라인의 확실한 처리, 엉성한 부분과 불필요한 소재의 과감한 처리, 자신감 있는 붓질, 중첩된 질감 등을 꼽고 있다. 크게는 인상주의와 상통하고 아카데미즘계통의 화풍과 친연성이 있지만 굳이 서양과 대비해 무리하게 특정 이즘과 연계시키지는 않고 있다.

2) 시대별 작품세계

나혜석의 공식적인 화업은 1920년 내청각 개인전으로 출발하여 1932년까지 9차례의 조선미전 출품에 이어 1935년 진고개 조선관 전시로 막을 내린다. 이 15년간의 경력이 그녀를 근대 초기 서양화가이자 최초의 여성 직업화가로 자리매김한 것이다.

(1) 1920년대 초중반의 삽화

1919~1921년 사이의 삽화는 연대가 판명된 작품 가운데 가장 초기작으로 그 후 여타의 인상파적 풍경화나 인물화와 다르게 사실주의적 수법으로 일상, 특히 여성의 일상적 현실을 재현하고 있어 주목을 끈다.

1919년 《매일신보》에는 연말연시 '가정 풍속화'를 해설문과 함께 게재하였는데, 〈섣달대목〉에서는 가족들이 둘러앉아 아침식사 하는 모습, 시내에서 여인들이 빨래를 다듬고 바느질하고 다림질하는 모습이, 〈초하룻날〉에서는 차례 지내고, 때때옷 입고, 세배하고, 널뛰고, 윷놀이 하는 모습 등이 소개된다. 가정·가사 등 여성과 관계되는 일상적 장면을 여성의 시각에서 재현한 이 삽화에서 나혜석의 민족주의적 관심과 함께 여권의식이 얼핏 표출되는데, 이는 1920년 《신여자》에 게재된 〈김일엽의 하루(김일엽의 가정생활)〉에서 특히 두드러진다. 이 그림은 만화식 포맷으로 구성, 4개의 개별 이미지와 그것을 설명하는 해설 텍스트를 싣고 있다. 좌측 상단에는 "밤 12시까지 독서"하는 일엽, 그 밑에는 "부글부글 푸푸"하는 냄비 앞에서 시를 짓는 일엽, 우측 상단의 이미지는 "손으로는 바느질 머리로는 신여자 잘 살릴 생각"에 잠긴 일엽, 그 밑의 이미지는 "새벽에 원고를 쓰는" 일엽의 모습 등, 가사와 작품을 동시에 수행해야하는 직업여성의 이중생활이 풍자적으로 묘사되고 있다.

1920년 《신여자》에 실린 〈저것이 무엇인고〉는 이러한 직업적 신여성에 대한 동시대 남성들의 반응을 희화화한다. 한복 차림의 두 노인은 "저것이 무엇인가, 그 기집애 건방지다. 저것을 누가 데려가나" 하고 경시하는 반면, 한 청년은 "고것 참 이쁘다 쳐다봐야 인사나 하지"라고 은근한 관심을 보인다. 1921년의 그녀가 작시한 「인형의 가」와 함께 《매일신보》에 게재된 것으로 생각되는 〈인형의 가〉라는 삽화는 가정에서 인형처럼 폄하되는 여성의 현실을 재현하고 있는데, 이러한 일련의 작업을 통해 그녀는 여성에 대한 사회적 편견과 여성을 대상화하는 가부장적 시각에 대하여 일종의 페미니즘 비판을 행하고 있다는 느낌이다.

나혜석은 이 당시 민족주의, 향토주의적 시각에서 농가나 농촌 풍경을 소재화 하기도 하였다. 1920년 《공제》에 실린 〈조조(早朝)〉에서는 시골의 농가 풍경을 목가적으로 재현한 반면, 1921년 《개벽》의 〈개척자〉에서는 태양 빛 속에서 밭을 일구는 개척자의 뒷모습을 추상적으로 표현하였다. '개척자' 라는 제목이 시사하듯이 암울한 시대의 선구자의 역경을 농부의 모습으로 은유하고 있는 이 작품은 강한 선묘가 소묘보다는 목판의 특징을 드러내고 있는데, 실제 목판인지 목판 양식의 스케치인지는 아직 밝혀지지 않고 있다.

1920년대 중반 이후에 제작된 듯한 삽화가 몇 점 남겨져 있다. 〈경성역에서〉·〈전동식당에서〉·〈계명구락부에서〉는 「1년 만에 본 경성의 잡감」(1924), 「경성 온 감상 일편」(1927) 등 나혜석이 만주 안동현에 살면서 경성을 잠시 방문한 소감을 쓴 수필들과 마찬가지로 1924년에서 1927년 사이 경성을 방문한 감상을 그린 것으로 추정된다. 〈총석정 어촌에서〉는 1934년 총석정 해변에 머물면서 쓴 「총석정 해변」(《월간매신》 8월)을 위한 삽도로 제작되었을 가능성이 높다고 한다.[8] 이상의 삽도들이 리얼리즘 만화 양식으로 그려진 반면에, 1932년 《계명》에 실린 〈이상을 지시하는 계명자〉는 포스터나 선전미술을 환기시키듯 추상적으로 양식화되어 있어 흥미를 끈다. 대중적인 만화형의 삽화나 실용적인 판화는 나혜석과 같은 조선미전 출품 작가들보다는 카프(KARF, 조선프로레타리아예술운동) 중심의 프로미술가들에게 어필하는 매체였다. 프로미술가들이 자연주의·형식주의 등 유미주의 미술에 맞서 내놓은 것이 만화·도안·그래픽·포스터·목판 등으로 제작된 리얼리즘 계열의 선전미술인 바[9], 나혜석의 삽화가 이들의 영향을 받았는지에 관해서는 알려진 바가 없지만, 카프의 활동시기가 그녀가 몇 점의 삽화를 제작한 안

---

8) 안나원, 「나혜석의 회화연구 : 나혜석의 회화와 페미니즘의 관계를 중심으로」, 이화여자대학교 석사학위논문, 1997, 66~70면.
9) 박영택, 「식민지시대 사회주의 미술운동의 성과와 한계」, 『근대한국미술논총』, 학고재, 1992.

둥현 시절과 일치하고, 특히 1931년 나혜석의 고향인 수원에서 3일 만에 중지되긴 했지만 카프미술부 프로미술전이 열렸던 것으로 보아 그러한 가능성을 점칠 수 있을 것으로 추측하기도 한다.

(2) 구미여행 이전(1920년대 초~1927) : 관학파적 인상주의 풍경화

나혜석은 일본에서 인상주의 화풍을 전래 받은 초기 유화가로서 외광의 효과를 화폭에 담는 풍경화가로 출발하였다. 1920년 내청각 개인전에서 발표한 유화 작품들이 어떤 것인지 알 수는 없지만 당시 신문 기사에 350원에 판매되었다고 명기된 〈신춘〉이라는 작품 역시 그 제목으로 미루어보아 풍경화임을 짐작할 수 있다. 1921년 4월에 열린 제1회 서화협전에 〈정물〉과 함께 〈풍경〉을 출품하였고, 1922년 1회 조선미전에도 〈봄〉과 〈농가〉라는 2점의 풍경화를 출품하였다. 다분히 탈중심적 구도로 그려진 〈정물〉이나 거친 터치에 외광 효과를 살리고 있는 풍경화 3점이 모두 인상주의의 직·간접 영향을 나타내고 있다. 1921년의 〈풍경〉과 1922년의 2점의 풍경화 사이의 차이를 발견할 수 있다. 전자가 나무가 우거진 자연 풍광으로 시공적 맥락이 배제되어 있는 반면, 후자는 들녘의 두 아낙네가 길쌈을 매거나 소년이 마당에서 가래질을 하는 다분히 서술적인 농촌 풍경이다. 연대미상이지만 아낙네가 물동이를 이고 가는 〈농촌풍경〉이나 〈봄의 오후〉를 이 당시 작품으로 추정한다면 나혜석은 1923년 안둥현으로 가기 이전까지 집중적으로 농가 풍경을 그렸다고 볼 수 있다. 그 농촌풍경들은 후일의 풍경 위주의 유미주의 풍경화와는 다르게 내러티브가 읽혀지고 생활 정감이 느껴진다는 점에서 일종의 민족주의 정서를 은연중 풍기고 있다는 생각이다. 일종의 향토색이 짙은 그림의 선구적 예가 될 것이다.

나혜석은 1923년부터 안둥현에 거주하면서도 조선미전에 지속적으로 출품하는 한편, 1924년에는 동양화의 김은호·허백련, 서양화의 강진구·이종우 등과 함께 고려미술회 소속 고려미술원 서양화 교사직을 맡으며 중앙 화단과 긴밀한 관계를 유지하였다. 1923년 2회 조선미전에 안동현 풍경을 그린 〈봉황산〉과 〈봉황성의 남문〉을 출품하여 후자가 4등(서양화부 4등이 아니라 전체 4등으로 이는 후일 특선 내지 입상에 해당된다)으로 입선하였다. 두 작품 모두 거친 터치와 밝은 색채를 구사하는 가운데 인상주의 영향을 보이는 한편, 이전의 농가 풍경과는 다르게 대담한 구성과 모던한 형식미를 보여준다.

1924년 3회 조선미전에는 〈초하의 오전〉과 〈가을의 정원〉을 출품, 후자가 4등 입선하였다. 〈가을의 정원〉은 1921년의 〈풍경〉처럼 나무가 울창한 숲 풍경을 묘사하고 있다. 이 그림은 조선미전 1회전에 찬조 출품한 구로다 세이키(黑田淸輝)의 〈정원의 풍경〉을 원거리에서 재포착한 듯이 그것과 유사한 구도와 양식으로 그려져 있다. 구로다 세이키는 일본 근대양화가의 선구자이며 한구 최초의 서양화가인 고희동의 스승이기도 했다. 그는 프랑스에서 9년간 수학하면서 아카데미즘과 인상주의를 조화시킨 라파엘 콜랭(Louis Joseph-Raphael Collin)에게 사사한 일본 최초의 유학생이었다. 그는 콜랭의 감각적인 화풍을 전수받아 그것을 일본적 인상주의로 전환시킨 일본 근대미술의 주도적 인물로서 그와 함께 프랑스 인상주의의 화사한 색채를 몽롱한 자색으로 변용시킨 무라사키파(자색파)가 탄생하게 된 것이다. 나혜석과 세이키와의 관계는 밝혀지지 않고 있지만 일본 도쿄미술학교 서양화 주임으로서 한국 유학생들에게 지대한 영향을 끼친 것으로 미루어 일정한 영향이 있었을 것으로 보인다. 세이키의 풍경화 〈가을의 정원〉이나 〈풍경〉이 자연 풍광을 그리고 있는 반면에, 〈초하의 오전〉은 거대한 건물이 화면 중앙을 가득 차지하고 있는 건축적 풍경이다. 이 당시 그린 것으로 추정되는 〈만주봉천

풍경〉역시 건축물 위주의 풍경화로서 이 건축적 요소는 나혜석 풍경화의 한 가지 특징인데 당시 그녀의 수상작은 대부분 성곽과 같은 고건축을 그린 건축화라는 점이 흥미롭다.

1925년 4회 조선미전에 출품하여 3등 입상한 〈낭랑묘〉도 역시 고궁화이다. 전보다 세밀한 터치에 명암 대비도 뚜렷해졌으며 변화 있고 복잡한 면 구성으로 건축미를 살렸다. 1926년 제5회 조선미전에도 나혜석은 고궁을 그린 〈천후궁〉이 특선하여 다시 한 번 화제가 되었다. 정문인 원형문을 근경으로, 중문을 중경으로, 천후궁 본전을 원경으로 삼아 탄탄한 구성미를 보이며, 부드러운 마티에르 덕분에 정적인 분위기를 창출하고 있다. 나혜석이 「미전 출품 제작 중에」(《조선일보》, 1925)라는 글을 통해 상세히 설명하고 있듯이, 천후궁은 20세에 바다의 제물로 희생당한 낭자를 기리기 위한 궁전으로 그녀의 안동현 집에서 3리나 되는 곳에 있었다. 나혜석은 4일간 매일 그곳을 방문, 오전의 광선하에서 연필로 사생한 후 집에 와서 수정을 하였다고 한다. 천후궁을 오가면서 지나게 되는 '지나가'를 스케치한 것이 〈천후궁〉과 함께 출품한 〈지나정〉이다. 붉고 푸른 술집 명패가 길가에 주렁주렁 매달린 것이 전형적인 중국 거리 풍경인데, 〈천후궁〉과는 달리 복잡한 구도에 초점이 흐려져 전체적으로 다소 혼돈스러운 면이 있다. 나혜석은 〈낭랑묘〉나 〈천후궁〉에 이르러 몽롱한 일본식 화풍을 벗어나 다소 자신의 양식을 구사하고 있는 듯이 보이지만 잇따른 여행으로 산만해진 탓인지 두드러진 변화를 찾기는 어렵다. 나혜석 자신도 「미전 출품 제작 중에」라는 글에서 "선생들로부터 후기인상파, 자연파 영향을 받아 형체와 색채와 광선만 중시하였기 때문에 개성이 부족하고 예술성이 박약하다"고 고백하고 있듯이, 그녀는 일본의 남성 스승들로부터, 화법, 양식을 전수 받아 동시대 남성작가들과 구별되지 않는 인상파 풍경화가가 된 것이다. 그러나 그녀 자신이 일본적 양식의 수용에 대해 무비판적이었던 것만은 아닌 듯싶다. 1924년 「1년 만에 본 경성의 잡감」(《개벽》, 1924.7)에서 나혜석은 묘법이나 용구에 대한 선택뿐 아니라 향토, 국민성을 통한 개성의 표현이 서양과 다른 조선 특유의 표현력을 가져야한다고 주장하였고, 1933년 「미전의 인상」(《매일신보》, 1933.5.16)에서는 조선미전 출품작들이 대부분 기술과 형식에만 치중하고 있다고 한탄하면서 그러한 작품은 감흥을 고갈하게 한다고 경고하기도 한다. 그녀는 대상력과 조형과 미학에 관심을 기울이면서도 아카데미즘 정형에 구속되는 관료미술이 창작의 적극성을 상실케 한다는 견지에서 기술적 지상주의를 부정하는 등, 반형식주의 의지를 표명하였다. 그러나 작품에서는 그런 의지를 명확히 들여다보기 어렵다는 아쉬움이 있다.

(3) 구미여행 이후(1928~1930년대 초중반) : 야수파적 인상주의 풍경화와 인물화

나혜석은 1927~1929년 유럽여행 당시 8개월간을 로저 비시에르(Roger Bissier)의 아카데미 랑송(Ranson)에 다니며 화업을 연마하였다. 비시에르는 야수파와 입체파 경향의 풍경화가이자 인물화가로서 나혜석이 야수파나 후기인상주의를 습득하는 데, 또한 일본화 되지 않은 인상주의 원형을 터득하는 데 적지 않은 영향을 미친 것으로 짐작된다. 나혜석이 귀국하여 수원 불교 포교당에서 발표한 외국 풍경화들에서 나타나듯이, 파리 수학 이후 나혜석의 그림은 전보다 밝아진 색채에 넓은 붓질로 화면이 평평해지면서 전체적으로 후기 인상파 내지 야수파의 영향을 드러내 보인다. 단순화한 화면처리와 대상에서 받은 인상을 급박하게 표현해내고자 하는 의욕이 검출되는 작업은 아마도 유럽여행을 통해 당시 다양한 작품들을 본 체험에 따른 것으로 여겨진다. 〈프랑스 마을풍경〉

(1928), 〈파리풍경〉(1927~1928), 〈스페인해수욕장〉(1928)과 〈스페인 국경〉(1928) 등이 바로 그런 작품들이다.

다분히 감각적 세련미를 풍기는 이러한 일종의 이 야수파적 풍경, 이국적인 풍경화들은 이전의 농촌 풍경화나 건축 풍경화가 갖는 견고한 실재감은 상당 부분 결여하고 있다.

파리 체류시에 그린 누드화 역시 현지 미술의 직접적인 영향을 나타낸다. 1927년작 〈누드〉는 나혜석의 최초 누드화로서 몸의 비례나 골격이 전형적으로 서구적인 근육질적 몸매의 여인을 그리고 있는데, 여기서는 인상주의보다는 인체에 해부학적으로 접근하는 아카데믹한 드로잉 화법을 따르고 있다. 연대 미상이지만 모델이 서양 여인인 것으로 보아 같은 시기의 누드화로 추정되는 3점의 누드화를 보면 서있는 누드, 누워 있는 누드, 앉아있는 누드 순으로 점차 야수파적 도상으로 기울고 있으며, 마지막 좌상 누드는 선묘적 처리와 추상화된 배경에서 거의 마티스를 연상케 한다. 야수파보다는 아카데믹 화법으로 묘사되어 있는 같은 시기의 〈나부〉(1928)는 등판을 보이는 이색적인 포즈로 눈길을 끈다. 그러나 같은 포즈와 양식의 누드화인 구메 게이치로의 〈습작〉(현재 도쿄도 현대미술관 소장)이 전해지고 있어 그것이 나혜석의 개성적 표현이나 새로운 시도는 아니었음을 말해주고 있다.

이 당시 나혜석은 누드화와 함께 인물화를 그렸는데, 그 가운데 〈무희〉(1927~1928)는 인물화라기보다는 인형그림 혹은 풍물화를 연상시킨다. 무대 위의 두 무희를 그리고 있지만 매우 어색한 느낌을 준다. 〈자화상〉(1928)과 〈부군의 초상〉(1928)은 전통적인 좌상 초상화이다. 남편 김우영의 초상은 미완성이면서도 인물의 개성이 드러나는 한편, 자신의 자화상은 사진으로 보는 나혜석의 모습과는 달리 커다란 눈에 높은 코를 가진 전형적인 서구적 용모의 여인으로 그려져 있다. 외국의 여류 작가들이 대부분 붓을 들고 있거나 그림을 그리는 자신의 모습을 통해 직업화가로서의 전문성을 과시하려고 했던 반면에 나혜석은 자신을 대상화시키는 편이다. 이 자화상은 정면을 직시한 시선, 당당한 모습에서 강인한 성격을 감지케 한다.

나혜석은 1931년 이혼하는 해 10회 조선미전 〈정원〉·〈작약〉·〈나부〉를 출품, 그 가운데 〈정원〉이 특선하였다. 〈정원〉은 지금은 박물관이지만 2천년된 파리의 크루니 궁전을 그린 것으로서, 엄밀히 말해 궁전 자체가 아니라 아치형의 입구를 클로즈업 해 그린 건축 부분도이다. 파리에서 익힌 야수파적 인상주의 화법 대신에 다시 관학파적 경향의 구축적 요소가 강하게 드러나는데 나혜석은 이러한 기하학적 건축 또는 고궁의 재현에서 특기를 발휘하는 것 같다. 서양 모델을 그린 것으로 보아 좌상의 〈나부〉는 파리 체류 시 그린 것을 출품한 것으로 사려되며, 〈작약〉은 몇 안 되는 정물화 가운데 하나로 감미로운 분위기에 부드러운 터치를 통해 다분히 여성적인 그림을 보여주고 있다.

나혜석은 1931년 10월 도쿄 제전에 조선미전 특선작인 〈정원〉을 출품, 입선하였고 〈금강산 삼선암〉은 낙선되었다. 1932년 11회 조선미전에는 〈금강산 만상정〉·〈창가에서〉·〈소녀〉를 출품하여 모두 무감사 입선했다. 1935년 10월에 진고개 조선관에서 대규모 전시회를 가진 후의 작품으로 추정되는 작품들이 연대미상의 〈화녕전 작약〉·〈선죽교〉·〈인천풍경〉·〈수원서호〉 등이다. 이 작품들은 유럽여행 당시 그렸던 이국 풍경화와 같이 감각적이고 장식적인 분위기에 서구지향적 취향이 여전하며 주제와 양식 면에서도 새로운 회화적 시도를 찾아보기는 어렵다. 그녀의 후기 풍경화 역시 야수파와 인상파의 경계에 머물며 생활고와 심정적 타격 때문인지 별다른 진전을 보여주지 못하고 있다.

3. 선전출품작 분석

나혜석은 선전에 제1회(1922)부터 참가하기 시작해 제7~8회를 제외한 제11회(1932)까지 모두 18점의 작품을 발표했다. 이 조선미전 출품작은 현재로서는 그녀의 진품을 확인하는 유일한 기준작들이다. 따라서 선전에 출품된 작품을 통해 우리는 그녀의 작품세계를 온전히 경험할 수 있다. 그러니까 유존된 작품 가운데 출처가 확실한 기준작 혹은 대표작이 없다면, 차선책으로 조선미전 출품작의 특성을 통해 나혜석 미술의 특징을 살필 수밖에 없다는 얘기다. 나혜석의 조선미전 출품작과 수상내역은 다음과 같다.

제1회(1922) 〈봄〉, 〈농가〉(입선)

제2회(1923) 〈봉황산(鳳凰山)〉(입선), 〈봉황성(鳳凰城)의 남문〉(4등 입상)

제3회(1924) 〈가을의 정원〉(4등 입상), 〈초하(初夏)의 오전〉(입선)

제4회(1925) 〈낭랑묘(娘娘廟)〉(3등 입상)

제5회(1926) 〈중국촌(원제/지나정(支那町))〉(입선), 〈천후궁(天后宮)〉(특선)

제6회(1927) 〈봄의 오후〉(무감사 입선)

제9회(1930) 〈아이들〉(입선), 〈화가촌〉(입선)

제10회(1931) 〈정원〉(특선 : 제12회 일본 제전 입선), 〈작약(芍藥)〉(입선), 〈나부〉(입선)

제11회(1932) 〈소녀〉(무감사 입선), 〈창가에서〉(무감사 입선), 〈금강산 만상정(萬相亭)〉(무감사 입선)

나혜석의 선전출품작 18점 가운데 선택된 소재는 무엇보다 풍경화가 압도적으로 많고, 더불어 3점의 인물화가 있다. 그러니까 나혜석은 다른 장르보다도 풍경화에 특기를 발휘하고 있다. 풍경화 가운데는 농촌풍경과 도시풍경 그리고 고건축이 있는 풍경으로 대별할 수 있는데 특히 건축물을 전면에 넣은 풍경화가 수준 높은 편이다. 농촌풍경은 〈봄〉·〈농가〉·〈봉황산〉·〈봄의 오후〉 등이 있고, 도시풍경으로는 〈초하의 오전〉·〈화가촌〉·〈창가에서〉 등이 있다. 고건축이 있는 풍경으로 만주의 〈봉황성의 남문〉·〈낭랑묘〉·〈천후궁〉이라든가 파리의 〈정원〉 같은 작품이 있다. 그밖에 인물화로는 〈아이들〉·〈나부〉·〈소녀〉 등이 있으며 〈작약〉과 같은 정물화도 있다. 나혜석은 초기에 농촌풍경에 관심을 집중시키다가 점차적으로 도시 풍경을, 그리고 국내에서 중국, 프랑스 등 국외 풍경으로 확대되는 현상을 보여주었다.

제1회전(1922)의 입선작인 〈봄〉은 들판 끝의 원경에 산과 하늘이 비슷한 크기로 분할되어 있고, 화면 중심부로부터 약간 좌측에는 키가 큰 미루나무가 하늘 위로 치솟아 있으며, 근경의 도랑 양쪽에는 두 여성이 각기 빨래를 하고 있는 장면이다. 한복차림의 이들 여성은 일을 하고 있는데, 평화스런 정경의 풍경그림이기보다는 다분히 그 앞에서 가사노동에 전념하고 있는 여성들을 주목시킨다. 아마도 당시 나혜석의 관심이 가사노동에 시달리는 여성들의 삶이 아니었을까 추측케 하는 대목이다. 살림집과 우사(牛舍)의 지붕 끝자락을 화면 상단에 바짝 붙여 집안 풍경만을 전면적으로 마주하게 하는 〈농가〉는 마당에서 일하고 있는 부부의 모습이 그려져 있다. 마당에는 곡식을 추스리는 농부의 모습과 그의 뒤에는 연자방아를 돌리고 있는 부인의 모습을 보여주고 있다. 시골 농가의 전형적인 노동 장면을 자연스럽게 묘사한 작품이다. 차분한 묘사와 안정감 있는 구성, 음영의 대비를 통해 탄탄한 그림이 되었다. 당시 남성화가들이 정태적인 인물상에 주력할 때 나혜석이 가사노동에 전념하는 일상생활 속의 여성을 부각시킨 점은 주목을 요하는 부분이다. 그런 작품에서 페미니즘적 시선의 한 자락을 만나게 한다.

제2회전(1923)의 〈봉황산〉과 〈봉황성의 남문〉은 모두 만주시절에 그려진 것으로 보인다. 〈봉황산〉의 높게 치솟은 산 자태와 드넓게 펼쳐진 농촌의 벌판이 대비를 이루는 장면이다. 산봉우리의 괴량감이 거친 터치와 두툼한 질감 표현으로 묘사되어 있고 근경에는 목재 구조물이 일부 보이면서 농가의 단면이 드러난다. 흡사 산수화에서 보이는 듯한 산의 묘사가 흥미롭고 상당히 대상을 통해 전달받은 감정을 드러내는 데 몰두한 그림이다. 〈봉황성의 남문〉은 누각이 있는 고성의 일부를 화면 가득히 집약시키고 성 밖에서 사는 서민의 일상이 대비되어 묘사되었다. 전체적으로 균질하게 덮어나간 터치와 두툼한 물감의 물성, 수직과 수평 구도의 안정적인 대비 등에서 수작(秀作)인 듯하다.

제3회전(1924)에는 〈가을의 정원〉과 〈초하의 오전〉을 출품했다. 당시 심사위원이었던 나가하라 고타로(長原孝太郞)는 심사소감을 이렇게 피력했다. 즉 "조선에서만 볼 수 있는 조선의 풍토가 예술에도 반영되어야 하나, 사실은 그렇지 않다". 예컨대, 조선시가지를 그렸는데도 파리의 시가지를 그린 것처럼 어색해 보이는 모방성이 바로 그것이라는 것이다. 그러면서 지나치게 사실적인 묘사에만 치중하는 것에서 벗어나 사실성(寫實性)과 사의성(寫意性)의 조화를 강조했다. 총론에 이어 그는 몇몇 작가의 예를 구체적으로 들었는데 나혜석에 관해서는 '역시 상당하지요' 라고 촌평을 했다.[10]

> 우리는 벌써 서양류(西洋流)의 그림을 흉내 낼 때가 아니요, 다만 서양의 화구와 필(筆)을 사용하고 서양의 화포(畵布)를 사용하므로, 우리는 이미 그 묘법

---

10) 「진순(眞純)하여라─심사원 선후감(選後感)」, 《시대일보》, 1924.5.29.

(描法)이라든지 용구에 대한 선택이 있는 동시에, 향토라든지 국민성을 통한 개성의 표현은 순연(純然)한 서양의 풍과 반드시 달라야 할 조선 특수의 표현력을 가지지 않으면 아니 될 것이다.[11]

나혜석도 비록 화구는 서양의 것을 사용하지만 작품 내용만큼은 조선 특수의 표현력을 가져야 한다고 강조했다. 이는 앞서의 나가하라가 심사평에서 조선성을 표현하라고 지적한 것과도 맥락을 같이하는 견해이다. 그러나 조선성·조선색이라는 일제식민지치하에서 일제에 의해 강요된 양식은 다분히 정태적이고 수동적인 미감을 박제화시키는 경향이 있었으며 특정한 소재에 국한시키는 우를 범하기도 했다. 당시 한국 작가들은 아직 유화라는 이질적인 매체를 소화하기도 벅찼고 동양과 서양의 미술에 대한 이해가 상당히 미비한 상태에서 수사적으로만 조선적인 것에 대한 논의가 앞선다는 생각이다. 그런가하면 당시 선전의 일본인 심사위원들은 조선의 풍물, 조선의 풍경만을 그리라고 주문하면서 이국적인 취향으로 조선작가들의 그림을 보고자 했다. 일종의 오리엔탈리즘의 또 다른 변질을 보게 된다.

그래서 나혜석의 실제의 출품작은 '조선성의 표현'이라고 말해보기 어렵다. 물론 작가의 제작의도만큼은 서양풍과 다른 조선성을 중요개념으로 삼고 있었던 것 같다.

제4회전(1925)은 〈낭랑묘〉로 3등 입상을 했다. 출품에 앞서 당시 언론은 나혜석의 근황에 대해 소개했다. '모든 것에 여자가 뒤떨어진 이 세상에서, 더욱이 심한 이 조선에서, 돌연히 그 묘완을 떨쳐 담 적은 양화가들의 가슴을 흔들어 놓은 나혜석 여사'가 현재는 부군을 따라 만주 안

11) 나혜석, 「1년 만에 본 경성의 잡감」, 《개벽》, 1924.7, 86~9면.

둥현에서 외교관 부인으로, 두 아기의 어머니로서, 또 주부로서 도저히 한가롭게 캔버스 앞에 앉아 있을 여유가 없다고 소개했다. 특히 창작 욕구는 가슴에 타오르나 아이가 홍역을 앓고 있어 억제하고 있는 형편이라고 밝혔다.[12]

이 같은 어려움 속에서도 나혜석은 작품을 완성해 출품했던 것으로 보인다. 출품작 〈낭랑묘〉에 대해 당시 언론은 이렇게 소개했다. '여사는 안동현 부영사 김우영씨 부인으로, 분방한 교제장리의 틈을 타서 때때로 조는 듯한 중국사람의 거리를 찾으며 어두침침하고도 신비로운 중국사람의 클래식한 풍속을 깊이 맡으려, 현재 중국사람이 가장 많이 모여 명절제를 지내는 〈낭랑묘〉를 그린 것이다. 그림 전폭에 중국인의 특별한 감정과 만주 지방의 지방색이 흐르는 듯하다.' 이 같은 작품에 대해 당대의 뛰어난 비평가인 김복진은 다음과 같이 평했다.

"양으로든지 질로 보든지 조선 사람네의 출품한 중에서는 수일(秀逸)이라고 할 수밖에 없다. 지붕 같은 데는 참말로 고운 것 같다. 색채의 대비 같은 데에는 동감할 만하나 어쩐 일인지 감흥이 희박하여 보인다. 천공(天空)의 빛 같은 것은 너무 침탁(沈濁)해 보이고, 지면(地面)은 퍽 기력이 없는 것 같다. 집과 집 사이에 있는 나무가 웃음거리가 되어 버린 것도 기관(奇觀)이라 하겠다. 대체로 작자는 미의식보다는 야심이 앞을 서게 되는 모양이다. 그런 까닭에 완성 통일 이런 데로만 걸음을 빨리 한 것이다. 좀 더 삽려미(澁麗味) 같은 것을 생각하여 주었으면 한다."[13] 상당히 날카롭고 혹독한 비평이다. 김복진의 눈에는 나혜석의 야망, 첫 여성양화가라는 선구자적 의식이 그림보다 앞서고 있음을 적절히 지적해

---

12) 「선전을 앞에 두고 예술의 성전을 찾아」, 《매일신보》, 1925.5.6~17(10회 연재 가운데 7회분).
13) 김복진, 「제4회 미전 인상기」, 《조선일보》, 1925.6.3.

내고 있다.

제5회전(1926)은 〈지나정〉과 〈천후궁〉을 출품했다. 그 가운데 후자는 특선을 차지했다. 〈천후궁〉은 무엇보다도 특이한 구도감을 살려 안정적인 풍경화를 성취해냈다. 차분하고 단단한 묘사력에서 돋보인다는 인상이다. 당시의 상황에 대해 나혜석은 다음과 같이 고백하고 있다.

다다미 위에서 차게 군 까닭인지 자궁에 염증이 생(生)하여 허리가 끊어질 듯이 아프고, 동시에 매일 병원에 다니기에 이럭저럭 겨울이 다 지나고 봄이 돌아오도록 두어 장밖에 그리지를 못하였다. 더구나 내게는 근일 고통이 되다시피 그림에 대한 번민이 생겨서, 화필을 들고 우두커니 앉았다가 그만 두고 그만 두고 한 때가 많다. 즉 나는 학교시대부터 교수받은 선생님으로부터 받은 영향상 후기 인상파적, 자연파적 경향이 많다. 그러므로 형체와 색채와 광선에만 너무 주요시하게 되고 우리가 절실히 요구하는 개인성 즉, 순예술적(純藝術的) 기분이 박약하다. 그리하여 나의 그림은 기교에만 조금씩 진보될 뿐이요, 아무 정신적 진보가 없는 것 같은 것이 자기 자신을 미워할 만치 견딜 수 없이 고(苦)로운 것이다 (…중략…) 이같이 누군가 시키는 일이나 하는 것같이 퉁명스럽게 그림 그리는 일을 그만두리라 하고 단념을 해보기도 하고, 이 이상 진보치 못할까, 아니 못하리라 하고 무재무능(無才無能)을 긍정하여 절망도 하였다. 그러하다가도 무슨 실낱같은 인연 줄이 끄는 대로 당기면 깜짝 놀래지어 '내가 그림 없이 어찌 살라구' 하는 생각이 난다. 과연 내 생활 중에서 그림을 제해 놓으면 실로 살풍경이다. 사랑에 목마를 때 정을 느낄 수도 있고, 친구가 그리울 때 말벗도 되고, 귀찮을 때 즐거움도 되고, 고(苦)로울 때 위안이 되는 것은 오직 이 그림이다. 내가 그림이요, 그림이 내가 되어, 그림과 나를 따로따로 생각할 수 없는 경우에 있는 것이다.[14]

나혜석 자신의 성격과 미술에 임하는 자세, 그리고 본인의 화풍까지 구체적으로 언급하고 있는 이 대목에서 화가라는 천직의식의 선명한 자

---

14) 나혜석, 「미전 출품 제작 중에」, 《조선일보》, 1926.5.2~23.

기 확인을 만날 수 있다. 그리고 중요한 대목은 본인의 화풍을 후기 인상파와 자연파라고 설정한 부분이다. 김복진은 조선미전 평에서 나혜석의 작품에 대해 다음과 같이 언급했다.

> 신문에 자신의 변해(辯解)를 길게 쓴다니 만큼 작품에 자신이 적다는 것을 읽을 수 있는 것이다. 다 같은 여류화가로서는 백남순씨보다 후중(後重)한 것은 보이나, 박진력이 부족한 점에는 정(鼎)의 경중을 알기 어렵다고 믿는다. 〈지나정〉에는 부족한 점도 또는 주문할 것도 없는, 무난하다느니보다는 무력한 작품이라고 할 수 있으며, 〈천후궁〉은 구상에 있어 여자답다고 안다. 초기의 자궁병이 단지 치통과 같이 고통이 있다 하면 여자의 생명을 얼마나 많이 구할지 알 수 없다는 말을 들었었다. 신문을 보고 이 기억을 환기하고서, 그래도 화필을 붙잡는다는 데 있어 작화상(作畵上) 졸렬의 시비를 초월하고 호의를 가지고 있다는 것만 말하여 둔다.[15]

제6회전(1927)은 〈봄의 오후〉가 무감사 입선을 했다. 당시 보도는 백남순의 작품에서 숙련된 필법이 보인 것은 반갑고 나혜석이 특선에서 빠진 것은 쓸쓸해 보였다고 전했다.[16] 안석주는 작품평에서 다음과 같이 지적했다.

> 씨는 조선에서 개인전람회를 맨 처음 개최하였던 이로, 다른 이들보담은 유원(幽遠)한 과거에 득명한 이다. 그러나 씨의 작품은 언제든지 탄복할 수 없는 것이 미안한 일이다. 씨의 작품은 같은 여자로서 백남순씨보다도 신선미쯤도 발견할 수 없다. 지금은 흔적까지도 볼 수 없는 고희동 씨의 그림이 연상된다.

나혜석을 조선 최초의 개인전 작가라고 한 것은 1916년 김관호가 평

---

15) 김복진, 「미전 제5회 단평」, 《개벽》, 1926.6, 104~10면.
16) 「찬연한 예원(藝苑)의 정화(精華)」, 《매일신보》, 1927.5.25.

양에서 개최한 개인전을 논의로 할 때 타당하다. 또 서울서 처음으로 개인전을 개최할 만큼 화명을 일찍 떨친 것은 사실이다. 그러나 명성에 비해 감동 어린 작품을 볼 수 없다는 지적이다. 오히려 같은 여류화가 백남순보다도 신선미가 떨어질 뿐만 아니라 고희동의 초기 유화 수준이 연상될 따름이라는 상당히 혹독한 비판을 받아야 했다. 나혜석의 입장에서 본다면 이는 참을 수 없을 정도로 매서운 비판이었을 것이다. 이같은 비판의 화살은 문외한이라는 익명의 필자에게서도 비슷하게 나타났다.

> 나혜석 여사의 〈봄의 오후〉, 도기(陶器)에 반사되는 오후의 밝은 광선과 양광(陽光)을 등진 모옥(茅屋)의 그늘이 각각 화폭의 반부(半部)를 점령하여, 원래부터 어울리기 어려운 장면을 고른 것이 실패의 시초라고 할는지, 화폭 중의 모든 물건이 메마른 조팝 모양으로 오르고 헤어지고 만다. 그리고 장독대 뒤에서 춘광을 자랑하는 도화일지(桃花一枝)가 왜 그리 유치하게 보이는지 모르겠다. 작년 전람회에서 〈천후궁〉 같은 작품을 본 기억이 아직도 새로운 문외한은 동(同)여사의 금번 작품에 대하여 '너무도 실패하셨소'라고 할 수밖에 없다.[17]

이는 김기진의 경우에도 마찬가지였다. "농촌의 봄—봄날의 오후를 이 작자는 미술화 하려 하였다. 울타리 너머로 한 떨기 향화(香花)가 보이고 오두막 집 앞에 저녁 그늘이 졌으니, 유복하게도 화제(畵題)에 들어맞은 것 같다. 그러나 봄철의 농촌은 이다지 무기력하게도 평화로운 시절이 아니다. 제재(題材)를 선택함이 화인(畵人)으로서 중대한 것이니, 단지 색채감으로나 자연의 국부적(局部的) 호감으로만 화작(畵作)한다 함은 미술의 본류와 상거(相距)가 요원한 짓이다. 독, 우물, 초가, 방아를 찧는

---

17) 문외한, 「미전 인상기」, 《중외일보》, 1927.6.7.

계집애 등등의 안정감 실재감이 부족하더라도 자신의 취미대로 매진하는 용기만은 고마운 일이나, 이와 같이 무기력화 색채화 모형화 하려는 음모에 염개(念慨)함을 마지않으며, 소위 전문가로서는 데생이 틀린 것(?) 만큼 명예스럽지 못한 일이 아닐까. 조선화단에 선지(先指)인 씨로, 그나마 이렇다는 진경(進境) 보이지 않으니, 아마도 고고학관(考古學館)에 출품하여 무호 동해제씨(無號東海諸氏)의 반려가 될 길 이외에 신생로(新生路)가 없는가 한다."[18]

왜 이 당시 집중적으로 비판을 받게 되었을까? 그만큼 나혜석의 작품 자체가 현저히 약화된 것일까?

나혜석은 세계여행에 따라 제7회와 제8회의 조선미전에 불참했다. 제9회전(1930)부터 다시 참여하게 되었다. 귀국 후 나혜석은 부산 동래의 시가에서 거주하면서 조선미전 출품작 2점을 준비하고 있었다. 하나는 〈아이들〉이라는 작품으로, 등에 업은 어린아이를 그린 것이다. 또 하나의 작품은 〈화가촌〉으로, 녹음이 우거진 속에 크고 작고 높고 낮은 양옥들이 즐비한 마을을 그린 작품이었다. 파리여행 중에 그린 스케치를 다시 작품화한 것이었는데 작가는 이렇게 말했다. "외국 것을 보고 오니 눈만 높아졌습니다. 큰일났어요."[19] 그러면서 세월이 갈수록 나아야 할 텐데 도로 퇴보만 하는 것 같다고도 말했다. 당시 조선미전에 출품한 2점의 작품 〈아이들〉과 〈화가촌〉은 입선에 머물렀다. 당시의 전시평 역시 긍정적이지 않았다.

"규수작가 중의 가장 오랜 역사를 가진 나혜석 여사의 작품은 양행(洋行)이라는 금박(金箔)이 어느 곳에 붙었는지 찾을 수 없다. 물론 양행과

---

18) 김기진, 「제6회 선전 작품 인상기」, 《조선지광》, 1927.6.
19) 「선전을 앞두고—아틀리에를 찾아」, 《매일신보》, 1930.5.13.

그림과는 아무 인연이 없다. 그러나 나여사를 위하여는 공총(倥傯)한 역정(歷程)이 채관(彩管)을 동게 할 여가를 없게 하였을 듯한다. 그러나 채색을 단순하게 또는 평이하게 칠하는 법만은 전일보다 달라졌다. 이것이 진보라고 찬양하여 줄 자가 누구이냐, 미로(迷路)에 빠졌다고 아니할 자는 또 누구이냐."[20] 세계일주 여행이나 하고 돌아왔는데도 불구하고 작품의 질에 있어 차도가 없다는 지적이었다. 그런가하면 또 다른 평자의 견해는 다음과 같다.

"씨의 〈아해〉를 볼 때 나는 표현주의자 바스케를 연상했다. 그러나 바스케에서 보는 강력(强力)이 없다. 악센트가 없다. 음산한 색채만으로써는 화면의 폭력을 나타낼 수 없을 것이다. 〈화가촌〉은 넉넉히 깊이가 올 수 있는 구도임에도 불구하고 역시 악센트의 관계로 실패하였을 것이다."[21] 김용준 역시 나혜석의 조선미전 출품작을 실패작으로 간주했다. 반면에 김주경은 이렇게 평했다. "매우 오래간만에 상면케 된 씨의 화폭에는 옛날에 보이지 않던 침울한 색이 먼저 인상에 들게 되었다. 2점 어느 것이나 씨의 남성적 기세는 상금(尙今)도 그 형적을 볼 수 있었으나, 조금 더 극단적 탈진(脫進)이 있었으면 하였다."[22]

제10회전(1931)에는 〈정원〉·〈작약〉·〈나부〉 등 3점을 출품했다. 그간의 부진과 부정적 평가에서 벗어나려는 의지를 보여주고자 노력한 작품이었다. 소재부터 풍경·인물·정물 등 대표적인 것으로 분배해놓는 배려가 보인다. 풍경과 인물은 다분히 이국정서가 스민 파리의 분위기가 엿보인다. 풍경화인 〈정원〉은 특선에 올랐고 이후 일본의 제전(帝展)

---

20) 김화산인, 「미전 인상」, 《매일신보》, 1930.5.20~25.
21) 김용준, 「제9회 미전과 조선화단」, 《중외일보》, 1930.5.20~28.
22) 김주경, 「제9회 조선미전」, 《별건곤》, 1930.7. 152~6면.

에서도 입선되는 성과를 얻었다. 이 작품은 파리 시내 소재 크루니 미술관의 정원을 그린 것이다. 나혜석은 "앞의 돌문은 정원 들어가는 문이요, 사이에 보이는 집들은 시가입니다. 이것을 출품할 때에 특선될 자신은 다소 있었으나 급기 당선되고 보니 퍽 기쁩니다."[23]라고 소감을 밝혔는데 이로 미루어 단단히 작심을 하고 그려냈던 것으로 보인다.

"특선작 〈정원〉, 수년 전 씨의 걸작 젊고도 아름답던 〈낭랑묘〉에 애착을 가진 작품이다. 그러나 그 때의 색시는 이제 시들고 병들어 옛날의 모습을 찾아볼 수 없게 되었다. 만일에 이 영양부족증이 나아 건강이 회복된다면 아직도 그는 아름다울 것이니 잘 조섭하여 옛날의 꽃다운 자태에 여념이 없도록 하여야 한다. 불행히 〈낭랑묘〉에 분장미(扮裝美)가 없다면, 이는 음사(陰祀)의 음산한 불쾌를 느끼는 것이다. 나는 음사의 내용을 생각치 않는다. 다만, 〈낭랑묘〉의 형식을 아름답게 보려는 것이다. 〈정원〉은 고담(枯淡)한 묵색(墨色)이 주조로, 다른 부분의 빛이 반주(伴奏)하여 고요히 폐허를 노래한다. 구차히 씨의 부활을 위한 대우라면 이의가 없다만, 좌우에 걸린 〈작약〉과 〈나부〉는 도리어 씨의 영예에 치명상이다. 이러한 것은 출품한 작자의 사상이 의문이요, 출품을 하였더라도 그것을 진열하여 놓은 자의 심사(心思)를 모를 일이다. 우대를 한 것이냐? 모욕을 한 것이냐? 작자를 대우하기 위하여 부실한 작품을 특선 딱지를 붙여서는 안 될 것은 이미 서언(序言)한 바와 같다. 그러나 이 전람회에 사실 이러한 정책이 있는 것만은 부인할 수 없는 일이다."[24]
상당히 신랄하고 모욕적인 그러한 평이다. 이혼 직후 첫 번째 출품한 조선미전에서 얻은 평가치고는 가혹한 편이다. 그래서인지 윤희순은 나혜

---

23) 「특선작 〈정원〉은 구주 여행의 산물」, 《동아일보》, 1931.6.3.
24) 김종태, 「제10회 미전평」, 《매일신보》, 1931.5.27.

제
1
부

한국
미
술
사
에

나
타
난

나
혜
석

47

석에게 다분히 위로의 말을 건넸다.

"열정의 예술에서 이성(理性)의 예술로 전환하는 과도(過渡)한 생산이라고 보겠다. 조선의 예술가는 불행하다. 여류예술가는 더 불행하다. 씨에게 동정하는 것은 조선의 예술을 동정하는 것이 된다. 씨의 작품을 대할 때에 억제치 못할 애수(哀愁)와 동정(同情)! 이것은 아마도 사람의 공통된 정서일 것이다. 씨는 여기서 위축(萎縮)하여 버리면 아니 된다. 도피하여도 아니 된다. 여인 화단(畵壇)의 선구자인 씨의 일거일동에 얼마나 귀중한 가치와 책임이 있는가를 깨달아야 한다. 〈정원〉의 구도는 전년 〈낭랑묘〉에서 보던 것과 같은 균형과 안전이 있다. 그러나 〈정원〉에서는 차디찬 이성에 가라앉은 열정이 자칫하면 사그러질 듯한 우울을 보여준다. 도피 · 안일(安逸) · 침정(沈靜) 등의 싸늘한 공기가 저회(低徊)하고 있음을 보겠다. 이러한 자태는 현 조선의 정서인지도 모르나 이제부터의 조선은 이런 예술을 요구치 않음을 알아야 한다. 씨의 새로운 활약이 있기를 바란다."[25] 나혜석 자신이 이 말에 위안을 얻었는지 아니면 앞서의 평에 더 큰 상처를 받았는지 궁금하다.

제11회전(1932)에는 〈소녀〉 · 〈창가에서〉 · 〈금강산 만상정〉을 출품했다. 모두 무감사 입선이 되었다. 역시 평가는 부정적이었다. 그로부터 나혜석은 서서히 미술계에서 소외되고 잊혀져갔다. 나혜석은 제11회 전시평의 말미에서 미술가들의 입장에 대해 다음과 같이 토로하고 있다.

조선의 미술가는 불쌍하다. 정신을 통일시킬 만한 경제적 능력이 없고, 정신을 순환시킬 오락기관이 구비치 못하고, 창작성을 용출케 하는 남녀관계가 해방치 못하였다. 아무리 머리에 가득 찬 제작욕이 있더라도 손이 돌아가지를 않게 된다. 그러나 위인이 시대를 지을까, 시대가 위인을 지을까. 나만 잊지

25) 윤희순, 「제10회 조미전평」, 《동아일보》, 1931.5.31~6.9.

않고 한다면 못될 리가 없다. 일반 대중이여, 그림에 대해 많이 이해해 주기를 바라나이다. 이태리 문예부흥시대에 메디치 일족의 애호가 없었던들 인간능력으로써 절정에 달하는 다수의 걸작이 어찌 낳으리까. 대중과 화가의 관계가 좀 더 밀접해졌으면 싶다.[26]

나혜석은 제12회(1933) 조선미전부터 참여하지 않았다. 혹평의 상처가 너무 컸던 것 같다. 당시 유일한 작품발표의 장이자 여류서양화가로서의 자존심을 보장받을 수 있었던 조선미전에서 연이어 혹평을 받았다는 사실은 그녀에게 너무도 커다란 충격이자 자존심의 훼손이었던 것으로 보인다. 그래서인지 나혜석은 제1회전(1922)부터 10년간 출품하던 조선미전을 이후 외면하기 시작했다. 결국 그녀에게 조선미전 참여시기는 본격적 화가활동시기와 일치하며 그 작품들이 출처가 확실한 유존작품의 희소함 속에서는 의미를 지닐 수밖에 없어 보인다. 결과적으로 조선미전에 출품한 작품들은 평범한 풍경화 양식과 일반적인 기량에 머무는 수준에서 크게 벗어나지 못한 것으로 보인다. 물론 그녀의 풍경화 몇 점은 탄탄한 구성과 밀도 있는 재현에서 성과를 보여주지만 전체적으로 확고한 미술관 내지 페미니즘적 시각을 엿보기란 무리인 것이 사실이다. 그녀가 남긴 글에 비해 그림은 지나치게 평이한 편이다.

4. 나오는 글

나혜석은 초기의 삽화를 제외하고는 일본식 인상주의와 프랑스 인상주의의 양 축을 왕래하면서 풍경화가와 인물화가로서 자신의 작품 세계를 구축한 최초의 여류서양화가이다. 민족주의/자유주의 페미니스트로

---

26) 나혜석, 「조선미술전람회 서양화 총평」, 《삼천리》, 1932.7, 41면.

서 나름대로 사상적 깊이를 가졌던 작가가 미술작품에서는 그런 명료한 의식을 찾아보기 어려운 점은 무척 안타깝다. 아마도 서양화가 도입되는 초기 단계에서 유채라는 생소한 매체로 풍경이나 인물 이외에 새로운 주제나 이념을 조형화시키기에는 역부족이었으리라 여겨진다. 당시의 유화는 일종의 기술 도입시기라 자신의 예술사상을 미술작품으로 옮길 만큼 개인적 역량과 시대적 분위기가 성숙되지 않았던 것으로 보인다. 물론 소묘적 삽화에서는 간접적으로라도 민족주의, 페미니즘 시각이 배어 있었지만 그 당시 서구에서도 페미니즘 미술이 존재하지 않았던 때에 페미니즘의 회화적 표출이란 것 역시 현실적으로 불가능했을 것이다. 이러한 시대적 한계 위에서 그녀는 부르주아 자유주의 사상을 수용하는 한편 유미주의적이고 자율적인 미술관을 채택했던 것으로 보인다. 나혜석의 선각자적 의식은 우리 시민사회가 근대성의 기치 아래 서구적 의식을 아무런 매개 과정 없이 직접적으로 제도화하고자 하면서 갖게 된 계몽주의자의 비극과 모순을 그대로 간직하고 있다. 그녀는 강압적 계몽주의가 낳은 사회적 현실의 다른 얼굴인 개인적 삶에 있어서의 낭만주의적 일탈을 자유와 평등을 이루기 위한 유일한 태도로 이해한 것이다. 이런 태도는 삶의 형식에 있어서 해방만을 염두에 두는 태도에 다름 아니다. 서구와는 달리 우리에겐 계몽주의에 대한 반발로서 낭만주의가 나온 것이 아니라 계몽주의 자체가 낭만주의적 의식을 허용한 셈이다. 문제는 나혜석의 미술작품들이 그녀의 이런 의식구조의 어느 한 편린을 반영하지 않는다는 것이다. 그녀는 작품활동 당시 상류계급으로서 누린 삶의 궤도에서 한 발로 더 나가지 않은 내용의 작품들만을 남긴 셈이다. 그런 면에서 그녀가 받아들인 '서양화'는 주제상으로나 기법상으로 자각되고 진보된 근대성의 의미가 없었던 것이다.

나혜석은 하나의 선각자로 질곡의 가부장제 아래서 일탈하고픈 잠재적 욕구를 부단히 표출하며 예술세계를 구축하고자 했던 것은 사실이다. 따라서 자유주의 여성해방론은 그의 비중 있는 중심과제였다. 다만 그의 미학사상은 미술작품보다는 문학작품에서 극명하게 드러났다. 하지만 화가로서의 나혜석은 그 명성에 비해 작품세계는 미약한 편이다. 무엇보다 출처가 확실한 유작이 거의 없다는 점, 더불어 태작에 가까운 이른바 가짜작품의 범람 등이 나혜석에 대한 온전한 이해와 평가를 어렵게 하는 요인들이다. 현재로서는 비록 흑백사진으로나마 전해오는 조선미전 출품작을 기준으로 삼는 수밖에는 없어 보인다. 물론 이 점은 미술작품을 분석하고 평가하는 데 커다란 장애다. 그로 인해 화가로서의 나혜석에 대한 조명은 언제나 부진하고 어려운 것이 사실이다.

(박영택)

여자미술학교와 나혜석의 미술
— 1910년대 유학기 예술사상과 창작태도를 중심으로

1. 들어가는 말

정월 나혜석(1896~1948)은 1913년 진명여학교를 졸업하면서 같은 해 4월 일본 여자미술학교(1901년 사립여자미술학교로 개교한 후 1917년 조직 변경을 거쳐 1919년 여자미술학교로 개칭, 이하 여자미술학교로 칭함)에 입학함으로써 한국 최초의 여성화가로 알려졌을 뿐만 아니라, 최초의 개인전을 통한 화력 면에서 한국근대회화사의 초기 서양화 발전에 매우 중요한 인물이다. 그럼에도 불구하고 근대 작가 반열에서 뚜렷한 위상을 차지하고 있지 못한 것이 한국근대미술사 서술의 현주소일 것이다.

20세기 들어와 전문미술교육기관이 조금씩 개설되기 이르렀던 일본은 전문미술교육의 최고학부 도쿄미술학교가 여성의 진학을 불허했기 때문에 전문여성교육의 장은 남녀 차별이 있었다. 뿐만 아니라 일반적으로 현모양처의 이상을 덕목으로 삼아 훌륭한 규수가 되기 위한 여성교육만이 용인되었던 시대적 분위기 속에서, 여성이 서양화 같은 신미술을 접할 수 있었던 기회는 매우 적었다. 이는 여자미술학교를 졸업한 학생들의 전공에서 서양화나 일본화 같은 순수예술 전공자보다는 재봉과나 자수과에 편중되었던 수치를 통해서도 나타난다.[1]

한편 나혜석이 유학한 1913년에서 1917년은 일본 문화예술에 있어서 새로운 동시기 서구사상의 유입이 활발했던 시대였다. 이때 여성해방론과 같은 자유사상의 물결을 타고 1911년《세이토(靑鞜)》(1916년 정간)지가 출간됨으로써 1910년대 문학과 미술 분야에 여성운동이라는 문을 두드렸던 것이다. 유학 기간 중 미술을 공부하면서 문학에서 두각을 나타냈던 나혜석은 바로 이 시기가 훗날 화가로 성장하는 데 초석을 다질 수 있었던 때였다. 따라서 본고에서는 그녀의 여자미술학교의 수학 시기를 중심으로 예술가로 성장한 배경을 살펴보고자 한다.

특히 나혜석의 작품 경향을 외광파(外光派) 아카데미즘의 수용이라는 측면에서 파악하였던 양식 고찰은 좀 더 깊이 연구되어야 할 부분이다. 유럽으로부터 도쿄미술학교에 아카데미즘을 이식시켰던 구로다 세이키(黑田淸輝, 1866~1924)는 동료 교수였던 구메 게이치로(久米桂一郎, 1866~1934)와 그의 제자 오카다 사부로스케(岡田三郎助, 1869~1939)・고바야시 만고(小林萬吾, 1870~1947) 등과 같은 관학파이며 백마회(白馬會) 화가들이 여자미술학교와 관계를 지니고 있는 점에서 나혜석 작품의 양식을 외광파 영향을 단정시키는 일은 너무 단적인 사고이고, 아울러 1927년 구미만유 시기를 통해 야수파 화풍을 수용했다는 설 또한 너무 관념적이라고 할 수 있다.[2] 이에 따라 본 연구는 수학시기에 미쳤던 여성해방론과 같

1) 1910년부터 1917년의 여자미술학교를 졸업한 일본여학생의 수치는 6개학과 총 853명의 졸업생 중 재봉과(583명), 자수과(91명)가 1, 2 순위를, 서양화과(38)는 5위를 차지하고 있다 (『여자미술대학팔십년사(女子美術大學八十年史)』, 여자미술대학, 1980 : 김철효, 「근대기 한국 '자수' 미술개념의 변천」, 『한국근대미술사학』 12, 2004에서 재인용).
2) 나혜석이 프랑스에서 아카데미 랑송에게 받은 수업을 통해 야수파와 입체파를 직접 체험하게 되었다는 김현화의 지적은 「한국 근대 여성 화가들의 서구미술의 수용과 재해석에 관

은 페미니즘적인 사고가 예술사상의 기틀을 어떻게 마련했는지를 고찰하고, 아울러 이 시기 일본 양화계의 변화에 따른 나혜석의 서구사조의 수용과 아카데미즘의 수업의 내용을 살펴봄으로써 그녀의 예술 창작태도와 작품에 형성의 영향을 살펴보고자 한다.

2. '세이토'와 일본 양화계의 새로운 변화
: 여성해방사상의 수용

유화를 전공할 수 있었던 나혜석의 선구자적 면모는 당시 일본화단의 경향과 사회·문화적 변화와도 매우 유기적 연결을 지니고 있는데, 그 중 여성해방과 자유연애와 같은 자유사상의 세례를 받을 수 있었던 《세이토(靑鞜)》지는 매우 큰 의미를 지닌다고 할 수 있다. 이미 여러 논문에서 여자미술학교 선배 3명이 세이토사에서 활동했던 사실[3]과 문학에서 영향을 받았다는 자연스러운 관련성은 이미 언급된 바 있는데, 그 구체적인 영향의 정도는 더 밝혀진 바 없다.[4] 그러나 필자는 유학 초기 일본의 사회문화계에서 새롭게 등장한 사상과 활동에 주목하여 그녀의 예술사상을 확립시키는 데 큰 역할을 한 것으로 보고, 그 점을 새롭게 조명

한 연구-나혜석과 백남순을 중심으로」, 『아세아여성연구』 숙명여자대학교, 1999, 129면 참조. 이외에도 안나원, 「나혜석의 회화 연구」, 이화여자대학교 석사학위논문, 1997, 43면을 참조.

3) 여자미술학교 출신으로 《세이토》지에 가담한 여성은 아라키 이쿠코(荒木郁子), 오타케 고키치(尾竹紅吉), オガサィウ定이 있다. 그 중 오타케 고키치는 《세이토》 제2권 제4호의 표지화를 그렸고, 아라키 이쿠코는 같은 호에 소설 「수지(手紙)」를 기고하였는데 그 내용이 간통을 긍정적으로 다루고 있다는 이유로 《세이토》지가 처음으로 발행금지 처분을 받았다(飯田祐子, 『「靑鞜」という場-文學·ジェンダー·〈新しい女〉』, 삼화사(森話社), 2002, p.169 참조).

4) 이노우에 가즈에(井上和枝), 「나혜석의 여성해방론의 특색과 사회적 갈등」, 정월 나혜석 기념사업회, 『나혜석 학술대회 논문집 1』, 2002, 71면 참조.

하고자 한다.

20세기 들어와 일본의 문학미술계는 활기를 띠기 시작했고, 그러한 물결 속에서 새로운 예감과 모색이 보이기 시작했다. 1910년을 전후로 특히 메이지(明治) 40년(1907)에 있어서 그 이전과 다른 시대적 성격은 문예계에서 문학, 사상, 미술에 걸친 잡지들이 등장에서 발견된다. 이미 메이지 30년대 문학과 미술에 큰 역할을 했던 《명성(明星)》[5]은 1908년에 정간된 시점을 기준으로 그 다음해인 1909년 《스바루(スバル)》와 1910년 《시라카바(白樺)》[6]가 창간됨으로써 《명성》에 이은 새로운 바람으로 미술계에 변화를 가져오기 시작했다. 이러한 문학잡지들은 미술가에게도 변화를 일으킬 만큼 영향을 주었을 뿐만 아니라, 미술가들의 직접적인 참여의 장으로 역할을 했던 것이다.[7] 이러한 시대적 분위기 속에서 1911년 여성에 의한 여성지 《세이토》가 창간된 것은 문학과 미술계의

5) 요사노 뎃칸(與謝野鐵幹)이 결성한 도쿄신시사(東京新詩社)의 기관지로서 표지화를 담당했던 화가로 후지시마 다케지(藤島武二), 와다 에이사쿠(和田英作) 등이 활약하였고, 이와 더불어 백마회(白馬會)나 태평양화회(太平洋畵會) 같은 전람회의 합평 등을 기재하여 문학과 미술의 만남이 이루어졌던 잡지였다. 특히 요사노 뎃칸은 메이지 후기부터 백마회 화가들과 직접 교분을 가지고 문학과 미술의 공통된 의지를 보여주었다(匠秀夫, 『近代日本の美術と文學-明治大正昭和の揷繪』, 목이사(木耳社), 1979, p.20).

6) 이 잡지는 학습원의 동인을 중심으로 한 문예잡지이며 1923년까지 160권이 발행되었다. 기본적인 성격은 문예였으나 미술사가, 화가들을 포함하고 있어 미술잡지의 성격이 농후했던 잡지였다(水澤勉, 「白樺とユートピア」, 『일본미술관(日本美術館)』, 소학관(小學館), 1997, p.995 참조).

7) 이와 같은 현황에 대해서는 당시 양화계를 통렬히 비판했던 조각가이며 문필가로 이름을 날렸던 다카무라 고타로(高村光太郎)의 경우가 가장 대표적일 것이다. 그는 1911년 3월 《문장세계(文章世界)》의 「프랑스에서 돌아와서」라는 글에서 다음과 같이 밝히고 있다. "유럽의 최신 경향인 인상주의를 들고 미술계로 들어 온 백마회는 도중에 그 주의가 서서히 물러나서 당초 기치를 높였던 것이 불분명하게 되었다. 그것 때문에 문단에서는 독립된 혁신 운동이 일어났다. 최근 우리나라(일본)의 양화계는 오히려 문단의 경향으로부터 자극 받아 원래의 길로 회귀하기 시작한 것처럼 보인다."고 했다(陰里鐵郎, 「ヴィジョンの變革と深化-明治後期から大正の洋畵」, 『日本の印象派』, 소학관, 1977, pp.49~50 참조).

새로운 반향이 불러온 것이었으며 이들 여성동인들 역시 다른 잡지와 마찬가지고 새로운 사상과 문학에 또 다른 장을 열기 시작했던 것으로 생각된다.[8]

일본유학에 첫 발을 내딛었던 1913년 나혜석은 당시 《세이토》[9]에서 간접적인 영향을 받았을 것으로 생각된다. 이는 1914년 《학지광》에 발표한 「이상적 부인」이라는 글을 통해 알 수 있는데, 그녀는 여기서 일본에서 소개된 번역소설의 주인공인 '막다', '노라'와 『톰 아저씨의 오두막』의 저자 '스토우' 부인 등을 나열하는 동시에 "천재적으로 이상을 삼은 '라이조' 여사, 원만한 가정의 이상을 가진 '요사노' 여사" 등과 같은 표현을 통해 《세이토》 동인을 거론하며 자신의 이상을 제시하고 있기 때문이다.[10] 여기서 라이조(らいてう를 표기한 것)는 히라쓰카 라이초(平塚明子, 雷鳥는 호, 1886~1971)를 가리키는데, 그녀를 천재적 이상으로 삼고 있음은 발간의 중심인물이었던 라이초가 《세이토》 창간호의 「발간사」에서 사회를 향해 새로운 등불을 밝혔던 것에서 알 수 있다. 라이초

---

8) 1913년 3월호 《세이토》의 부록에 보면, 「기증잡지급서적(寄贈雜誌及書籍)」란을 두고 기증된 책들을 소개하고 있다. 여기서 《시라카바》, 《現代の洋畵》, 《스바루》, 《휴장(フュウザン)》 등과 같은 미술잡지를 포함하고 있어 《세이토》가 참여자와 함께 공유하는 문학, 미술의 새로운 느낌 모색에도 적극적이었음을 알 수 있다.

9) 《세이토》지는 1911년 6월 히라쓰카 라이초(平塚らいてう)를 중심으로 야스모치 요시코(保持研子), 나카노 하쓰코(中野初子), 기우치 데이코(木內錠子), 모즈메 가즈코(物集和子) 등 5인이 발기인으로 세이토샤를 결성한 후, 9월에 《세이토》를 발간했는데, 여기에는 찬조인으로 요사노 아키코(與謝野晶子), 오카다 야치요(岡田八千代), 고네가이 기미코(小金井喜美子), 다무라 도시코(田村俊子) 등의 당시 여류문필가들과 10명 안팎의 사원들이 함께 만들었다. 또한 세이토라는 지명은 푸른 스타킹을 의미하는 것으로 18세기 런던의 사교계에서 젊은 여성들이 블루 스타킹을 신었던 유행을 영국에서 문예 취향을 논하는 여성들을 조소하여 부른 대명사로서 발기인들은 번역하여 지명으로 삼았다(中尾富枝, 『靑鞜の火の娘－荒木郁子と九州ゆかりの女たち』, 태일출판(態日出版), 2003 참고).

10) 노영희, 「나혜석의 「이상적 부인」론과 일본의 신여성과의 관련성」, 정월 나혜석 기념사업회, 『나혜석 학술대회 논문집 1』, 2002. 2·93면.

는 "태초(元始)부터, 여성은 태양이었다. 진정한 사람이었다"라고 부르짖었고, 이와 동시에 세이토사 개칙(槪則) 제1조에는 "여성이 천재로 태어남을 목적으로 하고자 글을 쓴다. 우리들 역시 한 사람으로 남게 되는 천재다. 천재의 가능성이 있다."라고 썼다.[11] 결국 라이초는 《세이토》의 발기인으로서 자신의 사명을 '천재로 태어나는 한 인간으로서의 여성'을 외침으로써 그 대의를 밝혔고, 이는 아마도 나혜석의 마음속에 몇 안 되는 이상적 부인으로 자리 잡았을 것이다. 라이초의 이러한 면모를 더욱 잘 대변해 주는 것으로 엘렌 케이(Eellen Key)[12]의 「연애와 결혼」이라는 글을 번역하여 《세이토》에 실었다. 이 점은 신여성의 자각적 태생과 사회적 관습에 도전하는 역설로 보인다. 그녀의 연재된 번역은 서구여성의 해방을 접할 수 있는 기회였다고 볼 수 있는데, 특히 '성적 도덕 발전의 과정'이라는 소제목으로 번역된 글은 훗날 나혜석의 연애관이나 결혼관에서도 상당히 영향을 미쳤으리라 본다.[13] 즉, 「우애결혼 시험결혼」이라는 글에서 나혜석은 남녀에 대한 섹슈얼리티의 차별적 적용을 비판하며 '성욕'과 '생식'을 같이 놓고 보지 말자고 주장했다. 이는 아마도 이미 《세이토》에서 소개된 서구 여성해방 사상에서 영향 받았을 것으로 생각되며, 또한 직접적인 구미 경험을 통해서도 한층 강조된 사상이 아닌가 싶다.[14] 결국 이러한 사상의 가교적 인물은 라이초 여사였

---

11) 세이토사 개칙(槪則) 제1조는 "본사는 여류문학의 발달을 도모하고 각자의 천부적 특성을 발휘시킬 수 있는 장래의 여류 천재를 만드는 일에 목적으로 한다."라고 적고 있다. 《세이토》 창간호(1911), p.132 참조. 히라쓰카 라이초에 대해서는 호리바 기요코(堀場淸子), 『靑鞜の時代-平塚らいてうと新しい女たち』, 암파서점(岩波書店), 1988 참조.

12 스웨덴 작가 엘렌 케이는 루소와 니체의 영향을 받아 억압받는 여성과 아동의 해방을 부르짖었다. 그녀는 개인주의와 자유연애, 결혼의 절대 자유와 같은 주장을 폈다(김경일, 『여성의 근대, 근대의 여성』, 푸른역사, 2004, 128~9면 참조).

13) 엘렌 케이 저, 라이초 역, 「戀愛と結婚」, 《세이토》, 1913.3, pp.107~13 참조.

14) 나혜석, 「우애결혼 시험결혼」, 《삼천리》, 1930.5 ; 최혜실, 「여성 고백체의 근대적 의미-

음을 새삼 더 느낄 수 있다.

　이 외에 나혜석이 언급한 또 다른 이상적 부인은 요사노 아키코(與謝野 晶子, 1878~1942)를 지적하고 있다. 요사노 여사는 라이초로부터 시고(詩稿) 의뢰를 받아 《세이토》 창간호에 「넋두리」라는 시로 여성의 자각을 호소한 바 있다. 그러나 나혜석은 라이초 여사와 달리 '원만한 가정'의 이상적 부인이라고 들고 있는 것은 아마도 그녀가 문예계에서 동인으로 활동한 요사노 뎃칸(與謝野 鐵幹, 1873~1935)과 부부였다는 점일 것이다. 메이지 40년대 문학계에서 중요한 자리를 차지하는 《명성》의 발기인이 었던 아키코의 남편은 일본의 근대 문학과 미술 분야에서 활약했으며, 훗날 이 두 부부는 '문화학원(文化學院)' 창립에도 관여한 예술 이상을 실천한 동지로서 함께 했다.[15] 결국 나혜석은 《세이토》에서 발표한 글을 통해서만 아니라, 요사노 여사 자신이 예술동지로서 남편과 함께 했던 삶을 가장 원만한 가정의 이상으로 삼지 않았을까 하는 추측도 하게 된다.[16]

　1921년 3월 5일자 《매일신보》에 입센의 『인형의 집』을 삽화와 함께 번역하여 연재했던 나혜석은 여성의 해방의식을 잘 반영하고 있었던 점 또한 '노라'를 이상적 부인 올려놓았던 것 역시 이미 《세이토》 제3호에

나혜석의 〈고백〉에 나타난 '모성'과 '성욕(sexuality)'」, 『현대소설연구 10』, 한국현대소설학회, 1999, 148~9면 참조.

15) 1921년 문화학원의 창립에서 요사노 부부와 이시이 하쿠테이(石井柏亭)가 상담역으로 참여하여 자유롭고 이상적인 예술교육의 실현을 꾀하며 전문부에 문학부와 미술부를 두었던 사실을 미루어 보아도 나혜석 눈에 원만한 가정의 이상으로 삼은 요사노 여사는 부부 공동의 이상적 예술관이 교육으로도 나타났음을 알 수 있다(고카츠 레이코, 「1930~1950년대 일본의 여성화가 : 제도와 평가」, 『미술 속의 여성』, 이화여자대학교 출판부, 2003, 160면 참조).

16) 노영희, 앞의 글, 97면 참조. 여기서 노영희는 원만한 가정의 요사노 여사를 지적한 나혜석에 대해 '여성의 독립과 자주'를 주장했던 (요사노) 아키코를 "원만한 가정의 이상"적인 여인으로 이상화하는 것은 많은 문제점을 안고 있다고 지적한 바 있다.

서 「노라 합평호」가 나간 바 있어 당시 일본에서 상연되었던 입센의 〈인형의 집(人形の家)〉이 여성들에게 반향을 불러 일으켰음을 시사하고, 아울러 1912년에 완역된 「인형의 집」이 《와세다문학(早稻田文學)》에 실렸던 사실에 있어 나혜석이 번역과 시를 썼던 배경을 설명할 수 있을 것이다.[17]

이 외에도 《세이토》 창간호에 「양신의 유희(陽神の戱れ)」라는 희곡을 쓴 아라키 이쿠코는 여자미술학교 출신이었던 점으로 미루어 보아 나혜석이 여자미술학교 시절 학내 분위기 속에서 자연스럽게 접했던 것으로 생각할 수 있다. 《세이토》 창간호의 표지화는 사원인 나가누마 지에코(長沼智惠子, 1886~1935)가 그렸다. 이 그림은 후지시마 다케지(藤島武二, 1867~1943)의 《명성》 표지, 《시라카바》 등과 같은 아르누보 양식으로 표현되었는데, 이 역시 당시 미술과 문학이 함께 하는 새로운 예술사상의 반영이라 볼 수 있다. 또한 이러한 점에서 여자미술학교에서 서양화를 전공한 나혜석의 화풍 형성을 볼 때 직접적으로 영향을 미쳤던 교수들과도 관련 역시 매우 중요하다. 그러나 이들이 도쿄미술학교의 아카데미즘[18]을 중심으로 한 커리큘럼이 여자미술학교에서도 그대로 적용되었던 1910년대의 상황을 고려하여 당시 구메 게이치로(1866~1934), 오카다 사부로스케(1869~1939)와 고바야시 만고(1870~1947)와 같은 교수들의 양식을 직접 나혜석 화풍과 연결시켜 해석한다는 것은 매우 단

17) 飯田祐子, 앞의 책, p.167 참조.
18) 아카데미즘이란 고전주의적인 미학사상을 기본으로 기법과 표현을 체계적으로 이론화하여 교육시킬 수 있었던 미술교육사상을 일컫는다. 특히 프랑스에서 17세기 국왕의 보호 아래 아카데미가 설립되어 예술가의 권위를 부여받기 위해 정통적인 교육 실천을 중심으로 기능해 왔다. 일본 역시 이러한 정통성의 체계를 도쿄미술학교 서양화과를 중심으로 이식시켰다(다나카 쥰(田中淳), 「黑田清輝と白馬會」, 『일본미술관』, 소학관, 1997, p.900 참조).

면적인 시각에 지나지 않는다. 따라서 회화 양식의 단순한 화풍 양식을 벗어나 예술적인 시지각(視知覺)의 형성에 바탕이 되는 사회 문화의 여러 면모를 살펴봐야 할 것이다.

앞서 언급한 여자미술학교에서 교수했던 이들의 양식 외에 당시 일본 양화계가 문화적 변동을 겪는 시대적 흐름에서 주목되는 것은 일본 양화계에서 '여성'의 등장이라고 할 수 있다. 먼저 일본 양화의 대표적 화가 구로다 세이키와 구메 게이치로가 1896년 파리에서 귀국한 후 도쿄미술학교 서양화과에 구미의 아카데미즘을 제정하여 교수했던 동시에 선진적인 미술단체 '백마회(白馬會)'를 결성한다. 이 명칭은 19세기 말 파리에서 간행된 《라 르뷰 브란슈(la revueblanche)》와 관련이 있는데, 이 잡지는 문학·음악·연극 등의 평론가 집필진에 의해 고답파의 시나 신인상파 회화의 계몽을 앞세우고 노동조건이나 여성의 지위와 관련된 사회문제를 제기하면서 톨스토이·입센·와일드 등의 프랑스 외의 문예를 소개한 획기적인 잡지였다. 이러한 잡지를 접했던 구로다 세이키와 구메 게이치로는 '하얀 잡지'라는 뜻의 '라 르뷰 브란슈'에서 '白'을 따와 모든 색의 총합으로 해석하여 단체명으로 정하고 일본에서 서양화의 새로운 시대를 열고자 했던 의욕과 더불어 서구문학과 미술을 수용하는데 적극적이었음을 나타냈다.[19] 뿐만 아니라 이 잡지를 통한 영향은 일본 문예계에도 커다란 자극이 되었음은 물론, 이러한 여파가 결국 여성에 의한 여성지가 출간되는 사회적 분위기의 초석이 되었음은 틀림없을 것이다. 특히 문학과 미술이라는 접점은 《세이토》에서도 어느 정도 역할을 했다고 볼 수 있는데, 이 잡지의 자유강좌를 통한 새로운 변화를

19) 荒屋鋪透, 「世紀末パリの久米桂一郎」, 『日本の近代美術』 3, 대월서점(大月書店), 1993, p.41 참조.

수용했다고 파악된다.[20] 이러한 시대적 분위기는 나혜석으로 하여금 자연히 문학과 미술의 상호 유기적 기능으로 작용하여 미술 학습과 함께 문학 창작에도 자신의 재능을 드러냈다고 볼 수 있다.

여기서 앞서 언급한 나가누마 지에코(결혼 후 다카무라 지에코(高村智惠子))의 남편은 조각가 다카무라 고타로(高村光太郎, 1883~1956)로 양화계의 평론가로서도 활약한 인물이었고, 또 《세이토》의 창간에 시를 헌사한 요사노 아키코는 《명성》지를 발기인 요사노 뎃칸이 남편이었듯, 이 두 부부는 서로 예술적 동지였다는 점에서 나혜석은 문학가 최승구와의 연애를 통해 미래의 동지애를 이상적인 커플로 생각하지 않았을까 짐작된다. 이는 당시 일본 신여성의 예술사상에 드러난 결혼의 형태라고 볼 때, 나혜석 또한 장래의 배우자 선택과 결혼의 구상의 역할 모델로서 가능한 것은 아닐까 생각된다.

따라서 나혜석에 있어서 여자미술학교 시절은 여성해방이라는 진취적인 사회 사상과 서양화가로서 미래를 설계된 가장 중요한 시기였다고 볼 수 있는데, 이는 여성미술가로서 자신의 운명을 어떻게 개척해야 하는지에 대한 확고한 신념을 가지고 그의 예술 창작은 문학과 미술 양 방면에서 페미니즘 사상에 입각한 창작태도로 이어지는 초기였다고 보아야 할 것이다.

---

20) 「편집실로부터」라는 잡지 후기의 '자유강좌'라는 알림에는 청강의 자격과 강사를 소개하고 있는데, 문예에 흥미가 있는 사람이라면 남자든 여자든 학생이든 누구든지 참여할 수 있음을 밝히고 있고, 미술 분야의 강사로 다카무라 고타로, 기노시타 모쿠타로(木下杢太郎), 사이토 요리(齋藤與里) 등이 포함되어 있다(《세이토》, 1913.3, pp.119~20 참조).

3. 여자미술학교와 구메 게이치로

　나혜석이 화가로 성장하는 과정에서 여자미술학교에서 수학한 학력은 그녀의 전 생애 걸쳐 나타난 작품 형성에 중요한 배경이 되었음에 틀림없다. 여자미술학교는 1900년 "여자의 자립을 위해서 미술교육이 가장 적절하다는 이상을 가지고" 요코이 다마코(橫井玉子, 1854~1903)라는 여성에 의해 개교의 초석을 닦은 후 이듬해 정식으로 개교하기에 이른다. 1898년 도쿄미술학교에 서양화과가 개설되면서 서양화를 배우고자 하는 여성에게 입학이 허용되지 않으면서 여자미술학교의 서양화과는 남성과 대립된 교육기관으로 자리를 잡는다. 건교의 이념에서 여성의 자립을 강조시켰듯이 독립된 여성의 미래를 꿈 꿀 수 있는 학풍은 나혜석에게 여성해방과 함께 화가로 성장할 수 있는 자양분을 수급 받을 수 있는 분위기였음을 짐작할 수 있다.[21] 아울러 훗날 나혜석이 이혼 후 '여자미술학사'를 세워 여성의 자립을 도모했던 사실에서도 유학 당시의 학풍에서 경험한 것일 것 같다.

　그러나 나혜석이 입학하던 1910년대의 여자미술학교의 서양화과의 사정은 그리 좋지 못하였는데, 1903년 제3회 졸업식에서 2명이 배출된 것이 최초이며 그 후로도 졸업생 2명을 넘기기가 힘들 정도로 학교 경영의 악화된 수치를 보여 왔다. "학교 형편에서 보더라도 서양화과는 돈이 많이 들기 때문에 학생 수가 적어 매우 비경제적인 학과였고, 또 이를 폐지하려했던 의견이 자주 거론되었다." 이에 1904년에 취임한 모교 출신의 사토 시즈(佐藤志津, 1851~1919) 교장의 강력한 주장 아래 서양화

---

21) 여자미술학교의 설립과 학교 취지에 대해서는 여자미술학교 편, 『여자미술대학약년사(女子美術大學略年史)』, 2000 ; 『女子美の歷史-ヴィナスたちの100年 女子美のはなし』, 2000 참조.

과가 존속할 수 있었다고 한다.[22]

이와 같은 사정에서 서양화를 전공한다는 것은 경제적으로나 일반인에게 생소한 인식 면에서나, 모두 힘든 공부였음을 짐작할 수 있다. 나혜석이 서양화고등사범과 3학년에 재학 중이었던 1917년 도쿄박문관(東京博文館)에서 출판된 『교풍만화(校風漫畵)』를 보면, 당시 85개의 학교가 선택되어 만화로 소개된 가운데 여자미술학교도 포함되어 그 학생 생활을 보면 다음과 같다.[23]

> 7개의 도구(여자미술대학)
> 동교에서 일제히 눈을 돌릴 수 있는 것은 양화과 학생이다. 머리는 두 갈래로 나눠 길게 늘여 뜰이고 머리 뒤는 둘둘 말려지는 최신식 스타일을 존중한 것으로 보이며, 화구상자를 어깨에 두르고 삼각의자와 삼각대를 겨드랑이에 끼며 스케치용 양산과 캔버스를 들고, (…중략…) 활보하는 '마마'의 모습은 실로, 실로 대단하다고 할 수밖에 없다.

이 외에도 당시 모델 수업 광경을 만화로 표현했는데, 이는 당시 여성이 서양화를 전공한다는 자체가 특이한 일로, 같은 여성들도 색안경을 쓰고 볼만큼 이색적인 풍경이었다. 위와 같은 『교풍만화』에서 〈등 뒤(背中)의 사생(寫生)〉이라는 만화에서는 "남성 모델에게 속옷과 같은 것을 걸치게" 하는 사생에 만족하고 있음을 글과 함께 그림으로 표현되었다.[24] 이 만화는 남성과 달리 여성이 서양화를 전공한다는 것은 사회의 몰이해와 특이한 현상으로 받아들여졌던 시대 풍속이었던 동시에, 여학생들은 회화 기초의 하나인 인체 대상을 익혔던 수업 광경을 보여 준다.

---

22) 위의 책, p.21 참조.
23) 위의 책, p.22 참조.
24) 고카츠 레이코, 앞의 책, p.157 참조.

1910년대 여자미술학교의 서양화과는 도쿄미술학교 커리큘럼에서 보이는 목탄화나 인체화의 훈련이 별반 다르지 않게 이루어진 것으로 보인다. 그것은 몇 몇 도쿄미술학교 교수가 여자미술학교에 초빙된 일에서 나타난다. 그 중 여자미술학교에서 해부학을 강의했다고 전하는 구메 게이치로와 나혜석과의 불분명한 사승 관계를 규명하는 일은 먼저 이 둘의 〈습작(習作)〉(도쿄도현대미술관 소장)과 〈나부(裸婦)〉(호암미술관 소장)가 어떤 상관을 지니고 있는지를 파악해야만 한다. 먼저 이 두 작품 사이에는 모작이라는 양식적 판명에 따라 위작의 문제를 제기해야 할 것이다.[25] 나혜석의 〈나부〉가 모작이라고 한다면 적어도 어떠한 경위로 구메의 〈습작〉을 보았는가 하는 점이다. 〈습작〉 역시도 〈나부〉처럼 제작 연도를 알 수 없다. 그러나 구메의 작품은 대략 프랑스 유학 시절에 습작한 것으로 보는 것이 일반적인 견해이므로 제작 연도가 귀국 전인 1892년을 넘지 않을 것으로 생각된다.[26]

구메는 1886년 구로다 세이키와 함께 라파엘 콜랭(Raphaël Collin, 1850~1916)[27] 화실에 입실한 후 1893년 귀국하여 1898년 도쿄미술학교 교수로 재직하며 미술해부학과 고고학을 가르쳤다. 그는 구로다와 더불어 콜랭의 외광파를 수용하여 도쿄미술학교에 아카데미즘을 확립했고, 또한 메이지미술회에 대립되는 신파(新派) '백마회'의 핵심멤버이기도

<hr />

25) 〈나부〉의 위작 문제는 윤범모, 「나혜석 예술세계의 원형 탐구」, 『미술사논단』 9, 한국미술연구소, 1999, 179면 참조.
26) 1980년 북구주시립미술관(北九州市立美術館)에서 개최된 '日本の洋畵家によゐ滞歐作展'에 구메 게이치로의 〈습작〉이 전시되어 프랑스 유학 중에 제작되었음을 시사한 바 있다.
27) 라파엘 콜랭은 19세기 말 외광파 화가로 절충주의 화법으로 관능적인 나부 작품을 제작한 인물로 잘 알려져 있다. 프랑스 아카데미 코라쥬의 교사로 구로다 세이키, 구메 게이치로, 와다 에이사쿠 등을 지도했으며, 특히 오카다 사부로스케는 코랭의 화풍을 가장 충실히 계승한 제자도 알려졌다.

했다. 이와 같은 구메의 화력이나 경력을 통해 자신의 작품이 모작될 수 있는 1순위의 화가는 당연 그의 제자일 가능성이 높다. 그가 도쿄미술학교 외에도 덴신도조(天眞道場)에서 학생을 지도했고, 더욱이 나혜석과 관련된 여자미술학교에서 해부학을 가르쳤던 사실은 그 거리를 좁혀 주기는 듯하다. 그러나 문제는 나혜석이 입학한 1913년의 학적부에 따르면 해부학 수업이 없었고, 또 나혜석이 중간 휴학과 복학이 이루어지는 1916년과 1917년은 '예용해부학(藝用解剖學)' 수업이 있었을 뿐이다.[28]

그러나 이 시기 구메는 여자미술학교에 출강하지 않은 듯하다. 그는 1915년 미국 샌프란시스코박람회 용무로 출국 후 이듬해에 귀국하면서 학교에서 강의는 맡지 않은 것으로 보인다. 즉 구메의 연보에는 여자미술학교에 출강한 기록이 없다.[29] 다만 1902년에 여자미술학교에 입학한 가메다카 후미코(龜高文子, 1886~1977)의 회고에 따르면 당시 서양화 주임에 이소노 요시오(磯野吉雄, 1875~1948), 서양미술사에 이와무라 도오루(岩村透, 1870~1917), 해부학에 구메 게이치로라고 한 바 있다.[30] 뿐만 아니라 여자미술학교는 학내 문제로 1916년 서양화과 교수가 교체되는 대대적인 변화가 있었다. 따라서 나혜석과 구메 게이치로와의 접점은 찾을 수가 없으며 또한 이제까지 〈나부〉 혹은 〈누드〉라는 제목으로 여성을 묘사한 것으로 인식해 왔으나, 구메의 〈습작〉은 서양 남성을 대상으로 묘사한 것이기 때문에 〈나부〉라는 제목도 잘못된 것임을 알 수 있다.

또한 구메의 〈습작〉은 미완성 상태로 사인과 제작 연도가 없기 때문

28) 伊藤史湖, 「久米桂一郎と美術解剖學」, 『美の內景』, 구미미술관(久米美術館), 1998, pp.14~5 참조.

29) 『구미미술관장품도록(久米美術館藏品圖錄)』(구미미술관, 1982)에 나와 있는 三輪英夫 편의 구메 게이치로의 연보를 참조.

30) 『여자미술대학팔십년사』, 여자미술대학, 소화55년, p.459 참조.

에 공식적인 학교에서 학생들이 그의 작품을 접했다고는 보기 어렵고 구매의 개인화실에서나 접할 수 있었을 것으로 추측된다. 그 외의 경우라면 다른 소장자에 의해 전혀 다른 곳에서 다른 사람의 손으로 그려지진 않았을까 생각한다. 아울러 보통 모작인 경우 학습의 과정이므로 작품에 사인을 남기는 경우가 드물고 오히려 기록적인 사실을 적어두는 경우가 간혹 있다. 특히 구매 자신도 유학 중 습작이었기 때문에 사인을 남기지 않았을 것으로 생각되는데, 이 작품이 오히려 모작이기 때문에 마치 원작가의 의도처럼 미완의 작에 가짜 사인을 넣은 것이 아닌가 하는 의심이 든다. 작품의 양식적인 면에서도 나혜석의 기준작으로 삼을 만한 조선미술전람회 출품작과 상이한 기법을 보이고 있어 더욱더 나혜석의 작품으로 보기 어려우며 또한 나혜석의 성품으로 보아 모작에 사인을 했을 리는 더더욱 없을 것으로 생각된다. 어쩌면 나혜석과 전혀 관련 없는데 사인을 위조하여 위작을 만들지 않았을까 생각된다. 이 작품은 누군지 모를 화가에 의해 모작된 것을 나혜석 작품으로 둔갑된 것이 아닌가 하는 쪽에 무게를 두고 싶다.

이와 같이 나혜석 작품의 진위 문제는 태작이 많고 현존작 중에서도 분명한 기록을 찾을 수 없는 것이 대부분이어서 끊임없는 논쟁으로 남을 여지가 많다. 따라서 작품의 진위를 밝히는 데 어려움을 지니고 있는 나혜석의 회화작품에 대해서는 그녀가 지녔던 창작태도와 양식형성 그리고 예술사상을 고찰해 보아야할 것이다. 이러한 예술성장 배경은 나혜석이 전문미술교육을 받았던 여자미술학교 시기를 통해 형성된 것으로 볼 때 그녀 작품에 나타난 진성성 연구에 따른 새로운 진적을 기대하고 싶다.

4. 예술사상에 있어서 후기 인상화파의 영향

나혜석이 수업을 받았던 시기는 대체로 도쿄미술학교 교수로서 관전(官展) 심사위원을 겸한 화가 오카다 사부로스케와 고바야시 만고 등이 목탄화와 유화를 지도한 것으로 되어 있다.[31] 그러나 이들의 개인 연보에는 여자미술학교의 교편 경력이 적혀있지 않고 학교 교수진 명단에도 전임 교수로는 나와 있지 않다. 나혜석은 훗날 "소림만오씨(小林萬吾氏)에게서 가장 오래 배웠습니다. 그렇지만 별로 그이의 영향을 내 그림에서 많이 찾는다거나 그이의 것을 모방한 것 같지는 않습니다."라고 회고하고 있다.[32] 그 외에는 《조선일보》에 게재한 「미전 출품 제작 중에」(1926.5.20)에서 "즉 나는 학교시대부터 교수 받는 선생님으로부터 받은 영향상 후기 인상파적 · 자연파적 경향이 많다."[33]라고 언급하고 있다. 그러나 이는 스승의 작품 양식과 직접적인 영향 관계로 보기보다는 당시 일본 양화계에서 주목된 사조에 영향을 받았음을 지적하고 있지 않은가 싶다. 왜냐하면 그녀의 교수라고 지칭되는 오카다 사부로스케와 고바야시 만고의 경우 '후기인상파'의 양식이라기보다는 '인상파' 양식에서 다루어지는 화가이기 때문이다. 그러나 '자연파적 경향'이라는 그녀의 지적은 아카데미즘 화풍에서 자주 등장한 인상주의 외광파 양식과 같은 경향을 지칭한 것으로 볼 수 있을 것이다. 대상을 보이는 대로,

---

31) 이 둘은 일본의 '제국미술전람회'와 같은 관전뿐만 아니라 '조선미술전람회'와 같은 식민지 관전에 심사위원으로 참여하였다. 조선미전에 심사위원으로 참가한 오카다는 제1회, 고바야시는 제11회와 제12회로 나타난다. 제전시기와 식민지 관전의 심사위원 표는 문정희, 「동아시아 관전(官展)의 심사위원과 지방색」, 『한국근대미술사학』 11, 한국미술사학회, 2003, 203~7면 참조.

32) 「서양화가 나혜석씨」, 《신가정》, 1933.5 : 서정자 엮음, 나혜석 기념사업회 간행, 『정월 나혜석 전집』, 국학자료원, 2000, 553면 참조.

33) 『조선미술전람회기사자료집』, 한국미술연구소, 1999, 133면 참조.

있는 그대로 묘사하는 외광파의 이념이란 자연주의 문학과 공통점을 갖고 있으며, 또한 문학잡지에서 자주 등장하는 양화가의 삽화는 자연주의 문학의 유행과 궤를 같이 하기 때문이다.[34] 이러한 당시의 유행을 이해한다면 나혜석이 언급한 자연주의보다는 '후기인상파'에 무게를 두어 그 배경을 살펴보아야 하며, 그러기 위해서는 여자미술학교 시기 나혜석이 영향 받을 수 있었던 화가 교수와 양화계의 동향을 고찰해야만 할 것이다.

당시 여자미술학교에서 일어난 변화는 서양화과 교수진에 새로운 조직 개편이 드러나는데 그 내용을 보면 다음과 같다. 나혜석이 휴학을 하고 귀국하여 잠시 교편을 잡아 학비를 모아 다시 복학했던 1916년 여자미술학교는 사토 시츠 교장에 의해 개혁이 단행되기에 이른다. 당시 서양화과는 창립 시기부터 서양화의 지도교원인 이소노 요시오와 영어 교원 다니키 사부로(谷紀三郎)와의 항쟁이 표면화되면서 사토 시츠 교장은 이 둘을 해직시켰고, 이에 이소노를 지지하는 많은 교원들이 줄지어 사직하는 사태가 벌어졌다. 이때 교장은 이러한 흐름을 막고, 아울러 서양화과의 재정립을 위해 강한 지도자가 필요했던 만큼 일본 양화의 거장 오카다 사부로스케를 영입하게 되었다.[35]

오카다 사부로스케는 구로다 세이키와 구메 게이치로의 제자로 이들과 같이 라파엘 콜랭에게 사사 받았던 19세기 말부터 20세기 전반기의 일본 양화계에 다섯 손가락 안에 드는 거장 중에 한 사람이다. 또한 그

---

34) 미술의 외광파와 문학의 자연주의 관계는 자연주의 작가가 자주 사용한 '평면묘사'라는 말이 본래 외광파 용어였던 점을 들어 이 두 예술이 매우 친근한 동질감을 지닌 것으로도 해석할 수 있다(匠秀夫, 앞의 책, p.34 참고).

35) 伊達跡, 「岡田三郎助の頃 女子美」, 『遙かな道程－岡田三郎助の頃 女子美展』, 女子美術大學 女子美アートミュージアム, 2003, p.62 참조.

는 이와 같은 관학파적인 계보 이외에도 페미니즘 젠더론의 성행과 함께 여성의 미술교육에 공헌한 인물로 재조명되고 있다.[36] 그의 부인 또한 《세이토》의 찬조인으로 글을 게재한 연극평론가 겸 문학가였던 오카다 야치요(岡田八千代, 1883~1962)로서, 남편 오카다 사부로스케가 여성화가의 육성이라는 미술교육적인 측면에 새로운 의미를 지니고 있다고 하겠다.

여자미술학교에서 오카다 사부로스케의 수업은 1927년까지 매주 1회 정도, 한 학기에 4~5회 정도였는데 이 또한 오카다의 형편에 따라 달라졌다고 한다. 따라서 나혜석은 1916년과 1917년에 오카다의 수업을 받았던 것은 확실하나 그 횟수는 매우 적은 것임을 알 수 있다. 오카다의 수업은 주로 누드 모델 수업으로 이루어졌는데 이는 당시 미술학교의 아카데미즘의 계보에서 벗어나지 않는 수업이었다. 나혜석의 작품에서 오카다 회화와 영향 관계는 직접적인 화풍의 영향보다는 대체로 인체 데상의 기초를 닦았던 면에서 얘기되어야 할 것이다.

이러한 사실로 미루어 보아 나혜석 작품에 나타난 화풍에 대해도 외광파의 영향으로 단정하는 것은 또 다른 오해를 불러 올 여지가 있다. 그녀에게 있어서는 외광파와의 직접적인 영향의 배경 설명은 매우 박약할 수밖에 없는데, 이는 오히려 학교 수업과 당시 일본 양화화단에서 유행하는 양식을 통해 자신의 예술 화풍을 성장시켜 나갔다고 보는 것이 더 타당할 것으로 생각된다. 따라서 직접 구로다 세이키의 화풍과 연결

---

36) 오카다가 여성의 미술교육에 강한 관심을 표명한 것은 프랑스 유학 시기의 체험에서 비롯된 것으로 보는 견해도 있다. 파리의 콜랭의 화실에서 같이 수학한 중국인 젊은 여성이 청일전쟁이 끝난 후 요동반도의 반환 문제에 관해 러시아의 처리를 두고 당당하게 논했던 것에 "의외적인 느낌을 받았다"고 친구에게 편지를 보냈다고 한다(광도예술학연구회(廣島藝術學硏究會), 「支那絹の前にたつ岡田八千代」, 『예술연구(藝術硏究)』, 1988.7 참고).

시켜 나혜석의 회화를 이해하는 것은 큰 무리가 따르는 것으로 본다.[37]

나혜석에 있어서 페미니즘 회화의 근간은 역시 여자미술학교 시절 한 인간으로서 당당히 설 수 있는 여성화가의 면모가 확립된 것에 따른 것이라 할 수 있다. 이는 앞서 언급한 대로 여성해방론과 여성의 사회적 역할에 사상적 기반이 되었던 《세이토》와 같은 여성전문잡지는 다른 미술 혹은 문학잡지들과 함께 1910년대의 시대적 조류를 반영했다고 할 수 있다. 이러한 시대적 분위기에서 예술가로 성장한 나혜석은 귀국 후 자신의 작품에서 여성을 한 인간의 개체로 인식하는 창작태도로 일관하였음을 발견할 수 있다.

이러한 가운데 앞서 다루었던 나혜석의 언급을 다시 주목하면 다음과 같다.

> 선생님으로부터 받은 영향상 후기 인상파적 자연파적 경향이 많다. 그러므로 형체와 색채와 광선에만 너무 주요시하게 되고 우리가 절실히 요구하는 개인성, 즉 순예술적 기분이 박약하다. 그리하여 나의 그림은 기교에만 조금식(式) 진보될 뿐이요, 아무 정신적 진보가 없는 것 같은 것이 자기 자신을 미워할 만치 견딜 수 없이 고(苦)로운 것이다. 이런 때야말로 남의 그림을 많이 볼 필요도 있고 참고서를 많이 읽을 필요가 있는 것이다.
> — 「미전 출품 제작 중에」, 《조선일보》, 1926.5.20~23 총4회 연재[38]

위 글에서 '후기인상파적'인 것은 외광파 아카데미즘보다 선진적인 것으로, 적어도 인상파의 지류로서 외광파를 이식시킨 구로다 세이키와

---

37) 안나원은 나혜석 그림에 구로다 세이키의 영향이 나타난다고 보았고, 해부학 강의를 맡았던 구메 게이치로와 고바야시 만고의 화풍 영향도 있었다고 보았다(안나원, 앞의 글, 34면 참조).

38) 『조선미술전람회기사자료집』, 133면 참조. 인용문의 밑줄은 필자의 강조를 나타낸 것임.

구메 게이치로, 그리고 그의 제자 오카다 사부로스케의 계보에서 오카다 사부로스케나 고바야시 만고가 여자미술학교에서 가르친 시기, 당시의 새로운 화풍에 대한 의미에서 사용한 것이 아닌가 생각되며, 오히려 '자연파' 적인 것이야말로 외광파 양식에 가까운 지적일 것이다. 1900년대는 인상화파에 대한 담론이 백마회의 주요 화가들을 통해 자주 등장했으나, 1910년대 무렵부터 조금씩 세잔·반 고흐·고갱 등의 소개가 이루어지면서 새로운 예술의 모색이 일기 시작했다.[39] 이러한 현상들은 일본의 양화계를 이해하는 데 간과할 수 없는 중요한 사실들이다. 특히 1910년대부터 1920년대에 출간된 일본의 미술잡지에서 세잔에 대한 비평 언어 속에는 '인격' 이라는 개념이 미술에 공통되게 사용됨으로써 당시 폭넓게 인식하고 있었음을 알 수 있다.[40] 여기서 '인격' 과 관련된 의식은 나혜석이 '개인성 즉 순예술적' 인 것과 '정신적 진보' 라는 표현으로 나타난 것으로 해석할 수 있고, 또한 이는 1910년대 학교시절부터 훈도(薰陶)된 예술사상과 관련성을 지어 볼 수 있을 것이다.

이 시기 《세이토》 창간호 표지화를 그린 나가누마 지에코의 남편 다카무라 고타로는 1910년 4월 미술잡지 《스바루》에 「녹색의 태양」이라는 글을 발표하면서 젊은이들에게 가장 큰 영향을 미쳤던 비평가로 알려지게 되었는데, 이 글은 인상파·표현주의·포비즘(야수파)에 걸친 예술사의 혁명을 설파하는 동시에 예술가의 자유로운 느낌을 용인하는 일종의 아

---

39) 미술잡지 《시라카바》나 《미술신보(美術新報)》에서 서구미술 소개가 있었고, 이 때 《미술신보》에서 구메 게이치로는 마네, 모네 등과 관련된 인상파의 평론을 발표했으며 미술계의 많은 반향을 불러왔다(陰里鐵郎, 「ヴィジョンの變革と深化−明治後期から大正の洋畵」, 『日本の印象派』, 소학관, 1977, p.150 참조).

40) 아리시마 이쿠마(有島生馬), 「畵家ポール·セザンヌ」, 《시라카바》 제1권 제3호, 1910.6 ; 야나기 무네요시(柳宗悅), 「革命の畵家」 《시라카바》 제3권 제1호, 1912.1 참고.

나키즘적인 예술가 선언을 얘기하고 있는 것으로 해석된다.[41] 최근 나가이 다카노리(永井隆則) 씨의 논문 「일본의 세자니즘」에 따르면 다카무라 고타로가 언급한 '인격'은 예술가가 예술가 개인으로서 존재해야 할 근거로서 이와 동시에 작품의 가치내용으로써의 인격을 말한다고 보고, 작품의 가치는 작품에 드러난 작가의 생명의 충실도에 있다고 주장하면서 감성·취미·생명적실감 등을 예술가 개인의 존재에 귀속시키고 있는데, 즉 '생'을 예술 이념의 근거로 삼아 강렬한 생명감의 충실, 생명력의 발현이야말로 예술적 감동이라고 주장했다.[42] 이와 같은 다카무라의 주장은 1920년대 니시다 기타로(西田幾多郎, 1870~1945)의 '생명' 주의의 연장선상에 놓이게 되며 더 많은 예술가들에게 영향을 주었다.[43]

이러한 당시의 예술사상의 진전은 나혜석의 창작태도와 예술관 형성에도 큰 영향을 주었으리라 생각되며, 그러한 사상을 엿볼 수 있는 사례는 1932년 조선미전 평문에서 발견되는데 그 일부를 보면 다음과 같다.

관료적 전람회인 만치 아카데믹 하지 않고 앙데팡당(雜物)이었다. 세계적 화단에서 노시던 이종우 씨, 임파 씨, 백남순 씨 같은 분이 더 정진하사 우리가 요구하는 우리의 양보다 질을 요구하고 싶고 그리워하는 바이다. 중실(中實)이 없고 겉만 주그레한데 실증을 가진 자들이다. 단(單)히 그림이 좋아서 그릴뿐 아니라 그림이 전생명이 되고 전노력이 될 만한 역작이 있었으면 싶

41) 나가이 다카노리(永井隆則), 「日本のセザニスム」, 『미술연구(美術研究)』 375, 도쿄문화재연구소, 2001 참고.
42) 다카무라 고타로의 생(生)의 의식과 같은 주장은 당시 그의 시작(詩作)에도 공통된 예술이념으로 나타났고, 미술계에서도 더욱 계발되어 후진이 배출되면서 이들은 생의 예술에 세례를 받아 이와 같은 의식을 예술 목표로 정해 지향해 갔다(匠秀夫, 앞의 책, p.302~3 참고).
43) 일본의 생명주의에 대한 철학적 논고는 스즈키 사다미(鈴木貞美), 『生命で讀む日本近代－大正生命主義の誕生と展開』, 일본방송출판협회(日本放送出版協會), 1996 ; 藤田正勝, 『現代思想としての西田幾多郎』, 講談社選書メチエ, 1998 참조.

으다. 선전은 아직 일본에 제전이나 불란서 살롱과 같이 영이 흔들리고 살이 뛸 만치 미의 발표가 된 작품을 볼려면 까맣다. 몇 분 작품을 제한 외에는 사생화 진열에 지나지 않는다. 필자도 스스로 부끄러워하는 바이다. <u>장래는 반드시 그림과 일생을 싸우는 노대가가 있어 정복할 줄 믿고 기뻐하는 바이다.</u> 보라 불란서의 노대가 마치 '스비가소 후리에즈 뒤란' 같은 분의 공부하는 열(熱)이든지 일본의 강전삼랑조(岡田三郎助), 화전영작(和田英作), 같은 분의 노력은 아직도 청춘을 웃을 만한 정력과 계속성을 가지고 있는 바 아닌가. <u>그림은 확실히 일생의 일거리요,</u> 또 그렇게 될 수 있고 되게 되는 것이다.

    — 「조선미술전람회 서양화 총평」, 《삼천리》, 1932.2.[44]

  위와 같은 글에서 나혜석의 예술의 본위를 '전 생명이 되고 전 노력이 될 만한 역작'에 두고 이를 기대했으며, 아울러 프랑스 화단의 화가와 일본의 오카다 사부로스케, 와다 에이사쿠(和田英作, 1874~1959)를 예로 들어 이들의 노력과 정력을 치하하고 '그림은 확실히 일생의 일거리'라는 점을 강조하고 있다. 이 글에 몇 달 앞서 나혜석은 구미만유의 경험을 통해 같은 해 1932년 3월에 「파리의 모델과 화가생활」이라는 글은 《삼천리》에 실은 바 있다. 여기서 그녀는 프랑스 회화의 약력을 여러 화파(畵派)로 나누어 설명하고 있는데, 그 중 후기인상파 화가에 대해서 기술을 보면 다음과 같다.

    (후기인상파 화가들은) 자아의 표현과 예술의 본질을 잊지 아니 하였다. (…중략…) <u>예술의 정신을 창조적으로 개체화하려고 하였다.</u> (…중략…) 미추를 초월하여 인정미로 만상(萬象)을 응시하여 인생과 같은 값 되는 작품을 작(作) 하려 하였다 그럼으로 그들의 작품은 자연의 설명이 아니요 보고 즐겨할 취미의 것도 아니요 인격의 표징이요 감격이었다.[45]

44) 「조선미술전람회기사자료집」, 316면 참조. 밑줄은 필자가 강조를 하기 위해 나타낸 것임.
45) 나혜석, 「파리의 모델과 화가생활」, 《삼천리》, 1932.3 : 서정자 엮음, 앞의 책, 527면 참조.

후기 인상파 화가에 대한 나혜석의 이러한 생각은 앞서 설명한 다카무라 고타로의 세잔 읽기에서 보여준 "예술의 정신을 창조적으로 개체화하려고" 했던 점과 "인격의 표징이요 감각"이었음을 설명하고 있는 것이다. 이러한 영향은 훗날 미술학교를 졸업하고 구미화단을 경험하면서 자신의 예술관에 성립 이념에도 작용했기 때문에 나올 수 있었던 것 같다. 결국 그녀에게 있어서 후기인상화파의 인식은 예술 정신을 여성인 자신으로 개체화시키는 데 역할을 했고, 작품이 주체가 되는 내가 '생명'을 가지는 인격으로까지 미쳤다고 볼 수 있다. 따라서 오늘날 논의되는 페미니즘 화가로서의 나혜석은 창작태도와 예술사상에서 여성을 주체로 삼는 한 생명의 인격임을 알 수 있다.

마지막으로 지난 2004년 4월에 발표된 박계리씨의 「나혜석의 회화와 페미니즘−풍경화를 중심으로」(나혜석 바로알기 제7회 심포지엄)라는 논문은 지금까지 나혜석을 페미니즘 화가로 읽을 수 없었던 연구에 새로운 지평을 열었다고 생각된다. 1920, 30년대 조선미전을 통해 화가로서 입지를 굳혔던 나혜석은 〈낭랑묘〉(1925) · 〈천후궁〉(1926) · 〈정원〉(1931) 등과 같은 작품을 통해 자신의 삶을 전 생명의 노력의 장을 개척했던 점에서 페미니즘 회화의 선구자의 면모가 그대로 드러나기 때문이다.

특히 〈천후궁〉을 조선미전에 출품하면서 나혜석은 "다다미 위에서 차게 군 까닭인지 자궁에 염증이 생하여 허리가 끊어질 듯이 아프고"라며 시작하는 글을 써서 자신이 '고통 받는 자궁'을 통해 남성과 차별된 여성의 운명을 나타냈었고, 마침내 '천후궁'이라는 제재 속에서 여성의 자궁을 내면화하는 작품을 완성시켰다. 당시 그녀의 이러한 글은 사회적으로 여성의 생식기능과 연결되는 자궁이라는 말조차도 쉽게 하거나 긍정적으로 받아들여지는 시대는 아니었기 때문에 매우 도발적인 발언이라고도 생각된다. 이러한 글이 발표 된 후 조각가 김복진의 「미전 제5

회 단평」에서 〈천후궁〉에 대해 "신문에 자신의 변해를 길게 쓴다니 만큼 작품에 자신이 적다는 것을 읽을 수 있는 것이다"라고 하며, 앞서 발표한 《조선일보》 기사에 부정적인 견해를 피력하고 있다. 그는 또한 "〈천후궁〉은 구상에 있어 여자답다고 안다"고 하며, 이어서 "초기의 자궁병이 단지 치통과 같이 고통이 있다 하면 여자의 생명을 얼마나 많이 구할지 알 수 없다는 말을 들었었다."[46]라고 하며 비꼬는 듯한 뉘앙스로 부정적인 견해를 드러내고 있는 것만 봐도 당시의 화단에서 여성성을 부각시킨 작품에 거부 반응을 보였던 것으로 이해된다.

예술가가 개체로서 주관적인 이념을 나타내는 나혜석의 창작태도는 자신의 삶과 유착된 페미니즘으로 일관되었다고 생각되며 이러한 배경에는 여자미술학교 시기에 영향 받았던 1910년대 일본 양화계의 새로운 변화가 자리를 잡고 있는데, 결국 이는 일본에서 새롭게 인식되었던 후기 인상파의 영향으로도 파악될 수 있다. 이 외에도 나혜석의 작품을 후기인상파니 야수파니 하는 양식적 구분은 그다지 중요하지 않다고 생각되는데, 가령 조선미전과 일본 제전에서 입선한 〈정원〉은 《동아일보》 기사에서 나타나듯 구미여행의 선물로 특선을 자신했던 작품이다. 일반적으로 나혜석이 구미여행에서 돌아온 1930년대를 전후로 작품의 양식이 야수파의 영향을 받아 전환하는 것으로 보는 견해에 대해서는 다시 생각해 봐야 할 것이다.

관전에서 입선을 자신할 만큼 만족스러워 했던 〈정원〉은 양식으로 보아 야수파 영향과 거리가 멀고, 오히려 파리의 클루니 정원을 제재로 정원으로 들어가는 앞의 돌문을 묘사함으로써 중세유럽의 봉건적 여성의 성적 억압을 공간에 감정을 이입시키고 있어 그 시도 역시 새로운 것이

---

46) 『조선미술전람회기사자료집』, 142면 참조.

었다.[47] 나혜석의 작품 양식의 전환점을 가져온 시기는 이혼을 정점으로 크게 대별되며, 이혼 후 내적 고통을 겪으면서 생명에 대한 여성적 인내를 함축시킨 〈화녕전 작약〉(1932)은 화가 나혜석으로서도 제2의 시기를 맞았다고 보아야 할 것이다. 이 작품에서 나타난 자유롭고 활달한 필치는 야수파 화풍과도 연결시킬 수 있으나, 근본적으로 볼 때 앞선 시기에 〈정원〉과 같은 구축적인 기법으로 화면의 긴장을 가져오는 필치에서 자신의 내면적 변화를 통해 태생적인 고통의 늪을 벗어나고 초월하듯 풀어놓은 듯한 활달한 필치로 변화했고, 이는 훨씬 조형적 예술미의 완성을 보여 준다고 하겠다.

결국 나혜석에게 있어서 일본유학을 통해 접했던 후기인상파는 창작 태도와 예술관 성립에 어느 정도 영향을 미쳤을 뿐 회화 양식과 직접 연결되지 않는다고 봐야 할 것이며, 또한 구미여행을 통해 야수파의 영향을 받았다고 보기보다는 자신의 생의 전환점을 통해 삶에 나타난 자아의 성찰이 더욱 양식의 변화를 가져오게 했으리라 생각하는 바이다.

5. 맺음말

이상과 같이 나혜석의 여자미술학교 시기에 영향 받을 수 있었던 문예계의 새로운 사상과 예술가의 이념의 성장과 관련된 학습기에 대한 고찰을 했다. 1910년대 일본의 예술계에서 일어났던 여성해방론은 분명히 명민한 나혜석의 10대 말부터 큰 영향을 미쳤던 것으로 보이며, 이러한 영향은 그녀의 전 생애에 걸친 치열한 한 화가로서 길을 열게 했던 것으로 생각된다. 이런 가운데 후기 인상파와 같은 신조류의 영향은 그

---

47) 「특선작 〈정원〉은 구주여행의 선물」, 《동아일보》, 1931.6.3 : 서정자 엮음, 앞의 책, 521면 참조.

녀의 창작태도와 어느 정도 관련이 있었다고 보며, 이는 결국 한국 근대화가의 선구자적 면모를 여실히 보여주는 점이라고 생각할 수 있다. 그럼에도 불구하고 아직도 근대미술사에서 나혜석은 한국 최초의 여성 서양화가에만 머물고 있을 뿐 근대회화 전개에서 뚜렷한 자리를 차지하고 있지 못한 게 현실이다. 이런 가운데 최근 홍선표 교수께서는 「한국 근대미술사와 교재」라는 발표에서 나혜석에 대한 미술교과서 상의 서술을 찾아보기 힘들다고 하면서 "이는 성 차별로 간주될 가능성이 높다"고 지적했고, 그녀의 "작품이 중·고등학교용 미술교과서의 미술 감상편에 수록된 한국 근현대 작품 144점 중 한 점도 없어 이러한 가능성을 높여준다"[48]고 했다. 이와 같은 예리한 지적은 지금까지 한국근대회화사에서 여성화가 나혜석에 대한 객관적인 시각의 결핍이라는 현실을 각성케 하고 이를 계기로 올바른 미술사 서술의 접근을 이루어 내는데 지표로 삼을 필요가 있다.

또한 이 시기의 일본의 양화계의 새로운 움직임은 전문미술교육을 통해서 그 영향을 보여주기도 하는데, 이 역시 한국근대회화에 있어서 나혜석이 지니는 의의를 다시 생각할 수 있는 부분이다. 유학을 마치고 귀국한 나혜석은 결혼과 이혼의 역경을 겪으면서도 화가의 길을 포기하지 않고, 오히려 창작을 통해 자신의 삶을 관철시켰던 시대의 선각자적인 면모를 보였다고 할 수 있다. 결국 그녀의 예술은 한국 페미니즘의 색채로 드러났고, 또 이러한 모습은 여자미술학교 시기 사상적 성장 속에서 이루어진 것이라고 할 수 있을 것이다.

(문정희)

---

48) 홍선표, 「한국 근대미술사와 교재」, 한국미술사교육학회 춘계 학술대회, 2005.5.14(이 발표 논문은 「미술사학 19」에 실릴 예정).

나혜석의 조선미전 출품작 고찰

1

　현재 나혜석의 작품이라고 전칭되고 있는 유존 작품은 그 신뢰성이 떨어지는 반면, 출처가 확실한 조선미전의 작품은 상대적으로 높은 비중을 차지한다. 조선미전의 경우, 나혜석은 제1회(1922)부터 참가하기 시작해 제7~8회를 제외한 제11회(1932)까지 모두 18점의 작품을 발표했다. 결코 적다고만 말할 수 없는 작품수이다. 게다가 이들 작품은 다양한 소재 분포를 보이면서 시대적 안배도 적절하다. 그러니까 나혜석이 왕성하게 작가활동을 하던 시기의 내역을 짐작하게 하는 훌륭한 자료라는 뜻이다. 이들 조선미전 출품작의 분석을 통해 나혜석 미술세계의 원형을 추출해 낼 수 있다. 유존된 작품 가운데 출처가 확실한 기준작 혹은 대표작이 없다면, 차선책으로 조선미전 출품작의 특성을 통해 나혜석 미술의 특징을 살필 수밖에 없다. 나혜석의 조선미전 출품작과 수상 내역은 다음과 같다.

1회(1922) 〈봄〉(입선), 〈농가〉(입선)

2회(1923) 〈봉황산(鳳凰山)〉(입선), 〈봉황성(鳳凰城)의 남문〉(4등 입상)

3회(1924) 〈가을의 정원〉(4등 입상), 〈초하(初夏)의 오전〉(입선)

4회(1925) 〈낭랑묘(朗朗廟)〉(3등 입상)

5회(1926) 〈중국촌(원제 : 지나정(支那町))〉(입선), 〈천후궁(天后宮)〉(특선)

6회(1927) 〈봄의 오후〉(무감사 입선)

9회(1930) 〈아이들〉(입선), 〈화가촌〉(입선)

10회(1931) 〈정원〉(특선, 제12회 일본제전 입선), 〈작약(芍藥)〉(입선), 〈나부〉(입선)

11회(1932) 〈소녀〉(무감사 입선), 〈창가에서〉(무감사 입선), 〈금강산 만상정(萬相亭)〉(무감사 입선)

화가로서 나혜석의 활동기간은 위의 조선미전 출품 시기와 대충 맞물린다. 그러니까 1920년대 초부터 약 10년가량이 본격적으로 작가활동을 하던 시기였다. 나혜석은 1918년 3월 여자미술학교를 마치자 귀국했고, 다음 해에는 3 · 1민족해방운동에 참가해 옥고를 치르기도 했다. 이어 1920년에는 김우영과 혼인을 하고, 1921년에는 유화개인전을 개최해 화가로서 주목을 받았다. 나혜석의 개인전은 서울에서 개최된 최초의 유화개인전이라는 기록을 갖고 있다. 그러한 경력 위에 1922년 조선미전이 창설되자 출품하기 시작한 것이다. 특히 조선미전의 초기에 그는 남편의 근무지인 중국 만주에 거주하면서도 한 해도 거르지 않고 출품하는 기록을 남겼다. 다만 세계일주 여행시기인 제7회와 8회전을 불참한 사실은 피치 못할 사정으로 이해된다. 1930년 이혼 후 출품한 제10회전에서의 특선은 고무적이었다. 하지만 제11회전에서는 4점 모두가 입선에만 머물렀을 뿐만 아니라 작품평마저 부정적이어서 작가생활에 커다란 영향을 끼치게 했다. 제12회전(1933) 당시의 보도에 의하면 나혜석은 조선미전의 출품을 준비하고 있었다. 그러나 입선자 명단에 나혜석의 이름이 보이지 않았다. 사정이 생겨 출품을 하지 않았을 수도 있으나 오히려 낙선했을 가능성이 많아 보인다. 제12회전 이후로 나혜석과 조선미전은 무관하게 되었다. 아마 제12회전의 낙선이 커다란 충격을 주어 아예 조선미전을 외면하게 되었는지도 모른다. 당시의 그는 조선미전에 대해 비판적인 글을 발표했다. 하지만 그의 대외적 작가 활동은 서서히 시들어 가기 시작했다. 오히려 미술작품보다는 「이혼 고백서」의 발표(1934) 등 새로운 생활환경의 정착에 주력하려 했다. 그 같은 와중에 소품 개인전(1935)을 개최했으나 기대와 달리 대중은 외면했다. 그 결과 화가는 좌절의 늪에 빠져들었고 결국 나혜석의 존재는 미술계로부터 서서히 사라지기 시작했다.

2

나혜석의 조선미전 출품작을 소재별로 분석한다면 다음과 같다. 18점 가운데 선택된 소재는 무엇보다 풍경화가 압도적으로 많고, 더불어 3점의 인물화가 있다. 이로써 보면 나혜석 미술의 본령은 인물화라기보다 풍경화라고 해야 할 것 같다. 풍경화 가운데는 농촌풍경과 도시풍경 그리고 고건축이 있는 풍경으로 대별할 수 있다. 농촌풍경은 〈봄〉·〈농가〉·〈봉황산〉·〈봄의 오후〉 등이 있고, 도시풍경으로는 〈초하의 오전〉·〈화가촌〉·〈창가에서〉 등이 있다. 고건축이 있는 풍경으로 만주의 〈봉황성의 남문〉·〈낭랑묘〉·〈천후궁〉이라든가 파리의 〈정원〉 같은 작품이 있다. 그 밖에 인물화로는 〈아이들〉·〈나부〉·〈소녀〉 등이 있으며 〈작약〉과 같은 정물화도 있다. 이로써 보면 나혜석은 초기에 농촌풍경에 관심을 집중시키다가 점차적으로 도시풍경을, 그리고 국내에서 중국·프랑스 등 국외 풍경으로 확대되는 현상을 보여주었다. 이는 주거지 등 행동반경의 변화에 따른 당연한 결과였다. 따라서 소재상으로 본 나혜석의 세계는 조국의 농촌에서 출발해 외국의 도시풍경으로 확대되는 등 다양한 소재 선택을 보였다. 다만 그의 특징은 인물화보다 아무래도 풍경화에서 찾게 한다. 그의 풍경화는 국내의 시골 농촌에서부터 서양건축에 이르기까지 다양한 소재를 다루고 있다. 1920~1930년대에 나혜석처럼 다양한 소재를 다루어 본 화가도 드물다는 점에서 그의 작가적 역량을 짐작하게도 한다. 이에 조선미전 출품작의 구체적인 내역을 발표순으로 살펴보기로 한다. 현존하는 작품이 없는 관계로 도판은 비록 흑백인쇄이긴 하지만 조선미전 도록에 의거한다.

3

제1회전(1922)의 입선작인 〈봄〉(【도1】)은 작가의 지향점을 짐작하게 하는 수작이다. 무엇보다 견실한 구도에 무게 있는 형상력을 주목하게 한다. 들판 끝의 원경에는 산과 하늘이 비슷한 크기로 분할되어 있고, 화면 중심부로부터 약간 좌측에는 키가 큰 미루나무가 하늘 위로 치솟아 있다. 참으로 평화스런 시골 정경이 아닐 수 없다. 하지만 이 작품의 주제를 단순히 자연이라고 단정할 수 없다. 근경의 도랑 양쪽에는 두 여성이 각기 빨

【도1】 〈봄〉

【도2】〈농가〉

래를 하고 있기 때문이다. 한복차림의 이들 여성은 일을 하고 있다. 평화스런 정경으로서 주제의식을 대신하려 했다기보다는 이들 가사노동에 전념하고 있는 여성에게 작가는 방점을 찍었다고 믿어진다. 일하는 여성. 그것은 젊은 나혜석이 가졌던 관심사의 일단이었다.

〈농가〉(【도2】)는 집안 마당에서 일하고 있는 부부의 모습을 담은 그림이다. 살림집과 우사(牛舍)의 지붕 끝자락으로 화면의 안정감을 부여한 다음, 앞을 마당으로 처리하여 시원한 공간감을 부여했다. 마당 한가운데서는 갈퀴를 들고 마당 가득히 널린 곡식을 추스르는 농부의 모습을, 그 앞에는 등을 보이고 앉은 어린 딸을, 그리고 저 멀리 연자방아를 돌리며 일하고 있는 부인의 모습을 보여준다. 일견 평화로운 시골 농가를 그린 하나의 풍경화처럼 보인다. 하지만 이 작품의 주제 역시 농촌과 노동이라고 할 수 있다. 추수기인지 농촌 가정은 일하기에 여념이 없다. 어린 딸과 놀아줄 만큼 한가한 처지도 아니다. 어쩌면 어린 딸조차 노는 모습이 아니고 일을 거드는 것인지도 모른다. 농촌에서 이 정도의 집안 형편이면 그런대로 살 만한 중농 이상은 될 것 같은데 전 가족이 노동에 전념하고 있다. 사실 식민지 상태의 조선 농촌은 피폐하여 고단한 삶을 영위할 수밖에 없었다. 생존의 문제였다. 나혜석은 이 작품에서 농촌을 다만 낭만적인 정경으로 선택, '그림을 위한 그림'으로 소재주의에 함몰한 것은 아니었다. 이렇듯 노동장면에 의미를 부여한 작가의 주제의식이 결코 예사롭지 않음을 알게 한다. 당시 남성화가들이 정태적인 인물상이나 단순 풍경화에 주력할 때 나혜석의 노동이 있는 풍경 아니 농촌에의 주목은 시사하는 바 크다. 특히 가사노동 등 일하는 여성을 화면의 주인공으로 부각시킨 점은 남다른 의미부여를 요구한다. 주체로서의 여성 즉 가부장제도 사회에서 하나의 부속물로만 간주되던 여성을 이렇듯 당당히 주체로 부각시킨 작가정신은 페미니즘과도 연결되는 부분이 아닌가 한다.

제1회 조선미전의 경우에 조선의 농촌 풍경을 소재로 한 유화 작품이 다수 출품되었다. 이들의 작가는 대개 일본인 화가였다. 그들의 그림은 초기 마을을 구성적으로 형상화하는 것에 목적이 있었으며 이따금 한복 차림의 행인이 하나의 소도구처럼 등장하기도 했다. 그러니까 나혜석의 〈봄이 오다〉나 〈농가〉처럼 농촌을 무대로, 그것도 화면의 주인공으로 일하는 농민을 부각시킨 작품은 보기 어려웠다. 이 대목에서 나혜석의 현실의식 혹은 작가정신의 선진성을 확인하게 된다. 농촌을 단순히 목가적 대상으로 해석한 일본인 화가들의 시각과는 뚜렷이 다른 접근방식을 보여주었기 때문이다. 같은 한국인 화가의 작품과 비교해 보면 이 점은 더욱 확실하다. 고희동의 입선작 〈어느 뜰에서〉는 어린 아이를 업고 산책 나온 소녀가 주인공이다. 고궁과 같은 분위기의 커다란 공간과 꽃나무가 만개한 정원 풍경은 일상에서의 일탈을 암시한다. 삶의 현장이 아님은 물론이다. 게다가 이 그림은 인물 표현에서 어색할 정도로 묘사력이 떨어져 그나마 현장감을 약화시킨다. 고희동의 작품에 드러난 주제의식은 농촌이나 노동과는 거리가 먼 데 있음을 확인할 수 있다. 같은 제1회전 동양화부에 출품한 고희동의 〈여름의 시골〉에서도 마찬가지이다. 이 그림은 하나의 비경(秘境)으로 현장감의 부재를 나타냈기 때문이다. 애초부터 고희동에게 현실인식을 기대하는 것부터 무리한 대목임을 알게 한다.

제2회전(1923)의 〈봉황산〉과 〈봉황성의 남문〉은 모두 만주 시절을 보여주는 작품이다. 봉황산은 나혜석이 거주하던 안둥(현재 丹東)에서 가까운 거리의 산이지만 산세가 다소 험한 편이다. 특히 이 산은 국내성 등 고구려의 역사현장과 인근한 지역이라는 점에서 눈길을

【도3】〈봉황산〉

끄는 곳이다. 아마 작가는 고구려를 통하여 잃어버린 국토의식을 염두에 두면서 조국의 역사와 현실을 생각하고 제작에 임했는지 모른다. 〈봉황산〉(【도3】)은 화면을 수평으로 반분하여 안정된 구도를 보여준다. 상반부에 우뚝 솟은 산봉우리를, 하반부에 드넓게 펼쳐진 농촌의 벌판을 보여준다. 산과 벌판으로 양분한 화면을 작가는 근경 오른쪽에 목재 구조물을 배치하여 공간의 변화감을 주었다. 아니 산을 소재로 한 단순 풍경화로부터 별개의 작가의식을 표현하기 위해 이 같은 농촌현장의 구조물을 하나의 악센트로 등장시켰다. 따라서 〈봉황산〉은 산을 그린 풍경화의 수준에 그치지 않고 비경이 있는 자연 속에서도 일하면서 살아가는 농촌의 현실을 대비시킨 작품이다. 벌판은 농토로 개간되었으며 멀리 울타리가 보이고 그 앞에 밭갈이를 하는 소, 농구를 가지고 서서 일하는, 여자로 보이는 인물 등이 흐릿하게 보인다. 분명한 것은 봉황산의 빼어난 자연경에 작가는 일하는 농촌의 모습을 결합하여, 아니 일하는 시골 여성(?)에 초점을 맞추어 제작에 임했다는 점이다. 장소가 비록 만주일지언정 일하는 농부가 등장하는 농촌을 취재했다는 점은 앞의 〈봄이 오

다〉나 〈농가〉와 동일한 맥락에서 파악하게 하는 주제의식의 산물이 아닌가 한다. 〈봉황산〉의 기법상 특징은 안정된 구도와 더불어 두툼한 질감표현이다. 동시대 화가의 대부분은 표면을 매끄럽게 처리하였으나 〈봉황산〉은 거친 마티에르를

【도4】〈봉황성의 남문〉

구사하여 매우 자신감에 넘치는 필법을 보여주었다. 따라서 산봉우리의 경우 이 같은 질감표현으로 괴량감을 동반한 화면의 무게와 깊이를 느끼게 한다. 매우 짜임새 있는 화면 설정과 자신감이 넘치는 필치는 초기 나혜석의 필력이 만만치 않음을 읽게 한다.

4등상 수상작인 〈봉황성의 남문〉(【도4】)은 2층 누각이 있는 고성(古城)의 남문을 화면 가득히 집약시킨 작품이다. 전형적인 성곽에 우뚝 솟은 남문은 화면의 악센트로 수직과 수평의 파격을 자아낸다. 성 밖은 안내소 같은 조그만 구조물과 그 옆으로 비석 등 특히 행인이 있는 거리의 모습을 묘사했다. 역사의 현장을 화면에 담으면서 작가는 역시 당대의 현실 분위기를 반영했다. 과거 상태에만 머문 것이 아니라 현실의 한 단면을 배치하여 오늘의 문제를 화면에 담으려 한 것이다. 이 같은 제작태도는 앞의 작품들과 맥락을 같이 하는 문법으로 여겨진다. 〈봉황성의 남문〉 역시 기법상의 특징은 안정감 있는 구도에 우둘두둘하게 질감을 표현한 것이다. 이 같은 마티에르는 분명 다채로운 색채를 구사했을 것으로 믿어지나 원화가 남아 있지 않아 아쉬울 따름이다. 나혜석은 만주

▲【도6】〈초하의 오전〉
◀【도5】〈가을의 정원〉

의 풍경에서 비로소 자신감 있는 화법으로 진입하면서 화가로서의 본격적 궤도에 오르기 시작한 듯하다.

　제3회전(1924)에는 〈가을의 정원〉(【도5】)과 〈초하의 오전〉(【도6】)을 출품했다. 당시 심사위원이었던 나가하라 고타로(長原孝太郎)는 심사소감을 이렇게 피력했다. 즉 "조선에서만 볼 수 있는 조선의 풍토가 예술에도 반영되어야 하나, 사실은 그렇지 않다"고 지적했다. 예컨대, 조선 시가지를 그렸는데도 파리의 시가지를 그린 것처럼 어색해 보이는 모방성이 그것이었다. 그러면서 지나치게 사실적인 묘사에만 치중하는 것에서 벗어나 사실성(事實性)과 사의성(寫意性)의 조화를 강조했다. 총론에 이어 그는 몇몇 작가의 예를 구체적으로 들었다. 먼저 나혜석에 대해서 그는 "역시 상당하지요"라고 촌평을 했다.[1] 이 같은 소감은 이미 나혜석에 대한 명성을 숙지하고 있었다는 뜻이겠다. 하지만 총론에서 지적한 조선성(朝鮮性)에 대한 부분과 나혜석이 무관하지는 않을 듯하다. 왜냐하면 출품작 〈초하의 오전〉은 서구식 대저택으로 당시 한국 사회와는 다

1)「진순(眞純)하여라―심사원 선후감(選後感)」,《시대일보》, 1924.5.29.

소 거리가 먼 소재였기 때문이다. 뒤에 파리 풍경을 그려 출품할 때도 나혜석은 위의 작품처럼 부르주아 분위기의 호화저택을 단독으로 선택해 조선성에 큰 의미 부여를 하지 않았다. 그러나 서양 모방설에 대해 나혜석은 조선미전 소감을 통해 다음과 같이 피력했다.

> 우리는 벌써 서양류(西洋流)의 그림을 흉내낼 때가 아니요, 다만 서양의 화구와 필(筆)을 사용하고 서양의 화포(畵布)를 사용하므로, 우리는 이미 그 묘법(描法)이라든지 용구에 대한 선택이 있는 동시에, 향토라든지 국민성을 통한 개성의 표현은 순연(純然)한 서양의 풍과 반드시 달라야 할 조선 특수의 표현력을 가지지 않으면 아니 될 것이다.[2]

나혜석도 비록 화구는 서양의 것을 사용하지만 작품 내용만큼은 조선 특수의 표현력을 가져야 한다고 강조했다. 이는 앞서의 나가하라가 심사평에서 조선성을 표현하라고 지적한 것과도 맥락을 같이하는 견해이다. 이처럼 실제의 출품작에서 나혜석은 조선성의 표현에서 다소 일탈되었는지는 몰라도, 제작의도만큼은 서양풍과 다른 조선성을 중요개념으로 삼았다. 제3회전에서 흥미로운 사실 한 가지가 있다. 그것은 고려미술원 관련 사항이다. 고려미술원은 1923년 9월 미술진흥과 후진양성을 위해 결성된 동인 집단이었다. 각 장르의 비중 있는 작가가 참여한 이 고려미술원의 동인들이 조선미전에서 좋은 성적을 냈다고 하여 당시 언론으로부터 주목을 받은 바 있다. 조선인 입상자 8명 가운데 5명이 고려미술원 동인인데, 김은호·이종우(이상 3등상)·나혜석·박영래·변관식(이상 4등상)이 그들이다. 또 수학 중인 연구원으로는 김용준과 이응로 등 4명이었다.[3] 이로써 보면 고암 이응로는 해강 김규진의 문하 이

---

2) 나혜석, 「1년 만에 본 경성의 잡감」, 《새벽》, 1924.7, 86~9면.
3) 「미전의 권위를 독점한 고려미술원」, 《매일신보》, 1924.6.6.

【도7】 〈낭랑묘〉

외에도 한때 고려미술원에서 정식 미술수업을 받았다는 사실을 확인할 수 있다. 특히 뒤에 나혜석이 작가활동을 중단하고 예산 수덕사에서 체류할 때, 고암이 그곳을 자주 방문한 사실은, 고려미술원의 경우와 같이 이들은 이미 절친한 사이였다는 의미이다.

제4회전(1925)에서는 〈낭랑묘〉(【도7】)로 3등 입상을 했다. 출품에 앞서 당시 언론은 나혜석의 근황에 대해 소개했다. "모든 것에 여자가 뒤떨어진 이 세상에서, 더욱이 심한 이 조선에서, 돌연히 그 묘완을 떨쳐담 적은 양화가들의 가슴을 흔들어 놓은 나혜석 여사"가 현재는 부군을 따라 만주 안동현에서 외교관 부인으로, 두 아기의 어머니로서, 또 주부로서 도저히 한가롭게 캔버스 앞에 앉아 있을 여유가 없다고 소개했다. 특히 창작 욕구는 가슴에 타오르나 아이가 홍역을 앓고 있어 억제하고 있는 형편이라고 밝혔다.[4] 이 같은 어려움 속에서도 나혜석은 작품을 완성해 출품했다. 출품작 〈낭랑묘〉에 대해 당시 언론은 이렇게 소개했다. "여사는 안동현 부영사 김우영씨 부인으로, 분방한 교제장리의 틈을 타서 때때로 조는 듯한 중국사람의 거리를 찾으며 어두침침하고도 신비로운 중국사람들의 클래식한 풍속을 깊이 맡으려, 현재 중국사람이 가

---

4) 「선전(鮮展)을 앞에 두고 예술의 성전을 찾아」, 《매일신보》, 1925.5.16~17(10회 연재 가운데 7회분).

장 많이 모여 명절제를 지내는 〈낭랑묘〉를 그린 것이다. 그림 전폭에 중국인의 특별한 감정과 만주 지방의 지방색이 흐르는 듯하다."[5] 이 같은 작품에 대해 김복진은 다음과 같이 평했다.

【도8】〈천후궁〉

양으로든지 질로 보든지 조선 사람네의 출품한 중에서는 수일(秀逸)이라고 할 수밖에 없다. 지붕 같은 데는 참말로 고운 것 같다. 색채의 대비 같은 데에는 동감할 만하나 어쩐 일인지 감흥이 희박하여 보인다. 천공(天空)의 빛 같은 것은 너무 침탁(沈濁)해 보이고, 지면(地面)은 퍽 기력이 없는 것 같다. 집과 집 사이에 있는 나무가 웃음거리가 되어 버린 것도 기관(奇觀)이라 하겠다. 대체로 작자는 미의식보다는 야심이 앞을 서게 되는 모양이다. 그런 까닭에 완성 통일 이런 데로만 걸음을 빨리한 것이다. 좀 더 삽려미(澁麗味) 같은 것을 생각하여 주었으면 한다.[6]

당대의 논객 김복진은 나혜석의 작품에 대해 무엇보다 우수성을 인정, 특히 색채대비 효과에 대하여 긍정적 평가를 내렸다. 하지만 미의식보다 야심에 빠지는 것에 대해 지적했다.

제5회전(1926)에는 〈지나정〉과 〈천후궁〉(【도8】)을 출품했다. 그 가운데 후자는 특선을 차지했다. 당시 특선에 오른 작가는 나혜석을 비롯해 노수현·이상범·이창현·손일봉·강신호·김복진·김진민·김진우

5) 「나혜석 여사의 〈낭랑묘〉」, 《조선일보》, 1925.6.3.
6) 김복진, 「제4회 미전 인상기」, 《조선일보》, 1925.6.3.

등이었다.[7] 5회전의 특선 작가는 모두 23명이었는데 그중 조선인은 8명이었다. "그 중에는 조선미술계의 선각자 나혜석여사도 참가되었다."[8] "〈천후궁〉은 배치와 윤곽의 정돈된 점으로 보든지 석축(石築)한 장원(牆垣)의 단조(單調)한 색채를 잘 처치한 수완으로 보든지 거연노련(居然老鍊)한 풍이 있어 보인다."[9]

　　다다미 위에서 차게 군 까닭인지 자궁에 염증이 생(生)하여 허리가 끊어질 듯이 아프고, 동시에 매일 병원에 다니기에 이럭저럭 겨울이 다 지나고 봄이 돌아오도록 두어 장밖에 그리지를 못하였다. 더구나 내게는 근일 고통이 되다시피 그림에 대한 번민이 생겨서, 화필을 들고 우두커니 앉았다가 그만 두고 그만 두고 한 때가 많다. 즉 나는 학교시대부터 교수 받는 선생님으로부터 받은 영향상 후기 인상파적 경향이 많다. 그러므로 형체와 색채와 광선에만 너무 주요시하게 되고 우리가 절실히 요구하는 개인성 즉 순예술적(純藝術的) 기분이 박약하다. 그리하여 나의 그림은 기교에만 조금씩 진보될 뿐이요, 아무 정신적 진보가 없는 것 같은 것이 자기 자신을 미워할 만치 견딜 수 없이 고(苦)로운 것이다. (…중략…) 이와 같이 누군가 시키는 일이나 하는 것같이 퉁명스럽게 그림 그리는 일을 그만두리라 하고 단념을 해보기도 하고, 이 이상 진보치 못할까, 아니 못하리라 하고 무재무능(無才無能)을 긍정하여 절망도 하였다. 그러하다가도 무슨 실날 같은 인연 줄이 끄는 대로 당기면 깜짝 놀래지어 '내가 그림 없이 어찌 살라구' 하는 생각이 난다. 과연 내 생활 중에서 그림을 제해 놓으면 실로 살풍경이다. 사랑에 목마를 때 정을 느낄 수도 있고, 친구가 그리울 때 말벗도 되고, 귀찮을 때 즐거움도 되고, 고로울 때 위안이 되는 것은 오직 이 그림이다. 내가 그림이요, 그림이 내가 되어, 그림과 나를 따로따로 생각할 수 없는 경우에 있는 것이다.[10]

7) 「조선혼의 오뇌(懊惱)도 싣고」, 《매일신보》, 1926.5.14.

8) 「미전 특선 23—조선인은 3분의 1, 여류화가 나 씨도 특선」, 《시대일보》, 1926.5.14.

9) 문외한, 「미전인상」, 《조선일보》, 1926.5.14~22.

10) 나혜석, 「미전 출품 제작 중에」, 《조선일보》, 1926.5.20~23.

위의 인용문은 자궁 운운의 파격적인 고백도 있었으나 나혜석의 성격과 미술에 임하는 자세, 그리고 본인의 화풍까지 구체적으로 언급하여 주목을 요한다. 미술과 생활의 일체감 표현은 화가라는 천직의식의 자기 확인과 같다. 그리고 중요한 대목은 본인의 화풍을 후기 인상파와 자연파라고 설정한 부분이다.

제5회의 경우, 출품을 포기하려 했으나, 남편의 격려로 제작할 수가 있었다고 가정을 소개했다. 하여 30호와 12호 크기의 캔버스 틀을 메워 놓고 구도를 생각했다. 그 다음 날, 춥고도 바람 부는 날 작가는 30리 밖의 천후궁을 찾았다. 거기서 연필 스케치를 하고 돌아오는 길에 중국인촌을 지나게 되어 문득 그림 그리고 싶은 생각이 났다. 3월 초순부터 그리기 시작한 천후궁의 내력은 이렇다. 천후낭랑(天后娘娘)을 받든다는 것으로, 이는 해신(海神)의 이름 혹은 천비(天妃)라고도 한다. 송나라 때 임원(林原)의 여섯째 딸은 어려서부터 신이(神異)가 있었다. 그의 가족이 해상으로 장사하러 다니던 중 폭풍을 만나기도 했다. 그러자 그녀는 눈이 멀어서 신을 불러 가족을 구해주기도 하다가 12세에 죽고 말았다. 하지만 그 후로도 바다에서 영험이 나타나 뱃사람들이 제사를 지내고 기도를 올리니 곧 풍랑이 멈추곤 했다. 이러한 이유로 명나라 때에 그녀를 천비(天妃)로 봉하고 천후궁을 세웠다. 이 같은 천후궁을 화면에 담기 위해 나혜석은 고심했다. 천후궁의 본전(本殿)을 원경으로 삼고, 출입의 중문(中門)을 중경으로, 그리고 정문을 근경으로 하는 구도를 선택했다. 형태가 이루어진 다음 채색을 올렸다. 하지만 건물의 기본 기와가 회색인 한색(寒色)이어서 화면 전체가 너무 찬 기분만이 돌게 되었다. 그렇다고 온색(溫色)을 너무 많이 쓰면 본래 모습을 잃을 것 같아 중용을 택하기로 했다. 이렇듯 색채 문제를 해결하고 제작에 임하니, 이번에는 구경꾼들 때문에 방해가 되어 제작상 곤란하게 되었다. 마침 그림을 그리는 장소가 나무 파는 장터가

【도9】〈지나정〉

되어, 수십 명의 중국인들이 삥 둘러싸는 바람에 그림을 그리기 곤란하게 되었다. 어려움 끝에 광선이 좋은 오전 4시간 동안을 활용해 4일 만에 현지사생을 마쳤다. 집에서 손질을 하다가 마침 천후궁에서 행사가 있어 두세 차례 더 방문해 뒷마무리를 할 수가 있었다. 행사일에는 천후궁에 깃발과 등을 내다 걸었는데, 나혜석은 이 광경대로 다시 그렸다. 따라서 다 그리다시피 한 그림을 다시 그린 셈이 되었다. 그래도 미진한 점은 출품 당일 서울에서 액자를 끼워 보고 다시 고쳐야 했다.

〈지나정〉(【도9】)은 〈천후궁〉을 그리는 사이사이에 그렸다. 제작 동기는 중국 기분이 가득한 시가, 특히 남색과 홍색의 술집패가 주렁주렁 매달려 있는 것이 흥미를 끌었기 때문이었다. 하지만 소재로 삼은 지역이 번잡한 곳이라 현장에서 감히 붓 잡을 엄두를 내지 못했다. 하지만 봉황성 남문 그릴 때를 생각해 용기를 냈다. 역시 구경꾼들의 방해와 만주의 명물인 흙먼지를 뒤집어쓰면서도, 광선이 좋은 아침에 화가를 펼치고 3일 만에 대강의 사생을 끝낼 수 있었다. 이 작품의 크기가 12호짜리라고 했으니, 〈천후궁〉은 30호 크기가 되는 셈이다. 〈지나정〉은 지금까지 즐겨 사용하던 필치와 색채에 변화를 준 작품이다. 즉 그동안 즐겨 쓰던 원색(原色)과 강색(强色) 대신에 간색(間色)과 회색(灰色)을 사용했다. 〈천후궁〉보다는 자신이 없으나 중국 기분의 반 정도는 살린 것 같아 출품했다. 이와 같은 증언에서 우리는 나혜석이 원색과 강한 색상을 선호해 그림을 그렸음을 알 수 있다. 이렇듯 작품 제작과정 등을 자세하게 공개한 바를 숙지

하고 있었던 김복진은 조선미
전 평에서 나혜석의 작품에 대
해 다음과 같이 언급했다.

【도10】 〈봄의 오후〉

　신문에 자신의 변해(辨解)를
길게 쓴다니 만큼 작품에 자신
이 적다는 것을 읽을 수 있는
것이다. 다 같은 여류화가로서
는 백남순 씨보다 후중(後重)한
것은 보이나, 박진력이 부족한
점에는 정(鼎)의 경중을 알기 어렵다고 믿는다. 〈지나정〉에는 부족한 점도 또
는 주문할 것도 없는, 무난하다느니보다는 무력한 작품이라고 할 수 있으며,
〈천후궁〉은 구상에 있어 여자답다고 안다. 초기의 자궁병이 단지 치통과 같
이 고통이 있다 하면 여자의 생명을 얼마나 많이 구할지 알 수 없다는 말을
들었었다. 신문을 보고 이 기억을 환기하고서, 그래도 화필을 붙잡는 데 있
어 작화상(作畵上) 졸렬의 시비를 초월하고 호의를 가지고 있다는 것만 말하
여 둔다.[11]

　김복진은 다시 한 번 나혜석에 대해 매섭게 평필을 날렸다. 제작과정
에 대한 장황한 변명은 결국 작품에 대한 자신감의 결여가 아니냐는 지
적이다. 또한 박진감의 부족 등을 꼬집으면서 끝내 자궁병까지 언급하
고 말았다.

　제6회전(1927)에서는 〈봄의 오후〉(【도10】)가 무감사 입선을 했다. 당
시 보도는 백남순의 작품에서 숙련된 필법이 보인 것은 반갑고 나혜석
이 특선에서 빠진 것은 쓸쓸해 보였다고 전했다.[12] 백남순 작품보다 신

11) 김복진, 「미전 제5회 단평」, 《개벽》, 1926.6, 104~10면.
12) 「찬연한 예원(藝苑)의 정화(精華)」, 《매일신보》, 1927.5.25.

선미가 결여되었다고 평가했다.[13] 나혜석의 입장에서 본다면 참을 수 없을 정도로 혹독한 비판이었을 것이다. 이 같은 비판의 화살은 문외한이라는 익명의 필자에게서도 비슷하게 나타났다. 〈봄의 오후〉를 실패작으로 간주했다.[14] 이 같은 견해는 김기진의 경우도 마찬가지였다.

　　농촌의 봄―봄날의 오후를 이 작자는 미술화하려 하였다. 울타리 너머로 한 떨기 향화(香花)가 보이고 오두막 집 앞에 저녁 그늘이 졌으니, 유복하게도 화제(畵題)에 들어맞은 것 같다. 그러나 봄철의 농촌은 이다지 무기력하게도 평화로운 시절이 아니다. 제재(題材)를 선택함이 화인(畵人)으로서 중대한 것이니, 단지 색채감으로나 자연의 국부적(局部的) 호감으로만 화작(畵作)한다 함은 미술의 본류와 상거(相距)가 요원한 짓이다. 독, 우물, 초가, 방아를 찧는 계집애 등등의 안정감, 실재감이 부족하더라도 자신의 취미대로 매진하는 용기만은 고마운 일이나, 이와 같이 무기력화, 색채화, 모형화하려는 음모에 염개(念慨)함을 마지않으며 소위 전문가로서는 데생이 틀린 것(?)만큼 명예스럽지 못한 일이 아닐까. 조선화단에 선지(先指)인 씨로, 그나마 이렇다는 진경(進境)이 보이지 않으니, 아마도 고고학관(考古學館)에 출품하여 무호 동해제씨(無號 東海諸氏)의 반려가 될 길 이외에 신생로(新生路)가 없는가 한다.[15]

　　나혜석은 세계여행을 이유로 제7회와 제8회의 조선미전에 불참했다. 따라서 제9회전(1930)부터 다시 참여하게 되었다. 조선미전 철이 다가오자 언론은 또다시 주요 작가들을 조명하여 제작에 얽힌 근황을 소개하기 시작했다. 귀국 후 나혜석은 부산 동래의 시가에서 거주하면서 조선미전 출품작을 제작했다. 그러다가 검소한 차림으로 상경하여 기자의 방문을 받았다. 당시 나혜석은 2점의 작품을 준비하고 있었다. 하나는 〈아

13) 안석주, 「미전을 보고」, 《조선일보》, 1927.5.29.
14) 문외한, 「미전 인상기」, 《중외일보》, 1927.6.7.
15) 김기진, 「제6회 선전 작품 인상기」, 《조선지광》, 1927.6.

【도11】〈아이들〉

【도12】〈화가촌〉

이들〉(【도11】)이라고 부를 작품으로, 등에 업은 어린 아이를 그린 것이었다. 이에 대해 작가는 등에 업힌 아이는 마음에 드나, 아이를 업은 소녀가 마음에 들지 않아 수정 중에 있다고 밝혔다. 그러면서 "세월이 갈수록 나아야 할 터인데 도로 퇴보만 하는 것 같습니다"라고 말했다. 또 하나의 작품은 〈화가촌〉(【도12】)으로, 녹음이 우거진 속에 양옥들이 즐비한 마을을 그린 작품이었다. 파리여행 중에 그린 스케치를 다시 작품화한 것이었다. 그러면서 작가는 이렇게 말했다. "외국 것을 보고 오니 눈만 높아졌습니다. 큰 일 났어요."[16] 당시 조선미전에 출품한 2점의 작품 〈아이들〉과 〈화가촌〉은 입선에 머물렀다. 당시의 전시평은 그렇게 긍정적이지 않았다. 세계여행을 다녀오고서도 별다른 진척도를 보이지 않아 미로에 빠져 헤매고 있는 것이 아니냐고 비판했다.[17]

---

16) 「선전을 앞두고―아틀리에를 찾아」, 《매일신보》, 1930.5.13.
17) 김화산인, 「미전 인상」, 《매일신보》, 1930.5.20~25.

【도13】〈정원〉　　　　　　　　【도14】〈작약〉　　　　　　　　【도15】〈나부〉

씨의 〈아해〉를 볼 때 나는 표현주의자 바스케를 연상했다. 그러나 바스케에서 보는 강력(强力)이 없다. 악센트가 없다. 음산한 색채만으로써는 화면의 폭력을 나타낼 수 없을 것이다. 〈화가촌〉은 넉넉히 깊이가 올 수 있는 구도임에도 불구하고 역시 악센트의 관계로 실패하였을 것이다.[18]

　김용준 역시 나혜석의 조선미전 출품작을 실패작으로 간주했다. 반면에 김주경은 이렇게 평했다. "매우 오래간만에 상면케 된 씨의 화폭에는 옛날에 보이지 않던 침울한 색이 먼저 인상에 들게 되었다. 2점 어느 것이나 씨의 남성적 기세는 상금(尙今)도 그 형적을 볼 수 있었으나, 조금 더 극단적 탈진(脫進)이 없었으면 하였다. ─기왕에 아카데미즘적 화론에 구속받지 않으려 할진대."[19] 나혜석의 작품은 화사한 원색 구사에서 어두운 색 사용이 눈에 띄게 되었다. 오히려 침울한 색채의 구사가 남성적 기세마저 볼 수 없게 되어 과감한 탈출이 필요한 시점이 되었음을 지적

---

18) 김용준, 「제9회 미전과 조선화단」, 《중외일보》, 1930.5.20~28.
19) 김주경, 「제9회 조선미전」, 《별건곤》, 1930.7, 152~6면.

하고 있다.

제10회전(1931)에는 〈정원〉(【도13】)·〈작약〉(【도14】)·〈나부〉(【도15】) 등 3점을 출품했다. 여태껏의 부진을 깨려는 듯 작심하고 준비한 것처럼 보인다. 무엇보다 선택된 소재부터 달라 풍경·인물·정물로 각기 안배했기 때문이다. 이 가운데 풍경과 인물은 이국정서를 염두에 두려했는지 파리의 분위기가 스며 있다. 풍경화인 〈정원〉은 특선에 올랐을 뿐만 아니라 일본의 제전(帝展)에서도 입선하는 성과를 얻었다. 〈정원〉은 파리 시내 소재 클뤼니 미술관의 정원을 그린 것이다. 폐허의 고대 궁전을 미술관으로 꾸며 시민의 휴식처로 사랑받는 공원이다. 나혜석은 '앞의 돌문은 정원 들어가는 문이요, 사이에 보이는 집들은 시가입니다. 이것을 출품할 때에 특선할 자신은 다소 있었으나 급기 당선되고 보니 퍽 기쁩니다'라고 조선미전 특선 소감을 밝혔다.[20] 필자가 현지를 방문해 〈정원〉의 모습과 비교해 보니 작품상의 내용과 현재의 모습과는 상이했다. 현재는 아치의 문이 막혀 있어 나혜석의 그림 속에 보이는 집들은 볼 수 없었다. 김종태는 나혜석의 출품작들에 대하여 다음과 같은 의견을 밝혔다.

특선작 〈정원〉, 수년 전 씨의 걸작 젊고도 아름답던 〈낭랑묘〉에 애착을 가진 작품이다. 그러나 그때의 색시는 이제 시들고 병들어 옛날의 모습을 찾아볼 수 없게 되었다. 만일에 영양부족증이 나아 건강이 회복된다면 아직도 그는 아름다울 것이니 잘 조섭하여 옛날의 꽃다운 자태에 여념이 없도록 하여야 한다. 불행히 〈낭랑묘〉에 분장미(扮裝美)가 없다면, 이는 음사(陰祀)의 음산한 불쾌를 느끼는 것이다. 나는 음사의 내용을 생각지 않는다. 다만 〈낭랑묘〉의 형식을 아름답게 보려는 것이다. 〈정원〉은 고담(枯淡)한 묵색(墨色)이 주조로, 다른 부분의 빛이 반주(伴奏)하여 고요히 폐허를 노래한다. 구차히 씨의 부활을 위한 대우라면 이의가 없다만, 좌우에 걸린 〈작약〉과 〈나부〉는 도리어 씨

---

20) 「특선작 〈정원〉은 구주 여행의 산물」, 《동아일보》, 1931.6.3.

제1부 한국 미술사에 나타난 나혜석

97

의 영예에 치명상이다. 이러한 것을 출품한 작자의 사상이 의문이요, 출품을
하였더라도 그것을 진열하여 놓은 자의 심사(心思)를 모를 일이다. 우대를 한
것이냐? 모욕을 한 것이냐? 작자를 대우하기 위하여 부실한 작품을 특선 딱지
를 붙여서는 안 될 것은 이미 서언(序言)한 바와 같다. 그러나 이 전람회에 사
실 이러한 정책이 있는 것만은 부인할 수 없는 일이다.[21]

　　신랄한 혹평이다. 같은 유화가로부터 나혜석은 처참할 정도의 모욕을
당했다. 이혼 직후 첫 번째 출품한 조선미전에서였다. 그렇게까지 혹평
을 받을 만큼의 작품수준은 아닌 듯한데, 이혼 후의 나혜석은 비참할 정
도로 공격을 받기 시작했다. 게다가 〈정원〉의 특선을 조선미전 당국의
우대정책에 의한 것으로 간주해 비판한 내용이다. 작가에게 모욕감을 안
긴 다소 과격한 내용 같다. 김종태는 걸지 말아야할 조선미전 출품작 가
운데 하나로 나혜석의 〈나부〉와 〈작약〉도 지목했다. 그만큼 태작이라는
견해이다. 반면 김주경은 전시평에서 수사학적 의미 부여로 지면을 채운
다음 〈정원〉을 심각미(深刻美)의 서정시적 희곡이라고 평가했다. 그러면
서 그는 8~9년 전 입상시대의 용기를 다시 파악하라고 충고를 했다.[22]
그러나 윤희순은 나혜석에게 위축당하지 말라고 격려의 붓을 들었다.

　　열정의 예술에서 이성(理性)의 예술로 전환하는 과도(過渡) 생산이라고 보
겠다. 조선의 예술가는 불행하다. 여류예술가는 더 불행하다. 씨에게 동정하
는 것은 조선의 예술을 동정하는 것이 된다. 씨의 작품을 대할 때에 억제치 못
할 애수(哀愁)와 동정(同情)! 이것은 아마도 사람의 공통된 정서일 것이다. 씨
는 여기서 위축(萎縮)하여 버리면 아니 된다. 도피하여도 아니 된다. 여인 화
단(畵壇)의 선구자인 씨의 일거일동에 얼마나 귀중한 가치와 책임이 있는가를
깨달아야 한다. 〈정원〉의 구도는 전년 〈낭랑묘〉에서 보던 것과 같은 균형과

21) 김종태, 「제10회 미전평」, 《매일신보》, 1931.5.27.
22) 김주경, 「제10회 조미전평」, 《조선일보》, 1931.5.28~6.10.

【도16】 〈소녀〉　　　　　　【도17】 〈창가에서〉　　　　　　【도18】 〈금강산 만상정〉

안전이 있다. 그러나 〈정원〉에서는 차디찬 이성에 가라앉은 열정이 자칫하면 사그러질 듯한 우울을 보여준다. 도피, 안일(安逸), 침정(沈靜) 등의 씨늘한 공기가 저회(低徊)하고 있음을 보겠다. 이러한 자태는 현 조선의 정성인지는 모르나 이제부터의 조선은 이런 예술을 요구치 않음을 알아야 한다. 씨의 새로운 활약이 있기를 바란다.[23)]

　사실 〈정원〉은 획기적인 수작으로 평가할 수는 없으나 안정감 있는 구도와 소재의 특이성 등으로 그런 대로 주목을 받을 만한 작품이 아닌가 한다. 아치문을 화면 가득 배치하고 문 밖의 시가를 배경으로 처리한 방식은 이미 작가가 〈천후궁〉에서 효과를 실험해 본 것과 유사하다. 원형에의 의미부여는 곡선과 직선의 적절한 대비와 대주제와 소주제의 차별성 등 화면효과를 제고시키는 역할을 하는 하나의 장치라고 볼 수 있다.
　제11회전(1932)에는 〈소녀〉(【도16】)・〈창가에서〉(【도17】)・〈금강산 만상정〉(【도18】)을 출품했다. 이들 작품은 무감사 입선이었다. 하지만

23) 윤희순, 「제10회 조미전평」, 《동아일보》, 1931.5.31~6.9.

이들 작품에 대한 평가는 그렇게 호의적이지 않았다. 시들어 가는 꽃과 같다고 했기 때문이다. 이 같은 지적은 어느 정도 근거가 있다. 나혜석은 제11회 전시평의 말미에서 미술가들의 입장에 대해 다음과 같이 토로한 바 있다.

　　조선의 미술가는 불쌍하다. 정신을 통일시킬 만한 경제적 능력이 없고, 정신을 순환시킬 오락기관이 구비치 못하고, 창작성을 용출케 하는 남녀관계가 해방치 못하였다. 아무리 머리에 가득 찬 제작욕이 있더라도 손이 돌아가지를 않게 된다. 그러나 위인이 시대를 지을까, 시대가 위인을 지을까. 나만 잊지 않고 한다면 못될 리가 없다. 일반 대중이여, 그림에 대해 많이 이해해 주기를 바라나이다. 이태리 문예부흥시대에 메디치 일족의 애호가 없었던들 인간능력으로써 절정에 달하는 다수의 걸작이 어찌 낳으리까. 대중과 화가의 관계가 좀 더 밀접해졌으면 싶다.[24]

세월이 흐를수록 나혜석의 진가는 퇴색 일로에 놓였으며, 실제로 미술계의 평 역시 부정적인 내용 일색이었다, 제11회(1932)전에서의 지적은 참으로 뼈아픈 내용이었다. "시들어지는 꽃과 같이 빛도 향기도 없어져 간다."[25] 이제 나혜석의 전성시대는 기울었다는 선언과 다름없는 지적이다. 시들은 꽃과 같이 빛도 향기도 없다는 치욕과 같은 지적으로부터 자유로울 여성작가는 많지 않을 것이다. 특히 자존심이 강하면서 항상 대중으로부터 주목의 대상이 되어왔던 나혜석의 경우, 그 강도는 더욱더 심했을 것으로 짐작된다. 아니나 다를까. 나혜석은 제12회(1933) 조선미전부터 참여하지 않았다. 혹평 속에서 더는 버텨낼 여력이 그에게는 없었던 모양이다. 방황과 좌절만이 그에게 떨어진 열매이기도 했

24) 나혜석, 「조선미술전람회 서양화 총평」, 《삼천리》, 1932.7, 41면.
25) 화가생, 「제11회 조선미전 만평」, 《제일선》 6호, 1932.7, 96~9면.

다. 순전히 개인적인 이유에서 출품을 하지 않았겠지만, 나혜석은 이영일·김은호·최우석·노수현·윤희순·김주경·손일봉·백남순 부부 그리고 도쿄미술학교 출신의 동미전파(東美展派) 대부분 등과 함께 조선미전 불출품 작가 명단에 함께 비교되어야 했다.[26]

4

이상 조선미전 출품작을 종합적으로 평가하자면 다음과 같다. 무엇보다 화가로서의 나혜석은 주요 활동무대를 동시대의 화가들과 마찬가지로 조선미전으로 대신했다. 조선 최초의 여류유화가 혹은 개인전 개최 작가라는 타이틀을 보유하고 있어, 작가활동에 명예 혹은 멍에가 뒤따라 다니긴 했을 것이다. 나혜석은 제1회전(1922)부터 10년간 출품하다 1930년대에 이르러 조선미전을 외면했다. 그러니까 조선미전 참여시기는 본격적 화가활동시기와 일치한다. 더군다나 출처가 확실한 유존 작품의 희소함 속에서는 더욱더 조선미전 출품작에 큰 비중을 두지 않을 수 없다.

조선미전 출품작에 의거하여 시대구분을 시도해 본다면 다음과 같다.

- ■ 농촌실경 시기(1922~1923) ; 농촌을 무대로 일하는 사람 특히 일하는 여성에게 초점을 맞추어 여성의식을 제고시켰다.
- ■ 건축물풍경 시기(1924~1926) ; 만주의 고건축 혹은 서양식 건축에 초점을 맞추어 화면구성의 안정감을 기도, 다만 곡선과 직선의 대비효과 등을 고려했으나 인물의 제거 등 삶의 현장이 약화되었다.

26) 「소조낙막(蕭條落寞)한 미전 특선급 출품 대감(大減)」, 《조선일보》, 1933.5.9.

■ 세계일주 여행 시기(1927~1929) ; 불출품

■ 다양한 소재의 재차 모색기(1930~1932) ; 인물 · 건축 · 정물 · 풍경 등 다양한 소재를 선택했으나 형상력에서 탁월한 면모를 보여주지 못하고 계속 방황을 한 재차 모색기이다. 이혼 등 개인적 어려움에 기인한 탓이다.

■ 조선미전 외면 시기(1933년 이후)

초기의 나혜석 작품은 농촌풍경에 중점을 두었다. 물론 작가 자신은 시골 출신이었다. 그의 관심사는 단순 농촌풍경이 아니라, 일하는 사람이 있는 모습으로써 농촌이었다. 바로 이 점이 작가의 현실인식을 돋보이게 한다. 이는 동시대 남성작가들과 확연하게 차별되는 부분이기도 하다. 만주풍경에서는 다양한 소재를 선택했다. 봉황산과 같은 자연을 소재로 했거나 봉황성 같은 고건축물을 중요 소재로 삼았다. 하지만 이들 작품은 단순 풍경만 차용한 것이 아니라, 서민의 일상생활과 연계했다는 점에서 간과할 수 없게 한다. 이로써 보면 초기의 나혜석은 현실에 강한 비중을 두고 제작의지를 불태운 듯하다. 그 결과 중국인촌을 소재로 한 〈지나정〉(1926)으로까지 발전되었다. 만주시절의 작가는 〈초하의 오전〉과 같이 서양식 건축물을 선택하기도 했다. 이는 뒤에 유럽여행에서의 〈화가촌〉이라든가 〈정원〉 등으로 연결되었다. 이들 건축물 소재의 그림에 나타난 특징은 무엇보다 화면구성의 짜임새를 들 수 있다. 당당한 필치로 어느 한 구석도 빈틈을 남기지 않고 견고하게 처리하는 습관은 나혜석 그림의 특성이다. 다만 나혜석은 본인이 토로한 바 있지만, 인물화보다 풍경화에서 장기를 발휘했다고 판단된다. 〈나부〉라든가 〈소녀〉와 같은 인물화에서처럼 자신감 없이 뭉개진 필치 혹은 답답한 구성, 그리고 경직된 포즈와 명암처리 등에서 어색한 구석을 보였기 때문이다. 아무래도 나혜석의 주특기는 풍경화에서 찾는 것이 좋을 듯하다.

5

나혜석의 조선미전 출품작의 경우, 시대가 뒤로 갈수록 작품 수준이 향상되었다고 주장할 수 없다. 물론 작가 자신도 작품의 퇴보를 염려한 바 있다. 현실의식의 팽배함은 오히려 초기의 작품에서 보다 더 커다란 비중을 느낄 수 있다. 웬일인지 유럽여행 이후 1930년대 초의 그림이 오히려 완성도라든가 구성의 미가 떨어진다는 느낌을 준다. 소재 선택이나 형상 수법에서부터 안일한 자세를 보이고 있을 뿐만 아니라 화면 경영에서도 느슨한 태도를 엿보게 하기 때문이다. 이는 아무래도 가정사의 풍파와 영향이 있는 듯하다. 1929년 미국을 거쳐 귀국한 나혜석은 같은 해 수원에서 일종의 귀국보고 전시를 개최했다. 하지만 이듬해부터 그는 최린과의 관계로 인해 남편과의 사이가 극도로 악화되기 시작했다. 결국 이혼신고에 이어 끝내는 「이혼 고백서」(1934) 발표라는 희대의 사건으로까지 비화되었다. 이 시기의 작품은 작가의 중심이 흔들려서인지 치밀한 밀도와 짜임새 있는 구성미에서 다소 거리가 있어 보인다. 가정생활의 불안정은 작품제작에 커다란 상처를 안긴 모양이다. 그것의 대미는 결국 조선미전에의 불참으로 이어졌다. 마지막 출품작인 〈금강산 만상정〉(1932)이 보여주는 안일한 화면구성과 밀도의 결여, 그리고 엉성한 묘사력은 이미 중심을 잃은 작가의 내면세계를 짐작하게 한다. 가정과 사회로부터의 질시는 나혜석으로 하여금 당분간의 휴식을 요구했다. 새로운 도전을 위해 작가는 충전의 기간을 필요로 했다.

조선미전의 출품작은 나혜석 예술세계의 원형을 보여주는 중요한 자료임에 틀림없다. 비교적 다양한 소재와 화풍을 짐작하게 하기 때문이다. 그의 화풍상의 특징은 견고한 구성, 치밀한 묘사력, 형태의 완결미, 아우트라인의 확실한 처리, 엉성한 부분과 불필요한 소재의 과감한 제거, 자신감 있는 붓질, 중첩된 질감 등을 들 수 있다. 여기서 굳이 나혜석의 작품을 두고 서양식 사조와 대비해 화풍을 규정하고 싶지는 않다. 크게는 인상주의와 상통하고 아카데미 계통의 화풍과 친연성이 있겠지만, 나혜석시대의 미술을 굳이 서양과 대비해 무리하게 특정 이즘과 연계시키지 않으려 한다. 나혜석이 추구한 예술세계는 현실에서 점차 자유의 세계로 변모되었다. 초기 나혜석 유화작품에서 우리는 당당한 자세를 동시대의 어떤 남성화가와 다르게 느낄 수 있다. 그것이 사회적으로 지탄의 대상이 되자, 전면에서 활동무대를 접고 개인적 침잠의 세계로 진입했다. 오늘날 미술사적 평가에서 나혜석은 출처가 확실한 작품을 남기지 않아 손해를 보는, 40점 이상의 유존작품 가운데 과반수는 태작이고, 그것도 위작의 혐의가 짙어, 상대적으로 조선미전 출품작의 의의를 높게 하고 있다.

* 본고는 윤범모, 『화가 나혜석』(현암사, 2005)에 수록된 일부를 수정가필한 것이다. 참고로 『화가 나혜석』의 목차는 다음과 같다. 봉건적 가부장제와 시대정신, 이상적 여성상, 남성관계, 자유주의 여성 해방론, 독립운동과 민족의식, 소설가로서의 선구적 업적, 미술학교 시절, 여성의 가사노동 그림과 신문연재, 조선미전 출품작의 특징, 미술세계의 종합적 고찰, 전칭작품의 진위문제, 「이혼 고백서」 발표와 정조유린 소송사건, 일제 말 암흑기와 비승비속의 세월, (부록) 정월 나혜석의 장녀 김나열여사와의 대담, 나혜석 연보, 참고문헌 등.

(윤범모)

1920년대 나혜석의 농촌풍경화 연구

1. 머리말

현재 확인되는 나혜석의 '농촌풍경화' 는 1922년 조선미술전람회에 출품한 〈봄이 오다〉를 비롯해 〈농가〉(1922), 〈봉황산〉(1923), 〈농촌풍경〉(연대미상), 〈봄의 오후〉(1927) 등으로 1920년대 전반에 집중적으로 제작된 것들이다. 노동하는 농민의 일상을 주제로 한 이러한 농촌풍경화들은 나혜석의 초기 화풍을 특징짓는 주요한 화제이기도 하다. 또한 나혜석이 잡지 《공제(共制)》와 《개벽(開闢)》에 게재한 판화 작품 〈조조(早朝)〉(1920), 〈개척자(開拓者)〉(1921)는 나혜석의 초기 화풍과 농민에 대한 인식을 가늠해볼 수 있는 중요한 모티브를 제공하고 있다.

기존 연구에 따르면, 나혜석의 화풍은 도쿄 유학시절 여자미술학교의 스승이었던 오카다 사부로스케(岡田三郎助), 고바야시 만고(小林萬吾) 등 일본 관학파의 영향 아래 정신적으로는 세잔, 고흐 등으로 대변되는 후기 인상파에의 지향을 보여주고 있으며, 최근에는 여성주의적 내면풍경으로서의 나혜석 풍경화에 대한 조명이 시도되고 있다.[1] 한편, 노동하는 농민의 일상을 주제로 한 나혜석의 농촌 풍경화는 '조선향토색'의 영향 아래 목가적이고 전원적인 농촌을 소재화한 1930년대 농촌풍경화와 구분하여 당대 농촌 현실을 반영한 작품으로 지적되어 왔다. 특히, 1920년대 초반은 천도교 청년당을 중심으로 한 농민문학론과 농민운동이 본격화되기 이전이며, 화단에서도 향토색 논의가 시작되기 전이어서 나혜석의 농촌풍경화 제작의 배경이 궁금하지 않을 수 없다. 본 논문에서는 도쿄여자미술학교 졸업과 귀국 이후부터 결혼 후 만주로의 이주 초기까지 집중적으로 제작된 '농촌풍경화'를 나혜석의 예술사상과 연계하여 살펴보고자 한다. 대상 작품은 잡지 《공제》(1920.1)에 발표한 〈조조〉와 《개벽》에 발표한 〈개척자〉(1921.7)등의 삽화와 조선미술전람회 출품작인 〈봄이 오다〉, 〈농가〉(1922), 〈봉황산〉(1923), 〈봄의 오후〉(1927) 등이다.

2. 아나키즘의 수용과 전개

1) 미학적 아나키즘에의 공명

나혜석이 유학했던 1913~1918년의 6년간(나혜석은 1915~1916년의 1년간 국내에 체류함) 일본은 다이쇼 시대 초기로 민본주의에 입각한 다양한 사회활동들이 펼쳐지면서 상대적으로 제사회의 모순들이 곳곳에서 드러나기 시작한 시대였다. 특히 러일전쟁 이후 급속한 산업화의 단

---

1) 나혜석의 회화작품에 대한 연구 동향과 전망은 문정희, 「여자미술학교와 나혜석의 미술」, 『한국근현대미술사학회』, 2005, 143~71면 ; 「나혜석 회화연구의 동향과 전망」, 정월 나혜석 기념사업회, 『나혜석 바로알기 제11회 심포지엄 자료집』, 2008, 7~20면 참조. 나혜석 풍경화에 대한 여성주의적 연구는 박계리, 「나혜석의 풍경화」, 『한국근대미술사학』, 2004. 나혜석에 대한 연구서는 윤범모, 『화가 나혜석』, 현암사, 2005 참조. 나혜석이 남긴 글은 이상경, 『나혜석 전집』, 태학사, 2001 참고.

계로 접어든 일본 사회에는 자본주의 모순에 의한 사회문제들이 발생하기 시작하였다. 이러한 과정에서 서구유럽을 통해 전파된 초기 사회주의 사상이나 아나키즘, 여성해방사상 등이 젊은 지식인들 사이에서 유행하였으며 나혜석 역시 일본 근대기 여성해방운동의 대표적 잡지인 《세이토(靑鞜)》를 중심으로 한 여성운동에 영향을 받았음은 이미 지적되어 왔다.[2]

1880년대부터 일본에 소개되어 메이지 말 다이쇼기를 전후해 불어닥친 일본의 아나키즘은 변혁기의 일본 지식인과 청년 사이에 급속도로 전파되었다. 특히, 아나키스트 오스기 사카에가 보여준 철저한 자아의 해방에 입각한 정치적 활동은 당대 청년 지식인에게 깊은 감동을 주었다.[3] 1910~1920년대 일본의 한국 유학생들에게도 아나키즘은 시대의 숙명과도 같은 피해갈 수 없는 사상적 조류였으며 향후 식민지 해방운

---

2) 문정희, 위의 글, 145~52면.
3) 오스기 사카에는 일체의 권력을 부정하는 반권위주의, 반권력주의를 주장하여 고토쿠 슈스이의 직접행동론에서 진일보한 아나키즘의 목표와 이상을 보여주었다. 오스기 사카에는 「生の擴充」이라는 글에서 자아의 해방을 위한 장애물을 제거하고 생의 확충을 이루겠다는 논리를 펴고 있다. 근대사상의 기초인 생(生)을 생→자아→힘→동작→활동→확장→생의 충실→생의 의무와 같이 전개시키고 있는데 이는 니체와 베르그송의 생철학에서 영향을 받은 것으로 알려져 있다. 이러한 논리에 따르면 개인과 민주의 자발성은 생의 확충의 모습 그 자체인 셈이고 이를 가로막는 장애는 파괴되어야 하는 것이다(오스기 사카에, 「生の擴充」, 『오스기전집』 1, 1926 : 이종호, 「일제시대 아나키즘 문학형성연구」, 성균관대 석사학위논문, 2006, 32면 재인용). 또한 그는 《노동운동(勞動運動)》이라는 잡지에서 백지주의 이론을 펴는데, "인생은 결코 미리 기록된 완결된 책이 아니라, 각자가 속한 한 자 또 한 자 기입해 나가야 하는 백지와 같은 것이다. 인간이 살아간다는 것, 그것이 바로 인생이다. 그런 노동운동이란 무엇인가? (…중략…) 노동문제는 노동자의 인생문제이다. 노동자는 노동문제라는 백지로 된 한권의 큰 책을 가진 사람이다"라고 하여 개인의 창의성, 주체성, 자유발의를 강조하고 권의를 추종하는 복종과 망언을 배격하였다. 이는 공산당이 주도하는 노동운동과는 근본적으로 다른 것이었다(조세현, 『동아시아 아나키즘, 그 반역의 역사』, 책세상, 2001, 54~5면).

동 및 문화예술 내에서 주요한 사상적 흐름을 형성하였다.[4] 이 시기, 나혜석과 함께 도쿄에서 유학생활을 했던 친오빠 나경석과 그녀의 애인이었던 최승구가 아나키즘에 영향을 받은 것이 밝혀지면서 나혜석의 예술 사상에 근대기 문화적 조류로서 아나키즘이 중요한 영향을 미쳤을 것이라는 추측이 가능하다.[5] 또한 나혜석이 귀국 후 참여한 잡지 《폐허》의 염상섭, 황석우, 남궁벽의 활동과 글을 우리나라 최초의 아나키즘 문학으로 재해석[6]하는 등 사회주의 사상이 분화하기 이전인 1910~1920년대의 사상적 거점으로서 아나키즘을 위치시키는 연구들이 이루어지고 있다. 즉, 하나의 단일한 사상으로서가 아니라 이 시기를 아우르는 문화적 거점으로서 아나키즘사상을 새롭게 위치 지을 수 있다.

나혜석이 자신의 글과 삶을 통해 일관되게 주장한 한 인격체로서의

---

4) 최근 근대기 동아시아의 아나키즘에 대한 활발한 연구가 진행되면서 일본과 한국의 아나키즘 수용의 관계망들이 밝혀지고 있어 주목된다. 이호룡은 근대 초기, 1900~1920년대 우리 지식인들이 사회진화론을 극복하는 과정에서 아나키즘 사상을 수용했음을 지적하고 있는데 상호부조론에 입각한 아나키즘이 강대국과의 관계에서 약소국으로서 독립을 주장하기 위한 이론적 근거를 제공하였기 때문이라고 보고 있다. 실제, 3·1운동을 전후해 국내에 아나키즘과 사회주의 사상이 확대·보급되었으며, 《공제》, 《개벽》, 《신생활》 등의 잡지를 통해 아나키즘이 소개되었다(이호룡, 「아나키즘의 수용과 전개」, 『한국의 아나키즘』, 지식산업사, 2001, 81~107면).

5) 나혜석의 친오빠 나경석은 식민지 조선의 유학생으로서는 최초로 아나코 생디칼리즘에 입각한 글 「저급의 생존욕」을 《학지광》(1915.2)에 발표하고 있으며 최승구 역시 「정감적 생활의 요구」(《학지광》, 1914.12)라는 글에서 자아의 해방을 위한 행동으로서 "생활에 뿌리박은 긍정의 예술"을 지향하는 개인적 아나키스트의 사명을 밝히고 있다. 귀국 후 나혜석이 보여준 여성운동가이자 예술가로서의 행보는 직접적 실천활동가인 나경석과 개인적 아나키스트인 최승구의 정체성을 모두 담아내고 있어서 나혜석이 최승구와 나경석이 가고자했던 지점(최승구가 죽음으로써 아쉽게도 끝나버린)에서 자신의 삶을 새롭게 출발시키고자 했던 것으로 생각된다. 나경석의 활동과 글은 나경석, 『공민문집』, 정우사, 1980 ; 류시현, 「나경석의 생산증식론과 물산장려운동」, 『역사문제연구』 2, 1997 참조.

6) 황석우, 염상섭, 남궁벽 등의 《폐허》 등의 활동을 당대의 아나키즘의 문학적 수용으로 해석한 글로는 이종호, 앞의 글 참조.

각성과 자유의지는 아나키즘이라는 당대 사상과의 주요한 연결고리였다고 생각되는데, 향후 공산주의자가 되지만 이 시기 대표적인 아나키스트였던 장지락은,

> 1920년대 초 한국인은 단 두 가지만을 열망하고 있었다. —독립과 민주주의. 실제로는 오직 한 가지만을 원했다. 자유— 어떠한 종류의 자유든 그들에게는 신성한 것으로 보였던 것이다. 그들은 일제로부터의 자유, 결혼과 연애의 자유, 정상적이고 행복한 삶을 살아갈 자유, 자기 삶을 스스로 규정할 자유를 원했다.[7]

라고 하고 있어, '자유의지'에의 추구가 아나키즘을 비롯한 당대 변혁운동의 핵심적인 동력이었음을 말해주고 있다.[8]

또한 일본의 예술계에는 《스바루(スバル)》, 《시라카바(白樺)》 등의 문학잡지를 통해 서구의 새로운 예술사조—세잔, 로댕 등의 후기인상파—가 소개되면서 자유롭고 개성적인 인격의 개념 아래 삶을 던져 예술을 추구하고자 하는 흐름이 생성하기 시작하였고, 일정 부분 나혜석도 이러한 영향아래 있었다.[9] 나혜석이 예술세계에서 중요하게 생각하였던 개인성

---

7) 김산·님웨일즈, 『아리랑』, 동녘, 1993, 121면.
8) 아나키즘은 1920년대 초반까지만 해도 사회주의의 한 조류로 수용되었으며, 신사상 중 하나로 받아들여졌다. 소영현은 식민지 조선이라는 특수한 상황에서 근대기 유입된 새로운 사상들이 부정해야할 국가나 정부의 자리에 제국을 위치시키면서 민족주의와 결부될 수밖에 없었음을 지적하고 있다. 아나키즘 역시 고유의 영역을 지키며 문학과 결합했다기보다는 낭만주의, 상징주의, 계몽주의, 민족주의, 사회주의 등의 다양한 층위와 맥락 속에서 전유, 재전유되었고 상호부조론과 에스페란토 운동, 고학생담론 등과 결합된 형태로 그 범주를 넓히며 유포되어갔다고 지적하고 있다(소영현, 「아나키즘과 1920년대 문화지리학」, 『현대문학의 연구』, 한국문학연구학회, 2008, 350~1면).
9) 나혜석의 유학시절의 사상적 영향관계에 대해서는 문정희, 앞의 글 ; 김용철, 「나혜석 유학기 일본미술계와 여자미술학교」, 정월 나혜석 기념사업회, 『나혜석 바로알기 제12회 심포지엄 자료집』, 2009.4, 7~21면.

과 예술적 진보 등의 의미에 당시 폭넓게 사용된 '인격'이라는 개념을 겹쳐본다면, 나혜석이 추구하였던 전생명이 되는 예술작품이라는 것도 결국 세자니즘의 수용과정에서 표출된 다카무라 고타로(高村光太郎)의 「녹색의 태양(綠色の太陽)」과 같은 미학적 아나키즘과 연결될 수 있다.[10]

이처럼 나혜석은 1910년대 일본유학을 통해 "자유에의 의지"를 통한 자아의 해방이라는 동시대 문화적, 사상적 흐름 속에서 자신의 지적, 예술적 자양분을 구축하였으며 그 과정에서 당대 아나키즘사상을 자연스럽게 수용하였다. 그리고 1918년 유학생활을 끝내고 국내로 귀국한 그녀는 여성운동가로서 예술가로서 미학적 아나키즘을 자신의 삶 안에 구현하는 개척자의 삶을 전개하기 시작한다.

2) 개조주의에서 상호부조론으로의 전유

1차 세계대전 이후 동아시아의 젊은 지식인들은 전쟁의 참상을 목격하면서 새로운 시대의 필요성을 절감하였으며, 이 과정에서 러셀의 사회개조의 원리, 윌슨의 민족자결주의 등이 국내에 소개되었다.[11] 새로운 사회의 도래를 위해 과거의 관습에서 벗어나 진정한 자기의 개조를 주장하는 개조론이 등장하였고, 이러한 경향은 3·1운동 이후 사회 전 분야를 개조해야한다는 논리로 전개되어가게 된다.[12] 특히 세계대전의 원인으로 물질문명이 비약적으로 발전했기 때문이라는 인식이 팽배하였는데, 국내외 조선의 지식인들은 러시아혁명 등을 목격하면서 인류의

---

10) 문정희, 위의 글, 163~5면.

11) 이호룡, 앞의 책, 41~80면.

12) 개조의 지향점이 분화하는 과정에서는 각 분파에 따라 다른 맥락에서 사용되기도 하였다. 부르주아적 계몽주의 기획과 결합하기도 했으며 노동계급의 궁핍을 해결할 수 있는 방법론으로 활용되기도 했다(소영현, 앞의 글, 361~2면).

행복을 가져올 새로운 문명의 출현을 기대하였고, 그러기 위해서 개조
와 개혁이 필요함을 역설하였다.

나혜석이 조선농촌의 피폐한 상황의 원인으로 유교주의에 연원한 농
민의 무기력함을 들면서 현실을 타파하기 위한 동력으로 삶에 대한 총
체적 개조, 주체적 인식과 의지 등을 주장하고 있는 점 역시 이러한 당
대 사상적 흐름과 연결된다.

> 한즉, 지금 생활에 먼저 선자가 되려든지 또 용감한 자가 되려면 지금 사람
> 들이 창조한 윤택한 물질문명을 기초 삼는 정신적 생활이 아니면 아니 되는 것
> 인 줄 압니다. 이러한 정신적 생활을 하게 되어야 비로소 원만한 생활이라고
> 할 수 있겠습니다. 톨스토이의 "물질문명을 제외하고 처음부터 정신적 생활을
> 바라는 것은 마치 기초 없는 집과 같다"는 말과 같이 지금 세상이 전 세상보다
> 말할 수 없이 풍부한 것은 물질과 정신이 똑같이 진보한 까닭입니다.[13]

《동아일보》에 게재한 여성개조에 대한 글에서 나혜석은 농촌의 현실
에 대해 언급할 때, 당시 조선농촌의 절대적 빈곤에 대한 지적보다는 주
어진 상황에서 각 주체들이 어떻게 대처하고 있는가에 대해 질문하고
기존의 유교문화에 따른 폐해를 언급하고 있다. 나혜석은 톨스토이의
주장을 예로 들어 물질문명의 전개보다 중요한 것으로 정신의 개조를
주장하고 있어 1900년대 사회진화론자들이 주장했던 실력양성론과 구
분되는 사회개조론의 입장을 보여주고 있다.[14]

---

13) 나혜석, 「생활개량에 대한 여자의 부르짖음」, 《동아일보》, 1926.5.20~23 : 이상경, 앞의
　　책, 278면 재인용.
14) 이호룡은 사회개조, 세계개조론 안에서도 정신과 제도를 중심으로 한 개조론과 개조론의
　　대상을 누구로 할 것인가를 두고 1920년대 국내외진보적 운동에 분파별 차이가 있음을
　　지적하고 있다. 그러면서 정신개조론의 한계를 극복하고 제도개선을 수용하는 과정에서
　　사회주의, 아나키즘이 수용되었다고 보고 있다(이호룡, 앞의 책, 29~70면).

이 시기 개조론자들에게 사회는 개조된 개인들의 집합을 의미했으며 개인의 정신과 후진적인 일상사가 개조의 주요한 대상이 되었다. 이처럼 개조의 대상을 두고 사회윤리와 제도로 확장되면서 정신의 개조를 주장한 자들과 물질적인 개조를 주장하는 이들로 나누어지기도 했다.[15] 그러나 기본적으로 개조주의를 주창하는 지식인들은 "인류에는 폭력에서 비폭력에 쟁투에서 친화에 불평등에서 평등에 속박에서 자유에 향하는 추이"[16]가 있다고 하여 코즈모폴리터니즘에 입각한 보편적 동질성에 주목하고자 했으며 '우리 인류'[17]라는 동일한 인식적 기반을 갖고 있었다.[18]

이러한 개조의 시대는 '제국주의의 시대'에서 '민주주의 시대'로 '생존경쟁의 세계'에서 '상호부조의 세계'로 건너가는 것을 의미했고, 개조론의 전환적 지향점을 러시아의 아나키스트 크로포트킨의 상호부조론[19]이 제공하게 된다. 즉, 새로운 시대를 열어줄 수 있는 윤리의식으로서 상호부조론이 받아들여졌으며 이로 인해 생존경쟁과 적자생존의 개념을 극복할 수 있다고 믿었다. 이 시기 상호부조론은 운동형태의 아나키즘에 과학적 토대를 마련하고 윤리적 원리를 제공함으로써, 동아시아의 문화, 정치 변혁과정에 폭넓은 담론으로 기능하고 있다.[20]

---

15) 위의 책.
16) 이광수, 「쟁투의 세계로부터 부조(扶助)의 세계에」, 《개벽》 32, 1923.2, 18면.
17) 김준연, 「세계개조와 오인(吾人)의 각오」, 《학지광》 20, 1920.7, 25면.
18) 소영현, 앞의 글.
19) 크로포트킨은 『상호부조론』에서 다윈이 주장한 생존경쟁, 적자생존의 개념을 비판하고 인간의 진화 속에서 사회부조가 차지하는 위치를 증명하고자 하였다. 또한 그는 상호부조의 정신과 함께 개인의 자유주장을 진보의 주요한 요인으로 꼽았다. 일본 근대기 대표적인 아나키스트였던 고토쿠 슈스이는 크로포트킨의 『상호부조론』을 읽고 아나키스트가 되었다고 한다(하승우, 『상호부조론』, 그린비, 2006, 42~102면).
20) 크로포트킨은 진화와 진보에 대한 믿음을 갖고 있었고 경쟁을 통한 적자생존이 아닌 상호부조와 연대를 통한 진화의 가능성을 믿었다(조세현, 「동아시아 3국(한, 중, 일)에서 크로포트킨 사상의 수용-상호부조론을 중심으로」, 『중국사연구』 39, 중국사학회, 2005.12, 231~73면).

평화의 길은 오직 강한 자가 약한 자를 보호하고, 우승한 자가 열패한 자를 도우며, 부자가 가난한 자를 기르는 데 있나니, 우리의 가정이 화평하려면, 행복하려면, 강자요 우승자요 부자인 남자가 약자요 열패자요 가난한 자인 여자를 애호하는 데 있는 줄 압니다.[21]

나혜석 역시 《동아일보》에 발표한 글을 통해 그녀가 상호부조론에 입각한 실천활동을 주장하고 있음을 확인하게 된다. 즉 이 시기 아나키즘의 사상적 흐름 속에는 절대 권력에 맞선 개인의 각성과 개조를 통한 완전한 "자아의 해방"과 함께 강자가 약자를 도와야 한다는 사회부조론이 주요한 근간을 이루고 있었으며 나혜석의 예술활동과 사회활동에 주요한 단초를 제공하고 있다.

3. 시대의 개척자―만주의 '농민상'

1) 만주의 개척자

1918년 일본유학을 마치고 조선에 귀국하여 교편을 잡은 나혜석과 나경석은 모두 1919년 3·1운동에 참여해 옥고를 치렀다.[22] 향후 총독부의 블랙리스트에 오르게 된 나경석은 송진우의 권유로 동아일보 객원 기자의 신분으로 원산을 통해 러시아령의 블라디보스토크로 망명생활을 떠나게 된다. 이후 나경석은 1921년 귀국 전까지 《동아일보》에 「만주로 가는 길」, 「노령견문기」를 게재하는 등 러시아혁명 이후 연해주와 만주 동

---

21) 이상경, 앞의 책, 277면.
22) 나경석은 독립선언서 1000부를 만주 지린성의 손정도 목사에게 전하고 오는 길에 무기 10자루가 발각되어 3개월간 징역을 산다(최홍규, 「나혜석의 가족사와 민족의식」, 정월 나혜석 기념사업회, 『나혜석 바로알기 제1회 국제심포지엄』, 1999, 91면).

【도1】〈개척자〉

포의 상황을 전하고 교포 2세들에게 조선어를 가르치는 등의 활동을 전개하였다.[23]

　나경석이 만주와 시베리아의 유랑생활을 접고 귀국한 것은 1921년 4월 이후이며, 나혜석이 잡지 《개벽》에 〈개척자〉를 게재한 것은 1921년 7월이다. 귀국한 오빠를 나혜석이 만났는지는 알 수 없지만, 〈개척자〉가 만주와 연해주에서 새로운 삶을 개척하는 조선인을 형상화한 것이라는 나영균의 주장[24]은 신빙성이 있다. 당시 만주지역은 조선의 옛 땅이라는 인식이 강하였고, 일제의 직접적 수탈의 대상이 아니었기에 상대적으로 평등한 조건에서 조선인들이 생활하고 있었고, 특히 한일합방 이후, 항일 운동가들이 대거 망명을 떠나 자리 잡았던 지역이다.

　〈개척자〉(【도1】)는 《개벽》[25]의 창간 1주년을 기념한 권두 삽화로 게재

23) 나영균의 추측에 따르면, 이 시기 나경석은 시베리아의 이동휘가 이끄는 고려공산당에 입당하여 활동하였을 것으로 보고 있으며 러시아혁명 정부에서 일본공산당과 고려공산당에 지원한 자금이 나경석을 통해 일본에 전달되었을 것으로 추정하고 있다(나영균, 「꿈과 이상을 좇던 시절」, 『일제시대 우리가족은』, 황소자리, 2004, 75~102면).

24) 위의 책, 98면.

25) 잡지 《개벽》은 천도교의 기관지로, 1920년 6월에 창간하여 1926년 8월 1일 통권 72호로 폐간된 잡지로 1920년대를 대표하는 종합지이다. 《개벽》의 발행부수는 8000부 정도를 유지하고 있었으며, 간혹 지방의 농부가 구독을 요청하거나 글을 보내오는 등 대중지로서의 면모를 갖추며 성장하였다. 창간 초기부터 문예부분에 1/3을 할애하고 있던 점에서 1920년대 초 한국의 신경향파문학의 거점이 되었음이 새롭게 평가되고 있다. 잡지 《개벽》은 후기로 가면 김기진, 나도향, 박영희, 이기영, 이상화, 조명희, 주요섭, 현진건 등의 카프작가의 활동상이 두드러지는 등 1920년대 초기 프로문학을 잉태한 잡지로 주목되고 있다. 그동안 《개벽》에 대한 연구는 주로 종교, 사상 민족운동에 집중되어 있었다(김원경, 「개벽시대 경향문학의 특성」, 『겨레어문학』, 1972, 243~69면). 《개벽》의 문화사적

된 것이다. 나혜석의 그림 외에 이도영의 〈이
것이 웬세상이야〉와 김윤식의 휘호가 실렸
으며 표지로 호랑이가 포효하는 그림(【도2】)
을 실어 창간 1주년을 맞이한 《개벽》의 위상
과 포부를 보여주고 있다. 이 호에서 개벽의
편집자인 이돈화는 「혼돈으로부터 통일에 —
혼돈 — 몽롱 — 방황 — 개화 — 문명 — 문화 — 의
뢰 — 고립 — 자립. 개척 — 정돈 — 통일」이라는
글을 통해 지난 30여년의 혼란한 조선의 역
사를 살피고, 조선의 청년에게 새로운 조선

【도2】〈개벽〉
창간 1주년 기념 표지화

을 위해 개척자가 될 것을 권하고 있다. 어떤 경로로 나혜석이 《개벽》의
창간 1주년을 기념하는 13호에 이 작품을 게재한 것인지 구체적으로 밝
혀진 것이 없지만, 3·1운동을 주도한 천도교에서 발행한 잡지였다는
점과 《개벽》의 발간 초기에 참여한 문인 황석우, 김소월, 김억, 염상섭
등이 《학지광》, 《폐허》로 연결되는 도쿄 유학생 출신들이었다는 점에서
나혜석의 참여도 자연스러운 것으로 생각된다.

나혜석의 〈개척자〉는 목판화로 추정되는데[26] 떠오르는 아침 해를 바
라보며 우리를 등지고 서있는 한복 입은 남성을 형상화한 작품이다. 그
가 든 것은 추정컨대 곡괭이로 생각되며, 바로 옆의 나무에서 떨어지는
낙엽들과 함께 화면에 긴장감을 주는 역할을 하고 있다. 괭이를 들고 있
는 농민은 허리를 구부린 채 아침 농사일을 시작하려는 태세이다. 떠오

위치에 대한 종합적인 연구로는 최수일, 「1920년대 문학과 《개벽》의 위상」, 성균관대 석
사학위논문, 2002 참조.
26) 김진하, 「개척자이자 선각자, 나혜석과 신여성」, 『나무거울』, 우리미술연구소 품, 2009,
58~63면.

【도3】 〈괭이를 든 농민〉

르는 태양과 붉은 점선으로 표현된 태양 광선이 땅 바로 위까지 강렬하게 비추고 있어 극적인 긴장감을 준다. 목판화이기는 하지만 날카로운 칼의 느낌보다는 굵은 필선의 느낌이 강조되고 있어 〈개척자〉라는 삽화의 주제에 알맞게 화면에 긴장감을 높이고 있다.

〈개척자〉의 농민처럼 곡괭이를 든 농민상은 20세기 초반 시각화된 전형적 농민상 중 하나로서 그 연원은 밀레의 〈괭이를 든 농민〉(【도3】)에서 찾아볼 수 있다.[27] 농민화가로 이름을 알린 밀레는 적어도 1920년대에는 한국에 소개되었을 것으로 추측되는데 농업학교, 고보의 교과서 중 하나였던 『개정중학교용 신도화첩』(1924)에 라파엘로와 함께 밀레의 그림이 참고도로 제시되었으며[28] 최승구, 염상섭 등 나혜석 주변의 문인들이 추종했던 《시라카바》에서도 밀레가 고흐에게 영향을 준 인물로 소개되고 있어 나혜석이 참조했을 가능성이 많다. 그렇다면 새로운 조선을 개척하는 상징적 주체로 만주의 조선인 농민을 선택한 이유는 무엇일까.

1920년대를 전후한 조선 농촌은 일본의 중농주의 정책에 의해 집중적

---

27) 1930년 동아일보에 이상범이 그린 〈바보이반〉(1930.12.6)의 삽화, 안석주의 표지화 〈묵도〉(《신시대》, 1941), 박수근의 선전출품작 〈농가의 여인〉(1938) 등에서 밀레의 영향을 찾아볼 수 있다(김영나, 「밀레의 농민상－미국과 동아시아에서의 수용현상」, 『미술사논단』 6, 한국미술연구소, 1998, 81~111면).

28) 황혜정, 「한국 근대 도화교과서 연구」, 홍익대 석사학위논문, 2003, 42면.

인 수탈이 진행되고 있었다. 한일합방 이후 조선총독부에 의한 토지조사 진행에서 다량의 소작민이 발생하는 등 착취관계가 공고해졌고, 1918년 일본의 쌀파동으로 인해 조선 농민에 대한 수탈이 가속화되던 상황이었다. 그러면서 만주나 연해주로 이주하고자 하는 사람들이 많아졌는데, 특히 3·1운동 이후에는 애국지사까지 만주로 이주하여 간도지방을 중심으로 조선인은 꾸준히 증가하는 추세였다. 북간도 지방은 다른 지역과 달리 1909년부터 토지소유권이 인정되고 항일운동지사들을 중심으로 교육기관이 운영되는 등 국내 조선인에게 살기 좋은 곳으로 인식되어 있었다.[29] 20세기 초반, 만주는 조선인에게는 낯선 곳이 아닌, 조선의 옛 땅으로 여겨졌으며 북간도 인구의 70% 이상이 조선인이었다.

나혜석의 삽화가 게재된 《개벽》 13호에도 박야가 쓴 「재간도조선인 사회의 과거와 현재와 장래」라는 글이 실렸는데, 백두산을 위시해 만주 지역을 소개하고, 80만에 이르는 간도인들이 조선의 생활난과 계급차별, 정치적 탄압 등을 피해 이주하였음을 밝히고 있다. 그리고, 교육과 경제적인 부분에서 월등히 높은 환경을 조성하였다고 하면서,

> 우리 민족이 차토에 이주한 이래 수십 년 동안 생명을 특성하여 자연을 정복하고 비로소 금일의 안토락원을 이루었음은 사실이다. 그리하여 근노(勤勞)의 힘과 한혈(汗血)의 값으로 이제부터 극락의 생을 잘 누릴 것임은 정리이다. (…중략…) 아아 간도야 아아 간도의 조선인이여 오인(吾人)은 이제부터 새 간도의 사람임을 세계에 선언하노라.[30]

라고 끝맺고 있어, 개조의 성공사례로서 만주의 조선인 거주 지역을 소

29) 한종필, 「만주 조선인이민의 전개과정 소고」, 『명지사학』 5, 1993, 73~115면.
30) 박야, 「재간도 조선인 사회의 과거와 현재와 장래」, 《개벽》 13. 1921.7, 65~74면.

개하고 있다. 이때 만주는 식민지 조선이라는 피폐하고 억압받는 현실을 대체하는 유토피아적 공간으로 표상된다.《개벽》의 개조론자들에게 조선인이 건설한 만주의 공동체는 자신들이 건설할 미래의 표본이었으며 그 힘의 원동력은 개척자 농민이 보여준 '근로의 힘'이었다. 나혜석은 〈개척자〉라는 삽화를 통해 《개벽》에서 전파하던 사회개조의 한 주체로서 농민상을 시각화해내고 있다.

2) 상호부조 –〈조조〉

나혜석이 〈개척자〉를 제작한 1920년대 초반은 농민문학이 본격화되기 전이지만, 국민의 90% 이상을 차지하던 농민의 중요성이 인식되고, 이들을 대상으로 한 계몽운동이 펼쳐지던 시기였다.[31] 한편, 나혜석이 유학하던 1913~1918년은 일본의 다이쇼기로 러일전쟁을 전후하여 러시아의 농촌소설들과 계몽활동에 대한 집중적인 소개를 통해 노동과 인도주의, 평화주의에 기반한 톨스토이즘이 일대 유행하는 등 주로 러시아의 농민운동에 대한 인식이 있었다. 특히 아나키스트들에게 있어 톨스토이의 비전론(非戰論)은 많은 공감을 주었다. 실제 이 시기 톨스토이즘은 아나키즘과 공산주의로 나아가는 논리적 디딤돌의 역할을 했다.[32] 예술계에서도《시라카바》의 동인들 중 일부가 톨스토이에 경도되어 공

---

31) 1923년 황석우에 의해 처음 사용된 농민문학이라는 용어는 향후 천도교 청년당을 중심으로 조직된 이성환의 '농민문학사'와 김기진 등 카프를 중심으로 전개된 '농민문학론'에서 그 의미가 확장되어 1930년대 주요한 예술담론의 축을 이루게 된다(류양선, 『한국농민문학연구―식민지시대』, 서광학술자료사, 1994, 116~51면). 미술계 내에서는 조선 향토색이라는 주제 아래 다양한 농촌풍경화가 제작되었다(박계리, 「일제시대 조선향토색」, 『한국근대미술사학』, 1999, 166~210면).
32) 김산·님웨일즈, 앞의 책, 124면.

동경작을 기본으로 한 농장을 운영하
면서 "아타라시키무라(新しき村)"를 전
개하였으며[33] 공동체운동의 주요한
주체로서 농민과 농촌이 다루어졌다.

나혜석은 〈개척자〉를 제작하기 1년
전 잡지 《공제》에 판화작품 〈조조〉
(1920.1)(【도4】)를 게재하였다. 잡지
《공제》는 우리나라 최초의 노동운동
단체인 조선노동공제회(1920년 4월)
의 기관지로 나혜석의 삽화는 창간호

【도4】〈조조〉

(1월호)에 게재되었으며 나경석도 창간호에 「세계사조와 조선농촌」이라
는 글을 게재하였다.[34] 이 글에서 나경석은 "소위 지식계급이 일정한 주
의 하에서 노동자의 장래의 자각을 촉진케 할 현재의 결핍을 구제하려
하면, 도시에 있어서는 생활의 필요품을 공급하는 소비조합을 경영하여
이해가 공통한 계급의 단결의 습관을 작성하고 호상부조의 덕의를 함양
하여 세계적 사회운동에 융합케 함이 제일 적합한 방법"이라 하여 상호
부조적 입장에서 노동문제를 해결할 것을 주장하고 있다. 조선 노동공
제회는 강연회를 통해서도 아나키즘—상호부조론에 입각한 계몽활동을

---

33) 최범순, 「우치다 로안(内田魯庵) 톨스토이 번역의 위상—명치사회주의, 초기시라카바, 명
   치자연주의와의 관련」, 『일본문화연구』 13, 동아시아 일본학회, 2005, 149~53면.

34) 조선노동공제회는 286명의 발기인과 678명의 회원으로 창립총회를 열고 회장에 박중화,
   총 간사에 박이규, 의사장에 오상근을 뽑아 결성되었는데 단체회원의 대부분이 언론인, 교
   육자, 변호사 등의 지식인이었으며 이후 각 지방에 지회를 설치하여 활동하였다. 조선노동
   공제회는 주로 노동자 교육과 생활난 구제 등을 통해 노동자의 인격적 경제적 지위 향상에
   치중하는 노사협조주의를 중심으로 활동을 전개했다. 조선노동공제회에 대한 연구논문으
   로는 박애림, 「조선노동공제회의 활동과 이념」, 연세대 석사학위논문, 1993 참조.

전개하였는데 대체로 "이 사회의 현재 조직은 완전하지 못하다는 것, 노동은 신성하다는 것, 인류는 서로 붙들고 도와야 하며 그것이 우주가 성립한 원리라는 것"을 설명하면서 기쁨과 감사로 신성한 노동을 하여 인류사회에 공헌하자고 하고 있다.[35] 잡지 《공제》는 노동자 농민의 인격적 경제적 지위 향상을 위한 조선노동공제회의 기관지였지만, 문예에도 일정부분 지면을 할애하면서 《신생활》과 함께 1920년대 사회주의사상, 아나키즘 등의 경향문학을 소개한 잡지로 주목되고 있어 나혜석의 삽화도 그러한 맥락에서 접근해야 한다.[36]

〈조조〉에는 모두 3명의 인물이 등장하는데 2명이 남자고 1명은 여성이다. 멀리 보이는 검은 땅 위로 솟아오르는 태양은 이제 막 뜨기 시작한 것으로 보이며, 이른 아침임을 암시한다. 제일 앞서가는 여성은 머리에 무언가를 이고 있는데 당시 풍속화보에 등장하던 전형적인 농촌의 여성이다. 그 길을 따라 가고 있는 지게를 진 남성이 있고, 화면의 좌측 하단에는 허리를 구부리고 농토에서 열심히 밭을 일구고 있는 또 다른 남성이 보인다.

이른 아침부터 몸을 부려 일하는 들판의 농부와 구불거리는 밭고랑의 표현은 강렬한 인상을 주는 데 부족함이 없으며, 다소 거친 필선의 효과는 태양 광선과 함께 대지의 생명감을 충분히 표현하고 있다. 특히 땅의 생명감을 온몸으로 느끼며 굵은 땀방울을 흘리고 있는 것 같은 김을 매는 농민상은 1930년대 이후 사회주의 리얼리즘에 의해 제작된 이상화된

---

35) 1920년 5월 1일 종로청년회 대강당에서 김영식은 '부조와 경쟁'이라는 제목아래 이러한 요지의 강연을 하였다(《동아일보》, 1920.5.3). 한편, 이호룡은 기관지 《공제》에 기고한 사람들 중 사회주의자로 분류될 수 있는 사람으로 정태신, 김명식, 김한, 나경석, 변희용, 장덕수, 김약수, 유진희, 신백우, 고순흠, 남정석 등을 꼽고 있다(이호룡, 앞의 책, 103면).
36) 김재용·이상경 외, 『한국근대민족문학사』, 한길사, 1993, 291면.

농민상과는 확연히 구분되며 노동 자체에 열중하고 있는 개인 주체로서의 모습이 부각되어 있다. 또한, 머리에 무언가를 인 여성과 땀 흘리며 일하는 농부, 그리고 지게를 든 남성이라는 각 계층의 인물들이 떠오르는 태양 아래 너른 대지 위에 함께 그려짐으로써 한 개인(인격) 주체로서, 신성한

【도5】〈太陽の道〉

노동을 통해 각성하고 서로 협력하여 살아가자는 상호부조론의 이념을 충실히 보여주고 있다고 생각된다.

〈개척자〉와 함께 〈조조〉에서 점선으로 표현된 태양 광선은 흥미로운데, 이러한 태양의 광선 표현은, 다카무라 고타로(高村光太郎)가 1910년 4월 잡지 《스바루》에 게재한 예술계의 아나키즘적 선언인 「緑色の太陽」[37]에서 영감을 얻어 요로즈 테츠코로(萬鐵五郎)[38]가 자신의 유화작품 〈太陽のある風景〉(1912)과 함께 제작한 판화작품인 〈太陽の道〉(1912)(【도5】)를 떠올리게 한다. 태양의 광선표현 등은 고흐에서 영감을 얻은 것으로 추정되며, 길 양옆으로 그은 선의 표현들은 강렬하고 직감적인 태양광과 생명감을 그대로 전해준다. 당대에 다카무라 고타로의 선언이 끼친

---

37) 잡지 《스바루》에 1910년 4월 실린 다카무라 고타로의 글은 예술가의 개성과 주관에 무한의 권위를 주었으며 이시이하구데이 등에 의해 주장되던 지방색에 대한 비판의 의미도 담겨있다. 이 두 논쟁에 대해서는 中村義一, 「日本的 モダニズムの誕生 - 生の 藝術論爭」, 『일본근대미술논쟁사(日本近代美術論爭史)』, 구룡당(求龍堂), 1981, pp.149~74.

38) 요로즈 테츠코로(萬鐵五郎, 1885~1927)는 후기인상파와 야수파를 혼합한 회화표현을 주로 보여주었으며 후에 야수파의 일본적 수용을 보여준 퓨전회의 주요멤버로 활동하였다 (『근대일본미술사전(近代日本美術事典)』, 강담사(講談社), 1989, pp.388~99).

영향과 함께 양식적으로 고흐의 영향이 느껴지는 대목이다.

한편, 나혜석에게 영향을 주었을 것으로 생각되는 일본 근대기의 여성운동가인 히라쓰카 라이초(平塚明子)가 《세이토》를 발간하면서 쓴 글에서 "태초부터 여성은 태양이었다 진정한 사람이었다"라고 주장하였던 점과 여기에 공감하여 나혜석이 자신의 호를 세 개의 태양을 의미하는 정월(晶月)로 한 점[39] 등으로 미루어 나혜석에게 태양은 인격을 가진 한 주체로서의 각성과 이를 통한 자아의 해방을 상징하는 주요한 모티브로 작용했을 것으로 본다. 그런 의미에서 두 삽화작품에 등장하는 태양은 나혜석이 공명한 미학적 아나키즘, 특히 자아의 각성과 그에 따른 정신의 해방이라는 의미를 갖는다.

4. 나혜석 농촌풍경화에 나타난 노동과 경작의 의미

나혜석이 남편 김우영의 안동영사관 부영사 발령으로 인해 만주 안동현으로 이주한 것은 1921년 9월이다. 당시 안동은 남만주 지역의 중심도시로서 펑톈과 함께 급속한 조선인의 유입으로 일본으로서도 관리의 필요성을 절감하던 지역이었다.[40] 조선인의 토지소유권이 인정되고 조선인에 의해 학교가 설립되는 등 조선인 자치가 나름대로 이루어지던 북간도와 달리 안동, 펑톈 지역은 중국과 일본의 첨예한 대립으로 인해 조선인에 대한 경계가 심했고 토지소유도 쉽지 않아 조선인의 생활은 척박하였다. 또한 3 · 1운동 이후 일본은 독립군의 활동에 대한 단속 등

---

39) 서정자, 「나혜석의 문학과 일본체험」, 정월 나혜석 기념사업회, 『나혜석 바로알기 제12회 심포지엄』, 2009.4, 36~7면.

40) 김주용, 「일제 강점기 한인의 만주이주와 도시지역의 구조변화-봉천과 안동을 중심으로」, 『근대 만주 도시역사지리연구』, 동북아 역사재단, 2007, 108~56면.

안둥영사관을 통해 이 지 역 조선인에 대한 관리— 일본 신민화 작업—의 필 요성을 느꼈던 것으로 생 각되며, 부영사에 조선인 김우영을 배치한 것도 이 러한 동화정책의 과정에 서 선택된 것으로 볼 수 있다.

【도6】〈농가〉

　나혜석은 만주로 이주 한 다음해 5월, 〈봄이 오다〉와 〈농가〉 두 점을 조선미술전람회에 출품하 여 모두 입선하였다. 두 작품 모두 농촌의 일상을 주제로 하였는데 나혜 석이 거주하던 안둥현의 집이 시내에 있었던 점, 당시 농사는 주로 안둥 시외에서 이루어졌던 점으로 미루어보아 나혜석은 작품제작을 위해 안 둥 시외 조선인 거주지로 나가 제작했을 것으로 생각된다.[41]

　〈농가〉(【도6】)는 농민의 노동을 상당히 근경의 위치에서 잡아낸 작품 이다. 연자방아가 있는 초가집을 중심으로 하여 그 앞마당에서 곡식을 펼쳐놓고 괭이질을 하고 있는 남성의 뒷모습이 보이고 앉아 무언가를 하고 있는 한 여성의 모습이 눈에 들어온다. 멀리, 연자방아를 돌리고 있는 소의 모습과—거의 희미해서 보이지 않지만—그 옆에서 곡식을 거

---

41)　나혜석은 몇몇 작품들에 대해 작품제작과 관련한 상황을 기록하고 있는데 이로 미루어보 아 대부분 현장에서 사생을 하고 세부작업 등은 화실에서 마무리하는 것으로 보인다. 만 주시절, 최은희기자가 나혜석을 인터뷰한 기록에 보면 나혜석이 그림을 그리기 위해 명 승과 고적을 찾아 만주 일대를 여행했음을 알 수 있다(「여류화가 나혜석 여사 가정방문 기」, 《조선일보》, 1925.11.26).

【도7】〈봄이 오다〉

두는 여성이 있다. 연자방아의 경우 주로 한마을이 공동으로 소유하는 경우가 많고 특히 왼편 상단에 조명기구로 추정되는 기구가 그려진 것으로 보아 조선인 마을의 공동장소는 아닐까 생각된다.[42] 초가지붕을 이용한 대담한 구성과 전면에 부각된 노동하는 남성 등은 이 작품에 대한 나혜석의 확신과 자신감을 느끼게 하는데, 특히 곡식을 펼쳐놓은 마당 한가운데에 환하게 쏟아지는 태양광선, 곡식이 담겨질 자루 등이 조화를 이루며 화면에 평화로움과 풍요로움을 더해준다. 화면의 중앙에서 묵묵히 곡식을 말리는 작업을 하고 있는 남성의 노동은 본연의 임무에 충실한, 즉 농민으로서의 본분을 다하고 있다. 또한 조선인 거주지의 공공장소에서 이루어지는 이들의 행위는 상호부조를 통해 자급자족하는 조선인 공동체의 모습을 연상하게 한다. 〈봄이 오다〉(【도7】)는 〈농가〉에 비해 봄이라는 계절의 변화가 좀 더 주된 화제로 다루어진 것 같은데 미루나무를 중심으로 대기의 기운이 변화하고 있음을 표현하고 있으며, 다리아래 도랑에 앉아 빨래를 하고 있는 아낙과 도랑 위 둔덕에서 나물을 캐고 있는 여자아이를 그리고 있다. 화면 구조상 둔덕 아래 개천에 있는 여성은 작게, 둔덕 위 나물 캐는 여성은 조금 크게 표현하고 있는데, 이러한 표현은 〈농가〉에서도 볼 수 있다. 연자방아를 돌리

---

42) 부유한 농가로 추정할 수도 있지만 당시 안둥 내 거주한인의 상황은 그렇게 윤택하지 못하였다고 전해진다.

고 있는 여성은 상대적으로 작게 표현하여 화면에 공간감을 주고 있다.

〈봄이 오다〉와 〈농가〉 두 작품 모두 농민의 노동이라는 구체적인 주제 아래 성실하고 근면한 개별 주체로서의 농민이 형상화되어 있다. 그리고 여기서 다루어지는 농민의 노동은 소외된 노동으로서의 의미보다는 자기 생명(삶)의 존재 이유로서의 노동의 의미가 더 강하다고 생각된다. 노동에 대한 이러한 관점은 러시아 농민예술의 주자인 톨스토이의 노동사상과 연계된다.[43] 특히 톨스토이의 사상에 감복한 《시라카바》의 회원들은 '웅대한 자연이나 예술의 배후에서 움직이는 생명의 무한한 힘'을 예찬하고 그 생명의 원천으로 자아와 개성을 중시하고 인간의 노동 역시 그러한 생명의 의미에서 받아들였다. 또한 《시라카바》의 회원들에게 '경작'은 중요한 의미를 갖는데 이것은 바로 톨스토이의 실천행위를 염두에 둔 것으로 아나키스트였던 톨스토이가 농촌공동체를 지향했던 것과 무관하지 않다.[44] 폭력적 기구로서 국가의 존재를 부정하는 점에서 아나키스트와 같았지만, 톨스토이는 인간을 지배하는 권력을 종식시키기 위해 폭력적 수단이 아닌, 인간 개개인의 도덕적인 자기완성에 의해 가능하다고 보았으며 크로포트킨의 상호부조론에 좀 더 가까웠다고 볼 수 있다.[45]

---

43) 이러한 노동은 주로 러시아의 톨스토이에 의해 주장된 신성한 노동―자기생명의 무게를 증명하는 노동의 의미로서, 근대기의 노동개념의 한 축을 담당한다. 한국에 톨스토이가 처음 소개된 것은 1909년 최남선에 의해서이다. 일본은 이보다 이른 1886년에 『전쟁과 평화』가 번역된 이래 총 100편수의 번역이 이루어졌고 단행본도 30종을 헤아릴 정도로 유행하였다. 특히 러일전쟁이 일었던 1905년 톨스토이가 비전론을 제창하면서 《평민신문》을 중심으로 광범위한 영향을 미쳤다(권보드래, 「『소년』과 톨스토이의 번역」, 『한국근대문학연구』 6권 2호, 2005.10, 64~7면).

44) 초기 《시라카바》의 중심인물인 무샤노코지 사네아츠, 이리시마 다케오의 대표적인 실천행위였던 아타라 시키무라와 아리시마 농장운영은 톨스토이의 실천에서 영향 받은 것으로 그 근저에는 자급자족적 경작이라는 이념이 놓여 있다(최범순, 앞의 글, 150면).

45) 심상보, 「레프 톨스토이와 아나키즘」, 『러시아어문학 연구논집』 28, 한국러시아문학회, 2008, 20면.

【도8】〈봄의 오후〉

이미 나혜석은 「경희」(1915)라는 문학작품에서 여성의 가사노동을 신성하고 의미 있는 것으로 받아들이고 있는데, 신여성 경희가 방학 때 집에서 집안일을 하면서 노동에 대한 자신의 생각을 밝히는 부분은 의미심장하다.

경희는 컴컴한 속에서 제 몸이 이리저리 운동케 하는 것이 여간 재미스럽게 생각지 않았다 일부러 빗자루를 놓고 쥐똥도 집어 냄새도 맡아보았다. 그리고 경희가 종일 일하는 것은 아무바라는 보수도 없다. 다만 제가 저 할 일을 하는 것밖에 아무것도 없다.

(…중략…) 종일 일을 하고 나면 경희는 반드시 조금씩 자라난다. 경희의 갖는 것은 하나씩 늘어간다. 경희는 이렇게 아침부터 저녁까지 얻기 위하여 자라갈 욕심으로 제 힘껏 일을 한다.[46]

나혜석의 이러한 노동에 대한 인식이 잘 드러난 미술 작품으로 〈봄의 오후〉(1927)를 들 수 있다. 〈봄의 오후〉(【도8】)는 봄날 오후, 장을 담그고 있는 한 여성과 그 과정을 표현한 것으로 절구질을 하고 있는 여성이라는 농촌 여성의 노동을 소재로 하고 있다. 화면의 왼편에서 절구를 들고 절구질을 하려는 한 여성과 그녀 앞에 놓여 있는 그릇들, 장항아리 등은 구체적인 노동의 과정을 증명하는 증거품으로 화면 안에서 저마다의 역할로 배치되어 있다. 절구질하는 여성이라든가, 장독 항아리 등은

---

46) 나혜석, 「경희」, 《여자계》, 1918.5 : 이상경, 앞의 책, 96~7면 재인용.

향토적인 소재이지만 노동 장면이
부각된 화면구성과 사실적인 표
현, 빛을 이용한 화면의 밝은 분위
기 등으로 인해 나혜석이 인식한
자기근거로서의 노동의 의미를 강
조하고 있는 듯 보인다.[47] 그러나
이 작품에 대한 당대의 평은 혹독
하기만 한데 특히 카프 문학의 기
수였던 김기진은 나혜석이 당시

【도9】〈봉황산〉

농촌의 현실을 반영하지 못한 것으로 간주하고 있다.

> 봄철의 농촌은 이다지 무기력하게도 평화로운 시절이 아니다. 제재를 선택
> 함이 화인(畵人)으로서 중대한 것이니 단지 색채감으로나 자연의 국부적 호감
> 으로만 화작(畵作)한다 함은 미술의 본류와 상거(相距)가 요원한 짓이다. 독,
> 우물, 초가, 방아를 찧는 계집애 등등의 안정감 실재감이 부족하더라도 자신
> 의 취미대로 매진하는 용기만은 고마운 일이나 이와 같이 무기력화 색채화 모
> 형화 하려는 음모에 염개(念慨)함을 마지않으며 소위 전문가로서 데생이 틀린
> 것만큼 명예스럽지 못한 일이 아닐까.[48]

이는 농민의 비참한 현실을 담아내야 한다고 역설하였던 당시 카프의
농민문학론에 견준 주장으로, 자아해방과 자기실현으로서의 노동의 의
미를 담아내고자 한 나혜석과는 근본적으로 다를 수밖에 없었다.
　1923년에 〈봉황성의 남문〉과 함께 출품한 〈봉황산〉(【도9】) 등에서는

---

47) 박계리는 〈봄의 오후〉가 나혜석의 가사노동에 대한 페미니즘적 인식을 보여주는 작품으
　　로 지적하고 있다(박계리, 「나혜석의 풍경화」, 180~1면).
48) 김기진, 「제6회 선전 작품 인상기」, 《조선지광》, 1927.6 : 윤범모, 앞의 책, 176면 재인용.

〈농가〉에서와 같이 구체적인 노동 장면이 부각되기보다는 광활한 자연의 위대함이 부각되는 구도를 보여주고 있으며 척박하지만 위대한 자연 아래 묵묵히 경작을 하고 있는 농민의 모습을 표현하고 있다. 인간의 노동과 대지의 위대함을 강조하는 이러한 경작의 풍경들은 톨스토이즘과 상호부조론에 공명한 1920년대 전반 나혜석의 의식과 사상적 흐름을 가늠해보게 한다.

그러나 나혜석의 농촌풍경화는 1922년 조선반도를 떠나 만주로 이주한 첫해와 두 번째 해까지만 제작하였으며 이후 연이은 출산과 육아 등 여성적 체험과 이와 연계된 여성주의적 작품의 제작 등 여성으로서의 자신의 경험을 표현하는 데에 좀 더 집중하였다.

5. 나오며

나혜석은 일본 유학시기 일본다이쇼기의 시대적 흐름 속에서 자아의 해방을 주장한 아나키즘적 사상에 직간접적으로 노출되어 있었으며, 신성한 노동을 통한 자아의 해방과 각성, 그리고 이를 통한 공동체의 건설이라는 톨스토이즘과 미학적 아나키즘에 공명하여 여성운동가로서, 예술가로서의 자양분을 섭취하였다. 《개벽》, 《공제》에 게재된 삽화들은 이러한 영향 아래 제작된 것으로 자아의 각성, 신선한 노동을 통한 인간의 해방이라는 그녀의 사상적 흐름을 보여준다.

그녀의 이러한 인식은 1922년에 제작된 〈농가〉나 〈봄이 오다〉, 〈봉황산〉과 같은 농촌풍경화에도 일정부분 반영되어, 농민으로서의 삶을 보여주는 노동과 위대한 자연의 생명감을 보여주는 '경작'이라는 주제를 통해 농민예술에의 지향을 보여주고 있다. 이 시기 나혜석의 '농촌풍경화'는 1930년대 '조선향토색'의 영향 아래 소재주의에 빠져 농촌의 현실과는 괴리된 채 제작된 농촌풍경화와 구분되지만, 김기진이 지적한 대로 피폐한 농촌의 현실을 반영한 작품들도 아니었다. 나혜석에게 중요한 것은 피폐한 현실을 드러내는 것이 아니라 그것을 개조할 동력으로서 자아의 자각과 온힘을 다해 살아가는 개인의 의지였다.

향후 나혜석은 작품 자체가 예술가 개인의 삶이자 그 가치를 증명하는 것이라는 그녀의 창작 태도에 걸맞게 여성으로서 자신의 삶을 살아가고 전 생명을 다해 역작을 제작하여 1세대 여성 유화가이자 여성운동가로서의 불꽃같은 삶을 살아간다.

* 본 글은 『미술사논단』 31호(한국미술연구소, 2010)에 게재한 필자의 글 「나혜석의 농총풍경화연구」를 재수록한 것이다.

(구정화)

나혜석의 풍경화

1. 서론 : 나혜석 회화의 논점과 연구사

나혜석의 유화에 대한 당대의 평가는 1920년대의 경우 "배치와 윤곽이 정돈되었고 또한 단조로운 색채를 잘 배치한 수완이 뛰어난 거연(巨然)노숙한 풍"[1]이라는 식의 긍정적 평가와 호의적 관심을 보여주나, 구미만유와 이혼을 거친 1930년대의 경우, "박진력이 부족하며 무력한 작품"[2]이라거나, "탈진하는 듯한 침울한 색이 인상적"[3]이라는 식의 부정적 평가를 보여주고 있어서 대조된다. 이러한 평가는 실제 작품에 기인한 측면도 있겠지만, 이혼의 사회적 공론화 등 당시 사회로서는 돌출적 언사를 일삼았던 나혜석에 대한 부정적 선입견이 미친 영향도 적지 않

---

1) "나혜석의 천후궁은 배치와 윤곽이 정돈되었고 또한 단조로운 색채를 잘 배치한 수완이 뛰어난 거연(巨然)노숙한 풍"(《조선일보》, 1926.5.14~22).

2) 김복진(최열, 『근대미술의 역사』, 206면).

3) 김주경, "나혜석의 귀국 이후의 작품에서 탈진하는 듯한 침울한 색이 인상적"(《조선일보》, 1931.4.15~18).

앉으리라고 생각된다. 아마도 나혜석의 작품에서 "애수의 동정"을 찾고 이를 "도피 안일 심정의 싸늘한 공기가 저회하고 있는 우울탓"으로 돌리는 일부 평자의 언급은 이러한 부정적 선입견을 단적으로 보여주는 사례가 아닌가 한다.[4]

이러한 부정적 인식의 확산 속에서 나혜석의 유화는 1935년의 소품전 이후 최근까지 실질적으로 망각되다가, 1990년대 들어서야 비로소 재평가되기 시작하였다. 이경성과 이구열은 1960~1970년대의 선구적 논저를 통해 나혜석의 선각자적 면모와 인생역경을 부각시킴으로써 이후 나혜석 회화 연구를 위한 초석을 놓았다.[5] 김희대가 시도한 "1920년대 인상주의화풍을 가장 본격적으로 전개한 작가"로서 나혜석에 대한 규정 및 윤범모가 수행한 나혜석의 미술학교시절까지의 생애와 작품에 대한 실증적 분석은 나혜석 회화에 대한 1990년대 최초의 미술사적 분석과 재평가로서 의미가 크다[6].

1990년대 후반부터 나혜석의 유화를 페미니스트로서의 나혜석의 생애와 관련지어 연구하는 경향이 대두되었는데, 이는 크게 부정론과 인정론으로 양분할 수 있다. 김홍희는 나혜석의 유화가 양식적으로는 "일본식 인상주의와 프랑스인상주의를 왕래"하면서 내용적으로도 "유미주의에 경도되어 페미니즘의 회화적 표출은 없었다"고 단언하였으며, 김현화는 일본 외광파의 영향을 강조하는 한편 나혜석이 "여성해방운동을

---

4) 윤희순, "나혜석의 작품은 억제치 못한 애수의 동정을 불러일으킨다. 그것은 도피 안일 심정의 싸늘한 공기가 저회하고 있는 우울탓"(《동아일보》, 1931.5.31~6.9).

5) 이경성, 「미의 십자가를 진 여인—나혜석 시론」, 『예술논문집』 1, 대한민국예술원, 1962) ; 이구열, 「에미는 선각자였느라」, 동화출판공사, 1974 ; 이구열, 『한국근대회화선집 양화편 1』, 금성출판사, 1990.

6) 김희대, 「한국 근대 서양화단의 인상주의적 화풍의 계보」, 『미술사연구』 7, 미술사연구회, 1993 ; 윤범모, 「나혜석의 족보논쟁과 미술학교 시절」, 《월간미술》, 1994.9.

제1부 한국미술사에 나타난 나혜석

자신의 무분별한 애정행각을 미화시키는 데 이용"하였을 뿐 "페미니스트 의식은 회화가 아니라 문학에서 강하게 표출"된다고 함으로써 나혜석의 페미니스트 유화를 실질적으로 부정하였다.[7]

반면, 최근 윤범모는 나혜석을 '근대여성문화사의 선구자적 기호', '1910년대 유화계의 선구자', '치열한 작가활동을 보인 전업작가'로 평가하면서, 출처불명의 태작과 위작이 난무하는 현실에서 나혜석 회화에 대한 섣부른 단정을 경계하고, 비록 초기 삽화의 제한된 범위이긴 하지만 페미니스트 요소가 존재함을 강조하였고, 강태희는 나혜석 회화의 문제성은 유화라는 매체의 생소성과 파리미술을 내면화할 시간의 부족 및 이혼사건을 통한 굴절 때문이라고 변호하면서, 〈자화상〉(1928) · 〈소녀〉(1931)와 같은 후기 유화를 독립적 인격체로서의 근대적 여성 이미지 및 여성교육과 계몽에 대한 신념의 반영으로 해석하면서 페미니스트 유화 부정론에 대한 재검토를 요청하였다.[8]

실제로 그간의 논의에서는 일본 외광파와 프랑스 인상주의에 영향 받은 작품의 스타일만이 중점적으로 부각되었다. 이에 필자는 본고에서 기본적으로 나혜석의 그림을 미술사적으로 위치지우기 위한 양식분석보다는 그의 생애에서 어떤 의미를 지니고 있었는지 이해하는 주제해석에 중점을 두고 고찰을 전개하고자 하며, 이를 통해 페미니스트 나혜석이 자신의 회화를 통해 표현하고자 했던 은유적 상징과 내포를 적극적으로 파악하여 제시하고자 한다.

---

7) 김홍희, 「나혜석의 양면성」, 『근대미술사학』 8, 1999 ; 김현화, 「한국근대여성화가들의 서구미술의 수용과 재해석에 관한 연구-나혜석과 백남순을 중심으로」, 『아세아여성연구』 38, 1999.

8) 윤범모, 「근대여성문화사의 선구자적 기호」, 《월간미술》, 2002.2 ; 강태희, 「나혜석의 대중화된 이미지, 그 과거와 현재」, 『한국예술종합학교 논문집』 5, 2002.

2. 향토적 현실반영으로서의 풍경

나혜석의 회화세계에 대한 구분은 대개 시기별 양식분류를 기본으로 2단계설과 4단계설이 제시되었는데, 구미만유를 떠난 1927년이 획기가 되는 점에서는 동일하다. 필자는 나혜석의 생애가 회화 구분의 유력한 기준의 하나라는 점은 인정하면서도, 일정시기 특히 구미만유직후 1930년대 전반까지의 기간 동안에는 유럽에서 영향 받은 야수파적 성향과 선전에 출품키 위한 아카데믹한 성향이 서로 병존하는 등의 사실에 주목하고 시기보다는 주제와 기법에 의해 분류하고자 한다. 나혜석의 풍경화 중 여성적 인식이 두드러지는 작품들은 주제와 기법에 따라 향토적 현실의 풍경, 이념적 조형으로서의 풍경, 자기반영적 내면표현의 풍경으로 크게 구분할 수 있다.

나혜석은 1921년 내청각에서 서울 최초의 유화전람회(1921.3.19~20)를 개최한 데 이어 제1회 서화협회전람회(1921.4.1~3)에도 유화를 출품하였음이 기록으로 전하나, 유화 중 현재 확인 가능한 가장 오래된 작품은 조선미술전람회 제1회 도록에 흑백도판으로 남아 있는 1922년작 〈봄이 오다〉(【도1】)(이하 봄)와 〈농가〉(【도2】)이다. 이 작품들은 얼핏 매우 평범한 풍경화로 혹자는 이들이 "매우 평범한 소재로서 (…중략…) 향토성에 대한 뚜렷한 자각에서 선택하였다기보다(…중략…) 일반적 주제로서 주변풍경을 선택하였을 것"[9]으로 추정하기도 하지만, 제작정황과 세부를 면밀히 검토하면 조선 현실에 대한 인식과 향토색 지향이 분명히 드러나고 있다.

제작시기로 볼 때 이 작품은 1922년 6월 조선미술전람회 제1회 입선

---

9) 김현화, 앞의 글, 126~7면.

【도1】 나혜석, 〈봄이 오다〉, 1922

작으로, 안동현(현 요녕성 단동시) 부영사로 부임하는 남편을 따라 나혜석이 만주에서 생활하던 때의 작품이다. 기록에 의하면 나혜석이 거주하던 부영사 사택은 도시 공원을 낀 2층 양옥의 현대가옥이었다고 하므로[10] 나혜석의 생활주변이 이 그림의 소재가 아님은 분명하다. 그럼 나혜석은 왜 자신의 생활주변에서 취재하지 않고 구태여 농가의 초가집을 의식적으로 선택했을까? 그것은 조선현실에 대한 인식과 향토색에 대한 지향 때문이었다고 생각한다.

무엇보다도 이 작품들은 조선 농촌의 풍물과 고유의 복식을 그리고 있는 점에서 향토적이다. 나혜석은 이 작품을 그린 2년 뒤 향토색에 대한 분명한 지향을 밝히고 있다.

그리하여 우리는 벌써 서양류의 그림을 흉내 낼 때가 아니요. 다만 서양의 화구와 필을 사용하고 서양의 화포를 사용하므로 우리는 이미 그 묘법이라든지 용구에 대한 선택이 있는 동시에 향토라든지 국민성을 통한 개성의 표현은 순연한 서양의 풍과 반드시 달라야 할 조선 특수의 표현력을 가지지 아니하면 안 될 것이다.[11]

---

10) "안동공원을 옆에 끼고 즐비하게 늘어선 영사사택 중에 하나인 이층양옥 운운"(「여류화가 나혜석여사 가정방문기」, 《조선일보》, 1925.11.26 : 이상경 편집교열, 『나혜석 전집』, 태학사, 2000, 613면 참조).

11) 나혜석, 「조선미술전람회를 구경하고」, 《개벽》, 1924.7 : 이상경, 위의 책, 262면 재인용.

유화라는 서양의 매체를 사용할지라도 기법이나 분위기에서 향토적이고 조선적인 표현을 추구할 데 대한 당위성을 주장한 나혜석의 논의는 비록 짧지만 향토색에 대한 초기의 논의의 하나로 자리매김할 수 있다.[12] 나혜석이 농촌이라는 소재를 택한

【도2】 나혜석, 〈농가〉, 1922

것은 우연이 아니라 자신의 향토색론에 의거한 뚜렷한 지향 때문이었던 것이다.

그러나 나혜석의 작품들은 1930년대 향토색 작가들과는 다른 깊이 있는 현실인식을 보여주어 주목된다. 무엇보다 그림의 배경이 만주에 이주한 조선인 농촌이라는 점을 지적하지 않을 수 없다. 한말 이래로 해방 때까지 만주는 빈곤한 조선 소작농에게 희망의 땅으로서 1910년경에는 이미 20만 명이 넘는 조선인이 살고 있었다. 이들은 지독한 추위와 풍토병을 견디며 황무지를 개간하고 만주 최초로 벼농사를 시작해 퍼뜨렸지만, 대다수는 지주-소작제의 봉건적 굴레에서 고통 받고 있었다. 이 그림이 그려지기 1년 전인 1921년 만주 최초의 소작쟁의가 조직화되었고 1922년 안동현에서는 여자야학이 설립(1922.3) 되는데, 나혜석이 여기에 일정 개입하고 있었음은 잘 알려진 사실이다.[13] 따라서 이 작품들에 등장하는 여성들은 나혜석의 재만 농촌 여성에 대한 관심과 안동현 여

---

12) 일제시대 향토색에 대해서는 박계리, 「일제시대 '조선 향토색'」, 『한국근대미술사학』 4, 1996 참조.

13) 「안동현여자야학」, 《동아일보》, 1922.3.22.

【도3】 이인성, 〈가을 어느날〉, 1934

자야학 참여경험이 반영된 것으로 보아야 할 것이다.

실제로 〈봄〉에 등장하는 부녀(婦女)는 모두 조선복식을 입고 밭에서 김을 매고 있는데, '봄'이라는 목가적인 제목에도 불구하고 구슬땀 흐르는 부녀자의 노동 장면에서는 낭만적이기보다는 지극히 현실적인 작가의 시선이 느껴진다. 더욱이 관람객을 향하여 얼굴과 등을 돌리고 앉은 자세에서는 무언의 저항과 거부를 연상케 하는 냉랭한 분위기마저 느껴진다. 이러한 인물 설정 및 분위기는 타작하는 장면을 중심으로 한 〈농가〉에서도 동일하게 반복된다. 이러한 설정은 평화롭지만 예사롭지 않은 모종의 긴장감을 화면에 불어넣고 있어서 현실에 대한 목가적 미화찬양이 아니라 싸늘할 정도로 냉랭하고 비판적인 나혜석의 농촌여성에 대한 현실인식이 간취된다. 한편 〈농가〉에는 나혜석의 풍경화로서는 예외적으로 분명한 남성이 묘사되고 있는데, 매우 젊어 보이는 뒷모습을 감안할 때, 부인과 대립하는 존재로서 남편이 아니라 부인과 혈연으로 연결된 아들로 해석되며, 따라서 이 작품에서 묘사된 가정을 가부장적 가정으로 해석해서는 안 될 것이다.

이러한 현실성은 역시 조선농촌과 부녀자를 소재로 한 이인성의 〈가을 어느날〉(1934)(【도3】)과 대비할 때 더욱 두드러진다. 이인성의 작품은 1930년대 향토색의 대표작으로, 등장인물들은 구체성이 결여된 목가적 전원을 배경으로 등장하여 서정적 분위기를 고조시키고 있는데, 그 속에서 만주사변이후 일제의 대륙침략 병참기지로 고통 받던 식민지 조선의 구체적 현실은 은폐되고 있다. 부녀자들의 조선복식에도 불구하고 젖가슴을 드러낸 포즈나 까무잡잡한 피부색은 대만 등 동남아 아열대지방의 기후적 특색이 농후하게 반영되어 있어서[14] 1930년대 향토색 작가들에게 있어서 농촌풍

【도4】 나혜석, 〈봄의 오후〉, 1927

경은 치열한 현실인식의 반영물이라기보다는 단지 향토적 소재의 하나였음을 알 수 있다.

한편 나혜석의 향토색 작품 중에는 비판적 현실인식보다도 긍정적 현실인식이 돋보이고, 문학성보다 조형성에 비중을 둔 것들이 있는데, 시기적으로 이후의 작품들에서 이와 같은 경향이 간취된다. 제6회 조선미술전람회 입선작 〈봄의 오후〉(1927)(【도4】)에서는 한 여성이 절구질을 하고 있는데, 여성이 담가두었을 혹은 앞으로 담가야 할 장독들이 다양한 크기별로 마당 전체를 한 가득 메우고 있는 점이 흥미롭다. 장독과 절구는 여성의 부엌생활을 상징하는 모티프로서 이 작품을 통해서 나혜석이 여성의 부엌과 장독대 노동을 이야기하고자 한 것은 분명하다. 그러나, 이 그림에서 제시된 가사노동은 비판적이라기보다는 즐겁고 명랑하다. 크기에 따라 리드미컬하게 배치된 장독대는 실로폰을 연상시키며, 여인네의 절굿공이에서는 쿵덕 쿵덕 절구질 소리가 들리는 듯해서

---

14) 박계리, 「의도된 민족성, 관전(官展) 대만향토색 연구」, 『미술사논단』 13, 한국미술연구소, 2001, 65~102면.

【도5】 나혜석, 〈농촌풍경〉

화면 전체는 운율감으로 가득 차 있다. 여성의 절구질 장면은 화면의 왼쪽 귀퉁이로 밀어내면서 대신 리드미컬한 장독대와 그 너머 햇살을 가득 안고 봄꽃을 만개한 꽃나무에 화면의 포인트를 주고 있어서, 나혜석이 여성의 가사노동 공간을 명랑하게 제시하고 있는 것을 알 수 있다. 따라서 이 작품은 목가적이라기보다는 여성적인 향토색 작품으로 이해되어야 할 것이다.

결국 〈봄〉·〈농가〉·〈봄의 오후〉의 풍경은 나혜석의 향토주의 미술관과 농촌여성에 대한 현실인식에 기초한 '향토적 현실반영'으로서 풍경이라고 할 수 있을 것이며, 비록 작은 도판에 불과하지만 1920년대 서양화의 조선토착화의 단면을 보여주는 중요한 자료라는 점에서 큰 의미를 부여할 수 있겠다.

한편 나혜석의 향토색 작품 중 연도불명으로 현존하는 작품이 있어서 주목된다. 개인소장의 〈농촌풍경〉(【도5】)은 화면에 물동이를 이고 오는 여인의 모티프나 쓰러질 듯한 초가집에서 유사함을 알 수 있다. 인물에 대한 관심이 보다 감소되는 대신 X자 구도에 의한 견고한 화면구성에 대한 관심과 소위 '떡칠' 기법이라 불리는 두터운 마티에르 효과를 노리고 있어서, 더 이상 향토적 현실이 아니라 구성과 조형으로서의 풍경에 대한 관점의 변화가 간취된다. 특히 짧은 터치로 두텁게 마티에르를 쌓아올리는 기법은 1923년부터 첫아들 선을 낳는 1925년 말까지 기념작들에서만 보이는 특색으로 〈농촌풍경〉이 나혜석의 진작이라면 역시 이 시기의 작품으로 생각된다. 그러나 주제의식이 구체적이지 않고 추상적인 점은 나혜석답지 않은 것으로써 작품의 소장이력과 진위여부에 대한 고찰이 좀 더 필요하지 않을까 생각된다.

나혜석의 향토적 풍경은 이밖에도 천후궁 가는 도중의 차이나타운을 사생한 〈지나정〉(1926)이 있으며, 1930년대에 들어서도 〈금강산 만상정〉(1932) 등 일련의 금강산도를 통해서 지속되는데, 이들에 대한 고찰은 여성적 주제의식을 다루는 고찰 범위를 넘어서는 것으로 본고에서는 생략하였다.

3. 페미니즘적 조형으로서의 풍경

나혜석의 풍경화 가운데 가장 성공적이었으며 조선미술전람회를 통해 당대의 인정을 받았던 작품들이 바로 이 범주에 속한다. 이 범주의 작품들은 소재적 측면에서 '건축물 풍경화' 라고도 불리고 양식적 측면에서는 일본 '외광파' 혹은 '관학파적 인상주의 풍경화' 라고도 불리면서 나혜석의 풍경화의 가장 중요한 특색으로 인정되고 있으나, 정작 작품의 주제와 그 이념적 내포에 대해서는 고찰된 바가 없었다. 필자는 이들 작품들을 건축적으로 탄탄한 구성과 인상주의적 기법의 측면보다는, 페미니즘적 주제의 측면을 중심으로 고찰하고자 하며, 이를 통해 이들을 1920~1930년대 한국 페미니즘 회화의 기념비적 작품으로 재정립해 보고자 한다.

〈봉황산〉(【도6】)과 〈봉황성의 남문〉(【도7】)은 모두 1923년도 조선미술전람회에 출품되었던 작품으로서, 구축적 구성과 두터운 재질감, 그리고 인상주의적 광선효과에 대한 나혜석의 새로운 관심을 보여주는 초기작이라 할 수 있다. 웅장한 산세와 우뚝 솟은 성문이 주는 구축적

【도6】 나혜석, 〈봉황산〉, 1923　　　　　【도7】 나혜석, 〈봉황성의 남문〉, 1923

조형감각과 압도적 분위기는 나혜석이 풍경화를 자신의 현실관을 반
영하는 단순한 배경이 아니라 별도의 조형성을 가진 매체로 취급하고
있음을 보여준다. 이러한 변화가 나혜석의 회화관의 변화를 의미하는
것인지, 그리고 무슨 배경에서 나혜석이 봉황산을 선택했는지는 다소
불분명하다. 확실한 것은 봉황산이 앞서 농촌풍경들과 마찬가지로 생
활주변의 산은 아니었다는 점이다. 봉황산과 봉황산성은 나혜석이 살
던 단동시에서 57km나 떨어져 있던 곳의 산세가 험하기로 유명한 명승
이었다.[15] 봉황산이 오녀산성(五女山城) 등 고구려 국내성(國內城) 유적과
근접한 고구려의 역사무대였다는 점을 감안할 때, 나혜석이 웅장한 봉
황산의 모습을 통해서 고구려의 웅혼한 기상을 연상했는지도 모를 일
이지만, 확실한 것은 아니다. 어쩌면 주제의식보다는 웅장하고 극적인

---

15) 요녕성 봉성시 동남방 3km, 단동시 서북방 57km 지점의 총면적 216㎢, 해발 836m의 요녕
성 4대명산 중의 하나로, 태평시절인 순임금 때 이 산에서 봉황이 나타난 이래로 '명군이
나타날 때마다 봉황이 나타난다' 하여 봉황산이라 불린다. 산중턱 관음동에 '알바위' 라
는 거대한 동굴이 있는데 그 바위 밑을 33번 들락거리면 아들을 낳는다고 한다. 현존유적
으로는 궁관묘 · 자양관 · 투모궁 · 금안각 · 벽하궁 · 약왕묘가 유명하다.

조형 그 자체가 이 그림들의 목
표일 수도 있었을 것이다.

【도8】 나혜석, 〈낭랑묘〉, 1925

나혜석의 페미니즘적 주제의
식이 분명하게 드러나는 작품은
〈낭랑묘〉(1925)(【도8】)와 〈천후
궁〉(1926)이다. 천후와 낭랑은
모두 송대의 효부 임씨(林氏)를
일컫는 호칭으로써 그가 우연
히 이들의 사당을 소재로 택한
것이 아님은 분명하다. 나혜석은 1926년 선전 출품 상황을 회고하면서
이 그림의 작화배경에 대해 다음과 같이 언급하고 있다.

> 천후궁의 내력은 이러하다. '천후낭랑(天后娘娘)을 받든다'는 것이었으니
> 이는 해신(海神)의 이름으로 혹은 천비(天妃)라고도 칭한다. 송조(宋朝) 포전
> (蒲田)의 인(人)으로 임원(林愿)의 제육녀(第六女)가 유시(幼時)부터 신이가 있
> 었다. 그 형이 해상으로 장사하러 다닐 때에 왕왕 폭풍에 조난을 하였다. 그러
> 자 그녀는 눈이 멀어서 신을 불러 구함을 구하다가 20세인 꽃다운 나이를 최후
> 로 죽고 말았다. 그 후 종종 해상에 영험이 출현하므로 바다를 건너는 사람들
> 이 다 숭제(崇祭, 제사를 드림)하여 기도를 하면 즉시로 풍랑이 잦아진다고 한
> 다. 명(明)의 영락(永樂) 중에는 봉(封)하여 천비라하고 묘를 경사(京師)에 세우
> 고 후에 이르러 격(格)을 진(進)하여 천후(天后)라 칭하였다. 이러한 내력을 참
> 고하여 그 기분을 묘사해 내려고 하였다.[16]

---

16) 나혜석, 「미전 출품 제작 중에」, 《조선일보》, 1926.5.20~23 : 이상경, 앞의 책, 285 재인
용. 원문의 '弟六女'는 '第六女'의 오기라 판단됨. 10세기 중반 복건성 출신으로 전해지
는데 천비(天妃)·천상성모(天上聖母)·마조(馬祖)라고도 하며, 승천하여 해난구조 등에
영이(靈異)를 나타내어 조정에서 천비·천후로 봉했다 함. 본래 뱃사람들이 믿는 해신 신
앙이 점차 민간에 퍼져 중국의 중·남부의 연해, 대만 등지로 확산된 것으로 해석됨.

한국의 효녀심청과 유사한 고대설화가 흥미로운데, 더욱 의미심장한 것은 나혜석이 2년 연속으로 조선미술전람회에 출품한 작품의 주제가 '효부를 기리는 사당'이라는 점이다. 이 그림의 제목을 명명하면서 이를 밝힌 데 머물지 않고, 자신이 주제로 삼은 천후낭랑의 고사까지 신문 지면을 빌어 자세히 소개하고 있는 점으로 미루어 나혜석은 이 주제를 매우 심각하게 생각했음을 알 수 있다. 그러면 그가 '묘사해내려고 한 기분'은 과연 무엇이었을까? 나혜석이 그림에서 드러내려 한 천후낭랑은 전통적 효부이념의 위대한 승리자인가? 아니면 봉건적 가부장사회의 가엾은 희생양인가?

해석의 열쇠는 동시기 발표된 한 편의 소설에서 찾을 수 있다. 당시 나혜석은 첫아들 김선(金宣)을 낳은 뒤(1924) 1년간의 공백기를 지낸 뒤 그간의 육아와 살림경험을 토대로 여성에 대한 봉건적 굴레에 대한 매우 비판적 성찰을 지면을 통해 발표하고 있었다.[17] 이 중 소설 「원한」에서 양반집 이씨는, 김승지 집에 시집 가서는 난봉꾼 남편으로 인하여 고통받다가, 소녀과부가 돼서는 박참판에게 겁탈당하여 첩살이를 하며 학대받는, 봉건 가부장 사회의 가엾은 피해자로 묘사되고 있다. 이 소설은 이씨의 성장과정과 우연성 등에서 고대소설적인 요소가 다분하다고 평가받고 있는데[18], 이는 이 무렵 나혜석의 문학과 미술이 모두 봉건적 고대설화에 대한 비판적 재인식을 토대로 하고 있음을 보여준다. 박참판이 또다른 첩을 맞이할 때, 이씨의 심리묘사를 빌어 나혜석은 전통적 여인네들에 대한 자신의 느낌을 다음과 같이 토로하고 있다.

---

17) 「내가 어린애 기른 경험」, 《조선일보》, 1926.1.3 ; 「생활개량에 대한 여자의 부르짖음」, 《동아일보》, 1926.1.24~30 ; 「원한」, 《조선문단》, 1926.4.

18) 허미자, 「근대화 과정의 문학에 나타난 성의 갈등구조 연구(김명순 · 나혜석 · 김원주)」 『성신여자대학교연구논문집』 34-1, 1996, 41~75면.

이씨는 그 여자가 자기 자리에 들어앉은 것을 볼 때 분하고 질투하는 것보다 그 여자가 불쌍히 보이고 그 여자의 앞길이 환하게 보이는 듯 가련하였었다. 그리고 무슨 기회만 있으면 일러주기라도 하고 싶었었다.[19]

여기서 언급한 불쌍하고 가련한 연민의 정은 바로 효부 임씨에 대한 나혜석의 심정과 크게 다르지 않을 것으로 생각된다. 이 소설에 드러난 나혜석의 의식을 참고하여 상기한 작화배경을 다시 읽어보면, 효부임씨는 봉건적 관습과 미신에 의해 '20살의 꽃다운 나이로' 바다에 제물로 바쳐

【도9】 나혜석, 〈천후궁〉, 1926

진 가엾은 희생자로 인식되고 있음을 느낄 수 있다. 한 마디로 〈낭랑묘〉는 아카데믹한 구축적 조형감각 이전에 봉건적 관습과 미신에 의해 희생된 여성에 대한 연민과 연대의식이라는 페미니즘적 주제의 측면에서 이제 재평가되어야 한다고 생각한다.

〈낭랑묘〉가 강렬한 주제의식에도 불구하고 조형적으로는 견고한 구성 외에 다소 평범해 보이는 데 반해, 1년 뒤의 〈천후궁〉(【도9】)은 페미니즘적 주제의식에 조응하는 원호형의 디자인을 통해 완전히 새롭고 확고한 조형이미지를 구축해내고 있다. 이 원형문의 모티프는 〈낭랑묘〉에서도 부분적이나마 묘사되고 있어서, 아마도 실제 사당 내부의 어떤 문을 모티프로 삼은 것임을 알 수 있지만, 화면은 자연스런 사실묘사의 결과라기보

19) 나혜석, 「원한」, 《조선문단》, 1926.4 : 이상경, 앞의 책, 135면에서 재인용.

다는 의도적인 구성과 상징적 내포가 숨겨져 있는 듯하다. 실제로 나혜석은 최초의 〈천후궁〉 스케치가 그려진 과정을 다음과 같이 언급하였다.

> 나는 이렇게 고요한 밤에 먼저 구도를 생각하였다. 아무 뜻 없는 기쁨과 희망에 싸여 이 생각으로부터 저 생각, 저 생각으로부터 이 생각하는 중에 문득 좋은 구도를 얻게 됐다. 익일(翌日)에는 춥고 바람이 대단하였다. 그러나 하루를 더 참을 수 없었다. 3리나 되는 곳에 있는 천후궁을 찾아갔다. 과연 상상하던 바와 같은 곳을 찾았다.[20]

〈천후궁〉은 현장사생을 다듬어서 구성한 것이 아니라, 오랜 숙고 끝에 먼저 전체적인 조형디자인을 한 뒤, 현실적인 모티프를 후에 적용한 것을 알 수 있다. "과연 상상하던 바와 같은 곳을 찾았다."고 한 것은 이를 뒷받침해준다. 그럼, 나혜석이 〈천후궁〉의 디자인을 통해 상징하려고 했던 것은 무엇일까? 밤새워 고안해낸 아이디어가 도대체 무엇이길래 그를 추운 날씨에도 불구하고 하루를 못 참아 천후궁에 갈 수밖에 없도록 만든 것일까? 필자는 출품내력을 꼼꼼히 읽으면서, 〈천후궁〉의 원형 디자인은 나혜석에게 있어서 의식적 혹은 무의식적으로, '고통받는 보편여성의 자궁'을 형상화한 것이 아니었나하는 생각을 떨쳐버릴 수 없었다. 그는 이 작품 출품배경의 서두를 다음과 같이 시작하고 있다.

> 다다미 위에서 차게 군 까닭인지 자궁에 염증이 생하여 허리가 끊어질 듯이 아프고 또한 매일 병원에 다니기에 이럭저럭 겨울이 다 지나고 봄이 돌아오도록 두어 장 밖에 그리지를 못하였다.[21]

---

20) 나혜석, 「미전 출품 제작 중에」, 《조선일보》, 1926.5.20~23 : 위의 책, 285면 재인용.
21) 위의 책, 283면.

놀랍게도 출품동기의 맨 첫머리를 '고통받는 자궁'으로 시작하고 있다. 나혜석의 내뱉는 듯한 즉흥적 글쓰기 스타일을 고려할 때, 난데없이 등장한 이 부분은 문학적인 논리분석의 대상이 아니라 심리학적인 무의식해석의 영역으로 생각되는데, 전후문맥상 상당히 돌출적인 이 '자궁론'은 〈천후궁〉 제작의 전 과정 중에 그가 처해 있었던 육체적 고통과 이로 인한 잠재의식을 생각지 않고는 이해할 수 없는 구절이다. 즉 작품 제작 당시 나혜석은 자궁염증으로 인해 고통받고 있었는데, 이는 이후 신문기사에까지 무의식적으로 드러날 정도로 당시 그의 육체 및 정신세계에 강한 영향을 미치고 있었다고 보아야 하는 것이다. 이런 고통의 심연 속에서 무의식적으로 자궁을 상징하는 원형구도가 떠올랐을 때, 그는 아마도 천후궁과 같은 페미니즘적 주제를 다루기에 더없이 좋은 디자인으로 생각했던 듯하다.[22] 그가 동일한 장소를 그리면서도 제사지내는 사당을 의미하는 '낭랑묘' 혹은 '천후묘'라 하지 않고 굳이 '천후궁'이라 해서 '천후의 자궁'이란 해석의 가능성을 열어놓은 것 역시 원형구도의 자궁상징을 뒷받침한다.

구도상으로 〈천후궁〉의 원형문, 즉 자궁상은 너무나도 당돌한 자태를 드러내고 있다. 〈낭랑묘〉에서는 비판적인 주제의식에도 불구하고 제사를 위한 사당건물이 여전히 구성의 주축을 형성하였지만, 여기서는 전통적 사당 건물이 오히려 원경으로 밀려나고 그 자리를 여성적인 원형의 자궁문이 꽉 채우고 있다. 나혜석은 그리스도가 성전에서 상인들을 쫓아냈듯이 봉건적 인습과 미신 이데올로기가 재생산되는 사당은 원경으로 구축해버리고, 이제 그 자리에 꽃다운 나이에 희생당한 한 여인의

---

22) "그리하여 그만한 구도를 생각해낼 만한 머리가 있는 것을 알 때 무슨 진보성이나 있지 아니한가 하는 기쁨을 느끼게 되었다."(위의 책, 286면).

【도10】 나혜석, 〈정원〉, 1931

추모비를 새로이 구축해 내고 있는 것이다. 이 원형문은 건축물 내에서의 위치나 기능의 측면에서 사당에 예속된 부속문에 불과하였지만 나혜석의 그림을 통해서 새롭게 재조명되고 의미부여되면서 천후궁의 당당한 주인공으로 등장하고 있다. 원형문은 고통받는 모든 여성의 자궁을 상징하는 기념비이자 신여성으로의 각성을 일깨우는 문으로 해석될 수 있을 것이다.

〈정원〉(1931)(【도10】)은 나혜석의 조형적 풍경화 중에서 신여성으로서의 자각과 현실에 대한 비판적 인식이 가장 첨예하게 드러나는 걸작이라고 할 수 있다. 〈정원〉은 제10회 조선미술전람회 특선과 1932년 제국미술전람회 입선을 수상한 역작으로[23], 그가 1927년에서 1929년의 구미만유 이후에도 만주에서와 같은 조형실험을 지속하였음을 보여주고 있다. 그러나 구미만유와 이혼(1930) 이후 나혜석의 회화세계는 프랑스의 야수적 인상주의에 영향받은 이국풍경만이 주목되면서 〈정원〉과 같은 걸작이 가지는 의미는 간과되어 평가절하되어 왔다. 물론 양식적으로 볼 때, 〈정원〉은 〈천후궁〉에서 완성된 기하학적 조형미를 반복해준다는 점에

23) 일본에서 〈정원〉은 1931년 당시 300원에 팔렸다(「화실의개방—여자미술학사」, 위의 책, 648면). 1933년 일본 양화 대가 가와시마 리이치로(川島理一郎)의 〈거목(巨木)〉을 이왕가박물관에서 사들인 금액이 800원임을 감안하면(이구열, 「국립중앙박물관의 일본근대미술콜렉션」, 『국립중앙박물관소장 일본근대미술—일본화편』, 2001, 182면) 신인으로서는 일본에서도 적지 않은 평가를 받았음을 알 수 있다.

서 안둥현시절 풍경화의 연장으로 볼 수 있다. 그러나, 첨형아치의 대문이 지배하는 조형의 상징적 내포는 〈천후궁〉을 뛰어넘는 것으로, 필자는 여기에 초점을 맞추어 고찰하고자 한다. 나혜석은 〈정원〉의 주제에 대해 다음과 같은 기록을 남기고 있다.

> 특선된 정원은 파리 클뤼니 뮤지엄 정원인데 이 건물은 이천 년 된 폐허인 클뤼니 궁전 속에 있는 정원으로 당대에도 유명한 건물일 뿐 아니라 지금은 박물관이 되어 있습니다. 앞에 돌문은 정원 들어가는 문이요, 사이에 보이는 집들은 시가입니다. 이것을 출품할 때 특선될 자신은 다소 있었으나 급기 당선하고 보니 퍽 기쁩니다. 그러나 어찌 이것으로 만족하다 하겠습니까.[24]

나혜석이 언급한 클뤼니국립중세박물관(Musée National du Moyen Âge－Thermes & Hotel de Cluny)은 1334년 건축된 클뤼니수도원장(피에르 드 살루)의 저택으로, 중세양식의 정원을 배경으로 한 로마네스크와 고딕양식의 혼합건축인데, 1883년 박물관으로 개방되어 현재에 이르는 중세 공예 전문 박물관이다.[25] 나혜석은 파리에 머물면서, 클뤼니박물관보다 더 유명한 루브르미술관, 뢱상부르미술관이나 에펠탑, 노트르담대성당 등의 명소를 잘 알고 있었으며, 자기가 본 세잔이나 고흐 등의 명작을 설명하고 있다.[26] 그러나 나혜석은 이를 그리지 않았다. 조형적인 효과만을 생각한다면, 개선문이나 에펠탑이 훨씬 강렬한 모티프를 주었을 텐데도, 그는 이들을 물리치고 시내 귀퉁이의 폐허에 자리잡은 한적한 박물관의 정원을 소재로 택한 것이다. 무엇이 나혜석으로 하여금 개선

---

24) 나혜석, 「특선작 정원은 구주여행의 산물」, 《동아일보》, 1931.6.3 : 이상경, 『인간으로 살고 싶다』, 한길사, 2000, 377면 재인용.

25) 클뤼니박물관의 인터넷홈페이지(http://www.musee-moyenage.fr/index.html) 참조.

26) 나혜석, 「꽃의 파리행」, 《삼천리》, 1933.5 : 이상경, 『나혜석 전집』, 539~44면 참조.

문이나 에펠탑보다도 이름도 없는 클뤼니박물관 정원의 조그만 돌문을 그리도록 했는지 궁금하지 않을 수 없다. 도대체 그에게 있어서 클뤼니박물관과 그 정원의 문은 무엇을 의미하는 것이었던가? 나혜석은 클뤼니박물관의 인상을 다음과 같이 술회한 적이 있다.

> 내가 머물고 있던 호텔 근처에 담 한 쪽만 남고 기와지붕 한 귀퉁이만 남은 천 년 전 건물 궁전이 있다. 여기 13세기 물품을 진열해 놓았으며, 대개 프랑스 물품이 많고 유명한 것은 「여자의 허리띠」니 이것은 여자 음문에 정을 끼우는 모형정조대이다. 전국 시에 남자가 출전 후 여자의 품행이 부정하므로 출전 시 쇠를 잠그고 간다. 정원에는 당시 꾸며 놓았던 조각이 혹은 퇴색하고 혹은 팔 떨어지고 다리 부러지고 코가 일그러진 것이 여기 즐비했으며 당시 궁전 목욕탕이었던 장소에는 푸른 이끼가 끼어 자못 옛날을 추억하게 된다.[27]

'여자의 허리띠'는 venus belt 혹은 chastity belt를 번역한 것으로 생각되는데, 클뤼니중세박물관에 대한 추억에서 가장 먼저 언급되는 것이 '여자의 허리띠' 즉, 여성에 대한 중세적 성적 억압의 상징인 정조대라는 점은 매우 흥미롭다. 정조대가 '강간방지'와 '순결유지'라는 미명아래 중세기 내내 여성에 대한 성적 통제와 억압과 폭력적 도구로 사용되어왔던 점을 감안할 때, 나혜석과 같이 각성된 신여성이 '여자 음문에 정을 끼우는' 야만적 관습을 단지 호기심거리로 보아 넘기지 않았을 것임은 분명하다. 그의 의식 속에서 클뤼니박물관은 정조대로 표상되는 여성에 대한 성적 억압과 야만적 폭력의 상징으로 각인되었음이 분명하다.

현재도 클뤼니국립중세박물관은 정조대콜렉션으로 유명한데, 당시

---

27) 위의 글, 543면. 정조대가 무척 인상적이었던 듯, 「독신여성의 정조론」, 《삼천리》, 1935.10 : 위의 책, 470면에서 '여자의 요대(腰帶)'라는 이름으로 다시 등장하고 있다.

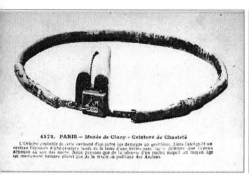

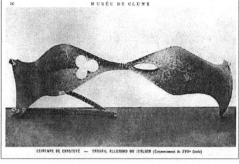

【도11】 클뤼니박물관 정조대 엽서 　　　　　【도12】 클뤼니박물관 정조대 엽서

기념엽서에 등장하는 2종의 클뤼니형 정조대 도판을 작품과 비교해보
면 흥미로운 점이 발견된다. 클뤼니 #4372번 정조대([도11])와 비교할
때, 정원의 아치형 돌문은 여성의 음문에 끼우는 아치형 정과 유사한 형
태이며, 석문을 가로지르는 연주문 보는 정조대의 허리벨트와 유사하
다. 또 다른 클뤼니 정조대([도12])와 비교해도 여성의 음문과 항문부에
끼우는 철판의 첨형아치 실루엣은 석문의 아치 형태와 기본적으로 유사
한 형태임을 알 수 있다. 물론 이는 우연의 일치로 생각되지만, 사진엽
서의 정조대를 당시 나혜석이 관람했거나 엽서로 구입하였을 가능성이
크다는 것을 염두에 두면 형태상의 유사성을 간과할 수만은 없다. 이러
한 정황을 고려할 때, 〈정원〉에서 클뤼니박물관의 석문은 여성의 음문
을 상징하며, 중앙의 십자형의 기둥과 보는 기독교라는 중세적 가부장
적 이데올로기 아래에서 여성에게 강요되었던 성적 통제를 표상하는 것
으로서, 전체적으로 십자가형의 정조대, 혹은 페니스가 여성의 음문에
박혀있는 형상으로 해석되어야 할 것이다.
　어쩌면 〈정원〉은 나혜석의 파리에서의 정조관에 대한 새로운 성찰을 반
영하는지도 모른다. 그가 남편 김우영이 베를린에 있는 사이, 정조에 대한

인습적 관념을 조롱하듯 최린과 혼외정사를 벌인 곳이 바로 파리였다.[28] 그리고 그는 "나를 죽인 곳도 파리다. 나를 정말 여성으로 만들어 준 곳도 파리다."라는 유명한 외침을 통해 혼외정사를 통해 참다운 여성으로 다시 태어났음을 선언하기도 하였다.[29] 남편에 대한 정조라는 스스로의 속박을 풀어버린 그에게 〈정원〉 즉, 클뤼니수도원의 정조대는 여성에게 있어서는 마땅히 벗어던져야 할 인습의 굴레, 그 표상에 다름아니었을 것이다. 그가 구미만유 직후가 아니라, 이혼한(1930) 다음에서야 스케치 중에서 이 모티프를 꺼내어 제작한 사실이 이를 뒷받침해준다. 이렇게 볼 때, 〈정원〉은 여성에 대한 성적 억압과 야만적 폭력의 역사에 대한 통렬한 풍자이자 인습적 정조관에 고통받는 구여성의 음문을 통한 각성의 촉구임과 동시에, 혼외정사를 통해 참다운 여성성을 깨달았던 파리시기에 대한 자기합리화적 회고라고 해석할 수 있을 것이다.

4. 자기반영적 내면표현으로서의 풍경

나혜석은 이혼이후 여러 차례 방랑을 거치면서도 불굴의 투지로 자신

---

28) 1927.11.20. 나혜석과 최린이 셀렉트호텔에 투숙한 것은 「나혜석 연보」, 위의 책, 691면 참조.

29) 나혜석, 「신생활에 들면서」, 《삼천리》, 1935.2 : 위의 책, 438면. 그는 이 글에서 정조는 취미이며 여성해방은 정조의 해방에서부터 시작하자는 주장을 하여 계몽적 정조평등론을 넘어서 섹스를 은폐하고 억압해야 할 대상으로 인식하는 봉건적 윤리관의 '해체'로까지 나아가고 있다. "정조는 도덕도 법률도 아무것도 아니요. 오직 취미다 (…중략…) 왕왕 우리는 이 정조를 고수하기 위하여 나오는 웃음을 참고 끓는 피를 누르고 하고 싶은 말을 다 못한다. 이 어이한 모순이냐. 그러므로 우리 해방은 정조의 해방부터 할 것이니 좀 더 정조가 극도로 문란해가지고 다시 정조를 고수하는 자가 있어야 한다."(같은 책, 432~3면) 물론 나혜석이 일부일처제를 부정하고 가정까지 해체하려 한 것은 아니다. 그는 정조해방이 일부일처제를 근간으로 하는 가정과 양립가능하다고 보았으며, 실제로도 이혼 후 문란한 생활보다는 개인적 중심을 잃지 않기 위해 절대 금욕생활을 지속하였다. 그의 정조관에 대한 해체주의적 해석은 이상경, 「인간으로 살고 싶다」, 421~5면 참조.

을 지탱하고 화업을 지속하였는데, 크게 가출여행시기, 여자미술학사시기, 신생활시기, 입산정진시기, 양로원수용시기로 나눌 수 있으며 그 시기별 특징과 작품활동은 별표와 같다.

[표] 나혜석의 이혼 이후 시기별 특징과 작품활동

기간	시기(거주지)	후원인	특징	풍경작품 · 전시
1930.11~ 1933.1	**가출여행시기** (봉천 · 서울 · 금강산 · 도쿄)	아베 요시에 (阿部充家)	선전 · 제전 입선과 자력갱생의 희망	1931 정원 금강산삼선암 봉천풍경 1931 개인전(평톈) 1931 선전 · 제전입선 1932 금강산만상정 1932 선전무감사입선
1933.2~ 1935.2	**여자미술학사시기** (서울 종로구 수송동)	소완규	도전과 좌절 파리유학 기도	1933.6 선전 낙선 1933.12 선죽교
1935.3~ 1937 말	**칩거신생활시기** (수원서호변 초정)		요양 및 치료 를 통한 재기 모색	1935/36 화녕전작약 1935.10 소품전
1937 말~ 1944.10	**입산정진시기** (수덕사 · 해인사 · 다솔사)	김일엽 이응로	참선 및 고행 을 통한 해탈 추구	1938 해인사풍경
1944.10~ 1948.12	**양로원수용시기** (서울 종로구 청운양로원)	이윤영		

아베 요시에(전 경성일보사장)−1931. 금강산에서 만나 제전입선을 주선, '갱생의

은인' ; 소완규(변호사)-1934. 최린에 대한 「위자료청구소송」을 대행, 여자미술학사
를 출입하며 의기투합한 이성 ; 김일엽(수덕사승)-여성운동 동지, 불교의 인도자 ;
이응로(화가)-1939~1943. 수덕여관 출입, 수덕여관 매입 ; 이윤영(청운양로원장)-
말년후견.

    이 시기 나혜석의 작품활동을 고찰해보면, 이혼직후에는 선전제전입
선을 통해 제2의 전성기를 구가하며 구미만유이전보다 더욱 확고한 조
형적 기초에서 활발한 창작을 하였으나, 「이혼 고백장」 공개 · 최린에
대한 위자료청구소송과 같은 여자미술학사를 거점으로 한 가부장적 인
습에 대한 도전과 파리유학의 꿈이 모두 좌절된 1934년을 기점으로 수
원 서호변에 물러나와 요양과 치료를 하던 신생활시기부터의 풍경화는
이전과는 다른 색채를 가짐을 알 수 있다. 가장 중요한 특징은 절대적이
고 확고불변하는 조형성이 해체되고, 작가의 초탈한 내적 감정이 보다
솔직하게 반영되는 윤택한 붓질과 강하고 넓은 색면에 대한 관심이 나
타난다는 점이다. 1934년의 좌절을 기점으로 전후의 양식차이가 존재하
나 이 시기 내면표현적 그림은 모두 23×32(±2)cm 크기의 합판 위에 남
겨져 있다는 것도 중요한 특징이라고 할 수 있다.

    〈선죽교〉(【도13】)는 1933년 겨울에 그리고[30] 이듬해 최린에 대한 위
자료청구소송을 대행한 친구 소완규 변호사에게 선물한 작품으로[31], 남
성중심 사회에 대한 그 자신의 격렬한 투쟁과 이를 맞이하는 비장한 심

---

30) "만일 2, 3일 후에 개성 가 선죽교를 그리려 하는데…"(「서양화가 나혜석씨」, 《신가정》,
    1933.5 : 이상경, 『나혜석 전집』, 652면). 이 기록과 함께 선죽교에 묘사된 계절을 감안할
    때 1933년 겨울 제작된 것으로 추정됨.
31) 나혜석과 소완규가 정신적 · 경제적으로 상호지지하고, 이후 최린에 대한 위자료청구소
    송에 뜻을 모으는 내용은 나혜석의 자전적 수필에도 상술되고 있다. 나혜석, 「이성간의
    우정론-아름다운남매의 기(記)」, 《삼천리》, 1935.6 : 위의 책, 443~54면.

정이 풍경에 반영된 작
품으로 볼 수 있다. 선
죽교의 원래 이름은 선
지교인데, 고려말 유학
자 정몽주가 이방원이
보낸 자객의 철퇴를 맞
고 격살된 다음날 다리
옆에서 지조를 상징하
는 참대가 솟았다하여
선죽교로 불리게 되었

【도13】 나혜석, 〈선죽교〉, 1933

음은 잘 알려져 있다. 선죽교와 정몽주는 지금도 충절과 지조의 상징으
로 여겨지고 있는데, 인습을 거부하고 정조는 취미라고 주장하였던 나
혜석이 왜 선죽교에 갔는지는 분명하다. 그것은 정몽주식 일편단심[32]에
대한 조소이다. 선죽교는 여기서 여성평등의 새 시대로 가기위해 반드
시 건너야만 하는 피의 다리로 해석된다.

그러나 더욱 의미심장한 것은 이 그림이 「이혼 고백장」 공개(1934.8~9)
와 최린에 대한 위자료청구소송(1934.9) 등 조선이라는 가부장사회에
대한 나혜석의 도발적 쿠데타 직전에 그려진 것이라는 점이다. 어쩌면
나혜석은 여성해방을 위해서는 이제 더 이상 정몽주식의 개혁이 아니라
이성계·이방원식의 혁명이 필요한데, 이 같은 변혁 과정에서 불가피하
게 정몽주와 같은 어제의 동지와의 혈전이 불가피함을 예감하고 있었는
지도 모른다. 이 경우 한때 자신의 남편이었던 김우영과 애인이었던 최

---

32) 이몸이 죽고죽어 일백번 고쳐죽어/백골이 진토되어 넋이라도 있고없고/님향한 일편단심
   이야 가실줄이 있으랴(此身死了死了 一百番更死了/白骨爲塵土 魂魄有也無/向主一片丹心
   寧有改理也歟).

린은 바로 정몽주로, 자신과 소완규는 정몽주를 격살시켜 혁명을 이끈 이방원으로 치환될 수 있음은 물론이다. 따라서 이 그림은 부당한 냉대와 압박에 대해 더 이상 인내하지만은 않을 것임을 예견하는 선전포고장이자 다가오는 결전에서 반드시 승리하고야 말겠노라는 결연한 출사표로도 해석될 수 있다. 1934년 가을의 이 결전에서 나혜석과 입장을 같이 했던 '이성친구' 소완규는 구시대적 정조관을 비웃고 새 시대 도래의 역사적 필연성을 은연중에 내포한 이 그림의 의미를 누구보다도 잘 이해했을 것이며, 그래서 이 그림을 그에게 선물했을 것이다. 〈선죽교〉는 이제 의식에서만 여성과 정조의 해방을 주장하는 것이 아니라 이를 구체적인 실천에 옮기려하는 나혜석의 실천의지와 여성문제에 대한 혁명적 접근방식, 그리고 이 과정에서의 적대적 투쟁의 불가피성을 예시하고 있다는 점에서 중요하다고 생각된다.

양식적으로 〈선죽교〉는 기하학적이고 위압적인 구성의 한계를 넘어 좀 더 대상이 자연스럽게 화면에 배치되어 있으며, 좀처럼 그가 사용하지 않던 강하고 넓은 색면에 대한 관심이 드러난다는 점에서 그 이전과 구분되지만, 허술함이 없는 탄탄한 구성과 짜임, 묵중한 중량감, 나뭇가지의 표현법에서 앞서의 〈정원〉과 유사한 아카데믹한 화풍임을 알 수 있어서, 그의 초중기 화풍이 1933년 말까지 지속되고 있었음을 보여준다.

1933년 조선미술전람회 낙선으로 인한 부진과 1934년 최린에 대한 위자료청구소송의 소동으로 인한 좌절, 그리고 약속하였던 파리유학의 무산을 딛고, 나혜석은 1935년 3월 수원 서호성 외곽에 3칸짜리 초당에 칩거하면서 요양과 치료의 신생활을 통한 재기를 모색하였다.[33] 그리고 이곳에서

---

33) 「나여사의 서한」, 《삼천리》, 1935.3.

나혜석, 한국 근대사를 거닐다

완전히 새로운 화풍을 발전시켜 나가는
데 〈화녕전 작약〉(1935~1936)(【도14】)
이 그 대표이다. 화녕전은 수원에 있는
정조의 영전(影殿)으로서 그가 수원에
칩거하던 1935년에서 1936년 사이의 작
품으로 생각되는데, 1935년 10월의 개
인전과 관련지어본다면 그해 작약꽃이
한창인 5~6월에 그렸을 것으로 생각된
다. 나혜석은 1931년에도 〈작약〉을 선
전에 출품한 적이 있는데 그가 작약 말
고 다른 꽃나무를 그린 예는 알려져 있
지 않다. 나혜석은 작약에 대해 매우 친
숙했을 것으로 추측된다. 작약은 심한

【도14】 나혜석, 〈화녕전 작약〉, 1935~1936

통증을 유발하는 배와 가슴 발작의 진통제로서 특히 부인병에 효과가 있
는 한약재로서[34] 자궁에 오랫동안 지병을 앓아온[35] 그로서는 익히 복용법
을 알았을 것으로 생각된다. 이 시기 그가 작약을 그린 것은 파리유학을
포기할 정도로 갑자기 악화된 건강문제가 다름 아닌 부인병으로 인한 발
작과 복통 때문이었음을 암시한다. 수원에서의 칩거시기에 후원인이나 친
우가 있었는지는 불분명하다. 따라서 아무 도움도 없는 고독한 칩거생활
에서 작약은 이 절망스러운 고통을 진정으로 이해하고 달래주는 유일한

---

34) 작약은 '적을 그치게 하는 약'이라는 의미로서 '적'은 배나 가슴에 발작적으로 심한 통증
   을 일으키는 병을 말한다. 작약은 피를 생성시키고 음기를 수렴하며 복통 · 신경통 등의
   진통에 효과가 있다고 알려져 있어서, 한방에서는 작약의 뿌리를 달여 여성들의 월경 부
   조와 냉대하 · 생리통 · 복통 치료에 이용한다.
35) 주21) 인용문 참조.

제
1
부

한
국
미
술
사
에

나
타
난

나
혜
석

155

구원자요 벗이었을 것이다. 그래서인지 작가는 화면 전경에 자신의 그림자를 드리움으로써 작약과의 영속적 교감을 선언하고 있다. 이제 외부의 가부장적 남성사회와 맞서 싸우는 것이 아니라, 여성으로서 타고난 육체적 병마와 싸우는 것이 그의 과제가 된 것이다. 그래서인지 이 그림에는 어떤 성적 대립구도나 상징도 내포되어 있지 않다. 화면 가득 만발한 작약은 단지 육체적·생리적 고통으로부터의 해방에 대한 나혜석의 진솔한 갈구를 표현해주고 있을 따름이다.

〈화녕전 작약〉은 양식과 기법에서 새로운 변화가 더욱 분명하다. 윤곽선의 견고한 구성과 묵중한 실재감은 강렬한 원색과 붓터치 속에 묻혀버리고, 보이는 것은 작가의 툭 트인 듯한 감각만이 남아 있다. 〈정원〉과 같이 아카데믹한 작품과 비교할 때 〈화녕전 작약〉의 특색은 더욱 두드러진다. 정원이 이지적이고 정적이며 치밀하다면, 화녕전은 감각적이고 역동적이며 이완되어있다. 대상은 확고하게 땅에 박혀있다기보다는 떠다니는 구름처럼 화면을 부유하는 듯한데, 밝고 청명한 대기는 급작스런 복통과 발작의 고통을 겪고 있는 요양환자의 그림으로는 믿기 어려울 만큼이다. 이같이 형태와 세부에 구애받지 않는 특징은 이 시기 나혜석의 초연한 인생관을 잘 표현해 준다.

나혜석이 여성으로서의 육체적 고통을 이겨내기 위해 수원에 칩거했다면, 1938년 이후는 정신적 번뇌를 이겨내기 위해 입산정진에 들어간다. 이때의 작품인 〈해인사풍경〉(1938)(【도15】)은 나혜석이 해인사 옆 홍도여관 주인에게 선물한 것을 여관주인의 친척인 소설가 이주홍씨가 1967년부터 소장해왔다고 전하는 비교적 소장내력이 분명한 작품이다. 나혜석의 해인사행을 권유했던 수덕사승 김일엽은 전 남편에게 시집에서 쫓겨난 사건 이후 찾아온 그의 모습을 다음과 같이 묘사하고 있다.

그때 나혜석씨로 말하면 알아보기 어려울 만큼 변모되어 있었다. 서글서글하고 밝은 그 눈의 동공은 빙글빙글 돌고 꼿꼿하던 몸은 떨리어 지탱하기가 어렵게 되었다. (…중략…) 웃음기가 가시지 않던 남편의 눈은 부라리는 원수의 눈으로 돌변하여 기름과 피를 짜서 기른 삼남매를 마지막 이별의 손목 한 번 못 만져보게 하고 알몸으로 밀어내는 봉변을 당한 것이다. (…중략…) 그래도 나씨는 아이들의 모습이 어른거리고 남편의 환영이 떠올라 미칠 것만 같다는 것이다. 그래서 밤을 울어 새우는 날이 많아 몸을 회복할 길이 없고 길에서 같은 나이의 어린애가 눈에 띄어도 외면하게 된다는 것이다.[36]

【도15】 나혜석, 〈해인사풍경〉, 1938

이를 통해서 당시 시어머니 상청(喪廳)에서 공개적으로 짓밟힌 나혜석의 모성과 자존심이 불면의 번뇌로 남아 몸마저 망가지게 되었음을 알 수 있다. 김일엽은 이미 모자의 인연마저 끊고 수덕사에 입산한 터였기에 3남매에 대한 번뇌로 불면의 밤을 지내야했던 나혜석의 동병상련을 누구보다 잘 이해할 수 있었을 것이다. 그러나 나혜석은 불교에 귀의할 것을 권하는 김일엽의 제안을 끝내 거부하였다. 그가 해인사 참선을 받아들였던 것은 '불교장이'로서가 아니라 어디까지나 '생활의 방편'으로서였다.[37] 짓밟힌 모성이 남긴 정신적 상처를 치유하기 위한 수단으

---

36) 김일엽, 『미래세가 다하고 남도록─상』, 295~6면.
37) "내가 불교에 귀의할 것을 간절히 말해주어도 나씨는 소위 일반 지식인들과 같이 종교는 생활의 방편이라 했고"(위의 책, 297면).

로서 해인사 수도를 택한 나혜석은 몇 달 만에 놀랄 만큼 정신적 안정과 육체적 건강을 회복한 듯하다. 나혜석의 마지막 글인 「해인사의 풍광」에는 이 무렵의 입산생활이 묘사되고 있다.[38]

구(舊) 4월 15일부터 결제(結制)하여 7월 15일에 해제(解制)하니 그간 3개월간은 전심참선하니 이를 하안거(夏安居)라 하고 (…중략…) 안거중 일상생활이란 매일 오전 3시면 필히 기침하여 일제히 노소 없이 법당에 모여 불전에 향화를 사르고 예식을 마친 후 6시까지 면벽관심(面壁觀心)하여 참선을 하고 아침공양을 하고 8시부터 10시까지 오후도 역시 1시부터 3시까지 6시부터 9시까지 참선을 하여 이와 같이 대중 수십 명이 동일 규율 하에서 이와 같이 구순(九旬, 90일) 안거를 종료하는 날이 해제일이고 그 해제 후 다음 결제일까지 3개월 동안은 고행을 닦기 위하여 동거하던 선객(禪客)들이 각자 걸망을 짊어지고 타처로 옮겨 도처선(到處線)을 따라 고행을 닦되 혹은 성읍(城邑)부락에도 지나며 혹은 명산 대찰과 이름난 성지를 찾아서 신심을 맑히기도 하여 고행 중에서도 항상 도 닦는 것을 잊지 아니하고 화두를 참구(參究)하다가 결제일이 도래하면 여전히 각처의 선원으로 입방(入傍)하여 다시금 참선 공부를 시작하게 되는 것이다. (…중략…) 삼계대성(三界大聖)인 석가모니의 법도량에서 청정한 몸으로 길들이는 승려생활이란 참으로 신성한 가운데서 인천(人天)의 대법기(大法器)를 이루는 곳으로서 가히 부러워 아니할 수 없다.[39]

이 글을 통해 나혜석이 해인사에 가게 된 것은 1938년 4월 15일부터 7월 15일까지의 하안거 참선에 참여하기 위해서였는데 그것은 신앙보다는 승려생활에 대한 동경 때문임을 확인할 수 있다. 또한 이후 해인사 말고도 수덕사, 다솔사 등 사찰과 이전 시집과 오빠집 등 세간을 전전한 것

---

38) 홍도여관생활이 자세히 소개되어 있는데, 문맥을 보면 1938년 4월부터 7월까지 하안거 참선에 참여한 것이 짐작되어 작품연대 추정에 단서가 된다. 나혜석, 「해인사의 풍광」, 《삼천리》, 1938.8 ; 이상경, 『나혜석 전집』, 495~510면.

39) 위의 글, 509~10면.

은 일반적으로 알려져 있듯이 반치매상태의 무의식적 본능에 의해서가 아니라, 3개월 입산정진과 3개월 세간고행이라는 의식적 수도생활의 결과일 수 있음을 간파할 수 있다. 이 글의 앞에는 왕복 40리의 가야산을 올라갔다온 이야기도 실려 있는데, 그가 육체적으로도 매우 건강했음을 알 수 있다. 이와 같은 입산정진과 하산고행의 반복으로 인한 걸인행색이 정신이상자나 행려자라는 세간의 오해를 불러일으킨 원인으로 판단된다. 이제 말년의 나혜석에 대한 그간의 인식은 재검토될 필요가 있다. 또한 김일엽의 아들이었던 김태신의 '나혜석아줌마'에 대한 회고에 의하면 그가 청운양로원에 수용되기 직전인 1944년까지 수덕사 인근에 머물렀으며, 수덕여관 등 세간에서 고행을 수행하는 틈이 작품 제작을 계속하였던 것을 알 수 있다.[40] 물론 그가 상당한 정신력뿐만 아니라 육체적 건강도 준비되어야 하는 입산정진을 얼마나 오랫동안 계속했는지는 확인할 도리가 없다. 그러나 적어도 이 그림이 그려진 1938년 여름까지는 나혜석이 정신적·육체적으로 건강하였음을 우리는 확인할 수 있다.

〈해인사풍경〉은 짙은 녹음을 배경으로 그려져 있어서 그가 3개월간의 하안거를 마치는 결제일(7월 15일) 직후에, 아마도 「해인사의 풍광」(1938.8)이 쓰인 것과 거의 같은 때에 그려졌다고 생각된다. 그는 이 글에서 홍제암과 국일암도 유화재료로 훌륭하다고 쓰고 있어서 이들도 그렸다고 생각되는데, 현재 남아있는 그림은 해인사의 본당인 대적광전(보물 1253호) 앞마당의 해인사 삼층석탑(시도유형문화재 254호)과 해인사 석등(시도유형문화재 255호)을 그린 것이다.[41]

---

40) 김태신, 『라훌라의 사모곡』, 128~276면 ; 이상경, 『인간으로 살고 싶다』, 457~67면.
41) 그는 "정중(庭中) 3탑(3층 석탑)이 있으니 개산(開山) 당시 건립한 신라미술품 중의 하나로 탑 중 구존(九尊) 금불이 봉안하여 있다. 정면으로 대적광전(大寂光殿)이 보이니"라고

양식적으로 이 그림은 〈화녕전 작약〉과 일치하는 자유롭고 이완된 대가(大家)의 스타일을 보여준다. 화면 중앙은 3층석탑이 차지하고 있으나 〈천후궁〉이나 〈정원〉과 같이 화면의 지배자로서 등장한 것이 아니라 배경과 혼연일체된 하나로 등장하고 있다. 아무렇지도 않게 쓱쓱 그려진 3층석탑에는 너와 나, 삶과 죽음, 기쁨과 슬픔의 모든 경계마저 초탈한 작가의 관조적 시선이 반영되어, 마치 해인사에서 참선수도를 하고 있는 나혜석의 자화상과 같이 느껴진다. 석탑 끝에 매달려 미묘하게 흔들리는 풍경에서는 마치 '쳉쳉' 하고 풍경소리가 울려 퍼지는 듯한데, 이러한 청각적 효과는 여성해방에 대한 거창한 문제 제기를 하는 나혜석이 아니라 이제 산사로 물러나와 모성애에서 비롯된 번뇌를 끊고 세상만사를 망연히 관조하는 고독한 수도자의 모습을 보다 증폭시켜 준다. 또한 이 작품에서 전경에 드리운 나혜석 자신의 그림자는 작가 자신의 현전(現前)의 의미를 그림에 부여하는데, 〈화녕전 작약〉과 〈해인사풍경〉에서 보이는 그림자 드리우기 기법은 그림에 자화상적 의미를 부여하는 나혜석의 후기 스타일의 중요 요소로 생각된다. 한편 대적광전의 화려한 단청을 청회색계열로 무마시킨 것은 매우 고의적이라 생각되는데, 아마도 이전과 달리 중간색 위주의 색채를 많이 사용한 것은 선방(禪房)에서의 절제된 생활과 평온한 정신상태를 반영하기 위한 것으로 해석해야 할 것이다. 〈해인사풍경〉은 〈화녕전 작약〉과 함께 자유분방하고 표현적인 스타일을 보여주는 합판화로서 자기반영적 후기 풍경화를 대표한다 할 것이다.

해서 특별한 감상보다도 객관적인 정경 위주로 이곳을 설명하고 있다(나혜석, 「해인사의 풍광」, 《삼천리》, 1938.8 : 이상경, 『나혜석 전집』, 499면).

5. 결론을 대신하며

앞서 여성의식과 관련된 나혜석의 풍경화를 크게 농촌풍경·건축풍
경·내면풍경으로 나눠 고찰해 보았다. 농촌풍경은 향토주의와 현실주
의의 영향이 짙은데, 특히 여성의 가사 및 노동에 깊은 관심이 배어 있
었다. 건축풍경은 일본 외광파에 영향받은 아카데미즘으로서가 아니라
페미니즘적 시각에서 재조명되어야 하며, 페미니스트 비판의식과 지향
이 극적으로 드러나 있는 기념비적 작품이라는 점에서 중요하였다. 후
기의 합판화에 반영된 내적 세계는 그것이 여성의식·생리통·모성애
의 번민 등 철저하게 여성만이 겪을 수 있는 내면의 풍경으로 해석될 수
있음도 발견하였다. 결국 나혜석은 초기삽화뿐만 아니라 유화에서도,
인물화뿐 아니라 풍경화에서도, 초기뿐만 아니라 후기까지도 지속적으
로 자신의 페미니스트 의식을 작품에 반영, 표현하며 치열하게 작품활
동을 하였던 것이다. 따라서 나혜석을 단지 자유주의자 혹은 유미주의
자로 단정하면서 페미니스트 유화를 적극적으로 인정하지 않았던 기존
의 논의는 재검토되어야 하며, 이제는 나혜석 작품의 상징적 내포에 대
한 더욱더 활발하고 밀도깊은 논의를 통해서 새로운 인식의 지평을 확
보해야 할 것으로 생각된다.

* 본 논문은 『한국근대미술사학』 15집(한국근대미술사학회, 2005.8)에 게재된 논
  문을 재수록한 것이다.

(박계리)

나혜석 미술작품에 나타난 양식의 변화
― 일본식 관학파 인상주의에서 프랑스 야수파풍의 인상주의로

1. 머리말

본 발표자가 나혜석에 대해 항상 가졌던 의문은 왜 페미니스트 나혜석이 페미니스트 화가가 될 수 없었는가 하는 것이었다. 문필활동과 실천적 삶을 통하여는 투철한 페미니스트였던 그녀가 왜 유미주의 화가로 머물렀던 것일까. 이에 대한 해답을 찾기 위해 나혜석이 표방한 페미니즘의 성격을 분석하고 그것과 그녀의 삶, 문학, 미술의 제관계를 살펴본 것이 지난 4월 근대미술사학회에서 발표한 「나혜석의 양면성 : 페미니스트 나혜석 vs 화가 나혜석」이었다. 그 논문에서 본인은 나혜석의 양면성과 그 모순을 개인적 오류보다는 시대적 한계로 파악하면서도 나혜석은 자신의 사상이나 의지와 무관하게 일관된 유미주의 회화를 그려왔음을 지적, 비판하였다.

그러나 나혜석의 미술 작품을 다시 한 번 살펴보면서 그녀 작품의 일관성 속에서도 주제와 양식상의 변화를 간파하게 되었으며 그러한 변화가 일본과 프랑스 화풍의 영향 하에서 이루어지고, 나아가 그것이 그녀의 사상적 변화와도 무관하지 않음을 발견하게 되었다. 그리고 그 사상적 변화는 각기 일본 식민 상황과 서구 문물에 노출된 나혜석의 개인적 삶과 직결된다는 점을 인식하게 되었다. 물론 나혜석이 일본치하에서 표방한 초기의 민족주의 이후 서구사조의 수용으로 채택한 자유주의, 그리고 그것에 의거한 페미니즘 의식이 작품에 대입적으로 반영되는 것은 아니지만, 나혜석의 작품에서 그러한 사상적 추이의 흔적을 감지할 수 있다. 즉 초기에는 일본식의 관학파 인상주의로 민족주의 정서가 깃든 농가 풍경을 그리다가 점차 부르주아 자유주의에 입각한 유미주의 풍경화에 경도되는데, 특히 파리 체류 이후부터는 현지에서 습득한 야수파적 인상주의 화풍으로 비한국적, 서구적 풍경화와 인물화를 그리게 된다. 요컨대 나혜석이 서구지향적 부르주아 화가로 일관되게 유미주의적인 풍경과 인물을 그려왔지만 최소한 초기에는 민족주의 사상이 엿보이는 비탐미적 작업을 하였다는 것인데, 이러한 점은 그녀가 리얼리즘 만화 양식으로 제작한 초기 목판화에서 계몽적 페미니즘 사상을 분명히 드러내고 있는 점에서 확인된다.

사상적 표출이 엿보인 초기 작업에 대한 이해가 나혜석의 작품 세계를 파악하는 하나의 실마리를 제공하며 인식론적으로도 중요하다는 점은 분명하지만 그것이 이번 연구의 목적은 아니다. 그녀의 경우 미술에 있어서 사상적 반영은 극히 초기적 현상이고 해당 작품도 소수일 뿐 아니라 세심하고도 밀도 있는 연구가 수반되어야 할 예민한 문제이므로 이번에는 사상보다는 양식의 변화에 초점을 맞추어 전자를 포함하는 포괄적 논의를 개진한다. 논지는 결국 나혜석이 도쿄유학과 파리 체류를 양 축으로 하여 관학파 인상주의에서 야수파 경향의 인상주의로 양식상의 변화를 보인다는 것인데, 1927~1929년의 구미여행이 이러한 변화의 분기점을 마련한다.

본 연구는 나혜석 미술 작품의 이러한 변화를 고찰하기 위하여 우선 1장에서 나혜석의 생애, 사상, 작품활동을 소개하고 2장에서 그녀의 미술 작품에 초점을 맞추어 시기별 변화와 차이를 검토한다. 그녀의 미술 경력을 구미여행 이전과 이후의 두 시기로 대별하여 논의하지만 초기 목판화의 중요성과 그 의미를 부각시키기 위하여 개별 항목을 마련하였다. 즉 1절에서 리얼리즘 양식의 초기목판화(1920년대 초중기), 2절에서 구미여행 이전(1920년대 초~1927년) 관학파 인상주의로 그려진 풍경화, 3절에서 여행 이후(1928년~1930년대 초중반) 야수파 인상주의를 구사한 풍경화와 인물화에 대하여 고찰한다. 나혜석의 경우 양식적 변화가 전격적인 것도 아니고 현존 작품이 수적으로 제한되어 있기 때문에 대표적인 해당 작품을 골라 추론적으로 논증하기보다는 작품 세계를 전체적으로 조망, 분석함으로써 그 변화의 양상과 진폭이 조명되도록 한다.

1) 생애, 사상, 작품

나혜석의 생애를 1910년대, 1920년대, 1930년대의 3기로 나누어 작가적 발전 과정을 살펴볼 때 유학기였던 제1기(1913~1919)를 준비기, 결혼 안정기이던 제2기(1920~1930)를 전성기, 이혼기인 제3기(1931~1938)를 퇴조기로 대별할 수 있다. 사상적으로는 준비기에 계몽적 민족주의, 안정기에 자유주의, 퇴조기에 퇴폐적 자유주의를 표방하고 있다.

준비기의 나혜석의 경력은 1913년 진명여자고등보통학교를 졸업한 후 도쿄에 있는 '여자미술학교' 유화과에 들어감으로써 시작된다.[1] 1915년 재도쿄 여학생의 모임인 '조선여자친목회'를 조직, 기관지《여

---

1) 일반적으로 '도쿄여자미술학교'로 알려져 있지만 이구열에 따르면 도쿄에 있는 '여자미술학교'이다. 이 학교는 1930년대에 '여자미술전문학교'로 이름이 바뀐다.

자계》를 출간하고, 도쿄유학생 동인지인 《학지광》에 여권의식을 피력한 「이상적 부인」(1914), 「잡감」(1917.3), 「잡감—K언니에게 여함」(1917.7) 등을 피력하는데 이를 통해 그녀의 페미니즘 의식이 이미 이 당시에 형성된 것임을 알 수 있다. 1918년 도쿄유학을 마치고 귀국, 서울 정신여학교에 미술교사로 취직하여 여성교육에 정진하는 한편, 《여자계》 2호와 3호에 여성의 신교육과 신결혼관의 승리를 선언하는 「경희」와 모권과 여성 역할을 강조하는 「회생한 손녀에게」를 발표한다.[2] 유학 전후의 이러한 논고나 소설들, 그리고 1919년 3·1항쟁에 가담하여 옥고를 치룬 사건 등 나혜석이 1910년대에 성행한 계몽적 민족주의 페미니즘에 경도되었음을 말해준다. 그러나 동시대 민족주의 여성운동가들과 다르게 그녀는 단체에 가입하여 애국계몽운동을 벌이는 대신에 독자적인 문사로서 여성계몽운동에 참여하였을 뿐이다.

1920년에는 김억·남궁벽·이혁로 등과 함께 낭만주의 문예지 《폐허》의 동인으로 활동, 호에 「냇물」과 「사(砂)」 등 낭만주의 내지 퇴폐주의 경향의 유미주의적 시를 발표한다. 그러나 그녀의 낭만주의 경향은 《폐허》 활동으로 그치고 그 이후는 1921년 《매일신보》에 발표한 「인형의 가(家)」가 그 예증이듯이 여권의식을 일깨우는 계몽주의적 시론이나 수필로 일관한다. 이 당시 미술작품으로는 〈김일엽의 하루〉·〈개척자〉 등 목판화 2점 이외에는 전해지는 것이 없지만 1921년 이후의 유화들로 미루어보아 그녀는 화업에서도 낭만주의보다는 사실주의를 선호한 것으로 드러난다. 그러나 그것이 현실과 현상을 직시하는 쿠르베식의 비판적·사회적 사실주의가 아니라 모방적 자연주의·양식적 아카데미

2) 나혜석의 논고는 이구열, 『에미는 선각자였느니라』, 동화출판공사, 1974 ; 나혜석, 『이혼고백서』, 오상출판사, 1987 ; 김종욱 편, 『날아간 청조』, 『한국근대여류선집 1』, 신흥출판사, 1981 ; 나혜석, 『가자 죽으러, 빠리로 가자』, 오상사, 1985에 소개되어 있다.

즘 · 아방가르드 인상주의가 절충된 탐미적 사실주의라는 점에서 문필활동과는 달리 회화작품에서는 자신의 페미니즘 의지를 담아내지 못하고 있다는 모순적 한계를 발견하게 된다.

1920년대는 나혜석 생애의 전성기로 이는 1920년 교토제대 법과 출신의 엘리트 인사 김우영과 결혼함으로써 그 문을 열게 된다. 결혼 후 첫 10년간은 활발한 미술 작품 제작과 기고 활동을 병행한 풍요로운 다작의 시대이자 경성을 벗어나 세계로 향하는 개안의 시대였다. 1923년 김우영이 만주 안동현에 부영사로 부임하게 되어 그곳에서 5년을 보내고 곧이어 1927년부터 하르빈 · 시베리아를 거쳐 베를린 · 스페인 · 이태리 등 유럽제국을 여행하고 파리 체류 이후 미국을 방문하고 귀국하는 장장 2년에 걸친 세계만유를 하게 된다. 그러나 유복한 결혼생활은 그녀의 페미니즘 의식을 약화시키는 동인이 되기도 했다. 상류생활에 세계 일주까지 하면서 서구 문물에 도취된 그녀는 서구식 자유연애론을 여권운동의 기치로 내걸면서 점차 계몽적 의지를 상실해 갔던 것이다.

1921년의 「부인 의복 개량 문제」(《동아일보》), 1923년 「부처 간의 문답」(《신여성》), 1926년의 「생활개량에 대한 여자의 부르짖음」(《동아일보》) 등이 이 시기의 대표적인 논고들이다. 결혼 전 막연하게 여권 향상을 강조한 것과는 달리 이제는 여성의 미술 교육 · 부인복 개량 · 가사노동의 문제 등 구체적 이슈를 취급하였는데, 이러한 논고들이나 1926년의 소설 「원한」을 통해 나혜석은 페미니스트 문필가로 입지를 굳혔다. 그러나 이러한 글쓰기에서 드러나는 것은 민족주의와 서구 지향주의, 가부장제 비판과 체제순응적 태도 등, 상반된 이데올로기를 왕래하는 인식론상의 양면성이었다.

미술활동으로는 1921년 3월 내청각 개인전을 필두로 서화협회 전시회(서화협전)과 조선미술전람회(조선미전)에 출품하여 수차례의 입선 및 특선을 거듭하면서 화가적 성공을 거두게 된다. 매일신보사와 경성일보사의 후원으로 열린 내청각 개인전은 나혜석 개인뿐 아니라 한국 근대 여성미술의 역사가 열리는 의미 있는 전시회였다. 경성에서는 처음으로 열린 이 유화 개인전의 주인공이 여성이란 점에서도 대중적 호기심을 불러일으켜 5천명의 관객이 다녀갔고 작품 〈신춘〉은 경쟁 속에서 350원에 매각되는 등 모두 20여점이나 팔렸다고 전해진다.

나혜석의 작가 경력은 조선미전을 축으로 전개되었다. 1922년 1회 때 고희동, 정규익과 함께 유화부에 입선하여 최초의 여성화가로서의 위상을 돈독히 하였으며, 2회 출품작 〈봉황성의 남문〉은 4등 입선을 기록하였다. 3회 입선을 거쳐 4회에도 〈낭랑묘〉가 3등 입상하였고, 1926년 5회 때 〈천후궁〉이 특선하여 명성을 확인시켰다. 남편의 안둥현 임기가 끝나 구미여행길에 오르는 1927년에도 미전에 출품하는 열의를 보인다.

1928년에는 미술의 본거지인 파리에 체류하면서 미술 작업에 몰두한다. 프랑스와 스페인 풍경, 서양 여인을 모델로 한 누드화 등이 이 당시의 산물이다. 유럽여행과 함께 나혜석의 서구지향적이고 부르주아적인 자유연애사상은 더욱 깊어져 그녀는 김우영의 지인이자 천도교 교령이며 중추원 참의인 최린과 염문관계로 그녀의 외국만유가 이혼이라는 불행의 불씨가 된 것이다. 1929년 귀국 후 신문·잡지에 유럽 문물을 소개하는 한편, 수원에서 외국 풍경화로 귀국전을 연다. 조선미전 7~8회에는 불참했으나 1930년 9회부터 다시 출품하기 시작한다.

나혜석 경력의 퇴조기는 1931년 나이 35세에 남편으로부터 이혼당하고 1934년에 발효한 「이혼 고백서」와 최린을 상대로 낸 제소장 때문에 더는 용납될 수 없는 이단자로 낙인찍혀 사회적 냉대 속에 몰락의 길을 걷게 되는 일련의 과정을 거치며 진행된다. 그러나 이혼하는 1931년 10회 조선미전에도 출품, 그 가운데 〈정원〉이 특선하여 여성대가로서의 기량을 과시하였다. 이어 1932년 11회에 출품한 3점이 무감사 입선하였지만, 1933년 12회에는 낙선하였다. 이후 그녀는 조선미전에 불참하게 되는데, 나혜석의 12회 미전 낙선은 이혼 후 그녀의 불행을 예고하는 상징적인 사건이 된 셈이다.

1933년 2월 나혜석은 수송동 146번지 15호 목조 2층 건물에 여자미술학사를 개설, 초상화 제작으로 생계를 유지하는 한편 미술학교의 설립의 꿈을 실현하였다. 나혜석은 이 학사의 건립을 기해 여성들을 위해 "새벽에 우는 닭이 되련다"라는 「여자미술학사 취의서」를 발표, 그녀의 계몽정신이 아직도 잔존하고 있음을 재확인시켰다. 나혜석은 1934년 「이혼 고백서」를 발표한 후 이목을 피해 낙향을 결심, 그해 3월 출생지 수원에 내려갔다, 서호성 밖에 작업실을 마련하고 다시 작업에 집중, 1935년 10월 진고개 조선관에서 대규모 전시회를 가졌다. 근작 소품 200여점을 출품하고 재기를 꿈꾸었음에도 불구하고 언론으로부터도 관객으로부터도 호응을 얻지 못한 마지막 전시회가 되었다.

1930년대의 나혜석은 자신의 불행에 직면하여 그것을 극복하기 위하여서인지 또는 그것을 감추기 위하여서인지 극단의 자유연애주의, 비현실적 연애지상주의로 경도되었다. 그러한 자유연애주의는 사회적 지탄을 받으면서 점차 퇴폐적 에로티즘으로 변색, 1935년의 「신생활에 들면서」는 신정조론 남녀공창제를 주창하기에 이른다. 그러나 실생활에서 그녀는 금욕적인 태도로 재기의 기회를 다짐하는 한편, 생애 말기에도 1936년 소설 「현숙」을 비롯, 40편의 산문을 남기고 있지만 결국 과장된 의욕과 좌절이 교차되는 가운데 1938년의 「해인사의 풍광」을 마지막으로 문단에서도 종지부를 찍고 자취를 감춘다.

2) 나혜석의 미술작품

나혜석의 공식적인 화업은 1920년 내청각 개인전으로 출발하여 1932년 9차례의 조선미전 출품에 이어 1935년 진고개 조선관 전시로 막을 내린다. 이 15년간의 경력이 그녀를 근대 초기 서양화가이자 최초의 여성직업화가로 자리매김하게 한 것으로써 본 연구의 대상 역시 이 시기로 국한된다. 서두에서 제시한 대로 우선 1절에서 초기 목판화에 대하여 논의하고, 1927년 구미여행을 기점으로 2절에서 여행 이전의 풍경화, 3절에서 여행 이후의 풍경화와 인물화에 대하여 연구한다.

(1) 1920년대 초·중반의 리얼리즘 목판화

1920년과 1921년의 목판화 두 점은 연대가 판명된 작품 가운데 가장 초기작으로 그 후 여타의 인상파적 풍경화나 인물화와 다르게 리얼리즘 수법으로 계몽적 페미니즘 의식을 반영하고 있어 주목을 끈다. 1920년의 〈김일엽의 하루〉는 어떤 계기로 제작하였는지, 어떤 잡지에 게재되었는지 알 수 없지만, 만화식 포맷으로 4개의 다른 이미지와 함께 그에 해당하는 텍스트를 싣고 있다. 화면 좌측 상단의 이미지는 "밤 12시까지 독서"하는 일엽의 모습, 그 밑에는 "부글부글 푸푸"하는 냄비 앞에서 시를 짓는 일엽, 우측 상단의 이미지는 "손으로는 바느질, 머리로는 신여자 잘 살릴 생각"에 잠긴 일엽, 그 밑의 이미지는 "새벽에 원고를 쓰는" 일엽의 모습 등, 가사와 작품을 동시에 수행해야 하는 직업여성의 이중생활을 풍자적으로 재현하고 있다. 다음 해의 〈개척자〉는 강한 선으로 묘사된 상징적인 작품으로 태양 빛 속에서 밭을 일구고 있는 개척자의 뒷모습을 보여준다. 여성인지 남성인지 알 수 없으나 그가 암울한 시대의 선구자의 역경을 그리고 있음은 분명하다. 페미니즘과 직결되지는 않더라도 애국사상을 고취하는 계몽적 작품이라는 점에서 특기할 만하다.

그밖에 1920년대 중반 이후에 제작된 듯한 목판 4점 역시 삽도로 남고 있다. 〈경성역에서〉·〈전동식당에서〉·〈계명구락부에서〉는 「1년 만에 본 경성의 잡감」(1924)·「경성 온 감상 일편」(1927) 등 나혜석이 만주 안동현에 살면서 경성을 잠시 방문한 소감을 쓴 수필들과 마찬가지로 1924년에서 1927년 사이 경성을 방문한 감상을 그린 것으로 추정된다. 〈총석정 어촌에서〉는 1934년 총석정 해변에 머물면서 쓴 「총석정 해변」(《월간매신》 8월)을 위한 삽도로 제작되었을 가능성이 높다.[3) 도시풍물을 그린 이 목판들은 상기한 2점의 목판화들과 같은 계몽적 내용을 담고 있지는 않지만 그녀가 일시적이나마 유채 이외에 목판과 같은 다른 매체에도 관심을 기울였음을 알 수 있다.

대중적이고 실용적인 매체인 목판화는 나혜석과 같은 조선미전 출품 작가들, 유미주의 작가들에게는 흥미 없는 매체였다. 1920년대 중·후반 카프(KARF 조선프롤레타리아예술운동) 중심의 프로 미술가들이 자연주의·형식주의 등 유미주의 미술에 맞서 내놓은 것이 목판 등으로 제작한 리얼리즘 계열의 선전미술이었다. 도쿄미술학교 조각과 출신의 김복진을 비롯해 풍자화가 안석주, 삽화가 이승만은 조선만화가 구락부를 조직하여 만화·도안·그래픽·포스터·무대미술에 치중하면서 카프의 사상을 파급하였다.[4) 나혜석의 목판 작업이 이들의 영향을 받았는지에 관해서는 알려진 바가 없지만 카프의 활동시기가 3점의 판화를 제작한 안동현 시절과 일치하고, 특히 1931년 나혜석의 고향인 수원에서

---

3) 안나원, 「나혜석의 회화연구 : 나혜석의 회화와 페미니즘의 관계를 중심으로」, 이화여자대학교 석사학위논문, 1997, 66~70면.
4) 박영택, 「식민지시대 사회주의 미술운동의 성과와 함께」, 『근대한국미술논총』, 학고재, 1992, 266~7, 269면 ; 최열, 『한국근대미술의 역사 : 1800~1945 한국미술사 사전』, 열화당, 1998, 166면.

3일 만에 중지되긴 했지만 카프미술부 프로미술전이 열렸던 것으로 보아 그러한 가능성을 점칠 수 있다. 그러나 1920년대 초반의 두 점의 목판화는 카프미술의 선구적 작업으로 볼 수 있으며 특히 그것이 카프의 선구적 단체인 토월미술회나 파스큘라(PASKYULA)가 조직된 1923년 이전이라는 점에서 프롤레타리아 운동 전에도 부르주아 계몽운동의 일환으로 선전용 응용미술이 존재하였을 가능성을 추정하게 된다.

(2) 구미여행 이전(1920년대 초~1927) : 관학파적 인상주의 풍경화

나혜석은 일본에서 인상주의 화풍을 전래받은 초기 유화가로서 외광의 효과를 화폭에 담는 풍경화가로 출발하였다. 1920년 내청각 개인전에서 발표한 유화 작품들이 어떤 것인지 전해지지는 않지만 당시 신문기사에 350원에 판매되었다고 명기된 〈신춘〉이라는 작품 역시 그 제목으로 미루어보아 풍경화임을 짐작할 수 있다. 1921년 4월에 열린 제1회 서화협전에 〈정물〉과 함께 〈풍경〉을 출품하였고, 1922년 1회 조선미전에도 〈봄〉과 〈농가〉라는 2점의 풍경화를 출품하였다. 드가풍의 탈중심구도로 그려진 〈정물〉이나 거친 터치에 외광효과를 살리고 있는 풍경화 3점이 모두 인상주의의 직간접 영향을 나타내고 있다. 그런데 여기서 1921년 〈풍경〉과 1922년의 2점의 풍경화 사이의 차이를 발견할 수 있다. 전자가 나무가 우거진 자연풍광으로 시공적 맥락이 배제되어 있는 반면, 후자는 들녘의 두 아낙네가 길쌈을 내거나 소년이 마당에서 가래질을 하는 내러티브한 농촌 풍경인 것이다. 연대미상이지만 아낙네가 물동이를 이고 가는 〈농촌풍경〉이나 〈봄의 오후〉를 이 당시 작품으로 추정한다면 나혜석은 1923년 안동현으로 가기 이전까지 집중적으로 농가풍경을 그렸다고 볼 수 있다. 이 일련의 농촌풍경화가 1930년대에 성행한 향토주의 회화의 센티멘탈리즘을 결핍하고 있더라도 그것을 그 선구적인 예로 보아야할지는 심도 있는 논증을 거쳐야 하는 예민한 문제일 것이다. 그러나 이 농촌 풍경이 이야기와 생활 정감을 담고 있다는 점에서 후일의 유미주의 풍경화와 구별되며 이러한 점에서 나혜석의 초기 페미니즘이 기반하고 있던 민족주의 정서와의 관련을 생각해 볼 수 있다(이에 대해서는 주의 깊은 연구가 필요할 것으로 여겨진다).

나혜석은 1923년부터 안둥현에 거주하면서도 조선미전에 지속적으로 출품하는 한편, 1924년 동양화의 김은호·허백련, 서양화의 강진구·이종우 등과 함께 고려미술회 소속 고려미술원 서양화 교사직을 맡으며 중앙화단과 긴밀한 관계를 유지하였다. 1923년 2회 조선미전에 안둥현 풍경을 그린 〈봉황산〉과 〈봉황성의 남문〉을 출품하여 후자가 4등(서양화부 4등이 아니라 전체에서도 후일 특선 내지 입상에 해당된다)으로 입선하였다. 두 작품 모두 거친 터치와 밝은 색채를 구사하는 가운데 인상주의 영향을 보이는 한편, 이전의 농가 풍경과는 다르게 대담한 구성으로 모던한 형식미를 창출한다. 〈봉황산〉은 화면을 산과 평야로 이분화하여 추상성을 획득하고 있으며, 〈봉황성의 남문〉에서는 남문을 화면 우측에 배치하여 대상의 기념비적 특징과 공간적 깊이감을 강조하고 있다.

1924년 3회 조선미전에서는 〈초하의 오전〉과 〈가을의 정원〉을 출품, 후자가 4등 입선하였다. 〈가을의 정원〉은 1921년의 〈풍경〉처럼 나무가 울창한 숲 풍경을 묘사하고 있다. 이 그림은 조선미전 1회전에 찬조 출품한 구로다 세이키(黑田淸輝)의 〈정원의 풍경〉을 원거리에서 재포착한 듯이 그것과 유사한 구도와 양식으로 그려져 있다. 세이키는 프랑스에서 9년간 수학하면서 아카데미즘과 인상주의를 조화시킨 라파엘 콜랭(Louis Joseph-Raphael Collin)에게 사사한 일본 최초의 유학생이었다.[5]

---

5) 안나원, 앞의 글, 34~5면.

그는 콜랭의 감각적인 화풍을 전수받아 그것을 일본적 인상주의로 전환시킨 일본 근대미술의 주도적 인물로서 그와 함께 프랑스 인상주의의 화사한 색채를 몽롱한 자색으로 변용시킨 무라사키파(자색파)가 탄생하였다.[6] 나혜석의 세이키와의 관계는 밝혀지지 않고 있지만 일본 도쿄미술학교 서양화 주임으로서 한국 유학생들에게 지대한 영향을 끼친 것으로 알려지고 있다. 세이키식의 풍경화 〈가을의 정원〉이나 〈풍경〉이 자연 풍광을 그리고 있는 반면에, 〈초하의 오전〉은 거대한 건물이 화면 중앙을 가득 차지하고 있는 건축적 풍경이다. 이 당시 그린 것으로 추정되는 〈만주봉천풍경〉 역시 건축물 위주의 풍경화로서 이 건축적 요소가 나혜석 풍경화의 한 가지 특징을 만드는 요인인 바, 그녀의 수상작은 대부분 성곽과 같은 고건축을 그린 건축화이다.

1925년 4회 조선미전에 출품하여 3등 입상한 〈낭랑묘〉도 역시 고궁화이다. 전보다 세밀한 터치에 명암 대비도 뚜렷해졌으며 변화 있고 복잡한 면 구성으로 건축미를 살렸다. 1926년 제5회 조선미전에도 나혜석은 고궁을 그린 〈천후궁〉이 특선하여 다시 한 번 화제가 되었다. 정문인 원형문을 근경으로, 중문을 중경으로, 천후궁 본전을 원경으로 삼아 탄탄한 구성미를 보이며, 고와진 마티에르 덕분에 정적인 분위기를 창출하고 있다. 나혜석이 「미전 출품 제작 중에」(《조선일보》, 1925)라는 글을 통해 상세히 설명하고 있듯이, 천후궁은 20세에 바다의 제물로 희생당한 낭자를 기리기 위한 궁전으로 그녀의 안둥현의 집에서 30리나 되는 곳에 있었다. 나혜석은 4일간 매일 그곳을 방문, 오전의 광선하에서 연필로 사생한 후 집에 와서 수정을 하였다고 한다. 천후궁을 오가면서 지나게 되는 '지나가'를 스케치한 것이 〈천후궁〉과 함께 출품한 〈지나정〉

6) 지바 시게오, 「예술과 사회」, 『한림미술관 주최 심포지엄』, 1999. 11. 19 참조.

이다. 붉고 푸른 술집 명패가 길가에 주렁주렁 매달린 것이 전형적인 중국거리 풍경인데, 〈천후궁〉과는 달리 복잡한 구도에 초점이 흘려져 전체적으로 혼란스러워 보인다.

나혜석의 〈낭랑묘〉나 〈천후궁〉에 이르러 몽롱한 일본식 화풍을 벗어나 다소 자신의 양식을 구사하고 있는 듯이 보이지만 잇따른 여행으로 산만해진 탓인지 더는 자신의 양식을 발전시키지 못한다. 나혜석 자신도 「미전 출품 제작 중에」라는 글에서 "선생들로부터 후기인상파, 자연파 영향을 받아 형체와 색채와 광선만 중시하였기 때문에 개성이 부족하고 예술성이 박약하다"고 고백하고 있듯이,[7] 그녀는 일본의 남성 스승들로부터 화법, 양식을 전수받아 동시대 남성작가들과 구별되지 않는 인상파 풍경화가가 된 것이다.

그러나 그녀 자신이 일본적 양식의 수용에 대해 무비판적이었던 것은 아니다. 1924년 「1년 만에 본 경성의 잡감」(《개벽》 1924.7)에서 나혜석은 묘법이나 용구에 대한 선택뿐 아니라 향토, 국민성을 통한 개성의 표현이 서양과 다른 조선 특유의 표현력을 가져야 한다고 주장하였고, 1933년 「미전의 인상」(《매일신보》 1933.5.16)에서는 조선미전 출품작들이 대부분 기술과 형식에만 치중하고 있다고 한탄하면서 그러한 작품은 감흥을 고갈하게 한다고 경고하고 있다. 그녀는 대상력과 조형과 미학에 관심을 기울이면서도 아카데미즘 정형에 구속되는 관료미술이 창작의 적극성을 상실케 한다는 견지에서 기술적 지상주의를 부정하는 등, 반형식주의 의지를 표명하였다.

---

7) 나혜석, 『가자 죽으러, 빠리로 가자』, 오상사, 1985, 101면.

(3) 구미여행 이후(1928~1930년대 초중반)
: 야수파적 인상주의 풍경화와 인물화

나혜석은 1927~1929년 유럽여행 당시 8개월간을 로저 비시에르 (Roger Bissier)의 아카데미 랑송(Ranson)에 다니며 화업을 연마하였다.[8] 비시에르는 야수파와 입체파 경향의 풍경화가이자 인물화가로서 나혜석이 야수파나 후기인상주의를 습득하는 데, 또한 일본화되지 않은 인상주의 원형을 터득하는 데 적지 않은 영향을 미친 것으로 짐작된다. 나혜석이 귀국하여 수원 용주사 포교당에서 발표한 외국 풍경화들에서 나타나듯이, 파리 수학 이후 나혜석의 그림은 전보다 밝아진 색채에 넓은 붓질로 화면이 평평해지면서 전체적으로 후기인상파 내지 야수파의 영향을 드러내 보인다. 예컨대 〈프랑스 마을풍경〉(1928)은 예전과 같은 건축물 위주의 풍경화이지만 대기감이 압축된 것이 세잔의 풍경화를 연상시키며, 〈파리풍경〉(1927~1928)에서는 구성과 색상에서 야수파적 장식성을 돋보이고 있다. 〈스페인해수욕장〉(1928)과 〈스페인 국경〉(1928)은 바다와 하늘을 가르는 수평선을 건물로 대치, 직선적 선묘를 탈피함으로써 양분화된 화면에 통일성을 주고 있는데, 이점에서 모네 특유의 풍경에 비견될 수 있다. 감각적 세련미를 풍기는 이러한 야수파적 풍경화들에 비하면 이전의 풍경화들을 인상주의라기보다는 아카데믹하고 고풍적인 사실주의 회화로 보이면서 상대적으로 낙후된 느낌을 준다. 그러나 이 이국적인 풍경화들은 이전의 농촌 풍경화나 건축 풍경화가 갖는 견고한 실재감을 결여하고 있다.

파리 체류 시에 그린 누드화 역시 현지 미술의 직접적인 영향을 나타낸다. 1927년 작 〈누드〉는 나혜석의 최초 누드화로서 몸의 비례나 골격

---

8) 안나원, 앞의 책, 43면.

이 전형적으로 서구적인 근육질적 몸매의 여인을 그리고 있는데, 여기서는 인상주의보다는 인체에 해부학적으로 접근하는 아카데믹한 드로잉 화법을 따르고 있다. 연대미상이지만 모델이 서양 여인인 것으로 보아 같은 시기의 누드화로 추정되는 3점의 누드화를 보면 서있는 누드, 누워있는 누드, 앉아있는 누드 순으로 점차 야수파적 도상으로 기울고 있으며, 마지막 좌상 누드는 선묘적 처리와 추상화된 배경에서 거의 마티스를 연상케 한다. 야수파보다는 아카데믹 화법으로 묘사되어 있는 같은 시기의 〈나부〉(1928)는 등판을 보이는 이색적인 포즈로 눈길을 끈다. 그러나 같은 포즈와 양식이 누드화인 구메 게이치로의 〈습작〉(현재 도쿄도 현대미술관 소장)이 전해지고 있어 그것이 나혜석의 개성적 표현이나 새로운 시도는 아니었음을 말해주고 있다.

이 당시 나혜석은 누드화와 함께 인물화를 그리고 있는데, 그 가운데 〈무희〉(1927~1928)는 인물화라기보다는 인상주의 전통의 풍물화에 가깝다. 무대 위의 두 무희를 그리고 있지만 드가식으로 재현된 공연 중의 장면이나 순간적 움직임의 포착이 아니라 무대 위에서 포즈를 취하고 있는 듯한 모습으로 어색한 느낌을 준다. 〈자화상〉(1928)과 〈부군의 초상〉(1928)은 전통적인 좌상 초상화이다. 남편 김우영의 초상은 미완성이면서도 인물의 개성이 드러나는 한편, 자신의 자화상은 사진으로 보는 나혜석의 모습과는 달리 커다란 눈에 높은 코를 가진 전형적인 서구적 용모의 여인으로 그려져 있다. 양식적으로는 일반적인 아카데미즘 화법을 따르고 있지만, 자화상에서 강조되듯이 팔 부위와 같은 특정 부분에서 물체를 구형으로 보는 세잔 특유의 화법이 감지된다. 이러한 경향은 1930년 9회 조선미전 〈화가촌〉과 함께 출품한 〈아이들〉에서 두드러지는데, 아기를 업고 있는 소녀의 양팔은 기다란 원통으로, 소녀와 아기의 두상은 거의 완정한 구형으로 처리되어 있다.

나혜석은 1931년 이혼하는 해 10회 조선미전에 〈정원〉·〈작약〉·〈나부〉를 출품, 그 가운데 〈정원〉이 특선하여 더욱 화두에 올랐다. 〈정원〉은 지금은 박물관이지만 2천년된 파리의 크루니 궁전을 그린 것으로써, 엄밀히 말해 궁전 자체가 아니라 아치형의 입구를 클로즈업해 그린 건축 부분도이다. 아치 하단의 기하학적 열주들이 곡선적인 나무 가지들과 묘한 대조를 이루면서 대칭 구도의 단조로움을 깨트리는 가운데 모던한 디자인 감각이 풍겨 나온다. 여기서는 파리에서 익힌 야수파적 인상주의 화법 대신에 다시 관학파적 경향의 구축적 요소가 강하게 드러나는데 나혜석은 이러한 기하학적 건축 또는 고궁의 재현에서 특기를 발휘하는 것 같다. 서양 모델을 그린 것으로 보아 좌상의 〈나부〉는 파리 체류 시 그린 것을 출품한 것으로 사료되며, 〈작약〉은 몇 안 되는 정물화 가운데 하나로 감미로운 분위기에 터치도 약해 기존 젠더구조의 시각에서 보자면 나혜석 그림 가운데 가장 여성적 그림으로 평가될 수 있을 것이다.

나혜석은 1931년 10월 도쿄 제전에 조선미전 특선작인 〈정원〉을 출품, 입선하였고 〈금강산 삼선암〉은 낙선되었다. 1932년 11회 조선미전에는 〈금강산 만상정〉·〈창가에서〉·〈소녀〉를 출품하여 모두 무감사 입선했다. 모두 예전과 같은 양식과 수준의 풍경화, 인물화이지만 상기한 제전 낙선작과 유사한 사려되는 〈금강산 만상정〉은 원경의 암산과 전경의 채석을 단일면으로 처리한 대담한 구도에서 묘사적 재현보다는 추상적 조형의지를 엿볼 수 있다.

1935년 10월에 진고개 조선관에서 대규모 전시회를 가진 후의 작품으로 추정되는 작품들이 연대 미상의 〈화녕전 작약〉·〈선죽교〉·〈인천풍경〉·〈수원서호〉 등이다. 이 작품들은 유럽여행 당시 그렸던 이국 풍경화와 같이 감각적이고 장식적인 분위기에 서구지향적 취향이 여전하며 주제와 양식 면에서도 새로운 회화적 시도를 찾아볼 수 없다. 결론적으로 그녀의 후기 풍경화 역시 야수파와 인상파의 경계에 머물며 생활고와 심정적 타격 때문인지 진일보하지 못하고 있는 것이다.

2. 맺는 말

이상에서 보았듯이 나혜석은 일본식 인상주의와 프랑스 인상주의의 양축을 왕래하면서 풍경화가와 인물화가로서 자신의 작품 세계를 구축하였다. 그 작품세계가 내용지향적이기보다는 미학지향적인 유미주의에 의해 구축되었다고 해서 작가를 비판할 수는 없지만 나혜석은 민족주의/자유주의 페미니스트로서 나름대로 사상적 깊이를 가졌던 작가였던 까닭에 안타까움을 준다.

본 발표자는 나혜석이 투철한 페미니즘 사상을 왜 그림으로 담아내지 못하였는지에 관해 지난 몇 편의 글을 통해 두 가지 추론을 상정하였다. 우선 미술내적인 문제로 서양화가 도입되는 초기단계에서 유채라는 생소한 매체로 풍경이나 인물 이외에 새로운 주제나 이념을 조형화시키기에는 역부족이었으리라는 것이다. 다음 외적인 사유로 서구에서도 페미니즘 미술이 존재하지 않았던 그 당시 페미니즘의 회화적 표출이 현실적으로 불가능했을 것이라는 것이다. 입센의 『인형의 집』을 비롯하여 여성해방사상을 고취시키는 문학작품은 존재했어도 그 원형을 추종할 페미니즘 미술의 전례가 없었다는 것이다.

이러한 시대적 한계를 수용하면서 본인은 그녀의 유미주의적인 또는 자율적인 미술관 역시 부르주아 자유주의 사상의 산물로써 나혜석 개인이 초월할 수 없었던 인식론적 벽이었으리라고 이해해 본다. 자유주의, 유미주의, 양식주의의 기치 하에서 그녀는 일본치하에서는 일본화된 인상주의로, 프랑스에서는 현장에서 터득한 인상주의 및 야수파로 양식적 실험과 변화를 시도한 것이다. 나혜석이 파리에서 체류하였던 1927~1929년이면 파리는 입체파의 실험도 끝나고 다다/초현실주의의 성행과 함께 추상운동이 일기 시작하던 시기로서 나혜석의 야수파 수용은 퍽이나 때늦은 감을 준다. 그 시대 한국 여인으로는 갖기 어려운 구미여행이라는 행운의 기회, 특히 파리 체류의 진귀한 경험을 좀 더 적극적으로 지혜롭게 활용하지 못한 점에 아쉬움을 느끼면서도 그 당시 정황이나 현실적 여건을 고려할 때 그 자체로도 인정을 받아야 한다는 생각이다. 이와 아울러 목판화나 농촌 풍경을 통해 그녀가 초기에 보였던 리얼리즘 의식에 대한 재평가가 이루어져야 할 것으로 여겨지며 그에 대한 연구가 조속히 이루어질 것을 기대한다.

(김홍희)

제2부

한국 문학사에 나타난 나혜석

나혜석의 선각자적 삶과 시
─ 그 문학사적 의미를 중심으로

1. 선각자적 인식과 예술

20세기 초반 한국의 선각자적 예술가 중에 나혜석처럼 극명하게 자신의 삶 전체를 불사른 경우는 많지 않다. 19세기와 20세기의 교차점에서 소용돌이치는 세계사적 격랑을 헤쳐 나가기 위해 선각자 나혜석은 그 누구보다 어려운 난관에 봉착하지 않을 수 없었다. 우선 그가 여성이었다는 것도 중요한 이유가 되겠지만, 그보다 더 심각한 것은 그가 지닌 독특한 개성 때문이었을 것이다. 적어도 그가 예술적으로 그리고 인간적으로 자신의 강한 개성을 지키기 위해 세속과 완강하게 타협하지 않았던 것은 분명한 사실이었던 것 같다.

이번에 간행된 『원본 정월 라혜석 전집』(서정자 편, 국학자료원, 2000.12)을 살펴보니, 필자 또한 그에 대해 풍문에 의한 선입견을 가지고 있었음을 깨닫게 되었다. 시와 소설과 희곡은 물론 그의 평론과 수필 등 그의 모든 문자 활동이 망라된 이 전집을 읽으면서 놀라게 되는 것은 그의 솔직 담대한 고백과 예술적 치열성이 그의 일관된 삶의 의지로 나타나고 있다는 점이다.

이 글에서 필자는 그의 문자행위 전체를 대상으로 논의하고자 하는 것은 아니다.[1] 그가 남긴 많은 저작 중에서 지금까지 필자가 주로 관심을 가져온 시의 영역에서 그 문학적 의미를 되새겨 보고자 한다. 물론 이 전집에 시로 분류된 것은 6편에 불과하다. 그러나, 이 정도의 작품이라도 다른 산문에서 발견되는 시편들을 선별하여 문학 활동과 세심하게 비교, 검토한다면 나혜석의 예술적 전체성을 이해하는 중요한 접근 방법의 하나를 찾을 수 있을 것으로 여겨졌다. 이런 방법을 택한 것은 그의 미술활동이나 소설사적 의미는 이제 상당부분 밝혀졌기 때문이기도 하다.

나혜석의 문학 활동을 살피는 데 있어서 먼저 그가 1910년 도쿄를 유학한 초기 선각자라는 점에 주목하고 이 글의 실마리를 그의 첫 애인이자 그의 인생에 결정적 영향을 미친 최승구와의 관계를 통해 풀어나가고자 하며, 그와 동일한 여성 선각자 중의 한 사람이지만 한 세대 늦은 모윤숙과의 사상적 대비를 통해 그의 문학사적 가치를 찾아보고자 한다. 그리고 마지막으로 그가 남긴 그림에 대한 필자의 소감을 간략히 피력하고자 한다.

2. 나혜석의 각성과 시적 전개

나혜석의 일생은 세 단계로 나눌 수 있을 것이다. 초반 유년시절부터 18세(1896~1913)까지의 각성 이전의 성장기와 중반 19세부터 32세

---

1) 나혜석의 소설에 대해서는 서정자 · 송명희 · 이상경 · 이호숙 · 정순진 등이 시에 대해서는 신달자 · 정영자 등의 업적이 보고되어 있다. 『원본 라혜석 전집』, 국학자료원, 2000.12의 참고문헌을 참조.

(1914~1927)까지의 적극적이며 자유로운 예술적 활동기, 종반 33세부터 53세(1928~1948)까지의 재기의 노력에서 실패하는 좌절기 등의 세 단계가 그것이다.[2]

이렇게 본다면 중반의 화려하고 분방한 시기를 정점으로 초반의 계몽적 성장기와 후반의 재기와 실패의 좌절기에 이르는 과정이 마치 드라마가 발단에서 절정을 거쳐 파국에 이르는 것과 같은 극적인 구조를 갖고 있는 것이 그의 생애이다. 여성해방론자로서 그 누구보다 선각적이었던 그의 생애는 1914년 최승구, 1927년 최린과 만남 그리고 1930년 김우영과의 이혼 등과 분리해서 생각할 수 없다. 1916년 봄 최승구의 죽음이 그의 생에 최초의 위기를 불러일으켰지만 이를 극복한 것은 1916년 최승구의 죽음 이후 만난 김우영과의 교제를 통해 1920년 결혼함으로써 일단락되는 것 같다. 그러나 최린과의 애정문제로 인해 1930년 김우영과 이혼함으로써 그의 생에 드리운 어두운 그림자는 불꽃과 같은 그의 열정을 사그라뜨리는 동시에 그의 예술 활동 또한 파국으로 몰고 갔다고 할 수 있다. 당시 조선사회의 도덕적 통념에 정면으로 도전하였기 때문에 이혼 당해 독신이 된 그를 후원할 세력은 사회의 저변으로 잠수해 버리고 오직 그만이 홀로 봉건적 도덕률과 투쟁할 수밖에 없는 곤경에 처하게 되었던 것이다.

봉건적인 자의식을 지닌 가족들을 설득하여 나혜석을 도쿄로 유학하게 만든 오빠 나경석의 절친한 친구이기도 했던 최승구(최소월은 그의 필명이다)는 당시 도쿄문단에서 춘원 이광수 못지않게 촉망받던 인물이었다. 그와의 만남을 통해 나혜석은 당시 조선의 봉건적 윤리감각에서 근대적 신여성의식으로 자각했다는 점에서 그는 나혜석의 생애의 서두

---

2) 나혜석 평전은 이상경, 『인간으로 살고 싶다』, 한길사, 2000이 종합적이며 대표적이다.

를 차지하는 결정적 인물이었다고 해도 과언이 아니다. 최승구와 나혜석은 당시 도쿄에서 유학생들이 발간했던 《학지광》(제3호, 1914.12)에 다음과 같은 글을 동시에 발표하고 있다는 사실에 우리는 먼저 주목하게 된다.

> 아아! 내가 나의 계련(系綣, 나혜석―필자 주)―풀지 못할 밉고, 사랑스러운 계련―을 얼마나 생각하고, 얼마나 사랑하는지! 그것으로 하여, 얼마나 번민하며, 얼마나 우는지! 나는 이것을 생각함으로 하여, 이러한 생각을 웃었소. '우리의 계련은 먼저 감정적(정감―필자 주) 생활을 하도록' 해야겠다고.
> '우리의 계련은 먼저 감정적 생활을 하도록' 해야겠다고. 예를 들어 말씀하면 오관(五官)은 다 가졌겠소. 하나, 작용은 조금도 하지 못하오. '월색(月色)은 청명하다' 하나 청명한 것은 실제에 사지가 흥분되도록 느끼지 못하오. '꽃은 어여쁘다' 하나, 실제에 화예(花蕊)의 향기를 쭉 빨아 마실 듯이 느끼지 못하오. '꿀은 달다' 하나, 실제에 입맛을 쩍쩍 다시듯이 느끼지 못하오. 이와 같이 신경에 고장이 생긴 사람은 누가 자기의 흥미를 어지럽게 한다 할지라도, 다만 '재미없게 되었구만' 할 뿐이지, 그 흥미를 다시 만들겠다는 생각은 없소.[3]

위의 글은 최승구가 친구인 나경석에게 보내는 편지 형식으로 쓰였지만, 거의 그대로 나혜석에게 사랑이 넘쳐흐르는 연애편지라 해도 과언이 아니다. 세 사람의 인간적 친밀성은 이 글 전편에 사랑의 고백처럼 표현되어 있다.

구시대의 도덕률에 얽매이지 말고, 자기 감성에 충실하라는 것이, 최승구의 권고였는데, 나혜석은 이에 화답이라도 하는 것처럼 같은 지면에 「이상적 부인」을 발표하였다. 이를 통해 우리는 나경석과 더불어 두

---

3) 최승구, 「정감적 생활의 요구」, 《학지광》 3, 1914.12, 17면. 최승구의 작품은 김학동, 『최소월 작품집』, 형설출판사, 1978, 53면에서 인용한 것이며, 최승구의 시에 대한 검토도 김학동교수의 같은 책에 수록된 논문을 참조할 것.

사람 사이에서 이미 인간으로서 자기 각성에 대한 깊은 공명이 이루어져 있었다는 것을 짐작해 볼 수 있다.

> 일정한 목적으로 유의미하게, 자기 개성을 발휘코자하는 자각을 가진 부인으로서, 현대를 이해한 사상, 지식상 급(及) 품성에 대하야, 기(其) 시대의 선각자가 되어 실력과 권력으로, 사교 우(又)는 신비상 내적 광명의 이상적 부인이 되지 아니 하면 불가한 줄로 생각하는 바라. 연하면 현재의 우리는 점차로 지능을 확충하며, 자기의 노력으로 책임을 진(盡)하야 본분을 완수하며, 갱(更)히 사(事)에 당하야 물(物)에 촉(觸)하여 연구하고 수양하며, 양심의 발전으로 이상에 근접케 하면, 기일(其日) 기일은 결코 공연히 소과(消過)함이 아니요, 연후에는 명일(明日)에 종신(終身)을 한다하여도, 금일(今日) 현시까지는 이상의 일생이 될까 하노라.
> 그럼으로, 나는 현재에 자기 일신상의 극렬한 욕망으로, 영자(影子)도 보이지 아니하는 어떠한 길을 향하여 무한한 고통과 싸우며, 지시한 예술에 노력하고자 하노라.[4]

이 글에서 나혜석은 혁신으로 이상을 삼은 카츄사, 이기로 이상을 삼은 막다, 진의 연애로 이상을 삼은 노라부인, 종교적 평등주의로 이상을 삼은 스토우부인, 천재로서 이상을 삼은 라이죠 여사, 원만한 가정으로 이상을 삼은 요사노 여사 등을 예거하면서 그들은 부분적으로 숭배하는 이상적 부인이기는 하지만 그 자신은 그들과 달리 예술을 향해 독자적인 길을 걸어 나갈 것임을 말하고 있다. 특히 마지막 부분에서 강조하고 있는 것처럼 그림자도 보이지 않게 무한 고통과 싸우면서 예술에 헌신할 것을 선언하고 있다는 것은 지나쳐 갈 수 없는 부분이기도 하다. 이 선언은 그가 열정적으로 사랑하는 최승구에 대한 약속인 동시에 그의

---

4) 나혜석, 「이상적 부인」, 《학지광》 3, 1914.12. 나혜석과 관련된 인용은 모두 『원본 라혜석 전집』에 의거하며 이하 『전집』으로 표기함. 위 글은 『전집』, 314면.

생애 전체를 꿰뚫는 일관된 예술적 의지이기도 하다.

내일 죽더라도 무한 고통과 싸우며 예술에 헌신하겠다는 이 결의는 신성한 사명감과 더불어 젊은 선각자적 열정으로 인해 19세기의 어둠에서 벗어나지 못한 20세기 초의 조선의 사회에 휘황한 빛을 뿌리고 있다. 최승구는 이미 1913년 《학지광》 4호에 민족감정을 고취하는 시 「벨지엄의 용사」를 발표한 바 있다.

> 벨지엄의 용사여!
> 　너의 버디는 너의 것이다!
> 너 인생이면,
> 　권위를 드러내거라!
>
> 벨지엄의 용사여!
> 　너의 몸 쓰러지는 곳에,
> 그 누구가 월계관을
> 　받들고 섰으리라
>
> ─「벨지엄의 용사」 부분

격한 어조로 되풀이되는 이 시에서 고취하고 있는 민족적 감성은 일제의 핍박 하에 있던 젊은 청년유학생들 모두에게 강렬한 인상을 남겼을 것이다. 나혜석 또한 이에 깊이 공명하였을 것이다. 어쩌면 독일군의 침략에 투쟁하는 벨지엄의 용사처럼 모국을 구하려는 열정에 가득 찬 최승구가 자랑스러웠을 지도 모른다.

최승구는 이 시에 이어 1916년 「긴 숙시」라는 작품을 발표하였다.

> 저의 보는 바 지금 사막(沙漠)은 전의 사막이 아니다. 전에는 옥토(沃土)였었다. 광명이 찬란하던 붉은 토지였었다.
> 한 것이려니, 맹렬한 광풍에 당(當)하여 지금에 보이는 독사(毒沙 : 독기 있

는 모래)로 덮였다. 북으로부터는 고비의 모래가 삭풍(朔風)에 몰리어 남으로부터는 사하라의 모래가 쌓이어 왔음이다.

허나, 그 심도(深度)는 일장(一丈)에 불과하다. 그 밑은 본래의 옥토이다.

옥토는 의연히 전개하였다. 영원한 옥토가. 화근(花根)과 향원(香源)도 그대로 반연(蟠蜒 : 서려)되어 있고 밀지(密池 : 꿀맛 같은 연못)와 조수(淡水 : 맑은 물)도 그대로 잠류(潛流 : 스며 흐름)한다. 일상의 사(沙)만 파서 헤치면 그리워하는 영원한 옥토가 거기서 노현(露現 : 드러남)될 것이다.

저는 또 부르짖는다. "너희들이여! 파거라. 그 독사를 파거라. 헤치거라. 그 독사를 헤치거라. 너희들의 열루(熱淚 : 뜨거운 눈물)와 고한(苦汗 : 비지땀)과 보혈(寶血 : 보배로운 피)을 짜내어서 그 독사를 적시어라. 파거라. 헤치거라."

하면, 너희들의 주(主) 영원한 옥토가 보일 것이다. 너희들이 기호(嗜好)하는 신아(新芽 : 새싹)가 나올 것이다. 청천(淸泉)이 솟을 것이다. 오 경(卿)이여, 저희들에게 능력을 주거라. "집념(執念)을 굳게 하여라"고.[5]

이 직품은 영원한 옥토가 일시적인 광풍에 휘말려 독기서린 모래사막이 되었는데, 이를 열루(熱淚)와 보혈(寶血)로 적시고 파헤치면 옥토가 보이고 새싹이 나올 것이란 희망을 피력한 것으로서 젊은 유학생의 격정적 외침소리가 울리는 시이다. 최승구의 시들은 주요한의 「불놀이」 (1918) 이전에 발표되고 있다는 점에서 높은 문학사적 의의를 갖는 것은 물론이지만, 그 격정성은 누구보다도 뜨거운 예술적 감정을 불태우고자 했던 나혜석에게 그대로 전이되어 두 사람의 연애 감정은 남다른 것이 될 수밖에 없었을 것이다.

식민지 현실의 개척은 최승구에게는 격정적인 시로 나혜석에게는 내적 광명을 지닌 예술혼으로, 그리고 젊은 두 남녀에게는 영육이 일치되는 고양된 사랑의 불꽃을 점화시켰을 것이 분명하다.

그러나 최승구가 폐결핵으로 1916년 봄에 요절하자 나혜석은 삶의 빛

5) 이상경, 앞의 책, 114~5면.

이 모두 사라진 것처럼 거의 절망 상태에 빠진다. 후일 남편이 된 김우영이 접근해 왔지만 조선을 구할 예술가적 열정의 광휘로움을 경험 한 바 있던 나혜석에게는 쉽게 마음을 바꿀 계기가 마련되지 않았다. 최승구의 죽음 이후 나혜석의 정신적 후원자인 오빠 나경석은 나혜석의 절망적 기분을 전환시키고자 김우영을 만나게 하고 새로운 삶을 열어나갈 실마리를 마련해 주고자 노력했다.

> 두 사람은 청년이로다.
> 남자는 돗자리 위에 드러누웠고
> 여자는 두 발을 물에 잠기고 평상에 걸터앉았다.
> 아! 너와 나와 난 두 몸이되 한 몸이로다.
> 너의 두 몸의 장래난 무엇이 있기에
> 이다지도 다정한고
> 허허 무엇이 기쁜고?
> 여자야! 무슨 생각하기에 그리도 유심히
> 흐르는 물결을 세우고 앉았노?[6]

1917년 8월 19일 일기의 마지막 부분에 삽입되어 있는 시이다. 최승구가 요절한 후 만나게 된 김우영에게서 남녀 간의 사랑의 기쁨을 새로이 느끼기 시작했음을 회고하는 이 시에서 우리는 그 기쁨에 탐닉하기보다는 자신에게 다가올 미지의 불행한 그림자를 깊게 응시하는 화자의 시선을 발견하게 된다. 소박한 토로이기는 하지만 자신의 심경을 솔직히 고백하고 있는 시이기도 하다. 특히 마지막 두 행 "여자야! 무슨 생각하기에 그리도 유심히/흐르는 물결을 세우고 앉았노?"에서 자기 자신에게 반문하듯이 타이르는 화자의 목소리에 주목할 필요가 있다.

---

6) 나혜석, 「4년 전의 일기」, 『전집』, 221면.

이 시를 통해 볼 때 나혜석은 열정적이기는 하지만 다른 한편 매우 신중한 성격을 아울러 가지고 있음을 알게 된다. 김우영이 접근하여도 쉽게 자신의 마음을 허락하지 않고 있다는 점에서 이상적 부인으로 내적 광명에 불타는 예술에 헌신적으로 몰두하고자 하는 강한 개성이 그의 내면을 지배하고 있음을 확인할 수 있다는 것이다. 1918년 나혜석은 여성지식인을 주인공으로 한 단편소설 「경희」를 발표하고, H.S란 필명으로 《여자계》에 「광(光)」도 발표한다. 그러므로 1918년은 그를 문학사적으로 소설가이자 시인으로 간과할 수 없게 만드는 계기가 되는 해이다.

> 그는 벌−써 와서 내 옆에 앉았었으나 나는 눈을 뜨지 못하였다.
> 아아! 어쩌면 그렇게 잠이 깊이 들었었는지
>
> 그가 왔을 때에는 나는 숙수중(熟睡中)이었다
> 그는 좋은 음악을 내 머리 맡에서 불렀었으나
> 나는 조금도 몰랐었다.
> 이렇게 귀중한 밤을 수없이 그냥 보내었구나
>
> 아아 왜 진시 그를 보지 못하였는가
> 아아 빛아! 빛아! 정화(情火)를 키어라.
> 언제까지든지 내 옆에 있어다오
> 아아 빛아! 빛아! 마찰을 식혀라
> 아무것도 모르고 자는 나를 깨운 이상에는
> 내게서 불이 일어나도록 뜨겁게 만들어라.
> 이것이 깨워준 너의 사명이오.
> 깨인 나의 직분일다.
> 아! 빛아! 내 옆에 있는 빛아![7]
>
> ― 「광(光)」 전문

---

7) 나혜석, 「광(光)」(《여자계》, 1918.3), 『전집』, 197면.

빛은 가까이 다가와 있었지만 그것을 깨닫지 못하고 그냥 흘려보낸 자신에 대한 질책과 더불어 예술가로서 새로운 출발을 다짐한 시이다. 이 시에서 우리는 깊은 잠에서 깨어나 비로소 자신의 길을 찾아 나서려는 화자의 결의를 확인하게 된다. 귀중한 밤을 수없이 보낸 다음 깨달은 것이므로 화자의 자기반성은 사명감에 실려 호소력을 발휘한다. 내면에 불이 뜨겁게 일어나도록 하는 것은 나를 깨운 빛의 사명인 동시에 그 빛으로 인해 깨어난 자신의 직분이라고 말하고 있는 화자의 목소리에서 우리는 그가 지닌 격한 상처가 어느 정도 아물고 독자적으로 예술의 길을 걸을 수 있는 내적 계기를 찾았다는 것을 알 수 있다.

1919년 나혜석은 《매일신보》에 〈섣달대목〉 만평을 게재하면서 화가로서 활동하는 한편 3·1운동에도 가담하여 여성지도자로서 전면에 나서게 된 해이다. 5개월여의 옥고를 치르지만 증거 불충분으로 풀려난 그는 정신학교 미술교사로서 화가의 길을 걷게 된다. 자신의 길을 확고하게 인식한 나혜석은 1920년 4월 정동예배당에서 오랜 연애 끝에 김우영과 결혼한다. 김우영은 근대적 여성의 개성을 존중하는 뜻에서 신혼여행으로 나혜석의 첫 애인 최승구의 묘를 함께 찾아가 비를 세우고 돌아온다.[8]

특기할만한 사실은 이를 통해 볼 때 김우영은 나혜석의 개성과 사고를 매우 존중하는 인물이었으며, 나혜석 또한 새로운 출발을 위해 과거를 명백하게 정리하는 남다른 과단성을 지닌 여성이었음을 알게 된다.

---

8) 나혜석, 「이혼 고백장」, 『전집』, 449면 참조. 나혜석이 김우영에게 내세운 결혼 조건은 다음 세 가지였다고 한다. 일생을 두고 지금과 같이 사랑해 주시오, 그림 그리는 것을 방해하지 마시오, 시어머니와 전실 딸과 별거케 하여 주시오 등이 그것이다. 이 조건을 수락하고, 첫 애인의 무덤에 비석을 세운 것으로 보아 이 당시 결혼은 김우영의 파격적인 양보와 이해로 이루어진 것으로 보인다. 결과적으로 이것이 나중에 더 큰 불씨가 된 것이 아닐까 여겨진다.

1921년 1월 나혜석은 김억, 오상순, 염상섭 등과 함께 창간한 《폐허》 제
2호에 시 「사(砂)」・「냇물」 등 2편의 시를 발표하고 9월 19~20일에는 첫
유화 개인전을 열어 5천명의 인파가 몰리는 대성황을 기록한다. 화가로
서 그의 첫 출발은 지나칠 정도로 화려한 것이었다고 해도 과언이 아니
다. 4월에는 첫 딸 나열(羅悅)이 출생함으로써 나혜석은 일단 화가이자
가정주부로서 완벽한 자리를 차지하게 된다.

그러나, 그의 이러한 화려한 등장 배면에는 다음과 같은 자의식이 짙
게 드리워져 있음을 간과해서는 안 된다.

졸졸 흐르는 저 냇물
흐린 날은 푸루죽죽
맑은 날은 반짝반짝
캄캄한 밤 흑색같이
달밤엔 백색같이
비오면 방울방울
눈 오면 녹여주고
바람 불면 무늬지어
아침부터 저녁까지
밤부터 새벽까지
춥든지 더웁든지
싫든지 좋든지
언제든지 쉬임 없이
외롭게 흐르는 냇물[9]

— 「냇물」 부분

냇물은 여러 가지 외적 변화에 자신의 모습을 달리하면서 쉬지 않고

---

9) 나혜석, 「내물」(《폐허》, 1924.1), 『전집』, 198면.

흘러간다. 누가 알아주지 않아도 흘러가는 냇물을 바라보며 화자는 천변만화의 변모와 더불어 흘러가는 세월을 의식하고 있다. 시로서 별다른 기교가 구사된 작품은 아니다. 그의 고향 '화홍루'에서 하염없이 흘러가는 냇물을 바라본 감상을 그대로 적은 것이다. 멈추지 않고 흘러가는 세월의 흐름과 거기서 인식되는 외로움이 지배적인 이 시에서 우리는 예술가가 추구하는 영광이라는 것이 밖으로 화려한 것이기는 하지만 얼마나 부스러지기 쉬운 위험한 것인가 하는 것도 통찰하게 된다.

> 야원(野原) 가운데 깔려있어 값없는
> 모래가 되고 보면 줍는 사람도 없이
> 바람 불면 먼지 되고
> 비오면 진흙 되고
> 인마(人馬)에게 밟히면서도
> 싫다고도 못하고 이 세상에 있어
> 이따금 저 천변에
> 포공영(蒲公英) 야국화(野菊花) 메꽃 꽃다시꽃
> 피었다가 스러지면 흔적도 없이
> 뉘라서 찾아오랴
> 뉘라서 밟아주랴
> 모래가 되면 값도 없이[10]

— 「사(砂)」 전문

최승구가 「긴 숙시」에서 독한 모래가 깔린 사막을 파헤치라고 외쳤던 것에 비해 나혜석의 「사(砂)」에서 볼 수 있는 모래는 허망함을 머금은 것으로 제시되어 있다. 천변에 피어 있는 다종다양한 꽃들 또한 그렇게 시들고 마는 것이리라.

10) 나혜석, 「사(砂)」(《폐허》, 1924.1), 『전집』, 200면.

위의 시에 말하는 것도 이 세상에 있기는 하지만 값없는 모래가 되고
싶지 않다는 뜻에서 「냇물」과 이 작품은 동일한 사상을 말하고 있다고
하겠다. 그러나, 도쿄유학시절에 이상적 부인을 동경하며 예술혼을 불
태우겠다던 선각자적 결의에 비해서는 상당히 후퇴한 자의식이 느껴지
는 점도 있다.

1921년 4월에 나혜석은 「인형의 가(家)」를 작사한다. 당시 세계적으로
충격을 주었던 입센의 『인형의 집』을 소재로 꾸민 3막극에 작사를 한 것
이다.

> 내가 인형을 가지고 놀 때
> 기뻐하듯
> 아버지의 딸인 인형으로
> 남편의 아내 인형으로
> 그들을 기쁘게 하는
> 위안물 되도다
> 노라를 놓아라
> 최후로 순순하게
> 엄밀히 막아놓은
> 장벽에서
> 견고히 닫혔던
> 문을 열고
> 노라를 놓아주게[11]

> ―「인형의 가」 부분

남성의 노리개가 아니라 인간이 되겠다는 선언은 20세기 초두 전 세
계에 던져진 여성해방의 신호탄이었다. 사람이 되지 않는다면 여자는

---

11) 나혜석, 「인형의 가」(《매일신보》, 1921.4.3), 「전집」, 201면.

남성의 노리개에 불과한 존재이며, 값없는 존재이다. 견고히 닫힌 문을 열고 여성을 인간으로 해방하라는 것이 위의 인용에서 읽을 수 있는 요지이다.

여성해방을 부르짖었지만 첫 딸을 얻고 난 다음 나혜석은 출산소감을 적은 두 편의 사실적 시를 얻는다. 하나는 출산의 고통을 쓴 시적 고백이고, 다른 하나는 어린아이를 얻은 어미로서의 기쁨을 적은 시이다.

세인들의 말이
실연한 나처럼
불쌍하고 가련하고
참혹하고 불행한 자는
또 없으리라고

아서라 말아라
호강에 겨운 말
여기 나처럼
몸이 착 붙어
어쩔 수 없는 때
눈 떠라 몸 일으키라
벼락같은 명령 받으니
네게 대한 형용사는
쓰기까지 싫어라[12]

산문 「모(母)된 감상기」에 삽입된 위의 시는 크게 세 부분으로 구분된다. 처음 5행은 실연당했을 때의 고통을 쓴 것이고, 다음 6~12행은 이로부터 벗어나 사명을 받는 과정이며 마지막 세 행 13~15행은 새로 태

---

12) 나혜석, 「모된 감상기」(《동명》, 1923.1), 『전집』, 397~8면.

어난 어린아이에 대한 예찬으로 끝맺고 있다. 특히 어린아이에 대해서 어떤 형용사도 쓰기 싫다고 말하는 것으로 보아, 출산의 고통과 어린 생명에 대한 기쁨이 동시에 공존하고 있음이 분명하다. 산욕의 과정을 스케치북에 메모한 것으로 보이는 다음 시와의 대비를 통해 이 점을 재확인할 수 있을 것이다.

> 어머님 나 죽겠소,
> 여부 그대 나 살려주오
> 내 심히 애걸하니
> 옆에 팔짱 끼고 섰던 부군(夫君)
> 「참으시오」 하는 말에
> 이놈아 듣기 싫다
> 내 악 쓰고 통곡하니
> 이 내 몸 어떻게 하다가
> 이다지 되었던고[13]

　1921년 5월 8일 산욕중의 고통을 쓴 시의 마지막 부분이다. 아이를 낳는 고통을 이처럼 사실적으로 표현한 예는 당시로서는 찾기 힘들 것이다. 이 시의 화자가 출산의 고통을 남편에게 애걸하다 급기야 욕을 하고, 결국 자신의 신세를 탓하고 있음이 흥미롭다.

　왜냐하면, 나혜석이 아이를 출산함으로써 그 자신이 여성임을 자각하는 결정적 계기가 되기 때문이다. 도쿄유학생 시절과 같이 이상적 부인을 논하는 고상한 자리가 아니라 육신이 찢어지며 자기의 아이를 출산하는 자리에서 그는 여성으로 자신을 처절하게 자각했을 것이다.

　이렇게 출생한 어린아이에게 어떤 형용사도 사용하기 싫다고 말할 정

---

13)　위의 글, 396면.

도로 애정을 표현한 것은 일 년 후 아이가 자라 재롱을 떨 무렵의 회고이며, 그 아이의 이름을 '나열(羅悅)'이라 지었다는 사실 또한 이를 말해주는 것이다.

1922년 6월 나혜석은 조선총독부 주최 제1회 조선미술전람회 유채수채화 부분에 출품하여 〈봄〉·〈농가〉가 입선한다. 모두 61명이 입상하였는데 조선인은 고희동과 정규익 그리고 나혜석 세 사람이었다. 조선 최초의 여류화가로서 자신의 입지가 확고해지는 순간으로 기록된다. 1926년 선전에서 〈천후궁〉·〈지나정〉이 특선하기까지 나혜석의 길은 화려한 절정을 향해 치닫고 있었다.

그러나, 김우영과 함께 파리에 머물던 1927년 나혜석은 운명적으로 최린을 만났다. 이것이 그의 일생을 영광에서 파탄으로 이끌어가는 중대사건이 된다. 나혜석이 남편과 함께 미국을 거쳐 귀국하면서 최린과의 사건은 일단 잠복되지만 1929년부터 이 사건이 국내에서 불거져 나오고, 김우영과 나혜석의 관계는 악화일로를 걷다가 1930년 11월 나혜석은 김우영과 이혼하게 된다. 그간에 벌어진 일들은 1934년 8월에 발표된 「이혼 고백장」과 동년 9월의 최린에 대한 '위자료청구소송'에서 나혜석 자신에 의해 밝혀졌다. 이후 나혜석에게는 어떤 사회적 후원자도 자취를 감추는 동시에, 그는 당시 조선 사회 전체와 싸우는 외로운 돈키호테가 되었다.

물론 이혼 후 나혜석은 진정으로 예술가의 길을 가고자 한다. 이혼 직후인 1931년 3월 제10회 선전에서 〈정원〉이 특선하였으며, 1932년 1월 제11회 선전에서도 〈소녀〉·〈금강산 만상정〉·〈창가에서〉 등이 입선하였고, 1932년 가을에는 제13회 제국미술관람회에 출품하기 위해 3, 40여점을 준비했다는 점에서 그러하다. 그런데 이러한 예술가적 의지를 꺾는 불행한 일이 발생한다. 갑작스런 화재로 인해 그림들이 불타버리고, 이로 인해 신병까지 얻게 된 그는 또 다른 시도로 1933년 2월 '여자미술학교'를 열게 된다. 그림들이 불타고 난 다음 정신적인 안정을 얻기 위해 불교에 경도되는 시기도 이 무렵이다. '여자미술사' 또한 그의 계획처럼 제대로 운영되지 않았다. 싸구려 초상화가 수준으로 전락한 나혜석은 1934년 《조선중앙일보》에 콩트 「떡 먹은 이야기」를 응모하여 당선 상금 2원을 받게 된다. 상금을 타기 위한 응모라는 혐의가 짙게 느껴지는데 그의 생활이 매우 곤궁했음을 나타내 주는 단적인 예이다.

'여자미술사'가 실패로 돌아갈 무렵 나혜석은 자신의 비극이 최승구가 가버린 봄밤에서 시작되었다고 탄식한다.[14] 이 글의 말미에는 앞에서 인용한 「냇물」의 후반부를 재인용하며 끝맺고 있다. 최승구가 살아 있었더라면, 최린과의 문제도 없었을 것이고, 이혼 이후 안면을 바꾼 김우영과도 애초에 결혼하지 않았을 것이라는 탄식이다.

이 탄식의 목소리를 들으면서 필자는 1921년 그가 「인형의 가」에서 썼던 다음 시행을 떠올리게 된다.

> 아아 사랑하는 소녀들아
> 나를 보아
> 정성으로 몸을 바쳐다오
> 많은 암흑 횡행(橫行)을 지나
> 다른 날 폭풍우 뒤에
> 사람은 너와 나
>
> —「인형의 가」 부분

젊은 여성들에게 다가올 새 시대에는 사람이 되어야 한다는 자신의

---

14) 나혜석, 「원망스런 봄밤」(《신동아》, 1933.4), 『전집』, 248면.

주장이 옳았음이 입증될 것이니 정성으로 자신을 뒷받침 해달라는 것이 위의 결말이다. 다른 날 폭풍우 뒤에 나혜석에게 남은 것은 회복할 길 없는 상처가 아니었을까. 일시적으로는 그와 사랑을 약속했지만 배신한 최린과 결혼했지만 물의가 일어나자 이혼을 강요한 김우영으로부터 그리고 더 큰 상처는 사회적 외면과 배척으로부터 왔다고 해야 할 것이다. 「이혼 고백장」에 이어 '위자료청구사건'이 벌어진 것은 바로 이러한 문맥에 의한 것이었다. 인형의 집을 나간 노라가 처한 운명처럼 예술가로서 나혜석의 운명 또한 막다른 곳으로 향하고 있었던 것이다.

1934년의 「이혼 고백장」이나 '위자료청구사건' 등은 우연히 돌출된 것이 아니라 극도의 경제적 위기에 몰린 나혜석이 무책임한 두 사람에게 던진 직선적 고백이자 항의였던 것인데, 오히려 이 두 사건이 그를 더욱 사회적으로 소외시키는 결과를 가져온다. 그가 던진 파문이 커다란 폭풍으로 되돌아 온 것이다. 나혜석이 최린을 고발한 것은 그의 마지막 부탁을 거절하였기 때문이다. 사랑을 위해 모든 것을 책임지겠다고 약속했던 최린에게 프랑스로 유학 갈 여비를 1934년 4월 청구하였으나 그가 이를 거절했기 때문이다.[15]

응답이 없는 두 남성에게 그가 택할 수 있는 마지막 방법을 취한 나혜석은 조선 사회에 커다란 충격을 주었다. 지금도 물론이지만 당시로서도 그가 아니라면 누구도 할 수 없는 대담한 고백이자 청구소송이었을 것이다.

어떻게든 최린에게서 약간의 합의금을 받아 낸 것으로 추정되는 시기 재기를 위해 자유로운 파리로 돌아가 그림 공부를 하려고 결심한 나혜석은 1935년 2월 새로운 생활에 대한 포부를 밝히는 글의 말미에 다음

---

15) 나혜석, 「최린씨 걸어 제소」(《조선중앙일보》, 1934.9.20), 「전집」, 738면.

시를 옮겨 놓았다.

> 펄펄 날던 저 제비
> 참혹한 사람의 손에
> 두 죽지 두 다리
> 모두 상하였네
> 다시 살아나려고
> 발버둥치고 허덕이다
> 끝끝내 못 일으키고
> 그만 척 늘어졌네
> 그러나 모른다
> 제비에게는
> 아직 따뜻한 기운이 있고
> 숨 쉬는 소리가 들린다.
> 다시 중천에 떠오를
> 활력과 용기와
> 인내와 노력이
> 다시 있을지
> 뉘 능히 알 이가 있으랴(구고(舊稿)에서)[16]

　　위의 시에서 제비는 의심할 바 없이 나혜석을 대변한다. 사람들에게 상처 입은 제비가 발버둥치지만 끝내 상처를 못 이기고 축 늘어져 있는 데, 그 제비에게도 아직 따뜻한 기운이 있고, 숨 쉬는 소리가 들린다. 제 비는 죽지 않은 것이다. 다시 중천으로 날아오를 용기와 노력을 가지고 있다는 것이다. 나는 죽지 않았다. 다시 파리에 가 그림 공부를 하여 세 인을 깜짝 놀라게 할 예술가로 재탄생할 힘이 아직 나에게 남아있다고 말하는 것이 위의 시이다. 분명 재기를 모색하는 의지를 표명한 시라고

---

16)　나혜석, 「신생활에 들면서」(《삼천리》, 1935.2), 『전집』, 489면.

제2부　한국 문학사에 나타난 나혜석

해석된다.

이 시에 이어 나혜석은 「아껴 무엇하리, 청춘을」이라는 시를 발표한다. 청춘시절을 돌아보고, 지금의 시점에서 앞날을 준비하는 자세를 보여주는 시이다.

청춘은
들떴었고
얕았었고
얇았었고
짧았던 것이오
나이 먹고 보니
침착해지고
깊고
두껍고
길다
청춘을
헛되이 보내었던들
아끼지 않을 바가 아니나
빈틈없이 이용한 청춘을
아낄 무엇이 있으며
지난 청춘을
아껴 무엇하리오
장차 올 노경(老境)이나
잘 맞으려 하노라[17]

— 「아껴 무엇하리, 청춘을」 부분

청춘이 가면 노경이 찾아온다. 나혜석의 나이 40에 토로한 고백이다.

17) 나혜석, 「앗겨 무엇하리, 청춘을」(《삼천리》, 1935.3), 『전집』, 206면.

제비와 같고 공작과도 같았던 청춘이 가고 난 다음 그는 어떻게 할 것인가. 물론 이 시기 나혜석은 재기를 모색하고 있었으므로, 위의 인용 후반에 보이는 것처럼 이미 간 청춘을 아까워 할 것이 없고, 앞으로 다가올 노경이나 잘 맞이할 준비를 하겠다고 말하고 있다. "빈틈없이 이용한 청춘을/아낄 무엇이 있으며"에서 읽을 수 있는 것처럼 그는 청춘시절 열성적 삶에 대해 깊은 자긍심을 표현하고 있기도 하다.

일시 곤경에 처해 있지만 중천에 오를 날을 위해 그리고 노경을 잘 맞이하기 위해 최선을 다하겠다는 것이 이 시기 그의 심정 상황이었다. 그러나 자신이 의도한 대로 나혜석은 파리유학길에 오르지 못했다. 그 이유는 자세히 알 수 없다.

유학자금을 마련하기 위해 전 조선을 당혹케 하는 '위자료청구사건'까지 나아갔던 나혜석의 그 다음 행적은 분명하지 않다. 아마도 유학 자금의 절대 액수가 최린의 합의금으로는 부족하지 않았을까 추정되지만 결국 이 사건으로 인해 나혜석이 받았던 심적 충격과 그동안 악화된 지병 등이 그로 하여금 파리로 출국하지 못하고 고향인 수원으로 낙향하게 만들었을 것이다. 수원에서 정양을 하며, 1935년 10월 진고개(지금의 명동)에서 '소품전'을 열었지만 전혀 세인의 관심을 끌지 못했다. 심적으로는 첫 아들 건이 12살 나이로 폐렴에 걸려 사망한 것도 그에게 커다란 타격을 주었을 것이다. 1921년의 첫 유화전 때의 엄청난 성공과는 극명하게 대조된다.

화가로도 어미로도 실패한 그에게 다가오는 것은 영광에서 몰락으로의 길이다. 세상의 외면 속에서도 그에게 지면을 지속적으로 배려한 것은 유일하게 종합지 《삼천리》 정도인데, 아마 이 시기의 그의 수입은 이 잡지사가 제공하는 적은 원고료 정도가 아니었을까 짐작된다. 그럼에도 나혜석은 1937년 10월 소설 「어머니와 딸」을 발표하고 여성해방의식을 줄기차게 강조하였는데, 이는 그가 의지할 수 있는 마지막 생의 근거가 되었을 것이다. 1937년 10월에는 모윤숙의 영육 연애론을 논박하고 「영이냐, 육이냐, 영육이냐」를 발표한다.

> 일언이폐지하고 영육을 구별함은 가장 불합리적이오 가장 부자연적이외다. 괴테는 '위대한 연애의 체험자이므로 동시에 불후의 예술인이 된 것이다' 하였으나 괴테는 결코 영적으로만 연애한 자가 아닙니다. 십육 세 소녀를 끼고 일주일간을 호텔에서 지낼 때 불면불휴(不眠不休)의 정력이 그 영과 육에서 움직이고 있었습니다. 위대한 예술가란 결코 영만 움직이는 것이 아니라 피까지 즐즐즐 끓고 살이 펄떡펄떡 뛰어 연인에게 부딪칠 때는 풀무간에 불꽃 일듯 영과 육이 동시에 뛰나니 그럼으로 예술가에게는 신노심불로(身老心不老)가 그의 생명이 되고 마는 것입니다.

모윤숙의 연애관이 영을 편애하고 육을 멸시하는 것이라 본 나혜석은 영육이 합하여야 비로소 완전한 연애의 가치를 발휘한다고 주장했다. 풀무간에 불꽃이 일듯 영과 육이 동시에 움직일 때 생명의 연애가 되는 것이요, 영과 육을 분리하면 그것은 불합리하고 부자연한 연애가 되고 만다는 것이 나혜석의 당당한 주장이다. 거의 파탄에 이른 나혜석이 이러한 연애관을 신념처럼 가지고 있다는 것은 한 세대 늦은 모윤숙에 비해 훨씬 선각적이라고 할 수 있다.

모윤숙은 누구인가. 못 이룬 사랑의 고뇌를 토로한 『렌의 애가』(일월서방, 1937.4)를 발간하여 세인의 주목을 받은 또 한 사람의 대표적 신여성이 바로 그이다. 당대의 도덕률은 벗어났지만, 아슬아슬하게 경계선을 지키고 있는 모윤숙과 몰락의 한계선에 이르렀지만 영육의 사랑이야말로 진짜 사랑이라 주장하고 있는 나혜석의 엇갈림에서 우리는 근대 여성사의 최대 명제인 여성해방과 정조의 문제를 피해 나갈 수 없다. 괴테의 『젊은 베르테르의 슬픔』을 연상시키는 『렌의 애가』의 고백은 다음과 같다.

　　사랑하는 자(者)여! 잠들어 갈 조용한 순간(瞬間) 나의 탄식(歎息)의 전부(全
部)는 그대였노라. 구름과 별의 순결 속에서 그대의 음성을 찾았으나 길다란
수풀의 밤노래가 나를 속였을 뿐이었노라. 내 가슴에서 솟아나는 기도의 전부
(全部)도 그대 위한 번뇌(煩惱)의 외침이었노라. 나는 나를 조롱하며 고독의 신
(神)이 거(居)하는 동굴(洞窟) 안에 반역(反逆)한다. 그러나 나는 여전(如前)히
현실에서 도망할 수 없는 사념으로 적막한 그림자 위에 떠 있다. 나는 쓰고 찢
고 쓰고 찢고 하며 광란(狂亂)의 하루를 허비한다.[18]

　　모두를 잃은 듯한 나는 어둠이 스며드는 작은 혼(魂)에게 등불의 방향도 알
수 없어 혼수(昏睡)의 몇 순간을 지냈노라. 아무 기꺼움도 감촉치 못한 채 내
스카트는 찬 벽에 외로이 돌아와 머무노라. 그러나 희망(希望)의 전부를 그대
문밖에 두고 왔음을 그대는 돌아오는 길에 알 것이다. 푸른 길 위에 약속(約
束)없이 인(印)쳐진 발자국을 본다면! 상사(喪紗)로 얼굴을 가리고 바람 사이에
서 그대를 부르노라. 눈물에 젖은 이 얼굴을 보이고자 함이 아니라, 멀리 가는
마지막 이 혼(魂)의 고백(告白)을 들어 달라 원함이다.[19]

　　모윤숙의 이 두 고백에서 사랑의 고뇌에 번민하는 영혼의 아픔을 느
낄 수 있다. 그러나, 모윤숙은 육의 사랑을 택하지 않고 영의 승화로 그
의 사랑을 고양시켰으며, 당대의 많은 독자들 또한 이에 공감하였을 것
이다. 이것이 여성해방과 정조에 대한 당대적 경계선이었던 것이다. 필
자는 이 글에서 모윤숙이나 나혜석이 선택한 그 어느 하나의 길만이 옳
다고 판단하지는 않겠다.
　　그러나, 근대 여성사 백년의 핵심적 쟁점이 이렇게 선명히 비교된다

18) 모윤숙, 「제5신」, 5월 9일 일기 전반부, 『렌의 애가』, 일월서방, 1937.4.
19) 모윤숙, 「제5신」, 5월 9일 일기 후반부. 모윤숙의 시에 대해서는 최동호, 「혼의 고백과 불
　　멸의 사랑」, 《동서 문학》, 1997 여름, 284~303면 참조.

는 점에서 나혜석의 주장은 기념비적이라고 단언할 수 있다. 어떻게 본다면, 나혜석의 솔직성과 과격성은 그의 예술가적 확신에서 우러나는 것이었기에 그리고 실천적 행동을 동반한 것이었기에 더욱더 문제적이다. 이렇게 주장을 했지만 현실적으로 나혜석은 말할 수 없이 비참한 지경에 빠져 있었을 것이 틀림없다. 1938년 8월 기행문 형식의 산문 「해인사의 풍광」[20]을 끝으로 그는 문단에서도 화단에서도 자취를 감춘다.

자식들을 잊지 못해 종종 아이들을 만나러 갔다가 면박당하고 쫓겨오는 여인으로 전락한 것이다. 1938년 이후 10여년의 행적은 알려진 바가 많지 않다. 일시 절에 의탁하기도 하고 주거부정으로 양로원을 전전하던 생활을 하다 1948년 나혜석은 파란만장한 삶을 행려병자로 마감하게 된다. 나혜석이 사망한 후 그와 인연을 맺었던 최린과 김우영 등은 친일행위로 '반민법'에 의해 법정에 서게 된다. 최린은 72세의 고령의 나이로 법정에 섰으며, 이때 구미여행 중에 있었던 나혜석과의 일도 거론되었다고 한다. 반민법에 의해 감옥에 있던 김우영 또한 병보석으로 풀려나와 나혜석 사망 후 10년이 지난 1958년 사망하게 되었으니 20세기 초두의 선각적 도쿄유학생들의 인생 역정은 한국 근대사의 파란과 우여곡절을 그대로 드러낸다고 해도 과언이 아니다.

3. 여성성의 근대성과 시

위에서 필자는 나혜석이 남긴 시편들을 중심으로 그의 삶의 행적을 살펴보고 동시에 그 문학사적 의미를 두 가지 측면에서 검토하였다. 하나는 1910년대 도쿄유학생들이 간행한 《학지광》 그리고 그들이 국내에서 동인지로 간행한 《폐허》에 수록된 나혜석의 글과 시들을 살펴보았

20) 나혜석, 「해인사 풍광」(《삼천리》, 1938.8), 『전집』, 193~309면 참조.

다. 특히 나혜석의 작품을 그의 첫 애인인 최승구의 시편들과 연결지어 봄으로써 근대 문학사 형성 초기의 정신사적 상관성의 일부를 밝혀보았으며 다른 하나는 『렌의 애가』(1937)를 발표한 모윤숙과 나혜석의 연애관을 대비시켜봄으로써 한국 근대 여성사에서 최대의 쟁점이 되는 여성해방의 명제가 어떻게 부딪치는가를 조망해 보았다. 영육의 사랑이 하나가 될 때 진정한 사랑이 성취된다는 나혜석의 주장은 모윤숙의 영육 분리론에 비해 훨씬 더 논리적 일관성을 갖는다.

그러나, 이러한 주장을 솔직히 표명하는 것은 물론 실제 행동에 옮겼다는 점에서 나혜석의 여성해방론은 초근대성을 지닌 것이라 하지 않을 수 없다. 비록 그러한 주장과 행동이 그를 파멸로 이끌고 갔다고 하더라도 나혜석이 여기에 조금도 굴함이 없었다는 점에서 그의 행적은 놀라운 사건이며 기념할 만한 역사적 의의를 갖는다.

나혜석은 시를 전문으로 쓴 시인은 아니다. 문학사적으로 평가하자면 오히려 소설에서 그 역사적 의의를 찾아야 할 것이다. 나혜석의 시는 산만하게 그리고 어쩌다 생각나면 스케치북의 여백에 메모한 것들이나 산문 속에 삽입되어 있는 경우가 많다. 그러므로 그의 시에 어떤 언어적 기교나 조탁이 있는 것이 아니다. 그는 무엇보다 조선 최초의 여류화가이고자 했으므로 훗날 그의 시를 통해 자신의 삶이 조명되리라고는 전혀 생각하지 못했을 것이다. 그러나, 나혜석과 같이 솔직 담대한 성격의 소유자는 그 성격 그대로 직정적인 표현들을 시에도 남기고 있다는 점은 그의 전모를 이해하는 데 중요한 도움이 될 것이다. 나혜석의 시는 전집에 시로 분류된 6편 이외에 산문에 삽입된 3편을 추가하여 필자는 이 글에서 9편의 작품을 논의의 대상으로 삼아 그의 시 전모를 살펴보았다.

논의의 중심이 된 것은 시이지만, 예로부터 시는 다른 어떤 예술의 장르보다 그림과 깊은 유사성을 갖고 있는 분야이다. 이 글을 쓰기 위해 나혜석의 그림들을 여러 차례 펼쳐보았는데, 색감과 구도 그리고 등장인물의 표정들이 그의 내면의 심적 상태를 표현하고 있다는 점에서 그림과 시는 깊은 상관성을 찾을 수 있었다. 나혜석의 여러 그림 중에서 필자에게 두드러지게 관심이 된 것은 다음 두 점이다. 하나는 1927년경에 그려진 〈자화상〉이다. 어둡고 흐린 색감과 침울한 눈빛에서 나혜석의 인간적 고뇌가 짙게 느껴진다. 아마도 최린과의 연애사건이 발생한 즈음이 아닐까 한다. 그에게 다가오는 불행한 검은 그림자를 예감하고 있던 시기의 불안한 심적 상황이 이 그림에서 번져 나온다.

다른 하나는 1934년의 〈화령전 작약〉이다. 작약들이 강한 힘으로 뻗쳐오르고 있다. 그러나 출입문과 뒤에 선 소나무는 전체의 구조를 무언가 기울게 만든다. 오른쪽 기와지붕 위의 새도 부자연스럽다. 하단에 작약을 바탕으로 한 풀밭도 검게 채색되어 있다. 닫힌 출입문은 어쩌면 끝내 열리지 않을 것 같은 무거운 분위기가 느껴진다. 어떻게 보면 고흐의 화풍이 느껴진다고 할까. 왜 이 그림이 필자에게 문제가 되는가를 이 글을 마무리하며 생각해 보지 않을 수 없었다. 아마도 어린 시절 필자가 화령전에서 보았던 여름 작약꽃의 잔상이 남아 있었기 때문일 것이다. 나혜석이 출생한 신풍동에서 필자가 유년시절의 일부를 보냈다는 것이 어쩌면 먼 인연의 실오라기가 아닐까 한다. 나혜석이 마지막 재기를 도모하던 시기에 그려진 그의 그림이 투박하고 불안정하게 보인다는 것 때문에 필자가 이 그림에 각별하게 주목하는 이유이다. 심정적인 불안이든 육체적 병고이든 이를 이겨내고 참 인간으로 살고자 했던 나혜석의 내면 풍경이 짙고 거친 붓끝으로 그려져 있다는 것은 이후 그의 불행한 말년을 예감하게 하는 자의식을 담고 있기 때문이다.

(최동호)

나혜석의 문학과 미술 이어 읽기

1. 들어가면서

미술과 문학 그리고 페미니즘에 걸쳐 뚜렷한 업적을 남긴 나혜석에 대한 연구는 다양한 분야에서 연구한 결과물을 한 자리에 놓고 살펴볼 수 있는 주제적 프리미엄이 있다. 나혜석에 대해서는 기념사업회가 주동이 되어 그 역사·미술·문학·여성·기타 다방면의 시각으로 접근하는 연구업적을 매해 쌓아오고 있어서 학제 간 연구 교류가 가능한 장으로 역할을 하고 있다. 정월 나혜석 기념사업회가 주관한 학술대회뿐만 아니라 나혜석의 미술과 문학 그리고 그의 삶을 주제로 한 수많은 논문이나 저술이 나왔다.[1] 그러나 화가이자 작가, 페미니스트를 아우르는 존재로서 나혜석의 학제적 연구는 아직 본격적으로 이루어지고 있지 않다. 이에 이 글은 문학과 미술을 연계하여 나혜석을 읽어보고자 쓰인다.

---

[1] 서정자 편, 나혜석 기념사업회 간행, 『정월 라혜석 전집』, 국학자료원, 2001의 참고문헌 및 나혜석 학술대회 논문집 참조. 최근에는 아동용 인물전 나혜석 편도 나왔다(한상남 글, 김병호 그림, 『저것이 무엇인고』, 샘터, 2008.2.22).

문학연구자로서 나혜석 미술의 연구업적을 살펴볼 때 가장 안타까운 것이 나혜석 그림의 남아있는 숫자가 적어서 오는 문제이다. 적을 뿐 아니라 남아있는 작품들이 과연 나혜석의 작품인지 진위를 확실히 가리지 못하는 데서 오는 혼란으로 나혜석 미술에 대한 논의가 공전하는 안타까움이다. 얼추 잡아도 4~5백점의 작품이 넘게 헤아려지는 것이 나혜석의 그림인데[2] 현재 나혜석의 그림으로 알려진 것은 40점 정도이며 선전 도록에 실린 것 18점을 빼면 20여점의 작품뿐이고 이들조차 대부분 진위가 불명해 나혜석 미술의 실체를 만나기 어려운 아쉬움은 무엇보다도 심각한 듯하다.

지금까지 나혜석 문학연구는 나혜석이 화가이자 문인이라는 특수성을 간과하고 미술과는 분리된 자리에서 소설·시·페미니스트 산문 등 문학 장르에 국한하여 연구·논의해왔다. 색채로 말한다면 활자라고 하는 흑백의 세계에서 한 걸음도 나오려고 하지 않은 셈이다.[3] 나혜석 연구에서 가장 활발했던 페미니즘의 시각에서 본 연구는 문학을 필두로 하여 미술에서도 나혜석의 회화에 페미니즘이 반영되었는가가 관심의 초점이 되어 왔다. 따라서 실증적 작업보다 페미니즘 이론 및 시각에 편중하는 동안 우리 문학에서 지금까지 단편 「경희」가 화가 나혜석에 의해 쓰였다는 가장 기본적 사실을 놓쳐왔다. 본고는 단편 「경희」의 주인공이 일본의 여자미술학교 학생이라는 사실을 밝히고 「경희」에서 나혜

2) 1921년 제1회 개인전에서 6~70점, 조선미전에 출품한 작품 20점(낙선작 포함), 다롄과 베이징에서 전시회를 하려고 준비했던 수백의 작품, 수원 불교 포교당에서 가진 전시회에서 전시한 작품 7~80점, 진고개 미술관에서 열린 전시회의 작품 2백점 등이 그것이다.
3) 안숙원, 「나혜석 문학과 미술의 만남」, 정월 나혜석 기념사업회, 『나혜석 학술대회 논문집 1』, 2002.4. 안숙원교수는 이 글에서 문학과 미술이 공동으로 지닌 시점이라든가 공간성 초점화 등을 문학에 적용하여 나혜석의 문학과 미술의 접점을 시도한 바 있으나 어디까지나 문학연구의 입장에 서 있다.

석이 보여준 미술관과 나혜석이 주장한 '여자도 사람이외다'가 예술을 통하여 사람이 되겠다는 선언이었음을 밝히면서 논의를 시작한다. 나혜석은 국가상실(1910)의 충격을 실감한 채 유학(1913)을 하여 이때 일본에서 자연주의에 대항하여 일어난 인터내셔널리즘과 개인주의 등에 크게 영향을 받았을 것으로 짐작된다. 이 시기 사상을 대표하는 동인지 《명성(明星)》과 《시라카바》, 그리고 《세이토》는 문학과 미술 운동을 선도하는 잡지였으며 동시에 여성해방운동을 이끌고 있었다. 나혜석은 여성해방사상과 아울러 예술을 통해 진정한 사람이 되는 '길'을 여기서 발견하였음에 틀림없다.[4]

일본 여성해방운동의 대표적 잡지 《세이토》의 사상이 예술을 통해 여성의 천재성을 구현하는 것, 다시 말해서 예술을 통해 여성 해방, 즉 사람에 이르는 것이었다면, 《세이토》의 자장 안에서 그 영향이 분명한 우리의

---

4) 라이초, 「원래 여성은 태양이었다」, 《세이토》, 1911.9 : 한일근대문학회 역, 《세이토》, 어문학사, 2007.9, 44~54면.

《세이토》의 발기인인 히라쓰카 라이초는 이 글에서 진정한 '나'에는 남성 여성의 성차별이 존재하지 않는다. 여성이라는 것은 인격의 쇠퇴라고 본다. 원래 여성은 태양, 곧 진정한 인간이었는데 지금은 달이 되었으며 그러므로 진정한 자유해방이란 은폐된 태양을 찾는 길이며 숨어있는 천재를 발휘하는 것이다, 라고 하였다. 그는 세이토가 여성내면에 숨어있는 천재를, 특히 예술에 뜻이 있는 여성의 중심이 되는 천재를 발현하는 데 좋은 기회를 부여하는 기관이라고 쓰고 있다. 사람이 되는 것은 예술가가 천재를 발휘하여 진정한 인간에 이르는 길이라고 본 것이다. 이것이 《세이토》 여성해방사상의 근간이다.

에구사 미츠코(江種滿子)교수도 논문 「1910年代の日韓文學の交点−《白樺》·《靑鞜》と羅蕙錫−」에서 나혜석이 유학한 시기 일본은 《시라카바(白樺)》, 《세이토》 그리고 아나키즘 등 개인주의사상이 주류화 하는 교점이었으며 나혜석이 이 사상의 영향을 받았다고 보고 있다. 무샤노코지 사네아츠(武者小路實篤), 시가 나오야(志賀直哉), 아리시마 다케오(有島武郎) 등이 동인이었던 《시라카바》는 미술평론이나 서양미술에도 주력하여 다이쇼 중기에 전성시대를 맞이한다. 이들의 자장에서 나혜석이 영향을 받았다고 보는 것이 미츠코교수의 주장이다.

심원섭, 「1910년대 일본유학생 시인들의 대정기 사상체험」, 『한일문학의 관계론적 연구』, 국학자료원, 1998, 67면 이하 참조.

나혜석연구는 달라지지 않으면 안 될 것이다. 즉 나혜석의 문학과 미술은 별개로 읽어야 할 것이 아니라 함께 읽고 검토해야 한다는 뜻이다. 이는 페미니즘연구나 역사연구 모두에도 해당이 되는 것이라고 본다. 이에 이 글은 나혜석의 문학과 미술을 잇는 읽기를 시도해보고자 한다. 그리하여 흑백으로 남은 나혜석의 예술에 생명의 색채를 올려보려 한다.

　나혜석은 그의 삶에서 가장 행복했던 순간은 예술적 기분을 깨닫는 때라고 하였다.[5] 사람의 행복은 부나 명예를 얻었을 때 오는 것이 아니라 예술에 일념이 되어 있을 때 전신을 씻은 듯 맑은 행복이 온다는 것이다. 또한 나혜석은 "지금 생각건대 내게서 가정의 행복을 가져간 자는 내 예술이 아닌가 싶습니다. 그러나 이 예술이 없고는 감정을 행복하게 해 줄 아무것이 없었던 까닭입니다."라고도 하여 나혜석 자신 예술에 몰입하였던 삶을 고백하고 있다.[6] 나혜석은 그림이란 "영을 움직이고 피가 지글지글 끓고 살이 펄떡 펄떡 뛰는" 것이어야 한다고 매우 강렬한 언어를 사용하고 있으며[7] 이 표현은 좋은 그림을 이야기할 때 되풀이되고 있다.

　이러한 그의 예술적 열망이 그의 그림에 어떻게 나타나 있는가? 동시에 이 열망의 내용은 무엇인가? 나혜석 정체성의 본질은 선구적인 예술가라는 점에 있다.[8] 즉 예술가로서 나혜석의 정체성이 규명되어야 하는

5) 나혜석, 「이혼 고백서」, 《삼천리》, 1934, 9 : 서정자 편, 『정월 라혜석 전집』, 국학자료원, 2001, 473면(이하 『전집』으로 표기, 인용은 현대문으로 통일함). "사람의 행복은 부를 득한 때도 아니오, 이름을 얻은 때도 아니오, 어떤 일에 일념이 되었을 때외다. 일념이 된 순간에 사람은 전신 세청(洗靑)한 행복을 깨닫습니다. 즉 예술적 기분을 깨닫는 때외다."

6) 위의 글, 450면.

7) 나혜석, 「조선미술전람회 서양화 총평」, 《삼천리》, 1932.7 : 『전집』, 542면.

8) 장혜진, 「캐릭터로서의 나혜석연구」에 대한 토론문, 정월 나혜석 기념사업회, 『나혜석 학술대회 논문집 1』, 2002.4, 5~76면.

것은 나혜석 연구의 본질이라는 말이다. 그런 나혜석이 그림이 없어 "지금 전해지고 있는 유작들은—내 생각에—그녀의 불꽃같은 예술혼이 반영된 것이 아니라 오히려 그 불꽃같은 휴식처로서 그림을 그렸던 것이 아닌가 생각게 하는 것이다. 그렇다면 그녀에게 있어서 그림은 창조가 아니라 감성의 소비였다는 것인데 나는 그렇게까지 말하고 싶지 않다."[9] 라는 혹독한 평가를 듣고 있는 형편이다.

흑백도록으로 남은 나혜석의 미술은 이에 대한 답변을 일단 유보하고 있다. 나혜석의 실물 그림이 우리 앞에 나타날 때까지 나혜석의 예술에 대한 이러한 평가를 한없이 견디어야 하는가? 나혜석의 그림과 색채를 찾아보려는 작업은 그래서 시도된다. 붓으로는 할 수 없으나 문학과 미술을 왕래하면서 그 일을 기도해 볼 수 있다. 그의 예술혼은 그림뿐 아니라 글에도 나타나 있을 것이다. 이 작업은 단순히 나혜석의 그림을 추정하고 상상하는 작업에 그치는 것이 아니라 나혜석의 문학, 또는 예술혼의 표상을 찾아내는 일에 이르기를 꿈꿀 수도 있다. 고흐의 그림은 심야의 해바라기처럼 뜨거운 것이라 한다. "그러한 표찰이 붙기 쉬운 것은 그림 자체에서 연유하기 때문이기도 하겠지만 또한 그가 남긴 많은 편지 때문이기도 하다. (…중략…) '만일 우리가 고흐의 편지 및 그 생활에 관한 기록을 갖지 않았더라면 그의 작품의 의미는 전혀 달라졌을 것'" 이라고 말한 사람은 철학자이자 정신 병리학자인 칼 야스퍼스다.[10] 나혜석의 글에서 잃어버린 그림을 찾아보고 글에서 찾은 빛과 색채를 나혜석의 그림에 올려 본다는 말은 그리하여 시도해 볼만한 작업이 된다.

9) 유홍준, 「나혜석을 다시 생각한다」, 위의 책, 1~9면.
10) 칼 야스퍼스, 「스트린드베리와 고흐, 스웨덴버그와 휠딜린 사이의 비교연구」 : 김윤식, 「고흐의 과수원」, 『문학과 미술사이』, 일지사, 1979, 7면에서 재인용.

2. 나혜석의 글에서 찾아본 나혜석의 예술

1) 화가 나혜석이 쓴 「경희」 다시보기

필자는 김윤식교수의 위에 인용한 글이 실린 『문학과 미술사이』를 읽다가 놀라운 발견을 하였는데 그것은 색은 음조와 같다는 것이었다. 빛깔이 곧 음조라는 이 말은 나혜석의 단편 「경희」의 풀리지 않던 한 대목을 풀어줄 귀중한 자료가 될 것으로 보였다. "고흐의 편지 속에는 '빛깔의 오케스트레이션'이라는 말이 자주 나온다. 색은 음 혹은 음조와 같다. 빛깔이 바로 음조이다. 인상파는 빛깔의 변주에 전 생명을 건 것이고, 이는 음악의 구성과 꼭 같다. 인상파의 선구자 그리고 고갱과 고흐의 대선배인 세잔은 항용 모티프(motive)를 찾아 나선다는 표현을 썼다. 그림의 주제를 찾아 나서는 것이 아니다. 빛의 파장과 함께 부동(浮動)하는 인상을, 즉 색을 칠하는 것이 아니라 색조를 편성하는 것이다."[11] 빛깔의 오케스트레이션, 빛깔이 바로 음조라면 나혜석의 단편 「경희」의 주인공 경희가 아궁이의 불빛을 보며 피아노의 음률을 떠올린 것은 바로 인상파의 기법에서 비롯한 연상이었다는 이야기가 된다. 단편 「경희」의 한 의문이 풀리게 되었다. 문제의 대목은 이렇게 쓰여 있다.

> 경희는 불을 때고 시월이는 풀을 젓는다. 위에서는 "푸푸" "부글부글" 하는 소리, 아래에서는 밀짚의 탁탁 튀는 소리, 마치 경희가 동경음악학교 연주회석에서 듣던 관현악주 소리 같기도 하다. <u>또 아궁이 저 속에서 밀짚 끝에 불이 당기며 점점 불빛이 강하고 번지는 동시에 차차 아궁이까지 가까워지자 또 점점 불꽃이 약해져 가는 것은 마치 피아노 저 끝에서 이 끝까지 칠 때에 붕붕하던 것이 점점 띵띵하도록 되는 음률과 같이 보인다.</u> (밑줄 인용자)[12]

---

11) 위의 책, 8면.
12) 나혜석, 「경희」, 《여자계》, 1918.3 : 『전집』, 108면. 이하 인용문 현대문으로 바꿈.

이 인용문을 보면 분명히 작가 나혜석은 "색은 음 혹은 음조와 같다. 빛깔이 바로 음조이다."라는 말을 알고 있었다고 보인다. 나혜석은 빛깔이 곧 음조임을 알았기에 위와 같이 쓴 것이다. 다만 위의 대목을 돌연히 제시하고 있기 때문에 도쿄음악학교 연주회석에서 들은 관현악주 소리와 여학생 경희가 음악시간에 배운 피아노 음률 자랑을 하느라고 불을 때면서 이런저런 생각을 하는 것으로 느끼기 쉬웠다.

여기서 잠시 생각해야 할 것이 지금까지 나혜석의 대표작 「경희」 연구자들이 경희의 신분에 대해 분명한 인식을 갖지 못해 온 사실이다. 주인공인 여학생 경희를 신교육을 받은 신여성으로 보았을망정 그가 일본 유학생이라는 사실 위에 전문학교 수준의 유학생일 수 있다는 생각을 하지 못한 것이다. 그것은 바로 불꽃을 보고 음률을 연상한 '미숙한 행동' 때문이었을 것이다. 그러나 불빛의 변화무쌍한 변화를 보고 음률을 떠올리는 것은 바로 인상파가 생명을 걸고 추구하는 방법에서 나온 것이 분명하다면 미술학도인 작가 나혜석은 「경희」의 주인공 경희가 '일본유학 중인 여학생'에서 그치는 것이 아니라 '일본유학 중인 미술학교 학생'이라고 말하고 있는 것이다.[13] 인상파의 기법을 구사한 고바야시 만고(小林萬吾)에게서 가장 많이 배웠다, 나의 그림은 후기인상파와 자연파의 영향이 많다고 말하고 있는 나혜석이 아닌가. 구미여행이전까지 그린 나혜석의 유화에는 인상주의와 아카데미즘의 절충된 경향이 나타난다고 한다.[14]

지금까지 살펴 온 것처럼 작품 「경희」의 주인공 경희는 일본의 여자

---

13) 안숙원은 이 여학생이 유학생이라는 것만 있지 무엇을 전공하는지가 제시되지 않고 있다, 라고 쓰고 있다(안숙원, 앞의 글, 3~86면).

14) 안나원, 「나혜석의 회화연구—나혜석의 회화와 페미니즘관계를 중심으로」, 이화여대 미술사학과 석사학위논문, 1998, 36면.

미술학교 학생인데[15] 나혜석이 이 작품을 써서 발표한 1918년은 미술학교를 졸업한 해이다. 나혜석은 이글이 발표될 무렵인 1918년 3월 도쿄 여자미술학교를 졸업하고 4월에 귀국한다. 그러므로 나혜석은 경희를 통하여 자신의 미술관을 펼쳐 보일 만한 미술지식이나 식견을 어느 정도는 갖춘 때인 것이다. 경희가 밀짚을 아궁이에 지피며 불빛에서 음률을 연상하는 것으로 쓴 것은 미술학교 졸업생인 나혜석이 자신의 미술관의 일단을 주인공 경희를 통해 펼쳐 보인 것이었다. 그런데 경희는 왜 이러한 미감을 느끼지 못하는 사람으로 시월이를 말하였을까?

여기에서 또 하나 작품 「경희」를 연구해 온 연구자가 놓친 부분이 있는데 그것은 시월이에 대한 것이다. 단편 「경희」에는 올케도 나오고 · 사돈마님 · 경희어머니 · 떡장수 · 수남어머니, 한 걸음 나아가서 동생도 나오지만 경희가 함께 대화하면서 이야기를 끌어가는 동반자는 시월이라는 사실이다. 시월이는 경희네 집 하인이라는 인물에서 그치는 것이 아니라 경희의 당당한 대화자라는 점을 인정할 필요가 있다. 시월이는 점둥이까지 낳은 하인이지만 경희가 조카보다도 더 좋은 장난감을 사다 줄 만큼 가깝게 생각하는 식구였고 아마도 나이도 별 차이가 나지 않아 경희와 시월이는 상전과 하인이면서 집안에서 친구와도 같은 존재였을 것이다. 그래서 경희는 "(풀을)열심히 젓고 앉은 시월이는 이러한 재미스러운 것을 모르겠구나 하고 제 생각을 하다가 저는 조금이라도 이 묘한 미감을 느낄 줄 아는 것이 얼마큼 행복하다고도 생각"하는 등 시월이를 자신의 동격 대화자로 놓고 있는 것이다. 고대소설에서 여주인공의 대화자는 항용 가까운 몸종인 것을 무수히 보아 온 우리이다. 시월이는 소설에서 내내 경희의 곁에 등장하고 있으며 경희의 생각과 행동을 지

---

15) 당시 미술학교에는 여학생이 입학할 수 없었으므로 여자미술학교 학생이라고 해도 틀리지 않다.

켜보며 반응한다. 이 시월이에 대한 비중을 그동안 너무 가볍게 보아온 것도 우리가 「경희」를 잘못 읽게 된 원인의 하나라고 생각한다.

시월이보다 행복하다는 생각을 하던 경희는 지금 시월이보다 행복하다는 생각으로 만족을 할 때가 아니다, "문득 저보다 몇 십 백배 묘한 미감을 느끼는 자가 있으려니 생각할 때에 제 눈을 빼어 버리고도 싶고 제머리를 뚜드려 받히고도 싶다"고 미술학도의 자세로 돌아온다. 미술학도 경희는 자기가 알고 있는 것보다도 미술의 세계가 요구하는 재질, 즉 천재성이 얼마나 대단하고 중요한지를 알고 있기에 절망을 느끼기도 한다.[16] 여기에서 그러나 그것은 미술가가 되기 위한 나혜석의 열정을 표현한 것이기에 이렇게 격정을 보이던 경희는 곧 그런 생각 모두가 "재미도 스럽다"고 할 수가 있었다.

「경희」에서 앞의 장면에 이어 미술적 시각이 이어 드러나는 곳이 다락 벽장 소제 장면이다. 경희는 방학이 되어 집에 오는 때마다 다락 벽장 소제를 하는데 서울 학교에 있을 때와 일본에서 왔을 때가 대조적으로 그려져 있다. 일본에서 돌아 온 미술학교 학생 경희의 다락 벽장 소제 방법은 서울 학교에 다닐 때와 달리 건조적이고, 응용적이라 전혀 다르다는 기술이다. 여기에서 가정학·위생학·도화시간·음악시간이 등장하나 이것이 곧 미술학교의 수학 과목은 아니다.[17] 그러나 서울에서

---

16) 주 5) 참조. 나혜석이 「이상적 부인」에서 숭배하는 인물로 쓴 요사노 아키코는 잡지 《명성》을 창간한 요사노 뎃칸이 남편이며 《명성》은 나혜석이 영향을 받았다고 한 고바야시 만고(小林萬吾)의 미술학교 선생 구로다 세이키(黑田淸輝)가 창설한 백마회(白馬會, 1896)와 연계해서 문학미술잡지를 표방한 편집으로 큰 특징을 나타내고 있었다. 나혜석과 《시라카바》, 《명성》, 《세이토》의 영향관계는 고를 따로 하여 밝혀 볼 필요가 있다.

17) 윤범모교수의 『화가 나혜석』에 제시된 나혜석의 학적부에는 가사과목은 있으나 가정학·위생학과목은 없다. 그림도 목탄화·유화·용기화·국화 등으로 세분되어있다(현암사, 2005, 125면).

학교 다닐 때와는 다르게 청소를 한다고 대조적으로 쓰고 있으므로 미술학교에서 배운 '방법'을 소제할 때 적용하고 있다고 보아도 무리가 없을 것이다. 곧 청소와 정리 등, 일을 하면서 색채와 구도 등 미술지식을 응용하는 일이다.

> 그런데 이번 경희의 소제방법은 전과는 전혀 다르다. 전에 경희의 소제 방법은 기계적이었다. 동쪽에 놓았던 제기며 서쪽 벽에 걸린 표주박을 쓸고 문질러서는 그 놓았던 자리에 그대로 놓을 줄만 알았다. 그래서 있던 거미줄만 없고 쌓였던 먼지만 털면 이것이 소제인 줄 알았다. <u>그러나 이번은 다르다. 건조적이고 응용적이다. 가정학에서 배운 질서, 위생학에서 배운 정리, 또 도화시간에 배운 색과 색의 조화, 음악시간에 배운 장단의 음률을 이용하여 지금까지의 위치를 전혀 뜯어 고치게 된다.</u> 자기를 도기 옆에다도 놓아 보고 칠첩반상을 칠기에도 담아 본다. 주발 밑에는 큰 사발을 받쳐도 본다. 흰 은 쟁반 위로 노르스름한 전골방아치도 늘어 본다. 큰 항아리 다음에는 병을 놓는다. 그리고 전에는 컴컴한 다락 속에 먼지 냄새에 눈살도 찌푸렸을 뿐 아니라 종일 땀을 흘리고 소제하는 것은 가족에게 들을 칭찬의 보수를 받으려함이었다. 그러나 이번에는 이것도 다르다. 경희는 컴컴한 속에서 제 몸이 이리저리 운동케 되는 것이 여간 재미스럽게 생각되지 않았다. 일부러 빗자루를 놓고 쥐똥을 집어 냄새를 맡아 보았다(밑줄 인용자).[18]

인용 중 밑줄 친 부분에서 보듯이 여기에서도 색과 색의 조화, 음악의 장단 음률이 등장하고 있다. 색과 색의 조화, 음악의 장단 음률을 따라 배치를 달리해보면서 구도를 잡고 응용해 보고 있는 것이다. 불을 때거나 소제하면서 부딪치는 일상에서도 미술적 시각과 논리의 적용을 쉬지 않는 미술학교 학생 경희를 여기서 다시 확인할 수 있다. 소설 속에서 경희는 김치도 담그고 불도 때고 다락 청소를 하는 등 가사노동, 즉 일

---

18) 나혜석, 「경희」, 『전집』, 114면.

을 즐겨서 하고 있는데 위에서 보듯이 일을 하면서도 예술적 영감을 얻고자 내면으로는 끊임없이 모색을 그치지 않는 경희를 보여주고 있는 것이다. 여학생에 대한 부정적 관념을 씻으려는 의도만으로 일을 하고 있는 것이 아니라 일에 대한 경희의 뜨거운 열정이 예술에 대한 열정으로 줄긋기를 해볼 수 있는 성격묘사이기도 하다.

《세이토》의 창간호를 보면 경희를 통해서 보여주고 있는 나혜석의 생각이 창간호에 실린 내용과 관련이 없지 않다는 것을 알 수 있다. 앞에서도 보았듯이 라이초의 글과 나혜석의 주장이 상당히 근접해 있다. 이를테면 가사노동이 '숨어있는 천재를 발현함에 있어 부적당하므로 모든 가사의 번쇄(煩瑣)를 싫어한다'는 라이초지만 《시라카바》의 로댕호(특집)에서 영감(靈感)을 기다리는 예술가를 비웃었다는 로댕에 공조하는 대목은 「경희」의 경희가 일에 대해 뜨거운 열정을 보이는 대목을 설명할 수 있다. 로댕처럼 일하면서 영감을 받겠다는 자세로 《시라카바》의 영향을 보여주는 대목이기도 하다.[19]

이러한 경희가 결혼을 강권하는 아버지에게 저항을 하고 '사람'이 되겠다는 독백의 장으로 서사는 이어지는데 이때 경희가 사람이 되는 것은 여성해방의 의미만이 아니라 예술 즉 '화가'가 되는 길이기도 하였던 것은 역시 라이초의 글에서 확인한 바다. 경희는 사람이 되려면 웬만한 학문, 여간한 천재가 아니고서는 어려우며 사천년래의 습관을 깨트리려면 실력과 희생이 있어야 한다고 말한다. 스타엘 부인의 기재, 잔다르크의 용진 희생, 포드 부인과 같은 강고한 의지는 여성이 해방되기 위해서만 필요한 것이 아니라 구체적으로 '화가'의 길을 가려는 경희가

---

19) 《세이토》, 앞의 책, 47면 ; 김윤식, 「운명의 낭비자상―로댕, 릴케, 발자크」, 앞의 책, 36면. "조각가 로댕은 계속 일에 몰두함으로써 영감의 찾아옴에 도달하고 있었다."

가져야 할 덕목이었던 것이고, 화가로 입신하기 위해서 사천년래의 인습에 맞서는 여성해방의 의지가 너무나 당연히 요청되었던 것이다. 일에 대한 열정은 화가로서 입신하고자하는 로댕적 열정이었고, 사람이 되자는 부르짖음 역시 화가로 뚜렷이 서겠다는 다짐 위에 이루어진 것이었다.

2) 나혜석의 글에서 찾은 잃어버린 그림들

앞장에서 나혜석이 사람이자 예술가를 지향하는 소설의 주인공을 그린 것에서 나혜석이 문학을 통해서 자신의 예술관과 여성해방사상을 피력하고 있음을 보았다. 여기에서 확인할 수 있는 것은 나혜석은 문학과 미술 등 예술을 통해서 자신을 세워나가고자 하였다는 것, 즉 예술을 통해서 사람이 되고자 하였다는 것이다. 이 때 주목하게 되는 것이 나혜석의 미술이다. 그러나 앞장에서 언급한 것처럼 불행하게도 현재 남아있다는 그림은 진위가 불명하거나 도록의 흑백도판뿐이라[20] 그의 미술을 논하기에는 매우 미흡한 현실이다. 그가 한국최초의 여성소설을 썼으며 최초의 페미니즘소설을 썼다고 해도 나혜석 예술의 본령은 미술이기에 안타까움은 더하다. 이에 우리는 글 속에서 나혜석의 잃어버린 그림과 색채를 찾아 그가 추구한 예술세계에 접근하는 통로의 하나로 삼고자 한다. 나혜석이 남긴 다양한 형식의 글에는 잃어버린 그림의 제목과 그가 즐겨 택한 색채와 빛이 찾아진다. 잃어버린 그림의 제목이나 구도를

---

20) 윤범모교수는 인간 나혜석과 그의 예술을 조명한 『화가 나혜석』에서 현재 나혜석의 작품이라고 전칭되는 그림에 대하여 하나하나 검토하고 위작 가능성이 높다고 결론을 내린 다음 출처가 확실한 조선미전의 작품은 도판자료에 의거하므로 상대적으로 그 가치가 높고 비중이 크다고 하였다(「전칭작품의 진위문제」, 앞의 책, 212면 이하).

찾아 그의 그림목록에 더해보고, 빛과 색채로 그의 그림에 생명을 부여
해 봄으로써 나혜석 예술의 살아있는 실체에 접근해 본다.

먼저 지금까지 알려지지 않은 그림 제목이다. 나혜석의 글이나 인터
뷰했던 기사 속에는 제목으로만 남은 그림들이 있다. 흑백 사진으로 남
은 나혜석의 그림이 나혜석의 미술세계를 보여주는 거의 모두의 자료라
면 ① 제목으로만 남아있는 나혜석의 그림을 찾아보는 것. ② 이 제목과
관련되어 보이는 나혜석의 상황과 연관 지어 그림을 상상해보는 것. ③
제목은 없으나 나혜석이 그림 구도로 잡아 본 글들로 나혜석의 그림을
상상해 보는 것 등은 일종의 잃어버린 그림 찾기로서 나혜석 미술세계
를 보완하는 작업의 의미가 있다. 위작일지도 모른다는 의혹을 가지고
보아야 하는 전칭(傳稱)그림보다 나혜석이 직접 쓴 글이나, 기자가 보고
쓴 그림 제목과 글은 활자를 통해서나마 나혜석의 그림을 직접 만나는
신선함이 있다. 그림보다야 못하지만 흑백도판의 조선미전 그림과 함께
나혜석의 미술세계를 확실히 접해 볼 수 있는 새로운 방법이자 자료라
고 본다.

조선미전 출품작[21]을 염두에 두면서 앞의 ①과 ②에 해당하는, 남아

---

21) 나혜석이 조선미전에 출품하여 입선 또는 입상한 작품 제목을 보면 다음과 같다.
　　제1회(1922) 〈봄이 오다〉(입선), 〈농가〉(입선)
　　제2회(1923) 〈봉황성의 남문〉(4등 입상), 〈봉황산〉(입선)
　　제3회(1924) 〈가을의 정원〉(4등 입상), 〈초하의 오전〉(입선)
　　제4회(1925) 〈낭랑묘〉(3등 입상)
　　제5회(1926) 〈천후궁〉(특선), 〈지나정〉(입선)
　　제6회(1927) 〈봄의 오후〉(무감사입선)
　　제9회(1930) 〈아이들〉(입선), 〈화가촌〉(입선)
　　제10회(1931) 〈정원〉(특선 : 제12회 일본 제전 입선), 〈나부〉(입선), 〈작약〉(입선)
　　제11회(1932) 〈소녀〉(무감사 입선), 〈창가에서〉(무감사입선), 〈금강산 만상정〉(무감사입
　　선) 이상 18점.
　　『전집』, 760면 ; 위의 책, 149면.

있는 나혜석의 그림 제목과 이 제목과 관련되어 보이는 나혜석의 글을 찾아 나혜석의 미술세계로 찾아들어가 본다. 나혜석은 「나의 여자미술학교 시대」[22]에서 "그를 따라 교토에 가서 졸업제작으로 〈압천부근(鴨川附近)〉을 그리고 있는 중이었습니다."라고 하였다.[23] 압천은 교토에 있는 내이다. 나혜석은 또 1920년 6월 《신여자》에 기고한 글 「4년 전의 일기 중에서」에서 미술학교 재학 시 압천 변을 걷던 때를 쓰고 있다. 압천 중에서도 하무천을 자세히 쓰고 있는데 하압신사를 들어서니 청천이 용출하는 수세지가 청징투명경과 같이 잔잔하였고 경내는 노수거목의 삼림이 무성하고 임중에는 청류한 하무의 천파(川波)가 있어 하일 납량으로 유명하다고 썼다. 사람들은 하무천(賀茂川) 물 가운데 장막을 치고 평상을 놓아 신사 영부인으로부터 자녀를 거느리고 느런히 앉아 먹으며 누우며 옷고름을 풀고 시원히 바람을 쏘이고 앉은 자가 보인다고 하였지만 인물보다 풍경을 즐겨 그린 초기의 나혜석의 작품경향으로 보아 하압신사 경내의 노수거목의 숲과 청류한 하무의 천파를 그리지 않았을까 싶다.[24] 제목은 나오지 않지만 이때 방문한 교토 요시다초(吉田町) 청년회 기숙사 김우영의 방에는 나혜석의 화액이 걸려있다고 쓰여 있다. 이 글을 쓴 시기가 1920년의 4년 전, 즉 대략 1916년에서 1917년 무렵이라고 보이니 김우영의 방에 걸렸던 그림과 함께 〈압천부근〉은 나혜석의 작품 중 가장 초기에 그린 작품에 해당할 것이다.

1921년 나혜석은 경성일보사 내청각에서 첫 개인전을 열어 6~70점의

22) 나혜석, 「나의 여자미술학교시대」, 《삼천리》, 1938.5 : 『전집』, 288면.
23) 「여류예술가 나혜석씨」, 《동아일보》, 1926.5.18. 기자는 "졸업시험에 출품한 씨의 작품은 수십 명 일본여자 가운데 뛰어나 이것을 심판한 선생은 장래를 위하여 길이 축복하였다고 합니다."라고 쓰고 있다(『전집』, 504면).
24) 나혜석, 「4년 전의 일기 중에서」, 《신여자》, 1920.6 : 『전집』, 220면.

그림을 전시하였다. 남아있는 작품은 없으나 이 전시회를 보고 쓴 글에서 그림 제목 〈신춘〉이 찾아진다.[25] 이 전시회 그림의 내용은 알려지지 않은 가운데 의과계통공부를 지망하던 오지호가 이 전시회유화의 생생한 표현력에 감탄한 나머지 화가가 되기를 결심했다는 일화를 바탕으로 오지호가 감탄한 내용이 표현뿐만이 아니라 내용, 즉 민족, 또는 향토적 내용의 그림이었을 것으로 추정하고 있으니[26] 이 〈신춘〉도 향토적 분위기의 그림이 아니었을까 한다. 이해에 나혜석은 제1회 서화협전에도 작품을 출품, 몇 점 전시하였으나 작품 내용은 알 수 없다.

1924년에 만날 수 있는 나혜석 그림의 제목으로 〈일본영사관〉과 〈단풍〉이 있다. 기자 최은희가 안동 나혜석의 집을 방문했을 때[27] 응접실 좌우 벽에는 산수화 인물화가 가지런히 걸리었고, 내년 미술전람회에 출품할 〈일본영사관〉과 〈단풍〉도 벌써 맞추어 놓았으며 이층화실에는 몇 백종이라 헤일 수 없는 가지각색 그림이 빈틈없이 서있었다고 한다. 일본영사관은 만주에 있는 일본영사관일 것이다. 이 그림들은 선전에 출품되지 않았다. 〈일본영사관〉과 〈단풍〉을 비롯하여 모아진 많은 작품은 최은희와의 인터뷰에서 말한 대로 세계일주 떠나기 전에 다롄과 베이징에서 전람회를 통하여 정리하였을 것으로 보인다.[28]

세계일주를 다녀오자 곧 김우영과 이혼을 한 나혜석은 1931년 〈나부〉·〈정원〉·〈작약〉을 제10회 선전에 출품하여 〈정원〉이 특선에 입상하였는데 〈정원〉이 파리의 클뤼니박물관을 그린 것이며 그 페미니즘 미술

25) 이병기, 『가람일기』 1, 1921.3.20, 146면 : 이상경, 『인간으로 살고 싶다』, 한길사, 233면에서 재인용.
26) 박래경, 「나혜석 그림, 풀어야 할 당면과제들」, 정월 나혜석 기념사업회, 『나혜석 학술대회 논문집 1』, 2002.4, 4~15면.
27) 「여류화가 나혜석 여사 가정방문기」, 《조선일보》, 1925.11.26 : 『전집』, 502면.
28) 이 전시회에 대한 신문기사 등 증빙 자료는 아직 찾지 못했다.

적 의의에 대해서는 박계리씨가 논한 바 있고[29], 이 입선작 중 〈작약〉에
대해서는 나혜석이 언급한 두개의 글을 찾을 수 있다. 러시아를 향해서
하얼빈을 떠나 만주리를 지날 때 (기차는 : 인용자) 황무지 좌우 수풀 속
에는 백색 천연작약이 흐드러지게 피어 있다[30]하였고, 다음 프랑스 쏠레
씨 집 마당에도 덩굴 작약화가 있다고 하였다.[31] 이로 볼 때 나혜석이 작
약을 그린 것은 이 여행에서의 감동이 동기가 된 것으로 보인다. 〈작약〉
은 세계일주 후 그린 다른 그림들과 함께 그다지 호평을 받지 못했다.

나혜석은 1933년 나혜석의 미술학사를 찾아 탐방을 온 기자에게 서화
협전에 출품하려고 그려놓은 〈뉴욕 교〉·〈정물〉·〈나의 여자〉·〈마드리
드 풍경〉·〈총석정〉과 조선미전에 출품하려고 그려놓은 〈삼선암〉·〈정
물〉[32] 등을 보여준다. 나혜석은 이들 그림에 대하여 다음과 같이 설명을
하고 있다. "〈뉴욕 교〉, 저것은 영국 갔을 때 거기서 그린 것이고, 〈정물〉
은 일본 있을 때 그리고, 〈나의 여자〉는 노르웨이에 갔을 때 거기서 사
는 조그만 여자아이 하나를 돈을 주고 모델로 삼아서 그 나라 풍속을 그
대로 그린 것이고, 〈마드리드 풍경〉은 마드리드에서 그린 것입니다. (…
중략…) 〈총석정〉만 작년 여름 금강산 갔을 때 그린 것입니다." 주로 서
화 협전에 출품할 작품에 대해서만 설명을 하고 있는데 세계일주 여행
중 스케치한 것을 바탕으로 작품 제작을 하고 있고, 〈총석정〉은 산수를
그린 풍경화일 것으로 짐작된다. 조선미전에 출품하려고 그려놓은 것이

---

29) 박계리, 「나혜석의 회화와 페미니즘－풍경화를 중심으로－」, 정월 나혜석 기념사업회,
   『나혜석 바로알기 제7회 심포지엄』, 2004.4.23. 이 논문이 나혜석의 글과 그림을 연계하
   여 작품 〈정원〉의 페미니즘적 의미를 밝혀낸 첫 성과이다.
30) 나혜석, 「소비엣 러시아 행」, 《삼천리》, 1932.12 : 『전집』, 577면.
31) 나혜석, 「구미 시찰기」, 《동아일보》, 1930.3.28 : 『전집』, 666면.
32) 「서양화가 나혜석씨－서화협전, 조선미전에 출품하는 여류화가들－」, 《신가정》,
   1933.5 : 『전집』, 553면. 〈삼선암〉은 〈금강산 삼선암〉이라고도 표기되어 있다.

〈삼선암〉·〈정물〉이라고 하였는데 〈삼선암〉과 〈정물〉은 낙선하였다. 이중 〈삼선암〉[33]은 여자미술학사 인터뷰에 실린 잡지 사진에서 캔버스 앞에서 화필을 들고 앉은 나혜석 옆에 세워진 것을 볼 수 있다. 나혜석 은 이와 별도로 2, 3일 후 개성에 가서 〈선죽교〉를 그리겠다고 하고 있 다. 오늘날 남아있는 〈선죽교〉는 진품으로 보고 있는 작품 중 하나인데 제작연도가 1933년이 되는 셈이다.[34]

〈마드리드 풍경〉은 나혜석의 스페인여행기에 마치 이 그림을 보는 듯 한 내용이 쓰여 있다. "아카시아 삼림 위에는 청람색 강한 광선이 쪼여 있고 그 사이로는 백색 석조건물이 보이고 파초가 너그러진(원문대로) 가운데는 여신 동상이 처처에 있고 기엽 차게 토하는 분수 가에는 웃통 벗은 노동자, 아이들이 한참 무르녹은 멜론을 벗겨들고 앉아 맛있게 먹 고 있다."[35] 이 글은 한 폭의 작품 구도인데 청람색 강한 광선이 쪼여있 다는 표현은 청람색에 빛이 함께 하고 있다는 표현으로 해석된다. 푸른 유월의 하늘과 함께 세계일주 후 나혜석은 청람색에 상당히 끌리고 있 다. 그 외에 윤범모교수의 저작에서 새롭게 찾아지는 나혜석 그림의 제 목이 몇 개 있[36]으나 당대에 직접 그림을 보고 쓴 글의 경우로 제한함에 따라 본고에서는 논외로 한다. 염상섭의 소설 「추도」에도 S여사가 가지 고 있던 프랑스에서 그린 나체화의 언급이 있다.

다음은 나혜석의 글에서 찾아 본 그림구도이다. 이대로 스케치를 하 였다면 그림으로 이어졌을 기록이라고 판단된다.

33) 다른 글에서는 〈금강산 삼선암〉이라고 쓰고 있으나 동일한 작품으로 추정된다.
34) 윤범모교수는 이 인터뷰 시기가 5월인데 작품 〈선죽교〉의 계절이 가을인 것을 의문하고 있다. 그러나 곧 가려다 나중에 갔을 수도 있는 일이다.
35) 나혜석, 「정열의 서반아행」, 《삼천리》, 1934.5 : 『전집』, 622면.
36) 〈해인사 홍류동〉, 〈독서〉, 〈학서암 염노장〉, 〈만공선사초상화〉, 〈프랑스농가(나희균)〉 등 이 그것이다.

－지평선이 창천과 합한 듯한 복잡한 색채, 황무지에는 영란 꽃이 반짝이고 양군과 우군이 한가로이 거닐고 있다. 그윽한 이 한 폭 그림은 네가 항상 말하던 집터를 연상하게 한다.[37]

－여기(산마르코 : 인용자) 온 후 화제는 풍부하나 연일 강우와 또 구경으로 인하여 마음만 안타까워 할 뿐이고 한 장도 못 그렸다. 이날은 마침 볕도 나고 하기에 소품 한 개를 그렸다.[38]

－남청색 뜨거운 볕 아래 흙을 밟으며 돌아오니 멀리 보이는 고성은 희랍의 건물 같고 푸르게 흐르는 물 좌우편에는 무슨 식인지 이상스러운 토벽 문이 있어 그 근처는 절경을 이루어있다.[39]

－눈은 푹푹 쏟아져 저 먼 산은 흐려지고 가까운 수목은 그 형상이 완연해진다. 거기 고귀한 사슴 떼가 입을 눈 위에 박고 거니는 것은 또한 보기 좋았다.[40]

－북청으로 가서 일행을 만나 혜산진으로 향하였나이다. 후기령(厚岐嶺) 경색은 일폭의 남화이었나이다.[41]

－신갈포(新乫浦)로 압록강 상류를 일주하는 광경은 형언할 수 없이 좋았었나이다.[42]

－늦은 봄 저녁공기는 자못 선선함을 느꼈다. 동문(수원 : 인용자)을 들어서니 높이 보이는 연무대는 옛 활 쏘던 터를 남겨두고 사이로 흰 하늘이 보이는 기둥만 몇 개 달빛에 비취어 보인다. 그 옆으로 자동차 길을 만들어 놓은 것은

37) 나혜석, 「아우 추계에게」, 《조선일보》, 1927.7.28 : 『전집』, 664면.
38) 나혜석, 「이태리미술기행, 산 마르코」, 《삼천리》, 1935.2 : 『전집』, 656면.
39) 나혜석, 「파리에서 뉴욕으로, 톨레도」, 《삼천리》, 1934.7 : 『전집』, 627면.
40) 나혜석, 「태평양 건너서 고국으로, 요세미티」, 《삼천리》, 1934.9 : 『전집』, 641면.
41) 나혜석, 「이혼 고백서」, 《삼천리》, 1934.9 : 『전집』, 470면.
42) 위의 책, 같은 면.

과연 연인 동지 Y와 K의 발자취를 기다리고 있다. 그 길을 휘돌아 나서니 나타
나는 것이 달빛에 희게 벚꽃이 흐무러지게 피어있다. 꽃 사이로 방화수류정
화홍문이 보인다. 거기에는 사람들의 점심 찌꺼기로 남겨놓은 신문지 조각이
바람에 날리고 있을 뿐 인적은 고요하다.[43]

　-홍류동(해인사 : 인용자)은 실로 진외의 선경이다. 바위와 돌, 돌과 바위
에 사이와 사이로 유유히 흘러내려 성산정 앞 높은 석대 위에 떨어지는 웅장
한 물소리, 무성한 나무, 흉금을 서늘케 하고 머리를 가볍게 한다.[44]

　-거기서 나와 북으로 뚫린 좁은 길로 조금 내려가 도랑을 건너 한참 올라
간다. 올라가다가 숨을 쉬고 숨을 쉬어 올라가니 낭떠러지에 조그마한 기와집
암자가 있다. 이것이 희랑조사가 기도하던 희랑대(希朗臺)이다. 대 뒤에는 천
년이나 된 보기 좋은 소나무가 있어 일견에 남화의 격을 이루고 있다.[45]

　-건물(影子殿)의 구조는 현재 조선 목공으로서는 도저히 상상하기 어려운
것이라 하여 각처에서 목공이 와서 도본을 그리어 가는 일이 많다고 한다. 유
화의 재료로도 훌륭하다.[46]

　-그리고 나서 여관 동북에 있는 국일암을 찾아 갔다. 건설연대는 모르겠으
나 상당히 고건물이다. 사람도 그리 없는 듯하여 쓸쓸하였다. 정문 앞에는 고
목의 괴목이 있어 역시 유화 재료로 훌륭하였다.[47]

이상 그림이 전해져 오지는 않으나 나혜석의 글이나 기자가 보고 쓴

43) 나혜석, 「독신여성의 정조론」, 《삼천리》, 1935.10 : 『전집』, 372면.
44) 나혜석, 「해인사의 풍광」, 《삼천리》, 1938.8 : 『전집』, 293면. 윤범모교수는 나혜석의 「해
　　인사의 풍광」이라는 글에 인용된 최치원의 시가 〈해인사 홍류동〉의 그림의 분위기와 흡
　　사하다고 하였다(윤범모, 앞의 책, 244면).
45) 위의 글, 『전집』, 300면.
46) 위의 글, 『전집』, 301면.
47) 위의 글, 『전집』, 302면.

글에 나오는 그림의 제목[48]과 그에 대한 언급, 그리고 나혜석이 그림구
도로 잡아 본 글을 모아보았다. 그림은 없으나 제목이 전해지는 것이 11
점, 작품 구도를 보여주는 글이 11개, 대략 22점의 그림이 잡혀졌다. 그
림 제목을 찾아 나혜석이 쓴 글과 연관을 지어보는 과정에서 가장 그럴
듯한 만남이 〈마드리드 풍경〉인 것 같다. 작품구도를 보이는 글은 나혜
석이 어떤 대상을 만났을 때 예술적 감흥을 느껴 유화의 재료로 좋다고
여기는지를 알 수 있게 한다. 드넓은 대지, 거수노목의 삼림, 고운 꽃,
남청색 뜨거운 볕, 빛이 함께 한 청람색 하늘, 웅장한 자연과 물소리, 역
사적 의미가 있는 아름다운 고건물 이런 것들이 나혜석에게 예술적 영
감을 주는 것 같다. 나혜석이 후기인상파화가들이 추구했던 예술을 이
야기할 때 썼던 표현대로 위대한 자연 앞에서 예술의 정신을 창조적으
로 개체화하려 했던 나혜석, 만상을 응시하여 인생과 같은 값되는 작품
을 낳으려했던 나혜석을 여기에서 만날 수 있다 하겠다.

　조선미전의 나혜석출품작의 경향을 시기별로 정리한 윤범모교수에
따르면 농촌 실경시대(1922~1923)에는 일하는 여성에 초점을 두었고,
건축물 풍경시대(1924~1926)에는 만주의 고건축 혹은 서양의 고건축에

---

48)　글에서 찾은 11개의 그림 제목을 정리하면 다음과 같다.
　　〈압천 부근〉(1918) 도쿄 미술학교 졸업 작품
　　〈신춘〉(1921) 첫 개인전에서 가람 이병기교수가 가장 감명 받은 작품
　　〈일본영사관〉(1925) 기자 최은희가 안동 집에서 본 그림
　　〈단풍〉(1925) 기자 최은희가 안동 집에서 본 그림
　　〈뉴욕 교〉(1933) 영국에서 그린 것
　　〈정물〉(1933) 일본에서 그린 것(안나원의 논문에 나오는 〈정물〉과 같은 것인지 모른다)
　　〈나의 여자〉(1933) 노르웨이에서 그린 것
　　〈마드리드 풍경〉(1933) 스페인에서 그린 것
　　〈총석정〉(1932) 풍경화로 추정
　　〈삼선암〉(1931) 풍경화로 추정
　　〈정물〉(1933)

초점을 두었으며, 다양한 소재의 재차 모색기(1930~1932)에는 인물, 건축, 정물, 풍경 등 다양한 소재를 선택하였다고 하는데 글에서 찾아 본 작품 구도의 내용과 상당히 근접하고 있다. 그림 제목과 작품 구도는 잃어버린 나혜석 그림의 한 단서로써 나혜석 예술의 실체를 보여주는 것들로 중요한 자료라고 생각된다.

3) 나혜석의 글에서 찾아본 빛이 함께 한 색채

이제 색채를 살펴보기로 한다. 나혜석의 글에서 찾아 볼 수 있는 나혜석의 색채는 어떤 것이 있을까? 이들 색채를 통해서 나혜석의 미술을 느껴 볼 수는 없을까? 고흐의 경우처럼 나혜석도 글에서 나혜석 미술의 진정한 표상을 찾아낼 수는 없을까. 우선 단편 「경희」와 「규원」의 묘사를 잠깐 보자.

> 새벽닭이 새날을 고한다. 까맣던 밤이 백색으로 활짝 열린다. 동창의 장지 한 편이 차차 밝아오며 모기장 한 끝으로부터 점점 연두색을 물들인다.[49]

> 마루에는 어린애의 기저귀가 두어 개 늘어 놓여 있고 물주전자가 놓여있으며 물찌끼가 조금씩 남아 있는 공기가 서 너 개 널려있다. 또 거기에는 앵두 씨가 여기저기 떨어져있고 큰 유리 화 대접에 반도 채 못 담겨 있는 앵두는 물에 젖어 반투명체(半透明體)로 연연하게 곱고 붉은 빛이 광선(光線)에 반사되어 기름 윤이 흐르게 번쩍번쩍한다.[50]

이 두 묘사에서 두드러지는 것은 광선과 색채의 등장이다. 「경희」에

49) 나혜석, 「경희」, 《여자계》, 1918.3 : 『전집』, 115면.
50) 나혜석, 「규원」, 《신가정》 창간호, 1921 : 『전집』, 128면.

나오는 묘사는 날이 밝아오는 것을 까만색, 백색, 연두색의 대조적인 색채로 그리고 있다. '모기장 한끝으로부터 점점 연두색을 물들인다.'는 묘사는 참으로 신선하다. 연두색이 이처럼 신선하게 느껴지는 것은 빛이 함께 하고 있기 때문이다. 모기장 한끝으로부터 연두색을 물들이는 것은 광선이련만 연두색만 눈앞에 클로즈업되는 문장이다. 빛을 받아 점점 연두색을 물들이는 역동성을 지녔기에 연두색은 살아 있다. 까맣던 밤이 백색으로 열린다고 한 표현도 마찬가지이다. 빛이 함께 하고 있는 색채, 즉 색채만이 아니라 광선이 등장하고 있는 것이다.

그런가하면 갑자기 수십 년 뒤로 물러간 듯 고대소설의 문투로 구여성의 비극을 그린 「규원」의 모두에서도 광선이 함께한 묘사는 생동감의 극치를 이루어 이 글의 필자가 화가라는 것을 실감하게 한다. 앵두는 물에 젖어 반투명체가 되어있고 그 붉은 빛은 광선에 반사되어 기름 윤이 흐르게 번쩍번쩍한다고 묘사하고 있다. 실로 빛의 발견이 아닐 수 없다.

1918년 발표한 나혜석의 시 「광」은 근대의 계몽적인 의미나, 돌아간 약혼자 최승구에 대한 그리움을 상징적으로 표현한 것으로 읽혀 왔으나 이 시는 화가 나혜석이 바로 빛의 발견을 노래한 것이다.[51] 이 시 「광」

---

51) 이 논문을 발표한, 나혜석 바로알기 제11회 심포지엄에서 토론을 맡아 준 송명희교수는 학술대회가 끝난 후 이 시 「광」의 존재를 일깨워 주고 토론에서 보인 주장과 달리 나혜석의 미술관이 후기인상파라는 것을 확실히 보여주는 작품이라는 의견을 덧붙여 주었다.

그는 벌써 와서 내 옆에 앉았으나 나는 눈을 뜨지 못하였다.
아아! 어쩌면 그렇게 잠이 깊이 들었었는지!

그가 왔을 때에는 나는 숙수(熟睡) 중이었다.
그는 좋은 음악을 내 머리맡에서 불렀었으나
나는 조금도 몰랐었다.
이렇게 귀중한 밤을 수없이 그냥 보내었구나.

아아, 왜 진시 그를 보지 못하였는가.

은 나혜석이 쓴 최초의 시이자, 미술학도 나혜석이 그림에서 빛의 중요
성을 깊이 인식하고 쓴 시이다. 빛에게 "아무것도 모르고 자는 나를 깨
운 이상에는/내게 불이 일어나도록 뜨겁게 만들"라고 부르짖고 이것은
빛의 사명이자 화가인 나의 직분이다, 라고 다짐한 노래로 그가 빛에 대
하여 얼마나 절실하게 느끼고 있었는지 알 수 있게 하며 이 빛은 화자의
머리맡에 와서 좋은 음악을 불렀었다는 대목에서 "색은 음 혹은 음조와
같다. 빛깔이 바로 음조이다", 라는 후기인상파의 아포리즘을 충분히 알
고 있었음을 증명해 주기도 한다.

1933년 여자미술학사를 세운 나혜석은 학사 설립을 알리면서 돌린 취
의서에 광과 색의 세계를 강조하고 있다.[52] 학생모집을 위한 광고에서
나혜석은 광과 색의 세계에 "많은 신비와 뛰는 생명이 거기"에만 있으

아아, 빛아! 빛아! 정화를 키어라.
언제까지든지 내 옆에 있어다오.
아아, 빛아! 빛아! 마찰을 시켜라
<u>아무것도 모르고 자는 나를 깨운 이상에는</u>
<u>내게 불이 일어나도록 뜨겁게 만들어라.</u>
<u>이것이 깨워준 너의 사명이요</u>
<u>깨인 나의 직분일다</u>
아! 빛아! 내 옆에 있는 빛아!
　　　　— 나혜석, 「光」(밑줄 인용자, 《여자계》, 1918.3), 『전집』, 197면.

52) "광과 색의 세계! 어떻게 많은 신비와 뛰는 생명이 거기만이 있지 않습니까. 갑갑한 것이
거기서 시원해지고 침침하던 것이 거기서 환하여지고 고달프던 것이 거기서 기운을 얻고
아프고 쓰리던 것이 거기서 위로와 평안을 받고 내 맘껏 내 솜씨 내 정신과 내 계획과 내
희망을 형과 선의 상에 굳세게 나타내는 미술의 세계를 바라보고서 우리의 눈이 떠어지
지 않습니까? 우리의 심장이 벌떡거려지지 않습니까? 더구나 오늘날 우리에게야 이 미의
세계를 내놓고 또 무슨 창조의 만족이 있습니까. 법열의 창일이 있습니까. 더구나 무거운
전통과 겹겹의 구속을 한꺼번에 다 끊고 독특하고도 위대한 우리의 잠재력을 활발히 발
동시켜서 경이와 개탄과 공축(恐縮)의 대박 만인에게 끼칠 방면이 미술의 세계 밖에 또
무슨 터전이 있다고 생각하십니까." (「여자미술학사-화실의 개방 파리에서 돌아온 나혜
석여사」, 《삼천리》, 1933.3 : 『전집』, 550면).

며 여성이 해방되어 할 일이 여성의 잠재력을 발동시켜 미술을 하는 것이라는 논리, 즉 여성해방과 예술을 겸하여 생각하는 《세이토(靑鞜)》의 사상을 여기에서도 계속 피력하고 있다.

한편 나혜석은 자신의 그림에 대하여 후기인상파적 자연파의 경향[53]이라 하고 자아의 표현과 예술의 본질을 잊지 않으려한다[54], 그런가 하면 데생의 중요성을 강조하기도 하였다.[55] 빛과 색채, 자아의 표현, 그리고 데생을 중요시하면서 예술의 본질을 늘 생각하던 후기인상파 지향의 화가 나혜석은 초기에 원색을 즐겨 사용한 것 같다. 선전에 출품하여 입선한 〈지나정〉에 대하여 쓴 글을 보면 "지금까지의 원색, 강색보다 간색 침색을 써 보느라고 한"[56]것이나, 이보다 먼저 쓴 글에서 지면의 색과 그림자 색을 좋아한다고 해서 나혜석이 차츰 간색과 침색을 쓰고자 했음을 알 수 있다. "김창섭씨의 〈교회(敎會)의 이로(裏路)〉는 나의 좋아

---

53) "나는 학교시대부터 교수 받는 선생님으로부터 받은 영향 상 후기인상파적 자연파적 경향이 많다. 그러므로 형체와 색채와 광선에만 너무 주요시하게 되고 우리가 절실히 요구하는 개인성 즉 순 예술적 기분이 박약하다. 그리하여 나의 그림은 기교에만 조금 진보될 뿐이요, 아무 정신적 진보가 없는 것 같은 것이 자기 자신을 미워할 만치 견딜 수 없이 고로운 것이다." 그리하여 "구도를 생각하고 천후궁을 찾아갔다."(나혜석, 「미전 출품 제작 중에」, 《조선일보》, 1926.5.20~23 : 『전집』, 507~9면).

54) "후기 인상파의 화가들은 자아의 표현과 예술의 본질을 잊지 아니하였다. 즉 예술의 정신을 창조적으로 개체화하려고 하였다. 그들은 고래로 전해오는 미와 추의 무의식한 것을 알았다. 미추를 초월하여 인정미로 만상을 응시하여 인생과 같은 값되는 작품을 작하려 하였다. 그러므로 그들은 자연이 설명이 아니오, 인격의 표징이오, 감격이었다."(나혜석, 「파리의 모델과 화가생활」, 《삼천리》, 1932.3 : 『전집』, 526~7면).

55) "데생은 윤곽뿐의 의미가 아니라 칼라 즉 색채 하모니 즉 조자(調子)를 겸용한 것이외다. 그러므로 데생을 확실하게 한 모델을 능히 그릴 수 있는 것이 급기 일생의 일이 되고 맙니다."(나혜석, 「이혼 고백장」, 《삼천리》, 1934.8 : 『전집』, 452면).

56) 나혜석, 「미전 출품 제작 중에」, 《조선일보》, 1926.5.20~23 : 『전집』, 512면. 나혜석이 쓴 수필 「만주의 여름」(《신여성》, 1924.7)은 그림 〈지나정〉을 감상하기에 더없이 도움이 되는 글이다. 만주 여름의 묘사가 놀랍다(『전집』, 222면).

하는 그림 중의 하나이다. 지면의 색과 그림자 색을 매우 즐겨한다."[57] 그런가 하면 세계일주를 다녀온 무렵 나혜석은 청람색을 자주 언급하고 있다(〈마드리드 풍경〉). 귀국해서 쓴 글에서도 그런 경향이 보인다. "대륙적이고도 남성적이고 적극적인 세계 어느 나라에서도 볼 수 없는 자랑할 만한 확실하고 쾌활하고 청명하게 푸른 물감을 쭉 뿌린 듯한 조선의 유월하늘은 다년간 이리저리 유랑생활을 하던 자에게는 한없는 자릿자릿 함을 느끼게"[58] 한다고 하였다. 유월의 하늘을 표현하는 데 아홉 가지의 형용사를 붙이는 나혜석의 색채는 이번에도 하늘이라는 빛이 함께 하고 있다. 그 유월의 하늘빛은 우리의 상상 속에서 찬란하다. 대륙 · 남성 · 적극, 세계 어느 나라에서도 볼 수 없는, 확실 · 쾌활 · 청명 · 쭉 뿌린 푸른 물감 등이 이 시기 나혜석의 미술세계를 나타내는 키워드로 보인다. 말하자면 원색→침색 간색→대륙, 남성, 적극, 확실, 쾌활, 청명을 섞은 쭉 뿌린 푸른 물감의 순서로 그의 작품의 색채 기조가 변화하여 간 것으로 말할 수 있다.

나혜석이 작품 구도로 이어질 만하게 경치를 묘사하면서 색채까지 언급한 주목되는 글에 「4년 전의 일기 중에서」가 있다.

> 작일 장야현 송정리에서 출발하여 중앙선으로 금조 9시 30분에 명고옥(名古屋)에 도착하여 10시에 동해도선 하관(下關)행 열차를 승환하다. 지금까지에 보던 경치와는 판판이다. 동해도선 경색은 많이 쓰다듬은 것일다. 어여쁘고 아당스럽다. 해면으로 탁 터진 데도 많고 광야에 전전(田畠)도 즐비하다. 그러나 중앙선 좌우측은 이와 반대라 할는지, 판이라 할는지 경색은 자연대로 있다. 울숙불숙 서 있는 산도 어푸숨 하거니와 아무렇게 흐르는 내(山谷)도 귀엽다. 산이 있고 암(岩)이 있고, 천(川)이 들어가고 나오고, 먼저 있고 나중 있고 뒤에 있

57) 나혜석, 「1년 만에 본 경성의 잡감」, 《개벽》, 1924.7 : 『전집』, 226면.
58) 나혜석, 「조선미술전람회 서양화 총평」, 《삼천리》, 1932.7 : 『전집』, 537면.

고 앞에 있어 그것은 말할 수 없는 자연의 미를 떨치고 있다. 나는 웬일인지 이러한 데가 좋다. 무슨 까닭인지 모르나 개천가에 있는 돌은 모두 눈과 같이 희다. 거기에 차차 떠오르는 아침 광선이 비춰일 때에 레몬옐로우 가란스로즈 색을 띤 것은 얼마나 아름답고 어여쁜 색이라 할는지 어떻다 형언할 수 없다. 창 옆을 떠날 수 없이 경색(景色)에 반광(半狂)하였다. 어깨를 으쓱으쓱하기도 하였다. 어느 곳에는 뛰어 내려가서 한번만 꼭 밟아보고 싶은 곳도 많다.[59]

위 인용문을 보면 나혜석이 일본 중앙선의 경색을 무척 좋아한 것을 볼 수 있다. 경색은 자연대로 있다, 울숙불숙 서 있는 어푸숨 한 산, 아무렇게 흐르는 귀여운 내(山谷), 산이 있고 암이 있고, 천이 들어가고 나오고, 먼저 있고 나중 있고 뒤에 있고 앞에 있는 것이 말할 수 없는 자연의 미를 떨치고 있는 이러한 데가 좋다, 이렇게 중앙선의 경색을 세세히 묘사한 다음 "무슨 까닭인지 모르나 개천가에 있는 돌은 모두 눈과 같이 흰"데 그 흰 돌들에 "차차 떠오르는 아침 광선이 비춰일 때에 레몬옐로우 가란스로즈 색을 띤 것은 얼마나 아름답고 어여쁜 색이라 할는지 어떻다 형언할 수 없다. 창 옆을 떠날 수 없이 경색(景色)에 반광(半狂)하였다."고 한다. 이 색채에 빛이 함께 하고 있는 것을 눈여겨보지 않을 수 없다. 어깨를 으쓱으쓱하기도 하고, 뛰어 내려가서 한번만 꼭 밟아보고 싶기도 하다고 하였다.

이런 정도의 감동이면 그림으로 그리지 않았을 리 없다. 이글은 나혜석의 50호의 대작이라는 〈삼선암〉(1931)[60]과 〈금강산 만상정〉(1932)을

---

59) 나혜석, 「4년 전의 일기 중에서」, 《신여자》, 1920.6 : 『전집』, 215면.
60) 나혜석이 일본 제국미술전람회에서 〈정원〉으로 입선을 할 때 함께 출품한 작품이 〈삼선암〉이다. 그런데 이 작품은 일본 미술계의 관심을 모으지 못했다. 다음 해인 1932년 나혜석은 〈금강산 만상정〉을 선전에 출품하여 무감사입선을 하였고 1933년에 그녀는 〈정물〉과 함께 〈삼선암〉을 조선미술전에 출품하겠다고 말하였다. 이 두 작품은 분위기가 비슷할 것 같다(나혜석, 「나를 잊지 않는 행복」, 《삼천리》, 1931.11 : 『전집』, 434면).

떠올리게 한다. 〈삼선암〉은 조선미전에서 낙선을 하였고, 〈금강산 만상정〉은 무감사입선을 하였으나 이때 출품한 나혜석의 작품은 "시들어지는 꽃과 같이 빛도 향기도 없어져 간다"는 혹평을 받아 두 작품 다 그다지 좋은 평을 받지는 못하였다. 그러나 그림의 구도가 중앙선에서 본 경색과 비슷한 풍경화이기에 이 회색 도판에 15년 전에 나혜석을 반광시켰던 색채를 올려보고자 한다. 나혜석은 금강산을 일본의 일광(日光) 등 세계적인 경승을 능가하는 절경이라고 말한 바 있는데 일본의 경색을 그리지 않고 금강산의 경색을 그린 데에 나혜석의 민족의식을 읽을 수 있지 않을까.

우선 하얀 돌에 떠오르는 아침광선이 비쳐 창조한 레몬옐로우, 가란스로즈의 색을 상상해 본다. 여기서 레몬옐로우 색은 알만 하지만 가란스로즈가 어떤 색인지 알 수 없어 필자는 일본의 교수에게 도움을 청하였다. 이상경교수가 현대어로 풀어 쓴 『나혜석 전집』에는[61] 글랜스로즈로 나와 있으나 번쩍이는 장미색이란 좀 어색한 표현 같아서였다. 레몬이 열매이니 가란스도 열매이어야 하지 않을까 싶어 문의를 한 것인데 머루의 커런츠(currants)가 아닐까 하는 답이 왔다.[62] 머루 빛 장미색, 이

---

61) 이상경, 『나혜석 전집』, 태학사, 2000, 197면.

62) 이름을 밝히기를 원치 않은 일본의 Y교수는 currant 외에도 칼라 명으로 cassis rose color(까치밥나무 열매 빛 장미색)가 있음을 알려주었다. 후자가 보다 붉은 빛이 도는데 본고에서는 발음이 유사한 currant를 취하며 수고해준 Y교수에게 감사를 드린다. 그런데 이 논문을 읽은 일본 분쿄(文敎)대학 에구사 미츠코교수는 "논문 중에 가란스로즈라는 색깔이 나오는데 저는 바로 「ガランス」(표기는 가란스인데 머리가 탁음이 됩니다)를 떠올렸습니다. 이유는 2가지입니다. 대정 8년에 요절한 화가 무라야마 가이타(村山槐多) 유고집에 『槐多の歌へる』라는 것이 있는데 아리시마 다케오(有島武郎)가 서문을 쓰고, 서평도 발표했습니다. 그 서평에 인용된 가이타의 시 중에 「一本のガランス」라는 자극적인 작품이 있습니다. 젊은 가이타는 세계와 생명 전체를 ガランス 색으로 잡았습니다. ガランス는 불어로 「garance」, 일어로 「茜(아카네)」인데 탁한 붉은 색, 어두운 붉은 색입니다(*일본말로 아카네 색이라면 주로 석양의 색깔을 말할 때 씁니다—Y교수 주). 색상은 서정자 선생님

건 정말 어울린다 싶었다. 보랏빛 나는 붉은 색이다. 가란스로즈가 해명이 되니 나혜석의 색 두 가지가 분명해졌다. 이 색채에 빛이 함께 하고 있다는 점을 잊어서는 안 되리라. 〈금강산 만상정〉의 하단 전면을 채우고 있는 바위와 돌은 흑백도판에서 희게 보인다. 그 위에 차차 떠오르는 아침 광선이 비추는 레몬옐로우와 커런츠로즈를 투명하게 또는 농담의 빛깔로 올려본다. 나혜석이 반광하였던 일본 중앙선의 경색을 능가할 금강산의 농담(濃淡) 암록(暗綠)의 자연미에 아침광선과 어울린 흰색, 레몬옐로우, 커런츠로즈의 찬란한 하모니가 열린다. 나혜석이 반광하던 아름다운 경색이다. 이렇게 나혜석의 글을 통해 〈금강산 만상정〉에 빛이 함께 하고 있는 색채를 가해 보자 살아있는 그림이 눈앞에 그려진다.

3. 빛의 화가 나혜석 – 나오면서

돈 맥클린의 노래가 있는 동영상 〈빈센트〉의 배경은 불타는 색채의 아름다운 고흐의 그림이다. 고흐의 삶과 나혜석의 삶은 비슷한 점이 많다. "이 세상은 당신처럼 아름다운 사람에게 어울리는 곳이 아니에요." "이제 알 것 같아요, 당신이 무얼 말하려 했는지. 온전하게 살려고 얼마나 고통을 받았는지, 그것으로부터 자유로워지려고 얼마나 애를 썼는지. 그들은 아직도 들으려고 하지 않고, 아마 언제까지나 그러하겠지요."[63] 그러나 우리의 나혜석에게는 그 그림이 없다. 회색빛 도판으로만 남은 것이다.

이미지에 가깝지만 서양화 세계에서는 잘 알려진 색깔인 것 같습니다."라고 알려왔다. 에구사교수에게 감사드린다.

63) This world was never meant for one as beautiful as you.……/Now I think I know/what you tried to say to me/how you suffered for your sanity/how you tried to set them free/They would no listen/They are not listening still /Perhaps they never will.

그리하여 나혜석의 글 속에서 나혜석의 그림 및 빛과 색채를 찾아 문학과 미술 이어읽기를 시도해 보았다. 이 글은 나혜석 예술의 정체성을 확인하기 위한 미술 읽기이자 나혜석의 문학 읽기이기도 하다. 무엇보다도 미술적 시각으로 읽을 때 나혜석의 「경희」가 새롭게 해석이 되었고, "나는 사람이외다."라고 선언했던 유명한 나혜석의 여성해방선언은 《세이토》의 여성해방사상과 미술적 성향이 짙은 《시라카바》파의 자장 아래 예술을 통해 사람으로 서려는 선언에 다름 아니었다는 것을 밝히면서 나혜석 예술의 정체성을 찾아 나서 본 것이다.

나혜석은 도쿄여자미술학교로 유학을 가서 《세이토》의 사상을 만났다. 예술가를 지망한 나혜석으로서는 감성 넘치는, 그러면서도 지극히 강렬한 언어의 라이초의 글과 요사노의 글에 크게 감명을 받았으며, 그뿐 아니라 《시라카바》파의 영향도 적지 않게 받았다고 보인다. 예술을 통해 사람으로 서려는 나혜석의 사상은 "인형이 아니라 사람"이라는 노라이즘을 한 단계 올라선 것이다. 예술을 통해서 사람이 되려는 매우 독특한 《세이토》의 여성해방사상, 미술적 성향이 짙은 《시라카바》파의 영향 등은 별고를 필요로 하는 나혜석 예술의 형성에 중요한 영향을 미친 일본의 근대사상이지만[64] 문학과 미술 성향이 짙은 《세이토》와 《시라카바》 등으로부터 영향을 받아 나혜석은 보다 적극적인 자세로 예술과 여성해방을 지향해 갔다고 보인다.

"색은 음 혹은 음조와 같다. 빛깔이 바로 음조이다. 인상파는 빛깔의 변주에 전 생명을 건 것이고, 이는 음악의 구성과 꼭 같다."라고 하는 인상파의 미술관은 단편 「경희」의 주인공 경희의 일견 미숙해 보이는 행동을 새롭게 해석하는 열쇠가 되었고 「경희」의 주인공 경희가 미술학교

---

64) 구노 오사무·쓰루미 슌스케, 심원섭 역, 『일본 근대사상사』, 문학과 지성사, 1999, 11~32면.

유학생임을 밝히는 단서가 되었다. 이로써 나혜석의 문학과 미술의 접점을 확보하고 나혜석이 남긴 수많은 글에서 나혜석 미술을 찾아 읽기를 통해 나혜석 예술의 실체, 또는 정체성을 규명해 나아가고자 하였다.

그리하여 제목으로만 남은 나혜석의 그림 11개를 찾았으며 그 그림을 뒷받침하는 기록도 찾아 관련지어 보았다. 또한 나혜석이 그림을 그리고 싶다고 느끼며 잡아본 구도 11개를 찾아냈으며 여기에 나혜석의 문학에서 찾은 나혜석의 '빛이 함께 한 색채'로 나혜석의 그림세계에 생명감을 불어 넣어보고자 하였다. 미흡하나마 나혜석 예술이 지닌 감동의 한 끝을 확인한 느낌이다.

이상 살펴온 나혜석의 미술세계는 첫째 '빛이 함께한 색채'의 세계라는 것이다. 나혜석 자신이 언급한 바도 있으며 문학적 묘사에서도 이 빛이 함께 한 색채의 표현이 생동하는 효과를 내고 있음을 살필 수 있었다. 둘째 나혜석은 위대한 자연 앞에 섰을 때 예술적 감흥이 크고 이를 화폭에 옮기고자 한다는 것이다. 후기인상파의 화가들이 재래의 미와 추에 대한 무의식을 비판하고 자연을 설명이 아니오, 인격의 표징이오, 감격으로 보았다고 이해하였던 것처럼 나혜석도 풍경화를 즐겨 그리며 그것을 인격의 표징으로, 감격으로 표현하고자 하였던 것 같다. 셋째 나혜석은 원색보다 간색·침색을 쓰는 쪽으로 차츰 변화하다가 대륙·남성·적극·확실·쾌활·청명을 섞은 쭉 뿌린 푸른 물감과 같은 색을 즐겨 사용하였다고 나타났다. 이 모든 색채는 언제나 빛이 함께 하고 있다.

넷째 나혜석은 역사적 의의가 있는 고건축에 관심을 보였다. 고건축에서 쌓인 세월과 거기에 담긴 사연에 남다른 관심을 보였다. 선전에서 특선을 한 〈천후궁〉도 천후의 사연을 자세히 적을 만큼 '사람'과 관련을 가진 고 건축물에 관심을 보였다.

초기에 쓴 일기의 한 대목에 나오는 흰색에 아침 햇빛을 더한 레몬옐로우·커런츠로즈의 색채로 〈금강산 만상정〉에 색채를 올려본 작업은 구도와 색채를 적절히 만나게 해보려는 작업이기도 하고, 나혜석의 민족의식과 예술이 혼연일체가 된 나혜석의 예술혼을 접합해 본 것이기도 하다. 위와 같이 정리해 나오면 나혜석 예술의 정체성은 나혜석 자신이 규정하였던 후기 인상파적이요, 자연파라는 것이 가장 적절한 표찰로 되돌아오게 되는 것이 아닌가 생각한다. 그러나 위대한 자연 앞에서 빛이 함께 하는 생동하는 색채로 민족의 혼을 담아내려고 하였던 나혜석, "차차 떠오르는 아침 광선이 비춰일 때에 레몬옐로우 가란스로즈 색을 띤 것은 얼마나 아름답고 어여쁜 색이라 할는지" 모른다며 반광하던 나혜석, "영을 움직이고, 피가 지글지글 끓고, 살이 펄떡 펄떡 뛰는" 예술을 지향했던 나혜석 예술혼의 정수에 한 끝이나마 닿았다는 점을 보람으로 삼는다. 나혜석의 예술을 한마디로 규정해 본다면 '빛의 화가 나혜석'이 되리라고 생각한다.

이러한 나혜석의 예술탐구가 그의 사람이 되는 길에 어떤 기여를 하였는지? 즉 예술은 여성으로서의 그를 진정 해방하였는지? 이는 여성주의 시각에서 그의 예술적 삶을 분석해보는 일이 되겠는데 이는 다음 기회로 미루겠다. 나혜석의 문학과 미술 이어읽기는 방법론의 적용에 따라 보다 심화될 수 있으리라고 본다. 특히 일본의 1910년대 정치 문화적 상황과 연계한 연구가 나혜석예술의 정체성을 밝히는 데 새로운 통로가 될 수 있을 것으로 생각한다.

(서정자)

「경희」에 나타난 신여성 기획과 타자성의 주체

1. 근대라는 거짓 문제제기

근대 초기 여성문학에 대한 연구는 신여성 개인에 초점을 맞추어 시작되었다. 성차별주의가 낳은 가부장적 폐해에 주목하여 여성 개인이 가부장제에 의해 희생당한 측면에 대하여 지적하는 연구로 진행되다가, 사회구조적 측면으로 인식이 확대된 후 최근에 이르러서는 한국의 근대, 한국문학의 근대성과 관련하여 논의가 진행되기 시작하였다. 근대 초기 여성소설이 한국문학의 근대성을 어떻게 확보하고 있는가 하는 바와 연관된 이 질문은 물론 아직 확연하게 정리된 것은 아니다. 하지만 여태까지 근대성 논의는 주로 일반성에 매몰되었던 측면이 크다. 근대성 논의에서 제기되는 주체의 문제틀은 그동안 서구 국가를 중심으로 진행되어 온 것이었으며, 또 섹슈얼리티 범주를 도외시한 것이었다. 한국에서의 근대성, 한국문학에서의 근대성이란 진정 '누구를 위한 근대'인가 하는 점과 연결되는 이 질문은 새로운 근대성 논의를 가능케 한다.

20세기와 더불어 본격적으로 진행된 근대체제는 공적 영역과 사적 영역의 분리가 새롭게 시작된 시기이다. 공적 영역과 사적 영역의 분리는 여성문제의 본질적인 발현 지점이자 재생산 지점으로 줄곧 논의되어 왔다. 그것은 남성 영역과 여성 영역의 분리, 즉 성 역할 분리라는 젠더의 경계를 설정하는 것이고, 이에 따라 남성 이데올로기, 여성 이데올로기가 재생산되는 것은 필연적이다. 이러한 경계 속에서 공적 영역은 여성에게 차단된 남성들만의 영역이었고, 여성들은 어떻게 하면 이 경계를 뛰어 넘을 수 있을까에 모든 관심을 기울였다. 그리하여 남성과 동등해지기 위하여 주창된 평등의 페미니즘은 초기 페미니스트에게 중요한 이슈였다. 그러나 공적 영역으로의 여성의 진입 또는 편입이 여성의 평등을 일부 보장해 준 것도 사실이지만 남녀차이를 재생산하기도 하였다는 것이 역사적, 실천적으로 증명되었다.

돌이켜 보면 '평등의 페미니즘'이나 '차이의 정치(Politics of Difference)'가 문학제도의 남성중심성에 얼마만큼의 효과적인 변혁을 가져 왔는지 의심스럽다. 그간 남류문학론[1]에서 배제되어 왔던 여성작가의 복원, 여성적 글쓰기의 차이에 대한 이론적 천착과 페미니즘 시학의 모색들은 그 자체가 하나의 실천적 작업이었음은 분명하다. 그러나 이러한 실천들이 문학제도의 남성중심성, 글쓰기의 남성중심성에 얼마만한 영향을 끼쳤으며, 지금−여기에 존재하는 여성들의 삶에 어떤 대안이 되는지 확연치 않다.

조안 스콧은 차이와 평등이라는 아젠다가 남성 모델을 중심으로 구축된 근대의 개인관과 근대의 인식체계가 여성에게 부과한 거짓 문제제기(pseudo problem)[2]라고 인식한 바 있다. 21세기 지금−여기의 여성연구

---

1) 우에노 치즈코(上野千鶴子) 외, 『남류문학론(男流文學論)』, 축마서방(筑摩書房), 1992 참조.
2) Joan W. Scott, *Only Paradoxes to Offer : French Feminism and the Right of Man*, Harvard University press, 1996 참조.

자들은 이와 같은 문제의식에 동의한다. 근대 초기 이후 줄곧 논의되어 왔던 차이·평등의 문제 설정에서 근대 자체에 대한 사유로 옮겨 갈 수밖에 없는 소이가 여기에 있다. 근대 이후 페미니즘 이론은 섹슈얼리티 범주를 특권화하는 '주체' 이해에 머물러 보편주의와 탈역사화의 경향을 벗어나지 못하였으며, 또 한편으로는 근대성 자체가 젠더화의 전략 속에 매몰되어 있었다. 이런 경향을 답습한다면 서구 중심적 페미니즘의 문화제국주의에 공모하는 결과를 초래할 수밖에 없다.

평등의 페미니즘과 차이의 정치가 거짓 문제 제기였다는 선언이 제기된 지금 21세기의 서두에서, 일생을 전투적으로 살아 있고 또 그렇게밖에 삶이 허용되지 않았던 근대 초기 여성운동가의 작품을 다시 되돌아보는 것은 실로 의미 있는 일이다.

나혜석이야말로 20세기 초 한국의 진보적 여성운동가였으며, 운동을 몸소 실천하고 작품으로 형상화한 살아있는 마니페스토였다. 민족문제가 민감하게 제시되고, 여러 방략들이 본격적으로 제출·실천되는 1920년대에 나혜석은 무엇을 추구하며 어떻게 살았는가. 자유와 평등의 이념 아래 주체확립과 자기 성취를 추구한 근대 계몽주의 사상을 온몸으로 살아 낸 1920년대 초의 나혜석, 김명순, 김일엽 등 마니페스토들은 신여성[3]

---

3) 신여성에 대한 개념은 고등교육 여부, 경제활동 유무로 개념화되어 대개 세 가지로 나뉘는데, ① 지도적 해외유학파(나혜석, 김일엽 등) ② 여고 졸업 후 직업을 가진 중간층 여성 ③ 여고 졸업 후 전업주부인 중간층 여성 ④ 문자해독 정도의 노동 신여성이다(최숙경·이배용, 「한국여성사 정립을 위한 인물유형 연구 3-3·1운동에서 해방까지」, 『여성학논집』 10, 이대 한국여성연구소, 1996, 26면). 이 중 비판적 신지식층과 연관된 신여성은 ①의 해외유학파들이다.
한편 임옥희는 신여성의 개념과 관련하여 중요한 부분은 '근대적인 제도교육과 외양'이 아니라 '근대적 여성의식'이라면서, 신여성을 '근대적인 제도교육을 받지 않더라도 봉건 가부장제와 단절할 수 있는 무/의식적인 욕망을 가진 여성들을 총칭하는 것'으로 본다(임옥희, 「신여성의 범주화를 위한 시론」, 『한국의 식민지 근대와 여성공간』, 여이연, 2004 참조).

이라 불렸다. 이들은 자유연애론을 처음으로 제기하고 그것을 여성해방
과 연결시킨 제1세대였다. 신여성이 하나의 사회적 범주로 인식되기 시
작한 것은 1920년대 초이다. 이들이 사회적 범주를 형성할 수 있었던 것
은 신교육을 받은 신여성들이 국내 여학교나 외국유학을 마치고 돌아와
사회적으로 활동하기 시작했기 때문이었는데, 실제로 이들은 1910년대
에 국내에 형성된 비판적 신지식층[4]과 연관된다. 신여성 집단의 형성은
1920년대이지만 나혜석·김명순 등은 1910년대부터 비판적 신지식층으
로서 활동하고 있었다.[5]

　여기서는 한국 최초의 여성해방문학인 나혜석의 소설 「경희」(1918)를
중심으로 신여성의 출현과 여성해방론이 구체적으로 어떤 함수관계에
있으며, 신여성의 등장과 우리 소설의 근대성과는 어떤 관계에 있는지
살펴보려고 한다. 또 신여성들이 부르짖은 이상적 신여성론에 나타난
여성성의 실체는 무엇인지도 살펴 볼 것이다. 특히 식민 상태에서 신여
성 집단이 이룩한 한국문학적 성과가 탈식민 담론으로서의 유효성을 확
보하고 있는지 검토하여, 그때－거기 및 지금－여기에서의 근대성의 의
미망을 조망해 보려 한다. 이 과정에서 한국문학에서의 근대성의 의미
를 재조명 하게 될 것이며, 보편적으로 운위되는 근대성 논의가 여성성
의 근대성 논의, 여성문학에서 근대성 논의와 거리가 있는지의 여부도
밝힐 수 있을 것이다.

---

4)　김복순, 「1910년대 단편소설 연구」, 연세대학교 박사학위논문, 1991 ; 김복순, 『1910년대
　　한국문학과 근대성』, 소명출판, 1999 참조.

5)　《여자계》 활동 등이 이에 해당된다. 김명순, 나혜석의 경우 1920년대 이전과 이후로 분리
　　해 볼 필요가 있다. 이들이 연애지상주의·자유연애로 나아간 것은 1920년대 이후였다.

2. 여성의 신여성 기획과 '어머니-딸의 서사'

20세기 초의 이 땅의 딸들이 직면한 것은 '벗어던지지 못한 집-아버지'였다. 아니 어쩌면 집-아버지로의 회귀를 요구하는 내면, 외면의 목소리들인지도 모른다. 평등의 페미니즘이 지향하는 것은 아버지의 세계의 동일성, 억압적 구조로서의 집으로부터의 탈피로 요약할 수 있다. 20세기 초, 특히 1910년대는 안전한 집-아버지를 벗어난 여성들이 세계와 화해할 수 있는 가능성은 없다는 것을, 이 세상에서 그 딸이 쉴 곳은 없다는 것을 웅변적으로 입증해준다.

「경희」는 「이상적 부인」(1914)을 발표하면서 등단, 평문·소설 등을 통해 평생 전투적으로 살아온 작가 나혜석의 진취성이 갈등의 서사 형태로 제시된 소설이라 할 수 있다. 1910년대 소설 중 자의식에 눈뜨고 평등 이념을 실천하려 한 근대 여성을 초점화한 소설은 일찍이 없었다. 1910년대에 집단적으로 형성된 비판적 신지식층 작가들의 소설은 자기 비판의식에 도달한 남성 주인공을 설정하여 현실의 모순과 부조리를 관찰하고 해부하고 있지만, 그들의 서사는 이상과 현실 사이에서 해결점을 찾지 못한 채 '방황하는' 지식인의 모습을 주로 내면묘사 속에서 형상화한다.[6] 그러나 같은 비판적 신지식층에 속하는 여성작가 나혜석은 내면묘사로 일관하지 않는다. 나혜석은 일본에 유학한 여학생을 주인공으로 하여 봉건적 관습과 인습에서 헤어 나오지 못하는 가족과 이웃들과 갈등하면서 자신 안의 과거 인습도 자각하고 그것을 비판하는 모습을 그리고 있어 구체성을 확보한다. 더군다나 1910년대나 1920년대에도 사이비 신여성을 그린 소설은 많았으나 긍정적인 신여성상을 형상화한

---

6) 김복순, 앞의 책 참조.

소설은 거의 없었다는 점에서 이 소설은 매우 의미있다고 할 수 있다. 다시 말하자면 이 소설은 신여성상을 긍정적으로 재코드화[7] 하고 있다. 신여성의 재코드화는 주로 남성작가에 의해 전개되었다.[8] 이 때 신여성은 사이비, 부정성, 개인주의, 이기주의, 성적 문란함 등의 내포를 갖고 있다면, 여성에 의한 신여성의 재코드화, 신여성의 발명의 정치학은 「경희」에서 보듯 긍정성을 내포한다.

당대의 어느 신여성 작가보다도 스토리텔러로서의 뛰어난 면모를 지니고 있는 나혜석은 「경희」를 통해 세간에 떠돌던 신여성에 대한 온갖 험담을 말끔히 불식시키는 이상적인 신여성상을 형상화한다. 경희는 바느질, 빨래, 밥하기, 김치 담그기는 물론이요, 하녀 시월이의 몫인 풀쑤기까지 도와줌으로써 신여성에 대한 부정적 인식을 말끔히 걷어낸다. 이 소설에 나오는 갖가지 험담이란 기실 기존의 질서, 즉 아버지 세계에 다름 아니다. 이 소설에서는 남성/신여성의 기본 대립틀은 물론이요, 구여성/신여성의 이항대립, 그리고 그릇된 신여성/참 신여성의 이항대립도 존재한다. 남성/여성의 대립은 아버지/경희의 대립으로서 혈연관계인 부모 자식 간의 대립이라기보다 사회적 성정체성인 젠더(Gender) 이데올로기의 대립이다.

「경희」는 신여성/구여성의 대립에서 출발하여 신여성/남성의 대립으로 서사가 전개된다. 1~2장이 전자에, 3~4장이 후자에 해당된다. 물론 전, 후 모두에서 신여성인 경희가 승리하지만, 갈등양상은 사뭇 다르다.

---

7) '신여성의 재코드화'라는 용어는 신수정, 「한국근대소설의 형성과 여성의 재현양상 연구」(서울대 박사논문, 2003)에서 사용되었다. 한편 필자는 신여성의 재코드화를 김명순론에서 '신여성의 발명의 정치학'으로 이미 논구한 바 있다(김복순, 「신여자의 근대적 진정성의 형식」, 『페미니즘 미학과 보편성의 문제, 소명출판, 2005, 25~74면 참조).

8) 김동인의 「김연실전」, 「약한 자의 슬픔」, 「B사감과 러브레터」, 염상섭의 「제야」 등이 그것이다.

1~2장에서의 구여성과의 대립은 경희가 직접적으로 전면에 나서지 않고 주변인물들의 논쟁을 통해 간접적으로 전개되어 노골적인 설교투를 피하고 간접설득의 효과를 자아낸다. 반면 3~4장에서의 남성과의 대립 즉 아버지와의 대립은 직접적이다. 이는 계몽 주체의 객체에 대한 우위 방식이 아니다. 나혜석은 이광수가 흔히 써 온 이 방식을 거부한다. 나혜석은 자기다짐의 담화양식[9]으로 계몽의 효과를 한층 고조시키면서 구여성과의 연대 가능성까지 드러내고, 그 고조된 분위기로 아버지와 대결케 함으로써 아버지 세계의 부당함을 더욱 역설하는 효과를 자아낸다. 참으로 탁월한 서술전략이 아닐 수 없다.

1~2장은 사실 신여성 옹호론이라 해도 과언이 아니다. 1장에서 경희는 신여성에 대한 오해와 부정적 인식의 화신이라고도 할 수 있는 사돈마님과 대립한다. 사돈마님은 신여성이라면 "어떻든지 흉만 보고 욕만 하기로는 수단이 용한" 인물로서, 신여성들의 삶을 보고는 "아이구 망칙한 세상도 많아라"라고 혹평한다. 이 사돈마님은 경희가 바느질을 곧잘 해서 제 옷은 스스로 꿰매 입고 일본 사람들에게 존대를 받으며, 일본 사람으로부터 취직제의까지 받았다고 하자 처음에는 믿지 못한다. 그러나 월급도 보통 남자의 3~4배나 더 준다는 말을 듣고는 "내가 여학생을 잘못 알아왔다. 정말 이 집 딸과 같이 계집애도 공부를 시켜야겠다. 어서 우리 집에 가서 내외시키던 손녀딸들을 내일부터 학교에 보내야겠다"고 결심하게 만든다. 가부장 사회 남성들의 아니마로서의 구여성들을 효과적으로 설득해 낸다.

2장에서는 떡장수와 이웃의 소년과부(수남 어머니), 하녀 시월이를

9) 안숙원, 「나혜석 소설 「경희」의 재검토」, 정월 나혜석 기념사업회, 『나혜석 바로알기 제1회 국제심포지엄』, 1999, 42면.

통해 참 신여성의 진가를 확인시킨다. 떡장수 역시 항간에 떠도는 신여성에 대한 부정적 소문을 그대로 믿고 있는 인물이다. 사내의 꾀임을 받아 첩이 된 신여성, 버선도 제대로 깁지 못하는 신여성, 밥을 할 줄 몰라 태우는 신여성 등 떡장수의 험담은 그칠 줄 모른다. 하지만 "도무지 노시는 것을 못 보았"다는 시월이의 입에 침이 마를 정도의 칭찬을 듣고 생각을 바꾸게 된다. 더군다나 시월이는 경희가 신분의 귀천을 가리지 않고 응대해 주며 온갖 부엌일을 도와주고, 또 조카에게보다 자기 아들 점동에게 더 좋은 장난감을 사다주는 자상함을 보이자 경희를 누구보다도 더 의지하고 따른다. 경희는 수남 어머니의 한탄을 듣고 교육받지 못해 고통스러운 조선의 여러 불행한 가정을 떠올리며 "내가 가질 가정은 결코 그런 가정이 아니다. 나뿐 아니라 내 자손, 내 친구, 내 문인들이 만들 가정도 결코 이렇게 불행하게 하지 않는다. 오냐, 내가 꼭 한다."고 맹세하며 조선의 구습을 비판하면서 선각자로서 다시 한 번 다짐한다.

사실 1~2장에 드러나는 다양한 처지의 구여성들은 아버지 세계가 강요한 억압적 질서를 내면화한 인물들이다. 이렇게 가부장 질서의 한 가운데에 처한 구여성들을 대상으로 남녀평등과 여성교육론을 주창하고 있다. 즉 여성도 하루빨리 신문물을 받아들여야 하며, 구여성들도 남성들 못지않게 배워야 한다는 것이다. 1장에서는 사돈마님과의 대립이 단순히 사돈마님의 인식변화를 이끌어내는 데 그치고 있다면, 2장에서는 경희의 다짐까지 이끌어낸다.

3장은 갑자기 혼인시키려고 작정한 아버지가 등장하여 앞으로 전개될 갈등을 예고케 한다. 경희의 아버지 이철원은 아들의 권고에 못 이겨 경희를 일본유학까지 보내었으나, 열아홉이나 된 경희의 혼사 때문에 걱정되던 차 김판사의 집에서 청혼이 들어오자 이참에 혼인시키자고 막무가내로 몰아붙인다. 경희의 어머니 김부인은 남편이 젊었을 때 축첩

하여 마음고생도 한데다, 계집애를 가르치면 건방지다는 세간의 소문과 달리 더욱 부지런해진 경희를 보니 공부를 계속 시키고 싶다. 일본유학 후에는 청소 방법까지 이전의 기계적인 데서 건조적·응용적인 방법으로 바꾸는 등 경희를 보면 대견하기까지 하다. 경희가 이렇게 내막에 자각이 생기고 실천적 인물이 된 것은 신식교육 덕분이라는 것이 경희 어머니의 판단이다. 그러나 경희 어머니는 남편의 위세에 눌려 자신의 생각을 거의 펼쳐 보이지 못한다.

4장에서는 혼인하라는 아버지의 말씀을 듣고 그대로 따를 것인가 아니면 거역하고 주체적으로 살 것인가를 고민하는 경희의 심리적 갈등이 세세하게 펼쳐진다. 아버지의 말씀대로 부잣집에 시집 가 돈 많고 귀염받고 사랑받고 살 것인가, 아니면 자신의 의지대로의 삶을 선택하여 가시밭길의 험난한 삶을 택할 것인가. 경희는 자신이 금수가 아니라 사람이고, 여자라는 것보다 먼저 사람이기 때문에, 사람인 이상 사내와 같이 못할 것이 무엇이며, 사람으로서 사람답게 사는 것이 중요하다고 결론 짓고 아버지를 거역하기에 이른다.

「경희」는 경희라는 이상적 신여성을 통해 신여성에 대한 각종 우려와 부정적 인식을 불식시키는 신여성상의 재코드화를 감행하고 있음은 물론 신여성이 남성지배사회에서의 온갖 갈등을 겪고 타자성의 주체로 거듭나는 주객변증법을 보여주려 하였다. 그러나 「경희」는 1~2장에서 드러난 바, 신소설에 이어 『무정』에서 엿보인 관념적 실천 양상이 완전히 가신 것은 아니다. 「혈의 누」, 「추월색」 등에서 보인 개화 지식인의 신교육 이념, 자유연애는 일상의 차원에서의 살아있는 의식과 행동을 통해 형상된 것이 아니었다. 즉 구체성이 결여되어 있었던 것이다. 그들의 자유연애 구호는 관념에 머물러 있으며, 사랑에 있어서도 낭만적 사랑에 요구되는 열정이 결여되어 있다. 즉 그들의 구호는 남의 옷을 빌려 입은 듯 육화된 것이 아니었으며, 사랑에 있어서도 개인의 사적 감정을 공동체 윤리와 일치시켜 사고하는, 즉 민족의 논리와 개인의 사랑이 분리되어 있지 않았다. 「혈의 누」에서 구완서에 의해 위기를 벗어난 옥련이 구완서에 대한 은혜와 사랑을 구별하지 못하고 은혜를 곧 사랑이라고 생각하는 장면이라든가, 「추월색」에서 영창과 정임이 어린 시절 정혼한 관계라는 것이 밝혀지자 순식간에 사랑에 빠져드는 것은 아직도 사랑이라는 사적 감정과 공동체의 윤리를 분리시키지 못한 사례들이다.[10] 이는 신소설의 주인공들의 사랑이 '가짜 욕망'에 불과하다는 것을 일깨워준다. 이들의 사랑에 대한 감정은 스스로 만들어낸 환상에 가깝다. 이들 인물들에게 사랑은 하나의 윤리요 의무였던 것이지, 개인적 갈망을 동반한 육화된 사랑이 아니었다. 이들에겐 열정과 사랑이 분리되어 있을 뿐 아니라, 열정은 없이 자유연애 이념에 따라 '내가 선택한다'는 관념적 구호가 있을 뿐이다.

그러면 「경희」는 어떠한가. 1~2장에서 이상적인 신여성상을 몸소 실천하는 경희의 모습은 신소설에서 벗어나 있다. 나혜석은 관념적 구호로써가 아니라 구체적 일상을 통해, 즉 여성의 가사노동[11]을 통해 이상적인 신여성상을 구현해낸다. 일본유학생으로 공부하기도 힘들 텐데 경희는 조선의 일반 여자들, 하녀들이 하는 여성의 일상을 몸소 자신의 현실로 끌어들인다. 온갖 잡스런 집안일들을 모두 척척 해낼 뿐 아니라 누구와도 대화가 가능한 열린 정신으로 현실 지반 위에 굳게 서 있다. 1~2장은 바로 1910년대의 우리의 구체적인 여성공간이 어떤 것이었는지를

---

10) 최혜실, 「개화기 신분제 붕괴와 남녀평등, 자유연애 결혼의 관련양상」, 《현대소설연구》 9, 1998.

11) 서정자, 「가사노동담론을 통해 본 여성 이미지—1910년대~1970년대 여성소설을 중심으로」, 『한국 여성소설과 비평』, 푸른사상, 2001.

세세히 보여 준다.

하지만 「경희」는 『무정』에서와 같이 여전히 계몽의 목소리를 높인다. 차이가 있다면 신소설이나 『무정』에서 울려 퍼졌던 신문명 수용, 신교육 논리가 '여성의 교육'으로 범주가 구체화되어 치환되어 있을 뿐 선각자 경희를 통해 울려 퍼지는 계몽적 논조는 위세당당하다.[12] 이러한 사실은 「경희」가 평론 「이상적 부인」의 소설화로 평가되게 만드는 부분[13]이기도 하고, 「회생한 손녀에게」를 포함하여 「경희」 이후의 나혜석의 다른 소설들(「규원」, 「원한」, 「현숙」) 등과도 차별화되는 부분이기도 하다.

한편 「경희」에서 우리가 고찰해 보아야 할 것은 경희 어머니의 태도이다. 경희 어머니는 기타 구여성들과 다르다. 구여성들이 신여성 험담에 열을 올릴 때도 어머니는 경희를 두둔한다. 어머니 역시 경희가 다른 여자유학생들처럼 난 체 한다든지, 공부한 위세로 사내같이 앉아서 먹자든지 또는 행실이 부정할까 보아 근심을 많이 하기는 하였다. 그러나 전보다 더 부지런해졌고, 살림 살아내는 방법도 가일층 세련되고 효율적인 것을 보고 긍정적으로 사고하게 된다. 물론 여기에는 남편 이철원의 축첩이 매개가 되었다. 축첩의 폐해를 몸소 겪은 어머니는 여성도 배워야 인간답게 사는 길이 열린다는 것을 깨닫게 된 것이다.

「경희」에서 경희와 어머니는 대립하고 저항하는 것이 아니라 동참하고 보조적이다. 경희의 '신여성 기획'에 엄마의 '신여성 만들기 기획'이 동참하는 형상이다. 이는 경희가 근대 여성으로 성장하는 과정인 동시

---

12) 이러한 사실은 김명순의 소설과 차이나는 부분이다. 이광수도 심사평에서 밝혔듯이, 자유연애 등 새로운 사랑관을 주로 제시하고 있음에도 김명순의 소설에서는 계몽적 의도가 거의 느껴지지 않는다.

13) 어긋나 있는 부분도 있다. 예를 들면 이론에서는 현모양처 사상을 부정적으로 인식하나, 「경희」에서는 이상적 신여성상으로 형상화하고 있다.

에 구여성인 엄마가 신여성의 실천상에 매개되어 근대 속으로 편입해 들어가는 과정이다. 그럼으로써 경희 어머니는 근대적인 어머니가 된다. 어머니 또한 아버지 세계로부터 억압된 희생물이라는 점에서 이 소설은 나의 '신여성 기획'에 엄마의 '신여성 만들기 기획'/아버지의 질서가 대립되는 '어머니–딸의 서사'라 할 수 있다.

고래로부터 우리 사회가 어머니를 가부장제 이데올로기의 수호자로 인식해온 바에 비추면, 자신의 주체성을 확립하려는 딸에게 어머니는 거부되어야 할 대상이고, 떨쳐 버려야 할 존재이다. 이는 대개 모성성과 여성성의 대립으로 나타난다. 근대성의 선취가 화두였던 근대 초기 작품들은 계몽의식이나 자유연애의식을 드러내면서 봉건적 구습의 탈피를 일차적으로 삼고 있기에 신여성이라는 근대적 주체가 성장·발전하는 과정을 형상화하려면 어머니들은 극복해야 할 과정으로서 존재할 수밖에 없었다.

신소설 「혈의 누」를 예로 들어 보자. 신소설에서 어머니들은 철저히 주변화되어 있다. 가령 「혈의 누」의 첫 장면에 나오는 어머니는 주체로 서기는커녕 무기력하고 무능하기 짝이 없는 어머니이다. '걸음은 허둥지둥하고 젖가슴이 다 드러난' 상태로 갈 길 몰라 좌충우돌하는데, 일청전쟁이 제일 먼저 해체시키고 무력화한 대상은 바로 조선의 어머니였다.[14] 여주인공 옥련이 천연덕스럽게 자신의 위기를 헤쳐 나가는 데 반해 조선의 어머니인 옥련의 어머니는 철저하게 무력한 인물, 주변화된 인물로 그려진다. 그럼으로써 「혈의 누」에는 무력하고 주변화된 어머니/현명하고 용감한 딸의 대립항이 설정되어 있다. 더군다나 옥련이는 어

---

14) 박숙자, 「근대문학 형성기에 나타난 모성의 성격」, 『한국문학과 모성성』, 태학사, 1998, 95면.

머니를 만나지 못함으로써(어머니와의 분리) 성장·발전의 길을 걷게 되는데 이는 어머니의 '부재'가 딸의 성장·발전을 위한 '필요조건'으로 동기화되어 있음을 알 수 있다.

그러나 1910년대의 「경희」에 오면 사정은 이와 다르다. 「혈의 누」가 어머니와 딸의 분리라는 모티브를 서사전개의 필요조건으로 삼고 있다면 「경희」는 어머니와 딸의 자매애에 가까운 결속을 드러낸다. 어머니가 딸의 성장에 진정한 매개가 되지는 못하나 경희 어머니는 더는 거부 대상으로서의 어머니는 아니며, 일방적으로 희생을 감수하는 희생적인 모성도 아니다. 어머니는 더는 가부장제를 대변하는 대리자가 아닌 것이다. 그런 점에서 이 소설은 '딸의 서사'이면서도 '어머니-딸'의 서사이기도 하다. 이는 평등의 페미니즘을 내건 소설에서 흔치 않은 예이다.

반면 아버지 세계의 질서는 완강하다. 아버지의 혼인강요를 거부하는 경희가 "전신이 천근만근이나 되도록 무거워졌다. 머리 위에는 큰 동철 투구를 들씌운 것 같이 무겁다. 오그라졌던 두 팔 두 다리는 어느덧 나와서 척 늘어졌다. 도로 전신이 오르라"질 정도라고 느끼는 부분과, 1~2장에서의 경희의 좋은 조건을 뒤집듯 아버지의 말씀에 따르지 않을 때 험로가 펼쳐져 있음을 토로하는 부분은 가부장적 질서의 완강함을 역으로 드러내는 부분이다.

> 경희의 앞에는 지금 두 길이 있다. 그 길은 희미하지도 않고 또렷한 두 길이다. 한 길은 쌀이 곡간에 쌓이고 돈이 많고 귀함도 받고 사랑도 받고 밝기도 쉬울 황토요 가기도 쉽고 찾기도 어렵지 않은 탄탄대로이다. 그러나 한 길에는 제 팔이 아프도록 보리방아를 찧어야 겨우 얻어먹게 되고 종일 땀을 흘리고 남의 일을 해주어야 겨우 몇 푼 돈이라도 얻어 보게 된다. 이르는 곳마다 천대뿐이요 사랑의 맛은 꿈에도 맛보지 못할 터이다. 발부리에서 피가 흐르도록 험한 돌을 밟아야 한다. 그 길은 뚝 떨어지는 절벽도 있고 날카로운 산정

(山頂)도 있다. 물도 건너야 하고 언덕도 넘어야 하고 수없이 꼬부라진 길이요, 갈수록 험하고 찾기 어려운 길이다.[15]

일본인들이 찾아와 많은 월급에 취직제의 하던 소설의 전반부를 떠올리면 위 예문의 내용은 상당히 과장되어 있음을 알 수 있다. 하지만 그렇다고 하여 이 부분이 1~2장의 내용과 구조적 파탄을 보이거나 주제의 불통일성을 드러내는 것은 아니다. 이는 그만큼 아버지의 세계가 강고함을 의미한다. 전직 군수로서 첩을 몇씩이나 거느린 바 있는 아버지는 가부장 사회의 전형적인 남성이다. 경희의 신여성론을 듣고 "아이 아니꼬운 년 그러기에 계집애를 가르치면 건방져서 못 쓴다는 말이야", "뭐 어쩌고 어째. 네까짓 계집애가 하긴 무얼 해. 일본 가서 하라는 공부는 아니 하고 귀한 돈 없애고 그까짓 엉뚱한 소리만 배워 가지고 왔어?"라고 조소를 퍼부을 정도로 완강하다. 소설 서두에 나오는 '아버지 사고팔기'의 충격적 예화는 가부장 질서의 완강함을 역으로 대변해주는 에피소드이다. 구여성과의 대립보다도 더 강고하고 완강한 힘의 세계가 가부장 질서였던 것이다.

「경희」에서 또 주목해야 할 것은 오빠가 여성의 주체형성 과정에 개입되어 있다는 점이다. 대개 오빠는 아버지 대신(아버지의 부재 시에는 더욱 확연히 그러하다) 가부장적 질서를 수행하지만[16] 이 소설에서 오

---

15) 서정자 엮음, 『정월 라혜석 전집』, 국학자료원, 2001, 116면.

16) 여성 주인공이 아버지와 어머니로부터 단절되어 있을 때 가부장적 질서는 오빠에 의해 수행된다. 여성 주인공의 교육을 맡은 인물이 아버지가 아니라 오빠로서, 이때 오빠는 아버지에 의해 가부장적 질서가 수행될 때보다 수평적인 입장에서 부드러운 형식으로 수행한다. 이런 형태를 허쉬는 '형제애(fraternal)'라 표현한다(M. Hirsch, *The Mother/daughter Plot : narrative, psychoanalysis, feminism*, Indiana, 1989, 제2장 참조).
한편 이경훈은 '오빠-누이' 구조를 부모 버리기이며 동지관계로 설정하며, 근대의 시간성이 새롭게 발생하는 지점이자 시대정신(54면)이라고 해석한다. '근대문학사의 위력적

빠는 경희의 정신적 후원자로서 형제애를 보인다. 경희의 일본유학이 가능했던 것도 오빠가 아버지와 어머니를 설득한 덕분이었다. 오빠는 경희의 성장·발전에 중요한 매개 역할을 수행하고 있는데, 오빠야말로 이 땅의 딸들이 성장해 나갈 질서의 중심으로 의미화되고 있다. 경희 집 안은 경희뿐만 아니라 가족 구성원 모두가 오빠에게 정신적으로 의존해 있음으로써 오빠가 가부장 질서에서 벗어나려고 하는 한편 새로운 가부 장 질서의 수호자로 명명되고 있음을 보여 준다.

자유연애 모티브를 직접적으로 형상화하고 있는 신소설에서 오빠는 별 의미망을 형성하지 못한다. 자유연애 모티브 때문에 남성 주인공이 자유연애의 상대이자 여자 주인공의 발전을 도모해주는 인물로 직접 등 장하기 때문이다. 그런데 「경희」는 자유연애를 구가하는 소설이 아니 다. 나혜석의 소설에는 김명순의 소설에서 보듯 자유연애상, 새로운 사 랑관의 제시가 직접적으로 형상화된 예가 없는 것이 특징이다. 김명순 이 낭만적 사랑을 그토록 형상화해 보이려고 노력[17]한 데 비하면 나혜 석은 1920년대에도 자유연애 모티브는 직접적으로 사용하지 않았다. 그 런 탓에 신남성의 존재는 등장하지 않고, 조력자로서의 오빠, 형제애를 나타내는 오빠가 등장한다.

1910년대에 가부장의 대리인인 오빠가 조력자가 된 것은 한편으로는

인 추진력'이자 '한국근대문학의 본질적 구조', '보편적으로 관철되는 식민지 문학의 양 상'이다. 이경훈의 이러한 평가는 상당히 과장되어 있는데, 여성이 바로 근대화의 상징이 라는 점에서 이 구조는 세계적 보편성의 측면이 있다고 사료되기에 비단 한국문학에만 적용되는 사항은 아닌 듯싶기 때문이다. 또 '근대문학사의 위력적인 추진력'은 일견 타당 성이 있지만, '한국근대문학의 본질적 구조', '보편적으로 관철되는 식민지 문학의 양상' 여부는 좀 더 면밀히 고찰될 필요가 있다(손정수, 「오빠─누이 구조의 연원」, 『최서해문 학의 재조명』, 국학자료원, 2002 ; 이경훈, 『오빠의 탄생』, 문학과 지성사, 2003 참조).
17) 김복순, 「지배와 해방의 문학─김명순론」, 『페미니즘과 소설비평』, 한길사, 1995.

아버지 세대의 몰락이라는 세대 간의 단절을 암시하는 것이기도 하다. 식민지 상태는 이제 더는 기존의 부권적 질서가 합리적 발언을 할 수 없는 위치임을 웅변적으로 알려 준다. 경희에게 가해지는 아버지의 혼인 제의가 합리적 · 이성적 차원에서의 설득을 기초로 한 것이 아니라 거의 폭력에 가까웠다는 점에서 우리는 가부장 질서가 신여성에서 물리적 · 폭압적으로 행사한 폭력의 의미를 읽을 수 있다. 또 4장에서 경희가 갈등할 때 오빠는 전혀 존재를 드러내지 않는다는 점에서, 신식 남성이든 구식 남성이든 남성이 주체가 되는 합리성, 이성에 토대한 자유 · 평등의 외침이 얼마나 수사적 장식에 불과한가를 확인시켜 준다. 이 언저리에서 여성들의 결속이 이루어지는, 어머니-딸의 서사가 도출되는 것은 결코 우연이 아니다.

신소설에서는 아버지의 부재와 함께 어머니/딸의 분리, 신남성과의 결속이 행해지면서 '딸의 서사'를 구성해냈다면, 1910년대 「경희」에서는 어머니와의 결속이 형성되면서 '딸의 서사'이면서 동시에 '어머니-딸'의 서사가 구축되었다. 사실 신소설은 봉건타파를 일차적 과제로 삼고 있어서 여권옹호의 목소리가 그리 높지 않았다. 「혈의 누」만 하더라도 옥련과 구완서라는 두 남녀 주인공의 봉건타파에 초점이 있지 옥련을 서사의 핵으로 삼고 있는 것은 아니다. 그런 점에서 「혈의 누」는 '딸의 서사'인 것만은 아니다. 하지만 「경희」는 여성 주인공인 경희를 중심으로 조혼제도의 타파, 축첩제도 반대, 자유의사에 의한 주체형성 등 가부장 질서에 저항한다. 「경희」는 가부장 질서에 부딪쳐 갈등하고 저항하면서 근대적 주체로 성장해 가는 여주인공의 플롯이 서사의 핵이다. 이 과정에서 어머니와 경희는 대립되는 것이 아니라 결속함으로써 신여성 기획에 동참한다.

3. 식민지 모방담론으로서의 여성 교육과 타자성의 주체

근대 초기의 작품은 대개 계몽의 기획에서 자유롭지 않았다. 계몽의 여러 기획 중에서도 자유연애 문제는 주체의 발견과 개성의 옹호라는 내용을 담고 있기도 하거니와 신세대의 욕망을 총체적으로 드러내 주는 것이어서 특히 중요한 문제로 다루어지곤 하였다. 그러나 이미 식민지 상태로 전락한 상황에서 식민지 백성의 욕망, 그 중에서도 식민지 여성의 욕망은 한층 중층적 구조를 취할 수밖에 없었다.

식민지 상황에서 식민지인은 하위주체(subaltern)를 형성한다.[18] 하위주체란 성·인종·문화적으로 주변부에 속하는 사람들로 확장될 수 있으며,[19] 예속과 억압의 식민지 현실과 연결되어 식민지배/식민, 남성/여성, 신여성/구여성의 이항대립을 산출한다. 뿐만 아니라 남성=식민지제국, 여성=식민지인=종속국이라는 성적 은유까지 증식된다.[20]

식민지(비서구)는 서구의 타자, 문명의 타자로 존재한다. 더군다나 우리의 경우 식민지가 미국에 의해 타자화된, 즉 미국을 타자로 상정하면서도 자신은 동아시아를 지배했던 일본에 의해 타자화되고 있어 더욱 중층적이다. 식민지 문화는 식민지배 문화를 자발적으로 내재화하여 타자화하는데, 서구 문화에 대한 이러한 식민성은 '누런 피부, 하얀 가면'[21] 을 창출한다. '누런 피부, 하얀 가면' 의 이중성은 직접적인 지배보다 더욱 무섭게 문화적 지배의 기제가 된다. 그 결과 식민지인은 식민지 지배 담론에 의해 타자로 구성되는 동시에 스스로를 타자화하는 자기분열을

---

18) Spivak, "Can the Subaltern Speak?", Eds. & Intro. Cary Nelson and Lawence Grossburg, *Marxim and the Interpretation of Culture*, Macmillan, 1988.

19) 태혜숙, 『탈식민주의 페미니즘』, 여이연, 2001, 117면.

20) 강상중, 이경덕·임성모 역, 『오리엔탈리즘을 넘어서』, 이산, 1998 참조.

21) 이는 F. 파농의 『검은 피부, 하얀 가면(Black Skin, White Masks)』을 패러디한 것이다.

겪게 된다. 이러한 타자성은 그저 외재적으로 부가되는 것이 아니라 내재적으로 스며든 상태가 되어 쉽게 떨쳐 버릴 수 없는 권력관계를 형성한다. 호미 바바가 언급한 바 식민적 언술은 하나의 권력기구이고, 식민지(인) 속성은 복합심리, 양가성(ambivalence), 모순의 재현으로 드러난다.[22] 바바는 라캉의 모방이론을 차용, 모방이야말로 식민지 타자의 전형이라고 언급한 바 있다.[23] 식민지인들은 서구 근대 문화를 거부하지 않고 모방함으로써 타협하게 되고, 타협은 혼성, 잡종성(hybridity)을 드러낸다. '거의 같지만 똑같지는 않은' 닮은꼴의 식민지인은 모순된 심리적 정서와 양가성을 지니게 된다.

이 같은 식민적 모방담론을 근대 초기 작품에서 찾아보기는 그다지 어렵지 않다. 특히 여성 주인공의 경우 이중적으로 타자화된 양상을 띤다. 즉 한편으로는 남성에 의해 타자화되고, 다른 한편으로는 식민 모국에 의해 타자화된다. 여성의 욕망은 남성의 욕망을 흡수한 타자화된 욕망이며, 식민 모국의 욕망을 타자화하여 내면화한다. 여성의 경우도 신여성과 구여성의 경우가 다른데, 신여성들은 근대화에서 소외되고 있지 않으나 민족범주에서는 소외되어 있고, 구여성들은 민족범주뿐만 아니라 근대화에서도 소외되어 있다. 구여성들은 하위주체(식민지민)/여성하위주체(가부장제)/구여성으로 타자화된다. 식민성과 성적 예속, 경제적 불평등은 이들로 하여금 중층적 타자성을 지니도록 호출한다.

이러한 타자화에 결정적으로 기여한 것이 1911년 공표된 조선교육령이다. 이 교육령에 의하면 일제하 여성교육은 순량한 황성신민 양성과 가부장제에 입각한 현모양처 교육에 그 목적이 있었다. 황민화, 우민화

---

22) Homi K. Bhabha, *The Location of Culture*, London : Routledge, 1994 참조.
23) 필자는 이를 부정적으로만 보지는 않는다.

로 요약되는 식민교육의 특성은 전통적 여성성의 강화로 나타났으며, 여성교육은 여성의 주체확립이나 지위향상을 위한 것이 아니라 전 국민의 개화를 위해 여성을 계몽하는 것이었다. 현모양처 교육 또한 남자와 대등하게 자유인으로서 교육시키고자 한 것이 아니라 오히려 "보다 더 공손한 노예"로 만들려는 것이었다.[24] 결국 신여성에 나타나는 근대적 여성성은 조선의 유교적 가부장제가 식민지하 근대적 지식이라는 힘을 이용하여 새로운 근대적 가부장제를 성립해 가는 가운데 만들어진 것이라 할 수 있다.[25]

신여성을 새로운 여성집단으로 구별화하면서, 시대를 이해하고 사회 물정을 알고 창조적 정신이 있는 "지의 아름다움"이 있다[26]고 하면서도 구여성과 달리 살림에는 무관심하고 시부모도 잘 모시지 못하며 사치스럽고 낭비가 심한 여성으로 인식하는 배면에는 새로운 근대적 가부장제의 시선이 스며 있다. 이러한 시선 속에서 심지어는 "소위 학문 있는 여인들이 가정 본위가 아니라는 점에서", "현대형의 인텔리 여성"은 "종래의 여성"과 대비하여 권장할 만할 것이 없다는 주장까지 나오게 된다.[27] 이들은 신여성들이 한편으로는 새로운 근대적 자아를 보이기는 하지만 다른 한편으로는 가정을 등한시하고 남편의 경제력에 의존하여 물질적으로 탐닉하는 생활에 안주하는 이중적, 근대적 여성성을 보여준다고 평가한다.[28] 신여성들을 흠모하고 선망하면서도 한편으로는 그들을 천

24) 백파, 「소위 신여성과 양처현모주의」, 《현대평론》, 1927.2, 162면 ; 이훈구, 「여성교육의 근본문제」, 《여성》, 1938.10, 30~1면.

25) 조은·윤택림, 「일제하 '신여성'과 '가부장제'」, 『광복 50주년 기념 논문집 8 – 여성』, 한국학술진흥재단, 1995, 172면.

26) 함상훈, 「조선 가정 생활 제도의 검토」, 《여성》, 1938.8.

27) 윤규섭, 「현대 여성의 위치」, 《여성》, 1940.10, 29면.

28) 함대훈, 「조선신여성론」, 《여성》, 1937.2 ; 홍종인, 「결혼에 나타난 신여성」, 《여성》, 1937.2.

박한 사이비 신여성으로 몰아붙일 만반의 준비가 다 되어 있던 당대 남성들의 언술에는 남성에 의해 타자화된 여성 이미지와, 구여성 이미지에 의해 중층적으로 타자화된 신여성 이미지가 복잡하게 얽혀 있다. 그리고 현실 속에서 신여성들은 다시 구여성을 타자화한다. 그리고 그 밖의 배면에 큰 타자(Other), 즉 식민지배/식민의 타자화가 존재한다.

「경희」의 경우도 예외는 아니다. 경희가 구여성들의 부정적 인식을 거둬 내려고 애쓰는 1~2장의 노력들은 분명 가부장제가 유포한 여성의 성 역할 분담론에 빚지고 있다. 그것은 확실히 가부장제적 시선이다. 경희가 신여성의 역할이라고 자각하며 열심히 하고 있는 일이란 바느질과 청소, 요리 등의 '가사노동'이다. 신여성의 역할이 이것밖에 없을 리 없건만, 경희는 가부장제가 유포시킨 성 역할 분담론에 기초하여 가사노동밖에 하지 않는다. 경희의 전공은 '음악'임에도, 이 소설에서 신식교육을 받은 신여성이 제시하는 바람직한 여성교육이란 '전공과 무관하게' 바느질, 청소, 요리 등을 잘 하는 것이다.

경희의 가사노동은 기존의 가사노동과 상당히 다른 것이다. 즉 이전의 '효의 수행방식으로서의 가사노동'이란 의미에서 '효율의 실천방식으로서의 가사노동'으로 바뀌어 있다.[29] 예를 들어, 경희의 청소방법이 예전의 '기계적인' 데서 '건조적 응용적 방법'으로 바뀌어 효율적이라는 칭찬을 받았던 것을 기억한다면, '효율의 실천방식으로서의 가사노동'에 연관되어 있는 것이 학교교육이며, '효율의 실천방식으로서의 가사노동'이 과학적 모성으로서의 여자의 본분에 맞는 노동규율임을 훈련한 것도 제도권교육을 통한 가사교육[30]이다.

---

29) 이러한 변모는 가정단락과 핵가족의 가치를 낳음으로써 가족의 근대적 변형의 계기로 작용한다(김혜경, 「가사노동담론과 한국근대가족」, 『한국여성학』 제15권 1호, 1999 참조).

30) 김혜경에 의하면 1920년대 전반기만 해도 신문화 건설과 풍속개량의 차원에서 가정생활

즉 「경희」에서 이상적, 긍정적인 신여성상의 재코드화는 '과학적 모성'이라는 미명 하에 '효율의 실천방식으로서의 가사노동', 또 그것이 '여자의 본분에 맞는 노동규율'이라는 성 역할 분담론과 결부되어 있으며, 자신의 전공 또는 개인적 자질과 연관되어 있지 않다. 「경희」에서조차 신여성은 아직 '근대적 개인'의 범주에는 미달인 것이다.

그런데 경희의 참 신여성이 되기 위한 성 역할 분담론은 식민 모국에서 배운 현모양처 사상이다. 현모양처 사상은 자본주의화에 의한 근대가족의 형성과 공사영역의 분리에 의해 형성된 근대사상이다. 서구사상이 유입되면서 근대화 기획의 일환으로 등장한 이 사상은 근대화를 위한 국민의 양성, 국권회복, 그리고 모성을 발휘함으로써 이루어지는 민족적 후진성의 극복에 그 목적이 있었다. 이는 사회적 상황이나 국가의 목적에 따라 여성의 역할을 조절하는 도구로 사용하는 것이다. 또 여성이라는 독립된 개체를 위한 것이라기보다 국권회복의 대임을 맡은 남성을 적극적으로 보완하는 존재로서 그 범위가 국한되어 있었다. 이는 국가 통합을 위한 여러 가지 장치로 여성을 수단화하는 것으로, 이때 여성은 '근대=시민사회=국민국가'가 만들어낸 바로 그 '창작'인 셈이다.[31] 이러한 젠더화의 전략은 일본의 경우에서도 마찬가지였다.[32] 작가 나혜석이 일본의 히라쓰카 라이초(平塚雷鳥)와 요사노 아키코(與謝野晶子)를 이

과 가사노동의 합리화를 주장했지만, 중반 이후로는 부덕과 현모양처론으로 후퇴한다면서, 이러한 제도화된 가정과학의 수립에 이화여전 가사과의 역할이 두드러졌다고 평가한다(위의 글 참조).

31) 우에노 치즈코, 이선이 역, 『내셔널리즘과 젠더』, 박종철출판사, 1999, 제1장 참조.

32) 가와모토 아야, 「한국과 일본의 현모양처 사상」, 심영희 외 편, 『모성의 담론과 현실』, 나남출판, 1999 ; 노영희, 「일본 신여성들과 비교해 본 나혜석의 신여성관과 그 한계」, 《일어일문학연구》 32, 1998 참조 ; 小山靜子, 『良妻賢母と いう 規範』, 경초서방(勁草書房), 1991 · 2004.

상적 부인의 전형으로 평가하였던 것은 이미 「이상적 부인」에 드러나
있다.

이 현모양처 사상에 대해 경희는 어떠한 시선을 가지고 있는가. 「경
희」에 나오는 일녀가 가르치던 바느질 강습소, 일본에서 배운 청소 방법
등은 일본을 통해 수입한 것이었다. 이는 경희가 식민지 지배담론에 얼
마나 침윤되어 있는가를 단적으로 보여준다.[33] 재봉틀 회사 감독이 경
희가 번역한 번역본 덕에 "이제까지 일어로만 된 것이어서 부인네들 가
르치기에 불편하더니 따님이 만든 책으로 퍽 유익하게 쓰겠습니다"고
한 말은 식민지 지배담론이 모방담론으로 확대재생산 되고 있음을 드러
낸다. 더군다나 경희의 어머니가 "번질한 양복을 입고 금시계 줄을 늘인
점잖은 감독이 조그마한 여자를 일부러 찾아와서 절을 수없이 하는" 것
을 보고, "과연 공부라는 것은 꼭 해야 할 것이고, 하면 조금 하는 것보
다 일본까지 보내서 시켜야만 할 것을 알았다."고 하는 부분은 내부식민
화의 길에서 한걸음 더 나아가 재식민화의 형성과정까지 읽게 만든다.
이때 일본어는 재식민화의 도구로서, 일본어를 잘 한다는 것은 식민 모
국의 지배담론을 더욱 가속화시켜 주는 중차대한 수단이 된다. 따라서
지배담론의 가속화에 동참하는 식민지인을 환대하는 것은 식민지 영속
화의 욕망을 꿈꾸는 식민지 지배자들로서는 당연한 조치이다.

이러한 지배담론은 경희의 행동뿐만 아니라 의식과 감수성까지 명백
히 지배한다. 조선의 현실이 식민 모국의 발언대로 "조선 안에 여러 불

---

33) 신수정은 경희가 '타인의 시선에 의지하지 않고 스스로 해야 할 바를 실행할 수 있는 하
나의 자율적 주체가 된 것'이고, 이를 '경희의 자발성'이라 보면서, 가사노동 담론이 삶
의 전반적인 재구축과 관련된 일련의 근대적 산물이라면 「경희」가 소설 서사에 초래한
새로움은 이루말할 수 없다고 평가한다. 하지만 경희의 가사노동 담론이 현모양처사상에
입각해 있고, 이는 곧 식민 모국의 여성 타자화 담론이라는 점에서 이를 수용하기에는 무
리가 있다(신수정, 앞의 글, 84~5면).

행한 가정의 형편이 방금 제 눈앞에 보이는 것 같"고, 또 풀을 쑬 때 불아궁이에서 밀짚이 탁탁 튀는 소리마저 도쿄 음악학교에서 듣던 관현악 연주같이 아름답게 느낀다. 다음과 같은 부분을 보자.

> 열심으로 젓고 앉은 시월이는 이러한 재미스러운 것을 모르겠구나 하고 제 생각을 하다가 저는 조금이라도 이 묘한 미감을 느낄 줄 아는 것이 얼마큼 행복하다고도 생각하였다. 그러나 저보다 몇 십백배 묘한 미감을 느끼는 자가 있으려니 생각할 때에 제 눈을 빼어 버리고도 싶고 제 머리를 뚜드려 바치고도 싶다.[34]

이 내용은 식민지 지배담론이 인식체계뿐만 아니라 감수성의 차원까지 지배하고 있음을 의미하는 단락으로서, 큰타자의 인식적 폭력성이 확인되는 지점이다. 그리하여 경희는 "먹고만 살다 죽으면 그것은 사람이 아니라 금수이지요.", "경희도 사람이다. 그 다음에는 여자다. 그러면 여자라는 것보다 먼저 사람이다. 또 조선 사회의 여자보다 먼저 우주 안 전 인류의 여성이다."라고 외치면서 식민 모국의 지배담론인 신교육을 적극 주장하게 된다. 이러한 신교육의 주장, 즉 조선 여자이기보다 전 인류인 여성으로서의 여성범주 설정은 식민 모순관계를 무화하고 식민지배 정책에 동화, 복속되는 결과를 필연적으로 초래한다.

그러면 식민지민에 의해 내면화된 근대성은 어떠한 의미를 지니는가. 식민지로 전락함으로써 민족공동체의 전망이 상실된 후 신교육을 비롯한 신문화의 이상은 '부서진 세계 속에서 꿈꾸는 자유'일 수밖에 없었다. 공동체적 전망의 상실은 '고독한 근대인'을 출현시키는데, 물론 이 근대인의 출현은 인식론적 변화의 상징으로서 서구적 계몽 이성의 등장

---

34) 서정자 엮음, 「경희」, 앞의 책, 108면.

을 의미하는 것이었다.

　계몽 이성으로서의 고독한 개인인 신여성의 경우 한편으로 그들은 신문명의 선구자요 수혜자였지만, 근본적으로는 공동체적 전망을 상실한 패배자였으며, 또 궁극적으로는 전 시대까지 내려오던 가부장제 질서의 패배자이기도 하였던 것이다. 신여성들은 가부장제 질서에서의 패배와 공동체적 전망에서의 패배를 신문명으로 극복하고자 하는 욕망을 가지고 있었다. 이 패배와 욕망의 권력관계에서 새로운 근대인인 여성들은 중세적인 가부장적 질서의 외재적 이념과 이항대립적 세계관에서 벗어나 자신의 내면에서 모험을 강행할 수밖에 없으며, 어느 것이 옳은가도 혼자서 판단해야 하는 외로운 내면적 모험을 수행하게 된다.

　이런 양면적 세계에서 어떤 가치(조혼반대, 자유연애 등의 신문명 이념)를 추구하는 주인공은 자신이 자각하는 의식이 항상 그것을 배반하는 무의식에 의해 미끄러지는 경험을 하게 되는데, 이러한 표면과 이면, 의식과 무의식이 불일치하는 고독한 개인의 내면적 경험이 바로 아이러니이다.

　　잘못하였다. 아아 잘못하였다. 왜, 아버지가 「정하자」 하실 때에 「네」 하지를 못하고 「안돼요,」 했나, 아아 왜 그랬나, 어떻게 하려고 그렇게 대답을 하였나! 그런 부귀를 왜 싫다고 했나, 그런 자리를 놓치면 나중에 어찌 하잔 말인가. 아버지 말씀과 같이 고생을 몰라 그런가보다. 철이 아니 나서 그런가보다. 「나중에 후회하리라」 하시더니 벌써 후회막급인가보다. 아아 어찌 하나 때가 더디기 전에 지금 사랑에 나가서 아버지 앞에 자복할까보다. 「제가 잘못 생각하였습니다」고 그렇게 할까? 아니다. 그렇게 할 터이다. (…중략…) 아, 그렇게 정하자. 그러나…….
　　「아이구, 어찌하면 좋은가…」[35]

---

35) 위의 글, 117면.

과연 그렇다. 나 같은 것이 무얼 하나. 남들이 하는 말을 흉내 내는 것이 아
닌가. 아아 과연 사람 노릇 하기가 쉬운 것이 아니다. 남자와 같이 모-든 것
을 하는 여자는 평범한 여자가 아닐 터이다. (…중략…) 아아 이렇게 쉽지 못
하다.[36]

경희는 이제까지 비나 쪽진 부인들을 보면 매우 불쌍히 생각하였다. 「저 것
이 무엇을 알고 저렇게 어른이 되었나 남편에게 대한 사랑도 모르고 기계같이
본능적으로만 저렇게 금수와 같이 살아가는구나 자식을 귀애하는 것은 밥이
나 많이 먹이고 고기나 많이 먹일 줄만 알았지 좋은 학문을 가르칠 줄은 모르
는구나 저 것도 사람인가」 하는 교만한 눈으로 보아왔다. 그러나 웬일인지 오
늘은 그 부인들이 모두 장하게 보인다. 설거지하는 시월이의 머리에도 비녀가
쪽 져진 것이 저보다 훨씬 나은 것도 같이 보인다. 담 사이로 농민의 자식들이
우는 소리가 들리는 것도 저보다 훨씬 나은 딴 세상 같다. 아무리 생각하여도
저는 저 같은 어른이 될 수 없는 것 같고 제 몸으로는 저와 같은 아이를 낳을
수가 없는 것 같다.[37]

이처럼 경희는 자신의 판단의 확실성을 무너뜨리는 심리적 양면성을
끊임없이 경험한다. 이 흔들리는 내면이야말로 봉건세계에서 해방된 대
가로 근대인이 겪게 되는 내면의 모험을 암시한다. 「경희」에서 가장 생
생한 현실성이 느껴지는 부분도 바로 내면적 갈등이 느껴지는 바로 윗
부분들에서이다.[38]
그런데 자세히 살펴보면 경희의 고민은 단지 형식적이고 심리적 차원

36) 위의 글, 118면.
37) 위의 글, 119면.
38) 유홍준교수는 나혜석의 작품에서 중요한 것은 여성해방의 내용이지 감동을 주는 작품이
    없다고 했는데(유홍준, 「나혜석을 다시 생각한다」, 정월 나혜석 기념사업회, 『나혜석 바
    로알기 제1회 국제심포지엄』, 1999.4.27), 확실히 1~2장까지의 내용은 그 계몽적 톤으로
    인해 큰 감동을 주지 못하는 것이 사실이다.

에 머물러 있다. 「경희」는 1910년대의 비판적 신지식층인 양건식, 현상윤에게서 보는 것과 같이 철저히 좌절한 개인은 아니다. 양건식, 현상윤에게는 식민지배/식민이라는 정치적 억압관계와 신문명이라는 문화적 제도가 중층적으로 혼용되어 있었지만, 경희에게는 식민지배/식민의 억압관계가 상대적으로 약화되어 있다. 경희의 좌절은 공동체의 와해에 따른 패배에서 온 것이라 하기보다 다만 신문명/무지의 대립에서 생겨나고 있으며, 그 표면 밑에 남성=식민제국, 여성=식민지민=종속국의 성적 은유가 내재되어 있다. 「경희」에서는 상대적으로 '민족'이라는 함수관계가 작동하지 않는다. 이러한 점에서 「경희」는, 정치에서 문화를 분리해 내고 문화만 발전시키면 된다는 논리하에 쓰인 『무정』과 동궤를 이룬다. 이광수의 정치에서의 문화분리론이 적극적인 동화주의(同化主義) 이론이라는 사실은 이미 밝혀진 바 있다.[39] 동화주의야말로 전형적인 모방담론이 아닌가.

경희의 좌절은 식민지배/식민의 권력관계에서보다 남성/여성의 권력관계에서 오는 이상과 현실의 괴리, 즉 주객분열로 생겨난 것이다. 이처럼 주객분열을 겪음으로써 타자성과 이질성을 담지하게 되는 신여성들은, 이질성과 타자성을 담지함으로써 그 타자성과 이질성의 편에 서서 신문명으로 대변되는 서구적 근대의 동질성을 와해시키는 글쓰기의 주체가 된다.

청소해 주기를 기다리는 '컴컴한 다락'과 불 아궁이 앞에서 이 묘한 미감을 모르는 시월이는 모르겠구나'는 경희의 인식, 또 신교육 내용대로 되지 않는 아버지와의 극심한 대립 국면, 그 대립 국면에서 '내가 남들이 하는 말을 흉내내는 것은 아닌가' 하는 스스로에게 던지는 질문들

---

39) 김복순, 「1910년대 단편소설 연구」, 앞의 책 2장 참조.

은 '거의 같지만 똑같지는 않은' 조선의 현실을 일깨워준다. 근대적 교육만으로 근대적 여성교육만 받으면 조선의 현실이 변화되는 것이 아님을 이질성과 타자성의 경계에서 주인공이 느끼는 순간 식민지민에 내재된 모방 담론, 즉 일본식 근대화는 패러디되는 효과가 산출된다.[40] 이렇게 이질성을 드러내고 패러디 효과를 산출하는 주체는 타자를 받아들여 타자를 넘어서는 타자성의 주체[41]이다.

경희가 바로 이 타자성의 주체이다. 그러나 경희도 내면의 갈등을 토로하는 데 그치고 행동의 주체로 나아가지는 못한다. 1910년대 비판적 신지식층인 양건식, 현상윤의 소설에서도 행동의 주체로 나아간 경우는 없었다는 점에서 이는 1910년대의 시대적 한계와 결부된다. 1910년대에는 아직 타자화된 모순현실에 대한 경험이 객관화되지 못한 것이다. 4장에서의 경희의 갈등이 객관현실 속에서 힘을 얻지 못하고 다분히 심리적이고 형식적인 차원, 즉 주관적 차원에 머무는 것은 이 때문이다.

4. 내부 식민담론에 균열 만들기

이상으로 나혜석의 최초의 소설 「경희」에 대해 살펴보았다. 한국문학에서의 근대성 논의는 그간 근대의 주체형성과 관련하여 일반성에만 머물러 있었던 것이 사실이다. 섹슈얼리티 범주 또한 주체형성에 있어 도외시 될 요소는 결코 아니라는 점에서 근대 초기 여성작가의 작품에서 근대성 문제가 어떻게 제시되는가 하는 점은 반드시 검토해 보아야 할

---

40) 파농은 모방을 콤플렉스의 표현으로 보았지만, 바바는 모방이 분열과 긴장을 보여 주어 전복의 가능성을 담지한다고 적극적으로 해석한다(프란츠 파농, 위의 책 ; 호미 바바, 나병철 옮김, 『문화의 위치』, 소명출판, 2002 참조).

41) 타자성의 주체는 타자를 받아들여 타자를 넘어서지만, 제도의 모순에 저항하는 분열적인 주체는 아니다.

중요한 과제이다.

근대체제는 공적 영역과 사적 영역이 분리되기 시작한 시대이고, 이 분리는 여성문제의 본질적인 발현 지점으로 논의된다. 이 글에서는 진보적 이론가이면서 당대의 살아 있는 마니페스토 나혜석이 근대 최초의 여성작가로서 이 문제를 어떻게 해석해내고 있는가를 살펴보았다.

나혜석은 「경희」를 통해 세간에 떠돌던 신여성에 대한 부정적인 인식을 말끔히 불식시키는 한편 이상적인 신여성상을 형상화해 보여줌으로써 신여성에 대한 재코드화를 감행한다. 「경희」는 신여성/구여성의 대립에서 출발하여 신여성/남성의 대립으로 서사가 전개된다. 구여성과의 대립을 통해 계몽의 효과를 한층 고조시키면서 그들과의 연대 가능성까지 드러내고 있으며, 그 고조된 분위기로 아버지와 대결케 함으로써 아버지 세계의 부당함을 더욱 역설하는 효과를 자아낸다.

신소설이나 『무정』에서 울려 퍼졌던 신문명 수용, 신교육 논리가 '여성의 교육'으로 범주가 구체화되어 치환되어 있지만, 선각자 경희를 통해 울려 퍼지는 계몽적 논조는 여전히 위세당당하다. 이 계몽적 톤으로 인하여 이 소설은 기부장적 질서에 저항하고 갈등하는 '딸의 서사'가 된다.

그런데 「경희」에서는 여성 주인공의 근대화 기획에 어머니가 동참하는, 즉 나의 '신여성 기획'에 어머니의 '신여성 만들기 기획'이 동참하고 있어 어머니와 딸 간의 자매애가 실현되고 있다. 이는 계몽의 기획, 근대화의 기획을 역설하는 대부분의 서사가 어머니의 존재를 거부대상으로 그리고 있는 것과 상당히 다른 모습이다. 이러한 의미에서 「경희」는 단순한 '딸의 서사'라기보다 '어머니−딸'의 서사라고도 할 수 있다. 하지만 어머니가 딸의 근대화 기획에 결정적인 매개 역할을 하지는 못한다는 점에서 시대적 한계와 함께 '어머니−딸'의 서사로서의 한계를 드러낸다.

오빠가 여성의 주체형성에 적극적으로 개입되어 있는 점도 이 소설의 특징이다. 이는 식민 상태로 전락한 후의 가부장 질서의 세대교체를 의미하기도 하는데, 아버지와 경희가 대립하는 결정적인 대목에는 오빠가 등장하지 않는다는 점에서 조력자로서의 남성의 한계를 드러내기도 한다.

그런데 경희가 그토록 갈망하고 욕망하였던 경희의 신여성 기획, 근대화 기획은 기실 식민지 모방담론임이 드러났다. 경희가 이상적 신여성으로 설정한 여성성도 식민 모국이 제시한 현모양처상이었으며, 식민 모국과 식민지 남성이 형성해 놓은 성 역할 분리론에 토대해 있었다. 경희는 음악 전공이지만 전공을 통한 근대적 개인의 발현에는 도달하지 못한 채 식민 모국의 과학적 제도교육을 남녀 역할 분담론인 '현모양처' 상으로만 받아들여, 신여성이 아직은 근대적 개인의 범주에 놓이지 못함을 역설적으로 보여준다. 더구나 「경희」는 미감까지 지배하고 있는 내부 식민담론을 여실히 드러내고 있다.

결국 「경희」를 통해 재코드화 된 근대적 신여성은 조선의 유교적 가부장제가 식민지하 근대적 지식의 힘을 이용하여 새로운 근대적 가부장제를 성립해 가는 가운데 만들어진 것이라 할 수 있다. 이는 식민지배/식민, 남성/여성, 신여성/구여성의 이항대립의 중층적 타자성이 남성=식민제국, 여성=피식민지인=종속국이라는 성적 은유로까지 확장된 결과이기도 하다. 이런 점에서 여성은 '누런 피부, 하얀 가면'의 이중적 타자일 뿐만 아니라 '근대=시민사회=국민국가'가 만들어낸 바로 그 '창작'이다.

하지만 「경희」에는 식민지배/식민의 권력관계보다는 남성/여성의 권력관계가, 즉 '민족' 범주보다는 '섹슈얼리티' 범주가 서사의 핵으로 전면에 부각되어 있다. 이는 1910년대 양건식, 현상윤의 비판적 신지식층 작가의 소설과 차이를 보이는 부분으로서, 민족 범주보다 섹슈얼리티 범주를 더 억압적으로 인식할 수밖에 없었던 당시의 상황을 짐작케 한다.

그런데 타자성과 이질성 속에서 주객분열을 겪는 주인공 경희는 '거의 같지만 똑같지는 않은' 조선의 현실을 목도하고 갈등하면서 내재화된 식민 모국의 모방담론을 패러디하는 타자성의 주체가 된다. 경희는 타자를 받아들여 타자를 넘어서는 타자성의 주체이다. 그럼으로써 경희는 내부 식민담론에 균열을 만들고 틈새를 만든다.

(김복순)

나혜석의 「어머니와 딸」과 대화주의

1. 뉴밀레니엄, 나혜석의 화려한 복권

지난 20세기까지 나혜석은 지나치게 첨단적이어서 실패한 신여성의 전형으로서 영욕의 양극단을 치달은 그의 생애가 세간의 화젯거리로 대중들의 흥미를 자아내 왔다. 하지만 2000년 2월의 나혜석의 문화인물 지정은 그를 스캔들의 주인공에서 뉴밀레니엄의 여성의 귀감이 되는 모델로 복권시킨 대전기가 되었다. 작가로, 화가로, 페미니스트로 빛나는 광휘와 세인의 선망 속에 놓였던 나혜석의 전반기의 삶과 이혼으로 얼룩지고 행려병자로 쓸쓸히 사망(1948년)하기까지 후반기 삶의 영욕을 모두 불식하고 21세기에서는 일찍이 그가 주장하던 '이상적 부인'의 모델로 새로운 역사적 평가를 받게 된 것이다. 뉴밀레니엄이 되기까지 문화인물로 지정된 여성이 신사임당 정도에 불과했던 것을 상기한다면 나혜석의 문화인물 지정은 우리 사회의 이상적 여성의 모델을 '현모양처'에서 '자아를 적극적으로 실현하는 여성'으로 바꾸었다는 상징적 의미로 받아들여진다. 나혜석이 평생을 통해서 주장하고 실천했던 이상적 삶은 지난 20세기까지는 너무도 첨단적인 삶의 형태로 여겨졌으며, 한 세기를 넘긴 21세기, 그것도 뉴밀레니엄을 맞아서야 비로소 정당한 역사적 평가를 받을 수 있을 만큼 시대를 앞선 것이었다.

실로 20세기를 거쳐 2000년대를 살아가는 후배 여성으로서 오늘날 우리 여성들이 누리고 있는 이만큼의 자유와 권리가 결코 거저 얻어진 것이 아니라 선배들의 피나는 투쟁의 산물이었다는 확신을 나혜석의 생애와 문학을 연구해 볼 때에 갖지 않을 수 없다. 더욱이 페미니즘 사상가로서의 나혜석의 진보성과 선구성은 오늘날 우리가 페미니즘이라고 할 때에 서구의 사상과 사상가만을 떠올리는 것이 정말 무지의 소치라고 하는 것을 인정하지 않을 수 없게 한다. 나혜석의 글에서 만나게 되는 페미니즘은 오늘날에도 여전히 페미니즘의 새로운 쟁점으로 살아있는, 시대를 앞선 눈부신 새로움을 보여주는 것이기에 더욱 놀랍지 않을 수 없다.

2. 대화체와 대화적 상상력

내가 인형을 가지고 놀 때
기뻐하듯
아버지의 딸인 인형으로
남편의 아내 인형으로
그들을 기쁘게 하는
위안물 되도다

(후렴)
노라를 놓아라
최후로 순순하게
엄밀히 막아놓은
장벽에서

견고히 닫혔던
문을 열고
노라를 놓아주게

　　　　　　　　　　　　　　　　　— 「인형의 가(家)」 부분[1]

　패러디 시인 나혜석의 「인형의 가」(1921)에서 시적 화자는 선각적 신여성으로 소녀들을 향해 사람이 되라고 촉구한다. "아버지의 딸인 인형으로/남편의 아내 인형으로/그들을 기쁘게 하는/위안물"로서의 인형적·종속적 삶을 거부하고 '사람이 되는' 길을 따르라고 소녀들에게 강력한 어조로 권하는 것이다.

　나혜석은 소설 「경희」(1918)에서도 가부장적 결혼제도로 들어가길 거부하고 근대교육을 받음으로써 인간 주체로 바로 설 것을 자각하는 신여성을 그린 바 있다. 그리고 「규원(閨怨)」(1921)과 「원한(怨恨)」(1926)과 같은 1920년대 소설에서는 가부장제하의 구여성으로서의 삶이 얼마나 불행한 것인가를 반복해서 보여주고 있다. 즉 소설 「경희」와 시 「인형의 가」에서 주장한 신여성으로서의 주체적 삶에 대한 신념을 가부장제의 피해자인 두 명의 구여성을 등장시켜 다시 한 번 확인시킨 셈이다. 즉 여성의 주체적 삶의 실현에 있어 봉건적이고 가부장적인 가족제도와 아버지(남성)는 타파해야 할 적대자로, 구여성은 변화해야 할 대상으로 형상화되어 있다.

　나혜석이 초기작 「경희」에서 보여준 계몽주의적 페미니즘은 1930년대의 작품에서는 변화된 모습을 보이고 있음에 본고는 주목한다. 즉 「현숙」(1936)과 「어머니와 딸」(1937)에서 아버지의 존재는 삭제되어 있으

1) 이상경 편, 『나혜석 전집』, 태학사, 2000, 113면.

며, 가부장적 집 대신에 여관이 공간적 배경으로 설정됨으로써 억압적이고 폐쇄적인 가부장적 가족제도와 적대적인 아버지는 소설의 전경에서 사라지고 만다. 즉 「현숙」에서는 억압적 아버지 대신에 가족제도 밖의 남성이 자본으로 여성을 통제하며, 「어머니와 딸」에서는 가부장적 의식을 내면화한 어머니가 남성우월적 아버지를 대체하는 적대자로 등장한다. 그리고 두 작품은 우연인지 여관을 공간적 배경으로 설정하고 있다. 하지만 이것은 우연이 아니다. 이혼 이후 나혜석은 체험 공간으로서 집을 상실함으로써 여기저기 여관을 떠돌며 생활했고, 1937년께부터는 김일엽 스님이 출가한 수덕사를 찾아가 그 아래 수덕여관에서 오랫동안 기거했던 구체적 사실과 관련을 맺고 있는 것이다.

「어머니와 딸」은 여관을 배경으로 한 대화체 소설이며, 다섯 명의 인물이 등장한다. 이 작품의 주된 갈등 역시 「경희」와 마찬가지로 딸의 근대교육문제를 놓고 야기되는데, 그 갈등이 아버지–딸의 갈등이 아니라 어머니(여관 주인여자)–딸(영애) 사이의 갈등으로 제시된 점이 흥미롭다. 즉 어머니는 고등여학교를 졸업한 딸을 자신의 여관에 하숙하고 있는 도청공무원인 한운이란 청년과 결혼시키고 싶어 한다. 하지만 딸은 그가 싫을 뿐만 아니라 결혼 자체도 싫고, 다만 공부를 더 하고 싶을 뿐이다. 이 작품의 어머니는 여러 모로 「경희」의 어머니와 비교된다. 「경희」의 어머니가 딸 '경희'의 조력자로 등장함으로써 딸의 근대적 주체성 실현을 돕는 역할을 맡는다면, 「어머니와 딸」에서는 아버지의 존재가 드러나지 않는 가운데 어머니가 딸의 적대자로 등장한다. 즉 「경희」의 어머니는 딸의 근대화 기획에 동참함으로써 「경희」가 '딸의 서사' 라기보다 어머니–딸의 서사이며, "신여성/구여성의 대립에서 출발하여 신여성/남성의 대립으로 서사가 전개되고, 이러한 구성이 계몽의 효과를 한층 고조시키는 동시에 아버지 세계의 부당함을 역설하는 효과를 자아낸다."[2] 반면에 「어머니와 딸」에서 어머니는 딸과 대립하는 존재이며, 딸의 근대화 기획(신여성이 되기 위한 교육)에 찬성하지 않는 가부장제 이데올로기를 내면화한 모습으로 제시된다는 점에서 신/구의 갈등은 딸/아버지, 즉 여/남의 갈등이 아니라 딸/어머니, 즉 여/여의 갈등으로 나타나는 차별성을 드러낸다. 「경희」의 어머니가 자신의 경험, 즉 남편의 축첩으로 인해서 마음고생이 심했던 것, 일본인이 경희를 찾아와 존대를 하고 월급을 많이 주겠다고 했던 사실, 그리고 실제 경희의 부지런해진 행동거지의 목격 등을 근거로 딸의 조력자가 될 수 있었던 데 반하여 「어머니와 딸」의 어머니는 그저 주워들은 풍월로 신여성을 타기한다. 즉 "이 여관집 마누라는 여러 번 좌석에서 신여자 논란이라는 것을 많이 주워들었"는데, 그것을 토대로 신여성에 대한 부정적 관념을 형성한다. 그가 형성한 여성관이란 "여자는 잘나면 남편에게 순종치 않고", "여자란 침선방적을 하여 살림을 잘하고 남편의 밥을 먹어야 하는 것"인데, 신여성은 "침선방적"을 못하는 존재, 즉 '현모양처'가 되지 못할 뿐만 아니라 남편에게도 순종하지 않는 존재라는 것이다. 그래서 제2장에서 '어머니'는 신여성의 구체적 모델인 소설가 김선생이 자신의 딸에게 나쁜 영향을 미친다고 판단하여 여관에서 나가라고 종용하는가 하면, '어머니-딸'과의 대화로 이루어진 제4장에서는 "이년, 한나절까지 자빠져 자고, 해다 주는 밥 먹고, 밤낮 책만 들여다보면 옷이 나니 밥이 나니? 이년 보기 싫다. 어디로 가버려라"와 같은 악다구니로 딸과 감정적으로 대립한다. 하지만 어머니의 여성관이란 그저 주워들은 풍월인 만큼 어떤 신념체계를 형성하고 있는 것은 아니다. 따라서 신여성에 대

---

2) 김복순, 「'딸의 서사'에 나타난 타자의 이중성」, 정월 나혜석 기념사업회, 『나혜석 바로알기 제4회 심포지엄』, 2001, 123~4면.

해 우호적인 하숙생 이기봉의 반발에 어머니는 반항할 힘을 잃거나 "나야 무식하니 무얼 알겠소마는"이라고 하며 짐짓 물러나 버림으로써 상대방과의 대화를 지속시켜 나간다.

가) :
"왜요? 신여성은 침선방적을 못하나요. 남편의 밥보다 자기 밥을 먹으면 더 맛있지."
일 년 전에 이혼을 하고 다시 신여성에게 호기심을 두고 있는 이기봉은 이렇게 반항하였다. 이에 대하여 다시 주인 마누라는 처음과 같이 강한 어조로 반항할 힘이 없었다.[3]

나) :
"주인, 대체 여자나 남자나 잘나면 못 쓴다니 왜 그렇소? 말 좀 들어봅시다."
"나야 무식하니 무얼 알겠소마는 여자가 잘나면 남편에게 순종치 아니하고 남자가 잘나면 계집 고생시켜."[4]

어머니는 딸을 비롯하여 주변사람들에게 자신의 생각을 말하기는 하지만 이를 논리적으로 설득하는 위치에 있지 않다. 왜냐하면 다른 등장인물들보다 지적으로 더 열등하기 때문이다. 상대방을 설득하지 못한다는 점에서는 딸도 마찬가지이다. 이 점 또한 「경희」와의 차이점이다. 즉 「경희」에서 작가의 자전적 모델로 보이는 '경희'는 신여성에 대한 모든 오해를 불식시킬 만큼 부지런하다. 작가는 경희의 부지런한 행동을 보여줌으로써 그동안 신여성에 대해 형성된 편견을 말끔히 불식시키고자 한다. 즉 신여성이 결코 당시 국가 · 사회적 모델이 된 현모양처상과 크게 배치되지 않을 뿐만 아니라 근대교육이 현모양처의 역할 수

---

3) 이상경, 앞의 책, 166~7면.
4) 위의 책, 167면.

행에도 도움이 된다고 설득하는 것이다.[5] 하지만 「어머니와 딸」에서 딸
은 작가의 자전적 모델이 아니며, 오히려 김선생이 자전적 모델에 가깝
다. 딸은 기존에 신여성에 대해 가져온 편견 그대로 행동함으로써 어머
니로 하여금 자신의 편견을 확신하게 만든다. 즉 게으르고 아무런 생산
성이 없이 책만 들여다보는, 현모양처와는 거리가 먼 모습을 보여줌으
로써 어머니를 설득하는 데 실패한다. 작품의 5개의 장 가운데서 '어머
니-딸'의 대화로 이루어진 제4장이 길이 면에서 가장 짧으며, 나누는
대화도 서로가 서로를 이성적으로 설득하는 대화라기보다는 어머니가
일방적으로 딸에게 욕설을 퍼붓는 폭력적 언어구사로 일관되어 있다.
결국 어머니와 딸은 서로를 설득하지 못한 채 감정적으로 첨예한 대립
을 할 뿐이다. 어머니의 '시집을 가야 한다'라는 명제와 딸의 '더 공부
해야 한다'는 명제 사이에는 전혀 대화의 가능성이 차단된 듯이 보이며
어머니의 목소리만이 높아져 있다. 따라서 제4장의 길이가 가장 짧은
것은 필연적이다.

　오히려 제3장의 '김선생-딸'의 대화에서 딸은 더 공부를 하여 문학
을 전공하겠다고 말하는가 하면, 한운이란 청년이 싫은 이유를 말하기

---

5) 「경희」는 여성도 주체적 인간으로 바로 서기 위해서는 근대교육을 받아야 한다는 주제를
표방하고 있다. 그럼에도 불구하고 신여성에 관한 기존의 편견을 불식시키기 위해 '경희'
를 현모양처와 배치되지 않는 인물로 그린 점에서 「경희」의 근대성에 대한 의문이 제기될
수 있다. 즉 근대교육을 받은 '경희'는 결국 일본이 여성교육의 목표로 삼은 현모양처가
되고자 하는 것인가의 문제이다. 하지만 이것은 나혜석의 글 전체를 읽지 않은 채 「경희」
한편만 읽을 때에 나올 수 있는 편협한 시각이라고 생각한다. 즉 「경희」는 여성의 근대교
육에 찬성하지 않는 사람들을 설득하기 위해 신여성이 현모양처와 배치되지 않는다는 것
을 강조했을 뿐 현모양처가 되기 위해 근대교육을 받자는 것이 아닌 것이다. 즉 여성도 주
체적 인간으로 바로 서기 위해서는 근대교육을 받아야 한다는 것이지 종속적인 현모양처
가 '경희'의 목표는 결코 아닌 것이다. 즉 기술적으로 살림살이를 잘한다는 것과 주체적
인간(신여성)의 길이 이분법적으로 양자택일해야 할 것은 아니지 않은가. 실제 나혜석은
'경희'처럼 살림살이를 아주 잘하는 신여성이었다고 한다.

도 하고, 어머니의 강요에 죽고만 싶은 심정을 노출하기도 한다. 「어머니와 딸」에서 '실제의 어머니'가 단지 육체상의 '생물학적 어머니'라면 '김선생'은 딸 영애의 '정신적 어머니'이다. 딸이 김선생을 존경하고 따르자 어머니는 바로 김선생 때문에 자기 딸이 시집을 안 가고 공부를 계속하겠다고 고집을 피운다고 생각하여 자신의 여관에서 나가줄 것을 종용하게 된다.

> "아니 글쎄 말이에요. 근묵자흑(近墨者黑)으로 선생이 온 후로는 우리 영애란 년이 시집 안 가겠다 공부를 더 해지라니 대체 여자가 공부를 더해 무엇 한답니까?"

이 작품은 서술과 묘사가 생략된 채 화자에 의해 매개되지 않는 순수한 발화, 즉 인물 간의 대화로 거의 일관하고 있다. 나혜석의 1910년대와 1920년대의 소설 가운데 「경희」만이 서술(narration), 묘사(description), 대화(dialogue)가 어느 정도 균형을 갖추었을 뿐 「회생한 손녀에게」, 「규원」, 「원한」은 오직 서술만이 우세한 소설이다. 특히 「회생한 손녀에게」와 「규원」은 독백체의 서술로 일관함으로써 작품의 생동감과 극적 긴장감이 크게 떨어지는 소설이다.

그런데 희곡인 「파리의 그 여자」(1935)는 말할 필요가 없으며, 소설 「현숙」(1936)과 「어머니와 딸」(1937)까지도 서술과 묘사가 거의 생략된 채 대화체로 씌어졌다. 그리고 이러한 대화체는 희곡과 소설에 한정되지 않고 있다. 즉 대화체는 1930년대의 수필, 논설 등 글쓰기 전반에 확산되는데, 이에 대해서 다음과 같은 평가가 있다.

> 나혜석 산문의 이와 같은 대화체 형식은 당대의 어느 작가의 소설보다 대화 장면을 많이 삽입하고 서술자의 목소리를 억제함으로써 근대소설의 면모를

내보이는 한편, 작가적 메시지 또한 강하게 전달하는 나혜석 소설의 특징으로 연결된다.[6]

즉 1930년대의 소설뿐만 아니라 에세이 「이성간의 우정론」(1935), 「나의 여교원 시대」(1935), 「독신여성의 정조론」(1935) 등 나혜석의 글쓰기 전반적으로 확산된 대화체는 화자의 개입이 없이 순수하게 인물들 간에 발생하는 발화형식이다. 대화는 작가의 주관적이고 설명적인 개입을 차단시키고 사건을 극화, 장면화시킴으로써 이야기의 사실감을 높이는 역할을 한다. 바흐친(M. M. Bakhtin)에 의하면 총체로서의 소설은 다음과 같은 다섯 가지의 문체구성적 단위체로 구성된다.

1. 작가에 의해 직접적으로 이루어지는 문학적·예술적 서술 및 그 변형들.
2. 다양한 형태의 일상구어체 서술의 양식화(스까즈(skaz, 이야기)).
3. 다양한 형태의 준(準) 문학적 (문어체의) 일상서술의 양식화(편지나 일기 등).
4. 작가에 의한 다양한 형태의 비예술적 문예문체(윤리적, 철학적, 과학적 진술이라든가 수사학적, 인종학적 묘사, 비망록 등).
5. 작중인물들의 독특한 개성이 담긴 발언.[7]

생동감 넘치는 대화체를 구사하고 있는 「어머니와 딸」은 바흐친의 분류에 의하면 "작중인물들의 독특한 개성이 담긴 발언"이라는 문체구성적 특징을 나타낸다고 할 수 있다. 작품에서 작가는 5명의 인물을 등장

---

6) 이호숙, 「위악적 자기방어기제로서의 에로티즘」, 한국여성소설연구회, 『페미니즘과 소설비평』, 한길사, 1995, 92면. '서술자의 목소리를 억제함으로써 근대소설의 면모를 내보이는' 견해에 대해서는 필자는 의견을 같이 하지만 작가의 메시지를 강하게 전달한다는 견해에 대해서는 필자는 의견을 달리한다.
7) 미하일 바흐친, 전승희 외 공역, 『장편소설과 민중언어』, 창작과비평사, 1988, 67면.

시킴으로써 화자의 개입을 배제한 채 서로 다른 다수의 관점, 의식, 목소리가 공존하도록 만들고 있다. 제1장은 '어머니-하숙생 이기봉·한운' 세 사람의 대화, 제2장은 '어머니-김선생'의 대화, 제3장은 '김선생-딸'의 대화, 제4장은 '어머니-딸'의 대화, 제5장은 '김선생-한운'의 대화로 제시된다. 이처럼 각 장에서 서로 다른 인물들 간의 대화는 자연스럽게 각자의 개성과 입장의 차이를 드러내면서 작가의 일방적 가치의 주입을 차단하고 다성성과 대화성을 강조하는 다성적(polyphony) 소설로 작품을 만들고 있다.

대화라는 개념을 매우 확장된 개념으로 사용하고 있는 바흐친에 의하면 대화는 '차이 있는 것들의 동시적 현존'에 중요한 의의가 있다. 대화적 관계는 이것이냐 저것이냐의 상호배타적 관계가 아니라 상호포용적 관계이다. 독백적인 단성적 소설은 여러 목소리나 의식들이 작가의 목적이나 의도에 엄격히 통제되어 작가가 의도하는 하나의 신념체계만이 존재할 따름이다. 하지만 다성적 소설은 대화적이며, 그 대화는 늘 현재적인 것이어서 최종적인 결론을 유보하는 열린 속성을 갖는다.[8]

독자는 어머니의 입장/ 딸의 입장/ 김선생의 입장/ 이기봉의 입장/ 또는 한운의 입장의 차이를 이해하며 진정한 대화적 관계에 이르게 된다. 철저히 봉건적 가치의 수호자인 어머니/ 근대교육을 더 받아 문학가가 되고 싶은 딸/ 소설창작을 위해 여관에서 하숙하고 있는 신여성 김선생/ 신여성에 대해서 우호적이며 여자도 전문교육을 받아야 한다고 말하는 이혼남 이기봉/ 딸 영애와 결혼하고 싶어 하며 그녀를 위해 학비를 절반쯤 대줄 수도 있다고 생각하는 공무원 한운 등 서로 다른

<hr>

8) 김욱동, 『대화적 상상력』, 문학과지성사, 1988, 230면.

가치와 입장의 인물들을 서로 대화하게 만들고, 특히 교육이냐 결혼이냐 하는 양자택일의 결말을 유도하는 대신에 결론을 유보하는 열린 결말을 통해 작가의 일방적 가치의 주입이 아니라 대화를 통해 독자 스스로 판단에 이르게 만든다. 특히 작품은 다섯 명의 인물들이 나누는 외적 대화의 배후에서 내적 대화를 통해 주제를 드러내고 있다. 즉 작품을 면밀하게 읽어 볼 때, 보수적인 가부장주의의 신봉자인 어머니를 제외한 김선생·이기봉·한운의 발언을 분석해 보면, 이들은 모두 신여성과 여성의 교육에 우호적임을 알 수 있다. 특히 이혼남인 이기봉은 "여자도 전문교육을 받아야 해요. 여자의 일생처럼 위태한 것이 있나요." 하는 열린 의식을 보여준다. 하지만 그는 "주인이 큰 철학가거나 문학가거든"이라고 비행기를 태우며 주인여자(어머니)에게 겉으로 동조하는 척하지만 속으로는 "알아들을 것 같지 아니하여 고만두고 비행기만 태운 것이었다"라고 이중적 태도를 나타낸다. 또한 "이기봉은 더 말해야 알아들을 것 같지 아니하여 이렇게 간단히 말해 버렸다"처럼 주인여자와의 대화에서 진지한 설득의 형태를 취하지 않는다. 김선생도 마찬가지로 주인여자와의 대화에서 진지하지 않은 태도를 드러낸다.

가) :

"내야 무식하니 무얼 알겠소마는 여자가 잘나면 남편에게 순종치 아니하고 남자가 잘나면 계집 고생시켜"

"그건 꼭 그렇소. 인제 아니까 주인이 큰 철학가요 문학가거든."

한참 비행기를 태웠다. 그리고 그것은 상대자의 인격이 부족한 때 생기는 (원문은 남기는) 현실이요, 도회지나 문명국에는 다소 정돈이 되었으나 과도기에 있는 미문명국이나 지방에서는 아직도 사실로 있다는 설명을 하고 싶었으나 알아들을 것 같지 아니하여 고만두고 비행기만 태운 것이었다.

나) :

"공부를 해가지고 다 김선생같이 되려면 누가 공부를 아니 해요."

"왜요?"

김선생은 어젯밤 윗방에서 하던 말을 들은 터이라 '이 마누라가 무슨 또 변덕이 생겼나' 하고 이렇게 물었다.

즉 가)는 어머니-이기봉의 대화, 나)는 어머니-김선생의 대화인데, 둘 다 어머니(주인여자)를 대하는 태도에서 겉과 속이 다른 이중적 태도를 취하고 있다. 그들은 외적으로 주인여자와 대화를 계속하지만 진정한 대화적 관계에 이르지 못한다. 가)의 이기봉의 태도에는 주인여자의 인격적·지적 수준에 대한 멸시가 담겨 있고, 나)의 김선생에게는 주인여자의 말을 신뢰하지 않겠다는 태도가 깔려 있다. 결국 인용문에서 화자의 개입이 없이도 인물 상호 간의 태도의 대비와 발화의 이중성을 통하여 내포작가의 태도를 드러내는 한편 내포독자를 향해 신여성에 대해 부정적인 어머니의 신념체계를 조롱하며, 결국 내포독자의 공감을 끌어내고 있음을 볼 수 있다. 이것이 이 작품의 내적 대화성[9]이다. 즉 작품은 객관적인 보여주기 방식인 대화체뿐만 아니라 인물들이 나누는 외적 대화의 배후에서 작용하는 내적 대화성을 통해 주제를 드러내는 전략을 사용한다.

서술과 묘사가 거의 생략된 대화체의 지문은 인물중심의 객관적 성격화로 인해 「경희」에서의 신념에 차있던 주관적 화자와는 다른 입장을 나타낸다. 또한 뚜렷한 결말을 제시하지 않음으로써 결혼이냐 공부냐 하는 쟁점에 관하여 작가는 판단을 유보하고 있는 듯이 보인다. 즉 「어머니와 딸」의 대화체 및 열린 결말은 작가의 주관적 가치를 일방적으로

---

9) 미하일 바흐친, 앞의 책, 88~94면.

주입하는 것이 아니라 독자 스스로의 판단에 맡기겠다는 계산된 의도로 읽혀진다. 즉 「경희」를 썼던 1910년대의 나혜석은 결혼보다는 근대교육을 받아 인간 주체로 우뚝 서야 한다는 확신에 차 있었기 때문에 「경희」는 인물의 목소리나 의식들이 작가의 의도 하에 엄격히 통제되며, 작가는 독자의 봉건적 신념체계를 논쟁적으로 공략하여 설득시키겠다는 열정으로 인해 주제의식이 배음(overtone)[10]으로 강하게 주장되고 있다. 그리고 이로 인해 작품은 독백적인 단성적 소설이 되고 있다. 하지만 1930년대의 나혜석은 보다 현실의 구체성에 발을 딛게 됨으로써 1910년대의 「경희」와 같은 단성적인 결말을 내리려고 하지 않는다. 작가는 「어머니와 딸」에서 작중인물들과 일정한 거리를 유지하며 인물들 간의 대화를 통하여 독자 스스로의 판단에 맡기려는 객관적 인식과 태도를 보인다. 뿐만 아니라 초기의 계몽주의적 정열이 크게 약화되는 대신에 현실인식이 증가되며, 다성적 소설로의 변화를 나타내고 있다.

현실의 복잡성을 인식하게 된 나혜석은 「어머니와 딸」에서 「경희」처럼 딸의 근대교육을 지지하는 어머니가 아니라 가부장제의 수호자가 되어서 딸을 억압하고 구속하는 어머니를 등장시킨다. 이런 설정은 페미니즘의 후퇴라기보다는 나혜석의 현실인식에 구체성이 확보된 것으로 파악하는 것이 더 정확할 것이다. 즉 나혜석은 이혼을 거치면서 여성의 적은 가부장제나 차별적 의식을 가진 봉건적 남성뿐만 아니라 가부장적 의식에 깊게 내면화된 여성이라는 또 하나의 집단이 존재한다는 것을 구체적으로 깨닫게 된 것 같다. 물론 「경희」에서도 사돈마님이나 떡장사와 같은 인물들이 가부장제 이데올로기의 수호자로서 등장하지만 이들은 작품 내에서 경희의 부지런한 행동을 보고 오히려 경희에

---

10) 위의 책, 92면.

게 설득되는 변화를 나타내며, 어머니는 처음부터 경희의 지지자로 등장하는 낙관주의에 작품은 지배되어 있다. 하지만 직접 결혼도 해보고, 이혼까지 경험하는 20여 년의 우여곡절의 세월이 지나는 동안 나혜석은 젊은 시절의 열정적 신념이 붕괴하는 부정적 현실을 깨우치면서 한층 여성문제에 대한 시각이 복잡해졌으며, 그것이 「어머니와 딸」에서 반영된 것으로 보인다. 즉 작가의 인식의 복잡성이 작품에서 대화중심의 객관적 제시와 결말의 유보 등으로 반영되었다고 생각된다.

3. 제3의 길의 모색

「경희」에서 '경희'는 신여성을 향한 기성세대의 편견을 불식시키기 위해서 열심히 일하는 모습을 보여줌으로써 봉건적 기성세대를 설득하는가 하면 아버지와 직접 대화 및 내적 갈등 묘사를 통해서 신여성의 우월성을 입증하고자 노력한다. 반면에 「어머니와 딸」에서 딸은 어머니와 갈등을 빚을 뿐 어머니를 조력자로 만들지 못한다. 그녀는 어머니의 물리적·언어적 폭력을 고스란히 당할 뿐 '경희'와 같은 당당함을 갖지 못한다. 그리고 신여성으로 제시되는 김선생도 어머니(주인여자)에게는 "횡포한 남자만 믿고 살 세상이 못됩니다"라고 하여 여성도 교육을 받아 독립적 주체로 서야한다고 말하지만 영애에게는 "돈이 없어서 공부 못하게 되니 시집가야 할 것 아닌가."라고 설득하는 양면성을 보여준다. 즉 여성이 남자만을 믿고 살 수는 없지만 공부를 하기 위해서는 학비문제가 해결되어야 한다는 것이 근대교육의 필요성과 함께 중요한 쟁점의 하나로 제시되고 있다. 「경희」에서는 결혼보다는 근대적 교육을 받아 인간 주체로 당당히 바로 설 것이 당위로서 제시되며, 경희는 아버지로 표상되는 봉건적이고 가부장적인 편견과 싸우지만 학비문제가 전면에 등장한 적은 없다.[11] 하지만 「어머니와 딸」에서는 가부장적 의식을 내면화한 어머니라는 적과 싸워야 할 뿐만 아니라 돈이라는 현실적 문제에도 직면하게 된다. 즉 공부를 하기 위해서나 인간으로 바로 서는 데돈의 필요성, 즉 경제가 뒷받침되지 않는다면 그것은 사상누각과도 같다는 현실인식이 작용하고 있는 셈이다. 딸 영애는 학비를 "누가 좀 대주었으면, 졸업하구 벌어 갚게"라고 의존성을 나타내며, 자신이 직접 벌어 공부하겠다는 생각을 갖지 못한다. 그리고 「경희」에서는 결혼 상대자 남성은 직접 등장하지 않으며, 다만 아버지의 언술 속에서만 등장하는데, 「어머니와 딸」에서는 당사자인 청년 한운이 직접 등장하여 학비문제에 대해서 "내가 좀 대고, 자기 어머니가 좀 대고 하면 되지 않겠어요."라고 말함으로써 「어머니와 딸」은 남성이 신여성의 조력자가 될 수있다는 가능성을 조심스럽게 모색하고 있다. 이처럼 남성에게 의존적인태도는 「현숙」에서 남성 후원자를 모집하여 끽다점(커피숍)을 운영하려하는 '현숙'에게서도 찾아볼 수 있다. 여성의 자립과 돈의 문제는 소설「현숙」에 이어 「어머니와 딸」에서 반복된 셈이다.

마지막 제5장을 통해서 이외에도 딸이 결혼하고 싶지 않은 남성 '한운'이 오히려 딸의 근대교육의 조력자가 될 가능성을 제시함으로써 작가는 결혼과 공부가 결코 하나만을 선택해야 할 양자택일의 것이 아니라 양립할 수도 있다는 제3의 결론에 이르게 된다. 즉 제5장에서 김선생은 한운과의 대화에서와 같이 독신보다는 결혼의 가치를 우위에 두는가치관을 표명한다.

---

11) 실제 나혜석은 1915년에 아버지의 결혼강요에 부딪혀 도쿄로 돌아가지 못하고 여주공립보통학교에 교편을 잡으며 학비를 모아 복학한 일이 있음(서정자 편, 『정월 라혜석 전집』, 국학자료원, 2001, 740면).

"혼자 사는 것이 제일 편할 것 같아요."

"그래도 남녀가 합해야 생활통일이 되고 인격통일이 되는 걸 어째요."

"그럴까요."

"그렇지요. 독신자에게는 침착성이 없는 걸 어쩌구."

"그건 그런가 봐요. 고적하긴 해요."

"어서 장가를 들으시오."

따라서 영애가 한운과 결혼을 하게 된다면 결혼과 공부를 동시에 할 수 있는 제3의 길이 모색되는 셈이다. 즉 어머니가 주장하는 결혼이나 딸이 주장하는 공부라는 두 개의 가치를 통합하는 절충적인 제3의 길이다. 「경희」에서는 공부와 결혼이 양립할 수 없는 대립적 가치였지만 「어머니와 딸」에서는 양립할 수 있는 가치라는 제3의 길을 가능성으로 제시함으로써, 또한 남성이 여성의 주체적 자아실현을 방해하는 적대자가 아니라 조력자가 될 수도 있다는 가능성을 한운과 신여성과 여성의 교육에 대해 우호적인 남성 이기봉을 등장시킴으로써 조심스럽게 모색했다.

결국 「어머니와 딸」은 김선생, 이기봉, 한운 등 제3자의 개입에 의해서 여성의 근대교육에 반대하는 어머니의 편견이 잘못되었다는 것을 보여준 셈이다. 뿐만 아니라 공부를 하는 데 있어 '돈'의 중요성을 부각시켰다. 여성의 근대교육에 있어 돈이 필요하다는 현실인식은 「경희」보다는 한발 나아간 의식이다. 하지만 그것이 남성의 경제적 후원에 의존함으로써만 해결 가능한 것이라면 여성의 주체로서의 진정한 자립은 어려워질 것이다. 즉 남성의 경제적 도움은 결국 여성으로 하여금 남성에의 종속을 완전히 떨쳐버릴 수 없게 만들기 때문이다. 이 작품에서 경제적 자립능력이 없는 여성에게 남성의 후원이라는 대안, 결혼과 교육의 병행이라는 절충적 대안은 매우 현실적이다. 하지만 인형화된 삶을 탈피하여 여성도 근대교육을 받음으로써 인간적 주체성을 회복해야 한다는 것이 페미니즘의 목표라면 이런 절충적 결말은 페미니즘의 주제를 퇴색시키는 다분히 타협적인 것이라고 하지 않을 수 없다. 그리고 이러한 결말은 나혜석의 페미니즘이 후기에 보여준 성적인 측면에서의 급진주의적 성향[12]에도 불구하고 여전히 자유주의적 성격을 띠고 있음을 재확인시켜 준다.

4. 맺음말

본고는 그 동안 나혜석의 소설 연구가 「경희」 한편에만 거의 집중되어 온 사실을 반성하면서 '여성의 근대교육' 이라는 제재를 다루었다는 점에서 「경희」와 여러 모로 비교되는 「어머니와 딸」을 분석해 보았다. 「경희」와 「어머니와 딸」은 동일한 제재에도 불구하고 많은 차이를 나타내는데, 초기작 「경희」가 나혜석의 계몽주의적 정열을 반영하는 단성적 소설이라면 후기작인 「어머니와 딸」은 나혜석의 현실의식의 증가를 엿볼 수 있는 다성적 소설이다. 즉 「어머니와 딸」은 대화체와 대화적 상상력을 통해 계몽주의적 페미니즘 대신에 여성의 적은 여성일 수도 있으며, 남성이 조력자가 될 수도 있고, 결혼과 공부를 양립할 수도 있다는 제3의 가능성을 모색한 열린 결말을 보여주는 다성적 소설이라는 결론을 얻었다. 하지만 남성이 신여성의 조력자가 될 수도 있다는 결말은 여성에게 경제적 의존이라는 올가미를 덮어씌움으로써 교육을 통한 여성의 주체성 회복이라는 페미니즘의 주제를 퇴색시키는 타협적인 측면도 동시에 지닌다. 그리고 이것은 나혜석 페미니즘의 자유주의적 성격을 다시 한 번 확인시켜준다.

(송명희)

12) 송명희, 『섹슈얼리티 · 젠더 · 페미니즘』, 푸른사상, 2000, 151~66면.

여성이, 여성의 언어로 표현한 여성 섹슈얼리티

— 나혜석의 페미니스트 산문을 중심으로

1. 들어가며

나혜석(1896~1948)은 근대 최초의 여성 서양화가이며 여성 작가이다. 그는 도쿄사립여자미술학교에서 서양화를 전공하고 1921년 경성일보사 내청각에서 개인전을 열었는데 이것은 서울에서 열린 첫 개인전이었다. 이후 그는 수원 불교포교당과 서울 진고개 조선관 전시장에서 2번의 개인전을 더 가졌다. 뿐만 아니라 그는 1922년 조선미술전람회에 입선한 이래 해마다 수상과 특선을 거듭했고, 1931년에는 도쿄의 제국미술원전람회에도 입선하는 등 근대미술사에서 도저히 결락될 수 없는 비중을 가진 화가이다. 그럼에도 불구하고 근대미술사에서 그는 풍문으로만 존재했었다.

한편 그는 1914년 《학지광》 제3호에 「이상적 부인」을 발표한 이래 「해인사의 풍광」(《삼천리》, 1938. 8)에 이르기까지 논설·소설·시·수필·희곡 등 다양한 종류의 글쓰기를 활발하게 전개하였다. 그러나 그는 '작품다운 작품은 남기지 못한 채 성적 일탈로 파멸해 갔다'는 평을 들었을 뿐이었다.

미술 분야에서는 그가 제작했을 수백 점의 작품 중에 전해지는 것은 10여점 안팎이며 더욱 유감스럽게도 전성기의 대표작은 전해지지 않고 있다[1]고 핑계라도 댄다지만 문학 분야에서 그의 작품을 사장시킨 채 성적 일탈만을 문제 삼고, 그것만을 집중 조명한 것은 명백하게 고의적이었다고 말하지 않을 수 없다.

'연애의 시대'라고 명명될 만큼[2] 연애가 시대정신이었던 시기, 그 시기를 살았던 신남성 · 신여성뿐 아니라 평균인으로서의 대중 또한 연애 열풍에 참여하였음에도 불구하고 특히 나혜석을 파멸한 신여성으로 각인시킨 이유는 무엇이었을까? 필자는 그 이유가 여성 섹슈얼리티를 둘러싼 권력의 지형 때문이라고 생각한다. 이에 본고는 당대 섹슈얼리티를 둘러싼 권력의 지형도를 살펴보고 나혜석이 추구한 주체적 여성 섹슈얼리티가 존재하기 위한 조건을 따져 보고자 한다. 이 작업을 통해 나혜석이 기록에서 삭제된 원인과 복권되는 이유가 자연스럽게 밝혀질 것이다.

2. 타자로서의 여성 섹슈얼리티

섹슈얼리티는 성행위에 대한 인간의 성적 욕망과 성적 행위, 그리고 이와 관련된 사회제도와 규범들을 뜻한다. 즉 욕망의 차원을 넘어 인간의 성 행동뿐만 아니라 인간이 성에 대해 가지고 있는 태도 · 사고 · 감정 · 가치관 · 이해심 · 환상 · 성의 존재 의미 등 모든 것을 포함하는 것

---

1) 유홍준, 「나혜석을 다시 생각한다」, 정월 나혜석 기념사업회, 『나혜석 학술대회 논문집 1』, 2002, 1~9면.
2) 권보드래, 『연애의 시대』, 현실문화연구, 2003.

이다. 섹슈얼리티는 인간행위와 활동으로 표출되며 인간들 사이의 관계 속에서 체현되기 때문에 사회적이고 역사적인 맥락 속에서 고찰되고 논의될 때라야 비로소 구체적으로 드러나게 된다. 이런 입장에서 보면 남성과 여성의 성적 정체성은 타고나는 것이 아니라 다양한 기제를 통하여 구성되는 것이다.

일반적으로 가부장제 사회에서 남성들은 강력한 성적 욕망을 가지고 있어서 적극적이고 주도적인 반면, 여성들은 성적 욕망이 없으며 수동적이고 수용적이라고 간주된다. 남성 섹슈얼리티와 여성 섹슈얼리티 사이의 이 괴리를 해결하기 위해서 남성의 섹슈얼리티는 생식을 위한 욕망과 쾌락을 위한 욕망으로 분리하고, 여성은 순결한 여성과 음탕한 여성으로 이분하였다. 그리고 남성의 섹슈얼리티에 초점을 맞추어 사회제도를 만들었다. 즉 생식 욕망은 순결한 여성을 대상으로 하고 그 여성에게 아내라는 지위를 주는 결혼제도를, 쾌락 욕망을 위해서는 축첩과 매음제도를 만든 것이다. 이런 사회에서 아내로 존재하는 여성은 남성의 생식 욕구를 해결해주는 타자이되 탈성적인 존재가 되어야 현명한 어머니의 지위를 유지할 수 있고, 첩이나 매음녀인 여성은 남성의 쾌락 욕구를 해결해주는 타자이면서 타락한 여성으로 낙인찍혀 어머니의 지위를 포기해야만 했다. 그러나 어디에 속한 여성이건 여성에게는 성적 욕망이 있다는 것을 인정하는 것도 금기였다.

조선 후기 새로운 담론의 주창자들은 주자주의라는 거대체계를 균열시키기 위해 섹슈얼리티, 여성성의 가치 등을 적극적으로 활용하였으나 근대 계몽기가 시작되자 여성은 국민으로 호명되면서 다시 탈성화(desexualising)를 요구받았다.[3] 근대계몽주의자들은 여성의 봉건적 굴레

---

3) 고미숙, 『한국의 근대성, 그 기원을 찾아서』, 책세상, 2001, 81~105면.

였던 내외법·억혼 및 조혼 금지법·과부재가금지법 등을 개량하자고 주장하였지만 여성을 자유롭게 해주기 위해서라기보다는 문명론과 국권론을 위해서였던 것이다. 그들이 여성의 교육을 중요하게 여긴 이유는 여성이 인구 재생산의 직접적 주체이기 때문이다. 즉 여성은 그들이 낳고 기를 미래의 국민 구성원들의 어머니라는 지위로 호명된 것이다. 이런 이유에서 모성은 문명의 기초이며 민족주의의 근간이 되었다.

이런 식의 담론은 여성운동단체에서도 마찬가지였는데 이는 당시 여성운동이 자강이나 독립을 추구하던 애국계몽운동의 틀에서 조직되면서 국권회복을 최상의 목표로 설정했기 때문이다. 이에 따라 여성 교육은 근대적인 가정·사회·국가에 기여할 수 있도록 교육받은 모성교육론으로 한정되었다.

일제의 식민통치가 시작되면서 모성교육론은 일본의 양처현모주의와 결합되면서 근대적 가족에서 여성의 위치를 아내의 역할과 내조, 그리고 어머니의 역할과 자녀양육에 확고하게 고정시켜 버렸다. 일본의 양처현모주의가 조선에 와서 현모양처주의로 바뀐 것은 조선에서는 아내의 역할보다는 어머니의 역할을 더욱 강조했기 때문이다.

이런 담론체계에서는 여성의 교육이 강조되면 될수록 모성성은 신성한 가치로 부각되고, 여성은 탈성화되어야 하는 운명에 처하게 된다.

1920년대 유행했던 자유연애는 부자중심의 전근대적 가족과는 달리 사랑을 부부관계의 요건으로 놓았기 때문에 근대적 개인의 확립을 약속한 듯 보였지만 이 연애론은 곧 근대가족의 논리로 회수되고 말았다. 자유연애는 다만 결혼 전까지의 과정이었을 뿐이었다. 전근대적 섹슈얼리티는 만남이 곧 섹스로 연결되었는데 이것은 여성이 적극적이어서가 아니라 만남 자체만으로도 이미 추문이 되기 때문이었다. 그러나 근대적 섹슈얼리티는 구애의 기간과 섹스로 이원화되었고 구애의 기간이 연애로 명명되었다.

한 번 연애결혼을 했다 하면 청교도적인 정신에 입각하여 정조를 중요시 여겨야 하고 남성은 이혼경력이 있어도 여성은 처녀가 아니면 안되고, 연애결혼을 했다면 이혼해서는 안 된다는 식으로 자유연애와 근대가족제도는 변형되어 받아들여졌는데 이것을 뒷받침한 것이 근대과학이었다.[4] 처녀인지 아닌지 의학적으로 감정할 수 있다, 여성이 복수의 남성과 관계하면 체질이 나빠져 생식 기능이 나빠진다, 만혼은 조혼과 마찬가지로 나쁘다는 등 근대가부장제에 반기를 든 여성들을 가부장제의 테두리에 가두기 위하여 근대과학이 동원된 것이다.

이렇게 보면 전근대이건 근대이건 우리 사회는 여성에게 타자로서의 섹슈얼리티만을 요구하는 가부장제 사회로 이 사회가 요구하는 긍정적인 여성이 되기 위해서는 탈성화된 존재로 남아 있어야만 되었다.

3. 여성이 체험한 여성 섹슈얼리티

1) 모성의 탈신성화

나혜석이 처음 발표한 「이상적 부인」에는 "양처현모(良妻賢母)라 하여 이상을 정함도, 필취(必取)할 바도 아닌가 하노라. 다만 차(此)를 주장하는 자는 현재 교육가의 상매적(商賣的) 일호책(一好策)이 아닌가 하노라. 남자는 부(夫)요 부(父)라. 양부현부(良夫賢父)의 교육법은 아직도 듣지 못하였으니, 다만 여자에 한하여 부속물된 교육주의라."[5]고 하여 양처현모론을 부정하고 있지만 이것은 그야말로 독서와 교양으로 익힌 사상이

---

4) 송연옥, 「조선 '신여성'의 내셔널리즘과 젠더」, 문옥표 외, 『신여성』, 청년사, 2003, 110면.
5) 서정자 엮음, 『정월 라혜석 전집』, 국학자료원, 2001, 314면. 이하 『전집』으로 표기.

라고 할 수 있다.

당당하게 남성과 동등한 인간이 되고 싶었던 나혜석은 1920년 4월 김우영과 결혼하였다. 개인 대 개인의 결합으로 가정을 평등하게 꾸려가고 싶었던 나혜석은 결혼 전 네 가지 약속을 받아내는데 이 약속을 이행하려 애쓰는 남편을 보면서 나혜석은 근대가정 안에서 남녀평등을 이룰 수 있다고 믿었을 것으로 보인다.

그러나 결혼할 때만 해도 예상하지 않았던 일이 일어나는데 그것은 임신이었다. 임신 사실을 확인한 나혜석은 아이를 낳으면 아무것도 하지 못할 것이라는 초초감에 좌불안석하다가 도쿄로 가 2개월 동안 공부하고 돌아와 1921년 3월, 첫 개인전을 성황리에 치르고 4월 29일 첫딸을 낳았다. 그리고 같은 해 9월 일본 외무성 관리로 부임하는 남편을 따라 안동현으로 이사했고 1923년 1월 《동명》에 「모(母)된 감상기」를 발표하였다. 이 글은 아이를 임신하고 낳고 키우면서 겪는 여성의 육체적 · 심리적 변화를 솔직하게 고백하고 있다.

수수만년 동안 여성들은 아이를 가졌고, 열 달 동안 포태하고 있었으며 고통 속에 낳고, 길렀지만 그 중대한 체험을 여성의 입장에서 기록하지 않았는데 나혜석은 그 과정을 '정직히 자백' 하였던 것이다.

나혜석은 이 글을 쓴 이유가 "「모 될 때」로 「모 되기」까지의 있는 듯 없는 듯한 이상한 심리 중에서 「있었던 것을」 찾아 여러 신식 모님들께 「그렇지 않습니까 아니 그랬었지요」라고 묻고 싶다"[6]라고 밝히고 있는데 이것을 통해 같은 육체적 · 심리적 변화를 겪은 여성들과 체험을 공유하기 위해서였음을 알 수 있다.

가부장제 사회에 유포되어 있는 임신과 출산을 둘러싼 통념은 여성들

---

6) 나혜석, 「모된 감상기」, 『전집』, 384면.

은 결혼하면 기쁜 마음으로 임신을 기다리고, 임신이 되면 반가워하며 태교를 하고, 아이를 낳기 전부터 강렬한 모성애를 느낀다는 것이었다. 하지만 나혜석은 자신의 체험을 통해 여성의 몸을 둘러싸고 일어난 여성의 체험을 여성의 언어로 기록할 필요와 사회적 통념이 지닌 허구성을 지적할 필요를 느낀 것이다.

차라리
펄펄 뛰게 아프거나
쾅쾅 부딪게 아프거나
끔벅끔벅 기절하듯 아프거나
했으면
무어라 그다지
십분 간에 한 번
오분 간에 한 번
금세 목숨이 끊길 듯이나
그렇게 이상히 아프다가
흐리던 날 햇빛 나듯
반짝 정신 상쾌하며
언제나 아팠는 듯
무어라 그렇게
갖은 양념 가하는지
맛있게도 아파라[7]

이 시는 「모된 감상기」에 삽입된 것으로 분만할 때의 진통을 실감나게 표현하고 있어 "출산의 고통을 여성의 목소리로 이처럼 절실하게 표현한 것은 유래가 없던 일로 여성의 몸에 대해 말하지 않는 금기를 깨뜨

---

7) 위의 글, 395면.

린 것"[8]이다. 아이를 낳을 때 자신이 얼마나 고통스러웠는지는 여성이 평생 동안 즐겨 이야기하는 화제 중의 하나이지만 그것을 문자로 기록하여 공적인 장에 드러내지는 않았던 것이다. 10분에 한 번 오던 진통이 5분에 한 번, 3분에 한 번으로 잦아지는데 정말 진통과 진통 사이에는 조금 전에 그렇게 아팠던 것이 거짓으로 여겨질 만큼 무통의 상태가 된다. 이런 진통의 속성과 통증의 정도를 여실하게 그려내면서 그 속성을 '맛있는 아픔'으로 함축한 것은 생명을 낳기 위한 고통이라는 진통의 긍정성과 고통의 현장성을 체험으로 통합시켰기에 가능한 것이다.

한편 나혜석이 지적하는 모성을 둘러싼 통념의 허구성은 네 가지이다.

첫째 처음 임신 사실을 알았을 때 기쁘기는커녕 몹시 밉고 싫고 원망스러웠다는 것, 둘째 아이를 낳고 나서 기뻐한 것이 아니라 서럽고 원통해 대성통곡을 하였다는 것, 셋째 아이를 기르면서 너무 힘들어 '자식이란 모체의 살점을 떼어내는 악마'로 여겨진다는 것, 넷째 모성은 천성으로 구비한 사랑이 아니라 포육하는 시간 중에 얻어지는 것이라는 고백이다.

모성을 본능적 사랑으로 정의하는 사람들은 여성의 삶에서 생물학이 가지는 중요성을 인정하며, 모성을 임신이나 출산 같은 생물학적 경험을 통해 발현되는 여성 고유의 속성으로 이해한다. 하지만 나혜석은 결혼하면서도 처될 생각은 했어도 모될 생각은 하지 못했다고 고백한다. 어려서부터 여성의 사회적 의무를 아이 낳는 것으로 교육받아왔던 전근대와 달리 근대교육을 받고 부부 중심의 근대적 가정을 꿈꾸어왔던 신여성들은 결혼이 곧 아이를 생산하여 어머니가 되는 일과 동격이라는 생각을 미처 하지 못하였던 것이다.

8) 이상경, 「나혜석의 여성해방론」, 『한국근대여성문학사론』, 소명출판, 2002, 188면.

아이를 낳아 기르는 것을 미화시키기만 하였지 여성의 입장에서 그것이 얼마나 힘든 일인지에 대해 전혀 고려해보지 않았던 사회에서 이 글이 일으켰을 파장은 상상하기 어렵지 않다. 더더구나 어머니로서 그런 말을 무의식중에 한 번 떠올리기만 해도 어머니의 자격이 없다고 비난할 '자식이란 모체의 살점을 떼어내는 악마'라는 표현에 심한 거부감을 느꼈을 것이다. 백결생은 「관념의 남루를 벗은 비애」라는 반박문에서 임신은 여성의 거룩한 천직이니 절대적인 희생이 사랑의 본질이니 하는 관념을 토로하며 자식을 악마로 표현한 나혜석을 무책임하다고 비난하고 있다.

이 비난에 대해 나혜석은 그렇다면 자신의 글이 성공한 것이라고 단언했다.

> 옳다 씨의 반박의 중요 문구는 즉 내 감상기 전문 중 나의 제일 확실한 감정이었다. 제일 무책임한 말이었고 제일 유치한 말이었고 제일 거슬리는 말이었다. 그러나 이 몇 구절은 나의 제일 정직한 말이었고 제일 용감한 말이었다. 오냐 이 어구 중에 당시 내 자신의 고통과 번민이 하(何) 정도에 있었던 것이 백분지 일이라도 포함되었다 하면 내 감상기는 성공이었다.[9]

오늘날 정도 차이는 있지만 산모 중 85%가 산후우울증을 경험하고 대부분 일시적인 현상으로 끝나지만 산모의 10~15%는 장기간 지속되는 우울증에 빠진다는 사실은 상식이 되었다. 많은 수의 산모는 출산 후 심한 우울감이나 무력감·불안·초조와 함께 감정변화가 심하고 말과 행동이 혼란해지며 정신착란이 나타나기도 하는데 아이가 죽었거나 불구라는 망상, 아이가 신이나 악마라는 망상을 하거나 아이를 죽이라는

---

9) 나혜석, 「백결생에게 답함」, 『전집』, 337면.

환청을 듣는다고 한다. 산후우울증에서 벗어나는 가장 좋은 방법은 다른 산모나 아이를 키워본 경험이 있는 사람들과 체험을 공유하는 것이다. 이렇게 보면 나혜석은 오늘날 전문가들이 임산부에게 당연하게 권유하는 산후우울증의 극복처방을 이미 80여 년 전에 선구적으로 시도한 것이라 할 수 있다.

여성이 경험한 것은 기록할 가치가 없는 것으로 여겨서 기록되지 않았지만 나혜석은 모성체험을 통해 모성이 천성이라는 말도 허구이며, 모성은 여성에게 억압임을 깨닫고, 이 깨달음을 공론화시켜 이런 억압을 당위적으로 요구하는 권력에 대항하고자 자신의 체험을 고백한 것이다. 여성이 해방되기 위해서는 사적 영역이 변화되어야만 한다는 것을 깨달은 나혜석은 신비의 베일을 쓰고 사적 영역에 철저하게 갇혀 있던 여성의 체험을 베일을 벗겨 공적 영역으로 끌어낸 것이다.

2) 이중적 성규범의 거부와 정조관념의 해체

자신의 체험을 통해 가부장제 사회에서 천성이라며 신성시하던 모성이 허구적 통념임을 폭로하기는 했지만 가정 내에서 남녀평등을 실현하려 애쓰며 예술과 가정을 양립시키던 나혜석은 구미여행을 통해 새로운 전기를 맞았다. 여행 중에 사귄 최린과의 관계가 귀국 뒤 문제가 되어 이혼한 것이다.

나혜석은 이혼 논란을 겪고 있는 와중이었던 1930년 4월 《삼천리》 기자와의 인터뷰에서(「우애결혼 시험결혼」) 결혼의 목적은 자녀를 얻는 데 있는 게 아니고 배우자를 얻는 데 있다고 말하면서 시험결혼을 주장하였다. 그러면서 생리적 측면의 성교육이 아니라 산아제한, 시험결혼 등을 계몽시키는 것이 필요하다고 주장하였다. 비슷한 시기에 발표된 《매일신보》와의 인터뷰에서는(「살림과 육아」) 나의 예술을 위하여 어머니로서의 직무를 잊고 싶지는 않다고 말하고 있다. 이 인터뷰는 나혜석이 모성과 여성 섹슈얼리티는 서로 충돌할 수밖에 없음을 인식하고 있었음을 보여준다. 이 시기 나혜석은 모성애를 지키기 위해 이혼할 수 없다고 간청하였으나 김우영은 이혼을 승낙하지 않으면 간통죄로 고발하겠다고 협박하였고 나혜석은 결국 1930년 11월 이혼에 동의하였다.

이혼 후 나혜석은 계속 그림을 그렸고, 1931년에는 조선미술전람회에 특선, 제국미술원전람회에 입선하는 등 성과를 보였다. 그러나 1932년 제국미술원전람회에 출품하기 위해 금강산에 머무르며 그림을 그리던 중 화재로 작품을 잃었을 뿐 아니라 건강에도 문제가 생기기 시작했다. 1933년에는 여자미술학사를 열었으나 이미 수전증을 보이기 시작하였고, 여자미술학사의 운영은 실패로 돌아갔다. 그리고 1934년 《삼천리》 8월호와 9월호에 「이혼 고백장」을 발표하고 9월 19일에는 최린을 상대로 위자료 청구소송을 하였다.

이노우에 가즈에는 나혜석이 냉대를 받은 건 이혼했기 때문이 아니라 「이혼 고백장」의 공표와 최린을 제소했기 때문이라고 말하면서 나혜석이 「이혼 고백장」을 쓴 이유를 다음과 같이 추론하고 있다.[10] 우선 이혼이 자기의 본의가 아니라 주위 사람들의 고취와 친척의 권유를 받은 김우영의 강청에 의해 이루어진 것, 2년간은 재혼하지 않는다는 서약이 깨어진 것, 이혼의 직접원인이 된 최린에게 쓴 편지 사건에 대하여 편지를 쓴 동기와 내용이 고의로 와전된 것에 대한 반론이다. 더욱이 이혼사건에서 생긴 김우영과 그 친구들에의 불신을, 조선남성에게 공통하는 문제로서 고발하고 있다.

---

10) 이노우에 가즈에, 「나혜석의 여성해방론의 특색과 사회적 갈등」, 정월 나혜석 기념사업회, 『나혜석 학술대회 논문집 1』, 2002, 1~75면.

사실 비슷한 시기에 많은 여성들이 이혼을 거듭했어도 그런 여성이 나혜석보다 비난을 덜 받았던 것은 개인적으로는 더 과감한 실천을 했어도 여성의 성욕 문제를 공적으로 제기하지 않았기 때문이었다. 여성이 노력하기만 하면 가정에서 남녀평등을 이룰 수 있다고 믿었던 나혜석은 이혼을 통해 비로소 성차별 이데올로기에 기반하고 있던 가부장제 가정의 실상을 깨닫게 된 것이었다. 자신의 일이라면 무엇이든 들어주었던 김우영조차 모순된 이중적 성윤리를 행동으로 옮기는 것을 본 나혜석은 이것은 개인의 문제가 아니라 전체 남성의 문제이며 여성의 문제임을 꿰뚫어보고 공적 차원으로 문제를 제기한 것이다.

> 아아, 남성은 평시 무사할 때는 여성의 바치는 애정을 충분이 향락하면서 한 번 법률이라든가 체면이란 형식적 속박을 받으면 작일(昨日)까지의 방자하고 향락하던 자기 몸을 돌이켜 금일(今日)의 군자가 되어 점잔을 빼는 비겁자요 횡포자가 아닌가. 우리 여성은 모두 이러한 남성을 주저(呪詛)하고자 하노라.[11]

> 조선 남성 심사는 이상하외다. 자기는 정조관념이 없으면서 처에게나 일반 여성에게 정조를 요구하고 또 남의 정조를 빼앗으려고 합니다. 서양에나 동경 사람쯤 하더라도 내가 정조관념이 없으면 남의 정조관념 없는 것을 이해하고 존경합니다. 남에게 정조를 유인하는 이상 그 정조를 고수하도록 애호해주는 것도 보통 인정이 아닌가. 종종 방종한 여성이 있다면 자기가 직접 쾌락을 맛보면서 간접으로 말살시키고 저작(詛嚼)시키는 일이 불소(不少)하외다. 이 어이한 미개명의 부도덕이냐.[12]

이 글은 여러 가지 점에서 충격이었다. 우선 공적 담론에 적합하지 않은 대표적 화제로 여겨졌던 남녀의 연애와 결혼 그리고 이혼에 대한 담

11) 나혜석, 「이혼 고백장」, 『전집』, 457면.
12) 위의 글, 475면.

론이라는 점이다. 둘째 허구적 상상력으로 창조해 냈거나 최소한 고백의 형식을 빈 소설이 아니라 그야말로 솔직한 고백이었다는 점, 셋째 그고백의 당사자가 처녀가 아니라 아이들 넷을 둔 기혼여성이었다는 점, 그리고 이혼의 원인을 제공한 간통을 사실이라고 인정하면서도 간통 자체를 잘못이라고 인정하지 않았다는 점, 넷째 여성에게만 정조를 요구하는 조선남성들의 행위가 개명하지 못한 부도덕한 행위라고 비난하면서 조선사회에 팽배해 있던 이중적 성 규범을 고발한다는 점이다. 이 외에도 잘못해서 이혼당하는 여성이 재산분할을 요청하고, 어머니의 친권을 요구하는 등 그 시대를 살았던 남녀 모두를 경악시킬 내용을 담고 있었던 것이다.

자유연애에 대한 담론이 시대의 유행이 되면서 남녀 각각에 대해 정조에 대한 기준을 어떻게 적용할 것이냐는 문제는 많은 논란을 낳았다. 대부분의 논자는 이중적 기준을 세울 수 없다는 데 동의했지만 그래도 남성들은 여자는 정조를 지켜야 한다는 입장을 포기하지 않았다.

> 남자는 생리적으로 성교의 영향이 없으나 여자는 반드시 정조를 엄수하여
> 야 할 것이다. 왜 그러냐 하면 여자는 성교에 의하여 그 혈액에 일종 화학물질
> 즉 방어소(防禦梳) 효소를 생하는 까닭이다. (…중략…) 혹 남편 이외의 남자와
> 성교가 있으면 그 태아는 간부의 씨가 아니라 할지라도 혼혈이 태아에 영향하
> 여 순전한 본부(本夫)의 씨가 아니라고 할 것이다.[13]

> 김안서 ; 결국 그것은 「氣持ち(기분)」문제인데 암만하여도 어느 구석엔가
> 께름한 점이 있을걸요.
> 김기진 ; 어느 생물학자의 말을 듣건대 일단 단 남성을 접한 여자에게는 그

---

13) LS생, 「남성이 여성에게 정조를 강요하는 이유」, 《별건곤》 19호, 1929.2 : 권보드래, 앞의
    책, 173면 재인용.

신체의 혈관의 어느 군데엔가 그 남성의 피가 섞여있지 않을 수 없대
요. 그러기에 혈통의 순수를 보존하자면 역시 초혼이 좋은 모양이라
하더군요.

김안서 ; 제 자식 속에 딴 녀석의 피가 섞였거니 하면 상당히 불쾌한 일일걸
요 여자 측은 어떻게 생각하는지 몰라도.[14]

이 두 인용은 당대 남성들이 여성의 정조에 대해 가지고 있던 생각을
평균적으로 드러내면서 남성이 자신의 핏줄만으로 대를 잇기 위해서 여
성의 정조를 요구하던 전근대적 사고와 남성의 소유욕을 합리화시키기
위해 활용하고 있는 근대과학의 면모를 여실히 보여준다.

불평등한 성 규범을 거부하는 「이혼 고백장」을 발표한 뒤인 1935년 2
월 나혜석은 「신생활에 들면서」에서 정조관념을 해체하는 다음과 같은
주장을 한다.

정조는 도덕도 법률도 아무것도 아니요 오직 취미다. 밥 먹고 싶을 때 밥 먹
고 떡 먹고 싶을 때 떡 먹는 것과 같이 임의 용지(用志)로 할 것이요 결코 마음
의 구속을 받을 것이 아니다.[15]

성적 욕망이 갖는 자율성을 간파한 나혜석은 정조란 도덕이나 법률로
강제할 것이 아니고 개인적 선택의 문제임을 분명히 하고 있다. 규범화
된 정조관념은 남성에게든 여성에게든 억압이 된다는 것을 깨달은 나혜
석은 정조관념 자체를 해체하고자 했던 것이다.[16]

1935년 10월에 발표한 「독신여성의 정조론」에서는 결혼제도 바깥에

---

14) 나혜석 외, 「만혼 타개 좌담회」, 『전집』, 712면.
15) 나혜석, 「신생활에 들면서」, 『전집』, 482면.
16) 이상경, 앞의 책, 195면.

있는 독신여성의 섹슈얼리티를 논하며 "성욕 한가지로 인하여 일찍이 자기 몸을 구속할 필요가 없"[17]고 "정조관념을 지키기 위하여 신경 쇠약에 들어 히스테리가 되는 것보다 돈을 주고 성욕을 풀고 명랑한 기분으로 살아가는 것이 아마 현대인의 사교상으로도 필요할"[18] 것이라고 주장하고 있다.

나혜석의 이러한 주장은 여성도 성적 욕망을 가지고 있으며 적극적으로 성적 쾌락을 추구할 권리를 가지고 있음을 천명한 것이다. 여성의 주체적 섹슈얼리티에 대한 나혜석의 논의는 여성을 억압하며 계속 타자에 머무르게 하는 순결 이데올로기를 극복하게 하고 가부장제 가족제도의 문제점을 직시하게 하며 여성도 성적 쾌락을 즐길 수 있는 논리적 가능성을 마련해 주었으며 성과 재생산을 분리시켜 생각할 수 있도록 해주었다.

우리 사회에서 섹슈얼리티에 대한 모든 금기와 규제를 철폐하고 섹슈얼리티에 대한 논의를 활성화해 개인의 성적 자유를 확보하는 것이 인간 해방의 지름길이라는 성 해방 담론이 공적 담론으로 제기된 것이 1990년대 중반이며[19], 여성들이 여성의 섹슈얼리티를 이야기하기 시작한 것이 1990년대 후반임을[20] 상기한다면, 그리고 이혼할 때 아내의 재산분할권을 인정하고 어머니의 친권을 인정한 것이 1991년이었음을 상기한다면 나혜석이 주창한 여성 섹슈얼리티 담론의 선구성을 인정하지 않을 수 없을 것이다.

17) 나혜석, 「독신여성의 정조론」, 『전집』, 368면.
18) 위의 글, 같은 면.
19) 조영미, 「한국 페미니즘 성 연구의 현황과 전망」, 한국성폭력상담소, 『섹슈얼리티 강의』, 동녘, 1999, 30면.
20) 조주현, 「섹슈얼리티를 통해 본 한국의 근대성가 여성 주체의 성격」, 위의 책, 46면.

4. 주체적 여성 섹슈얼리티의 조건

나혜석이 추구한 주체적 여성 섹슈얼리티를 실현하기 위해서는 경제적 자립과 이념적 · 정서적 지지가 절대적으로 필요하다. 나혜석이 불행한 말년을 보낸 가장 큰 이유는 이혼이나 「이혼 고백장」을 공표해서라기보다 경제적 자립을 이룰 수 없었고, 어디에서도 이념적 · 정서적 지지자를 얻을 수 없었다는 데 있다.

이혼하면서 나혜석은 재산분할을 청구하지만 받아들여지지 않았다. 이혼 후 경제적 자립을 추구하기 위해 여자미술학사를 열었지만 그것도 실패하였다. 최린을 상대로 위자료 청구소송을 하게 되는 원인도 물론 분풀이도 있었지만 직접적으로는 경제적인 어려움 때문이었던 것으로 보인다. 경제적으로 자립할 수만 있었다면 나혜석은 끝까지 그림을 그리며 전업화가로 살아갈 수 있었을 것이다. 이혼한 뒤인 1931년 제국미술원전람회에 입선한 뒤에 쓴 「나를 잊지 않는 행복」에는 전업화가로의 길을 모색하고 있는 당당한 모습을 엿볼 수 있다. 하지만 나혜석은 일정한 직업을 가질 수 없었고, 불규칙적이고 푼돈이었던 원고료 수입에 의존해 살아가야만 했다. 1934년 《조선중앙일보》 현상공모 '우스운 이야기'에 공모한 것도 경제적인 이유 때문으로 보인다. 1935년 10월 생활고로 돈을 마련하기 위해 소품 200점으로 개인전을 열었지만 아무도 관심을 가져주지 않았고 이후 나혜석은 죽을 때까지 점점 더 생활고에 시달려야만 했다.

여기에 어디에서도 이념적 · 정서적 지지자를 얻을 수 없었던 나혜석은 평소의 당당하던 모습을 잃고 병들어 갔다. 식민시대 남성들은 진보적이라고 해도 이중적 성 윤리에서 벗어나지 못하였고, 전통주의자들은 섹슈얼리티의 모순에 문제를 제기하고 정조관념을 해체하려는 움직임에 격렬한 비난을 퍼부었고, 계급론자들은 나혜석이 계급모순을 인식하지 못한 점을 두고 부르주아 여성의 투정 정도로 배척해 버렸던 것이다.

일제하 식민사회라는 특수한 사회적 상황 속에서 성 모순의 인식에 기반을 둔 저항의 목소리는 침묵당할 수밖에 없었다. 일제의 식민담론이 지배적인 사회담론이었는데 그에 저항하는 대항담론이었던 민족담론과 계급담론은 성 모순에 대한 여성의 목소리를 부차적이고 종속적인 것으로 간주하면서 신여성을 일탈적인 것으로 만들었던 것이다.[21]

이런 점은 근대적 여성상이 형성되는 초기 과정에서 차지하는 상징적 위치와 의미가 흡사한 히라쓰카 라이초와 나혜석의 생애를 비교해 볼 때 더욱 분명하게 드러난다.[22] 라이초의 어머니 츠야는 라이초가 스캔들과 사회적 오해 속에서 질시와 비난을 받을 때 그를 동조하고 격려하였을 뿐 아니라 경제적으로 지원하여 《세이토》 창간에 결정적인 도움을 주었으며 그 후에도 그녀의 행로에 정신적인 기반이 되어 주었다.

그러나 나혜석에게는 경제적인 지원은 그만두고 이념적·정서적으로 지지해주는 사람도 없었다. 어머니는 일찍 돌아가셨고, 언니와 여동생이 있었으나 일찍 출가하여 가정을 꾸린 자매들과는 소원하게 지냈던 듯하다. 다만 1940년대 초 여학교를 졸업하고 개성에서 교사생활을 하던 딸 나열에게는 가서 얼마간 의탁하기도 하였다.

나혜석의 가장 열렬한 후원자였던 나경석은 상당히 진보적인 지식인이었으나 여성의 섹슈얼리티에 관한 한 조선의 남성이 갖는 의식 이상으로 개명하지는 않았던 것으로 보인다. 그는 나혜석이 「이혼 고백장」을 발표하고 최린을 제소하자 더는 나혜석을 지원하지 않았고, 그나마

<hr>

21) 조은·윤택림, 「일제하 '신여성'과 가부장제」, 경제사학회, 『광복 50주년 기념 논문집 8』, 학술진흥재단, 1995, 201면.
22) 문옥표, 「조선과 일본의 신여성」, 《신여성》, 245~82면.

나혜석을 끝까지 돌본 건 그의 부인이었다고 한다.

나혜석이 자신의 개인적인 체험을 글로 써 공적으로 문제를 제기한 가장 큰 이유는 체험의 공유를 위해서였다. 그러나 나혜석이 제기한 섹슈얼리티 문제를 자신의 문제로 인식하고 체험을 공유하며 나혜석을 지지하면서 대항 담론을 만들어낼 여성들이 당시 조선사회에는 거의 없었던 것이다. 섹슈얼리티의 평등을 이루고자 하는 요구는 남녀 모두 정조관념을 해체하거나 남녀 모두 정조관념을 고수하거나 하여야 하는데 일제시기 여성운동은 남녀 모두에게 정조관념을 지키도록 하는 쪽으로 이루어져[23] 나혜석은 후기의 여성운동가들에게도 지지받을 수 없었다.

나혜석이 여성들과 연대하기 위해서는 긴 세월이 필요했다. 여성이 사유의 주체, 경제의 주체가 되고 자신들의 섹슈얼리티에 눈뜰 때까지 기다려야 했던 것이다. 1990년대 중반에 와서야 여성들은 현재 자신이 고민하는 문제를 이미 오래 전에 붙들고 관습과 규범에 맞서 치열하게 살다간 언니가 있었음을 알게 되었다.

부활한 나혜석이 지금도 우리에게 말을 건네는 듯하다. "나는 꼭 믿는다. 내 「모된 감상기」가 일부의 모 중에 공명할 자가 있는 줄 믿는다. 만일 이것을 부인하는 모가 있다하면 불원간 그의 마음의 눈이 떠지는 동시에 불가피할 필연적 동감이 있을 줄 믿는다. 그리고 나는 꼭 있기를 바란다. 조금 있는 것보다 많이 있기를 바란다. 이런 경험이 있어야만 우리는 꼭 단단히 살아갈 길이 나설 줄 안다. 부디 있기를 바란다."[24]

(정순진)

23) 소현숙, 「이혼사건을 통해 본 나혜석의 여성해방론」, 정월 나혜석 기념사업회, 『나혜석 학술대회 논문집 1』, 2002, 5~137면.

24) 나혜석, 「백결생에게 답함」, 앞의 책, 339면.

캐릭터로서의 나혜석 연구

1. 서론

1) 문제의 제기

한국의 희곡사에는 유달리 빈번하게 등장하는 역사의 주인공들이 있다. 조선시대의 왕 중에서는 세조와 단종, 연산군, 영조와 사조세자[1] 등이 희곡의 주인공으로서 많이 등장했으며 근대사로 넘어오면 격동기의 정치사적 혹은 사회적 상황과 관련하여 많은 인물들[2]이 극화되었다. 어

---

[1] 세조와 단종을 주인공으로 한 작품으로는 오태석의 「태」, 이현화의 「카덴자」, 이강백의 「영월행 일기」 등이 대표적이고, 연산군에 관한 작품으로는 이윤택의 「문제적 인간 연산」, 김태웅의 「이」, 김현묵의 「엄마」 등이 주목을 받았으며, 광해군에 관한 작품으로는 차근호의 「천년제국 1632」 등이 있다. 영조와 사도세자에 관한 오태석의 「부자유친」, 황진이를 철학적으로 접근한 윤정선의 「자유혼」 등도 인물에 관한 재해석으로 주목받은 작품들이다.

[2] 김구 암살범 안두희에 관한 오태석의 「천년의 수인」, 여성 독립운동가 정정화를 주인공으로 한 선욱현의 「아! 정정화」, 노경식의 「치마」, 나혜석에 관한 차범석의 「화조」, 윤심덕에 관한 윤대성의 「사의 찬미」, 김의경의 「대한국인 안중근」, 정복근의 「덕혜옹주」와 「나, 김수임」 등 근대사의 인물에 관한 작품은 매우 많다.

떤 인물은 독특한 개성을 가진 연극적 캐릭터로 부활하여 연극으로서도 성공을 거두었고 시대를 뛰어넘어 새로운 인물로 각인되기도 하였다. 또 때로는 왜곡된 성격이 부각되어 역사상의 불운에 그치지 않고 연극 상으로도 불운한 인물로 남기도 하였다.

본고에서는 캐릭터라는 개념을 한 인물의 개성적 '성격'이라는 의미로 사용한다. 성격이란 아리스토텔레스 이후 강조되어 온 연극의 중요 요소로 인물의 사회적 역할·역사적 전통·고상함·인물 내부의 일치 등을 종합한 개념이다. 어떤 인물의 내면에 여러 성향이 뒤섞여 있고 그래서 이 인물이 동일한 상황에서 다른 사람들은 도저히 그럴 수 없는 특별한 행동을 하는 경우, 그런 인물을 '성격'을 가지고 있다[3]고 말한다.

본고는 이 땅의 최초의 신여성으로서 여성화가로서 명성을 드높였던 나혜석이 연극에 수용된 양상과 특성에 대하여 분석하고자 한다. 역사상의 실제 인물이 예술 작품의 주인공으로 재창조되는 과정과 그 결과물을 통해서 어떤 요소가 한 인물을 반복적으로 연극의 주인공으로 삼게 하였으며 실제 인물의 어떤 요소가 강조되고 있는지[4] 검토할 것이다.

나혜석이 주인공으로 등장한 극을 창작시대순으로 보면 「파리의 그 여자」(나혜석 작, 1935), 「화조」(차범석 작, 1977), 「철쇄」(강성희 작, 1986), 「불꽃의 여자 나혜석」(유진월 작, 2000) 등의 네 편이다. 그 중 두 편이 무대에 올랐는데 「화조」는 1977년 9월 9일부터 14일까지 이진순 연출로 극단 광장이 쎄실극장에서 공연하였으며 제1회 대한민국 연극제 참가작품이다. 한 기자가 나혜석에 관한 글을 쓰기 위해 자료를 수집하

---

3) 아스무트, 송전 역, 「드라마 분석론」, 서문당, 2000, 160~1면.
4) 김선주, 「다양한 양상의 나혜석」, 「우리의 연극」 16호, 무천극예술학회, 2000. 필자는 이 글에서 나혜석을 주인공으로 한 희곡 네 편을 구성·내용·인물 등의 비교를 통해서 분석하고 있다.

나혜석, 한국 근대사를 거닐다 —

306

면서 나혜석 주변의 인물들을 통해서 과거의 사건들을 짜맞추어 가는 형식을 택하고 있다. 「불꽃의 여자 나혜석」은 2000년 10월 17일부터 12월 31일까지 채윤일 연출로 극단 산울림이 산울림 소극장에서 공연하였다.

가장 먼저 창작된 「파리의 그 여자」는 나혜석의 자전적 작품이라는 점에서 중요하다. 그리고 이후의 작품들은 남성작가와 여성작가라는 작가의 성에 따른 시각, 창작 시기에 따른 시대 변화의 수용 양상, 특별히 의미가 부여되고 강조된 측면 등에서 차이가 있다. 결론적으로 단일한 인물이 저마다 개성과 시각이 다른 작가의 의도에 의해서 새로운 인물로 창조되고 있는 것이다. 본고에서는 네 편의 작품을 비교하는 것에 목적을 두는 것이 아니라 나혜석이라는 한 인물이 특별히 극성을 강조하는 희곡이라는 장르에서 반복적으로 작품화되는 요소가 무엇인가를 찾고자 하는 것에 있다.

2) 역사적 인물로서의 나혜석

나혜석(1893~1948)은 진명여학교 수석졸업으로 신문에 처음 이름이 오른 후 미술을 전공한 최초의 도쿄유학생, 최초의 여성화가, 경성 최초의 서양화 개인전 개최, 최초의 부부동반 유럽여행, 최초의 정조유린에 관한 위자료 청구소송 등으로 이어지는 유명세 속에서 화려한 생활의 극단을 살다가 행려병자로 생을 마감하는 최악의 상황에 이르기까지, 일생을 세인들의 입에 오르내렸다.

나혜석은 조선미술전람회와 제국미술전람회에 수차례 입상한 당대의 대표적 화가였고 여성운동가였으며 독립운동에도 최선을 다한 진정한 지식인이었다. 당대의 뛰어난 문사로서 시·소설을 비롯하여 시론·평론·여행기 등의 글을 80여 편 남겼다. 1918년에는 단편소설 「경희」를 통해서 여성도 인간이라는 선언을 함으로써 여성에 대한 과거의 인식에 큰 변화를 가져온다. 현재 「경희」는 진취적인 근대의식을 담고 있는 최초의 페미니즘 소설로서 재평가[5]되고 있다.

특히 「이상적 부인」에서는 여자를 노예 만들기 위해서 부덕의 장려가 필요했다고 지적하고 조선여성은 자신을 찾는 활동에서 성공에 대한 욕심을 가져야 하며 사람다운 생활을 해야 한다고 했다. 「모된 감상기」에서는 모성애의 추상성을 비판하고 여성에게 있어서의 임신과 출산이라는 문제를 본격적으로 공론화하여 사회에 큰 파장을 일으켰다.

또한 「이혼 고백서」에서는 이혼의 과정과 심정을 공개하고 여성에게만 강요되는 정조관념을 비판하였다. 이혼이 특별한 '사건'이었던 시절에 여성이 이혼과정과 연유를 상세하게 써서 잡지에 발표까지 함으로써 더욱 세상을 떠들썩하게 했다. 그러나 이 글은 남성 지배적인 사회에서의 여성의 억압과 저항을 명확하게 보여주는 글이었다. 더욱이 연애의 상대자였던 최린에 대한 위자료 청구 소송은 나혜석을 더욱 몰락의 길로 몰고 갔지만 여권의식을 널리 알린 저항적 사건으로서 의미가 있다.

2. 극적인 캐릭터로서의 나혜석

1) 극적인 요소

연극은 기본적으로 인간에 대한 탐구를 중시한다. 한 편의 희곡이 무대 위에 형상화되는 전 과정에서 작가는 한 인물을 통해서 끈질기게 삶의 진실을 파헤치고자 하며 관객들은 무대 위에 재현되는 연극을 보면

---

5) 안숙원, 「나혜석의 소설 「경희」의 담화론적 연구」, 『여성문학연구』 창간호, 한국여성문학학회, 1999.

서 어떠한 예술보다도 생생하고 치열한 한 인간의 삶을 간접 경험하게 된다. 연극이 인간에 대한 탐구를 기본으로 하는 장르이며 인간이 그 핵심을 이룬다는 사실은 '오이디푸스' 이래 동서양의 많은 작가들이 주인공의 이름을 내세운 희곡을 창작한 사실을 보아서도 잘 알 수 있다.

나혜석 또한 여러 번 희곡의 주인공이 된 것으로 보아 극의 주인공이 될 만한 특징적 요소들을 많이 가지고 있는 인물임에 틀림없다. 나혜석을 극의 주인공으로 만드는 요소들로는 매우 저명한 여성으로서 극적인 요소를 많이 가지고 있다는 점, 자유연애와 불륜·이혼 등 세인의 흥미를 끌 만한 멜로드라마적인 요소를 발견할 수 있다는 점, 삶을 주체적으로 이끌어가려는 투쟁적 요소가 남다르기 때문에 비극적 요소를 가지고 있다는 점 등을 들 수 있다.

연극은 극적인 세계를 창조하는 예술이다. '극적'이란 일상에서는 흔히 일어나지 않는 자극적이고 무시무시한 것이란 의미를 내포하며 대개의 경우, '평범하지 않은 / 기대의 반전을 보여주는 / 아슬아슬한 / 자극적인 / 놀라운' 등의 의미[6]를 내포한다. 나혜석은 한국의 근대사에서 가장 극적인 인물 중의 한 사람으로 꼽힐 수 있다. 아리스토텔레스가 말했듯이 높은 곳에서 낮은 곳으로 떨어지는 몰락이 비극의 근본이라 할 때 가장 높고 화려한 인생에서 가장 낮고 비참한 인생으로 떨어지는 낙차의 큰 폭은 나혜석을 극적인 인물로서 주목하게 한다.

나혜석은 개성이 매우 강할 뿐 아니라 그 지향한 삶의 양상이 화려한 인물이며 성격이 강인하고 수많은 사건의 중심부에서 살았다. 보통 사람 이상의 특별한 삶의 주인공으로서 굴곡이 많은 드라마틱한 삶은 그녀를 극적인 삶의 주인공으로 각인시킨다. 그러나 그 극적인 생이 단지

6) 김성희, 『연극의 세계』, 태학사, 1996, 73면.

이상에서 지적한 요소들에 그치는 것이 아니라 위대한 인간으로서의 의미 있는 삶이었다는 점 또한 중요하다. 나혜석은 선각자로서의 진보적인 삶을 창조한 여성이었으며 역사상의 중요한 인물이었다. 이러한 제반 요소들이 어우러져 나혜석을 극적인 예술인 희곡의 주인공으로 주목하게 하는 것이다.

2) 멜로드라마적 요소

연극에는 다양한 종류가 있지만 기본적으로 비극과 희극으로 대별된다. 그리고 멜로드라마[7]와 소극이라는 유사 하위 장르가 있다. 일반적으로 비극은 위대한 인간의 몰락을 그리고 멜로드라마는 겉으로는 비극과 같은 슬픔을 표출하지만 좀 더 대중적인 요소들을 가지며 비극과 비교하여 저급한 것으로 평가된다. 그러나 일반적인 관객을 대상으로 하고 공감대를 이끌어내는 데 있어서 멜로드라마적인 요소는 매우 중요하다. 실제로 많은 경우에 비극과 멜로드라마는 혼동되기도 하는데 평자에 따라서 한 작품을 비극의 범주에 넣기도 하고 멜로드라마의 범주에 넣기도 한다. 본고에서는 멜로드라마를 대중의 경험과 정서에 의존하는, 슬픔을 중시하고 선악의 대립적 구조를 가지며 인물이 외적인 적대세력의 억압에 의해 고통 받는다는 가장 기본적인 정의에 입각한 개념어로 사용하고자 한다.

---

7) 멜로드라마는 18세기 신고전주의시대에 나타난 장르로서 음악(멜로)과 드라마(음악)가 결합된 것이다. 작중 인물의 캐릭터가 거의 고정되어 있으며 선악의 구분이 명확하며 권선징악이 기본 주제가 된다. 한국에서의 멜로드라마란 남녀 간의 사랑이나 가족 구성원들 간의 갈등을 다룬 여성 취향의 이른바 최루성 장르라는 의미로서 이해되고 있다. 일본의 신파극에서 정치적 요소가 배제되고 여성의 비극적 운명을 강조하는 형태로 변형되어 수입되었다.

나혜석의 삶은 멜로드라마적인 요소들을 많이 가지고 있다.[8] 그리고 이러한 요소들은 이념적인 인간으로 경직되기 쉬운 나혜석을 일반인과 호흡할 수 있는 공감대를 가진 일상적 인간으로 표출되게 한다. 연극의 주인공은 이념, 사상 등의 지적 영역의 요소와 희로애락에 휘둘리는 정서적 요소, 그리고 신체적 특성과 사회적 요소 등을 가진 매우 복잡한 존재인 것이다. 그럼에도 불구하고 때로 연극의 주인공들은 흔들림 없는 이념만을 추구하는 인간으로 표현됨으로써 관객에게 군림하며 사상을 전달하는 시혜적 존재로서 부정적으로 재현되는 경우가 많다. 멜로적 요소는 나혜석을 상황에 따라서 갈등과 혼란에 빠지기도 하는 인간적인 인물로 부각시켜 관객에게 쉽게 다가가게 하는 장점이 있다. 그러나 반면 위대한 요소를 뒤로 한 채 일상적인 여성으로 격하시키기도 하는 부정적 요소를 함께 지닌다.

나혜석의 삶에서 멜로적인 요소들은 낭만적인 첫사랑의 실패, 인텔리 남성 김우영의 오랜 구애, 당대 최고 문인인 이광수와의 삼각관계, 시어머니와 시누이를 포함한 시집식구들과의 갈등, 기혼 여성으로서 최린과의 연애 사건, 남편과의 갈등, 아이들과의 생이별과 그리움, 비참한 죽음 등을 들 수 있다.

시인 최승구가 폐병으로 사망하면서 나혜석은 이상적인 결혼으로 이

---

8) 1920년대부터 1930년대의 한국영화에서 공통적인 멜로드라마적 요소들은 다음과 같다. 나혜석의 삶과 유사성을 갖는 요소들을 발견할 수 있다.
① 연애담이 내러티브를 주도한다. ② 주인공의 사랑과 삶은 신분차이 · 인습 등으로 갈등에 처한다. ③ 관객의 감정 이입을 강하게 유도한다. ④ 주인공은 비극적 결말을 맺는다. ⑤ 남성인물은 유학생이나 권문세도가에 속하고 여성인물은 기생 · 신여성 등이다. ⑥ 근대적 세계관과 봉건적 도덕관 사이에서 절충된 세계관을 보여준다. ⑦ 권선징악 등을 통한 현실 순응주의적인 면을 강조한다 등이다(유지나 외, 『멜로드라마란 무엇인가』, 민음사, 1999, 19면).

어질 것으로 기대했던 첫사랑을 완성하지 못했다. 감성적인 여성으로서 실연의 고통에 빠져 방황하다가 이광수·허정숙·김우영과 복잡한 관계에 빠져 조선까지 그 연애의 소문이 퍼졌다. 극의 주인공은 특별한 매력을 가진 인물이어야 한다. 나혜석은 이러한 화려한 연애를 통해 모든 사람들의 관심의 대상이 될 만한 매력을 가진 인물이었음을 알 수 있다. 이는 이광수, 김우영을 비롯한 당대 도쿄유학생들의 열렬한 구애의 대상으로서 주목받았던 삶의 기록에서도 나타난다.

결국 긴 세월 사랑을 바친 김우영과의 타협적인 결혼으로 정착한 나혜석은 보통 여자들처럼 시집 식구들과의 마찰을 겪는다. 예술가로서, 당대 최고의 인텔리 여성으로서 시대를 앞서가는 삶을 살고자 했지만 돈을 비롯한 현실적 생활과 관련된 각종 문제들은 시집식구들과의 마찰과 대립을 낳았다. 당대 멜로드라마의 가장 대표작인 임선규의 「사랑에 속고 돈에 울고」에서 보듯이 여성인물은 언제나 시집식구, 특히 시어머니와 시누이가 가장 큰 적대세력으로서 문제를 야기하며 그들의 모함에 의해서 집에서 쫓겨나거나 죽음에 이른다. 이러한 기본 구도는 당대 사회의 여성들이 처해 있었던 보편적인 삶이었고 중요한 생존의 문제였다. 위대한 인물인 나혜석 또한 거기서 예외일 수 없다는 것은 조선의 기혼여성으로서의 삶이 지닌 기본적인 부분이자 관객에게 자연인으로서의 인물을 공감하게 하는 요소가 된다. 그러나 무엇보다도 나혜석의 삶을 가장 멜로적으로 이끄는 것은 최린과의 연애사건이다. 파리를 배경으로 펼쳐지는 당대 최고의 화가인 기혼여성과 거물 정치인의 로맨틱한 사랑은 현재 시점에서 볼 때도 매우 주목할 만한 사건이다. 여성은 결혼과 더불어 자유를 구가하고 내면적 감성을 따르는 개인으로서가 아니라 아내와 어머니·며느리라는 가부장적인 지위로서만 규정되는 현실에서 그녀의 특별한 로맨스는 질시를 받으면서도 한편으로는 부러움을 살 만한 사건이었다.

식민지 조선 땅에서 여성의 인권이 무시되고 개인으로서 존중받지 못하던 시대에 예술의 도시를 배경으로 펼쳐진 로맨스는 충격적인 사건이었다. 그러니 그 사건은 동시대의 남성 예술가들에게는 너무도 당연시되고 용인되던 자유연애 측면에서 수용되거나 감성이 뛰어난 한 예술가의 자유로운 개성의 발현이라는 시각에서 이해를 받기보다는 추문으로만 부각되었다. 타락한 유부녀의 방종한 스캔들로서 가문에 먹칠을 하고 남편의 명예를 실추시키며 자신이 창조해낸 모든 문화적 · 사회적 성과를 모두 박탈당하는 징계를 당해야 했다.

그러나 그 사건의 정당성 여부를 떠나서 주목할 것은 한 인간의 사적인 측면에서의 삶과 그의 사회적 인간으로서의 삶이 극심하게 뒤엉켜 평가되고 있다는 점이다. 그녀가 이루어낸 탁월한 업적들은 단 한 번의 로맨스로 인하여 모두 땅으로 끌어내려졌고 그 사건 이후 몰락하기 시작하는 조선 최고의 예술가는 사후 오십 년 동안이나 땅 속에 묻혀 있어야 했다. 남성과 여성에 대한 대조적인 사회의 시각과 규제의 방식이 한 인간의 문화적 · 역사적 의미마저 몰살시켜 버린 것이다.

그러나 이 사건은 기혼 여성들의 금지된 욕망을 실현한 로맨틱한 사건으로서 멜로드라마의 요소를 강하게 갖는다. 오늘날 텔레비전 드라마와 영화의 거의 대부분은 이루어질 수 없는 사랑의 이야기들을 다루고 있으며 그 이루어질 수 없는 사랑의 많은 부분은 바로 불륜사건의 낭만적인 상황에 있다. 그렇게 본다면 나혜석의 이 로맨틱한 사건은 나혜석을 극화하는 데 있어서 가장 대중적인 호기심을 자극하는 부분인 동시에 로맨틱한 사랑의 간접경험을 제공할 수 있는 흥미로운 사건이 되는 셈이다.

그 사건 이후 남편과의 이혼, 시집과의 갈등, 친정 오빠들의 냉대, 어린

네 자녀와의 생이별 등의 일련의 사건들은 더욱 멜로적이다. 나혜석의 경우가 아니더라도 그리고 유부녀의 불륜이라는 특정사건이 아니더라도 이 부분부터는 1930년대의 대중극을 넘어서 1960년대의 최루성 영화를 거쳐 오늘까지 이어지고 있는 가정식의 멜로드라마의 단골 소재이다.

남편이 통치하는 가부장제적 가정에서 여성은 성적 배우자이자 종족 보존의 기능 수행자로서 그 존재의의를 얻는다. 여성의 삶은 개인적이고 주체적이고 독립적인 방법으로는 존재하기가 어려우며 경제적 능력을 가진 남성의 그늘 아래 머무는 것으로써 안전하게 보호된다. 그러한 상황에서 여성이 안식처에서 밀려난다는 것은 여성의 존재기반을 송두리째 빼앗는 최악의 징계인 것이다. 경제력이 없는 여성은 타협하게 되고 인격적 존재로서의 삶을 포기하면서라도 가부장제의 울타리 안에서 최소한의 생계와 보호를 보장받고자 한다. 여성의 영역을 가정이라는 사적인 영역과 사회라는 공적인 영역으로 이분화하고 그 경계를 넘어선 여성에 대해서는 가차 없는 징계를 가하는 것이 가부장적 사회의 율법인 것이다.

나혜석은 「모된 감상기」를 통하여 생득적이고 천부적인 것으로 인식되었던 모성애를 구체적인 임신과 출산과 육아의 과정을 통해서 부정한 바 있다. 그러나 초기의 모성애에 대한 부정은 네 아이의 육아 과정에서 변화된다. 이혼의 과정에서 자신의 주장을 굽히면서까지 이혼을 막아보려 한 태도는 순전히 모성애에 근거한다. 모성애는 천하의 신여성 나혜석을 변화시켰고 이혼 이후 평생을 자식에 대한 그리움으로 고통스러워하게 했다.

이러한 요소들은 잘나고 특별한 여성으로서의 나혜석에 대한 인간적 접근을 가능케 하는 요소들이다. 여성 관객들은 그녀가 겪는 고통스러운 삶의 체험들 중에서 상당 부분을 공유할 수 있다. 이러한 보편적 공감대로 이끌어가는 멜로적 요소들은 나혜석을 화석화된 인물로서 존재하게 하는 대신 뜨거운 피와 생명이 있는 존재로 활성화시킨다. 위인이라는 사진틀 속에서 존재하는 근엄한 표정의 이념적이고 경직된 인물이 아니라 살아 있는 인간으로서의 나혜석을 만나게 하는 요소인 것이다.

결론적으로 멜로드라마적인 요소를 많이 담고 있는 나혜석의 삶은 그녀를 극중 인물로서 더욱 풍성하게 하며 생동감 있는 인물로 만든다. 관객에게 동정심과 공감을 이끌어낼 수 있는 보편적인 인간으로서 존재하게 한다. 물론 아리스토텔레스도 비극의 주인공에게는 허물이 있어야한다고 했다. 그 때문에 비극적 파국의 개연성이 확보될 수 있다고 생각했고 계몽주의의 이론가들은 이 허물을 관객의 동정심을 불러일으키는수단[9]으로 받아들였던 것이다. 그러나 극작 과정에서 이러한 멜로드라마적인 요소에만 치중한다면 나혜석이라는 위대한 인물을 한낱 흥밋거리로 격하시키고 말 위험이 있다는 것을 유의해야 한다.

3) 비극의 주인공으로 승화

나혜석은 이상의 멜로드라마적인 요소들에 머물지 않고 비극의 주인공으로 부상할 수 있는 가능성을 가진 인물[10]이다. 멜로드라마는 가정과 사랑 등의 사적인 영역을 둘러싸고 벌어지는 사건을 중심으로 다루며 정서의 과잉과 슬픈 결말로 관객에게 눈물을 통한 카타르시스를 주고자 하는 목적을 갖는다. 결과적으로 여성 관객에게 위안과 공감을 주기도 하고 우월감과 안도감을 주기도 한다. 나혜석의 삶에는 부분적으

---

9) 아스무트, 앞의 책, 163면.
10) 「불꽃의 여자 나혜석」은 그녀를 멜로드라마의 주인공에서 비극의 주인공으로 격상시키려는 기본적 의도를 가지고 있다는 점에서 다른 작품들과 구별된다.

로 멜로드라마적인 요소가 있지만 그녀는 단지 그런 요소들에 머물러 있지 않다.

나혜석은 거듭되는 고통 속에서도 끝내 좌절하지 않고 그 모든 아픔을 선각자의 고뇌로 받아들이는 모습을 보여준다. 최초의 여성화가, 최초의 페미니스트, 최초의 여성작가 등 수많은 '최초'라는 수식어를 지고 힘겹게 한 걸음 한 걸음 걸어 나갔던 나혜석, 수많은 꿈을 가지고 노력했으나 실패의 연속처럼 보이는 그녀의 삶은 실은 그 자체가 저항이며 의미 있는 성공이었다. 진실로 비극적인 영웅은 파멸할지라도 패배하지 않는 것이기 때문이다.

비극의 주인공은 위대하고 고결하다. 그 또는 그녀는 특별한 존재로서 비극적 상황에 놓이게 되고 상황은 점점 악화된다. 그들은 자신에게 주어진 운명을 직시하고 용감하게 나아가 산산조각으로 부서진다. 그들에게 닥친 고난의 힘은 매우 막강하다. 그러나 그들은 위엄이 있는 고상한 인물이며 결단력을 가지고 자신의 고난을 마주한다. 신에게, 운명에게 대항하며 양보하거나 타협하지도 않고 끝내는 파멸한다. 그리고 그 파멸을 통해서 정신의 위대성을 한껏 보여주는 비극적 영웅으로 부상한다.

나혜석이 누렸던 인생 초기의 영광은 비극의 구조에서 보면 후기의 몰락을 더욱 극적으로 강조할 수 있는 매우 효과적인 것이다. 오이디푸스 이래 전통비극의 기본 구조는 왕이나 장군과 같은 높은 지위에 있는 위대한 인물이 회복할 수 없는 몰락을 경험하게 되고 그 몰락의 폭이 크면 클수록 관객에게 주는 카타르시스 효과는 커지는 것으로 되어 있다. 물론 현대비극에 오면 아서 밀러의 세일즈맨처럼 보잘 것 없는 지위를 가진 인물도 고결한 위엄을 가지고 있으며 비극의 주인공이 될 수 있다. 그러나 비극의 기본 원리를 몰락에 있다고 할 때 그 몰락 전후의 낙차가 크면 클수록 비극적 효과는 커진다. 나혜석이 화려한 삶의 극단에서 최악의 낮은 곳까지 변화하는 과정은 몰락의 강도에 있어서 매우 강렬한 효과를 갖는다.

그러나 나혜석이 진정한 비극의 주인공으로 자리매김하는 것은 단순한 몰락의 강도에 있지 않다. 고난을 맞는 그녀의 자세와 태도야말로 진정한 비극적 주인공으로 존재할 수 있는 길을 열어준다. 유일한 여성화가로서 선각자로서 페미니스트로서 작가로서 뛰어난 능력을 가졌던 나혜석이 당대와 어느 정도 타협했더라면 그토록 긴 세월 철저하게 매장되지는 않았을 것이다. 그러나 나혜석은 타협하지 않았고 그래서 몰락해야 했다. 그러나 끝내 자신이 믿고 고수한 선각자로서의 삶에 대한 확신은 그녀가 추구했던 이상이 무엇이었는지 알게 한다. 또한 연극의 인물 구도상 프로타고니스트로서의 나혜석은 매우 강력한 안타고니스트를 요구한다. 남편 김우영, 최린을 포함한 한 개인은 그녀의 안타고니스트로서 부족하다. 그녀가 맞섰던 것은 남편과 애인을 포함한 남성뿐이 아니라 모든 사람들, 거짓되고 시대에 뒤떨어진 조선사회의 이념들, 낡아빠진 관습, 고정관념, 개성을 수용할 줄 모르는 경직된 사회구조를 포함한 당대의 모든 것이었다. 나혜석은 거대한 안타고니스트를 앞에 두고도 끝내 용감했고 당차게 자신을 주장했고 최선을 다해 자신을 불살랐다.

이러한 요소들이 모여 나혜석을 비극의 진정한 영웅으로 부상하게 한다. 그녀는 단순한 일상에 머물러 고민하고 작은 것들에 연연하는 멜로드라마의 사소한 인물이 아니다. 결국 그녀를 담아낼 수 있는 장르는 멜로드라마가 아닌 비극인 것이다.

3. 희곡상의 구체적 캐릭터

1) 제목으로 읽기

작품에서 독자나 관객이 가장 먼저 접하는 것은 제목이다. 제목을 통해서 독자나 관객은 작품에 대한 압축되고 인상적인 이미지를 접하는 동시에 작품의 방향성에 대한 암시를 받는다. 작품에 대한 호기심을 제기하고 흥미를 유발할 수 있어야 하며 작품에 대한 정보의 암시 및 작가의 메시지를 제시하기도 하는 등 제목은 매우 중요하다.

「파리의 그 여자」·「화조」·「철쇄」·「불꽃의 여자 나혜석」 등 네 개의 제목 중에서 우선 자전적인 작품 「파리의 그 여자」는 나혜석의 파리에 대한 동경과 회고를 깊게 담고 있다. 나혜석은 암울한 시기의 조선을 떠나 파리에서 접한 새로운 예술의 경향에서 강렬한 자극을 받고 구체적으로 미술 교육을 받기도 했다. 개성적인 화가로서 감성이 풍부한 자유로운 도시의 선진적인 사회의 진보적인 문화 경향에 대해서 깊이 자극 받고 고무되었으며, 새로운 사랑의 경험을 한 잊을 수 없는 곳이었다. 결국은 그녀의 삶을 밑바닥으로 끌어내리게 된 계기가 되기도 했지만 한 인간으로서 자발적이고 자유로운 연애 감정에 빠진 것은 나름대로 중요한 경험이었다. 조선에 돌아와서 느낀 식민지의 암울한 상황과 고루한 조선 풍습, 정체된 예술 등은 그녀를 더욱 파리에 대한 향수에 빠지게 했다. 행복하고도 불행한 이중적인 결과를 낳은 파리에 대한 그리움은 그녀의 삶을 평생 동안 지배했다.

「파리의 그 여자」는 1930년대의 제목으로는 매우 도전적이다. 파리를 포함한 서구 도시가 구체적으로 이 땅에 사는 여성들의 삶 속으로 들어온 지 불과 10년 남짓한 세월이 흘렀을 뿐이다. 대단히 진보적인 여자의 삶을 잘 담아낸 제목이며 장소와 인물을 동시에 내세우고 있는 이 제목을 통해서 파리에서의 자신의 생활을 스스로 정리하고 의미와 문제점을 정리하고 있다. 차범석의 「화조」는 나혜석의 삶을 불과 새라는 두 글자를 통해서 요약하고 있다. 불처럼 타오르는 열정적인 삶을 지향했고 새처럼 자유롭게 살기를 꿈꾸었던 나혜석의 삶의 경향을 잘 요약하고 있는 제목이다.

강성희의 「철쇄」는 쇠사슬이란 뜻이다. 자유로운 예술가이자 진보적인 여성 나혜석을 옭아매고 있던 조선사회의 억압적인 풍토를 요약하고 있다. 이것은 나혜석이라는 개인보다는 그 인간을 구속하는 당대를 더 강조하고 있는 제목으로 나혜석이라는 한 여성이 그러한 억압적인 사회에서 부서질 수밖에 없었음을 은연중에 암시하고 있다.

「불꽃의 여자 나혜석」은 불꽃이라는 나혜석의 삶을 집약하는 상징어와 주인공의 이름을 함께 사용한 제목으로 인물을 매우 강조하고 있다. 다소 설명적으로 느껴질 수도 있는 이 제목은 오늘날 잊힌 인물로서의 주인공을 강하게 내세움으로써 이 작품이 누구에 관한 것이며 어떠한 삶을 살았던 인물인가를 강조하려는 의도가 함께 들어있다.

이 네 개의 제목을 통해서 볼 때도 나혜석이 만든 제목이 가장 문학적이다. 「파리의 그 여자」가 낭만적인 감성을 불러일으키고 작품에 대한 호기심을 자극하면서도 아련한 상징성을 담고 있는 반면 나머지 세 개의 제목들은 너무나 강하게 인물을 겉으로 강조하고 있으며 무거운 느낌을 주고 설명적인데다 메시지를 과도하게 표출하고 있다. 이것만으로도 나혜석은 현대의 작가들이 뛰어넘을 수 없는 자유로운 감각을 지닌 작가였음을 알 수 있다.

2) 파리의 그 여자, 불꽃의 여자

「파리의 그 여자」는 나혜석이 이혼한 지 5년 후인 40세가 되었을 때 발표했으며 최린과의 일을 회상한 자전적 작품이다. 여성의 글이 자전적이라고 할 때 그것은 여성의 글은 개인적이고 즉흥적이어서 소설적이고 기교적이고 미학적인 남성의 글에 비교해서 덜 문학적이라는 평가가 숨어 있다. 개인적이라는 말은 내성적인 혹은 감정적인 것을 뜻하며 자질구레한 일상의 서술임을 뜻한다. 그러나 여성의 글쓰기가 자전적인 성격을 갖는 이유는 여성적 자아의 재발견이라는 내적 욕망이 숨어있기 때문[11]이다. 나혜석은 자신의 삶을 파멸로 이끌어간 연애 사건을 매우 담담한 어조로 회고하고 있다.

작품을 통해 묘사되는 그녀는 자유롭고 매력적이며 사랑의 다양성과 가능성을 피력하는 서구적 자유주의자의 모습을 보여준다. 이 작품이 비록 아주 짧고 구성상의 문제를 가지고 있다 할지라도 사건에 대해 절제되고 낮은 어조, 일체의 변명이나 자기 방어의 자세를 보이지 않는 당당함, 인물에 대한 정보를 극도로 줄이고 객관적으로 보여주는 화법 등은 매우 세련된 글쓰기라고 할 수 있다. 수필류에서 보여주는 적극적이고 높은 톤의 당당한 어조와는 달리 마흔이 넘은 원숙한 여성의 절제미를 볼 수 있는 작품이다.

"유식계급여자 즉 신여성도 불쌍하외다. 아직도 봉건 시대 가족제도 밑에서 자라나고 시집가고 살림하는 그들의 내용의 복잡함이란 말할 수 없이 난국이외다. 반쯤 아는 학문이 신구식의 조화를 잃게 할 뿐"이라는 나혜석의 체험적 고백은 신교육을 받은 여성에게 새로운 길이 열리는

---

11) 김성례, 「여성의 자기 진술의 양식과 문체의 발견을 위하여」, 김경수 편, 『페미니즘과 문학비평』, 고려원, 1994, 19면.

것이 아니라 전통적인 여성들처럼 결혼과 함께 구제도에 복종하든가 아니면 관습에서 벗어나 불행한 삶을 사는 극단적인 선택만이 가능했다는 것을 의미한다.

나혜석은 다양하게 해석될 수 있는 측면을 가지고 있고—극도의 우상화에서 극도의 멸시에 이르기까지—그녀에 대한 입장이나 시각을 하나로 정리한다는 것은 쉽지 않은 일이다. 그녀는 인간으로서는 감당하기 어려운 인생의 등락을 거듭했다. 그녀의 사상은 선진적이었고 행동은 용감했으며 신념에 차 있었고 마침내 봉건의 두터운 벽에 부딪쳐 산산조각으로 파멸해 갔다. 그러나 그녀는 끝까지 자신의 생에 충실하려고 노력했다.

이상적 부인이란 현모양처가 아니라 자기의 개성을 살리며 살아가는 주체적 여성이라고 외쳤고 여성에게 있어 모성애가 얼마나 허구적으로 이상화되어 있는가를 지적하고 공론화했다. 여성에게만 일방적으로 정조가 요구되어야 하느냐며 신정조론을 주장했으며, 이혼하면서 자녀양육권과 재산의 분재를 요구[12]했다. 이는 오히려 당대보다는 오늘날의 여성에게 중요한 문제로 그녀가 7~80년을 앞서간 여성이었음을 알 수 있다. 그러나 그녀는 바로 이 모든 요소들 때문에 파멸해야 했다. 만일 당대 사회와 봉건제도와 기존의 이념과 타협했더라면 그녀는 명예로운 이름으로 한국 미술사와 문학사에 남아 있을지도 모를 일이다.

「불꽃의 여자 나혜석」의 반 이상이 그녀의 몰락으로 그려졌다. 실제로 그녀는 초장에 매우 화려하게 상승했으나 그보다 몰락의 기간이 훨씬 더 길고 처절했으며 그러한 고통스러운 삶을 끝내 타협하지 않고 이

---

12) 이혼하는 여성의 자녀양육권과 재산분할권이 법적으로 받아들여진 것은 1990년이다. 1990년 1월 13일자 법률 제4199호로써 개정된 민법의 가족법 규정 중 제837조는 이혼 후의 자녀의 양육책임에 관하여 "자의 양육에 관한 사항을 협의에 의하여 정한다"로 개정함으로써 여성에게도 동등한 양육권을 주게 되었다. 개정법의 시행일은 1991년 1월 1일이다.

겨내고 억척스럽게 살아보려고 애썼다. 지금부터 7~80년 전에 저항담론을 펼쳤다는 것만으로도 그녀는 충분히 위대하다. 진정한 페미니스트로서 자유를 추구한 여성이자 치열하게 운명에 맞선 인간, 자신을 둘러싸고 있는 한계상황으로서의 사회와 이념에 도전하고 그 결과 처절하게 몰락하는 한 용감한 인간, 그것이 바로 연극의 한 캐릭터로서의 나혜석의 가치인 것이다.

3) 동시대적 관객과의 소통

연극은 다른 어떤 예술장르보다도 사회적인 성격이 강하다. 한 편의 희곡이 연극으로 제작되어 무대에 오르면 관객들은 세 가지의 요소[13]에 의해서 작품과 만난다. 작품이 쓰이거나 제작된 사회적 · 정치적 · 철학적 세계에 대한 이해, 그리고 작품과 작가에 대한 구체적인 정보, 끝으로 관객 개인의 추억과 경험이 그것이다. 그 안에서 벌어지는 사건과 인물을 현재적인 시점에서 받아들일 준비를 하고 극장이라는 환상이 지배하는 공간에 들어서는 순간 관객은 한 시대의 특정 인물이 가진 개성적 인간과 모든 시대에 속한 한 보편적 개인을 동시에 만나고자 한다.

미국의 연극 비평가 존스는 연극은 과거에 일어난 모든 것이 지금 이 순간 속에 존재하고 미래에 일어날 모든 것이 지금 이 순간 속에 존재하며, 과거와 미래는 유일무이한 현재의 순간 속에 만나 생명을 지닌 하나의 불꽃이 된다고 말했다. 이는 극작가 손톤 와일더의 '연극은 영원한 현재 시제'라는 말과 함께 연극이 지닌 현재성을 잘 드러낸다.

연극은 눈앞에서 구체적으로 구현되는 현실이며 눈앞에 실재하는 배우와 함께 시간과 공간을 넘나들며 공동의 경험을 구축하는 새로운 경

---

13) 에드윈 윌슨, 채윤미 역, 『연극의 이해』, 예니, 1998, 41면.

험의 장이다. 비록 극중 인물은 과거의 인물이라 할지라도 그 배역을 맡은 배우를 통해 재현되어 관객과 같은 시간과 공간에서 함께 숨을 쉬며 하나의 의사소통의 장을 형성한다. 그렇다면 극중의 인물은 현재의 관객과 의사소통을 할 수 있어야 한다. 백 년 전에 태어나 이미 오십 년 전에 죽은 과거의 인물 나혜석은 21세기를 살아가는 오늘의 관객에게 무엇을 줄 수 있는가.

나혜석은 당대로서는 아주 특별하게 살아가는 여성이었으나 자아실현과 사회의 억압, 사랑과 결혼 제도 사이의 선택, 일하는 여성의 임신과 육아의 힘겨움, 슈퍼우먼이 되기를 요구하는 가정과 사회와의 마찰 등 오히려 현대여성에게 더 절실한 문제라 할 수 있는 수많은 문제와 갈등을 보여주었다. 그것들은 지금까지도 여전히 혹은 더욱 심각한 문제로 남아 있어서 나혜석의 사고와 삶의 양상이 얼마나 선진적인 것이었는가를 알게 한다.

처음으로 외국유학을 가고 선진문화를 공부하고 자아실현을 위해 노력한 나혜석과 신여성들은 짧은 생을 살 수밖에 없을 정도로 치열하고도 힘겹게 살았다. 집안을 망하게 할 암탉에 비유되면서도 끝내 목청껏 소리를 질러대었던 그들, 100년 전의 암흑기에 태어나 인간으로서의 자유를 얻기 위해 분투한 그들을 더는 부당한 풍문의 틀 속에 머물게 해서는 안 될 것이다. 나혜석과 신여성들에 대한 온당한 이해와 재평가가 필요한 이유이다.

여성이 인간이라는 처절한 외침이 있었기에 오늘의 이 땅에 페미니즘의 세례가 가능했고 여성의 지위 향상이 그 토대 위에서 이루어졌다. 오늘의 관객들은 나혜석이 그렇게 오래 전에 살았던 인물이라는 것을 잊고 연극을 본다. 여성의 권리와 자유를 얻기 위해 매진한 그녀는 미래의 인간 혹은 적어도 동시대의 인간으로 수용되는 것이다.

나혜석은 오늘의 관객에게 여전히 선구자이자 진보적인 투사이다. 여자도 사람이라는 당연한 명제가 이 사회에서 받아들여지기까지 그리고 여성의 권익에 관한 이야기가 유별나게 들리지 않는 자연스러운 남녀평등의 날이 올 때까지 그녀는 늘 그렇게 존재할 것이다. 나혜석은 시대의 문제를 제기하는 인간이며 동시대를 뛰어넘는 문제를 공유하는 문제적 인간이기 때문에 오늘까지 주목받고 재창조된다.

4) 인물 창조의 난관들

이상에서 검토했듯이 나혜석은 희곡의 주인공으로서 매우 매력적인 인물이다. 그러나 그녀를 주인공으로 창조하는 것은 몇 가지 어려움을 가지고 있다. 우선 그 어려움은 그녀의 성품에서 온다. 나혜석은 매우 솔직하고 직설적인 성격의 소유자로서 자신이 처한 상황과 자신의 생각이나 느낌들을 아주 진지하고도 솔직하게 글로 남겨 놓았다. 「파리의 그 여자」도 희곡의 형식을 빌어 쓴 자전적 작품이며 이 같은 허구적인 문학의 형태를 빌어서 쓴 작품 말고도 상당수의 수필 종류의 글을 남겼기 때문에 자신에 관한 모든 것을 고백체의 글로 남긴 셈이 된다. 그러한 그녀의 성품은 비난의 대상이 되기도 했지만 오늘의 관점에서는 선진적인 페미니즘의 의식을 엿볼 수 있으며 당대 여성의 삶과 의식을 살필 수 있는 좋은 자료가 된다.

그러나 창작의 측면에서는 작가에게 상상력의 여지를 남겨두지 않았기 때문에 인물을 자유롭게 창조할 수 없는 단점이 있다. 네 편의 작품들이 나혜석의 삶에서의 구체적인 사건들과 글에서 많은 영향을 받고 있으며 주인공의 성격이 서로 유사하게 보이는 것은 그런 이유 때문이다. 더욱이 자신의 사고와 느낌을 적은 글들이 솔직할 뿐만 아니라 문학적으로도 매우 뛰어나기 때문에 오늘날 새로 창조되는 과정에서 만들어지는 인물들의 언어가 나혜석이 남긴 글을 뛰어 넘기 어렵다는 한계가 있다. 또한 나혜석과 김우영, 최린 등 주요 인물의 후손들이 살아있고 그들이 작품에 대해서 매우 예민한 반응을 보이기도 하는 현실의 제약으로 작용한다.

나혜석의 사후 50년이 지난 시점에서 공연된 「불꽃의 여자 나혜석」은 관객들에게 선진적이고 위대한 인물이라는 동경과 이해할 수 없는 여자라는 비난의 양가적 감정의 대상으로 수용되었다. 여자도 사람이라는 기본적인 명제를 외치다 죽은 나혜석이 반세기라는 긴 시간이 흐른 뒤에 부활했지만 여전히 수용되기 어렵다는 것은 세상의 변화가 아직도 나혜석의 선진성을 따라가지 못하고 있다는 반증이다.

4. 결론

이상에서 한국희곡사에서 네 번이나 희곡의 주인공으로 창조된 나혜석의 극적 주인공으로서의 특성들을 살펴보았다. 어떠한 장르보다도 개성이 강한 주인공과 극적인 서사성이 중시되는 희곡이라는 장르, 그리고 문자적 텍스트에 머물지 않고 연극이라는 종합예술로 창조되어 관객이라는 구체적인 동시대인들과의 공감의 장을 만들고 교감하는 연극의 특성에 나혜석이 부합하는 요소가 무엇인가 하는 문제제기에서 본고는 출발하였다.

여성으로서 그리고 한 인간으로서의 파란만장한 삶은 우선 그녀를 극적인 서사물의 주인공으로 주목하게 한다. 그리고 그녀가 가지고 있는 독특한 개성과 시대를 앞서 간 선각자적인 투쟁은 갈등이라는 극의 기본적 요소를 강화하는 토대로서 작용한다. 나아가 당대의 최상류층의 생활이라는 화려한 삶의 극단에서 거리에서 죽어가기까지의 과정에서 보여주는 '몰락'이라는 특성은 비극의 가장 기본적인 요소로 부각된다. 더욱이 인생의 몰락의 과정에서 그녀가 보여주는 불굴의 의지는 또한 가냘픈 한 여성을 위대한 비극적 주인공으로 부각시키기에 부족함이 없다. 여기에 가미되고 있는 사회적으로 금기시되는 기혼여성의 로맨스와 파국, 시댁식구들과의 불화, 아이들과의 생이별 등의 멜로드라마적인 요소 또한 나혜석을 극적 캐릭터로 삼는 데 기여한다. 이상의 여러 가지 요소들이 나혜석을 극의 주인공으로 택하게 한다.

다만 나혜석이 주인공으로 등장한 네 편의 희곡들은 나혜석이 남긴 많은 고백적 글들을 기본 자료를 사용하고 있기 때문에 인물의 성격과 중심 되는 사건이 유사하다는 한계를 갖는다. 물론 작가들의 관심과 시각에 따라서 선택되는 사건의 양과 특성이 다르고 주변 인물에 대한 관점도 다르기 때문에 결과적으로는 네 편의 작품은 각기 개성적이고 전체적인 주제나 분위기는 다르다. 그러나 주인공의 극적인 사건 외에도 내적인 고백이 많이 남아있다는 것은 작가에게 상상력의 한계로 작용하며 그의 글을 능가하기 어렵다는 면에서도 제약이 되기도 한다.

또한 나혜석을 다루는 데 있어서 페미니즘의 측면에서나 여성운동의 문제 등을 과도하게 부각하려는 목적성의 과다나, 불륜이나 이혼 등의 소재적인 측면에서의 강조를 통한 인물의 격하 등 주의해야 할 요소들이 있다. 나혜석은 과거의 인물이고 사건도 과거에 속해 있지만 연극은 언제나 오늘 이 시간에 창조되고 공연된다. 연극은 현재의 장르이며 미래를 지향하는 예술인 것이다. 그리고 공연을 통해서 인물을 날마다 새롭게 창조하고 의사소통하는 구체적인 현실태로서 존재한다. 나혜석은 이러한 연극의 특성과 맞물려 오늘의 관객에게 새로운 의미를 주고 진보적인 비전을 제시하기에 충분한 문제적 인간형이기 때문에 앞으로도 새로운 캐릭터로서 창조될 가능성이 있는 매력적인 인물이다.

(유진월)

한국 페미니즘에 나타난 나혜석

조선의 식민지 지식인 나혜석의
근대성을 질문한다

1. 표상과 주체성을 지닌 역사적 존재로서의 '신여성'

신여성이란 말은 한국사회에서 새롭게 등장하는 사회 문화의 표상으로 사용되면서 환호와 비판의 기표로 자주 사용된다. 큰 사회적 반향을 일으키면서 맨 처음 사용되었던 '신여성'은 식민지 조선에서 문화주의 정책의 소개와 함께 등장했던 1920~1930년대의 신여성이었고, 한국사회에서 신여성은 흔히 이들을 의미한다고 말해진다.[1] 최근 신여성에 관한 많은 연구들이 나오고 있지만, 여전히 가장 중요한 논쟁은 누구를 신여성이라고 할 수 있는가 혹은 당시 식민지 조선에서 신여성은 보편적 현상이었는가, 그 수는 얼마나 되었는가 등 신여성의 범주와 일반적 성격 규명

---

[1] 조선 총독부는 1919년 조선반도 전역에서 식민통치를 반대하는 3·1운동이 일어난 이후에 '문화정치'를 표방하며 신문, 잡지의 발간을 허용하고 각종 문화주의적 정책을 펼쳤다. 1919에서 1926년까지 지속된 이 기간 동안 다양한 잡지들이 나오고 신여성에 대한 대표적인 담론들이 만들어졌다. 동시에 근대, 모던에 대한 사상과 이미지들이 물질로서 현시되기 시작하면서 자본주의적 소비에 대한 새로운 상황과 욕망들이 다양한 방식으로 전시되기 시작했다.

에 초점이 맞추어져 있다.[2] 신여성 담론은 1920~1930년대에 집중적으로 전면화되었지만, 사회적으로 가시화된 구체적인 신여성들은 미디어를 통해 비판받거나 혹은 구체적인 '추문' 사건을 통해 사회적으로 배제됨으로써 1930~1940년대 현실에서 사라져갔다.[3] 이런 의미에서 식민지 조

---

2) 신여성에 관한 가장 많은 연구들의 경향은 신여성을 구여성과 구분하여 근대교육을 받고 새로운 세계관을 갖는 여성으로 범주화한다. 1970년대와 1980년대 신여성 연구는 당시 여성교육을 보는 민족주의와 근대화론의 시각에서 여성교육의 민족적 저항성 그리고 봉건에 대한 저항이라는 측면에서 많이 조명되었다(박용옥, 1987 ; 이배용, 「일제시기 신여성의 역사적 배경」, 문옥표 편, 『신여성 : 한국과 일본의 근대 여성상』, 청년사, 2000). 1990년대 중반 이후 근대성에 대한 관심과 식민지시대의 교육받은 여성이 재현되는 방식에 대한 여성주의적 시각이 결합하면서 신여성의 근대성에 관한 여성주의적 문제제기가 시작되었다 (조은 · 윤택림, 「일제하 '신여성'과 가부장제」, 『광복50주년기념논문집』, 한국학술재단, 1995 ; 권희영, 「1920−30년대 '신여성'과 모더니티의 문제」, 『사회와 역사』 54, 문학과 지성사, 1998). 이상경(『인간으로 살고 싶다 : 영원한 신여성 나혜석』, 한길사, 2000)은 근대적 교육을 받고 근대적 자의식에 눈을 뜬 여성을 신여성이라고 보았고, 송연옥(「조선 '신여성'의 내셔널리즘과 젠더」, 문옥표 편, 같은 책)은 1920년대의 신여성은 3 · 1운동을 기점으로 민족에 눈뜨고, 자신의 젠더성을 의식하고, 계급해방을 외친 여성들이었다고 본다. 김경일(『여성의 근대, 근대의 여성 : 20세기 전반기 신여성과 근대성』, 푸른역사, 2004)은 1910년대, 1920년대, 혹은 1930년대에 조선에서 교육받은 여성은 얼마나 있었는가라는 것을 수적으로 산출하여 신여성의 범위를 규명하고자하였고, 동시에 신여성으로 불리던 여성들이 동일집단이 아니고, 1920년대에서 1930년대로 가면서 신여성이라고 불리는 여성집단이 달라졌다고 본다. 그래서 김수진(「1920−30년대 신여성담론과 상징의 구성」, 서울대학교 사회학과 박사학위논문, 2005)은 1920년대 초기에는 나혜석, 김일엽, 정종명, 김활란 등 교육받은 여성들을 신여성이라고 불렀지만 1930년대로 가면서는 모던걸 그리고 현대여성이라고 불리던 현모양처까지 모두 신여성으로 말해진다고 보았다. 그러나 김수진은 근대의 상품을 소비하면서 소위 모던한 삶을 살 수 있었던 여성들이 신여성 담론의 대상들인데 계급적으로 그러한 여성은 얼마 되지 않았다는 사실에 근거해서 신여성 담론의 허구성을 지적한다.

3) 민족주의적 시각에서 접근했던 연구자들은 신여성들이 현실로부터 추방되어지고, 그들의 삶이 '실패'한 것은 그들의 개인적 책임이라고 보는 경향이 많다. 즉, 신여성들의 역사의식의 부재와 식민지 현실에 대한 감각의 부재는 <u>그들이 현실에서 사라진</u> 원인이라는 것이다. 그러나 신여성들의 '사라짐'은 사라지지 않는 범주와의 관계 속에서 논해져야 한다. 이혜령과 이명선의 논의는 식민지 조선에서의 공적, 근대적, 남성 지식인 주체가 만들어지는 과정과 공적 영역에서의 신여성의 추방이 관련이 있음을 밝히고 있다. 이혜령(『한국

선의 현실에서 신여성은 구체적인 집단이었다기보다 식민지 남성 지식인들의 담론 속에서 구축되어진 주체로서 남성들의 근대에 대한 욕망과 결핍, 혹은 근대에 대한 불편함과 비판의 기표였다고 주장되기도 한다.[4] 또 신여성은 근대적 대중매체가 대중에게 새로운 여성성의 볼거리를 제공했던 하나의 구경거리(a spectacle)였다고 정의되기도 한다.[5]

근대소설과 섹슈얼리티의 서사학」, 소명출판, 2007, 16~21면)은 한국 모더니즘 문학의 본격적인 태동과 전개가 이루어지던 1920~1930년대의 소설들은 근대적, 도덕적 주체로서의 조선의 지식인 남성들의 주체화과정을 그려내고 있다고 보았다. 이는 조선 여성들을 지배하고 타자화하는 과정을 내포하는데, 하나는 물질적 허영과 성적 욕망이 가득 찬 요부적 존재로 신여성을 그려냄으로써 또 하나는 본능적이고 자연적인 성적 욕망을 지닌 하층계급의 여성을 그려내는 것으로 가능했다고 지적한다. 자연에 대한 문명, 본능에 대한 절제, 전근대와 근대의 이분법적 대비를 통해 근대적이고 도덕적인 식민지 남성 지식인 자아가 만들어지고 있었다는 것이다. 이명선(「신민지 근대의 '신여성' 주체형성에 관한 연구」, 이화여대 여성학과 박사학위논문, 2003)은 가부장제의 섹슈얼리티 통제담론이 공적영역으로 나오는 신여성들에게 적용되면서 신여성들을 성적타자로 만들어 이들의 성장을 통제하고 사회적으로 배제시켜나갔다고 주장한다.

4) 조은 · 윤택림은 식민지시대의 근대적, 민족주의적, 계급해방적 담론들이 신여성의 경험을 타자화하면서 신여성은 남성 지식인 담론의 산물이라는 문제제기를 했다. 또한 권희영은 신여성은 한국 근대적 경험의 알레고리로 등장한다고 보았다. 김수진은 일본의 신여자들이 메이지 여성교육이념인 양처현모주의에 대한 적극적 도전과 참정권을 쟁취하기 위한 정치적 권리 운동을 한 것에 비해 식민지사회들에서의 '신여성'은 급진적 운동세력도 아니었고 그러한 의미로 사용되지도 않았다고 쓰고 있다. 한국의 신여성 논란에는 자유연애를 제외하고는 당시 일본을 비롯한 서구 여성운동에서 제기된 이슈가 나타나지 않았다는 것이다. 집합적 차원에서 신여성세력이 취약했음에도 불구하고 신여성에 대한 논란과 재현이 많았던 것은 실재라기보다는 담론이었고, 이것은 바로 남성 지식인들이 민족이나 사회문제를 다루는 상징이나 알레고리로 신여성을 재현해냈기 때문이라고 주장한다. 또한 조선의 신여성은 서구나 일본 신여성의 파생 집단으로 본다(김수진, 앞의 글, 4~5면). 문제는 사후적으로 존재하는 역사적 기록에 의해 이루어지고 있는 이런 연구들이 역사적 기록들과 당시 현실과의 관계를 어떻게 매개하고 있는가 하는 연구방법론과 근대를 열망하는 당시의 사회문화적인 분위기 속에서 신여성의 기표가 만들어내는 효과의 역사성을 간과하고 있다는 것이다.

5) 캘리 Y. 정, 「신여성, 구경거리(a spectacle)로서의 여성성—나혜석의 「경희」를 중심으로」, 『한국문화연구』 29, 동국대학교 한국문학연구소, 2006.

결국 이러한 연구들은 신여성은 허구적인 기표였거나 혹은 그 수가 소수여서 당시 여성을 설명하는 일반성을 가질 수 없다는 점들을 지적한다.

그러나 특정시대에 하나의 사회적 범주가 담론이 되고, 재현되어질 때 그 범주가 현실과 분리된 표상의 세계 속에서만 작동한다고 볼 수 없다. 어떤 기표가 담론화되기 시작하면 그 기표는 그것을 의미 있게 만드는 의미망 속에서 현실을 확보하게 된다. 여기서 확보되는 현실은 총체적이지 않고, 다양한 차원에서 각기 다른 의미를 생산하는 불안정한 구조의 현실이라는 것이다. 그래서 "있다", "없다"의 논쟁은 시각에 따라 양쪽 다 진실일 수도 있고 또 둘 다 진실이 아닐 수도 있다. 신여성은 바로 이러한 양면성을 지닌 범주로 보인다.

본 논문의 초점은 신여성이 얼마만한 규모의 실재하는 집단이었는지 혹은 신여성에 대한 담론 혹은 지배 사상이 어떠했는지에 있지 않다. 그보다 본 논문은 자신을 신여성이라고 생각했던 여성이 갖는 '신(新)'의 경험, 새로운 여자로서의 주체성의 형성과 그것을 해석하는 주체의 위치성에 초점을 두고자 한다. 즉, 자신을 신여성으로 정체화했던 여성들이 어떻게 새로운 시대에 자신의 삶과 경험을 결합하고자 했고, 또 어떻게 자신의 경험과 근대적 이상과의 괴리와 모순을 사유하고자 했으며, 어떻게 욕망과 현실의 차이를 살아냈는지에 관심을 갖는다. 주체 위치(position)의 형성이라는 차원에서 개별 신여성의 주체성의 변화를 보고자하는 본 논문은 역사의 결과론적 입장에서 과거의 인물을 접근하기보다는, 그 인물이 가졌던 역사적 가능성이 무엇이었는가에 초점을 두면서 개별 신여성의 경험과 사유에 접근하고자 한다.

이러한 접근은 한국사회에서 '개별 신여성들을 역사적으로 어떻게 평가할 수 있을 것인가' 라는 역사적·전기적 연구들과 일정 정도 거리

를 갖는다. 그간 개별 신여성에 대한 대부분의 역사적 연구들은 개인의
삶은 사회와 역사의 규정성으로부터 벗어날 수 없다는 입장에 기초하
면서 역사의 결과론적 입장에서 신여성들의 행위성을 평가해왔다. 그
래서 특정 시점 혹은 시간대를 주어진 것 그리고 불가피한 것으로 간주
하고, 개인의 삶을 역사에 등록되어가는 사건으로 본다. 이런 맥락에서
신여성들은 변화하는 사조에 흔들리는 기표였다고 비난하거나 혹은 새
로운 사조를 상징하는 일관된 기표였어야 한다고 주장함으로써 신여성
들의 행위성을 역사중심주의적 혹은 사회중심주의적으로 자리매김해
왔다.

　본 논문이 다루고자하는 신여성 나혜석에 대한 연구의 경우도 이와
같은 경로를 거쳐왔다고 볼 수 있다. 나혜석에 대한 설명 및 이해 방식
의 변화는 1970년대 이후 식민지시대를 보는 주류 담론의 변화와 일정
정도 궤를 같이 한다. 나혜석은 이미 여러 연구에서 민족의 역사적 현실
을 바로 보지 못했던 부르주아적 자유주의자[6], 계몽적 근대의 선각자[7],
급진적 여성주의자[8] 혹은 민족주의자[9] 등으로 기술되어왔다. 동시에
그녀의 생애 중 어떤 시기의 경험으로 그녀를 호명할 것인지도 연구자
들이 갖고 있는 시각에 따라 선택적이다. 근대적 교육을 받는 계몽적 선
각자로 나혜석을 불러내고자하는 연구자는 그녀가 쓴 「경희」를 텍스트
로 선택한다. 반면에 여성 경험을 드러내는 여성주의자로 나혜석을 불
러내고자하는 연구자는 「모(母)된 감상기」를 선택하여 나혜석의 모성 경
험의 갈등을 재해석하고자 한다. 동시에 나혜석이 갖고 있는 급진적 성

---

6) 송현옥, 앞의 글.
7) 이상경, 앞의 책 ; 최혜실, 『신여성들은 무엇을 꿈꾸었는가』, 생각의 나무, 2000.
8) 김경일, 앞의 책.
9) 정월 나혜석 기념사업회 엮음, 『학술대회 자료집』, 2002.

관념이나 연애 사상을 통해 그녀를 급진적 여성주의자로 보고 싶은 연구자들은 그녀의 「이혼 고백장」을 예로 든다.

본 논문은 「경희」를 쓰고 「모된 감상기」를 쓰고 「이혼 고백장」을 쓴 나혜석이 모두 나혜석이라는 차원에서, 각각의 글을 쓸 때 다르게 드러나는 나혜석의 주체성을 어떻게 설명할 수 있을까라는 질문을 던진다. 그녀의 삶을 각각의 시간대와 사회관계에 따라 분리시켜 설명의 대상으로 삼는 것이 아니라, 분절된 역사적 시간을 '나'라는 주체성 속에서 결합하면서 삶을 살아내는 방식에 접근해보고자 하는 것이다. 이를 위한 하나의 방법으로 나혜석이 '새로운 여자'라는 지향 속에서 자신의 변화를 어떻게 이해하고 있었는가 그리고 자신의 삶을 규정하는 '근대'와 '여성'이라는 삶의 조건들을 어떻게 이해하고 있었는가라는 것을 보고자 한다. 그래서 인간이 되는 근대적 기획인 「경희」와 어머니가 되는 것을 다루는 「모된 감상기」, 아내가 되는 것의 경험이었던 「이혼 고백장」에 드러난 나혜석의 곤경을 근대성이라는 맥락에서 함께 다루고자 한다. 이를 통해 본 논문은 기존의 연구들이 '신(新)'을 '구'라는 것과의 대비 속에서 하나의 국면으로 설명하는 것과는 달리, '신(新)'을 시간 속에서 변화하는 사유의 문제로 그리고 그것을 주체성의 문제로 드러내면서 근대적 인간, 근대적 자아이고자 했던 나혜석이 갖는 근대성의 의미를 드러내고자 한다. 동시에 정신, 이성, 합리, 진보로 개념화되는 근대와 신(新)의 맥락 속에서 나혜석이 여성의 몸과 감성을 지닌 여성/인간으로 자각하는 과정과 근대성이 경합을 하는 부분 그리고 그 경합이 갖는 성병정치학이 무엇인가를 질문하고자 한다.

2. 식민지 근대(성) : 식민지의 '근대' 인가, '근대' 담론이 만드는 '식민성' 인가?

본 논문은 식민지 근대(성)라는 시각으로 나혜석의 '신여자' 경험을 1920~1930년대 식민지 조선에 위치시키고자 한다. 우선 본 논문에서 사용하는 식민지 근대성은 타니 바로우가 1911년 신해혁명 이후의 중국 지식인들의 계몽적 사고의 조건과 특징들을 사유하기 위한 하나의 문제 틀로 사용했던 방식과 동일하게 '발견적 개념'으로 사용하고자 한다. 이는 서구 근대성이 갖는 기본적으로 이중적인 구조를 드러내고, 식민 지와 제국과의 근대적 관계를 설명하는 관계적 개념으로 사용하기 위함 이다.[10] 이를 통해 관계성을 드러내줌으로써 서구 중심의 지배적인 근 대성에 관한 지식을 비판하고, 지역의 특수성을 좀 더 일반적인 세계 속 에 위치시킬 수 있으리라 생각한다.

한국사회에서 식민지시대 신여성을 어떻게 보는가 하는 문제는 식민 지 조선을 어떻게 규명할 것인가 하는 틀과 불가분의 관계를 맺어왔다. 한국사회에서는 오랫동안 '근대', '근대화'는 불가피한 역사적 진행 방 향이고, 또 '발전', '진보'의 맥락에서 긍정적인 것이라고 논해왔었다. 이 때 문제는 한국사회의 역사발전 혹은 진보에 가장 부정적인 것으로 간주되는 일제의 식민지시기를 근대와 관련하여 어떻게 볼 것인가 하는 것이었다. 여기서는 한국사회에서의 논의를 간단히 소개하면서 본 논문 이 위치하는 식민지 근대(성)의 시각을 그 논의 구도 속에서 위치지우고 자 한다.

식민지 시대에 대한 한국사회의 소위 주류 논의는 이 시기가 한국사

---

10) Tani E. Barlow, *The Question of Women in Chinese Feminism*, Duke University Press, 2004, p.7.

회의 근대화 혹은 역사 발전을 저해, 왜곡시켰다는 '내재적 발전론' [11]
이었다. 내재적 발전론은 주로 민족주의적인 사관을 지닌 한국 근대 사
회경제사 분야의 많은 학자들이 한국 역사를 인식하는 주요한 방법론이
다. 이 관점은 식민지시대는 한국사회가 스스로 자체 내의 발전 논리에
의해 근대적 자본주의 사회로 이행하는 것을 방해한 수탈의 역사였고,
한국인들은 그 시대를 저항으로 살았다고 간주한다. 또한 이 입장에서
이 시대를 사는 가장 '올바른' 역사의식은 식민지적 수탈에 대한 의식
과 이에 대한 저항이다. 또 다른 입장은 '식민지 근대화론' [12]인데, 이
입장의 논자들은 식민지시대를 수탈만이 아니라 현재 한국 자본주의의
고도성장의 기원이 마련된 식민지-개발의 시기로 봐야 한다고 주장한
다. 그러나 '내재적 발전론'이나 '식민지 근대화론'은 모두 근대를 발전
혹은 진보로의 이행과정이라고 보는 역사관 속에서 민족국가인 한국이
얼마나 어떻게 근대화를 성취할 수 있었는가라는 가치지향을 내재한 질
문들이다. 단지 강한 국민국가에 기반한 근대로의 이행 과정에 내재적
이고 자율적인 '민족'인 발전 가능성이 있었는데 차단되었다고 볼 것
인가 혹은 외재적인 요인에 의한 민족-사회의 발전도 '발전'이라고 인

---

11) '내재적 발전론'은 조선 후기 사회가 자본주의적 발전의 가능성이 있었음에도 불구하고
일본이 강제적 조선 점령에 의해 발전이 좌절되었다는 관점이다. 이태진(「고종황제 역사
청문회」, 푸른역사, 2005), 한영우 외(『대한제국은 근대국가인가』, 푸른역사, 2006) 등이
이러한 관점을 취하고 있다. 1970년대 조선후기에 형성되고 있었던 민족경제가 매판자본
과 외국의 자본에 의해 좌절되었다는 인식 역시 이와 같은 맥락에 있다.

12) '식민지 근대화론'은 민족주의적인 입장에서 식민지시대를 착취와 암울 그리고 저항으로
보는 데 반대하면서 현재 한국자본주의의 고도성장이 식민지 공업화에 의해 축적된 인
적·물적 자산에 힘입은 바 크다는 입장이다. 이영훈(「토지조사사업의 수탈성 재검토」,
『역사비평』 15, 1991)과 안병직(『한국 경제 성장사』, 서울대학교출판부, 2001) 등 경제사가
들이 이러한 입장을 취하고 있다. 이영훈은 일제하 토지조사사업이 농촌 근대화를 통해
빈곤을 해결하겠다는 의도로 조선의 재정이 투입된 독특한 식민지 정책이었다고 본다.

정해야 할 것인가라는 측면에서 다를 뿐이다. 두 입장 모두 국민국가의 발전과 진보로서 근대라는 역사인식을 공유하고 있다.

'근대', '근대화' 자체가 바로 서구 중심의 역사관으로서 문제적이라는 근대성 비판 논의는 1990년대 이후 포스트모던이나 포스트식민주의의 영향을 받으면서 시작되었다. 1990년대 이후 식민지 조선을 보는 대표적인 양대 시각에 대한 많은 비판과 대안적 시각들이 등장했다. 서양 사학자인 임지현이나 국사학자인 윤해동 등에 의해 내부의 여러 차이나 갈등을 억압하고 목적론적인 역사관을 갖는 내재적 발전론에 대한 비판이 제기되었고, 윤해동, 천정환 등에 의해 식민지 근대화론이 제기하는 국가주의와 근대주의 그리고 실증적 통계가 갖는 역사적 맥락의 이해 부족 등이 강하게 비판되었다.[13] 동시에 식민지 조선사회를 식민지와 식민본국 혹은 제국주의라는 이분법적 틀 속에서 조명하는 시각들이 냉전체제의 붕괴와 지구화라는 시각 속에서 비판되고, 서구중심의 근대성이 갖는 가치지향이 비판되기 시작하면서 한국의 근대를 보는 새로운 틀로 '식민지 근대(성)'라는 용어가 사용되기 시작했다. '식민지 근대(성)'의 시각은 대부분 세계체제론 혹은 세계사적 시각, 지구적 시각에 입각해있지만, 그 용어 혹은 개념의 사용은 학자마다 다르고, '식민지 근대(성)'라는 시각을 적용하여 식민지조선의 사회현상을 해석해내는 방식 또한 다양하다.

예컨대 신기욱을 비롯한 미국 내 한국학 학자들은 식민지시대 조선의 근대성을 논하면서 기존의 조선과 식민본국이라는 틀로는 포착되지 않았던 근대적 현상, 즉 근대적인 법치 질서, 농촌의 조합, 과학기술과 미

---

13) 윤해동 외, 『근대를 다시 읽는다—한국 근대 인식의 새로운 패러다임을 위하여』, 역사비평사, 2006.

디어 그리고 노동자, 농민, 신여성 등의 등장을 설명하기 위해서 '식민
지근대성'이라는 시각이 필요하다는 입장을 취한다.[14] 한편 조석곤은
이 개념을 자본주의 중심부의 근대화와는 다른 주변부의 근대화를 설명
하는 데 사용한다.[15] 그는 한국사회 식민지시대의 근대화는 조선에서의
수탈과 개발만이 아니라 식민 모국인 일본에서의 근대화도 함께 설명되
어야 하는데, 이 두 근대화는 세계체제론 내에서 함께 설명되어야한다
고 주장한다. 자본주의 세계체제하에서 중심부에서는 경제 근대화와 정
치 근대화가 함께 일어나지만 정치주권을 탈취당한 주변부 식민지에서
는 중심부와는 다른 상황, 즉 정치 민주주의의 부재 속에서 근대화가 진
전되고, 그래서 더 많은 희생이 요구된다고 보기 때문에 식민지 사회의
근대화는 중심부의 근대화와 구별되어야 한다는 것이다. 반면에 재일조
선인 학자인 윤건차는 식민지 근대라는 개념은 근대성과 식민성이 맺는
불가분의 관계를 증명하는 동시에 식민지 근대 내부의 보편성을 발견하
려는 인식이라고 주장한다.[16] 전통과 근대라는 고정되고 이분화된 사고
방식을 벗어나서 역사 및 전통, 그리고 근대 기획 전체를 이해하려는 개
념이여야 한다는 것이다.

조금 다른 시각에서 박명규는 식민성을 "역사적 시공간과 관련된 독
자적 구조"로 파악하고,[17] 김수진은 식민성 연구는 "식민지시대에 대한
연구가 아니라 식민지 체제에 대한 연구"여야 한다는 김진균과 정근식

---

14) 신기욱·마이클 로빈슨 편, 도민희 역, 『한국의 식민지 근대성 : 내재적 발전론과 식민지
근대화론을 넘어서』, 삼인, 2006.

15) 조석곤, 「식민지 근대화론과 내재적 발전론 재검토」, 『동향과 전망』 38, 1998.

16) 윤건차, 「근대 기획과 탈근대론, 그리고 탈식민주의」, 『문화과학』 31, 2002.

17) 박명규, 「식민지 역사사회학의 시공간에 대하여」, 석현호·유석춘 편, 『현대 한국사회 성
격 논쟁』, 전통과 현대, 2001.

의 문제틀을 수용하면서 '식민지 근대(성)'라는 개념을 서구중심적이고 목적론적이며 역사주의적인 보편적 근대성의 패러다임 대신 비서구식 민지 사회의 근대경험의 역사적 고유성과 구체성을 인식할 수 있는 문제틀로 사용하겠다고 주장한다.[18] 이런 맥락에서 김수진은 조선의 신여성현상은 식민주의의 담론정치의 효과라고 본다.

사실 모든 근대적 기획은 식민성 혹은 제국주의적인 기획과 물질적, 이데올로기적으로 밀접한 관계를 갖고 있다. 그런데 문제는 이 관계성을 어떻게 설명할 것인가 하는 것이다. 이제까지의 한국에서의 식민지 근대(성)의 설명방식은 위에서 다룬 것처럼 식민지에서 실천되는 근대는, 근대의 기원으로서의 서구 혹은 일제의 근대와 얼마나 다르고, 기원적 근대에 대한 근접/동일시가 얼마나 불가능한 기획이었는가, 혹은 어떻게 중심부 근대를 주변부에서 잘못 이해, 번역하고 있었는가라는 것에 초점을 두고 있다. 즉 조선의 근대를 기본적으로 왜곡된, 그리고 식민화된 근대로 설명해온 것이다. 이런 논의에서는 서구의 근대 경험이 일반화되면서 계급적·성별적·지역적 특수성을 갖는 비서구의 근대성은 불완전한, 결핍된 '지역/로컬'의 근대성으로 설명된다. 근대의 기원이나 원형적 모델이 있다고 생각하는 이러한 입장은 사실 지나친 서구중심주의에서 기인하는 것이고, 서구의 근대를 추상화, 관념화하는 사고다. 본 논문은 어느 곳에도 정상적이고 민주적이고 모범적인 근대의 과정이 존재하지 않는다고 본다.[19]

---

18) 김수진, 앞의 글, 5면.
19) 2007년 4월에 영국 캠브리지에서 있었던 "Social Change and Gender" 워크숍에서 한국의 정치학자, 경제학자들이 한국의 근대화 프로젝트를 논하면서 박정희 시대를 한국의 근대화 과정에서 경제적인 근대화는 성취되었지만 정치민주주의라는 정치의 근대화는 성취하지 못했다라고 평가한다고 인용하자 영국과 미국의 여성사가들은 어느 나라, 어느 시대의

본 논문에서는 식민지 근대(성)라는 개념을 주변부 식민지의 근대를 서구 근대(성)과의 관련 속에서 탐구하여 그 관계성을 설명하고자하는 발견적 시각으로 사용하고자 한다.[20] 이런 맥락에서 본 논문은 서구 근대와 주변부/식민지의 차이가 만들어내는 권력관계 그리고 그 권력관계에서 '근대'라는 담론이 구성해내는 현실에서의 효과에 초점을 맞추면서 식민지에서의 '근대'가 수행하는 효과를 규명하고 해석하고 현실을 확장시키는 생산적이고 생성적인 개념으로 식민지 근대(성)를 개념화하고자 한다. 비서구 사회 혹은 식민지, 주변부 사회에서의 부단한 근대에의 욕망, 근대로의 접근, 서구에 대한 모방 욕망은 비서구가 자기를 변화시키는, 자기를 과거와 분리·균열시키는 환상으로서의 근대성이기도 하다. 따라서 문제는 근대 추구 행위의 동기나 실천이 아니라 그것이 만들어 내는 현장에서의 효과들이다.[21] 따라서 서구에 대한 나혜석의

근대 프로젝트 속에서 정치민주주의가 의제가 되어본 적이 있었는가라고 자문했다. 그러면서 그러한 설명방식은 근대화 혹은 서구의 근대화를 지나치게 높이 평가하고 이상화하는 것이 아닌가라는 질문을 했다. '여기, 주변부'가 아닌 '그 곳', '서구, 근대의 중심'에는 비서구가 추구하는, 비서구가 갖지 못한 바람직한 근대의 상이 있다는 식의 생각은 욕망으로서의 서구를 주변부의 결핍을 이야기하기 위해 가져오는 방식이라고 생각한다. 이런 의미에서 한국 사회에서 서구 근대는 '발전'과 '진보'라는 차원에서 과잉 실재화되어 왔고 관념화되어 왔다.

20) 윤해동은 포스트모던이나 포스트 식민성 이론에 영향을 받아 식민지시대를 분석한 학자들의 글을 모은 책에서 타니 바로우의 '식민지 근대'라는 개념을 식민지시대를 조명하는 발견적 개념으로 제안하고 있다. 그러나 이 개념이 실제로 발견해낸 것이 무엇인지는 아직 분명하지 않은 것 같다(윤해동 외, 앞의 책, 30~5면).

21) 고미숙 역시 내재적 발전론이나 근대화론을 중심으로 전개된 근대성에 대한 한국의 논의의 저변에는 파행이 아닌 정상적인 과정, 이상적인 형태로서의 근대가 명료하게 상정되어 왔다고 주장하면서 한국의 근대 논의는 근대가 태동하는 현장에 대해 사유할 필요가 있는데, 이는 기원으로의 회귀가 아닌 기원에서 일어난 전도 과정을 통해 기원을 전복시키는 사유가 필요하기 때문이라고 역설한다(고미숙, 『한국의 근대성, 그 기원을 찾아서』, 책세상, 2001).

열망과 이해에 대한 접근은 그녀의 '본심'이 혹은 그녀의 의식상태가 얼마나 식민적이었는가에 있다기보다 그녀의 서구 추종이 조선 현실에 그리고 서구 현실에 어떠한 의미를 만들어냈는가와 관련되어 있다고 본다. 이런 의미에서 본 논문은 결과가 아니라 과정이 만들어내는 혼란과 균열에 관심을 가지면서 식민지에서 추구하는 나혜석의 근대성이 어떠한 가능성을 만드는가 혹은 그녀의 가능성은 어떠한 방식으로 차단되었는가라는 것을 통해 그녀의 근대성, '신(新)'의 기획을 논하고자 하는 것이다.

3. 나혜석에게 근대적 자아
: "나", "사람/인간", "여자"의 관계

1) 나혜석은 누구인가? : 간단한 생애사

나혜석은 1896년 경기도 수원에서 부유한 계몽관료의 딸로 태어나서 1910년 경성 진명여학교에 진학하여 1913년에 졸업한다. 1913년 18세의 나이로 일본 도쿄에 있는 4년 과정인 '사립여자미술학교' 서양화부 선과 보통과에 입학하여, 1918년 도쿄사립미술학교를 졸업하고 23세에 귀국한다. 그리고 1920년 김우영과 결혼하고, 1927년 6월에 구미여행을 떠나 1929년 3월에 부산에 도착한다. 구미여행 시 최린과의 연애로 인해 1930년 이혼을 하게 되고, 1946년(공식기록 1948년)에 행려병자로 사망한다. 그녀는 1914년 도쿄 유학시절부터 일본의 《세이토》의 여성해방론과 신여성운동에 영향을 받은 글쓰기를 시작하여, 1938년까지 신문과 잡지 등에 지속적으로 여성으로서의 자신의 입장을 가지고 글을 게재했다. 또 신문과 잡지는 전시나 여러 번에 걸친 선전(鮮展)에의 입상 보도 등을 통해 나혜석을 기사로 즐겨 다루었다.

나혜석은 1935년 《삼천리》에 쓴 「내 일생」이란 글에 자신의 인생을 다음과 같이 묘사한다.

> 18세부터 20년간 남의 입에 어지간히 오르내렸다. 우등 1등 졸업, M과의 연애사건, 그와 사별 후 발광사건, 다시 K와 연애사건, 결혼 사건, 외교관 부인으로서의 활약사건, 황옥사건, 구미만유사건, 이혼사건, 이혼고백서 발표사건, 고소사건 이렇게 별별 사건을 다 겪었다 (…중략…) 그 생활은 각국 대신으로 더불어 연회하던 극상계급으로부터(에서) 남의 집 건너방 구석에 굴러다니게 되고(되는 것까지), 그 경제는 기차 기선에 1등, 연극, 활동사진에 특등석이던 것이 전당국 출입을 하게 되고, 그 건강은 쾌활 씩씩하던 것이 거의 마비까지 이르렀고, 그 정신은 총명하고 천재라던 것이 천치바보가 되고 말았다. 누구에게든지 호감을 주던 내가 인제는 사람이 무섭고 사람 만나기가 겁이 나고 사람이 싫다 (…중략…) 사람의 능력으로 할 만한 일은 다 당해보고 남은 것은 사람의 버린 것밖에 없다(…중략…) 다 운명이다. 우리에게는 사람의 힘으로 어쩔 수 없는 운명이 있다. 그러나 그 운명은 순순히 응종하면 점점 증장하여 닥쳐오는 것이다. 강하게 대하면 의외에 힘없이 쓰려지고 마는 것이다.[22]

나혜석은 자신의 삶의 조건이 경제적·사회적·문화적 차원에서 극상에서 극빈으로 그리고 소외계급으로 변화되었지만, 자신은 기본적으로 환경에 지배받는 것을 참을 수 없어하는 강한 자아의식의 소유자라고 쓰고 있다. 그래서 자신의 삶의 조건을 구성하는 현실을 인식하면서 자신의 이상과 자유를 실천할 수 있는 방안이 무엇인가를 끊임없이 모색한다.[23] '문명화'된 파리를 비롯한 외부는 '원시적'인 조선과 대비되면서 의지대로 되지 않은 조선의 삶을 상대화하고 그로부터 자신을 방

---

22) 본 논문에서는 2000년 이상경에 의해 거의 현대어로 교열된 『나혜석 전집』에서 나혜석의 글들을 인용하며 이를 『전집』으로 표기한다. 『전집』, 437면.
23) 위의 책, 318~23면.

어하는 중요한 준거가 된다. 나혜석은 자신의 구미여행의 목적이 자신이 항상 풀지 못한 채 갖고 다니던 네 가지 문제를 풀기 위한 것이었다고 여러 곳에서 말한다. 그것은 첫째, 사람은 어떻게 살아야 좋을까? 둘째, 남녀 간에 어찌하면 평화스럽게 살까, 셋째 여자의 지위는 어떠한 것인가, 넷째 그림의 요점은 무엇인가이다.[24] 물론 나혜석이 근대적 자각을 하기 시작하면서부터 갖기 시작한 이 질문들에 대한 답이 서구에 있을 것이라는 생각, 그리고 그녀가 구미만유기행기에서 일정 정도 '거기에 답이 있었다'라고 쓴 것은 그녀가 갖고 있는 강한 서구/근대중심주의의 발로이다. 그러나 동시에 이 질문들은 나혜석이 근대적 자각을 하기 시작했을 때부터 평생 추구했던 문제의식이었고, 그녀의 사유체계를 구성하는 문제틀이었다고 볼 수 있다. 따라서 나혜석이 자신에게 가장 중요한 질문들이었다고 제기한 이 문제틀 없이 나혜석을 이해하는 것은 어려운 일이라고 생각한다.

본 논문은 나혜석이 쓴 거의 모든 글들은 이 네 가지 문제틀에서 유래하고 있다고 본다. 이 질문들은 나혜석의 삶을 통해 끊임없이 되물어졌고, 그녀의 삶의 여정에 따라 그 해답은 변화되었다. 바로 구하는 해답이 달라지는 그 과정이 식민지 조선에서 신(新)여자 나혜석이 자신을 규명하는 과정이었다. 자신이 처한 현실 속에서 구체적인 경험을 하면서 자신이 추구하는 근대적 자아, 그 '신(新)'의 개념이 무엇인가를 인식해가는 과정, 그것의 정치성을 알아가는 과정이 바로 식민지 조선에서 새로운 여자의 탄생이 무엇을 의미하는가를 자각하는 과정이었다.

24) 「아아 자유의 파리가 그리워」, 위의 책, 322면 ; 「이혼 고백장」, 위의 책, 402면.

2) 나혜석의 근대적 주체 위치성의 변화

나혜석이 공적으로 자신의 생각을 쓰고 출판을 한 시기는 1914년에서 1938년이다. 본 논문은 그녀가 근대적 주체로 자신을 주체화하는 방식과 현실적 삶의 조건을 관계짓는 방식에 따라 그녀의 글을 세 단계로 나눌 수 있다고 본다.[25] 그리고 각 단계에서 그녀가 규명하고자하는 문제는 첫째, 근대적 주체인 '인간/사람' 이고자 하는 계몽적인 '나,' 둘째, 여성의 몸을 가진 '아내이고 어머니'로서 조선의 현실 속에서 살고 있는 '나,' 그리고 세 번째는 예술을 통해 자유롭고 자율적인 사람이 되고자 하는 '예술가/화가'로서의 '나'라고 하는 인간/여성이 근대인이 되는 문제였다. 첫 번째 시기는 이상과 추상으로서의 근대와 근대인에 대한 욕망과 세계관을 만들어가던 시기이다. 두 번째 시기는 일본의 근대 교육과 예술가로서의 실천 행위를 통해 조선에서 근대인으로서 그리고 신식 가정을 이룬 신여성의 모델로 간주되던 시기이다. 세 번째 시기는 그녀가 구미만유여행에서 돌아오고 또 남편 김우영과 이혼을 한 이후의 시기이다. 그녀는 글을 통해 근대적 인간/여성으로서 어떻게 살아야하고, 살아가고 있는지 그리고 자신은 무엇을 지향하는지를 기술하면서 자신이 추구하던 질문에 답을 얻고자 하였다.

(1) 독립적이고 계몽적인 신여자/사람 나혜석(1914~1919)

나혜석의 초기 글들은 1914년에서 1919년 사이 일본 유학 시절에 쓰

---

25) 『나혜석 전집』을 편집·교열한 이상경은 여성에 관한 나혜석의 글을 여성인권의 옹호라는 제목으로 세 단계로 구분하고 있다(위의 책, 36~42면). 그것은 1) 여성의 자기 인식, 2) 모성의 신화 깨트리기, 3) 가부장제 통념의 해체이다. 이상경의 기준은 여성의식의 성장과 발전에 기반해 있고, 본 논문은 나혜석의 주체성 변화 기준을 근대성과 여성경험의 교차, 경합, 통합에 둔다.

였다. 이 시기에 쓴 글로는 「이상적 부인」(1914), 「잡감—K언니에게 여함」(1917)과 소설형식의 글인 「경희」(1918) 등이 있다. 이 시기의 글들은 (서구) 근대에 대한 당위와 지향 원칙에 입각해 있고, 신여성과 전통적인 여성/구여성을 구별하여 완전히 다른 종류의 여성으로 범주화한다. 당시 그녀는 '여자도 인간일 수 있다'는 가능성과 낙관, 희망으로 가득한 계몽적인 글들을 썼다.

나혜석에게 있어서 "여성이 사람이다"라는 근대적 인간관/여성관은 그녀의 유학시절에 형성되어 전체 생에서 하나의 신념체계로 자리한다. 나혜석이 일본으로 가게 되는 배경에는 가정적 배경이 크게 작용하였다. 이는 당시 여성이 유학을 할 수 있었던 계급적 조건 그리고 근대적 신학문을 허용하는 근대에 대한 허용적 · 개방적 인식환경을 의미한다. 그 중에서도 오빠 나경석은 근대인 나혜석을 만드는 데 중요했다.[26] 아버지로 대표되는 봉건적 가부장제도에 대한 나혜석의 저항은 1918년에 쓴 「경희」에서 볼 수 있고, 특히 아버지 세대의 축첩제도 등에 대한 강한 반발이 여기에 나타난다. 가부장적인 봉건 사회제도에 저항하여 새로운 주체인 근대적 인간이 되고자하는 나혜석은 아버지가 아니라 근대적 교육을 받고 그녀를 지원하는 같은 세대인 오빠에 의존하여 성장하게 된다.[27] 또한 애인 최승구와 이광수 등 오빠를 통해 알게 된, 오빠의

---

26) 나경석이 어떤 사람이었는지에 대해서는 나영균, 『일제시대, 우리가족은』, 황소자리, 2004 참조.

27) 한국의 근대적 주체의 탄생은 봉건적인 부모세대에 대한 근대인/아들들이 종적 질서에 본격적인 도전을 하고, 아들들 즉 청년들 간의 연대와 관계 맺기를 통해 형성된다. 이러한 남성들끼리의 횡적 관계, 연대의 형성은 친족이 아니라 근대적 집단인 학교를 비롯하여 여러 단체들 그리고 민족주의나 사회주의 운동 등에 소속되는 것을 통해 만들어진다. 가부장적 종적 관계보다 횡적 관계가 부상하면서 여성/누이들은 봉건적 아버지들의 관계보다 오빠들의 횡적 관계로 편입된다. 이경훈은 식민지시대 문학 속에 나타나는 오빠—

관계망 속에 포함되어 있는 남성 지식인들이 그녀의 성장에 중요한 영향을 미친다.[28] 이런 의미에서 근대적 주체로의 나혜석의 성장은 전근대적 세대인 부모에게 저항하면서 근대를 선도하는 주체인 청년의 부상과 함께 그들의 누이, 파트너 관계 속에서 가능했다. 동시에 「이상적 부인」 등의 글을 통해 일본과 일본을 통한 서구 근대의 영향, 그리고 일본의 여성문예동인지 《세이토》를 중심으로 하는 신여자의 여성해방론으로부터 많은 영향을 받았다는 것을 엿볼 수 있다.[29] 일본 유학은 그녀로 하여금 근대적 자아의식과 근대적 세계관, 여성에 대한 의식에 눈뜨게 했다. 이에 그녀는 1915년 4월에 당시 도쿄에 있던 조선 여자 유학생들의 친목도모와 지식 계발 그리고 조선 내 여성 계몽을 목적으로 '조선여

누이 관계를 분석했다. 조선사회에서 근대의 주체로 청년이 등장하면서 오빠-누이 관계가 부상하는데, 청년의 이상인 자유연애의 구도 속에서 서로 다른 가계에 속하게 될 누이에게 청년은 오빠의 친구일 뿐 아니라 누이의 애인이기도 하다고 지적했다. 이경훈은 근대의 계몽 프로젝트가 끝나고 1920년대 중반 자본주의적 개인이 등장하면서 오빠-누이 관계는 상품의 교환체계 속에 놓이게 되면서 자유연애가 종언을 고하게 되고, 연애와 동지애를 포괄하던 오빠-누이 구조는 사라졌다고 지적한다(『오빠의 탄생 : 한국근대문학의 풍속사』, 문학과지성사, 2003). 이는 흥미로운 지적이지만 자유연애가 근대의 이상이 되는 맥락에서 오빠와 누이의 관계가 중요해지는 것은 누이가 남성들의 친구관계를 공고히 하는 교환기표가 되기 때문이라는 것을 간과하고 있다. 봉건적 가부장제하에서는 아버지들의 관계를 위해 딸들이 교환되었다면, 이 시기에는 오빠들의 관계를 위해 누이들이 교환된다. 혼외연애를 통해 나혜석이 추방되는 것은 근대의 주체인 청년들의 관계를 어떻게 나혜석이 교란시키는가라는 문제와 관련된다. 오빠 나경석, 남편 김우영, 애인 최린으로부터 버림을 받는 것은 바로 오빠들의 횡적 관계를 위태롭게 했다는 데 기인한다. 자세한 것은 이리가라이, "women on the market", 1985[1978] 참조. 이리가라이는 가부장제 사회에서 여성의 교환이 어떻게 남성들 간의 관계를 매개하는지를 밝히고 있다.

28) 정규웅, 『나혜석평전 : 내 무덤에 꽃 한송이 꽂아주오』, 중앙M&B, 2003.
29) 《세이토》의 하라쓰카 라이초와의 비교를 통해 일본 신여성 라이초의 생존과 나혜석의 조선에서의 실패, 추방을 비교분석한 글은 일본의 근대와 식민지 조선의 근대의 차이를 보여준다(문옥표, 「조선과 일본의 신여성 : 나혜석과 히라츠카 라이초우의 생애사 비교」, 문옥표 편, 앞의 책).

자유학생 친목회'를 조직하였다. 이 시기에 그녀는 배운 신여자들은 어떻게 새로운 사상과 의식을 가져야 하는지, 어떻게 여성이 사회 계몽과 개혁의 주체가 될 수 있는지에 대한 글들을 쓴다.[30)]

이 시기의 글들은 근대적인 새로운 세계를 향해 출발한 나혜석의 출사표이다. 이 시기에 가장 중요한 것은 근대적 인간에 대한 배움과 자각이고, 그 근대적 인간이 갖는 문명성, 근대성 그리고 세계성 곧 서구성을 알게 된다는 것이다. 동시에 자신의 성별성을 강하게 의식하면서 여성 역시 근대적 인간이 될 수 있다는 세계관을 갖게 된다. 즉 여성이 근대적 인간이 되기 위해서는 '구여성'들이 수행하고 있는 기존의 성역할 규범에서 벗어나야하고, '구여성'과는 다른 '신여자'가 되어야 한다는 강한 문제의식을 갖게 된다. '신여자이어야 한다'는 문제의식은 나혜석의 삶에 하나의 강박증이고, 신념이었다.[31)] 이 시기에 나혜석은 여성이 '사람'이 되어야 하고, 또 '사람'이 된 여성이 제대로 대접을 받기 위해서는 신여자를 받아들이는 '신' 남성이 있어야한다고 보았다. 즉 새로운 남성과 새로운 여성은 자유연애를 통해 새로운 인간으로 탄생할 수 있다고 보았다.

근대적 교육을 받고 새로운 여성을 수용하는 새로운 남성에 대한 그녀의 희망은 이 시기에 오빠 나경석과 최승구 그리고 그녀를 원하고 받아들이겠다는 남편 김우영과의 관계를 통해 가능한 현실로 이해되었다.

---

30) 애인 최승구가 죽은 후 나혜석은 심한 육체적·정신적 고통을 겪었다. 그 후 김우영과 결혼하면서 결혼계약서를 만들고, 죽은 애인인 최승구의 무덤으로 신혼여행을 가고, 결혼 후 자신의 예술적 창작행위를 보장하는 서약을 받는 것 등은 나혜석의 개인적 행위이지만 동시에 당시 《세이토》 여성들이나 그들이 영향 받은 당시 구미 신여성들의 근대의 자유와 연애, 결혼에 대한 사상의 성운 속에서 논해져야 한다.

31) 이러한 내용은 그 다음 단계에서 쓰인 「모된 감상기」에 잘 나타나 있다. 나혜석은 자신이 가지는 임신에 대한 불안의 핵심은 자신을 포함한 모두가 임신이 곧 '구여성'이 되는 길이라고 보기 때문이라고 쓰고 있다.

새로운 남성을 만나 '신여자'의 삶을 살 수 있다는 그녀의 믿음은 그녀의 성장을 특별하게 만드는 중요한 자원이었다. 그러나 그렇기 때문에 그녀는 신여성으로서의 자신의 자유를 가능하게 해주었던 남성의 지원을 당연하게 여기고, 여성의 자유의 문제를 남성과의 관계에서의 평등의 문제로 보았다. 그래서 이 시기 나혜석은 오빠와 남편의 경제적·사회적 배려를 통해 남녀의 차이의 문제를 계급 내에 국한시켜 여성해방의 문제를 같은 집단 내의 남성과 동등해지는 문제로, 남녀 개인들의 의식의 문제로 보았다.

(2) 사람이 되는 것과 여성의 삶의 괴리(1920~1929)

두 번째 시기는 1920년부터 1929년까지로 그녀가 결혼을 하고 아이를 낳으면서 모성과 아내의 역할 그리고 일(예술)을 병행하는 것의 어려움을 느낄 때이다. 동시에 남편의 재정적·도덕적 지원 하에서 화가로서 활발한 활동을 한 때이기도 하다. 또한 이러한 삶의 연장선에서 남편과 함께 세계여행을 하고 돌아올 때까지의 시기이다. 이 시기에 그녀는 어머니이자 아내로서 그리고 화가로서 "성공적"인 삶을 살았다고 평가되고, 사회적·문화적으로 많은 주목을 받았다. 이 시기에 그녀는 「인형의 가」(1921), 「규원」(1921), 「부인 의복 개량 문제—김원주 형의 의견에 대하여」(1921), 「모된 감상기」(1923), 「부처 간의 문답」(1923), 「생활개량에 대한 여자의 부르짖음」(1926), 「내 남편은 이러하외다」(1926) 등의 글을 발표하였다. 이 시기에 나혜석은 자신이 첫 번째 시절에 제기했던 '여자도 사람이다'라는 신념에 도전을 받으면서 어떻게 여성이 '사람/인간'이 될 수 있는가하는 문제에 정면으로 부딪친다.

나혜석은 「모된 감상기」에 학창시절부터 자신은 "내 삶이 어떻게 될 것인가"라는 의문을 계속 품어왔는데, 결혼 후에는 미래에 대한 불안 때문에 밤을 새운다고 쓰고 있다. 그녀는 "정직히 자백하면 내가 전에 생각하던 바와 지금 당하는 사실 중에는 모순되는 일이 한두 가지가 아니나, 어느 틈에 내가 처가 되고 모가 되었나 생각하면 확실히 꿈 속 일이다"[32]라고 쓰고 있다. 그녀는 "여자들은 별 수 없다. 고등교육을 받은 신여자들도 결혼하고 애를 낳으면 별다른 것을 보이지 않는 구식부인들과 같다"라고 남성들이 신여자들에게 흔하게 하는 말이 자기에게 적용될까봐 두렵다고 말한다. 즉, 신여성인 자신이 '구식부인/기혼부인'이 될까봐 두렵다는 것이다. 기혼부인들의 삶은 바로 비주체적이고 비자율적이고, 살기 위해 사는 삶이라고 간주했기 때문에 그들을 싫어하고 미워했다. 그래서 근대적 인식의 주체, 자유의 주체가 되고자 했던 나혜석은 '구식부인/기혼부인'이 될 수 없었다. 이것이 그녀가 임신을 두려워하고 또 배속의 아이에게 분노하고 남편을 미워한 이유이다.[33]

나혜석은 결혼이 정말 현실이라고 느낀 것은 아이를 임신하면서부터였다고 말한다.[34] 그러나 분만기가 다가오면서 그녀는 생리구조가 아니라 정신적인 차원에서 자신이 모가 될 자격이 있을까라는 의문을 가지면서,[35] "세인들은 모친의 애라는 것이 모된 자 마음속에 구비하여 있는 것 같이 말하나 나는 그렇게 생각이 들지 않는다. 혹 있다 하면 경험과 시간을 경하여야만 있는 듯싶다"[36]라고 결론짓는다. 즉, 그녀에게 모성

---

32) 『전집』, 217면.
33) 캘리 Y. 정은 「경희」와 「모된 감상기」에서 나타나는 나혜석의 불안은 미래에 대한 방향성 부족과 현실에 대한 모호한 인식에서 나오고 있다고 해석하는데, 이는 나혜석의 내부에서 경합하고 있는 것이 무엇인지를 밝히지 않은 자의적인 해석이라고 생각한다(캘리 Y. 정, 앞의 글, 128면).
34) 『전집』, 222면.
35) 위의 책, 224면.
36) 위의 책, 232면.

은 경험적인 것이고 체험적인 것이지, 여성 생물학의 본질이 아니라는 것이다. 나혜석은 임신을 하고 출산을 하면서 여성의 조건, 경험, 삶이라는 것에 대해 본격적인 고민을 시작한다. 그리고 구여성을 포함한 다른 여성들의 삶과 자신의 삶의 보편성, 일반성에 대한 자각을 시작한다. 나혜석은 「모된 감상기」를 읽고 비판한 남성에게 보내는 「백결생에게 답함」(1923)에서 자신은 이 글을 "자기와 같은 생각으로 예기치 못했던 삶과 대면하고 있는 신식여성들에게 후회라기보다는 행복으로 알자"[37] 라는 심정에서 신여성이 되는 것과 어머니가 되는 것이 꼭 배타적인 것은 아닐 수 있다는 생각을 어머니가 된 신여성들과 함께 하고 싶어 썼다고 말한다. 그러면서 모의 경험을 하지 않는 남성들과 토론하기 위해 쓴 글이 아니니, 토론에서 빠져달라고 요구한다.[38] 나혜석의 이 지적은 바로 남성에 의해 쓰인 신여성 담론과 신여성 자신들에 의해 기술된 담론은 다른 방식으로 접근되어야함을 강하게 시사하고 있다.

나혜석은 근대적 인간으로서 자각한 여성들이 새로운 여성이 되고자 하는 과정에서 쓰이는 글들은 남성들에 의해 쓰이는 '여성'에 대한 글과는 다르다는 것을 잘 알고 있었던 것 같다. 그리고 '여성'이 여러 가지 측면에서 세계적인 쟁점이고, 사회적으로 거의 모든 사회에서 중요한 문제거리가 되고 있다는 것을 잘 알고 있었다. 김수진이 이미 밝히고 있듯이 1920년대에 많은 남성 지식인들이 신여성을 비롯하여 여성의 삶과 경험에 관한 많은 글과 비평을 썼다. 나혜석은 공개적으로 여성에 대해 글을 쓰는 남성들과 각을 세워 토론을 하지는 않았지만, 자신의 글 「부처 간의 문답」(1923)에 남성들이 여성에 대해 글을 쓰는 이유는 "구

---

37) 위의 책, 218면.
38) 위의 책, 235~9면.

주전쟁(제일차 세계대전) 후에 3대 문제, 즉 부인문제, 노동문제, 유아문제가 유행해서 가만있을 수 없어서 그런다"[39]라고 비꼰다. 즉, 남성들에게 여성문제는 바로 지식인들이 다루어야하는 세계적인 문제이고 민족적인 문제이고, 사회문제라는 것이다. 그런데 나혜석을 포함한 여성들에게 '여성문제'는 구체적인 매일의 삶의 억압과 자유에 관한 문제였다.

이 시기에 나혜석은 인간이 되는 근대적 기획에서 다루어지지 않았던, 여성으로서의 자신의 경험을 쓰기 시작한다. 이것은 결혼 전에 근대적 인간/사람이고자 했을 때는 극복되어야하는 '(구)여성'의 성역할이었다. 이 시기에 나혜석은 남성들은 그 자체로서 근대적 인간이 되는데 전혀 문제가 없는데, 근대적 인간이 되고자 할 때 여성의 특수한 몸의 경험은 장애였고 곤경이었다. 그래서 이 시기의 많은 글에서 그녀는 자신이 겪는 이 특수한 경험을 드러내고, 그것을 여성 일반의 문제로 인식하면서 이 문제해결에 무심한 조선사회와 조선 남성을 비판한다. 특히 자신이 수행하는 모성이나 아내의 역할을 여자의 당연한 역할이라고 생각하는 남편과의 대화 혹은 남편의 인식을 그대로 드러내는 것에 의해, 사람이면서 예술가이고자 하는 그녀의 바람이 얼마나 실현되기 어려운지, 평등을 약속한 결혼계약이 얼마나 배신되고 있는지를 기술한다.

예로서 하얼빈에서 러시아 근대가정을 보고 돌아온 후 발표한 「부처간의 문답」(1923)에서 나혜석은 조선의 '화평한' 결혼이라는 것이 평등과 얼마나 거리가 먼 것인가에 대해 쓴다. 여기서 평등은 '평화롭다'라는 말로 표현되는데, 그 '평화로움'을 남편과 부인이 완전히 다르게 이해하고 있는 바를 통찰력 있게 표현하고 있다. 이 글에서 남편이 말하는 '화평'은 경제적 풍족을 의미한다. 반면에 부인이 의미하는 '화평'은 남

---

39) 위의 책, 241면.

편이 자기가 자고난 자리를 개는 것, 아침에 세숫물을 스스로 떠서 사용하는 것, 자기 위해 방의 불을 끄는 것 등이다. 남편은 그 일을 자기가 하려면 "부인을 두어서 무엇에 쓰느냐"고 되물으며 그러한 일들은 '여자가 하는 법'이라고 말하는 데서 글은 끝난다. 나혜석은 평등계약서를 쓰고 결혼했지만, 식민지 조선에서 그녀의 능력이나 평등은 곧 남편의 능력으로 인식된다는 것을 깨닫게 된다. 그래서 결혼 후 예술가로서의 자신에 대해 평가는 자신의 이상이나 능력으로서가 아니라, 남편을 잘 만난 여성이 가질 수 있는 행복 혹은 혜택으로 이해되고 있다는 것을 알게 된다. 그녀는 "다들 남편이 관후하니까 그 아내인 내가 자유로 다닌다고들 말들 하였지"라고 남편에게 묻는다. 남편은 "그랬어"라고 답한다.[40]

　나혜석은 서구의 영향을 받은 러시아의 가정을 보고 서구의 가족 제도를 이상적으로 생각하게 된다. 그녀는 가정생활이나 여성의 삶에 관한 한 서구가 더 문명적이라고 생각했고, 반면에 일본은 그렇지 못하다고 생각했다. 그것은 구미의 가족 제도가 강자가 약자를 보호하는 '평화의 원칙' 위에 구축되어 있어서 힘이 센 남편과 아들이 괴롭고 어려운 일을 하고, 어머니와 딸은 그들이 힘이 닿는 일만을 한다고 보았기 때문이다. 이것은 약한 여자를 알뜰히 부려먹는 조선의 가족 제도와 반대라고 지적한다. 나혜석은 조선 사람 중에도 유럽바람을 쐰 사람들이 많은데, 왜 그들은 한 사람도 서구에서 보고 온 가정생활을 실행하지 않을까라는 질문을 제기한다. 반면에 매년 몇 십 명씩 관광단을 모집하여 일본의 후지산이나 낫코, 마쓰시마에 구경 가는 사람들은 많은데 서양 풍속을 볼 수 있는 상해나 하얼빈의 가정시찰 등을 하는 사람이 없다는 이유

---

40) 위의 책, 242면.

를 질문한다. 이런 의미에서 "사는 의미도 모르는 자들이 공부는 해 무엇하고, 명소는 보아 대체 무엇에 쓸 것인고"[41]라고 남성 지식인들과 여행가들을 비판한다. 여기에 대해 남편은 서양풍속을 따르는 것이 다 좋은 것은 아니라고 핀잔을 준다. 나혜석은 남성과 여성이 동일한 현상에 대해 같은 체험을 할 수 있는 기회가 없고, 또 하더라도 다르게 이해하기 때문에 각기 다른 경험과 세계관을 가질 수밖에 없으며, 그렇게 때문에 근대적 사업을 같이 할 수 없다고 고백한다.

여기서 나혜석이 제기하는 고민은 남성과 동등함을 성취하는 것이 너무 어렵고, 또 남성들이 인정하지 않는데, 어떻게 여성들이 근대적 인간이 될 수 있을까, 여성들이 경제적으로 남성들과 동등해질 수가 없다면 여성은 근대적 인간이 될 수 없는 것일까, 아니면 여성 스스로도 근대적 인간이 될 수 있는가라는 질문이었다. 「생활개량에 대한 여자의 부르짖음」(1926)에서 나혜석은 근대화 혹은 근대적 삶이란 어떤 것인가 그리고 여성이 남성과 다른 방식으로 해방과 자유를 얻는 것은 어떤 것일까라는 생각의 단편들을 보여주기 시작한다. 나혜석은 근대화, 근대적 삶이란 세계관의 변화이고 습속의 변화이고 삶의 양식의 변화여야 한다고 주장한다. 나혜석은 언론을 통해서 보면 생활개량에서 가장 중요한 것을 제도를 고치는 것이라고 하는데, 자신은 그것에 찬성하는 마음이 주저된다고 쓰고 있다.[42] 생활개량에서 근본이 되어야 하는 것은 생활을 개량하고자 하는 마음, 정신, 의지, 생활에 대한 욕심이 있어야 하는데, 그 욕심을 발로케 하는 것은 사랑이라고 쓰고 있다. 생활개량에서 제일 먼저 선행되어야할 것은 자신을 사랑할 수 있는 "나도 사람이다"라는

41) 위의 책, 245면.
42) 위의 책, 274면.

자부심이다. 그래야 여성이 다른 사람을 사랑할 수 있게 된다. 나혜석은 "사람들은 남녀문제를 말하는 중에 여자는 남자에게 밥을 얻어먹으니 남자와 평등이 아니요, 해방이 없고 자유가 없다고 말하는데, 이는 오직 남자가 벌어오는 것을 자랑으로 알 뿐이고, 남자가 벌 수 있도록 옷을 해 입히고 음식을 해 먹이고 정신상 위로를 주어 활동을 하게 한 여자의 힘을 고맙게 여기지 않는 까닭"[43]이라고 비판한다. 나혜석은 집에서 여성들이 하고 있는 일 그 자체로 여성들도 남성과 평등해질 수 있어야한다고 생각했다. 바로 여기서 나혜석의 고민은 가정 내에서의 성역할을 수행하는 이 여성적 삶이 어떻게 근대적 의미를 획득할 수 있는가, 그리고 여성적 삶을 수행하는 인간이 어떻게 근대적 주체일 수 있는가 하는 것이다. 여기서 그녀는 여성들이 근대적 주체로 이행될 수 있는 가능성을 제시하는데, 그것은 '사랑'[44]과 '취미' 라는 내적 능력을 통해서이다.

나혜석이 제시하는 새로운 삶의 양식은 삶이 하나의 '취미'가 되어야 하는 것이다. 취미로서의 삶이 바로 조선 사람들에게 부족한 부분인데, "취미란 피동적이요 의무요 책임으로 하던 것들을 자동적인 행동으로 일변하고 일진하게 하는 내적 움직임"이다. 남을 위해 하던 생활을 자신

---

43) 위의 책, 276면.
44) 나혜석의 사랑 개념에 대한 연구는 아직 진척시키지 못했는데, 여기서의 사랑은 1910년 일본어로 번역되어 일본에 풍미했던 엘렌 케이의 사상 속에서 위치하는 사랑이 아닌가 생각한다. 엘렌 케이는 사랑을 영혼의 성장과 개인의 행복에 필수요건으로 놓음으로써 이를 통해 개인과 사회, 남자와 여자, 부모와 자녀 사이의 관계가 근본적으로 재편되어야 함을 주장했다. 권보드래는 엘렌 케이의 사상은 조선에 1920년대에 번역되었고, love는 사랑이 아니라 연애로 번역되면서 자유연애, 자유결혼, 자유이혼의 사상으로 위치되었다고 말한다(권보드래, 『연애의 시대』, 현실문화연구, 2003, 105면). 나혜석이 사용하는 사랑이나 취미의 개념은 그녀가 유학시절 습득한 1910년대 일본 문화정치기에 풍미했던 자유주의적이면서 개인화된 미학으로 등장하는 교양으로서의 사랑과 취미의 개념이 아닌가 생각한다.

을 위한 생활로 바꾸는 것으로 자기와 남 사이를 합치되게 만드는 힘이 바로 취미이다.[45] 나혜석은 「내 남편은 이러하외다」(1926)에서 "대체로 보면 착하고 좋은 사람이외다 (…중략…) 이 사람에게 가장 큰 결점은 취미성이 박약한 것이외다"라고 쓰고 있다. 취미는 기존 제도에 따라 사는 것이 아니라 자신의 선택에 의해 삶을 새롭게 만드는 내적 쾌락의 원천으로, 타인의 강요나 요구가 아니라 자신의 자발적 발흥에 의해 삶을 운영하게 하는 내적 동인이다.

결혼과 자녀출산, 가정생활을 통해 이 시기에 그녀가 가장 많이 갈등하고 고민한 것은 어떻게 여성이 사람으로 살 수 있는가 하는 것이다. 그녀에게 있어서 근대적인 것은 생각의 문제이고 창조이고 또 미학이다. 그러나 여성의 삶은 구체적이고 물질적이며 가정 내의 노동과 관련되어 있다. 문제는 이것이 어떻게 근대적 사유의 문제일 수 있는가 하는 것이다. 나혜석이 당시 자신이 알고 있었던 지식과 경험을 동원해 생각해 낸 것은 여성이 자신의 삶을 취미에 의해 추동할 수 있다면, 그것은 개인에게 내면화된 미학화된 삶이 될 수 있다는 것이다. 취미로 삶을 영위할 수 있다면 나혜석은 여성의 그 정신적 능력이 가정생활의 평화(평등)뿐만이 아니라 사랑의 기반이 되는 남녀 관계를 구성할 수 있는 자발적이고 독립적인 개인이 됨으로써 근대적 주체가 될 수 있다고 보았다.

(3) 구미를 보고 나는 여성이 되었다(1930~1938)

세 번째 시기는 1930년에서 1938년까지로 그녀가 이혼을 하고 어려운 생활을 견디며 마지막 글을 쓸 때까지의 기간이다. 많은 글들은 이전의 기억들과 구미여행의 경험을 통해 얻은 시각으로 다시 조선에서의 삶을

---

45) 「전집」, 280면.

해석하고 재위치화시키는 글들이다. 나혜석은 구미만유 후에 남편에게는 정치관이 생겼고, 자신에게는 인생관이 정리되었다[46]고 말한다. 이는 앞에서도 기술한 것이지만 결국 어떻게 사는 것이 남녀가 평화롭게 사는 것이고, 그림이란 무엇인가하는 것을 알았다[47]는 것이다. 이것은 두 가지 과정을 통해서 가능한데, 하나는 조선에서는 알 수 없었던 것을 구미여행을 통해 직접 눈으로 보았다는 것이고, 다른 하나는 보는 것을 통해 이해할 수 없었던 것을 이해할 수 있게 되었다는 것이다. 그녀가 봄으로써 알게 된 것은 여성이 여성 그 자체로도 인간으로 대접받고 있다는 것이었고, 결국 근대적 자아는 창조적 인간이라는 인식이었다. 그녀는 근대 문명의 최고 지점에 도달해있다는 유럽 여성과 남성들의 삶을 직접 자신의 눈을 통해 봄으로써 자신이 추구하는 바의 현실 가능태를 확신하게 된다. 눈을 통해 본다는 것은 근대적 인식체계에서 가장 확실한 인식방식이었다.[48]

나혜석은 여러 글을 통해 구미로의 여행이 그녀에게 어떠한 세계관, 시각, 경험 그리고 지향을 주었는가에 대해 쓰고 있다. 그녀의 구미 경험은 일본 외교관의 아내로서 그리고 남편의 친구 및 자원에 의존하여 조선인으로 경험할 수 있는 소위 '최고'의 경험을 할 수 있었다. 1932년에 쓴 「아아 자유의 파리가 그리워」에서 자신이 구미를 여행하고 일본을 거쳐 조선 동래에 있는 시집으로 돌아오는 자신의 삶이 어떠한 변화를 동반하고 있는가에 대해 다음과 같이 기술했다.

---

46) 위의 책, 402면.
47) 위의 책, 402면.
48) 근대적 틀 내에서 보는 것과 사실, 진실, 해석 그리고 재현의 위기에 대한 논의는 Marcus, George and Michael Fischer, *Anthropology as Cultural Critique*, Chicago Univerisity Press, 1986 참조. 또한 푸코는 『임상의학의 탄생』에서 보는 것이 중요한 인식행위이며 응시가 모든 이성 중심적인 인식론적 자각의 바탕임을 잘 드러내고 있다.

구미 만유기 1년 8개월간 단발을 하고 양복을 입고 빵이나 차를 먹고 침대에서 자고 스케치 박스를 들고 아카데미를 다니고, 책상에서 프랑스 단어를 외우고 때때로 사랑의 꿈을 꾸어보고 장차 그림 대가가 될 공상도 해보았다. 흥이 나면 춤도 추어보고 시간이 있으면 연극장에도 갔다. 왕 전하와 각국 대신의 연회석상에도 참가해보고 혁명가도 찾아보고 여자 참정권자도 만나 보았다. 프랑스 가정의 가족도 되어 보았다. 그 기분은 여성이요, 학생이요, 처녀로서이었다. 실상 조선여성으로서 누리지 못한 경제상으로나 기분상으로 아무 장애되는 일이 없었다. (…중략…) 그러나 요코하마에 도착하는 때부터 가옥은 나뭇간 같고, 길은 시구렁 같고, 사람들의 얼굴은 노랗고 등은 새우등 같이 꼬부라져 있다. 조선 오니까 길에 먼지가 뒤집어씌우는 것이 자못 불쾌하였고, 송이버섯 같은 납작한 집 속에서 울려 나오는 다듬이 소리는 처량하였고 흰옷을 입고 시름없이 걸어가는 사람은 불쌍하였다. 조선에서의 나의 생활은 깎았던 머리를 부리나케 기르고 깡똥한 양복을 벗고 긴 치마를 입었다. 쌀밥을 먹으니 숨이 가쁘고 잠자리는 배기고 부엌에 들어가 반찬을 만들고 온돌방에 앉아 바느질을 하게 되었다. 시가 친척들은 의리를 말하고 시어머니는 효도를 말하고 시누이는 돈 모으라고 야단이다. 아, 내 귀에는 아이들이 어머니라고 부르는 소리가 이상스럽게 들릴 만치 모든 지난 일은 기억이 아니 나고 지금 당한 일은 귀에 들리지 아니하며 아직 깨어나지 아니한 꿈속에서 사는 것이었고 그 꿈속에서 깨어보려고 허덕이는 것은 나 외에 알 사람이 없었다. (…중략…) 로마에서 미켈란젤로의 천정화 앞에 섰을 때 스페인에서 고야의 무덤과 그 천정화 앞에 섰을 때 나에게 희망, 이상이 용출하였다. (…중략…) 그 외에 나는 여성인 것을 확실히 깨달았다. 지금까지는 중성 같았던 것이 그리고 여성은 위대한 것이요 행복된 자인 것을 깨달았다. 모든 물정이 여성의 지배하에 있는 것을 보았고 알았다. 그리하여 나는 큰 것이 존귀한 동시에 작은 것이 값있는 것으로 보고 싶고, 나뿐 아니라 이것을 모든 조선 사람이 알았으면 싶으다.[49]

구미여행은 근대적 인간이 되고자 했던 나혜석에게 어떻게 사는 것이

49) 『전집』, 318~9면.

근대적 삶이고 또 새로운 인간이 되는 것인가를 경험하게 하였다. 구미 여성의 경험을 관찰하는 나혜석의 시각은 항상 남편 혹은 남성과의 관계에서 그 상대 여성은 어디에 위치하는가하는 것에 초점이 맞추어져있다. 그러나 그녀가 욕망하는 서구의 근대 경험은 일본 그리고 조선으로 공간을 이동할수록 근대적인 것, 새로운 것과는 멀어져 간다. 그녀가 속해있는 조선에서 새로운 인간, 즉 신(新)인간/여성이 되는 것은 전근대적인 것과 대립하는 것을 의미했다. 새롭게 사는 것은 현실과 불가피하게 갈등할 수밖에 없었다.

나혜석이 돌아온 1929년의 조선은 불경기에 시달리고 있었다. 그녀는 경성이 아니라 부산 동래에서 시어머니와 시누이 그리고 아이들을 데리고 궁핍한 생활을 해야 했다. 동래에서의 삶은 그림을 그릴 수 없는 생활이었고, 함께 살고 있는 시집식구들은 그녀에게 며느리 역할을 요구했다. 동시에 유명인 나혜석에게 구미여행에 대해 듣고자하는 방문객이 많았고, 그에 따른 사회적 역할이 요구되었는데 이는 며느리 역할과 충돌을 일으켰다. 더욱이 일본제국의 공무원을 그만두고 변호사로 개업하기 위해 경성에 머물고 있는 남편은 파리에서의 나혜석의 연애 소문을 듣고 있었다. 남편의 친구들은 혼외정사를 한 나혜석을 비난하고 있었고, 그 와중에 경제적 어려움에 대한 지원을 받기 위해 나혜석은 파리에서의 애인이었던 최린에게 편지를 하게 된다. 최린은 조선사회에서 자신이 감당해야할 위험 때문에 나혜석이 자신에게 보낸 편지를 남편 김우영에게 보낸다.[50] 김우영은 나혜석에게 이혼을 요구하고 되고, 나혜석은 이혼에 반대했지만 결국 강제로 이혼을 하게 된다.

구미 경험을 통해 그녀가 확고하게 갖게 된 인생관의 핵심에는 여성

---

50) 당시 최린은 공금횡령에 대한 혐의를 받고 있었다.

에 대한 자기 나름의 관점의 확립이라고 생각한다. 즉, 그것은 여성 그
자체가 인간이 될 수 있다는 자각이었다. 그녀는 유럽, 특히 프랑스 사
회의 여성들은 여성 그 자체로 인간 대접을 받고 있다고 보았다. 그리고
여성운동을 통해 여성들의 지위가 변화되어가는 영국의 참정권 운동에
깊은 관심을 표명했고, 유럽에 머문다면 영국에서 여성문제를 더 공부
하고 싶다는 견해를 피력하기도 했다.[51] 그리고 이 시각으로 왜 조선사
회에서 여자는 남녀관계 그리고 가족관계에서 '인간'이 되지 못하는가
를 분석하고자 했다.

이 시기에 쓴 가장 대표적인 글은 「이혼 고백장」이고, 그 다음이 「신
생활에 들면서」이다. 이 두 글은 1990년대 이후 나혜석이 자유주의 페
미니스트 혹은 성적 급진주의 페미니스트로 범주화될 때 가장 많이 언
급되는 글이다. 「이혼 고백장」은 당시 식민지 조선에서 여성이 자신의
사생활을 사회적으로 다 드러내고, 더욱이 자신의 혼외정사를 비롯하여
남편이나 시집과의 관계를 다 드러냈다는 점에서 당시 사회에 충격을
주었다. 「이혼 고백장」에는 결혼과 가족제도 그리고 여성의 성과 관련
된 이중규범, 남녀의 불평등, 경험 속에서 형성되는 모성애에 대한 행복
과 불행, 여성의 성적 욕구 등에 대한 내용이 들어있다. 그러나 「이혼 고
백장」은 이혼을 취소하고자하는 욕망을 가지고 남편에게 자기를 설명하
고 변호하는 형식으로 쓰인 글이다. 따라서 이 글에서는 자기변호라는
것이 중요한 동기가 되고 있다. 반면에서 「신생활에 들면서」는 이혼을

51) 파리의 여성, 부인들에 대해 관찰하고 기록한 글로는 「프랑스 가정은 얼마나 다를까」
    (1930), 「파리의 어머니날」(1933), 「다정하고 실질적인 프랑스 부인−구미부인의 가정생
    활」(1934) 참조. 영국의 여성운동에 대해서는 「영미부인 참정권 운동자 회견기」(1934), 「런
    던구세군 탁아소를 심방하고」(1936) 참조. 유럽에서 공부한다면 영국에서 여성운동에 대
    한 공부를 하고 싶다는 견해는 희곡 「파리의 그 여자」(1935)에서 C의 입을 빌어 말한다.

받아들이고, 독신 생활을 하는 입장에서 결혼생활을 다시 해석하는 방식으로 쓰이고 있다. 이 글에는 여성의 정조와 성적 자기결정권에 대한 이야기가 나온다. "정조는 도덕도 법률도 아무것도 아니요, 오직 취미다"라는 그녀의 진술은 당시뿐만 아니라 오늘날의 연구자들에 의해서도 식민지 조선사회의 맥락에 맞지 않는 자유주의적 서구 추종자로 혹은 시대를 앞선 여성해방의 선각자로 혹은 급진주의 페미니스트로 그녀를 호명하게 한다.

1935년에 발화된 나혜석의 '정조'와 '취미'에는 여러 의미들이 경합되어 나혜석을 문제적 인간으로 만들었다고 본다. '정조'와 '취미'에 대한 나혜석의 진술이 역사적 맥락의 의미를 밝히기 위해서는 그녀를 단순히 여성주의적으로 읽어내는 것으로는 충분하지 않다. 이 말들에는 1910년대 일본 다이쇼데모크라시 시대에 교양과 문화로서 이해되었던 '취미'와 1930년대 당시 근대적 소비상품이 유입되어 들어오는 식민지 조선의 소비자본주의적 문화 속에서 상품이 매개되어 등장하는 소비적 취향으로서의 '취미'의 의미가 경합되고 있었다. 그리고 1920~1930년대 서구의 페미니즘 사상에서의 개인의 자유로서의 섹슈얼리티와 1930년대 당시 현모양처론으로 변화되고 있었던 신여성 담론의 경합이 있었다고 본다.[52] 여기서는 식민지 조선에서의 취미라는 언어의 의미의 변

---

52) 생각, 습속, 생활방식을 바꾸는 것이 근대화이고 문명화를 의미했던 나혜석에게 '취미'는 근대사상과 계몽의 감각적·미적 내면화를 의미했다고 본다. 나혜석은 여성의 성역할 수행을 말하면서 1920년에 '취미'라는 말을 사용했다. 그러다가 다시 1935년에 "정조가 취미이다"라고 말을 하는데, 이때의 '취미'는 많은 논쟁 일으키면서 그녀를 사회에서 추방하는 데 일정 정도 역할을 했다고 본다. 이는 조선사회에서 취미의 의미 변화와 관련된 것이고, 이는 식민지적 근대라는 당시의 사회변화와 밀접한 관계를 갖는다. 1908년 최남선은 《소년》 창간 시 '근대적 계몽과 교육'을 뜻하는 의미에서 "취미"를 언급한다. 1918년 《여자계》에서는 여성교육론을 논하면서 여자도 남자와 똑같은 교육이 필요한 이유로

화와 관련해서 다시 한 번 생각해야한다는 점만을 지적하고자 한다. 나
혜석을 성적 급진주의자로 접근하는 것은 그녀를 한국 근대사에서 문제
적인 여성으로 만들면서 동시에 그녀를 탈역사화시키고 근대성 논의에
서 문제적인 여성으로 만들면서 동시에 그녀를 탈역사화시키고 근대성
논의에서 그녀는 제외시키는 효과를 가져왔다.

그녀는 이혼 후 "나는 (지금까지는 중성 같았던 것이) 여성인 것을 확
실히 깨달았다. 그리고 여성은 위대한 것이요 행복된 자인 것을 깨달았
다" 그리고 "파리로 가자 (…중략…) 죽으러 가자. 나를 죽인 곳은 파리
다. 나를 정말 여성으로 만들어 준 곳도 파리다"[53]라고 쓴다. 그녀가
"여성인 것을 깨달았다", "파리가 나를 여자로 만들었다"라는 것에 대해
기존의 나혜석 연구자들은 큰 의미를 부여하지 않았다. 이것은 최린과
연애 사건을 말하는 다른 표현 방식으로 이해되었다. 예를 들어 이상경
은 "보통 여성이 남녀관계에 새롭게 눈떴음을 암시할 때 쓰는 말"[54]이
라고 기술하고 있고, 송연옥은 나혜석이 파리에서의 연애관계를 언급하

'고상한 취미를 통해 완전한 사람 만들기를 목표해야 한다'라는 말을 하는데 여기서 '취
미'란 정을 원만히 기르는 것과 개성의 계몽을 통해 얻어지는 기능으로, 즉 미학화 된 개
성을 의미한다(김진량, 「근대잡지 '별건곤'의 '취미 담론'과 글쓰기의 특성」, 『어문학』
88, 형설출판사, 2005). 천정환(「계몽주의 문학과 '재미'의 근대화」, 『역사비평』 66, 역사
비평사, 2004)은 1920년대에 취미는 사람들에게 계몽의 또 다른 항목이었다고 말하는데,
1926년 《별건곤》의 창간은 취미 담론의 변화를 가져온다. 이전의 취미가 '사상과 계몽'의
범주였다면, 《별건곤》 창간 이후의 취미는 값싸고 쉽게 접근 가능하고 '소비와 문화예술,
대중 담론'에 속하는 것이 된다 (김진량, 같은 글). '정조가 취미다'라는 나혜석의 진술이
문제가 된 것 역시 이러한 의미변화와 관련이 있다고 생각된다. 그녀에게 취미는 사상과
계몽의 미적 개성이었지만, 1935년의 '취미'는 더 이상 사상의 문제가 아니라, 소비사회
에서의 일상적이고 개인적인 취향의 문제였다. 그래서 그녀의 말은 대중적 흥미를 유발
했다고 본다.
53) 『전집』, 438면.
54) 이상경, 앞의 책, 324면.

는 말이라고 보았다. 반면에 우미영은 조선여성의 현실에 비추어 서구를 이상화하는 과정에서 여성으로서의 삶의 가능성을 확인했기 때문에 이런 말을 사용할 수 있었다[55]고 보고 있다. 그러나 본 논문은 "여성이 되었다"라는 나혜석의 말은 단순히 최린과의 연애를 통해 여자가 되었다는 것 이상의 의미를 지니고 있다고 본다. 이 말은 근대적 인간이 되고자하는 나혜석이 자신의 삶과 경험을 지속적으로 사유하는 과정에서 나온 하나의 출구로 간주되어야 한다고 본다.

「구미여성을 보고 반도여성에게」라는 글에서 나혜석은 미국여성, 프랑스여성, 독일여성, 이탈리아여성 그리고 스페인여성, 러시아여성들의 특징을 열거하면서 여자는 작지만 크고 또 약하지만 강하다고 지적하면서 이미 이 여자들은 사람의 지위를 갖고 있다고 쓰고 있다. 구미여성들은 창조적이고 예술적이어서 인격으로나 두뇌로나 조금도 남자보다 결핍되지 않은 당당한 사람 지위를 갖고 있다고 하면서 구미여성들은 사람인 것을 자각하였고 동시에 여성인 것을 의식하였기에, 반도여성은 이를 배우고 흉내를 내자고 제안한다. 강한 근대주의자였던 나혜석은 서구를 경험하기를 열망했었는데, 구미의 경험은 조선에서의 그녀를 삶을 해석하고 의미를 만드는 하나의 준거틀이 되었다. 그녀가 이혼을 받아들이게 되는 것, 또 이혼 후 그녀의 삶을 남존여비 그리고 남녀의 불평등, 예술이나 사회적 활동을 하는 여성 개인을 허용하지 않는 사회에 대한 비판으로 연결시키는 그녀의 상상력 혹은 근거는 그녀가 관찰한 서구여성들의 삶에 대한 자신의 이해와 관련된다. 이러한 현실 속에서 그녀는 자신을 여성으로 위치시키고, 여성임을 자랑스럽게 생각한다는

---

55) 우미영, 「서양체험을 통한 신여성의 자기 구성 방식 : 나혜석·박인덕·허정숙의 서양여행기를 중심으로」, 『여성문학연구』 12, 한국여성문학학회, 2004, 140면.

주장을 하게 된다. 그녀의 서구 경험은 그녀의 삶을 끌어가는 하나의 지향이 되는 동시에 현실로부터 그녀가 추방되는 이유가 된다.

이혼을 한 후 당시 1930년대 초반에 나혜석이 자신의 삶을 찾는데 가장 문제가 되는 것은 남존여비의 사회제도였다. 이것은 그녀의 실존의 문제였고, 또 조선에서 다른 신여성들이 겪고 있는 문제이기도 했다. 1933년 《조선일보》에 쓴 「모델―여인일기」에서 자신을 찾아온 당시 신여성들에 대해 언급하면서 "그들이 하는 말은 밤낮 그 말이 그 말"인 남편에 대한 불평이라고 쓰고 있다. 그렇기 때문에 나혜석은 그녀들을 보면서 "남성중심으로 된 사회제도를 저주 아니 할 수 없다"[56]라고 한다. 당시는 "남자는 칼자루를 쥔 셈이요. 여자는 칼날을 쥔" 남성중심 사회인데 남자들은 "계급전쟁시대"여서 계급만이 중요하지 칼날을 쥔 여자들은 보이지 않으니 여자는 움직이기만 해도 상처만 날 뿐이라고 본다. 여성들은 축첩, 마작, 낮에는 집에서 자고 밤에는 카페를 전전하는 룸펜 남편들 때문에 고통을 당한다. 여기서 가장 좋고 바람직한 간단한 해결 방법은 신여성들이 남편을 버리고 독립을 하는 것이지만, 사실 아무도 이혼을 하지 못한다. 그 이유는 "목구멍이 포도청이어서 빵 문제 때문에 남편 옆에 둘러붙거나" 혹은 "모성애 때문"에 이혼을 단행할 수 없는 것이라고 본다. 그래서 조선의 결혼한 신여성들의 문제는 같이 그 문제를 해결해야할 남자들이 당시 부상하고 있는 중요한 민족문제, 계급문제에 몰두해있어 여성들끼리만 서로 문제를 토로하고 공유하는 주변화된 고통이고 게토화된 문제임을 "여성일기"에 기술하고 있다. 나혜석은 조선 신여성의 머리와 생활은 몇 중으로 복잡하기[57] 때문에 이혼을 하라고

56) 『전집』, 352면.
57) 위의 책, 323면.

말할 수 없다고 쓴다. 그러나 나혜석은 이혼을 했다. 물론 자신이 원한 것은 아니었지만 후에 이혼을 하지 않을 수도 없었다고 쓴다. 나혜석이 이들의 이야기를 들으면서 자신과 같은 방식으로 살라고 말할 수 없는 것은 이혼 후 자신이 겪는 사회적·경제적 어려움 때문이기도 하지만, 자신의 인생을 인식하고 이해하는 방식이 그들과 다르다는 것을 알기 때문이다. 그녀는 구미만유를 하고난 후 한 개인이 세계를 인식하고 진보를 겪는 과정에는 개인적으로 감수해야하는 어떤 것들이 있다는 것을 알게 되었다고 고백한다.[58] 그녀의 이혼은 그녀가 진보를 밟아가는 과정에서 감수해야하는 것이고, 그것은 그녀가 경험한 세계에 대한 인식의 결과이다. 그러나 여성들이 그 고통을 개별적으로 진다는 것은 쉬운 일이 아니라고 보는 것이다.[59]

1927년 구미여행을 떠나기 전까지 나혜석은 어떻게 여성이 인간이 될 수 있을까, 어떻게 남녀불평등의 구조 속에서 여성적 현실을 극복할 것인가에 대한 글들을 쓴다. 이와 함께 인간/남성이 갖지 않은 여성의 출산, 모성, 살림 등의 경험을 인간이 되는 과정에서 어떻게 위치시켜야하는지 그리고 그것을 경험하는 구여성들과 신여성인 자신과의 차이가 그렇게 본질적이고 넘을 수 없는 경계인가에 대한 의문을 제기하기 시작한다. 그러면서 그녀는 '신남성'과의 유사성보다 구여성들과의 유사성이 더 크다는 것을 인식하게 된다. 그러나 여성들 간의 공통적인 경험을 설명할 언어를 갖지 못했던 나혜석은 구미여행을 통해 여성참정권 운동가

---

58) 위의 책, 430면.
59) 나혜석은 「영미부인 참정권 운동자 회견기」에서 자신이 "조선의 여권운동자 시조가 될지 압니까"라고 하면서 운동단체 회원들이 모자에 두르는 띠를 달라고 했던 것을 기록하고 있다. 그녀는 상황이 허락한다면 여성운동을 하고 싶다고 했지만, 조직화된 여성운동은 하지 못했고 여성문제를 고발하는 수필을 썼다.

를 만나 여성운동의 역사를 배우고 여성성이 인정을 받는 프랑스 지식인 중산층 가정생활을 경험하면서 '여성'에 대한 생각의 변화를 갖게 된다. '여성' 자체가 인간이 될 수 있는 가능성 그리고 남성과 다른 '성차'를 지닌 여성에 대한 고유성이 있을 수도 있다는 생각을 하고 귀국한다.

나혜석에 대한 대부분의 연구들은 근대적 교육을 통해 근대적 주체이고자 했던 나혜석의 자유주의적 자아 그리고 자신의 계급적 한계를 알지 못했던 나혜석의 계급적 순진성에 초점을 둔다. 그리고 이혼 후에 쓰인 「이혼 고백장」이 갖는 당시의 파격성에 비추어 결혼과 성에 관한 그녀의 급진성을 주목한다. 그러나 그녀의 '여자가 되었다'라는 성차의 진술은 전혀 주목을 받지 못했다. 많은 연구자들이 나혜석이 서구에 대해 잘못된 환상을 갖고 있었고, 서구를 지나치게 이상화하고 있었다고 비판해왔다. 그러나 본 논문은 근대적 자아를 추구했던 나혜석이 자신이 누구인가를 알아가는 과정에서, 회의되어질 수 없는 궁극적인 조건인 몸을 지닌 여성/인간이라는 화두를 경험적으로 그리고 인식론적으로 깨닫는 과정에서 "여자가 되었다"라는 진술이 나왔다고 본다. 인간/남성과 다른 몸적 기능을 지닌 여성이라는 것이 나혜석에게는 항상 화두였고 근대적인 인식론 속에서 풀고자 했던 문제였던 것이다.

4. 나오며 : 나혜석에 대한 지식생산과 한국 여성주의 지식생산 방식에 대한 물음

"여자에서 사람이 되고" 다시 "여자가 되는" 나혜석의 근대적 인간관 그리고 자신의 '여성'에 대한 위치성 인식은 식민지 근대의 공간에서 하나의 언어모순이었고, 인식론적 난관이었다. 그래서 연구자들은 신여성 나혜석의 근대성, '신(新)'의 개념을 논하는 데서 성별성이 만들어 내는 '새로움'은 완전히 무시되거나, '여성'을 주장하는 부르주아 인식으로 논의에서 제외시켜왔다. 신여성 나혜석의 '여성'에 대한 사유는 '사람'이라는 근대의 보편론에서 차이화된 존재로서의 여성에 대한 인식으로 변했다. 또한 이 과정에서 모성, 연애 혹은 성애의 경험은 여성이 세계를 인식하는 데 중요한 매개고리들이고, 성차화된 존재로서 여성을 구성하는 물질적인 기본 토대들이라고 보았다. 이런 의미에서 여성의 삶에 있어서 남녀관계, 여성 경험은 여성의 근대 기획이 다루어야하는 가장 중요한 문제였다. 그러나 그것은 근대를 다루는 남성 지식인들의 계급이나 민족문제와 같은 지위를 가질 수 없었고, 나혜석의 문제제기는 그녀의 혼외연애 사건 속으로 포섭되어버리면서 규범에 도전한 시대를 앞선 개인의 무모함으로 사소화되어왔다.

최근 한국에서 페미니스트들에 의해 다시 재해석되는 나혜석은 근대적 주체이고자 했던 초기 나혜석이다. 이혼 후에 "나는 여자가 되었다"라는 글을 쓰는 나혜석에 대한 관심은 거의 없다. 초기 나혜석의 글에서 발견할 수 있는 것은 근대를 지향하는 원칙론적이고 추상적인 근대 주창자의 의지일 뿐이다. 구체적인 삶을 살지 않아 사람이 되고자 하는 주장 자체 내에 아무런 모순이나 갈등이 없는 초기의 모습은 근대주의자로서 그리고 선각자로서의 나혜석을 설명하는 데 전혀 어려움이 없다. 그러나 결혼 후 그녀가 주장하는 '근대적 인간/여성'은 문제없이 주창될 수 있는 인간관이 아니었다. 근대적 인간관에 관한 그녀의 질문은 삶을 어떻게 살 것인가라는 하나의 지향을 지닌 질문이고, 또 삶을 변화시키고자 하는 욕망의 언설이었다. 따라서 그것은 구체적인 삶과의 관계 속에서 어떻게 현실을 변화시킬 것인가 하는 질문이기도 했다. 바로 이런 의미에서 나혜석에게 있어서 '신(新)'은 결코 어느 한 시점에 머물 수 있는 고정된 어떤 이상이나 관념을 의미하는 것이 아니었다. 그녀 스스로가 '새로운 여자' 라는 의미를 구체적인 삶을 통해 특정 시간과 공간 속에서 재규정하고 재의미화하고 있었다. 그녀는 매 시기마다 동일한 질문을 제기하지만 거기에 대한 해답을 달라진다고 말한다.

근대적이 된다는 것, 즉 새롭게 된다는 것은 역설과 모순으로 가득 찬 삶을 살아간다는 것을 의미한다. 근대적이 된다는 것은 '견고한 모든 것은 대기 속에 녹아버리는 세상' 의 전율과 공포를 인식하게 되는 것을 의미하는데, 근대를 '원칙' 으로 주장하는 시기를 지나 새로운 삶을 살고자하고 실천하고자 할 때 이미 주장되어진 '신(新)' 은 오고 있는 새로운 시간 앞에서 역설이 되고 모순이 된다. 따라서 나혜석에게 있어서 근대적이 된다는 것, 신여성이 된다는 것은 구여성과 대립하는 것이었고, 또 모성과 아내 역할과 대립하는 것이었고, 또 조선의 여성적 현실과 대립하는 것이었다. 그 과정은 세상과 투쟁하는 것이었고, 변화된 세계를 자기의 세계로 만드는 것을 의미했다. 그래서 그녀가 묘사했듯이 그것은 새로움이지만 불안이고, 두려움이고 또 여성이기 때문에 더 이상 새로워질 수 없다는 절망이기도 했다. 그러면서 그녀는 그녀가 근대적 주체인 신남성과의 관계 속에서가 아니라 다른 여성들과 공유하는 '여성' 경험 세계 속에서 새로워져야한다는 것을 깨달았다.

서구/근대의 주변부에서 일어난 나혜석의 근대적 자각과 체험은 서구를 차용하면서 어떻게 근대를 실천 가능한 지향으로 만들어 낼 것인가를 추구했고, 또 구미의 근대를 자기 사회를 비판하는 상상의 시공간으로 위치시켰다. 그러나 서구를 준거하여 조선사회를 비판하는 나혜석에 대한 후대의 비판은 그녀가 조선에 위치한 자신의 현실을 부정하고 서구를 추종한 대표적인 근대주의자로 매도하는 것이었다. 이러한 비판은 조선의 현실에 살고 있지만, 자신을 현실로부터 초월케 하는 상상의 피난처로서 서구를 준거하는 나혜석을 설명하지 못한다. 구미여성 경험을 제시하는 나혜석의 평가를 해석하는 가장 중요한 방식은 그녀가 당시 서구사회를 얼마나 욕망했는가라는 질문이 아니라, 무엇을 비판하고 설명하고 해석하기 위해 서구가 그녀에게 욕망되고, 동원되고 인용되고 또 준거되고 있는가하는 것이다. 서구를 준거하여 그녀가 끌어들이는 논리는 부부중심의 남녀관계, 자유연애에 기반한 남녀관계가 식민지 여성에게 줄 수 있는 해방과 자유의 가능성과 관련되어 논의되어야한다는 것이다. 그리고 그녀의 언설의 욕망 그리고 그 언설이 만들어내는 현실에서의 효과가 문제되어져야할 것이다. 사실 어느 곳에도 존재하지 않는 이상으로서의 '구미' 그리고 경험되어지지 않는 '구미'에의 환상은 모순이나 현실에 대한 불철저한 인식이라기보다 현실의 외부에 대한 상상력으로 작동한다. 그것은 다른 사람들에 의해 '구미'가 경험되어지고 또 그 경험과 의미가 경합되어지기 전까지 그것은 이상으로서의 '구미'를 구축해내고 현실을 부정/비판하는 힘으로 작동할 것이기 때문이다.

본 논문은 시간에 따라 변화하는 나혜석의 근대적 자아관이 일관되지 못하고 하나의 언어 모순이거나 인식론적 곤경으로 비춰져왔다는 사실에 주목했다. 이는 근대, 식민지, 그리고 여성주체성에 대한 나혜석의 문제 제기를 성차와 관련시키는 연구틀이 부재했고, 식민지 근대의 여성 주체성을 본격적인 사유의 대상으로 발전시키지 못했다는 점에 초점을 둔 것이다. 동시에 이는 서구 중심의 근대화 과정 속에서 만들어진 (여성) 연구자들이 끊임없이 자신을 '원본'인 서구이론에 준거해서 자신들의 시각은 '가짜' 혹은 '모방체' 혹은 '결핍'으로 차별화하면서, 매 순간 한국에서 여성에 관한 질문이 등장할 때마다 의미생산의 출처를 서구 이론에 귀의하여 지식을 생산하는 연구 방식을 비판하기 위한 탈식민 시각의 연구 방법론을 구축하는 시도와도 관련된다. 즉, 등장하는 하나의 현상에 대응되는 답변, 이론, 시각의 차용방식으로는 변화하는 시간 속에서 형성되는 주체성의 문제를 근대의 문제로 설명하고자하는 나혜석의 문제제기를 포착할 수 없다는 문제의식하에서 여성 경험에 대한 어떠한 개념, 비교 및 인용 방식이 가능한 것인가를 모색해보고자 한 것이다. 예를 들어 1920년대 여성의 문제를 쓰는 나혜석의 글쓰기와 문제제기 방식은 1929년에 『자기만의 방』을 쓴 영국의 버지니아 울프의 글쓰기와 다른 이유 그리고 맥락, 그 함의가 무엇인가를 밝히는 방식으로 서구와 식민지 조선에서의 여성의 주체 위치가 설명되어야 한다고 본 것이다.

왜 근대 이후 지식생산의 주변부에서는 항상 '지금/현재 여기'가 부인되고 '미래/거기(근대화의 중심으로서의 서구)'가 욕망되는가? 왜 '미래/거기'를 위해 '현재/여기'가 유예되고, 현재가 '거기/과거'에 의해 평가되는가? 이를 질문할 때, 나혜석의 변화하는 주체성이 보다 입체적으로 이해될 수 있지 않을까 한다. 이러한 질문은 단순히 신여성에 대한 역사적 맥락화를 넘어, 제2차 글로벌 시대인 오늘날에도 서구 지향의 발전주의적 근대성, 여성의 평등과 차이의 문제, 여성의 다양한 경계 넘기와 이동에 내재하는 근대성과 성별에 관한 지정학적 의미를 살펴볼 수 있는 계기를 줄 수 있을 것이다.

* 본고는 2008년 《한국여성학》 제24권 2호에 실린 논문을 재수록한 것이다. 본고의 일부는 2008년 4월 제11회 나혜석 바로알기 심포지엄에서 발표되었다.

(김은실)

나혜석의 여성해방론의 특색과 사회적 갈등

1. 머리말

근대 조선의 여성해방은 유교를 근저로 하는 가부장제와 일본의 식민지 지배라는 이중의 질곡으로부터 해방을 추구할 수밖에 없었던 점에 특징이 있다. 양자는 각각 별개로 근대조선의 여성 앞에 가로 놓여 있었던 것이 아니라, 서로 뒤엉켜 있었던 측면도 부정할 수 없다. 그러나 민족적 모순 해결을 위한 독립운동과 '개(個)의 해방' 실현을 위한 영위는 목적도 다르고, 방법도 달리하고 있다. 그럼에도 불구하고 근대 조선 여성사에 있어서는 민족 독립을 위한 영위가 여성 운동에 있어서의 우선적 과제가 되지 않을 수 없었다. 그 결과 당연히 가부장제를 극복하고, 여성의 '개(個)로서의 해방'을 쟁취하는 것은 뒤로 돌리게 되었던 것이다.

물론 남녀평등을 내걸고 여성 해방에 몰두한 개인이나 단체가 없었던 것은 아니다. 그러나 그들은 어디까지나 식민지라는 역사적인 제약 아래 민족 해방 운동의 한 부분으로써 활동했다. 또한 그 같은 여성 운동의 방향은 조선사회의 인지를 얻었다.

그렇지만 여성이 자아에 각성하고 가부장제에 대하여 투쟁을 개시할 경우에 그 투쟁의 대상은 아버지와 남편, 그리고 조선의 강고한 가족이고 더 나아가서는 사회적 질서였다. 그래서 자연히 그들의 싸움은 조선사회로부터 혹독한 비판과 지탄을 받고 극히 고독한 것이 되지 않을 수 없었다.

1920·30년대, 이처럼 기존의 가부장적 가족질서와 성별도덕에 회의를 품고 평등에 뿌리 둔 새로운 남녀관계의 구축을 목표로 한 것이 '신여성'이었다. 그러나 당시의 사회는 그들의 여성 해방의 주장 그것보다도 그들의 자유연애 실천에 눈을 돌려, '부도덕하고 문제 있는 여성들'이라고 비난했다. 그 '신여성' 중에서도, 가장 과감히 남성 중심의 사고양식에 대결했다가 좌절한 사람이 나혜석이라고 할 수 있다. 본고에서는 나혜석의 여성해방사상과 그것에 토대를 둔 행동을 검토하고 그 중에서도 특히 그녀가 후반생(後半生)에서 당시의 사회와 완전히 대결하고 사회로부터 말살된 원인을 찾는 것에 중점을 둔다.

2. 나혜석의 여성해방의 실천

나혜석은 1913년에 도쿄여자미술전문학교 유화학과(油畵學科)에 입학하여 미술공부를 하는 한편, 유학생의 친목기관 학흥회(學興會)의 조직에 관계하여 그 회보 《여자계》, 도쿄유학생의 조직인 학우회의 기관지 《학지광》에 소설과 평론을 기고하기도 하였다. 일본 유학시절에 집필된 것은 생경한 표현이기는 하지만 매우 강한 사명감을 가지고 조선의 여성에게 남녀의 평등과 현상을 타파하기 위한 자각을 호소하고 있다. 예를 들면, 「이상적 부인(理想的 婦人)」에서는 "양처현모(良妻賢母)라 하여 이상을 정함도 필취(必取)할 바가 아닌가 하노라. 다만 차(此)를 주장하는 자는 현재 교육가의 상매(商賣)적 일호책(一好策)이 아닌가 하노라"라고 하여, 현모양처 교육을 부정한다. 또한 여성을 남성의 노예로 하기 위해 오랫동안 여성에게 온량종순(溫良從順)을 부덕(婦德)으로서 장려한 결과, 여성은 이상(理想)의 식별조차 할 수 없게 되어 버렸다. 현대의 여성이 뜻 있게 자기의 개성을 발휘하려고 하는 자각을 갖기 위해서는, 지식·기예가 필요하다고 강조한다.[1] 이러한 여성의 자기실현과 현상 변혁의 사상이 어떻게 형성되는가, 하는 것은 금후의 연구과제가 될 것이다. 단 지적하고 싶은 것은 나혜석이 도쿄에 유학하였을 때 일본에서 최초로 여성해방을 주창한 잡지 《세이토(靑鞜)》(1911~1916)가 사회적으로 주목을 모으고 있었고, 그 관계자 중에 도쿄여자미술전문학교 졸업생이 3명이나 있었던 사실은 주목할 가치가 있다.

나혜석의 가부장제에 대한 싸움의 제1보는 아버지 나기정(羅基貞)과의 사이에서 일어났다. 나혜석은 당시로서는 부유하고 개명적인 가정환경에 있었지만, 아버지는 딸의 혼기가 늦어지는 것을 걱정해서 연담(緣談)을 진척시켜 가면서 귀향을 재촉하기 위하여 학비를 송금하지 않았다. 나혜석은 아버지가 강요하는 결혼을 피하기 위하여 여주공립보통학교 교원이 되고 1년간의 봉급을 저축해서 도쿄에서 다시 학업을 계속하였다.[2] 아버지가 강요하는 결혼을 하지 않았던 이유는 굳게 장래를 약속했던 애인이 있었기 때문이기도 하였다. 이러한 나혜석의 행동은 아버지와의 전면대결을 피하면서 자기의 의지를 관철시켰다고 평가할 수 있

1) 나혜석, 「이상적 부인」, 《학지광》 3, 1914.12.
2) 나혜석, 「나의 여교원시대」, 《삼천리》, 1935.7. 여기에는 R이라고 되어 있는 것은 나혜석 자신이라고 생각된다. 도쿄여자미술대학에 남아 있는 학적부를 보면, 대정3년(1914)의 3학 기부터 다음 해까지 휴학하고 있다.

을 것이다.

1920년 나혜석은 약혼자 최승구(崔承九)의 사후(死後), 도쿄유학 때부터 사귀어 왔던 김우영(金雨英)과 결혼했다. 결혼에 임하여서는, "일생을 두고 지금과 같이 나를 사랑해 주시오, 그림 그리는 것을 방해하지 마시오, 시어머니와 전실 딸과는 별거케 하여 주시오"라고 하는 3가지 조건을 내놓았다.[3]

김우영은 전면적으로 이 조건을 받아들이고, 또한 그녀의 희망대로 신혼여행 도중에 병사한 최승구의 묘를 찾아가 석비를 건립하여 주었다. 새로운 결혼의 형태로 사람들이 호기심에 찬 눈으로 주목하는 가운데, 나혜석은 김우영의 이해와 협력을 얻어 가사, 자식의 양육, 외교관 부인으로서의 일을 하는 한편[4], 화가로서 재필(才筆)을 날릴 뿐 아니라 여성의 생활 개량에 대한 의견, 소설의 발표 등 왕성한 문필 활동도 펼치고 있었다. 안정된 생활 속에서 다방면에 걸친 종횡무진의 활동이었다. 본업인 회화에 있어서도 그 활약은 눈부신 것이었다. 바로 '신여성' 나혜석이 '신남성' 김우영과 만나서 각자의 개성을 존중하는 이상적인 가정 만들기에 매진하였던 시기이다. 물론 양자의 사이에 갈등이 없었던 것은 아니었지만, 김우영은 전통적인 가정상에 속박 받는 사회와 가족에 정면으로 맞서는 나혜석의 좋은 파트너였다.

1927년 6월부터 1929년 2월까지 나혜석은 남편과 함께 세계일주 여행

3) 나혜석, 「이혼 고백장 – 청구씨에게」, 《삼천리》, 1935.8.
4) 남편 김우영은 1923년 만주 안동현의 부영사로 부임했기 때문에 함께 갔다. 김일엽, 「진리를 모릅니다 – 나의 회상기」, 『김일엽문집 – 상』(인물연구소, 1974)에, 나혜석의 소학교 때부터 동급생인 전유덕이 그들의 생활을 보고 와서 김일엽에게 들려준 말로써, 나혜석이 가사를 잘하고 자식의 돌봄, 방문객의 접대, 서류 정리까지 하면서, 그림을 그리고 있는 것에 감동하고, 사회에서 나혜석의 김우영으로서 알려지고 있는 것도 당연하다고 하는 것도 기록되고 있다.

을 하였다. 가족을 두고 만유(漫遊)에의 출발을 결심한 것은, 장년(長年)의 현안(懸案) 사항, 즉 "사람은 어떻게 살아야 잘 사나? 남녀 간 어떻게 살아야 평화스럽게 살까? 여자의 지위는 어떠한 것인가? 그림의 요점은 무엇인가?"를 해결하려고 했었기 때문이다.[5] 이 여행은 그림에서 새로운 경지를 열어주었을 뿐만 아니라 구미의 여성참정권 등의 여성운동, 탁아소 등을 견문하고 여성해방의 신 시좌(視座)를 얻은 것도 매우 큰 성과였다.[6]

한편, 이 구미일주 여행은 나혜석의 후반생에 결정적인 영향을 주었다. 그것은 파리에서의 천도교의 지도자 최린(崔麟)과의 만남이다. 3·1운동 때 함께 투옥된 경험이 있고 취미가 다채롭고 회화 전람회에도 출품한 적이 있는 최린과 나혜석은 의기투합했다.[7] 김우영은 독일로 가면서 최린에게 처의 일을 부탁하였기 때문에, 나혜석은 최린을 신뢰하고 유람과 시찰에 거의 동반하였다.[8] 둘이서 약소국민회 부회장 페르리시앙 살레 씨와 프랑스 여성참정권운동회 회원인 부인을 방문한 적도 있었다.[9] 두 사람의 깊은 교제는 재 파리 조선인 사이에 소문이 파다했다.[10]

최린이 먼저 귀국하고 나혜석은 나중에 귀국하였다. 나혜석은 귀국 후 수입이 전혀 없고 가계가 궁핍하기 시작했기 때문에 곤궁 탈출의 방

---

5) 나혜석, 「소비에트 노서아행(露西亞行)—구미유기의 기일(其一)」, 《삼천리》, 1932.12.
6) 「나는 무슨 주의자인가(제씨(諸氏)의 성명(聲明))」(《삼천리》, 1935.5)에 나혜석은 "장차 좋은 시기 있으면 여성운동에 나서려 합니다"라고 여성운동에의 의욕을 보이고 있다.
7) 차상찬, 「인물월단최린종횡관(人物月旦崔麟縱橫觀)」(《혜성》 1~3, 1931.5)에 최린의 사람됨됨이와 취미에 관한 기술이 있다.
8) 「제소문(提訴文)」, 《동아일보》, 1934.9.20.
9) 나혜석, 「다정하고 실질적인 불란서 부인」, 《중앙》, 1934.3.
10) 이종우, 「양화초기」, 《중앙일보》, 1971.8.28.

법을 상담하는 편지를 최린에게 썼다. 이 편지에서, "내 평생을 당신에게 맡기오"라고 썼다고, 잘 아는 우인(友人)을 통해서 '오전(誤傳)' 되어, 김우영의 격노를 사게 되었다.[11] 김우영은 처에게 이혼을 청구하고, 만일 승낙하지 않으면 간통죄로 고발한다고 하였다. 게다가 나혜석이 김우영의 누이, 친척과 사이가 나쁜 것도 작용하여 가족친척으로부터도 이혼을 강요당하게 되었다.

나혜석은 이혼을 하지 않으려고 노력하고 심지어 이광수에게 중재를 부탁하였지만 부조(不調)로 끝났다. 나혜석은 할 수 없이 이혼에 동의하게 된다. 그 때 두 사람이 쓴 서약서의 내용은 "부(夫)○○○와 처(妻)○○○은 만 2개년 동안 재가(再嫁) 또는 재취(再娶)하지 않기로 하되 피차의 행동을 보아 복구할 수 있기로 서약함"이라고 하는 것이었다.[12]

이혼하고 나서 '현대의 노라'가 된 나혜석은 자식에 대한 애석(哀惜)으로 복연(復緣)까지 강요할 정도였으나 그림에 의해 소생하고 생계의 전망도 서게 된다. 또한 점차 구미여행의 성과를 회상기의 형태로 발표했다. 더욱이 그녀의 이혼 후의 감회 등 사생활에 관한 문장도 가끔 지면을 장식하였다. "세상(世上)에 모든 신용(信用)을 잃고 모든 공분비난(公憤非難)을 받으며 부모친척(父母親戚)의 버림을 받고 옛 좋은 친구(親舊)를 잃은 나는"이라고 하고 있지만[13], 이혼 그 자체가 한 사람의 인간을 사회적으로 완전히 매장하는 결정적인 것이 되지는 않았다고 여겨진다. 나혜석은 이혼에 의해 크나큰 아픔은 받았지만 화가로서 문필가로서의 지보(地步)는 오히려 더욱 굳어졌다고 생각된다.

11) 나혜석, 「이혼 고백장─청구씨에게」, 《삼천리》, 1935.8.
12) 위의 글.
13) 위의 글.

3. 「이혼 고백장」과 재판 사건

나혜석이 사회적으로 고립되고 좌절한 끝에 행로병자(行路病者)가 되기에 이른 원인은, 그녀가 이혼한 남편 김우영에게 보낸 「이혼 고백장(離婚 告白狀)」의 공표와 최린에의 제소 사건에 있다고 추정할 수 있다.

1934년 잡지 《삼천리》 8월 호와 9월 호의 2회에 걸쳐 나혜석의 「이혼 고백장－청구씨에게」가 게재되었다. 결혼에서 이혼에 이르게 된 경위를 적나라하게 쓰고 남성 중심의 조선사회를 고발하는 수기였다. 자기 자신을 소재로 하여 캔버스가 아닌 지면에 이혼까지의 사실, 부부의 감정 갈등, 주위와의 관계를 그린 것이었다. 그간 남편 태도의 변화도 상세히 썼다. 여성도 개성을 발휘하고 자유롭게 사는 이상적인 결혼 생활을 목표로 한 '신여성' 나혜석이 조선사회의 현실에 부딪쳐 패퇴하여 가는 모습이 생생하게 그려져 있다.

그러면 나혜석은 왜 이 수기를 썼을까. 이혼 후 '제전(帝展)'에 출품하기 위하여 그린 그림을 화재로 소실하여 버리고 또한 지병까지 발병하였다. 1933년 봄 나혜석을 인터뷰했던 기자는 그녀의 손이 떨리고 있음을 목격하고 있다.[14] 이러한 신변의 변화가 수기를 쓰는 것에 연결된 것일까.

나혜석은 이 수기에서 김우영 및 조선사회에 무엇을 호소했던 것일까. 우선 이혼이 자기의 본의가 아니라 주위 사람들의 고취와 친척의 권유를 받은 김우영의 강청에 의해 이루어진 것, 2년간은 재혼하지 않는다는 서약이 깨어진 것, 이혼의 직접원인이 된 최린에의 편지 사건에 대하여 편지를 쓴 동기와 내용이 고의로 오전된 것에의 반론이다. 더욱이 이혼 사건에서 생긴 김우영과 그 친구들에의 불신을, 조선 남성에게 공

---

14) 「화실의 개방－파리에서 돌아온 나혜석여사」, 《삼천리》, 1933.3.

통하는 문제로써 고발하고 있다.

　남성은 평시 무사할 때는 여성의 바치는 애정을 충분히 향락하면서 한번 법률이라든가 체면이란 형식적 속박을 받으면 작일(昨日)까지 방자하고 향락하던 자기 몸을 돌이켜 금일(今日)의 군자가 되어 점잔을 빼는 비겁자이요, 횡포자가 아닌가. 우리 여성은 모다 이러나 남성을 주저(呪詛)하고저 하노라.[15]

　조선 남성 심사는 이상하외다. 자기는 정조 관념이 없으면서 처에게나 일반 여성에게 정조를 요구하고 또 남의 정조를 빼앗으려고 합니다. (…중략…) 남에게 정조를 유인하는 이상 그 정조를 고수하도록 애호해 주는 것도 보통 인정이 아닌가. 종종 방종한 여성이 있다면 자기가 직접 쾌락을 맛보면서 간접으로 말살시키고 저작(咀嚼)시키고 일이 불소하외다. 이 어이한 미개명의 부도덕이냐.[16]

　여기에서는 연애와 섹슈얼리티에 있어서도 남녀의 불평등, 그리고 여성에게만 정조를 강요하는 남성 중심적 관념에의 강한 항의가 표명되고 있다. 근대에 들어와 조선의 여성들은 자아의식에 눈뜨고 가정과 사회에서의 남녀불평등의 개혁에 힘을 쏟아 왔다. 그러나 연애와 섹슈얼리티에서도 남녀가 평등하지 않으면 안 된다고 하는 주장은 나혜석이 최초였다. 「이혼 고백장」 발표와 거의 같은 시기에, 나혜석은 소완규(蘇完奎) 변호사를 대리인으로 해서 최린을 상대로 고소하였다. 고소 내용은 정조 유린에 대한 손해배상 청구이다. 변호사에 의하면, 9월 14일부터 교섭했지만 최린(피고)이 내놓은 조건이 부당했기 때문에 제소를 결단했다고 한다.[17] 소장에서 나혜석(원고)과 최린의 첫 만남에서부터 고소에 이

15) 「이혼 고백장」(가운(家運)은 역경(逆境)에).
16) 「이혼 고백장」(조선사회의 인심).
17) 《동아일보》, 1934.9.20.

르기까지 경과를 상세히 서술하고 있다. 김우영으로부터 이혼 청구가 나왔을 때, 원고가 피고에게 상담한 내용, 즉 이광수를 통해서 원고의 장래의 생활비를 대 준다고 약속하였기 때문에 원고는 이혼을 단행하였다, 그러나 그 후 약속은 이행되지 않고 원고는 비참한 생활을 하지 않으면 안 되었다, 1934년 4월경 원고는 부득이 자신의 전도(前途)를 개척하기 위하여 프랑스유학을 하기로 하고 피고에게 여비 1,000원과 보증인을 부탁하였지만 피고는 거절하였다. 원고는 이혼당하여 사회로부터 배척당하고 정신적·경제적 고통을 받았다. 이것이 원인이 되어 현재 극도의 신경쇠약증에 걸려 있기 때문에 위자료 1만 2,000원을 청구한다고 하는 것이다. 하지만 재판의 결과가 어떻게 되었는지 현재로서는 확인할 수 없다. 단, 수기를 보는 한에서는 파리에 갈 만큼의 돈을 최린으로부터 얻은 것 같다고 추측할 수 있다.[18]

이처럼 남편과 연인이었던 남성에 대해서 개인적이 아니라 사회적으로 고발한 것은 나혜석을 사회로부터 고립시키고 배척하기에 충분한 조건이었다. 개인적인 일로서 처리되어야 한다고 생각하는 섹슈얼리티의 문제를 사회화한 것, 당시의 '여성문제에 진보적이던' 남성들도 가지고 있던, 섹슈얼리티에서의 남녀의 지배·피지배 관념에 항의하였기 때문이다. 사회와 가족의 전통적인 가부장제 구조가, 일제 지배하에서 국가적인 질서에 편입된 가족제도로 바꾸어 가려고 하는 이 시기의 조선에서, 나혜석의 주장은 완전히 이단적인 것에 지나지 않았다.

더욱이, "다른 남자나 여자와 좋아 지내면 반면으로 자기 남편이나 아내와 더욱 잘 지낼 수 있지요. (…중략…) 나는 결코 나의 남편을 속이고 다른 남자, 즉 C를 사랑하려고 한 것은 아니었나이다. 오히려 남편에게

18) 나혜석, 「신생활에 들면서」, 《삼천리》, 1935.2.

정이 두터워지리라고 믿었사외다. 구미 일반 남녀 부부 사이에 이러한 공공연한 비밀이 있는 것을 보고, 또 있는 것이 당연한 일이요, 중심 되는 본 남편이나 본처를 어찌하지 않은 범위 내의 행동은 죄도 아니요, 실수도 아니라 가장 진보적인 사람에게 마땅히 있어야 할 감정이라고 생각합니다"라고 하는 구절은, 사회에 나쁜 영향을 준다고 판단되고 혹독한 지탄을 받았다.[19] 당시, 겨우 일부 개명적인 사람들의 사이에 연애의 자유가 인정되기 시작하였다고 하여도, 그것은 미혼 남녀의 사이에서만 용인되는 것이고 기혼의 여성에게는 절대로 허락되지 않는 것이었다. 나혜석의 이 같은 주장이 철저하게 배척받은 것은 필연이었던 것이다.

4. 맺음말

이상에서 나혜석의 빛나는 전반생(前半生)이 아닌, 후반생(後半生)에 중점을 두고 그녀의 실천적인 여성해방사상을 검토하여 보았다. 1920년대에 쓰인 나혜석의 조선여성에의 계몽적인 문장은 그 나름대로 근대 조선 여성사에서 역사적 의의가 있다고 할 수 있을 것이다.

그러나 그녀의 참모습은 「이혼 고백장」과 최린 고소 사건에 나타나고 있다고 생각된다. 결국, 나혜석은 자신의 섹슈얼리티에 관계되는 비통한 체험을 통하여 「이혼 고백장」과 최린에의 고소라고 하는 형태로 사회적으로 경제적으로 혜택 받은 입장에서의 엘리트 여성의 관념적 여성해방론을 극복하고, 구체적·현실적인 가부장적 사회제도와 남성의 의식에 도전했던 것이었다.

특히, 그녀의 여성해방론의 특징은 모든 영역에서의 남녀의 불평등에 이의를 제기한 것이다. 종래 여성이 표현하는 것은 터부시되어 왔던 섹

---

19) 「이혼 고백장」(C와 관계).

슈얼리티 영역의 불평등을 연급하여 강요된 '정조'와 '처녀성'을 부정한 것이다.[20]

이처럼 나혜석의 생각과 그것에 토대를 둔 행동이 그녀의 '특이한 개성'에 의한다고 한다면, 그것은 본질에서 매우 벗어난 의론이 될 것이다. 오히려 나혜석의 언설은 극히 현대적인 문제를 던지고 있고, 또한 일본이나 다른 나라의 여성해방론과 비교연구할 만한 제재(題材)를 가지고 있다.

1980년대 이래, 미셸 푸코(佛) 등의 섹슈얼리티를 학문의 대상으로 하여, 역사적 맥락의 가운데에 자리매김하려고 하는 연구가 대두하여 왔다. 섹슈얼리티가 '근대적 지(知)'와 권력의 틀 속에서 생산된 사고(思考)라고 하는 언설이 활발히 행해지고 있다. 일본에서도 그러한 흐름에 영향 받아, 성(性)에 관한 엄한 윤리·규범과 이미지가 근대화·서구화를 지향하는 과정에서 메이지국가의 요청에 의해 창조되었다고 하는 의론의 방향이 나타나고 있다.[21] 그리고, 일본의 '새로운 여(女)'등, 근대일본의 국가질서로서의 여성에 대한 성 규범을 일탈하는 자에 대해서는, 혹독한 철퇴(鐵槌)가 내려져, 비난 공격의 표적이 되었다고 한다.[22] 식민지·피식민지의 차이는 있지만. 일본의 '새로운 여(女)'들이 경험한 섹슈얼리티의 문제와 나혜석의 그것과의 비교연구가 필요하다고 생각된다.

(이노우에 가즈에(井上和枝))

20) 여기에서는 상세하게 말하지 않았지만, 「독신여성의 정조론」(《삼천리》, 1935.10) 등은 그녀의 정조에 관한 언설을 표현한 것으로서 검토할 필요가 있다.

21) 牟田和惠·신지원, 「근대의 섹슈얼리티의 창조와 '새로운 여(女)'−비교분석의 시도−」, 《사상》 886, 1998.4.

22) 요네다 사요코(米田佐代子), 「《세이토》를 산 여성들의 메시지」, 『세이토의 50인』, 라이초 연구회, 1996.12.

나혜석 이미지, 위험한 여성성의 재현

— 영화 속의 여성 이미지를 중심으로

에미를 원망치 말고
사회 제도와 도덕과 법률과 인습을 원망하라.
네 에미는 과도기에 선각자로
그 운명의 줄에 희생된 자이었더니라.

— 나혜석[1]

친구여, 나에겐 그런 예감이 있다네,
나혜석은 죽어서도 옳게 묻히지 못하여
구천을 떠돌다가
이제 나에게로 와서
내 가슴을 위패 삼아 머물고 있으니
나 또한 미신처럼
그녀의 신위(神位)를 비밀히 모시고 있으니
여자는
왜
자신의 집을 짓기 위하여

1) 나혜석, 「이혼 고백서」, 《삼천리》, 1934. 8~9.

자신을 통채로 찢어발기지 않으면 안 되는가,
검정나비처럼 흰나비처럼
여자는 왜
자신의 집을 짓기 위하여선
항상 비명횡사를 생각해야 하는가

— 김승희[2]

1. 들어가며

　나혜석은 공식적으로 '조선 최초의 여류 서양화가'로 기록된다. 그의 이름은 '최초의 여성작가'인 탄실 김명순, 잡지 《신여자》를 창간한 김일엽, '최초의 여비행사' 박경원, 무용가 최승희, 독립운동가 김마리아와 유관순, 농촌운동가 최용신, 의사 박에스더 등과 함께 조선 근대화 시기 여성 선각자의 판테온에 올라 있다. 여성으로서뿐만 아니라 우리나라 근대사에서 나혜석이라는 인물은 중요한 자리를 차지한다. 그간 여성계에서는 '리버럴리스트의 선구'로, 미술계에서는 '미의 십자가를 진 여인'으로, 문학계에서는 '유명무실한 문사이며 방종으로 몰락한 여성' 혹은 '근대 여성운동의 선구자로 가부장제의 제단 위에 바쳐진 제물' 등으로 묘사되었다.[3] 게다가 1999년부터 지속되어온 '나혜석 바로알기 심포지엄'으로 대표되는 나혜석 학술제와 전시, 퍼포먼스 등은 그에 대해 잘못 알려졌거나 혹은 제대로 알려지지 못한 부분을 포함하여 그의 위상을 바로 잡는 데 큰 역할을 해오고 있다. 또한 '불꽃'과 '자유'라는 단어로 대변할 수 있는 나혜석의 생애는 최근 몇 년간 여성주의 예술작품으로 승

---

2) 김승희, 「나혜석 콤플렉스」, 『김승희 시선』, 북토피아, 2003.
3) 강태희, 「나혜석의 대중화된 이미지, 그 과거와 현재」, 『한국예술종합학교 논문집』 5, 2002.12, 203면.

화되어 그가 던져준 감동적인 울림이 현대적으로 되살아나고 있다. 김승희의 시 「나혜석 콤플렉스」(1989), 유진월 작의 연극 〈불꽃의 여자 나혜석〉(2000), 곽은숙의 단편 애니메이션 〈나혜석 괴담〉(2001), 김소영의 다큐멘터리 〈원래 여성은 태양이었다 : 신여성의 First Song〉(2004) 등을 예로 들 수 있다. 시·연극·애니메이션·다큐멘터리 등 여러 장르를 넘나들며 나혜석이란 인물이 다각적이고 입체적으로 대중에게 전해진다.

그러나 학계와 예술계의 위와 같은 노력과는 별도로 대중적으로 각인된 나혜석의 이미지를 상기해보자면 거기에는 일종의 괴리감이 존재한다. 나혜석의 존재를 모르는 사람은 거의 없을 것이다. 미술·문학·여권운동 등 다방면에 재능을 발휘한 다재다능한 여성이자 사적인 애정사를 만천하에 공개 발언한 과감성으로 시대를 앞서간 여성이었다는 사실은 어느 정도 알려져 있다. 하지만 나혜석 이미지는 「이혼 고백서」로 대표되어 대담한 것을 넘어 방종하기까지 한 여성으로 대중에게 각인되어져 있다. 그의 이름에 대한 대중적인 인식과 그의 생애에 대한 제대로된 이해는 별개의 문제이다.

1920년대 대표적인 신여성으로서 여성해방과 새로운 정조관념을 끊임없이 주장한 논객 김명순·김일엽·나혜석은 기득권을 가진 남성에게는 매우 위협적인 '위험한 여성들'이었다. 따라서 이들이 1930년대에 공통적으로 겪게 되는 좌절은 당연한 수순이었을 것이다. 여성들은 남성과 같이 교육을 받았으면서도 결혼 전에는 남성의 연애 감정을 불러일으키는 존재로, 결혼 후에는 아이를 잘 키워내고 가정을 지키는 존재로 규정되어 곧이곧대로 남녀평등을 주장했던 신여성들이 벌을 받았던 것은 어찌 보면 당연한 일인지도 모른다.[4] 그리고 그의 좌절은 남성이 주도하는

---

4) 최혜실, 『신여성들은 무엇을 꿈꾸었는가』, 생각의나무, 2000, 8면.

사회에서 선정적인 상업주의의 표적이 되어 끊임없이 재생산되었다. 다시 말하면 나혜석이라는 이름의 후광 뒤에 꼬리표처럼 따라다니는 간통 스캔들은 대중문화 상품 속에서 계속적으로 인용되어 왔다.

조선 최초의 여류 서양화가라는 기록, 그리고 결혼, 구미여행, 간통, 이혼, 행려병자로서의 죽음이 펼쳐지는 드라마 같은 인생역정은 식민지의 여성으로서 겪어야 했던 이중적 타자성에 대한 자각 이전에 대중적 호기심을 대대적으로 자극했다. 이제는 보통명사가 되어버린 나혜석의 올바른 부활에 대한 관심이 모아지기 전에 그의 삶은 이미 대중문화 장르의 소재거리로서 수십 년간 그 위력을 충분히 발휘해왔다. 나혜석의 생애가 지닌 멜로드라마적 요소, 비극적 요소와 함께 이혼 고백, 정조유린 고소 등의 사건은 "1930년대 대중극을 넘어서 1960년대 최루성 영화를 거쳐 오늘까지 이어지고 있는 가정식 멜로드라마의 단골 소재"[5]인 것이다.

이 글은 나혜석 이미지가 대중문화 속에서 어떤 방식으로 재현되고 소비되었는지를 살펴보려고 한다. 이때 직접적으로 나혜석 이미지를 차용하는 방식뿐만 아니라 나혜석을 상기시키는 일탈적 여성들을 중심으로 하는 영화들까지 대상을 넓힌다. 더 나아가 어떻게 하면 나혜석을 보다 널리 알리고 긍정적 반향을 일으킬 수 있는 작품을 창조할 수 있을지에 대한 아이디어를 모으는 것으로 발걸음을 옮겨보고자 한다.

2. 나혜석의 재현, 위험한 여성성

나혜석이라는 전무후무한 한 개인의 삶, 글, 그림, 사건들로 구성되는 기호들과 그를 둘러싸고 구성된 담론들, 이 모든 것들이 어우러져 나혜

---

5) 유진월, 「캐릭터로서의 나혜석 연구」, 정월 나혜석 기념사업회, 『나혜석 바로알기 제5회 심포지엄』, 2002.4.27, 61면.

석이라는 하나의 텍스트가 형성된다.[6] 나혜석은 그 자체로 끊임없이 재현되는 현재 진행형의 살아있는 텍스트이다. 동시에 나혜석의 발언과 충격, 그 중에서도 그의 대표작이 되어버린 「이혼 고백서」 사건은 당장에 대중문화에 흡수될 정도로 매력적인 것으로, 우리는 70여 년간 무수한 나혜석들을 어렵지 않게 경험하고 있다. 우선 나혜석이 1934년 《삼천리》에 「이혼 고백서」를 발표한 이후 2년 후인 1936년에 제작된 〈미몽〉(양주남 연출)이라는 영화를 살펴보자.

〈미몽〉은 일제 강점기에 만들어진 것으로 추정되는 160편의 한국영화 중 한편으로 2006년에 처음 발굴되어 대중에게 공개되었다. 현재 우리가 볼 수 있는 일제시대 영화는 고작 11편뿐으로 대부분은 친일영화이지만 한국에서 현존하는 가장 오래된 영화인 〈미몽〉은 친일이라는 정치적 이슈로부터 벗어나 사랑과 가족관계를 중심으로 하는 멜로드라마이다. 이 영화에서 문예봉이 연기하는 주인공 애순은 "나는 새장의 새가 아니에요!"라며 집을 뛰쳐나간 뒤 호텔에서 연인과 함께 생활한다. 「이혼 고백서」의 사회적 파장 2년 뒤에 만들어진 이 영화는 애순이라는 방탕녀의 타락할 대로 타락한 '인생고백'을 강요하는 작품으로 나혜석을 동시대적으로 참조하는 작품이다. 애순은 1920년대 이후 식민지 경성을 강타한 근대의 아이콘이었던 신여성이 되고 싶었던 여성이다. 그러나 그녀는 신식 교육과 태도를 통해 신여성이 되는 것 아니라 소비지향성을 상징하는 의상에 집착함으로써 비아냥거림의 대상으로 전락하고 만

---

6) 유지나는 '나혜석─텍스트'라는 용어를 사용하는데, 이는 "생물학적 개체로서의 자연인 나혜석과 사회적 컨텍스트 속에 설정된 사회인 나혜석을 중층적으로 통과하면서 형성되고 짜인 의미작용화가 가능한 의미소통 기호들의 구조"로서 제안된다(유지나, 「나혜석 섹슈얼리티 담론 연구」, 정월 나혜석 기념사업회, 『나혜석 바로알기 제7회 심포지엄』, 2004.4.23, 6면).

다. 애순은 처지에도 맞지 않는 비싼 양장을 해 입기 위해 쇼핑을 하고 옷가게에서 불륜을 벌일 젊은 남성과 만나게 된다는 설정은 매우 상징적이다. 영화는 당시 지성으로 무장한 신여성의 반대편에 새로운 직업군으로 위치하고 있던 모던 걸을 끌어들임으로써 새로이 출현한 여성집단 전체를 조소하고 있다.

영화는 딸을 두고 집을 나간 애순을 철저하게 단죄하는 결말을 통해 나혜석의 비참한 몰락을 기대하는 대중의 집단적 심리를 반영한다. 내러티브는 우연성을 가장하면서 신파적으로 펼쳐지는데, 자신이 타고 가던 택시에 딸이 부딪쳐 사고를 당하자 애순은 음독자살한다. 1923년 '강명화 자살사건'[7]을 둘러싸고 보여준 대중의 동정과 비탄, 1926년 '윤심덕과 김우진의 동반자살' 이라는 비극적 사랑의 결말 이후, 당시 대중은 자살로 마감되지 않은 사건에 대해서는 더욱 큰 비난을 보냈다. 영화는 가족 구성원 전체를 불행으로 이끈 장본인인 방탕한 주부가 제 손으로 목숨을 끊도록 함으로써 잘못을 뉘우치고 스스로 단죄하는 것이 마지막에 할 수 있는 최후의 반성적 태도임을 강요한다. 조선 식민지 시대 불륜 서사인 〈미몽〉을 통해 관객은 여성 주인공의 비극적 최후 앞에 카타르시스를 느끼고 이 과정에서 낭만적 사랑의 일부일처제가 관객의 의식 속에 재차 확립된다.

---

7) 기생 신분이었던 강명화는 부호의 아들과 사랑에 빠졌으나 격렬한 반대에 부딪히고는 애인을 위해 자신을 희생하기로 결심, 애인 앞에서 '쥐 잡는 약' 네꼬라이즈를 먹고 죽어갔다. 강명화는 순결하고 헌신적인 사랑의 상징으로 부각되어 수차례 소설화된다. 신문은 강명화의 죽음에 공명하면서 부가가치를 창출하는 데 열심이었고, 그의 죽음을 다룬 소설은 종로 야시장에서도 팔려 나갔다. 나혜석은 강명화의 죽음을 동정하면서도 "신여론을 기함으로 자기의 연애를 일체 신선화하려는 허영심이다"(나정월, 「강명화의 죽음에 대하여」, 《동아일보》, 1923.7.8)라 하여 비판하였다(권보드래, 『연애의 시대 : 1920년대 초반의 문화와 유행』, 현실문화연구, 2003, 187~91면).

반면, 〈미몽〉에는 체제에 단순히 순응하는 것 이면에 어떤 히스테릭한 분위기가 전체적으로 스며들어 있다. 애순은 딸을 두고 집을 나가 다른 남자와 호텔에 기거함으로써 욕망을 마음껏 분출한다. 이 뻔뻔한 주부의 일탈적이고 과감한 행동은 영화에 애매모호한 틈을 만든다. 영화에 담겨져 있는 히스테릭한 기운은 여성이 당대 허용되지 않았던 소비 지향성과 방탕함을 마음껏 발산함으로 인해 곧 처단되고 말리라는 음울한 징후를 전달한다. 「이혼 고백서」의 고백하는 주체인 나혜석은 자살하지 않았다. 그는 사랑에 빠졌던 남자를 그대로 둔 채 가정생활을 지속하려 했고, 오히려 이 사랑의 방식이 옳다고 주장하기까지 하며 일부일처제에 도전했다. 나혜석은 부부사이를 다치지 않는 한도 내에서 죄도, 실수도 아닌 진보된 사람에게 마땅히 있을 법한 감정으로 외도를 설명하는 방식으로 개인적 욕망을 공론화하는 과감성을 보임으로써 남성, 여성 모두로부터 여론재판의 주인공이 된다. 그리고 동시대 대중영화가 내포하는 함의란, 대중은 나혜석의 고백을 신여성의 개인적 허영의 발로로 돌리고 있다는 것이다.

〈미몽〉 이후 방탕한 유부녀를 다룬 작품은 해방과 전쟁을 겪으면서 잠잠하다가 정확히 20년 후 1956년 〈자유부인〉(한형모)을 통해 또 한 번 재탄생한다. 〈자유부인〉은 〈미몽〉과 달리 자유부인의 성적 자유 추구권이 여성관객의 감응을 양가적으로 발산하는 영화이다. 즉 영화를 본 여성관객에게 주인공의 일탈은 처벌받을만한 사건이지만, 동시에 억압적인 가부장에 대한 소극적 저항의 표시이기 때문이다. 교수부인인 오선영은 평범한 가정주부 생활에 권태를 느낀다. 그리고는 양품점 매니저라는 직업을 갖고 사회생활을 시작하면서 유혹과 탈선의 과정을 겪는다. 선영은 동창인 윤주의 부추김으로 사교모임에 나갔다가 춤을 접하고, 남편과의 불화가 깊어지자 이웃집 대학생 춘식의 유혹을 도움 삼아 자진하여 댄스홀에 출입하기 시작하며 가정과는 멀어진다. 이어서 선영은 양품점 주인인 월선의 남편 오태석과 가까워진다. 윤주는 남편으로부터 정신적, 재정적 독립을 강력하게 주장하는 자유여성이지만, 불륜관계를 맺은 동업자가 사기꾼임이 밝혀지며 자신의 모든 사회적 기반과 체면을 상실, 음독자살한다. 선영은 오태석과의 관계가 이루어지기 직전, 월선의 침입으로 망신을 사고 집으로 돌아오며 장교수의 격렬한 비난을 산다. 이후 선영은 가족의 중요성을 깨닫고 눈을 맞으며 오열, 아들을 끌어안고 집으로 들어선다.

　이 영화는 양가성을 도발적으로 표출하는데, 윤주는 남성의 압제를 벗어나기 위해 경제적 독립을 해야 한다고 주장하지만 사기꾼의 농간에 놀아나 결국 자살을 택한다. 그녀는 선영의 수동적이고 보수적인 가치관을 비웃으며, 개방적이고 적극적으로 여성의 자립에 대해 발언했다. 하지만 외간남자와 일탈을 벌이는 '단정치 못한 여자'로 이미지화되어 스스로를 처벌함으로써 가부장적 틀을 전복할 능력이 없다는 것을 보여준다. 그녀의 신식 사고는 양가집 규수는 금기시해야 할 외도나 방종한 성 행위로 탈바꿈됨으로써 자신에 대해 발언하는 여성 전체를 싸잡아 비난하게 한다. 영화의 결말에서 우리는 가정 밖으로 나돌던 부녀자가 아들을 품에 안고 가정으로 다시 돌아오는 것을 지켜보며, 이러한 방식의 닫힌 결말을 통해 가부장적 이데올로기라는 기계가 현실에서 꾸준히 작동하고 있는 것을 본다. 하지만 영화는 가부장의 소유욕 때문에 여성의 사교생활을 용납하지 못하고 여성의 자유에 대한 희구를 춤바람으로 오인하는 것은 권위의식의 극치라는 것을 분열적으로 표현한다. 따라서 동시대 여성들은 이 영화를 보면서, 일탈하고 싶어 했지만 좌절하고 마는 여성에 대한 처벌을 용인하면서도 여성의 자유를 향한 행로에 대한 가능성을 경험한다.

나혜석이 보여준, 시대를 훨씬 앞서서 열어젖힌 여성의 종속적이지 않은 자유로운 삶에 대한 주장은 당시에는 사회적 냉대만 불러일으켰고, 그는 고립되었다. 그와 함께 활동했던 신여성들은 어느 하나 그를 편들어주지 않았고, 그는 쓰디쓴 좌절의 나락으로 외로이 떨어진다. 하지만 「이혼 고백서」로 절정에 이르는 나혜석의 사회적 발언은 구습에 젖어있는 조선사회와 남성 전체에게 도전하는 중요한 계기가 되었다. 비판과 야유만이 그를 기다리고 있을지언정, 시대적 한계로 인해 누구 하나 그의 정신을 지지하지 못할지언정, 그가 보여준 용기는 여성들의 가슴에 자그마한 씨앗으로 자리 잡게 되었기 때문이다.

　'바기나 덴타타(vagina dentata, 이빨 달린 질)'라는 신화에서 여성은 프로이트가 말했던 거세된 존재가 아니라 거세하는 존재이다. 치명적인 여성의 거세위협 기호가 나타날 때마다 남성은 남근을 보호할 준비를 하면서 기민하게 대처하려 한다. 여성이 나혜석처럼 가정 바깥에서 예술적 신념을 놓지 않고 양성평등의 정조관을 부르짖을 때 남성은 위협을 느끼고 사디즘적 공격력을 발휘하여 여성이 실제적으로 힘을 발휘하기도 전에 묶어두려고 한다. 나혜석은 사적인 연애 시나리오를 만천하에 공개함으로써 가부장제의 허위적 이데올로기에 정면으로 도전하는 바기나 덴타타였다. 그러나 나혜석의 선각자적인 시도가 여론재판에 회부되고 일면 패배함으로써 고상하고 근엄한 조선 사회의 위선을 공격하는 위험한 여성성은 본격적으로 펼쳐지기도 전에 집단적으로 유린당한다. 조선에서 여성의 욕망을 최초로 이슈화한 나혜석의 좌절과 나락은 당대 사회 시스템과 이데올로기에서는 당연한 결과였을 것이다.

　2년 후 〈미몽〉과 20년 후 〈자유부인〉이라는 영화로 재현된, 나혜석을 참조하는 내러티브는 가부장적 억압에서 해방되고자 하는 여성에게 새로운 형식의 규제를 적용한다. 그것은 자살 혹은 눈물로 가정으로 회귀하는 것이다. 영화의 결말은 가부장제라는 고정된 질서에 균열을 일으키는 행위에 대해서 관객이 혐오와 공포를 느끼도록 유도한다. 관객들은 여성 주인공의 남편과 아이들을 동정하고 주인공을 질타하며 쾌감을 느끼다가 스스로 잘못을 뉘우치며 몸부림치는 초라한 여성 주인공을 보며 눈물을 흘렸다. 그러나 나혜석이 "지금부터 7, 80년 전에 저항담론을 펼쳤다는 것만으로도 그녀는 충분히 위대하다."[8] 고정된 틀을 깨려는 최초의 시도는 계승과 발전의 행위보다 훨씬 어렵고 고통스러운 것이기 때문이다.

3. 매혹과 위협의 변증법, 여성의 목소리

나혜석은 '조선 최초의 여류 서양화가'의 공식적인 타이틀을 가지고 있을 뿐만 아니라 타자로서의 여성성에 문제를 제기하는 담론을 형성한 최초의 여성들 중 하나이다. 그가 여성의 정조 이데올로기를 강화함으로써 유지되는 일부일처제의 모순을 고발하고, 모성애 신화를 해체하며, 양성의 평등을 위해 남성 공창제를 주장하고, 영육이 일치되는 연애론을 펼치는 것은 봉건적 가부장제를 전복하려는 매우 의미 있는 시도였다. 그는 자신의 혁명적인 여남 평등사상을 예술가의 언어적 감수성으로 표현해낸다. 그것은 바로 본격적인 페미니즘 소설 「경희」였다.

> 경희도 사람이다. 그 다음에는 여자다. 그러면 여자라는 것보다 먼저 사람이다. 조선 사회의 여자보다 먼저 우주 안 전 인류의 여성이다. 이철원, 김부인의 딸보다 먼저 하나님의 딸이다. 하여튼 두 말할 것 없이 사람의 형상이다.[9]

---

8) 유진월, 앞의 글, 68면.

9) 나혜석, 「경희」, 《여자계》, 1918.3 : 서정자 엮음, 『정월 라혜석 전집』, 국학자료원, 2000, 121면에서 재인용.

나혜석은 소설을 통해 조선사회에서, 세상 속에서, 우주 안에서 가지는 여성의 존재 가치를 재차 확인한다. 그것은 바로 '여자도 사람'이라는 선언이다. 이러한 선언은 16년 후 「이혼 고백서」에서도 지속된다. 이 글은 결혼에서 이혼에 이르게 된 경위를 적나라하게 씀으로써 남성 중심의 조선사회를 고발한다. 그는 "이혼사건에서 생긴 김우영과 그 친구들에의 불신을, 조선 남성에 공통하는 문제로서 고발하고 있다."[10]

> 조선 남성 심사는 이상하외다. 자기는 정조 관념이 없으면서 처에게나 일반 여성에게 정조를 요구하고 또 남의 정조를 빼앗으려고 합니다. (…중략…) 남에게 정조를 유인하는 이상 그 정조를 고수하도록 애호해 주는 것도 보통 인정이 아닌가. 종종 방종한 여성이 있다면 자기가 직접 쾌락을 맛보면서 간접으로 말살시키고 저작시키고 일이 불소하외다. 이 어이한 미개명의 부도덕이냐.[11]

그가 분개한 것은 남성이 여성에게 차별적으로 적용하는 성관념이고, 여성의 정조관념을 바탕으로 남성 중심의 가부장제가 유지되는 사회의 위선이다. 그는 「이혼 고백서」 이전에도 매우 혁명적인 사고를 전개했다. 생활에서 경험한 것을 감상으로 풀어낸 모성애 탈신화화 작업이다. 엄밀하게 논리적으로 입장을 전개하지는 않지만 모성애라는 것도 가부장제가 여성에게 덫을 씌우는 하나의 이데올로기인 것으로 그는 인식한다.

> 당돌하나마 나는 최후로 이런 감상을 말하고 싶다. 세인들은 항용, 모친의 애라는 것은 처음부터 모된 자 마음속에 구비하여 있는 것 같이 말하나 나는

10) 이노우에 가즈에, 「나혜석의 여성해방론의 특색과 사회적 갈등」, 정월 나혜석 기념사업회, 『나혜석 바로알기 제1회 심포지엄』, 1999.4.27, 75면.
11) 나혜석, 「이혼 고백서」.

도무지 그렇게 생각이 들지 않는다. 즉 경험과 시간을 경하여야만 있는 듯싶다. 속담에 '자식은 내리 사랑이다' 하는 말에 진리가 있는 듯싶다.[12]

나혜석의 위와 같은 대사회 발언과 이에 따른 사회적 지탄은 엄격하게 강요되어 왔던 전통적 정조관념이 해체되고 근대 시기 섹슈얼리티에 대한 새로운 관념이 정립되고 있는 가운데 빚어진 충돌이었다. 자신의 행적과 생각을 주저 없이 언론을 통해 밝힘으로써 스스로 대중의 표적이 되는 전략을 통해 그는 자신의 혁신적 사고를 전파한다. 당대에도 물론이려니와 지금도 나혜석의 드라마 같은 인생역정은 대중적 호기심을 자극한다. 따라서 그녀의 생은 대중적 흥밋거리로서 반복적으로 작품화되었다. 1970년대에는 한운사 각색으로 방송 드라마로 만들어졌고, 1977년에는 차범석 각본의 〈화조〉라는 작품으로 공연되었으며, 1978년에는 김수용 감독의 연출로 같은 제목 〈화조〉로 영화화된다. 1999년에는 '백년의 고독'이라는 제목으로 조수비에 의해 소설화되었으며 꽤 많은 나혜석 평전이 출간되었다. 이는 통속소설이든 상업문화든 학술서적이든 나혜석은 여전히 논쟁거리이며 여전히 관심의 대상이라는 반증이다.

나혜석의 몰락은 실은 남성 사회의 네트워크 때문이었다. 오빠인 나경석, 남편인 김우영, 애인인 최린은 각기 나혜석과 맺고 있던 관계에 대한 정보를 공유함으로써 그를 공동체로부터 축출한다. 최린은 나혜석으로부터 받은 연애편지를 친구에게 공개하고, 그 친구는 김우영에게 전달하고, 그리고 이어서 김우영이 나경석에게 전달하는 식의 남성 공동체의 공고한 네트워크 체계는 나혜석을 급격히 나락으로 떨어지게 하는 근본 요인이었다. 그는 든든한 정신적 지주였던 오빠인 나경석으로

12) 나혜석, 「모된 감상기」, 《동명》, 1923.1 : 서정자 엮음, 앞의 책, 400면에서 재인용.

부터의 절연, 김우영과의 이혼, 최린의 배신을 차례차례 경험하며 속세를 떠나 종교에 귀의할 수밖에 없는 신세가 되어버린다.

이러한 남성 사회의 네트워크에 비해 여성들은 오랫동안 나혜석 공포의 학습효과에서 벗어나지 못했다. 당대의 여성 공동체를 형성했던 신여성들은 어느 누구도 나혜석을 지원하지 않았고, 이후 페미니스트 후배들은 여자가 사회적 발언을 하면 추락하게 된다는 나혜석 콤플렉스에 시달리며 힘겹게 싸웠다. "나혜석에게 던져지는 돌은 그녀가 '떠들었다는' 사실을 겨냥"[13]한 것이었고, 중세 마녀들이 말했기 때문에 불태워졌다는 역사적 사실 위에 나혜석 공포가 더해진다. 그러나 이제 분명 나혜석에 대한 인식의 변화는 있다. 이러한 변화의 근본적인 요인은 남녀, 가족관계, 성에 대한 발전적 인식 등 시대의 변천에 따라 달라진 사고와 여성의 지위향상이다. 무엇보다 중요한 건 최초로 도도한 흐름의 방향을 돌려놓고자 했던 나혜석의 위대한 시도이다. 그는 예술의 이름으로 면죄부를 받은 것이 아니지만 여권운동으로 또 세월의 흐름으로 선각자로 인정받은 셈이다.[14]

영화계에서도 1960년대 〈미워도 다시 한 번〉으로 대표되는 보수적인 결말의 신파 멜로드라마, 1970년대 〈영자의 전성시대〉 등과 같은 호스티스물의 전성기, 1980년대 〈애마부인〉류의 에로 멜로드라마 시대를 거쳐 1990년대에 들어서면서 (여전히 주류는 보수적이고 체제 지향적이지만) 여성 이미지의 재현에 일정 정도 변화를 보이기 시작한다. 〈안개기둥〉(1986, 박철수), 〈단지 그대가 여자라는 이유만으로〉(1990, 김유진), 〈처녀들의 저녁식사〉(1998, 임상수), 〈결혼은 미친 짓이다〉(2002, 유하),

---

13) 김정란, 「말하는 여자의 천역」, 《한겨레21》, 2001.5.3, 104면.
14) 강태희, 앞의 글, 207면.

〈싱글즈〉(2003, 권칠인) 등. 이제 영화 속의 여성은 주류를 향해 독립과 평등과 자유를 주장하며 행동하고 있다. 이들 영화의 여성 주인공들은 체제 수호를 위해 도구화되는 보수적인 성도덕의 모순을 공격하는 방향으로 서서히 진화한다. 이와 같이 허구의 캐릭터가 창출해내는 해방공간의 즐거움 외에, 이제 역사적으로 실존했던 여성인물을 긍정적으로 조망한 작품을 통해 역사적 사실이 던져주는 실재감으로 대중적 공감을 일으킬 것이 요구된다.

그간 역사적으로 실재했던 여성 인물에 대한 시도는 끊임없이 있어왔다. 뮤지컬 〈명성왕후〉(1998), TV 드라마 〈지금도 마로니에는〉(2003, 전혜린 형상화), 〈주몽〉(2006, 소서노 형상화), 〈황진이〉(2006), 그리고 영화 〈황진이〉(1986, 배창호), 〈사의 찬미〉(1991, 김호선 연출, 윤심덕 형상화), 〈청연〉(2005, 윤종찬 연출, 박경원 형상화), 곧 공개될 〈황진이〉(2007, 장윤현)까지.

최근 몇 년간 대중문화가 보여주는 역사적 여성 인물의 형상화에는 긍정적인 것이 많이 보인다. 그들은 동어반복적인 일대기 나열과 역사적 행적의 칭송을 넘어서 (픽션이 가미되기도 하지만) 삶을 주체적으로 이끌어가면서도 때때로 혼란과 방황에 빠지는 생생하게 살아있는 캐릭터로 감동을 준다. 예를 들어, 멕시코 화가 프리다 칼로의 일대기를 그린 작품으로 베니스 영화제에서 그랑프리를 수상한 〈프리다〉(2002, 줄리 테이머), 버지니아 울프를 다룬 작품으로 오스카 작품상을 수상한 〈디 아워즈〉(2002, 스티븐 달드리), 프랑스 천재 여성 조각가의 일대기를 그린 작품으로 세자르에서 수상한 〈까미유 끌로델〉(1988, 브루노 뉘뗑), 아르헨티나의 퍼스트레이디를 마돈나가 연기한 〈에비타〉(1996, 알란 파커) 등은 뻔히 아는 스토리와 인물일지라도 어떠한 사건을 선택하고 그것을 어떤 관점에 따라 표현하는지에 따라 공명의 차이는 크다는 것을 보여준다.

역사적 사건을 영화적 내러티브로 바꾸는 데에는 난관과 딜레마가 따르기 마련이다. 수년 혹은 수십 년에 걸쳐 전개된 역사적 경험을 몇 시간으로 압축해야하는 데서 오는 어려움이다. 주인공의 시대로 관객을 안내함으로써 과거의 실재 사건을 지시해야 하는 역사극은 "가장 중요한 역사적 순간들을 선별해서 스크린으로 옮겨야 한다."[15] 그 결과 사건은 왜곡되기도 한다. 그러므로 과거에 관한 영화들은 창작자의 주관적 상상력의 개입을 통해 과거 재현에 관한 영화가 된다. 한 편의 영화는 역사적 과거를 그대로 보여주는 것이 아니라 우리의 기원과 요구를 이미지화하는 것이다. 즉 영화는 역사적 사건들의 나열이 아니라 캐릭터에 대한 다층적 분석과 입체적 해석의 구성물이 된다.

위의 예로 열거한 영화들은 대개 여성이 역사적 여성인물에 대한 영화화의 필요성을 인식하고 제작자로 나선 경우들이다. 여성 예술가들 스스로가 여성의 목소리로 사회에 발언할 필요성을 깨달았기 때문이다. 이제 우리도 대중적 파급력이 가장 큰 대중문화 장르인 영화나 드라마를 통해 나혜석을 현대에 부활시켜야 하는 의무감을 나누어야 할 시기이다. 선정적 상업주의의 소재로 전락해버린 것에 대해 비난을 받기도 하지만 체 게바라나 마오쩌둥, 말콤 X가 현대 대중문화 속에서 되살아난 것을 상기해보자. 이러한 시도는 그들을 몰랐던 젊은 세대에게 큰 파급력을 보이며 전파되어 영웅적 아이콘으로 다시 위치하는 계기가 된다. 이제 여성 예술가들이 공분하여 실험극이나 교육적 드라마를 넘어서 대중문화 장르를 통해 나혜석을 호출하여 대중과 소통 가능한 영웅으로 재탄생시킬 것을 바라는 바이다.

---

15) 강민수, 「현대인들 : 예술, 위조, 그리고 모더니즘에 관한 포스트모던 내러티브」, 로버트 A. 로젠스톤 엮음, 김지혜 역, 『영화, 역사―영화와 새로운 과거의 만남』, 소나무, 2002, 184면.

제3부 한국 페미니즘에 나타난 나혜석

395

제도와 도덕률을 위반함으로써 새로운 세상을 향한 굳건한 흐름에 균열을 가하는 여성은 매혹적이다. 나혜석은 선택받은 여자이며 동시에 저주받은 여자였지만, 축복받은 여자임에 틀림없다. 후예들이 그녀의 고통스러웠던 투쟁을 똑똑히 기억하고 있기 때문이다. 나혜석의 탈출과 위반은 가부장제에는 위협적이지만 타자와 소수자에게는 한없이 매혹적이다. 나혜석의 좌절과 비참한 패배는 역사 속에서 매우 소중한 큰 의미를 지닌 숭고한 기억이므로 그녀의 진정한 복원이 절실히 기다려진다.

(정민아)

나혜석 섹슈얼리티 담론 연구

"욕망은 인간의 본질이다."

— 스피노자, 『윤리학 3권』 중에서

"만약 우리가 성에 대한 고정관념을 해방한다면
만약 우리가 성을 둘러싼 공포를 사라지게 한다면
만약 우리가 에로스를 단죄하는 것을 멈춘다면
자본주의의 기본세포라 할 수 있는 가부장적 가족의
해체는 임박하게 될 것이다."

— 프레데릭 마르텔

1. '나혜석—텍스트'를 바라보는
스펙클룸(speculum, 검시경)

나혜석을 텍스트로 도입한다. 그녀의 삶, 그녀의 그림들, 그녀의 글들, 전설화된 삶의 편린들, 그에 대한 2차적 기호들로 구성된 담론들……. 이것들로 짜인 나혜석—텍스트는 상당부분 독해되고 재창조화되고 전설화되었지만 여전히 다시 읽혀지고 다시 의미작용화 될 풍요한 텍스트이다.

'나혜석—텍스트'[1]로 들어가는 문은 여러 개이다. 일제강점기 시절 높은 교육을 받은 신여성, (조선) 최초의 서양화가, 수필가 · 소설가 · 희곡작가……. 이를 통틀어 전천후 예술가 문필가. 그러면서 한때 높은 지위를 가진 관료의 아내이자 네 자녀의 어머니, 이어 장안을 떠들썩하게 한 「이혼 고백장」을 발표하면서 가부장제와 전면전을 홀로 벌인 선구적 페미니스트 등등. 나혜석은 이 모두이며 이 모든 것들의 부분이고 부분들로 전체에 침윤되어 있다.

여기에 나혜석 텍스트를 검색하고 재구성하기 위해 이리가라이가 제안한 스펙클룸을 도입한다. 프로이트—라캉이 제시한 주체형성의 거울 앞에 거리를 두고 세워진 나혜석은 가부장제와 전면전을 벌이며 그로부터 탈주한 주체의 일그러진 저주받은 삶, 시스템과 관습으로부터 이탈하여 전면전을 벌이면 비참한 말년을 보낸다는 반면교사용 이단성, 예외적 여성 주체의 불행을 강조한다. 바로 이런 왜곡의 거리두기용 가부장적 거울은 스펙클룸으로 전복되고 탈구축될 필요가 있다.

가부장제 속에서 강력한 타자—여성으로 존재했던, 여전히 존재하는 나혜석—텍스트를 스펙클룸으로 느껴보는 것. 그것은 여성의 몸 깊은 곳, 여러 구석구석을 촉감하는 스펙클룸을 통해 여성 주체를 구성하는 섹슈얼리티의 결을 드러낼 것이다. 스펙클룸식 더듬기, 그런 촉감, 그런 존재적 일치감은 여성성을 구성하고 해체하며 탈구축해가는 세 가지 코드의 길을 타고 열린다.

---

1) 나혜석—텍스트란 생물학적 개체로서의 자연인 나혜석과 사회적 컨텍스트 속에 설정된 사회인 나혜석을 중층적으로 통과하면서 형성되고 짜인 의미작용화가 가능한 의미소통 기호들의 구조를 뜻한다.

1) 가부장제로부터의 탈주 – 여성 주체실현의 욕망

크게 대별되는 인간의 정체성은 성차로부터 시작된다. 그건 해부학적 의미에서의 여, 남성의 성기의 다름을 시각적으로 확인하는 것으로 가부장적 시선을 과학의 객관성이란 이름으로 도치시킨다. 바로 이 지점에서 신체외부에 드러나는 페니스의 유무를 기준으로 하는 가부장적 시선이 개인/집단의 정체성 형성의 기준으로 작동한다. 오직 유일한 한 부분, 수컷이란 요소, 즉 정자와 그것을 담고 있는 기관을 기준으로 삼는 가부장적 해부학의 관찰은 성차를 차별과 억압으로 생산해내는 잘못 끼워진 첫 단추이다.[2]

그리하여 여성 주체형성의 프로이트적 시나리오는 남근을 중심으로 설정하고, 그것이 없기에 여성은 남근에 기대고 남근의 대리를 욕망하는 일생을 산다는 불완전성과 부정성 속을 악순환한다.

이런 가부장적 시스템에 신교육을 받은 신여성의 존재는 위협적이다. 이탈적·개혁적 주체로 등장한 일제강점기 나혜석–텍스트는 그런 신여성들 중에서도 가장 치열하게 사적인 삶을 가부장제와 전면전으로 공론화해 나간 위협적인 것이다. 딸/처녀–어머니로 이어지는 남근중심적 가부장적 콘텍스트 속에서 나혜석은 끊임없이 독신여성, 비혼자, 남자에게 종속되지 않은 여성 주체만의 삶을 꿈꾼다.

「인형의 가(家)」란 시에서 그녀는 마치 자신의 운명을 예감한 듯 딸–아내–어머니란 가부장적 시스템 속에 안착된 의존적인 인형 같은 정체성으로부터 탈영토화된 노마드적 여성 주체를 욕망한다.

2) Irigaray Luce, "Speculum : de l' autre femme", p.10.

아버지의 딸인 인형으로
남편의 아내 인형으로
그들을 기쁘게 하는
위안물 되도다
(…중략…)

내게는 신성한 의무 있네
나를 사람으로 만드는
사명의 길로 밟아서
사람이 되고저[3)]

　입센의 『인형의 집』과 상호텍스트적인 이 시에서 그녀는 자신을 남자들을 기쁘게 하는 위안물—인형이란 정체성으로부터 탈주를 욕망한다. 남편과 자녀들에 대한 의무도 신성하지만 그보다 여성—주체를 인간으로 만들어가는 신성한 의무를 수행하는 욕망을 억제할 수 없다는 자신의 정체성 확보에 대한 강렬한 욕망을 솔직하게 토로한다. 인형의 집에서 탈주하는 노라와 자신을 동일시하면서 나혜석은 "노라를 놓아라", "노라를 놓아주게"라고 요구한다. 놓여난 노라—나혜석은 이런 사람됨의 탈주를 감행한다.

　명문가에서 재능 많은 사랑받는 딸로 태어나 신식 고등교육을 받고, 잘나가는 당대 엘리트 관료의 처로 영화를 누리며 세계여행에 파리서 소요유하는 삶까지 누리게 된 그녀는 행복한 딸—아내—어머니의 자리에 놓일 만하다. 가부장적 시스템이 설정한 여성의 역할을 인정한다는 전제에서이다. 그러나 나혜석은 이런 가부장적 사이비 여성 주체의 성

---

3)　여기 인용된 나혜석—텍스트의 부분들은 나혜석 기념사업회 간행 『정월 라혜석 전집』(서정자 엮음, 국학자료원)에 채록된 것으로부터 따온 것들이다. 『정월 라혜석 전집』, 201~3면.

취감이 여성 주체의 근원적 결핍임을 결혼 이전부터, 어머니 되기 이전부터 씨앗처럼 몸속에 품고 있다. 그건 글쓰기로 자신의 내면을 발견하고 그걸 통해 세상과 다시 화해하고자 하는 마르그리트 뒤라스 글쓰기의 원초적 에너지인 '정신적 귀양상태', 즉 세상의 도덕, 다른 사람들의 도덕을 의심하면서 자신의 남다름 때문에 불편함과 고통을 겪는 여성 주체를 가진 페미니스트 텍스트 생산 주체의 정신적 귀양상태를 보여준다.[4]

독립운동으로 인한 투옥생활에서 보이는 부당한 현실에 대한 저항의지와 실천, 자유연애에의 갈망, 평등한 여남관계에의 욕망, 제도화된 모성으로서의 어머니란 신분에 대한 저항은 민족주의적 조국애나 자유연애지상주의자로서의 욕망에만 그치지 않는다. 그것은 개인 나혜석의 사람됨을 추구하는 존재의 근원적 욕망이 부당한 시스템에 대한 저항으로 이어지는 교차점을 보여준다. 그것은 한 개인 존재 안에만 갇혀있는 열망이 아니라 사적 욕망을 공적인 장으로 끌어내는 일상의 정치학적 프락시스, 즉 개인과 시스템을 같이 사유하고 돌리고자 하는 공익적 개인의 온당하고 도저한 욕망이다. 이런 그녀의 독자적 주체에 대한 욕망은 일상의 기록 속에 담겨있다.

> 여기 말하여 둘 것은 삼 년째 이런 생활을 해본 경험상 여자 홀로 남의 집에 들어 상당이 존경을 받고 한 달이나 두 달이나 지내기가 용이한 일이 아니다. 더구나 임자 없는 독신 여자라고 소문도 듣고 개미 하나도 들여다보는 사람 없는, 젊지도 늙지도 않은 독신 여자의 기신(寄身)이랴.[5]

「이혼 고백장」과 같은 해인 1934년에 발표된 이 텍스트에선, 모기가

---

4) 크리스티안느 블로-라바레르, 김진경 역, 『마르그리트 뒤라스 : 글쓰기, 피해갈 수 없는 나의 길』, 여성사, 1995, 291면.
5) 「여인 독거기(獨居記)」, 259면.

제3부 한국 페미니즘에 나타난 나혜석

401

나오는 토방에 돈 이원을 주고 독거하면서 마을 여자들과 유대관계를 가지며 자연 속에서 행복감을 느끼며 그림/글 텍스트 생산에 열중한 모습이 드러난다. "임자 없는 독신 여자"란 표현은 늙지도 젊지도 않은 그 나이에 (남편이 죽지만 않았다면) 심지어 첩일지라도 유부녀야 한다는 가부장적 질서의 여성 자리매기기에 이탈적인 위치로 등장한다.

독신으로서의 삶은 나혜석이 결혼 이전부터 늘 욕망해오던 삶의 형태였고 그것은 경제적 자립을 통한 자유로운 삶, 즉 여성 주체의 욕망을 실현하는 이상적 상태로 설정된다.

> R이 귀향한 후 R의 아버지는 날마다 M에게 시집가라고 졸랐고, 기어이 회초리를 해 가지고 때리며 시집가라고 하였다. 그러나 R은 감히 엄부(嚴父) 앞에서 언약한 곳이 있다는 말은 못하고,
> "저는 혼자 살아요"
> 하면
> "이년 혼자 어떻게 사니"
> "제가 벌어서 저 혼자 살지"
> "기가 막힌 세상이다"[6)]

아버지가 매를 들 정도로 강요하는 결혼에 대해 R은 아버지에게 숨겨둔—그가 허락지 않을 것이기에—연인의 존재로 독신의 삶을 내세운다. 물론 그건 위장이다. 그러나 자신이 벌어서 혼자 살아갈 수 있다는 경제적 독립을 갖춘 독신의 자유로운 삶을 늘 욕망해 왔음을 가늠케 해준다.

나이든 여자의 독신으로서의 삶은 가부장적 질서에서 이탈적인 주체의 설정이다. 그러나 이런 이탈성은 온전한 고립이 아니라 또 다른 연대를 욕망한다. 「여인 독거기」를 비롯하여 그녀의 다른 텍스트들 속에서

---

6) 「나의 여교원 시대」, 1935, 280면.

도 여자들과의 관계와 자연과의 소통이 주는 기쁨은 자주 등장한다.

「여인 독거기」에선 남자의 방문이 없기에 동네 여자들의 신용을 얻고 있으며, 마을 여자들과 평등하게 일상의 노동을 같이 하면서 인심을 얻고 있음을 뿌듯한 기쁨으로 표명한다. 이전에 외금강 만산정에 머물다 떠날 때는 주인 마누라가 눈물을 흘리며 편지소통을 약속했고, 총석정에 머물다 떠날 때는 주인 딸이 울고 쫓아 나오며 "아지미 가는 데 나도 가겠다"고 했다는 것을 뿌듯한 감정으로 토로하는 것이 그런 부분이다.

여기에 드러나는 그녀의 산골생활은 자족적인 일상의 기록이자 자매애의 기쁨이 넘쳐난다. '때론 물놀이하고, 바위 위에 누워 낮잠도 자고, 풍경화도 그리고, 주인 딸과 버섯도 따러간다. 편지도 부치러 외출하고, 높은 베개 베고 소설, 잡지도 읽고, 배를 깔고 엎드려 글도 쓰고 편지도 쓰고…… 잠 안 오는 밤엔 과거 회상도 하고 현재도 생각하고 미래 계획도 세운다'고 털어놓는다.

흔히 그녀가 이혼 후 파탄에 직면해 무너져가는 삶을 살았다고 진단하면서, 행려병자로 죽은 마지막 순간을 그 대표적인 증거로 제시하는 것은 이런 텍스트와 겹쳐보면 온당치 않다. 인생의 매 시기에 고통과 슬픔, 환희와 기쁨이 공존하듯이 이혼 후 홀로됨의 자유로움을 누리며 여러 산골을 떠돌며 그림, 글 텍스트를 생산하면서 고통을 텍스트화 하는 즐거움으로 전환해간 흔적이 묻어나는 이런 텍스트들은 스펙클룸으로 더듬어내는 다층성의 차원을 보여준다. 무엇이 진실이든 적어도 이런 텍스트들에선 세상과의 화해·소통에 대한 기쁨의 결이 언어들을 통해 드러난다.

이혼 후─아니 그 이전인들 무슨 상관이랴?─쓰인 수필 「모델─여인 일기」에서 모델 K와 화가 R(나혜석)은 그림그리기 작업을 하며 세상살이에 대한 일상대화를 나누다. 그녀는 그런 대화 속에서 남근 중심질서에 대한 비판을 거침없이 하면서 여성중심 세상을 욕망한다.

S의 남편이 바람나 멋대로 즐기지만 그 아내는 대불평을 가진 채 살아가는 가부장적인 기만적 일부일처제를 개탄하다 R은 이렇게 말한다.

> 남자는 칼자루를 쥔 셈이요 여자는 칼날을 쥔 셈이니 남자하는 데 따라 여자에게만 상처를 줄 뿐이지. 고약한 제도야. 지금은 계급투쟁시대지만 미구에 남녀전쟁이 날 것이야. 그리고 다시 여존남비시대가 오면 그 사회제도는 여성중심이 될 것이야. 무엇이든지 고정해 있지 않고 순환하니까.[7]

계급투쟁 이후 성차별로 인한 전쟁을 예상하면서 여존남비사회를 욕망하는 근저에는 모든 게 순환하는 자연, 역사의 이치가 들어있다. 이 단순명쾌한 논리 뒤에는 가부장적 질서의 부당함에 여성들이 맹종하는 이유를 경제적 독립의 불가능성(목구멍이 포도청, 결국은 빵문제)과 그보다 강한 모성애 집착으로 설명한다.

여성 주체의 시선에서 바라볼수록 더욱 명확해지는 이런 불편부당한 가부장적 질서가 지속적으로 존재하는 걸 수수께끼라고 비판하면서 R과 K는 그래도 그림은 그려야 한다, 라며 텍스트 생산의 필요성을 제기한다. 그것은 자본주의체제 속에서 돈벌기로서 영화찍기 과정의 타락상을 비판한 고다르의 〈경멸(Le Mepris)〉의 마지막 장면을 연상시킨다. 조연출역으로 출연한 고다르가 '그래도 영화는 찍어야 한다'라고 말한 딜레마적 결어와 공명하기 때문이다. R이 제기하고 K가 화답하는 여성 주체를 유린하는 가부장적 질서에 대한 공분과 가부장 질서 해체에의 욕망이 묻어난다.

---

7) 「모델─여인일기」, 1933, 244면.

2) 가부장 질서 속의 딜레마 - 연애와 결혼

나혜석 텍스트의 남다름은 연애와 결혼을 둘러싼 섹슈얼리티 담론의 솔직함과 딜레마적 상황 그 자체의 직접적 응시로부터 나온다.

가부장적 시선의 해부학은 공기처럼 전 일상을 지배하는 성 정체성 시나리오의 패턴이 되어 개인의 성장담을 지배한다. 그리고 이 왜곡된 근거에 기댄 성 정체성은 인간 각자의 내면에 개인의 부정을 통한 집단 성 정체성을 이식시킨다. 이것은 자신과의 관계는 물론 여남관계의 불평등과 왜곡을 발생시키는 근간이 된다. 이성애가 무르익고 점화되는 연애, 그 연장선상이면서도 동시에 혹은 다르게 경제질서와 타협해가는 가부장적 결혼제도에 의해 성차를 차별의 극대점으로 몰고 간다. 여성 주체의 발견이나 결정적인 혁신 없이 그저 '이와 같이' 해왔듯이 자신도 '이와 같이' 하도록 길러지는 평범한 여자의 행복론을 세뇌된 파블로프식 모델론으로 분석한 이리가라이[8]와 나혜석의 연애-결혼론은 공명한다.

> "사랑을 표어로 결혼해서 자식 낳고 벌어 먹이느라고 남편의 비위 맞추기에 애써 얽매여 살다가 죽는 것 아니요. 이것이 소위 평범이지요."
> "그럼 무슨 딴 방침이 있나요. 인생의 목적은 생식인데요."
> "그렇지요. 결국 그런 목록을 다 각각 밟겠지만 속히 밟을 필요가 없고 사회제도도 그만치는 자유로이 되어 있으니까요."
> "무슨 말씀인지 잘 모르겠어요."
> "다시 말하면 남녀 간에 춘기(春期) 발동기(發動期)가 되면 부모의 사랑이나 친구의 사랑만으로는 만족치 못하고 이성을 그리워하며 애태워 사랑의 미명 하에 일찍이 자기 몸을 구속하야 이십이나 삼십 미만에 옴치고 뛸 수 없는 지

---

8) 뤼스 이리가라이, 박정오 역, 『나, 너, 우리 : 차이의 문화를 위하여』, 동문선, 1996, 39면.

옥에 빠지고 마는 것 아닙니까."[9]

결혼을 사랑―연애의 지옥이라고 설파한 동서고금의 혜언들은 나혜석 텍스트에서 특히 여성에게 치명적인 자아파산으로 해석되곤 한다. 결혼생활이란 "여자에게 무엇이 있을 듯하여 호기심을 두던 것이 미구(未久)에 그 밑이 들여다보이고 여자는 그대로 말라붙고 남자는 부절(不絕)이 사회 훈련을 받아 성장해 나가기에"[10] 결혼제도란 여성억압기제의 핵심이라고 분석해낸다. 그럼에도 불구하고 이런 결혼제도는 가부장제와 자본주의의 만남 속에서 개인에게 당연한 삶의 방식으로 강요되어 왔다.

가부장적 자본주의가 강제하는 결혼제도는 경제적 이해관계와 아내의 정조로 유지되었음을 비판한 빌헬름 라이히는 아내에게 가해지는 결혼순결과 남편에 대한 정조가 소녀에 대한 순결요구로 이어진다고 분석한다. 이런 가부장적 정조론은 여성의 섹슈얼리티를 억압하게 되며, 성애대상을 잃은 남자들은 순결한 소녀대신 매춘부를 원하게 되며, 가부장적 일부일처제는 간통의 짝이 된다는 분석으로 이어진다. 이런 불평등한 정조론은 계급론과 이중 분절되어 남성의 분열적 주체형성의 근간이 된다. 즉 남성은 하층계급 여성으로부터 성적 욕구를 만족시키는 동시에 주위 소녀/여성들에게 부드러움을 구함으로써 자신의 성애를 분리시키는 모순된 섹슈얼리티 생활을 하게 만드는 토대가 가부장적 자본주의라는 진단이다.[11]

---

9) 「독신여성의 정조론」, 367면.
10) 위의 글, 369면.
11) 빌헬름 라이히, 윤수종 역, 『성혁명』, 새길, 2000, 99~101면.
   남성의 분열적 섹슈얼리티 정체성, 여성에 대한 이중적 인식은 전인권의 『남자의 탄생』에 나혜석은 대화체를 빌려 이런 남성 섹슈얼리티 성애의 분리를 인정하면서 여성 섹슈얼리티의 억압을 해소하는 남자 공창제도 필요성을 제기하는 과감성을 보여준다.

"절대로 그럴 필요가 없지요. 그러기에 여자 공창만 필요한 것이 아니라 남자 공창도 필요해요."

"파리는 남자 유곽이 있다면서요."

"파리도 있거니와 대판(大阪)에 있어 노처녀 군인 부인 과부들이 출입을 한단 말을 실담(實談)으로 들은 일이 있는데요."

"그러면 정조 관념이 없지 아니해요."

"정조 관념을 지키기 위하여 신경 쇠약에 들어 히스테리가 되는 것보다 돈을 주고 성욕을 풀고 명랑한 기분으로 살아가는 것이 아마 현대인의 사교상으로도 필요할 것이오."

"차차 그렇게 될 것입니다."[12]

프랑스 사례를 인용한 이런 과격한 인식이나 주장을 대화체로 풀어감으로써 나혜석은 전복적인 주장에 대한 반감과 위험부담을 대화상대자의 응수로 유연하게 풀어내는 점에서 탁월하다.

여남 간의 섹슈얼리티 삶에서 발생하게 되는 이런 모순, 이런 분열, 이런 자가당착을 불러일으키는 시스템을 비판적으로 정리할 수 있음에도 불구하고, 나혜석은 연애감정을 가슴의 피가 끓는 강렬한 마음과 몸의 파동임을 인정한다. 그리하여 그런 연애 감정을 담아내는 연애편지란 "가슴에서 지글지글 끓는 피를 그 섬 니 옥수로 써내간 것"[13]이라고

드러난 솔직한 자기분석적 고백과 공명한다. 그밖에도 근래 활성화되고 있는 남성 연구 계열의 다양한 텍스트들에 같은 맥락의 분열된 자아로서의 남성 섹슈얼리티 문제가 쟁점이 되고 있다.

12) 「독신여성의 정조론」, 368면.

13) 위의 글, 358면.

하면서, 남의 연애편지를 대신 써주는 그녀는 "늙어도 열정은 그대로 남았지"[14]라고 토로한다.

> "신로심불로(身老心不老)야말로 예술적 기분을 맛보지 않는 사람이고는 맛볼 수 없는 것이야"
> "그러면 그런 사람은 행복이겠지"
> "마음고생이 심하지"
> "청춘의 사랑은 모닥불과 같고 중년의 사랑은 겻불과 같이 뭉긋이 타며 잘 잠 다 자고 하는 연애"
> "ナルホト(과연) 그럴 것이라"[15]

젊은 여자, 비혼자의 섹슈얼리티 욕망만을 인정하는 가부장제에서 중년의 사랑을 설파하는 늙지 않는 마음을 가진 인간−여성 섹슈얼리티 주체의 욕망은 여자 후배와의 대화 속에서 자연스럽게 드러난다. 그것은 젊고 비혼인 순결한 여자를 처녀로, 혹은 이미 섹스를 상품화하는 시장에 들어선 젊은 매춘부를 교환가치로 돌리는 가부장적 여성교환 시장에서 나이든 여성의 무성화를 부자연스럽게 유포한 가부장적 시장 질서의 부당함을 자신의 경험으로 균열화하는 흥미로운 부분이다.

여성에게 과잉 적용되는 섹슈얼리티 주체의 나이주의에 대한 전복은 몸−마음 이분론에 대한 전복으로 이어진다. 「영(靈)이냐, 육(肉)이냐, 영육(靈肉)이냐」란 비평텍스트에서 나혜석은 육과 영을 가르며 후자를 편애하고 진정한 사랑이라고 옹호하는 모윤숙의 연애관을 "꿈나라에서 노는 소녀의 연애관"이며, "사람을 연애하는 것이 아니라 연애를 연애하는 것"이라며 여성의 내재화된 연애판타지를 전복시킨다. 그녀가 생각

---

14) 위의 글, 같은 면.
15) 위의 글, 362면.

하는/경험한 연애란 영의 떨림이 육체의 짜릿짜릿함으로 통과하는 심신일체, 영육일체의 것이다.

> 영과 영이 부딪칠 때 존경, 이해, 동정이 엉킬 때 피는 지글지글 끓고 살은 자릿자릿 뛰어 꼬집어 뜯고도 싶고 물어 뜯고도 싶고 어루만지고도 싶고 투덕투덕 뚜드리고도 싶어 부지불각(不知不覺) 중에 손이 가고 입이 가고 생리적 변동이 생기나니 거기에는 아무 이유 없고 아무 타산 없이 영육이 일치되는 것이오 하가(何暇)에 영육을 따로 생각하릿가[16]

이런 영육일체 연애관은 해부학적 관찰로 이어진다. (남자의) 연애감정의 원인이 "한 여자의 육체미로 인하여 발한 것"이기에 "육체를 여읜 영이라면 사물(死物)에 불과할 것이며 영의 낙(樂)을 여읜 육체도 역시 사물일 것"이라는 나혜석의 연애관은 명쾌하다. 그것은 이상과 현실을 하나로 돌리기 위해, "사랑을 이상이라 하면 결혼은 실현"[17]이라며 연애를 죽이는 결혼제도의 인정으로 나아간다.

그와 동시에 결혼제도로 들어가면 연애관계의 생명력이 사그러지는 걸 지적한다, "사랑이나 존경이나 동정이 아는 동안뿐이오. 알아지면 식어지고 결점이 보이니까요. 마치 한난계(寒暖計)의 수은이 백도까지 올라갔다가 영도로 심(甚)하면 영하까지 내려가듯이"[18] 여남관계에서의 영육이 타는 격렬함은 시간의 한계를 견디어내지 못한다.

바로 이런 딜레마, 이상-현실 짝패로서의 연애-결혼의 상반된 연결지점은 나혜석 텍스트에 얼룩으로 번져 나오는 가부장적 판타지를 보여준다. 이를테면 김우영과의 결혼조건에 "일생을 두고 지금과 같이 나만

---

16) 「영이냐, 육이냐, 영육이냐」, 374~5면.
17) 위의 글, 376면.
18) 「독신여성의 정조론」, 366면.

을 사랑해 주시오"란 불가능한 조건을 넣는다. 또한 대필한 연애편지 이야기 중에 이와 유사한 구절이 등장한다.

> 마음이 턱 놓이고 힘이 저절로 나고 의지가 탁 됩니다. 귀공은 이미 인정미와 인간애가 겸비하신 분이니까 다 짐작이 계실 줄 알며 나를 영원히 사랑하고 아껴주실 줄 믿으며 내 성의가 다 하도록 이것을 받고 품에 안고자 하나이다.[19]

영원한 삶을 살지도 못하건만 영원한 사랑의 강박을 특히 여성에게 이식하는 가부장적 판타지—그에 기반한 여성 정조론 강요—, 한 남자를 만나 의지하는 것이 여성의 행복이라는 부질없는 허망한 꿈. 한 남자와의 영원한 사랑 강박 판타지가 나혜석 텍스트에선 분열적으로 폭로된다. 그것은 인간답게 살자는 '건방진 이상이 뿌리가 뽑히지 않는' 자아존중감과 주체성의 화신으로 스스로를 자리매김한 나혜석—텍스트의 딜레마로 미끄러진다.

이성애의 열정과 제도로서의 결혼생활에 대한 분열된 인식과 자기모순은 나혜석—텍스트의 클라이맥스인 「이혼 고백서」에도 드러난다. 훗날 다시 합치는 조건으로 일단 이혼장에 도장을 찍어준다는 것이나, 그러기 위해 이혼 후 몇 년간 김우영이 재혼하지 않을 것을 서약받는 것은 여전히 나혜석의 주체성을 만들어가는 용감한 시도 뒤에 도사리고 있는 가부장적 세뇌효과의 얼룩을 발견하게 만든다. 특히 프랑스나 구미의 경우, 애인을 둠으로써 결혼생활의 권태를 극복하고 그 활력으로 결혼생활을 유지한다는 명분에 기대 자신의 연애사건을 김우영과의 결혼생활의 활력으로 삼으려했다는 것은 믿기 힘들 정도로 솔직하고 순진하며 당당한 주장이다.

---

19) 위의 글, 360면.

서양 사람의 스위트홈이 결코 그 남편이나 아내의 힘으로만 된 것이 아니라 남녀교제의 자유에 있습니다. 한 남편이나 한 아내가 날마다 조석(朝夕)으로 대면하니 싫증이 나기 쉽습니다. 그러기 전에 동부인(同夫人)을 해 가지고 나가서 남편은 다른 집 아내 아내는 다른 집 남편과 춤을 추든지 대화를 하든지 하면 기분이 새로워집니다. 그러기에 어느 좌석에 가든지 자기 부부끼리 춤을 추든지 대화를 하는 것은 실체(失體)가 되는 것입니다.[20]

그러나 그녀가 프랑스나 서양을 진보한 문명으로 설정하고 조선은 그걸 따라가야 하며, 자신은 그걸 가장 앞서 실천한 선구자라는 인식은 탈식민적 시선에서 비판적으로 검토할 여지를 남긴다.

그럼에도 불구하고 자신의 이혼사례를 공표하고 사적영역을 공론화하는 용기와 솔직함, 전대미문의 당당한 여성 주체 텍스트는 당시 사회 시스템—아니 현재 한국사회라는 시공간적 설정이라 해도—에 전면전을 선포하는 전복적인 여성 주체로 충일한 섹슈얼리티 정치학을 보여준다.

3) 모성으로서의 여성 주체
— 탈영화화된 섹슈얼리티의 재영토화를 위해

가부장제 가족론 속에 설정된 모성애, 그에 근거한 어머니의 위대함에 대한 찬양담론들. 이를테면 여자는 약해도 어머니는 강하다, 라는 식의 모성담론은 검토되지 않은 채 지금까지도 전수되는 가장 내면화된 가부장적 여성성의 굴레이다.

이리가라이가 『하나이지 않은 성』의 '시장에 나온 여성들'에서 분석하듯이 가부장적 시장에 교환가치화 된 여성들 중 어머니는 처녀에서 일단 교환되어 어머니가 되면 탈성화된다. 어머니를 교환가치화하면 가

---

20) 위의 글, 369면.

부장적 결혼제도, 가족제도는 일시에 무너져 내리기 때문이다. 어머니야말로 가부장적 가족의 가치를 담보하기 위해 무성화되어야 하는 성역에 놓여진다.

모성신화에 대한 반성적 성찰과 분석이 에드리엔느 리치에 의해 미국에서 쓰여진 것이 1976년, 이리가라이의 모성애 탈신화화가 감행된 것이 1970년대에서 1990년대에 걸쳐 이루어진 점을 감안하면 나혜석—텍스트가 폭로하는 모성애 판타지의 허구성과 모성성의 탈신화 작업은 선구적 전범이다.

「모(母)된 감상기」에서 토로하는 그녀의 모성경험은 몸으로 글쓰기의 실현이기도 하다. 아이를 낳으며 획득하는 어머니란 존재를 두고 그녀는 미래에 대한 불안과 현재의 상태에 대한 회의에 쌓여 번민을 거듭한다.

> 그리하여 다만 방 한 가운데에 늘어져 환히 켜 있는 전등을 향하여 눈방울을 자주 굴린 다음, 과거의 학창시대로부터 현재의 가정생활, 또 미래는 어찌 될까! 이렇게 인생에 대한 큰 의문, 그것에 대한 나의 무식한 대답, 고(苦)로부터 시작하였으나 필경은 재미롭게 밤을 새우는 것이 병적으로 습관성이 되다시피 하였다.[21]

분만을 앞두고 그녀는 "내가 사람의 『모』가 될 자격이 있을까?"라고 회의하면서, 영육이 분리된 연애를 반대하던 그녀가 모성을 앞에 두고 생리상 어머니와 정신적 어머니됨을 분리시켜가면서까지 가부장적 모성성 속에서 분열적 자아를 바라본다("생리상 구조 외에는 겸사(謙辭)가 아니라 정신상으로는 아무 자격이 없다고 하는 수밖에 없었다."[22]).

모든 여자는 자연스러운 어머니가 되어 모성애를 구가하기 마련이라

21) 「모된 감상기」, 383면.
22) 위의 글, 391면.

는 가부장제의 검토되지 않은 모성신화, 거기서 어머니는 어머니란 존재 외의 주체성은 없다. 하루 종일 바깥세상과 고립되어 작은 아이들을 돌보고 그들과 함께 있는 것에 가장 만족을 느껴야한다는 모성애는 마땅히 비이기적이어야 한다는 주술. 그것은 일하는 여자들에게 아이를 돌보지 않는 죄책감을 낳게 하며, 일이나 주체형성보다 아이 낳고 돌보기가 여성됨의 온전한 실현이란 탈주체화 되고 탈성화된 모성을 강요한다.[23]

대부분의 여성이 현재까지도 이런 모성신화, 이런 가부장적 주술에 어쩔 수 없이 승복하건만 나혜석은 자신이 해야 할 일이 많은데도 일도 못하고 잠도 못자며 아이에게 매달려 있어야 하는 점을 주체 형성의 방해로 여긴다.

> 다시 말하면 나는 내 자신을 교양하여 사람답고 여성답게, 그리고 개성적으로 살만한 내용을 집비(準備)하려면 썩 침착한 사색과 공부와 실행을 위한 허다한 시간이 필요하였었다. 그러나 자식이 생기고 보면 그러한 지극히 있을 것 같지도 아니하니 아무리 생각하여도 내게는 군일 같았고 내 개인적 발전상에는 큰 방해물이 생긴 것 같았다.[24]

모성애나 신화화된 모성은 자연스럽거나 자명한 것이 아니라 가부장적 질서 속에서 제도로 주어진 것을 나혜석은 간파한다.

> 세인들은 항용, 모친의 애라는 것은 처음부터 모된 자 마음속에 구비하여 있는 것 같이 말하나 나는 도무지 그렇게 생각이 들지 않는다. 혹 있다 하면 제이차(第二次)부터 모될 때에야 있을 수 있다. 즉 경험과 시간을 경(經)하여야만 있는 듯싶다.[25]

---

23) 아드리엔느 리치, 김인성 역, 『더 이상 어머니는 없다』, 평민사, 1995, 21면.
24) 「모된 감상기」, 391면.
25) 위의 글, 400면.

제3부 한국 페미니즘에 나타난 나혜석

413

그러기에 여자가 아이를 낳으면 본능적으로 "솟는 정(情)이라"는 것은 "자연성이 아니오 단련성이라"고 분리하여 말한다. 그건 수많은 모성경험 사례를 검토한 에드리엔느 리치가 구분하는 두 가지 모성의 분기점과 만난다. 나혜석이 말하는 모성의 단련성이란 아이를 양육하면서 시간과 경험 속에서 자연스레 나오는 여성 주체의 모성적 경험이다. 즉 나혜석은 여성 주체의 섹슈얼리티는 모성과 상관없이 존재하며, 모성은 단지 "천성으로 구비한 사랑이 아니라 포육할 시간 중에서 발하는 단련성"[26]으로 보는 것이다.

제도화된 모성, 신화화된 모성상이 여성 주체를 무성화하는 것에 대항하여 어머니의 성해방을 거론하기도 한다. 성스럽고 순수하며 희생적이고 그리하여 무성적인 어머니란 이미지는 가부장적 질서가 제도로서 신화화한 모성으로서의 (탈)여성성을 보여준다. 에드리엔느 리치의 지적대로 이것은 여성의 실제 성적 욕망과 상관없는 남자의 주관적인 관점과 경험이 만들어낸 것이다.

> 좀 더 해부적으로 말하자면 나는 항상 개인으로 살아가는 부인도 중대한 사명이 있는 동시에 종족(種族)으로 사는 부인의 능력도 위대하다는 이지와 이상을 가졌었으며 그리하여 성적 방면으로 먼저 부인을 해방함으로 말미암아 부인의 개성이 충분히 발현될 수 있고 또 그것은 『진(眞)』이라고 말하던 것과는 너무 모순이 크고 충돌이 심하였다.[27]

가부장제가 해결하지 못한 여성 주체의 욕망과 여성의 성 정체성은 어머니를 성역으로 남겨두었다. 이에 대해 이리가라이는 여성성과 모성의 관계를 아이를 기르며 여성 몸에 위치한 태반의 존재 상태로 풀어간

---

26) 위의 글, 같은 면.
27) 위의 글, 392면.

다. 즉 태반은 동일자와 타자의 융합으로 어머니란 주체와 태아인 타자 간의 공존상태이다. 실제 임상실험결과 '모체의 변역반응을 막으려고 계획된 태반의 구조는 모체조직이 이물체에 대해 인식할 때에만 작용한다.'[28] 이것은 자아-어머니와 타자-태아가 끊임없이 교섭하며 한 생명체를 유지하고 새로운 생명체를 키운다는 공존과 공생의 여성적인 생명논리를 보여준다.

그렇다면 태아나 아이를 위해 자신을 헌신하도록 제도화된 모성은 이런 자연으로서의 어머니의 몸과 태아-태반의 관계를 왜곡시킨다. 그런 의미에서 나혜석이 고백하는 어머니되기의 존재론적 딜레마는 훗날 나온 여성주의적 모성성에 의해 명확하게 의미화된다.

2. 나혜석-텍스트를 나오며

나혜석-텍스트를 스펙클룸으로 더듬어가는 것은 몸으로 글쓰기를 몸으로 글읽기로 받는 과정이다. 자신이 내면 속에 주체성을 발견하고 그것을 프락시스하는 것이 나혜석을 상류 엘리트 여성에서 거리의 행려로 변환하게 했지만, 그런 강렬한 실천의 몸으로 쓴 텍스트이기에 나혜석-텍스트는 글읽는 나-당신-우리에게 공명해온다. 그건 몸으로 써 내려간 에크리뛰르의 매혹이고 주술이다. 이 주술은 우리를 가부장적 세뇌로부터 놓아주는 전복의 주술, 즉 속박의 마법을 푸는 해법의 주술로 작동한다.

(유지나)

---

28) 뤼스 이리가라이, 앞의 책, 42~3면.

페미니스트로서 나혜석 읽기

— "신여성"의 담론과 정치성

1. 들어가는 말

'신여성' 연구에서 중요한 것은 그들이 얼마나 근대적인 생각을 했는 가 또는 어떤 근대성을 만들려고 했는가 하는 것도 중요하지만 그보다 도 신여성이 왜 매장당했는가를 이해하는 일이다. 신여성(New Woman) 은 그때까지 없었던 새로운 유형의 여성을 지칭하면서 1894년 영국에서 만들어져 전 세계적으로 유포되기 시작했다.[1] 유럽에서 명명된 신여성 은 1900년대 일본에 들어왔고 우리 신여성 1세대는 이러한 일본 신여성 의 영향을 받았다.[2] 구미에서 "새로운 유형"의 여성은 먼저 무엇보다도 성적으로 자유로운 여성으로 소설이나 희곡에 등장했으며 곧이어 현실 에서도 등장하는데 "새롭다"는 차원은 역사적 시기와 사회에 따라 다르

---

1) 리타 펠스키, 김영찬·심진경 역, 『근대성과 페미니즘』, 거름, 1998, 229면.
2) 이노우에 가즈에, 「나혜석의 여성해방론의 특색과 사회적 갈등」, 정월 나혜석 기념사업회, 『나혜석 바로알기 제1회 국제심포지엄』, 1999.

게 정의되었다.[3] 우리의 경우도 신여성 관련 문헌과 구술 자료를 보면 신여성의 개념이 고정적이고 단일한 집단의 여성을 말하는 것이 아니라 사회적 담론 속에서 대상화되고 타자화되었으며 그 형태와 내용도 변화해 왔다. 신여성의 정의나 개념화는 신여성의 실체를 분류해 낸다는 의미도 있지만 신여성을 둘러싼 입장과 시각의 차이를 드러내며 이러한 입장과 시각의 차이는 곧 신여성에 대한 각각의 해석을 만들어 내게 하는 사회세력과 담론들이 있음을 의미한다.[4] 근대화 여정의 중심에 섰던 신여성들은 왜 그 한가운데서 익사할 수밖에 없었을까? 그들을 매장시킨 사회적 힘은 무엇인가? 그리고 오래 동안 왜 그들을 살려낼 수 없었을까? 나혜석(1896~1948)에 대한 필자의 관심은 여기에서 시작한다. 나혜석은 바로 근대의 초입에서 매장된 대표적인 신여성이다.

'페미니스트로서 나혜석 읽기'는 나혜석을 페미니스트로서 조명한다는 의미와 필자의 입장을 페미니스트로서 취한다는 중의적인 의미를 갖는다. 이 논문은 나혜석을 둘러싼 이른바 '신여성' 담론의 다중구조와 나혜석의 여성해방론을 나혜석의 매장과 복원의 담론이라는 입장에서 간략하게 정리하고자 했다. 화가로서 문필가로서 '화려한 스캔들의 주인공'으로서 나혜석은 수시로 조명을 받기는 했지만, 나혜석을 살려내는 '사업'은 여성이나 여성 단체가 아닌 단순히 고향이 같은 지역인 한 남성 실업가에 의해서 시작되었다. "나혜석이 여자니까 여자들이 연구해야 할 거라고 생각했는데 아무도 관심 갖는 사람이 없어 나혜석 연구는 나의 몫이라고 여기게 되었다"고 정월 나혜석 기념사업회 유동준 회

---

3) Rowbotham, *A Century of Women: The History of Women in Britain and the United States*, Viking Adult, 1997.

4) 조은·윤택림, 「일제하 '신여성'과 가부장제 : 근대성과 여성성에 대한 식민담론의 재조명」, 『광복 50주년 기념 논문집』, 학술진흥재단, 1995.

장은 밝히고 있다. 이때까지 여성학자들은 산발적으로 나혜석에 대한 논문을 발표하기는 했지만 나혜석을 내세운 심포지엄 한 번 하지 못했고 나혜석을 위시한 신여성 1세대에 대한 적극적 평가에도 주춤거리고 있었다. 여성운동 단체들 또한 신여성 1세대에 별로 관심을 표하지 않았다. 정월 나혜석 기념사업회가 출범했을 때 진보적 여성운동 단체나 보수적 여성운동 단체들 모두 별로 관심을 보이지 않았다. 진보적 여성운동 단체는 '부르주아' 나혜석 살리기에 열심일 수 없었고 보수적 여성운동 단체들은 '성추문'을 일으킨 나혜석과 동일시되는 것을 우려해서 거리를 유지하고 싶었을지도 모른다. 이러한 사실은 단순한 흥미의 수준을 넘어 주목할 만한 한국사회 성정치의 일면을 드러내는 사건이다.

1990년대 중반에 들어서야 나혜석은 재조명되기 시작한다. 그리고 "그녀를 화가로서 문필가로서 시인·소설가로 낱낱이 분해하여 이야기하고 논의하는 바람에 정작 나혜석의 여성해방론은 충분히 조명 받지 못했으며" 그 중요한 이유는 "나혜석 자신이나 역사적 상황이 아니라 우리들 자신에게 있었다"는 지적이 대두한다.[5] 그러나 이를 뒤집어 본다면 나혜석을 살려내지 못한 것은 선각자를 이해하지 못한 '우리들 자신'이기보다는 그렇게 이해할 수밖에 없게 만든 사회세력과 담론에 있었다고 할 수 있다. 어떤 사건에 어떤 독해가 이루어지는가는 곧 그 사건을 둘러싼 담론의 위계구조와 관련된다. 그동안 나혜석의 '몰락'을 상징하는 사건으로 평가되었던 나혜석의 「이혼 고백장」의 발표가 "식민지 조선을 지배하는 가부장적 질서를 고발하고 새로운 대안을 모색하는 여성 주체로서의 '거듭남', '깨달음'의 계기였다"는 나혜석 읽기는 흥

<hr>

5) 유홍준, 「나혜석을 다시 생각한다」, 정월 나혜석 기념사업회, 『나혜석 바로알기 제1회 심포지엄』, 1999.

미로운 나혜석 복원의 담론을 구성한다.[6] 이러한 읽기는 지난 여러 해 동안 우리 사회에서 진행된 근대의 성별성을 둘러싼 논쟁 및 인식의 변화와 무관하지 않다. "쉬쉬해야 할 오점처럼 여겨지던 것이 여성 개인의 도덕적 결함이 아니라 시대와의 갈등, 앞서나간 인식의 반영으로 재해석 되는 것"은 역사인식에서 중요한 변화인 셈이다.[7] 그리고 2000년대에 들어서자 한 시대를 앞서간 나혜석은 "들추어낼수록 연구할 것이 너무 많은" "필경 고고학적 연구 대상"이 된다.[8] 이러한 '다시 읽기'는 담론의 정치를 통해 나혜석이 복원될 수 있음을 시사하는 동시에 '신여성'의 독해 자체가 사회적 역사적 구성물임을 보여준다.

2. '신여성' 담론의 정치성과 나혜석 읽기

한국의 근대(성) 형성에서 신여성은 독특한 위치를 점한다. 그리고 무엇보다도 신여성은 우리의 근대를 이해하는 중요한 담론적 사건이다. 신여성들이 실제로 식민지 근대에 던진 충격이라는 점에서뿐 아니라 근대와 함께 등장한 가장 활발한 담론이 신여성을 둘러싸고 일어났다는 점에서 그러하다. '신여성 담론'은 곧 신여성을 둘러싼 담론의 정치를 보여줄 뿐 아니라 한국의 근대 담론의 성별성을 보여준다. 신여성이 한국의 근대를 이해하는 담론적 사건이라면 나혜석 또한 한국의 근대와 젠더 형성을 이해하는 담론적 사건이다.

일제하에서 신여성을 둘러싼 사회적 담론들의 대결 및 타협의 양태는

---

6) 소현숙, 「이혼사건을 통해 본 나혜석의 여성해방론」, 정월 나혜석 기념사업회, 『나혜석 바로알기 제5회 심포지엄』, 2002.

7) 이남희, 「「이혼사건을 통해 본 나혜석의 여성해방론」에 대한 토론 요지문」, 위의 책, 131면.

8) 안숙원, 「나혜석 문학과 미술의 만남」, 정월 나혜석 기념사업회, 『나혜석 바로알기 제3회 심포지엄』, 2000, 103면.

전통 대 근대, 식민 대 민족, 계급 대 성의 다중구조와 위계구조를 보여준다.[9] 이러한 위계구조는 그 이후 신여성 평가와 연구에 그대로 이어져 왔다. 일제하에서 신여성 1세대는 모두 '자유로운' 성 문제로 침몰되었다. 나혜석 연구자의 한 명인 이상경은 나혜석이 매장된 것은 여성의 성적 자기 결정권을 적극적으로 주장함으로써 시대를 너무 앞서간 데 따른 것으로 해석한다.[10] 그리고 규범에서 벗어나 주체성을 내세운다든지 성적 자유를 구가하는 신여성에 대한 비난의 소리를 귀에 못이 박히도록 들은 나혜석의 후배 세대들은 자기 검열을 통해 현모양처의 외관을 갖추면서 내면적인 반란을 꿈꾸기는 했어도 차마 행동에 옮기지는 못했으며 이런 분위기 속에서 나혜석은 사회적으로 매장되었다는 것이다. 이를 뒤집어 본다면 "너무 앞서서" 성적 자기결정권을 적극적으로 주장하는 일이 문제가 아니라 이를 비난하는 일을 "귀에 못이 박히도록" 만드는 사회세력과 담론이 문제임이 드러난다. 이는 해방 이후에 그대로 지속되어 1950~1960년대에 나온 신문잡지나 신여성 평전 등은 신여성들을 성적으로 타락한 여성으로 이미지화함으로써 신여성을 계속 매장시켜 놓고 있다. 이러한 경향은 신여성 문학 연구들에도 그대로 이어져 '신여성'의 비참한 말로가 사회구조적인 모순에서 기인한 것이 아니라 그들의 성적타락이 빚은 인과응보의 도덕률로 해석하는 경향을 보인다.[11] 대표적으로 당대의 영향력 있는 문학평론가 김윤식은 나혜석을 평하면서 "나혜석의 전기적 사실에서 그가 가정의, 남편의 노리개였다는 점을 발견할 수 없다. 그 남편과 결혼하기 전에 자기 연인이었던

---

9) 조은·윤택림, 앞의 글.

10) 이상경, 『나혜석 전집』, 태학사, 2000.

11) 김영덕, 「한국 근대의 여성과 문학」, 『한국 여성사』, 동국 문화사, 1958 ; 김윤식, 「여성과 문학 : 을유해방전까지의 한국신문학에 있어서」, 『아시아 여성연구』 7, 1968, 97~128면.

420

고인의 무덤에까지 그 남편을 데리고 갔던 것이 아닌가. 그렇다면 그녀가 인형이 아니라, 그 남편을 인형으로 다룬 것이 아니었던가. 그녀는 자기의 순간적 쾌락이나 연애를 위해 노라를 교묘히 이용했고 자기합리화의 수단으로 사용한 것이 아닐까"라고까지 평가하고 있다.[12] 그러나 이에 대한 반론은 거의 찾아보기 힘들다. 1970년대에 오면 신여성에 대한 관심은 가부장제에 저항한 '신여성'에 대한 관심이라기보다는 근대교육을 받은 여성 지식인에 대한 관심이다. 계몽기적 여성 교육이라는 면에서 신여성을 여성 교육의 수혜자로 부각시키고 여성 교육은 여성의 지위 향상의 하나의 지표로 이해된다. 이 시기 신여성 연구들은 계몽주의적 입장에서 여성 교육과 교육받은 여성에 관심을 보인다.[13] 반면 나혜석을 위시한 신여성 1세대에 대한 연구나 언급은 찾아보기 힘들며 이들이 오히려 여성들이 가서는 안 되는 반면교사가 된다.

1980년대 오면서 신여성에 대한 조명은 계급론적인 입장이 강하게 나타난다. 이러한 입장은 사회과학의 패러다임의 변화와 맥을 같이한다. 이는 전통주의적 시각을 부정함과 동시에 근대화론적이고 계몽적인 시각 또한 비판하고 나왔다는 점에서는 주목할 만하다. 그러나 계급론의 패러다임 안에서 신여성의 활동과 업적을 해석함으로써 페미니스트로서 신여성을 부각하기보다는 그들의 계급성이나 민족운동 참여 여부에 역점을 두었기 때문에 나혜석·김명순·김일엽 등 신여성 1세대는 제대로 평가받지 못했다. 문학평론가나 여성사 연구자들이 대부분 "신여성들이 여성해방에 관심을 두었지만 사회 내지 민족적 차원을 배제한

---

12) 김윤식, 앞의 글 : 이종원, 「일제하 한국 '신여성'의 역할갈등에 관한 연구」, 정신문화연구원 석사학위논문, 1983에서 재인용.

13) 노영택, 『일제하 민중교육운동사』, 탐구당, 1979 ; 정세화, 「한국 근대 여성 교육」, 『한국여성사』 2, 1972 ; 손인수, 『한국인의 인간관』, 삼화서적, 1977.

채 여성 자신, 즉 여성 개인의 문제나 가족으로부터의 해방에만 관심을
두었으며 이 점이 신여성 1세대의 근본적인 제약점"이라고 지적한다.[14]
즉 신여성 1세대가 고립된 것은 식민지라는 사회적 상황이 조선 민중들
로 하여금 일제 식민지 정책자들에 의해 주도되는 문화변동에 저항감을
갖게 했기 때문이며 당시 지식인들의 추상적인 이념에는 관심이 없었던
민중들이 행동의 차원에서 전통적인 성윤리를 거부하고 나선 신여성들
에 대해서는 강력한 반발감을 보였다는 것이다.[15] 그리고 여성 문학에
서조차 김명순, 나혜석, 김일엽 등의 삶은 '패배적'으로 명명되었다. 신
여성 1세대 다음에 등장한 박화성, 백신애, 강경애, 최정희 등은 초기
신여성들만큼이나 기존의 성윤리를 배격하고 자유롭게 연애, 결혼, 이
혼을 하였음에도 불구하고 식민지 사회 구조 속에서 억압받던 여성들의
삶을 사실적으로 표현했으며, 여성의 문제를 계급 문제와 민족 문제와
함께 보기 시작했기 때문에 초기 신여성만큼 철저하게 매장되지 않았다
고 긍정적 평가를 내리고 있다.[16] 반면 나혜석 등에 대해서는 당시 여성
이 처한 특수성과 식민지적 현실을 인식하지 못했거나 표출하지 못했다
는 것이다. 이러한 시각은 1990년대까지 이어진다.[17] 신여성을 자유주
의적 부르주아 신여성(나혜석 · 김일엽(원명 김원주) · 김명순 등)과 사
회주의 계열의 신여성(허정숙 · 강경애 · 박진홍 등)으로 분류하고 전자
에 대해서는 그들이 개인적인 삶에서 자유로움을 추구하면서 그들의 사

14) 박영혜 · 서정자, 「근대문학의 여성활동」, 『한국근대여성연구』, 숙대 아세아여성문제연구
    소, 1987 ; 신영숙, 「일제하 한국여성사회사 연구」, 이화여대 박사학위논문, 1989.
15) 이종원, 앞의 글, 1983.
16) 이영숙, 「1930년대 여성작가의 여성문제의식에 관한 연구 : 강경애, 백신애, 박화성작품
    을 중심으로」, 이화여대 석사학위논문, 1988.
17) 서형실, 「일제시기 신여성의 자유연애론」, 《역사비평》 여름, 1994 ; 박석분 · 박은봉, 『인
    물 여성사』, 새날, 1994.

회적인 의무, 즉 민족해방을 위한 계급투쟁에는 관심이 없었던 것을 비판한다. 반면 후자에 대해서는 자유분방한 사생활을 가졌음에도 불구하고 농촌 여성이나 도시 여성 노동자들과 함께 민족해방을 위해 일했다는 것을 높이 평가한다. 이러한 틀 내에서 신여성을 접근하고 이해하는 연구들은 나혜석 · 김명순 · 김일엽 · 윤심덕 등에 대해 그들이 신여성으로서 해낸 선구적 역할은 물론 화가, 작가 또는 성악가로서의 기여에 대해서도 비판적이다.[18] 반면 사회주의 계열에서 활동한 최승희 · 강경애 · 백신애 등은 그들의 이념적 입장 때문에 예술성뿐만 아니라 신여성으로서의 기여가 과대평가되는 경향도 보인다.[19]

1990년대 중반에 들어와 나혜석은 '새롭게' 조명되기 시작했다. 특히 한국의 근대성 문제를 제기하면서 나혜석을 위시한 신여성 1세대에 대해 보다 적극적인 평가가 내려져야 한다는 지적이 나오기 시작했다.[20] 여기서 더 나아가 민족-국가 간의 불균등한 힘의 역학관계에서 만들어진 근대성이란 개념이나 범주는 중립적이거나 일반화될 수 있는 것이 아니며 따라서 식민사회에서 근대적 여성성의 문제를 새로운 관심영역으로 부각시킨다.[21] 근대란 어차피 유럽사의 경험이 세계사적 맥락에서

18) 노동은, 「최초의 여가수 윤심덕 : 허무주의의 미가」, 《역사비평》 여름, 1992 ; 김진송, 「최초의 여류 서양화가 나혜석 : 자유주의의 파탄」, 《역사비평》 여름, 1992.

19) 김채현, 「최초의 근대 무용가 최승희 : 근대 무용의 민족적 표현」, 《역사비평》 여름, 1992 ; 서은주, 「강경애 : 궁핍 속에 피어난 사회주의 문학」, 《역사비평》 겨울, 1992 ; 오미일, 「일제식민지 현실과 사회주의 여성 박진홍-비밀지하투쟁의 레포로 활약」, 《역사비평》 21, 1992.

20) 조은 · 윤택림, 앞의 글 ; 권희영, 「1920~30년대 신여성과 사회주의-신여성에서 프로여성으로-」, 『한국민족운동사연구』 18, 한국민족운동사연구회, 1998 ; 김경일, 「한국 근대 사회의 형성에서 전통과 근대 : 가족과 여성 관념을 중심으로」, 《사회와역사》 54, 1998 ; 이상경, 「나혜석 : 한 페미니스트 자유혼의 패배」, 『자유라는 화두』, 삼인, 1999.

21) 김은실, 「민족담론과 여성 : 문화, 권력, 주체에 관한 비판적 읽기를 위하여」, 『한국여성학』 10, 1994 ; 윤택림, 「민족주의 담론과 여성 : 여성주의 역사학에 대한 시론」, 『한국여

일반화된 시대구분의 용어로써 중심부적 지식과 권력의 담합이 각인된 개념이다. 신여성 또한 근대적 여성으로서 서구지배 그리고 식민지배의 영향권 밖에 있지 않다.

이러한 과정에서 나혜석은 한국의 근대와 젠더 형성에 대한 새로운 해석의 장이 되기 시작했다. 그럼에도 불구하고 성문제는 민족이나 계급문제의 하위부문으로 개념화하려는 입장이 사라진 것은 아니다. 흥미롭게도 나혜석이 여성해방운동가나 여성화가, 또는 깨어있는 문필가로 조명되는 경우에도 "독립운동가들의 지지자"거나 "3·1운동으로 투옥된 민족운동가"로서 선각자적인 삶을 살았다는 점이 강조되거나 첨가된다. 이러한 성향은 특히 '나혜석 바로알기'에 참여하는 남성학자들의 경우에 거의 나타난다.[22] 이는 신여성과 나혜석에 대해서뿐 아니라 페미니즘이 한국사회의 담론에서 차지하는 위계구조를 드러낸다고도 볼 수 있다. 즉 나혜석에 대한 매장과 복원은 이러한 담론의 위계선상에서 이해될 수 있다. 신여성 담론은 바로 그 시대 성별 정치의 세력화 수준과 판도를 보여준다.

3. 나혜석 여성해방론 '다시 읽기'

1) 사회구성론자 나혜석

나혜석의 여성해방론에 대해서는 그의 선구적 남녀동등권과 실천성

성학』 10, 1994 ; 박현옥, 「여성, 민족, 계급 : 다름과 집합적 행위」, 『한국여성학』 10, 1994 ; 김진송·목수현·엄혁, 『서울에 딴스홀을 허하라』, 현실문화연구, 1999.

22) 박래경, 「나혜석 그림, 풀어야 할 당면과제들」, 정월 나혜석 기념사업회, 『나혜석 바로알기 제4회 심포지엄』, 2001, 5면 ; 채홍기, 「민족의 독립을 잃어버린 선각적 근대의식의 여정─나혜석론」, 정월 나혜석 기념사업회, 『나혜석 바로알기 제3회 심포지엄』, 2000, 107면.

이 주로 부각되고 있으며 이론적 입장이나 방법 그리고 실천적 전략 등에 대해서는 소소한 편이다. 나혜석의 여성해방론은 제도권 내에서 여성권익을 주장한 자유주의 여성해방론으로 범주화되기도 하는데 그러나 그보다는 여성의 타자화 시각을 비판하고 성과 모성 등에 대한 사회구성론적 입장을 취한 매우 급진적 여성해방론자였다고 볼 수 있다. 시대상황 때문에 계몽주의적 성격을 띠고 있지만 그의 여성해방론은 제도권 내에서 남녀평등을 성취하려고 한 자유주의 여성해방론자에 머문 것이 아니라 당시 가부장제 사회의 근본적인 성 질서에 반론을 제기했으며 서구의 급진적 페미니즘에 가까운 입장을 취하고 있다. 나혜석은 1914년 도쿄 유학생들의 동인지 《학지광》 3호에 일제하에서 조선여자가 쓴 최초의 근대적 여권론으로 평가받는 「이상적 부인」을 발표함으로써 여성해방론의 입장을 드러냈다.[23] 곧이어 《여자계》 잡지의 창간을 주도하고 「여성도 눈을 뜨자」(1915)를 실은 데 이어 《학지광》에 「잡감—K언니에게 여(與)함」(1917) 등에서 남녀동권과 남녀평등을 주장해 나갔으며 성적 자유에 대해서는 훨씬 급진적 의견을 피력했다.[24] 특히 이혼 후에 "정조는 도덕도 법률도 아무것도 아니요, 오직 취미다. 밥 먹고 싶을 때는 밥 먹고 떡 먹고 싶을 때 떡 먹는 것과 같이 임의용지로 할 것이요, 결코 마음의 구속을 받을 것이 아니다. 그러므로 우리 해방은 정조의 해방부터 할 것이니 좀 더 정조가 극도로 문란해 가지고 다시 정절을 고수하는 남자 여자가 파리와 같이 정조가 문란한 곳에도 정조를 고수하는 남자 여자가 있나니 그들은 이것저것 다 맛보고 난 다음에 다시 뒷걸음

23) 1914년에 창간된 《학지광》은 남성들의 잡지였고 여성으로는 처음으로 나혜석에게 지면을 할애했다.
24) 나혜석이 1914년 「이상적 부인」을 발표할 당시 나이는 18세였다.

질 치는 것이다. 우리도 이것저것 다 맛보아 가지고 고수해지는 것이 위험성이 없고 순서가 아닌가 한다."고 주장하는 등 당시로는 매우 급진적인 정조관을 피력했다.[25] 반면 당시의 남성 논객들인 김안서, 김기진 등이 여성의 정조와 관련한 한 대담에서

> 김안서 : 결국 그것은 기분 문제인데 암만 하여도 어느 구석엔가 께림한 점이 있을걸요.
> 김기진 : 어느 생물학자의 말을 듣건대 일단 딴 남성을 접한 여자에게는 그 신체의 혈관의 어느 군데엔가 그 남성의 피가 섞여있지 않을 수 없대요. 그러기에 혈통의 순수를 보존하자면 역시 초혼이 좋은 모양이라 하더군요.
> 김안서 : 제 자식 속에 딴 녀석의 피가 섞였거니 하면 상당히 불쾌한 일일걸요. 여자측은 어떻게 생각하는지 몰라도.

라고 생물학적 지식을 원용하면서 성문제에 대한 인식의 한계를 드러내는 데 비해 볼 때 나혜석의 정조론이 얼마나 시대를 앞선 것이었나를 짐작할 수 있다.

또한 이혼에 대한 비난에 아랑곳하지 않고 아이들에게 남긴 편지에서 나혜석은

> 4남매 아해들아 에미를 원망치 말고 사회 제도와 도덕과 법률과 인습을 원망하라. 네 에미는 과도기에 선각자로 그 운명의 줄에 희생된 자였더니라 (1934).

라고 쓰고 있다. 이는 섹슈얼리티가 사회적으로 구성되는 것임을 일찍

나 혜석, 한국 근대사를 거닐다

---

25) 《삼천리》, 1935.

이 간파했다고 볼 수 있다.

2000년대에 오면서 섹슈얼리티에 대한 사회구성론적 시각을 여성학자들이 수용하면서 나혜석의 「이혼 고백장」이 사적 영역을 공론화한 것이라는 평가에서 더 나아가기 시작했다. "제도와 도덕적 구속으로부터 섹슈얼리티를 해방시킴으로써 개인의 해방을 성취하려 했다"는 것도 중요하지만 "여성이나 남성의 '원초적인 욕망'이 어딘가에 갇혀 있다가 풀려 나오는 것이 아니라 개인이 어떠한 욕망을 가지는가 하는 것조차 역사적으로 구성된다"는 입장에서 이 문제를 적극적으로 해석해야한다는 전복적 독해가 나온 것이다.[26] 이는 나혜석이 성이나 모성에 대해 취한 일련의 입장과 상통한다.

나혜석의 모성에 대한 글들 「모(母)된 감상기」, 「자식들」, 「신생활에 들면서」 등은 나혜석이 모성에 대해서 생물학적 모성관을 벗어나 사회구성론적 시각을 가짐을 드러낸다. 첫애를 낳고 나서 모성체험을 매우 사실적으로 기술하면서 '모성'이 자연적이 아님을 보여준다. 뿐만 아니라 어머니가 되는 것 자체가 여성에게 축복이 아니라 갈등적 상황이라고 말하며 "동무들과 평화의 노래를 부르다가 참혹히 쫓겨나는 영혼"에 비유하고 있다. 또한 모성이 출산에 부과된 본질적인 것이 아니라 양육과 접촉을 통해 얻어지는 애정의 관계임을 서술한다.

> 나는 모성애가 천품(天品)으로 있는 것인지 한 습관성인지 우리가 많이 경험하는, 자식을 낳아 유모를 주어 기른다면 남의 자식과 조금도 틀림없는 관념이 생긴다. 생이별을 하여 남의 손에 기른다면 역시 남의 자식과 똑같은 관념이 생긴다. 그러면 자식은 반드시 낳아서 기르는 데 정이 들고 그 모성애의 맛을 보는 것이니 아무리 남이 길러줄 내 자식이라도 장성한 뒤 만나게 된다

---

26) 이남희, 앞의 글, 134면.

면 깊은 정이 없이 섬섬섬섬하고 서어하게 되나니

　　　　　　　　　　　　　　　　　　　— 「신생활에 들면서」(1935)

　이러한 나혜석의 '모성'에 대해 독자의 비판이 쏟아지는데 '백결생(百結生)'이라는 남성의 비판글에 대해 나혜석은 여성적 경험에 기반한 글쓰기를 통해 인식의 성별성을 부각시키고 있다.

> 　씨가 내 감상기 중 "책임을 면하려는…" "자식이란 모체의…" "어머니의 사랑…" 몇 구절을 빗대 놓고 "자각이 없으니, 예속이니, 구도덕을 배척하고 신도덕을…" 하는 아는 대로의 숙어를 전개하여 반박의 중요점을 삼으려 하는데 씨의 반박의 중요 문구는 즉 내 감상기 전문 중 나의 제일 확실한 감정이었다. 제일 무책임한 말이었고 제일 유치한 말이었고 제일 거슬리는 말이었다. (…중략…) 그것은 "조선 신여자의 선구"라든지 "신여자로 자처하는…"이라든지 "신인의 면목" "해방을 요구하는 신여자…" 등과 같은 일종의 저주적이요 비방적이요 조소적인 문구를 반드시 앞세워 놓고야만 무슨 말이 나온 것을 보면 알겠으며 이다지까지 여성 자체를 불신용하고 조선 신여자의 인격 전체를 덮어놓고 멸시하여야만 자기 반박문이 빛이 날것이 무엇인지?

라면서 그 반박문을 일소에 부친다. 그리고 "나는 꼭 믿는다. 내 「모된 감상기」가 일부의 모(母)중에 공명할 자가 있는 줄 믿는다. 만일 이것을 부인하는 모가 있다 하면 불원간 그의 마음의 눈이 떠지는 동시에 불가피할 필연적 동감이 있을 줄 믿는다. 그리고 나는 꼭 있기를 바란다. 조금 있는 것보다 많이 있기를 바란다. 이런 경험이 있어야만 우리는 꼭 단단히 살아갈 길이 나설 줄 안다. 부디 있기를 바란다."고 응답하고 있다.[27]

---

27) 《동명》, 1923.

2) 여성주의 글쓰기

최근에야 여성학계에서 주목받기 시작한 여성주의 글쓰기는 이미 나혜석에서 그 뿌리를 찾을 수 있다. 추상적이지 않은 구체적 여성경험을 드러내고 여성의 몸에 대해 말하며 여성에 대한 애정을 피력한다. 그는 평론, 소설, 시, 만평 등 장르를 가리지 않고 글을 썼으며 가부장제 사회의 여성의 일상적 삶을 실오라기 풀 듯 풀어 보인다. 또한 그의 소설은 매우 뚜렷한 여성 의식을 표출할 뿐 아니라 우리나라 최초의 여성 소설로 평가되는 「경희」(1917)에서 신여성의 경우 어떤 행동을 하면 어떤 비난이 있으리라는 것을 누구보다도 인식하고 있었음을 보여준다.[28] 이 소설에서 자각한 여성이 여성에 대한 낡은 생각을 깨뜨리려면 일탈된 행동으로써보다는 오히려 전통적인 여성 역할(가사노동)까지도 잘 해내야 한다는 슈퍼우먼 콤플렉스를 전략으로 쓰고 있다. 이는 나혜석이 유학을 마치고 조선에 돌아와서 발표한 소설 「원한」이나 「규원」의 경우도 구여성의 억압과 해방의 문제를 다루지, 신여성의 연애를 다루지 않았다는 점에 주목해 볼 때 나혜석이 현실에 대한 명확한 인식을 가지고 있었음을 보여준다. 즉 신여성의 연애와 결혼 그리고 그것의 파탄을 즐겨 다루는 남성작가들과는 신여성 문제에서 궤를 달리한다.[29] 나혜석은 신여성이 아니라 구여성의 문제에 천착하고 인물과 상황묘사의 구체성을 통해 여성을 타자화하는 남성작가들과 다른 여성적 경험을 보여준다.

"소설 「현숙」도 표면적인 층위에서 보면 영악하고 타산적 여급을 풍자한 것 같지만 타락한 남성들에 대응하기 위한 타락한 방법을 금전등

---

28) 노영희, 「나혜석의 「이상적 부인」론과 일본의 신여성과의 관련성」, 정월 나혜석 기념사업회, 『나혜석 바로알기 제2회 심포지엄』, 1999, 102면.

29) 이 지점이 나혜석이 다른 남성작가들과 구별되는 점이다(위의 글, 102면). 염상섭의 「해바라기」(1923)와 김동인의 「김연실전」(1939) 참조(안숙원, 앞의 글, 86면).

록기에 비유, 계약결혼이라는 여성이 주도하는 삶의 한 형태를 제시한
것"[30]이라고 볼 수 있다. 나혜석의 텍스트를 분석해 볼 때 나혜석에게
덮어씌운 타락한 신여성상은 실상 남성작가들이나 지식인들의 신여성
콤플렉스의 혐의가 짙다는 해석 또한 중요한 발견이다. 이는 나혜석이
이혼 후 세태의 변덕스러움, 남성들의 배신에 상처 입은 작가의 개인사
를 은연중에 드러내는 텍스트 전략으로 대남성 공격의 메시지를 송신하
고 있다는 것이다. 즉 나혜석의 글쓰기는 페미니스트로서의 입장을 확
인시키는 하나의 장르였으며 장르를 넘나들며 여성적 경험을 재현시켰
다. 그가 파리여행을 마치고 돌아와서 시작된 일상을 보자.

> 조선 와서의 나의 생활은 어떠하였나. 깎았던 머리를 부리나케 기르고 깡똥
> 한(아랫도리가 드러날 정도로 짧은) 양복을 벗고 긴 치마를 입었다. 쌀밥을 먹
> 으니 숨이 가쁘고 우럭우럭 취하였다. 잠자리는 배기고 늘어선 것은 보기 싫
> 었다. 부엌에 들어가 반찬을 만들고 온돌방에 앉아 바느질을 하게 되었다. 시
> 가 친척들은 의리를 말하고 시어머니는 효도를 말하며, 시누이는 돈 모으라고
> 야단이다. 아, 내 귀에는 아이들이 어머니라고 부르는 소리가 이상스럽게 들
> 릴 만치 모든 지난 일은 기억이 아니 나고 지금 당한 일은 귀에 들리지 아니하
> 며 아직 깨지 아니한 꿈속에 사는 것이었고, 그 꿈속에서 깨어보려고 허덕이
> 는 것은 나 외에 아무도 알 사람이 없었다.
>
> ― 「귀국 후의 나의 생활」(1932)

3) 여성정책 선구자 나혜석

나혜석에게 '최초'라는 많은 수식어가 따라 붙지만 나혜석을 첫 페미
니스트 여성정책 이론가로 평가해도 손색이 없다. 나혜석은 "지금에 진

---

30) 안숙원, 위의 글, 93면.

정한 의미의 신여성이라면 생활문제쯤은 자기 스스로 해결할 각오를 가지고 있는 것"이며 "출가 후에라도 부군의 자산이나 부군의 수입이 넉넉하다고 가만히 앉아서 놀고먹지는 않을 것"임을 주장한다.[31] 「이혼 고백장」에서는 이혼 시 재산분할 청구권 등을 주장하고 가사노동의 대가와 경제적 자립을 위한 대책 등을 요구한다.[32]

나혜석이 남긴 글을 보면 남녀동등권에 대한 주장에서부터 「부인 의복 개량 문제」(1921), 탁아, 재산분할청구원, 가사노동대가, 여성들의 소비문화 등에 관심과 문제의식을 보이며 이러한 문제들을 다른 나라의 경험과 연결시켜 비교사회론적 시각에서 기술하고 있다. 그리고 「내가 서울 시장이 된다면」(1934)의 짧은 글에서 보듯이 여성이 서울시장이 될 수 있다는 꿈을 꾸고 여성단체를 조직하여 이러한 정책을 실현하겠다는 의지도 표한다.[33] 즉 사회적인 문제에 관심이 없었던 것이 아니라 '개인적 영역'으로 생각되어온 하찮은 것처럼 보인 일상사의 영역을 끊임없이 공론화하고 사회화하고자 했음을 보여준다. 당시 나혜석이 제기한 많은 '여성' 문제들은 아직도 여전한 현안 여성정책 과제로 남아 있다.

---

31) 《삼천리》, 1931.

32) 나혜석은 「이혼 고백장」에서 "여하간 부부가 이혼되는 때에는 자녀의 양육비, 교육비는 아직 남자가 전담하고 자녀는 여자가 임의로 데려가거나 남자에게 맡기거나 하도록 법률이 되어 있으면 합니다. (…중략…) 하고 싶으면 합시다. 이러니저러니 여러 말할 것도 없고, 없는 허물을 잡아낼 것도 없고, 그러나 이 집은 내가 짓고 그림 판 돈도 들었고 돈 버는 데 혼자 벌었다고 할 수 없으니 전 재산을 반분합시다."(《삼천리》, 1934)라고 공개한 것이다.

33) 1. 전차 서대문선과 마포선 간, 동대문선과 청량리선 간, 광희문선과 왕십리선 간을 일구역(一區域)으로 변경할 정사(政司)를 하겠습니다.
  2. 조선인 시가지도 본정통(本町通)과 같은 전기시설을 하도록 하겠습니다.
  3. 여성단체를 조직하여 시세, 사상, 교풍(矯風)에 대하여 통일적 사상과 행동을 갖도록 하겠습니다.(「내가 서울 여시장(女市長) 된다면?」, 《삼천리》, 1934.7)
  "내가 서울 여시장이 된다면?"이란 설문에 대답한 것이다.

4. 맺음말

나혜석의 매장과 복원 과정은 한국의 근대 담론의 성별(gendering)정치성을 드러내는 장이라고 볼 수 있다. 즉 나혜석에 대한 담론은 단지 한국 여성계의 선각자라고 할 수 있는 한 여성에 대한 담론으로 그치는 것이 아니며 한국의 근대를 성별화(gendering)하는 사회세력을 보여준다. 즉 나혜석을 어떻게 읽고 어떻게 평가하는가 하는 과정 자체가 여성의 근대적 주체형성을 지연시킨 세력과 기제를 보여주는 문제적(problematic) 지점이다. 신여성은 근대가 시작되는 지점에서 분명 어떤 집단보다도 정체성의 혼란을 야기했으며 우리 사회는 그 정체성의 혼란을 때로 민족의 이름으로 때로 계급의 이름으로 때로는 전통의 이름으로 봉합하고자 했다. 남성의 보호막 속에 들어가지 않은 '새로운 여성들'은 가차 없이 매장당했으며 민족, 계급, 전통의 이름으로도 봉합할 수 없었던 신여성들의 '근대성'은 혹독한 비판에 직면했다. 나혜석은 바로 그렇게 매장된 대표적인 신여성이다.

여성에 관해 드러난 현상이나 논쟁들 그리고 그 활동에 주목한다면 한국의 근대는 여성들로부터 시작되었다.[34] 그리고 한국의 근대적 심성은 근대적 여성들을 통해 구성되어졌다.[35] 근대성의 담론에는 하나의 질적인 문화적 합의가 존재하기보다는 서로 갈등하는 다양한 반응이 존재하는데 특히 여성과 모더니티에서 그 복합적인 성격을 드러낸다. 근대에 대한 호소는 전통 · 관습 · 현상의 권위에 도전함으로써 위계적인 사회구조와 지배적 사유양식에 대항했던 반란을 정당화하는 수단으로

---

34) 김진송 · 목수현 · 엄혁, 앞의 책.
35) 권희영, 『한인 사회주의 운동 연구』, 국학자료원, 1999.

기능할 수 있었지만 다른 한편으로 이성적 사고능력이 결여된 것으로 간주된 사람들에 대한 지배 프로젝트와 깊이 결부되어 있었다.[36] 일제 식민지하의 신여성의 패배는 바로 이러한 '이성적 사고능력이 결여된 것으로 간주된 사람들' 곧 여성에 대한 지배 프로젝트의 일환이었다고 할 수 있으며 신여성 담론은 이러한 지배 프로젝트의 일면을 드러낸다. 나혜석의 매장은 곧 이러한 남성중심적 지배 프로젝트의 하나였고 나혜석에 대한 평가와 해석 과정은 이러한 지배 프로젝트와 이에 저항하는 세력이 경합하는 담론의 장이 되어 왔다. 한국의 근대가 복잡한 만큼 신여성 읽기와 평가도 복잡한 다중구조 속에 있다. 우리는 아직도 신여성을 어떻게 읽어야 할지 우리 자신의 틀을 구성하고 있지 못하다. 페미니스트로서 나혜석 읽기는 바로 이러한 숙제의 지점을 드러낸다. 나혜석으로 대표되는 신여성 1세대에 대한 비난과 폄하 그리고 재평가와 살려내기는 한국의 근대를 어떻게 읽어낼 것인가와 근대와 젠더형성의 관계를 어떻게 읽을 것인가 하는 문제의식과 함께 성해방 담론의 정치성을 보여준다.

---

* 이 글은 2003년 제1회 나혜석 바로알기 국제심포지엄에서 발제한 같은 제목의 논문을 수정·보완한 것이다.

(조은)

---

36) 리타 펠스키, 앞의 책, 61면.

제4부

한국 민족의식에 나타난 나혜석

나혜석의 가족사와 민족의식

1. 머리말

솔직히 말해서 미술사를 전공하지 않은 필자가 이 글을 기초하기까지
에는 적지 않은 망설임이 뒤따랐다. 그러나 외람되게도 정월 나혜석 기
념사업회의 요청에 부응하여 끝내 문책을 면할 수 없었던 것은, 대체로
다음과 같은 몇 가지 이유가 그 주된 동기가 아니었나 싶다.

첫째, 신문화운동 초기에 한국 최초의 근대 여류 서양화가·문필가·
자유주의적 여권론자로 활약한 나혜석(羅蕙錫, 1896~1948)의 선구성에 대
한 찬탄과 실패한 개인사에 대한 연민에 앞서, 한 시대에 개명되고 뛰
어났던 동향의 선배 예술가에 대한 추모의 장을 이러한 방법으로라도
마련해야겠다는, 말하자면 필자의 소박한 동향의식의 발로를 꼽을 수
있다.

둘째, 1900년대 초에서 일제 식민지시대에 걸쳐 수원 향촌사회 내에
서 차지했던 나혜석 일가의 활동과 가족사에 대한 관심에서 출발한 이
거친 소묘가, 향토사적 연구범위의 확대와 그 방안의 모색을 위해서도

제
4
부

한국
민족의식에
나타난
나혜석

437

일정한 의미 부여가 가능하리라는 필자 나름의 평소의 관심사도 크게 작용하였다.

셋째, 수원 출신의 이 여류 예술가가 한갖 경조부박(輕佻浮薄)한 신여성류의 근대적 자유사상에 머물지 않고 간단없는 민족독립의 염원과 그 행동을 앞장서 실천하려 한 뜨거운 민족애의 소유자였다는 점이 특히 주목되었다. 신문화운동기에 선각적인 예술가로서 보여준 예술적 열정과 업적, 식민지시대를 통하며 1919년 3·1운동 참가와 투옥, 1923년 3월 일신의 위험을 무릅쓰고 의열단(義烈團)의 폭탄반입사건(黃鉦事件) 때 보여준 결연한 행동과 민족의식은 높은 평가를 받아야 할 것인 바, 나혜석이라는 한 여류 예술가가 결코 범속한 신여성이 아니었음을 뚜렷이 확인시켜 주는 대목이 아닐 수 없었다.

넷째, 앞의 둘째와 셋째 항목과도 관련되어 나혜석과 그 일가, 특히 본가인 나씨 가문의 선각된 근대적 개화사상과 사회의식이 1900년대 수원 향촌사회의 발전에 어떻게 기여하고, 식민지시대에 삶을 영위하면서 어떻게 대응했는지 궁금했다. 그리고 역사와 시대현실에 대한 나혜석과 그 일가들의 반응형태를 추적하는 일도 개인사와 가족사, 향토사와 사회사의 기초를 마련하는 데 일정하게 기여하리라는 필자 나름의 소박한 향토애가 역사서술 의욕으로 발전하여 이 글을 서두르는 출발점이 되었다.

따라서 이 글은 나혜석이라는 예술가의 중심 바탕을 이루는 미술사적 업적에 대한 평가나 관점과는 직접적인 관련을 갖고 있지 않거니와, 또 그러한 방향을 고려하거나 목표도 삼지 않았다. 그럼에도 우리는 일차적으로 선구적인 여류화가로서 근대 한국미술사에 인상파적·야수파적인 화풍(畵風)으로 뚜렷한 족적을 남긴 부분을 길이 기억해야 할 것이다. 이와 함께 1900년대 이후 식민지적 현실과 근대문화를 모색하던 과도기적 행태가 혼류한 가운데 수원 향촌사회 내에서 나혜석과 그 일가가 지향하던 민족의식 내지 사회의식에 대해서도 향토사적 관점에서 접근하는 것이, 이 고장 출신의 여류 예술가의 정신사적 배경을 이해하는 데 주요한 단서를 제공해 주리라고 생각된다.

이러한 의미에서 필자는 특히 1910~1930년대라는 전근대적 문화형태가 사회 깊숙이 침전한 가운데, 봉건적 윤리 · 도덕이 지배하던 시대 현실 속에서 과도적인 신여성으로서 자유분방한 행적을 보인 결과, 사회적 비난과 화제를 불러 모으기도 했다는 풍속사적인 담론들은 대중들의 흥미를 자극시켜 주는 데 그칠 뿐, 나혜석이라는 선각적인 한 예술가의 고뇌와 진면목을 이해하는 데는 큰 도움이 되지 못한다고 보는 입장이다. 그보다는 현실타협이나 세속사(世俗事)를 뛰어넘으려는 예술가로서 천품과 개인사를 초극하여 향촌 · 민족 · 역사의 문제의식에 접근하려는 결연하고 비범하기까지 한 역사적 인물로서 고귀한 품성과 인간적 고뇌에 보다 큰 비중을 두어야 마땅하리라는 생각에서 거칠게나마 이 글을 초하게 되었다.

2. 향촌과 가족사

나주나씨(羅州羅氏) 가문은 조선중기 수원지방에 터잡은 이래, 19세기 말에서 1900년대 초에 이르는 시기에 그 일족들이 지방관을 역임하고 경제적 부를 축적하여 신교육 · 신문화운동을 선도적으로 이끄는 등 비교적 명문의 가계를 유지해 왔다. 그렇다면 나혜석의 선대인 나주나씨 조상들이 이 고장에 입향해온 시기는 언제쯤이며, 어떤 활동을 해온 것일까.

나주나씨 시조인 휘(諱) 부(富)는 본래 중국 무관으로서 일찍이 나주에 이주하여 고려 말 감문위 상장군(監門衛上將軍)을 지냈고, 6세 진(璡)은 고려의 공조전서(工曹典書)를 역임한 후 조선왕조에서 호조판서를 제수했으나 응하지 않았다. 나혜석의 13대조가 되는 11세 성손(誠孫)은 수원부사를 지냈다. 16세기 말 11대조인 13세 한수(漢守)는 벼슬이 통덕랑(通德郎)에 이르렀다. 이때 임진왜란이 일어나자 나씨 일족들은 수원으로 이주했다.[1] 이것이 나씨 일문이 이 고장에 삶의 뿌리를 내리게 된 직접적 계기가 되었다.

나씨 일족이 수원 향촌에 터잡게 된 것은, 13대조 성손이 수원부사를 역임한 것이 직접적인 인연이 되었을 것으로 추측된다. 그밖에도 선조 25년(1592) 전라도 관찰사 겸 순찰사 권율(權慄)이 수원 독산성(禿山城)에 주둔하였고, 또한 나주에서 의병을 일으킨 뒤 서울 방면으로 북상 중 수원 독산성에 합류해서 활동한 의병장 김천일(金千鎰)과 전라도사 최철견(崔鐵堅)·변사정(邊士貞) 등이 이끄는 관군·의병부대도 원군으로 참전한 바 있다.[2] 전란 중 이러한 나주지방민의 움직임과도 간접적인 관계를 가진 결과일지도 모르겠다.

아무튼 수원 이주 후 현 화성군 봉담면 수기리 일대에 세거해 오면서 9대조 논복(論福, 15세)은 용양위 부사과(龍驤衛副司果), 8대조 후견(厚堅)은 군자감정(軍資監正), 7대조 인웅(仁雄)은 절충장군, 5대조 문채(文彩)는 부호군(副護軍), 고조부 응환(應紈)은 증직으로 통훈대부 군자감정, 증조부 성희(性熙)는 증직(贈職)으로 통정대부 승정원 좌승지, 조부 영완(永完) 또한 가선대부 호조참판을 증직으로 받았다. 나씨 선조들은 중하위직이나마 관직에 꾸준히 진출하였고 후대에 이를수록 증직을 자주 받을 만큼 재부(財富) 또한 적지 않게 축적하고 있었음을 알 수 있다. 특히 고조부에서 조부 대에 이르기까지 3대가 모두 증직으로 관계(官階)를 받은 것으

1) 나주나씨종친회, 「나주나씨 연원」, 『나주나씨족보』 참조.
2) 박재광, 「임란 초기전투에서 관군의 활동과 권율」, 『임진왜란과 권율장군』, 전쟁기념관, 1999, 96~8면.

로 보아, 봉담면 수기리에 근거를 둔 나씨 일족은 적어도 고조 대 이래 수원지방 여러 곳에 많은 전장(田庄)을 두고 경제적 부(富)를 누릴 만큼 대지주로서 위상을 가졌을 것으로 추측된다.

그중에서도 우리가 여기에서 주목해야 할 것은, 나혜석의 아버지 나기정(羅基貞, 1863~1915)이 1900년 경기도관찰부 재판주사를 지낸 뒤 1910년 10월 1일 시흥군수에 임명되었고[3] 1912년 3월 12일에는 용인군수로 부임하여 1914년 2월 28일 관직에서 물러나기까지 대한제국 정부에서 10년, 그리고 한일합병 전후 4년에 걸쳐 지방관을 역임한 사실이다.[4] 그리고 그는 용인군수에서 물러난 지 1년 10개월 뒤인 1915년 12월 10일 53세를 일기로 별세하였다. 이처럼 그는 구한말 고종 말년에 관계에 나아간 후 합병 전후부터 1914년 2월까지 시흥과 용인의 지방관을 지낼 만큼 일제의 식민지 지배정책에 순응하여 현실타협적인 자세로 일관하고 있음도 확인된다.

이러한 현실순응적인 자세와 행동은, 식민지시대 초기에 투철한 민족의식을 지닌 일부 지주계급을 제외하고, 대다수 유산(有産) 부유층이 지향하고 있던 일반적인 양태(樣態)였다고 할 수 있다. 대체로 이들 경제적 특권계층은 재산을 처분하여 일제의 지배에 저항하는 항일독립운동을 하기보다는 새로운 시대사조에 적극 순응하여 자제들에게 일본유학 등을 통하여 신교육을 받게 하는 등 개화가문으로서 변신하는 경우가 많았다. 나씨 가문 또한 예외가 아니었다. 이에 덧붙여 당시 수원 향촌민들은 큰 대문의 오랜 기와집에 사는 나씨 가문을 가리켜 '나 부잣집' 또는 '나 참판댁' 이라 불렀다고 전해온다. 그런데 여기에서 나혜석의 집

---

3) 『조선총독부관보』, 1910.10.7.
4) 『조선총독부관보』, 1914.3.5.

안에 대해 '부잣집'이라는 칭호는 맞는 말이나 '참판댁'이라는 말은 실직이 아닌 증직에서 연유된 와전된 칭호였음에 주의해야 한다. 증직 또한 경제적 부에 상응하여 명예를 추구하던 현시욕(顯示欲)의 소산이었음은 말할 것도 없다.

나혜석의 조부 영완(永完)은 기원(基元)·기형(基亨)·기정(基貞) 삼형제를 두었다. 백부 기원은 가선대부(嘉善大夫) 동중추부사(同中樞府事)를 지냈으며 정부인(貞夫人) 철원송씨 사이에서 아들 중석(重錫, 字 聖奎, 호 梅祖·聒堂)을 두었다. 나혜석의 사촌오빠가 되는 중석(1878년생)은 나씨 가문의 종손으로서 24세가 되던 1901년 함경북도 관찰부주사를 역임했으며, 품계가 1905년에 6품, 이듬해에는 정3품 통정대부에 승자되었다. 그는 수기리·분천리 일대에 세거하면서 봉담면은 물론 수원지방 각 면에 산재한 많은 토지를 관리하는 대지주이자 신교육운동가·자선가로서 명성이 있던 인물이었다.

그는 향리 종가에 '백운당(白雲堂)'이라는 당호를 걸고 인근의 선각자들과 교유하는 한편 사립학교를 설립하는 등 이 고장의 신교육운동의 선구적 업적을 남긴 바 있었다. 일찍이 1902년 수원 보시동 북감리교회 내에 설립된 사립 삼일여학당은 처음 3명의 학생으로 출발한 수원지방 최초의 사립교육기관이었다. 삼일여학당은 1909년 삼일여학교로 변경, 1910년 비로소 신학제에 의한 제1회 졸업생 4명을 내었으며(현 매향여·중고등학교의 전신), 그중에는 이 글의 주인공인 나혜석(당시 15세)도 포함되어 있었다.

한편 1903년 5월 역시 같은 보시동 북감리교회 내에서 삼일남학교가 설립, 초대교장에는 여학교의 교장인 이하영(李夏榮)이 겸직하였다. 사립 삼일남학교의 설립은 신교육운동에 적극 공감하고 있던 나중석을 비롯하여 이하영(교장)·임면수(林勉洙, 교감)·차유순(車裕舜)·최익환(崔翼

煥)·홍건표(洪建杓)·이성의(李聖儀)·김제구(金濟九) 등 수원지역 유지들
에 의해서 이루어졌다.[5] 설립 당시 11명의 학생으로 개교한 삼일남학교
는 설립자의 한 사람인 나중석이 1906년 5월 수원의 재산가인 강근호(姜
根鎬)를 설득하여 8만 냥을 희사받은 데다가, 자신의 땅 900평을 희사하여
그 발전의 토대를 마련하였다. 그리하여 개교 이후 4년간 학년·반의 구
별도 없이 운영해오던 이 학교는 1906년 정식으로 학제를 세우고, 1909
년 비로소 제1회 졸업생을 배출하였다. 1908년 9월 재정적인 경영난으로
삼일남학교의 경영권이 북감리교회 선교부로 이양되고, 1909년 4월 정식
으로 설립인가를 받았다. 이 학교가 바로 오늘의 삼일중·고등학교이다.
이 학교는 '국가독립을 위한 일꾼'을 양성한다는 건학이념 아래 애국심
과 민족의식이 담긴 교육을 실시하여, 이후 교직원과 졸업생들이 3·1
운동을 비롯하여 일제하 이 고장 민족운동 전개의 일익을 담당하였다.[6]

나중석은 나씨 일문의 종손으로 또한 수원 각 면지역에 산재한 토지
를 관리하는 대지주로서 일제 식민지시대는 물론 민족해방기를 통하며
소작인들에게 형편에 따라 소작료를 감하해 주거나 곡식을 내어 놓는
등 많은 자선을 베풀었다. 특히 해방 후 토지개혁 시행을 전후해서 많은
농경지를 소작인들에게 무상 또는 헐값으로 분배하는 데 모범을 보여
이 고장 향촌사회 내에서 그의 덕망을 칭송하는 소리가 자자한 바 있었
다. 오늘날 그의 향리인 봉담면 분천리 분천교회 앞에는 생전에 그가 베
푼 자선을 기리는 〈이당나공중석자선송덕비(珥堂羅公重錫慈善頌德碑)〉가
세워져 전하고 있음은 그러한 사실들을 증거해 주고 있다.[7]

5) 김세한, 『삼일학원 팔십년사』, 1983, 69면.
6) 최홍규, 「수원지방 3·1운동의 역사적 배경」, 『3·1독립운동과 민족정기』, 1996, 62~3면.
7) 1947년 3월 분천리 유지들에 의해 건립되었다.

다음에는 이 글의 관심사인 나혜석 직계의 가족사와 그들 형제의 활동상이 어떠했는가를 살펴보아야 할 차례인 것 같다. 구한말 사법관을 거쳐 시흥·용인군수를 역임하면서 새로운 시대사조를 적극 수용했던 아버지 나기정(1863~1915)은 조부 영완의 3남으로 태어나 수성 최씨의 (崔是議, 中軍 成大의 장녀)를 아내로 맞았다. 그는 결혼 후 1887년 3월 15일 수원군 수원면 신풍리 291번지(현 수원시 장안구 신풍동 50-1번지 일대)로 분가해서 살았던 것으로 추측된다.[8] 분가한 이듬해 1월 14일에 장남 홍석(弘錫)이 출생한 데 이어 1890년 8월 14일에는 차남 경석(景錫, 1890~1959)이 태어났다. 또한 장녀 계석(稽錫)에 이어 차녀 혜석(蕙錫, 1896~1948) 역시 1896년 4월 28일 이 집에서 출생하는 등 아버지 나기정은 모두 2남 3녀의 소생을 두는 다복한 가정생활을 영위하였다.[9]

그러나 장남 홍석은 아들을 두지 못한 중부 기형(字 德俊)의 승계자(承繼子)로서 입양, 차남 경석이 이후 장남의 역할을 담당하였다. 이에 덧붙여 나혜석의 출생지 문제를 둘러싸고 한동안 혼란을 불러 일으켰던 용인 출생설 문제는 한때 이전했던 나기정의 용인군수 관사(용인군 수여면 소학동 11통 8호) 주소를 착각한 데서 연유하였다. 당시 『민적부』에 의하면, 1914년 3월 14일 용인군 관사에서 수원 본가로 이거(移居) 신고한 것이 확인되는 만큼 더 이상의 논의는 번거로움만을 준다는 점에서 그만 종식되었으면 한다.

1920년대 초에 작성된 것으로 보이는 『왜정시대인물사료(倭政時代人物史料)』(연기미상, 경희대 소장) 「나홍석」 항에 의하면, 나혜석의 큰 오빠 홍석의 본적이 수원군 수원면 남창리 55번지로 기재되어 있다. 이는 중

---

8) 『민적부』 참조.
9) 『민적부』 참조. 진명여학교 학적부나 신문조서 등 기타 자료에는 4월 18일생으로 기록되어 있다.

부에게 양자로 간 후 분가된 주소지를 기재한 것임을 알 수 있다. 위의 자료에 따르면, 그는 1909년 3월 일본 와세다대학(早稻田大學) 정치과를 졸업한 뒤 이듬해 한일합병에 불만을 품고 만주 지린(吉林)으로 한때 이주한 바 있었다. 나경석의 유고문집 『공민문집(公民文集)』 연보에 의하면, 그는 다시 베이징대학에 수학하여 신교육을 받았다고 한다.[10] 그는 1920년 7월(위의 일경 자료에는 1918년으로 기재) 민족의식의 함양이라는 뜻에서 청소년운동을 추진키로 하고 '조선수원청년구락부'를 조직, 수원면 신풍리 화령전 안 풍화당에서 창립총회를 주도하였다. 당시 임원으로는 회장에 나홍석을 비롯하여 이사에 홍사운(洪思勳) 등이 선출되어 이 고장의 청년운동을 주도하였다.

나홍석은 1918년 수원금융조합 서기를 거쳐 1920년 수원면협의원에 선출되었으며, 1922년 서울에서 한때 중개업에 종사하였다. 1923년 2월 이래 각조합 경성편리사(京城便利社, 소개업)의 이사, 그해 8월에는 충남 강경에서 신흥종교인 대화교(大華敎)의 간부로 활동하기도 하였다. 그는 초취 청주 한씨 사이에서 1남 2녀, 재취 양천 허씨 부인 사이에 3남 1녀, 모두 4남 3녀의 소생을 두었다. 재산은 당시 화폐로 동산 2천 원, 부동산 1만 3천 원으로 생계는 여유 있는 형편으로 조사 기록되어 있다. 그와 교우하는 지기(知己)로는 최송(崔松) · 최린(崔麟) · 윤경중(尹敬重) · 지공숙(池公淑) · 최상훈(崔相勳) · 홍사선(洪思先) 등이며, 사상적으로 사회주의에 기울어질 가능성이 농후한 배일(排日)사상의 소유자로 분류, 일본 경찰의 요시찰대상 인물로 지목되었다.

한편 둘째오빠 경석(景錫, 兒名 斗南, 호 公民)은 나혜석이 도쿄여자미술전문학교에 진학하여 서양화를 전공하고 그녀가 예술가로 입신하기까

10) 나경석, 「연보」, 『공민문집』.

지 직·간접의 큰 영향을 미친 가족 중 가장 가깝고 깊은 이해자의 한 사람이었다. 그는 향리에서 한문을 수학하다가 1910년 일본에 건너가 도쿄 정칙영어학교(正則英語學校)에서 2년간 수업한 뒤 도쿄고등공업학교(東京高等工業學校)에 진학, 3년간 화공학(化工學)을 전공하고 1914년 7월에 졸업하였다. 앞의 연기미상 『왜정시대인물사료』의 「나경석」 항과 『공민문집』 연보에 의하면, 1915년 이래 회사·제약사업 등에 종사했으나 실패하고, 1915년에서 1918년까지 오사카(大阪)에서 재일교포들을 위하여 빈민굴에서 함께 생활하면서 1915년 1월경 오사카에 조직된 재판조선인친목회(在阪朝鮮人親睦會)에서 총간사로서 활동하였다.

이처럼 나경석은 사회운동가로서의 면모를 보여준 특이한 이력의 소유자였으며, 혁명가의 기질을 타고난 집요하고도 대범한 성격을 지닌 인물이었다. 그가 특히 오사카에서 조선인 노동자들의 생활에 관심을 기울인 것은, 1910년 중반 아나키스트였던 하세가와(長谷川市松)와 생디칼리스트인 요코다 소지로(横田宗次郎)의 소개로 이루어진 것이었다. 또 나경석이 무정부주의 사상에 공명하고 좌파 사회운동에 깊은 관심을 갖고 투신하기까지에는 당시 일본의 대표적인 아나키즘 사상가인 오스기 사카에(大杉榮)·이츠미 나오죠(逸見直造) 등을 찾아 교우하게 된 것이 직접적인 동기가 되었을 것으로 추측된다.

나경석은 1918년 귀국한 뒤 1년간 중앙중학 물리교사로 근무했고, 이듬해 3·1운동 당시에는 독립선언서 1천부를 만주 지린의 손정도(孫貞道) 목사에게 전하고 돌아오는 길에 무기 10자루를 구입하여 입국하려다가 발각되어 빼앗겼다. 이 사건으로 그는 경성지방법원에서 강도·살인 미수 및 보안법위반으로 징역 3개월의 처분을 받기에 이르렀다.[11] 그 후

11) 작자 미상, 「나경석」, 『왜정시대인물사료』.

일경의 요시찰인물로 지내다가 원산을 거쳐 두만강을 넘어 블라디보스토크로 망명하였다. 그는 그곳에서 한때 교포 2세들에게 조선어를 가르치면서 약 3년간 방랑생활을 하였다. 이 기간 중 1920년에서 1923년까지 동아일보사 객원기자로 「만주로 가는 길」과 「노령견문기」 등의 글을 기고했고, 1921년 일본 니이카타현(新潟縣) 조선인학살사건 때는 동아일보사의 위촉으로 그 사건의 진상을 조사하기 위해 김약수(金若水)와 함께 도일, 도쿄 조선기독교청년회관에서 보고 연설회를 갖기도 하였다.[12] 또 1923년 민족자본을 적극적으로 육성하려는 취지에서 일제(日製)를 배격하고 국산품을 애용하자는 물산장려운동이 전개되자, 그는 주최 측인 조선물산장려회(朝鮮物産獎勵會)의 이사로 참여 활동하면서, 그해 《동아일보》에 2월 24일에서 3월 2일까지 7회에 걸쳐 「물산장려와 사회문제」라는 논설을 기고, 사회운동가로서 경륜을 펼쳤다.[13]

1924년 만주 펑톈으로 이주하여 주식회사 민천공사(民天公社)를 조직하여 경상·평안도의 농가 약 20가구를 이주시켜 농지개간사업에 힘썼으나 실효를 거두지 못하고 실패하였다. 그는 좌절하지 않고 1936년 펑톈에서 자신의 전공을 살려 화학공업인 삼창(三昌)고무공창(工廠)을 설립·운영하여 1940년까지 그 사업이 크게 번창하였다. 이 시기에 그는 만주 민족운동과 직·간접의 관련을 맺고 활동하던 펑톈의 이호현(李浩然), 안동현의 박광(朴洸), 부산 백산상회(白山商會)의 안희제(安熙濟), 영고탑의 대종교 총전교 윤세복(尹世復) 등 민족지도자들과 긴밀한 관계를 유지하면서 그들의 활동을 뒤에서 돕는 데 힘썼다.[14] 제2차 세계대전이 종

12) 「조사위원출발 라경석씨를 특별히 파견 신석현사건조사회에서」, 《동아일보》, 1922.8.8.
13) 나경석, 「포목상제씨에게 간고(懇告)함」, 《동아일보》, 1923.2.13.
14) 「봉천추계강연회」, 《동아일보》, 1932.10.28.

말기에 접어들던 1941년에 귀국한 그는 한때 황해도 해주에서 농장 경영에 종사하다가, 건설회사 삼건사(三建社)를 설립 · 경영하기도 하였다.

이 시기에 그는 자신이 늘 생각해 오던 민족주의 이념에 따라 대종교를 신봉하기 시작했으며, 민족해방 후에는 목단강 액하감옥(液河監獄)에서 풀려나와 조국에 돌아온 윤세복 총전교를 받들어 민족종교인 대종교의 포교와 교단 개혁에 심혈을 기울이기도 하였다. 그는 일찍이 17세 때 대종교 1세 교주 나철(羅喆)을 방문하여 깊은 감명을 받은 바 있었다.[15] 해방을 전후해서부터는 대종교를 깊이 신봉하면서, 때로는 사직동에 있던 자기 소유의 집터를 빈민들에게 희사하는 구제사업을 펼치기도 하였다.

1945년 한국민주당 창당 때는 김성수(金性洙) · 장덕수(張德秀) · 허정(許政) 등과 함께 발기인으로 참여했고, 1957년에는 천주교에 입교한 뒤 1959년 3월 31일 70세를 일기로 별세하였다. 그의 유해는 경기도 양주군 광전리 천주교 영복묘지(榮福墓地)에 안장되었다. 일생을 사회운동과 사업에 투신하면서 활동가로서의 면모를 보여주었던 그는 그의 친지의 술회대로 "공민은 철저한 배일사상을 가진 애국자"로서의 삶을 살았다.[16]

1920년대 초 요시찰인물로 지목되어 조사된 앞의 일경 측 사찰자료 「나경석」 항에 의하면, 교우하는 지기로는, 장덕수 · 김명식(金明植) · 오상근(吳祥根) · 이득년(李得年) · 신백우(申伯雨) · 김종범(金鍾範) · 이종린(李鍾麟) · 최남선(崔南善) · 김철수(金喆壽) 등과 고려공산당 · 조선청년연합회계 인사 등을 꼽은 다음, 그를 고려공산당 계열의 인물로 지목하면서 "공산주의자로서의 치열한 배일사상을 갖고 그 고취에 힘쓰는" 인물로

---

15) 나경석, 「대교에 귀의한 동기」, 『대종교교보』 149, 1946.

16) 최승만, 「공민 나경석형을 생각함」, 『공민문집』.

그의 사상경향을 분류해놓고 있다.

물론 이것은 일본 경찰의 독단적인 조사 평가라는 점에서 사실과는 일정한 거리가 있겠지만, 식민지시대를 통해 나씨 일족의 가족사를 구성하는 인물 가운데는 민족과 사회 문제에 관심을 기울인 가장 진보적인 인물일 뿐만 아니라, 치열한 민족의식을 갖고 폭넓고 굴곡 많은 생애를 산 인물이라는 점에서 주목을 요한다. 그러나 그 자신이 가족들 앞에서 "나는 혁명가의 기질을 타고난 듯한데 혁명가가 되지 못했다"고 한탄하곤 했다[17]는 대목에도 잘 드러나 있듯이, 나씨 일족 중에서 가장 조직적인 두뇌와 적극적인 활동성을 보였던 나경석 역시 직업적인 철저한 항일독립운동가로서의 길을 걷지는 않았다. 하지만 그는 시대사조에 순응·개화에 적극적이면서 일제 식민지 초기에 지방관으로 재직했던 부친의 사회현실에 대한 대응태도보다는 한층 민족적이고도 역사적 삶에 접근되어 있다.

어떤 의미에서는 3·1운동기와 1920년대 이후 식민지시대를 살면서 나경석이 사색하고 자각한 민족적 고뇌와 사상체계는 매우 치열하고 진보적인 것이었다고 평가할 수 있다. 그러나 정면으로 식민지 지배체제를 부수어 망실(亡失)된 국권을 회복하고 민족독립을 달성한다는 보다 근원적이고 철저하리만큼 비타협적인 투쟁노선이나 인식의 지평과는 처음부터 일정한 거리가 있었다. 그의 조국애와 민족의식은 나씨 일족 가운데서 가장 뛰어나고 돋보이는 부분이지만, 그 역시 어디까지나 나씨 일문의 가풍인 현실긍정의 실용주의 성향에 입각되어 있다고 할 수 있다.

따라서 가장 혁명적인 기질을 타고났다고 자부하는 그였지만, 식민지 사회현실을 부정하고 일제에 맞서 싸우는 직업적인 독립투사로의 과감

---

17) 나경석, 「서문」, 『공민유고』.

한 변신이나 투쟁노선을 견지할 수는 없었다. 그는 직업적인 독립운동가로서의 갖은 고난과 희생을 무릅쓰려는 태도보다는, 그들과 교우하면서 사업가로서 도움을 주려는 위치에 보다 익숙하고, 또 그것이 자신의 본령을 충실히 따르는 것으로 인식하면서 처세했던 것으로 보인다.

3. 3·1운동 참여와 예술가의 민족의식

앞에서도 살펴보았듯이, 5남매의 나혜석 형제들은 장녀 계석만이 먼저 출가했을 뿐 장남 홍석, 차남 경석, 차녀 혜석, 3녀 지석(芝錫)이 모두 일본에 유학할 만큼 나씨 가문은 수원지방의 대표적인 개화가문으로서 일찍부터 신문화·신교육의 필요성에 눈떠 향촌사회 내에서 성가(聲價)가 높았음을 알 수 있다. 특히 재산가나 개화가문이라 할지라도 여성들의 신교육에 주저하거나 차별하는 봉건적 인습이 지배하던 당시 사회현실에 비추어볼 때, 나씨 일가의 차별두지 않는 적극적인 여성교육열은 매우 예외에 속하는 일이 아닐 수 없었다.

이처럼 형제간에도 남녀평등을 실천하는 가정적 분위기 속에서 성장한 나혜석은 1910년 수원 삼일여학교를 졸업하였다. 그해 9월 동생 지석과 함께 서울 진명여학교에 입학했다. 그때까지 호적에 남아 있던 초명 '뒷무(아기)'를 '명순(明順)'으로 작명하였다. 재학 중 우수한 성적과 함께 특히 그림에 뛰어난 소질을 발휘했던 그녀는, 1913년 3월 28일 신학제의 진명여자고등보통학교를 최우등으로 졸업하였다.[18] 이때 이름을 다시 '혜석(蕙錫)'으로 개명, 그 개명된 이름이 1920년 5월 3일자로 호적에 등재되기에 이르렀다.

---

18) 《매일신보》, 1913.4.1.

이어 신문화의 깊은 이해자였던 오빠 경석의 권유로 도일한 나혜석은 도쿄여자미술전문학교 양화과에 입학하는 등 한국인으로서는 네 번째, 여성으로는 한국 최초로 서양화를 전공하게 된다. 이렇게 서양미술을 전공한 여성으로서의 선구성과 함께 그녀의 총명함과 재능은 단연 유학생사회에서도 두각을 나타내었다. 당시 《매일신보》는 두 차례에 걸쳐 조선 유학생 30명 중 뛰어난 역량을 발휘하는 나혜석의 유학생활을 소개하고 있다.[19]

도쿄 유학생활 중에는 최승구(崔承九)·이광수(李光洙)·염상섭(廉尙燮) 등과 교우하면서, 조선유학생학우회 기관지 《학지광》 3호에 「이상적 부인」을 기고하여 근대 자유주의적 여권 신장과 여성의 주체의식을 주장했다.[20] 「잡감(雜感)」에서 '정월(晶月)'이란 아호로 발표하는 등 문재(文才)를 드러냈다.[21]

여기에서 특기할 점은, 나혜석이 도쿄유학 중 19세가 되던 해에 오빠 나경석의 친구인 최승구와 사랑에 빠져 약혼을 했다는 사실이다. 약혼자 최승구는 경기도 시흥 출신으로 보성전문학교(普成專門學校)를 거쳐 1910년경 일본에 건너가 게이오대학(慶應大學) 예과(豫科)에 입학했다. 그는 한국인 유학생들이 중심이 되어 조직한 《학지광》의 인쇄인으로 그 편집 발간에 중심적 역할을 하였다. 그러나 얼마 후 경제적 사정과 심한 폐결핵으로 예과 과정만 이수하고 귀국, 1916년 26세의 나이로 세상을 떠났다.[22] 이때 나혜석은 애인의 죽음으로 큰 슬픔과 함께 한때는 번뇌

19) 《매일신보》, 1914.4.9, 17.

20) 나혜석, 「이상적 부인」, 《학지광》 3, 1914.12.

21) 나혜석, 「잡감」, 《학지광》 12, 1917.

22) 황석우, 「반도에 기다(幾多)인재를 내인 영·미·노·일 유학사-도쿄유학생과 그 활약」, 《삼천리》 5, 1933.1, 25~6면.

끝에 정신쇠약에 걸릴 정도로 심한 충격을 받았다.

또한 한때는 잠시 귀국하여 여주공립보통학교에서 1년 가까이 교편생활을 하기도 하였다. 23세가 되던 1918년 3월 그녀는 도쿄여자미술전문학교의 졸업과 동시에 귀국하여 함흥 영생중학교에 재직하면서 미술활동과 함께 소설 창작에도 힘을 기울여 「경희」·「정순」 등의 단편소설을 발표하였다.[23)]

얼마 뒤 직장을 모교인 서울 진명여학교로 옮겨 미술교사를 역임하면서 화가·문필가로 활동하는 한편, 이듬해 3·1운동에 참가·활동하게된다. 모교에서 미술교사로 재직 중이던 그녀는 건강상의 이유로 익선동에서 잠시 요양을 하다가 이듬해인 1919년 초에 서울 운니동(雲泥洞) 37번지 집에서 혼자 그림 공부에 힘썼다.[24)]

이 무렵 일본 도쿄의 '2·8독립선언'에 참여했던 조선여자유학생친목회 회장 김마리아(金瑪利亞)와 황애시덕(黃愛施德, 황에스터)이 귀국하여여성들을 중심으로 만세운동을 계획하고 나혜석에게 협조를 요청하자그녀는 이에 적극 동의하였다. 그리하여 나혜석은 김마리아와 함께 당시 이화학당(梨花學堂) 교사인 박인덕(朴仁德)의 기숙사 방으로 가서, 나혜석·김마리아·박인덕·황애시덕·김하르논·손정순(孫正順)·안병숙(安秉淑)·안숙자(安淑子)·신준려(申俊勵,신체르뇨)·박승일(朴勝一)·안병수(安炳壽) 등 모두 11명이 모여 회합을 가졌다. 이 모임에 참여한 사람들중에는 이화학당 교사·학생·졸업생이 거의 대부분이었다. 이들 대부분은 기독교 신자들이었다.

이 회의에서는 황애시덕의 제안에 따라, 첫째 부인단체를 조직하여

23) 나혜석, 「경희」, 《여자계》 2, 1918.
24) 국사편찬위원회, 「나혜석 신문조서」, 『한민족독립운동사자료집』 14 참조.

독립운동을 전개할 것, 둘째 남자단체와 여자단체와의 사이에 연락을 취할 것 등을 결의했고, 활동자금 문제는 나혜석 등의 제안으로 개개인이 마련키로 하였다. 이에 나혜석은 3월 3일 오후 그녀와 연고가 있는 개성과 평양으로 출발하였다. 개성에 간 나혜석은 정화여숙(貞華女塾)의 교장 이정자(李正子)를 방문, 서울에서 여자단체를 조직하고 독립운동을 할 때 참여할 것을 요청했다. 또 평양에서는 정진여학교(貞進女學校) 교사 박충애(朴忠愛)에게 독립운동 참여를 요청했다. 박충애는 수원 삼일여학교의 동창생으로 3월 1일 평양 만세운동에 참여한 바 있었다. 그녀는 현재 관헌의 주목을 받고 있으나 가능한 참여하겠다고 약속했다.[25]

한편 3월 4일 아침 서울에 돌아온 나혜석은 이날 밤 모임에서 김마리아·황애시덕·박인덕 등과 함께 간사로 선출되었다. 그리고 이 모임의 결의에 따라 3월 5일 이화학당의 식당에서 아침식사 때 신준려와 박인덕이 학생들에게 만세를 부르도록 지도하였다.[26] 일찍이 도쿄 유학시절부터 자유연애를 실천하고 근대적인 자유주의 여성해방론을 주장했던 나혜석은, 일제 식민지지배의 질곡(桎梏)에서 벗어나 민족의 자주독립에 대한 희구에서 1919년 3·1운동에도 적극 참여한 것이다.

나혜석은 유학생활을 통하여 근대 계몽주의적 자유주의사상에 깊은 영향을 받았고, 그녀의 사상적 지향이 단순히 예술지상주의나 여성해방론에 머물지 않고 민족의 자유와 독립 문제에까지 관심을 확대하게 된 것은 지극히 자연스러운 일이었다. 예술가·문필가로서 구시대의 봉건적 질곡에서 벗어나 근대적 자유주의 여권론을 피력할 수 있던 것은, 나혜석이 강렬한 사회의식의 소유자였음을 반증하는 것이다. 민족공동운

---

25) 위의 책.
26) 「박인덕 신문조서」·「신준려 신문조서」, 위의 책 참조.

명체로서 역사의식을 갖고 민족의 자주독립 문제를 지지하게 된 것 또한 그녀의 내면 깊숙이 자리잡고 있던 자유주의 사상의 또 다른 중심축에서 연유했던 것이다.

　종교인과 지식인을 중심으로 3·1운동이 추진되는 과정에 있어서 근대 계몽주의적 신교육을 받은 당시의 뜻있는 엘리트 신여성들 상당수가 참여해서 활동했음은 널리 알려진 사실이다. 특히 서울 정신여학교와 이화학당 교사·학생들은 그 핵심세력이었다. 1919년 8월 4일 경성지방법원의 「3·1운동 예심종결 결정」에 의하면, 조직간사였던 나혜석은 김마리아(金馬利亞)·신준려(申俊勵)·박인덕(朴仁德)·황애시덕(黃愛施德)·이성원(李誠完, 정신여학교 학생) 등과 함께 이화학당 등에서 독립선언서의 배포와 학생 봉기를 추진하며 활동하던 중(주소 서울 동부 운니동 37번지) 그녀는 다른 주동자들과 함께 일경에게 체포되어 5개월간의 옥고를 치른 뒤 김마리아 등과 함께 그 해 8월 증거불충분으로 면소·방면되었다.[27] 이 예심종결 결정서에는 임응순(任應淳, 수원 북수리 예수교 북감리교회 전도사)·장효근(張孝根, 천도교 보성사 총무)·장덕수·이만규(李萬珪)·이상재(李商在) 등의 인사들이 포함되어 있어 이들이 3·1운동 봉기 활동과 관련되어 함께 재판을 받았음을 알 수 있다.

　나혜석의 3·1운동 참여와 관련되어 오빠 경석이 당시 독립선언서 1천부를 만주 지린의 손정도 목사에게 전달하고 오는 귀로에 무기 10정(挺)을 반입해 오려다가 발각된 사실, 그리고 1919년 경성지방법원에서 '강도살인 미수, 보안법위반'이란 죄명으로 3개월간 징역에 처해진 사실 등을 미루어 볼 때, 수원 출신의 이들 엘리트 남매는 가족사적으로도 열렬한 민족의식의 소유자들이었음이 확인된다. 일본유학 출신의 이 두

（아래쪽 세로 제목）
나혜석, 한국 근대사를 거닐다

---

27) 박용옥, 『김마리아─나는 대한의 독립과 결혼했다』, 홍성사, 2003 참조.

남매는, 식민지시대를 통하여 한 사람은 예술가로서 그림·문필활동을
벌이며 선구적인 여성해방론과 함께 신여성다운 자유분방한 행적을 보
였다면, 또 한 사람은 진보적인 이데올로기와 부르주아적인 사회개혁사
상을 넘나들며 활동적인 사회운동가로서 족적을 남겼음은 특히 주목해
야 할 바라고 하겠다.

25세가 되던 1920년 4월 16일 나혜석은 교토제국대학(京都帝國大學) 출
신의 변호사 김우영(金雨英)과 결혼했다.[28] 남편 김우영은 10년 연상으로
전실의 소생을 둔 재혼이었다. 김우영은 당시 많은 독립운동사건의 변
호를 맡아 한때는 '만세 변호사'로 불릴 정도로 국내 민족운동자들과의
우호적 관계를 유지하였다.[29] 그녀는 이 해 문예지《폐허》의 창간 동인
이 된 이래 국내 신문·잡지에 소설·시·논설 등 활발한 문필활동을
전개하게 되었다. 전공인 그림 창작에 전념하여 이듬해 서울에서 70여
점의 작품을 출품하여 첫 유화 개인전을 가졌다.[30] 이 서울전시회는 한
국 여류화가로서는 물론 한국인 화가로서도 최초의 일이었다. 1922년
선전(鮮展, 조선미술전람회)에는 2점의 유화를 출품했고, 이듬해 제2회 때
는 〈봉황성의 남문〉을 출품하여 4등으로 입상하는 등 제6회까지 입상을
거듭했으며, 이해 9월 고려미술협회의 발기 동인이 되었다.

이에 앞서 1921년 9월 남편 김우영이 만주 안둥현 부영사로 임명됨에
따라 함께 만주로 이주, 이곳에서 5년 6개월을 보냈다[31]. 재만시절의 나
혜석은 유화 〈봉황성의 남문〉(1923), 〈가을의 정원〉(1924), 〈낭랑묘〉

28) 「변호사 김우영, 나혜석양과 정동예배당에서 결혼식」,《동아일보》, 1920.4.1일.
29) 김우영,「회고」, 신생공론사, 1954, 33면.
30) 「양화가 나혜석여사 개인전람회를 개최 여자로서 면람회는 조선 처음 십구일부터 경성일
    보사에서」,《동아일보》, 1921.3.18 ;「급우생, 나정월여사의 작품전람회를 관(觀)하고」,
   《동아일보》, 1921.3.23.
31) 김우영,「회고」발문, 123면.

(1925), 〈천후궁〉, 〈지나정〉(1926), 〈봄의 오후〉(1927) 등의 작품과 단편소설 「원한」(1926)을 발표하는 등 왕성한 창작열을 나타냈다.[32] 그녀는 1923년 3월 안동현에 여자야학을 개설하여 동포교육 특히 여성교육에 노력하였다.[33] 이들은 항일 무장독립운동단체인 의열단(義烈團)에 의해 이루어진 국내의 폭탄·권총 등 대규모 무기밀반입사건과 직·간접의 관련을 맺었다. 특히 의열단과 같은 암살·파괴를 위주로 하는 과격한 독립운동조직에 김우영·나혜석 부처가 결정적인 협력을 아끼지 않았다는 사실은 특기할 점이라고 하겠다.

김원봉(金元鳳) 지도하의 무장독립운동조직인 의열단은 일제 요인과 매국노·밀정을 암살하고 조선총독부와 동양척식회사 등 일제의 주요 기관에 대한 폭탄 투척 등 테러리즘을 행동 수단으로 표방, 당시 일제 당국도 매우 두려워하는 존재였다. 의열단에서는 1923년 1월 신채호(申采浩)에 의해 기초된 「조선혁명선언」(일명 「의열단선언」)을 통해 독립운동 방법에 있어서 무장 폭력투쟁의 정당성을 천명했다.[34] 이들은 파괴·암살을 위한 폭탄·무기의 확보와 이를 국내에 반입하는 문제 등에 주력하였다.

단장 김원봉은 1921년 6월경 베이징(北京)에서 영국인 코브럴로부터 폭탄 제조방법을 습득했으며, 또 1922년 봄에는 헝가리인 마잘을 초빙하여 상하이 프랑스조계 내에 폭탄제조소를 설치한 바 있었다.[35] 의열단이 사용한 투척·장치용 폭탄을 실험한 조선총독부 조사에 의하면,

---

32) 「개최된 미술전람회(1) 천후궁(특선) 나혜석」, 《동아일보》, 1926.5.16 ; 「조각에 문석오씨 양화에는 나혜석여사 제전에 이채를 나타내 제전에 각각 입선」, 《동아일보》, 1931.10.13.

33) 「안동현 여자야학」, 《동아일보》, 1922.3.22.

34) 최홍규, 「민족사의 연구와 실천적 지성－단재 신채호 편－」, 《세대》 192, 1979.

35) 박태원, 『약산과 의열단』, 백양사, 1947, 96~103면.

"큰 건물이나 철교를 한 번에 파괴시킬 수 있을 만큼" 그 위력이 크고 제조방법 또한 매우 정교하였다. 특히 투척용 폭탄은 일본 육군이 사용하는 폭탄과 동일한 성능을 지니고 있었다.[36] 또 폭탄의 운반은 단원들이 휴대하거나 영국인 쇼우가 운영하던 안동현(安東縣) 소재 이륭양행(怡隆洋行)의 기선편을 이용하는 경우가 많았다.

1923년 초 의열단에서는 국내의 일제기관과 요인에 대한 대규모의 파괴·암살을 계획하던 중 조사차 상하이(上海)에 온 경기도경찰부 경부 황옥(黃鈺)을 포섭하고 김시현(金始顯)·유석현(劉錫鉉) 등이 그 운반과 실행의 책임을 맡았다. 의열단에서는 상해에서 비밀리에 제조된 다량의 폭탄과 무기, 「조선혁명선언」과 「조선총독부 관공리에게」 등의 문건을 무사히 국내로 운반하는 데 성공하였다.

그러나 밀정으로 잠입한 김재진(金在震)의 밀고로 탄로나 1923년 3월 15일 입국한 단원들이 체포됨으로써 일제 요인과 기관에 대한 암살·파괴계획은 무산되고 말았다. 이 같은 실패는 심혈을 기울였던 의열단으로서는 큰 타격이었다. 만일 이 계획이 성공했더라면 일제의 피해는 물론 독립운동의 판도 또한 크게 달라졌을지도 모른다. 흔히 '의열단사건' 또는 '황옥경부 폭탄사건' 등으로 알려진 이 사건은 그 규모가 대단했던 만큼, 그 계획에는 수백 명이 가담했다. 1924년 8월 22일 피검자들에게는 다음과 같은 형량이 언도되었다.

김시현 12년, 황옥 12년, 유석현 10년, 홍종우 8년, 박기홍 7년, 백영무 6년, 유시태 5년, 조광 5년, 남영득 3년, 이경희 1년 6개월, 유병하 1년 등.[37]

36) 「의열단의 폭발탄 일본 군대용과가치 정교한 것」, 《동아일보》, 1923.5.14.
37) 박태원, 앞의 책, 137~8면.

그밖에 이 사건에 연루된 의열단원은 단장 김원봉을 비롯하여김한 · 김
덕 · 장명(건)상 · 이현준(한영근) · 이오길 · 조영자 · 김초산 · 김태규 · 이
재곤 · 김지섭 · 권정필(동산) · 유병하 · 김사용 · 김병희 · 황직연 등이
었다.[38] 또한 당시 일제의 기관에 의하여 압수된 물품만 해도, 폭탄은
건물파괴용 6개, 방화용 17개, 암살용 13개 등 36개, 뇌관 6개, 도화선과
연결되는 시계 6개, 권총 5정, 실탄 155발, 그리고 「조선혁명선언」 361
부, 「조선총독부 관공리에게」 548매 등 그 규모가 상상 이상으로 컸다.

그런데 김우영 · 나혜석 부부가 이 의열단 사건의 주동자들이 성공할
수 있도록 그들에게 많은 편의를 제공했다는 것은, 김우영의 『회고』(신
생공론사, 1954)와 당시 이 사건에 가담했다가 체포되었던 의열단원 유
석현의 회고에서 사실로 확인되었다.[39] 즉 김우영의 『회고』에 의하면,
김시현 · 황옥 등에게 많은 편의를 제공해준 후 이 사건이 탄로나자 그
자신이 일본 측의 신문을 받을 만큼 위태로운 형편에까지 놓였으나 평
소 친분이 두텁던 마루야마(丸山) 경찰국장의 호의로 가까스로 위기를
벗어날 수 있었다고 한다.[40]

한편 이 사건의 직접 관련자의 한 사람으로 일경에게 체포되어 징역
을 살았던 유석현의 다음과 같은 술회는 김 · 나 부부의 관련성을 보다
구체적으로 증언해 주고 있다.

중국 대륙으로 넘어가는 열차를 탔을 때 김우영씨는 자신의 명함에 내가 북
경대학 학생임을 증명하는 글을 적어주어 궐석재판에 유죄를 선고받아 수배
중이던 내가 일제 이동 경찰의 감시를 뚫고 국경을 넘을 수 있도록 배려를 아

38) 김창수, 「항일독립운동사에서의 의열투쟁의 성격」 참조.
39) 유석현, 「잊을 수 없는 사람들」, 《한국경제신문》, 1984.11.6.
40) 김우영, 앞의 책, 79~83면.

끼지 않았다.

그는 또 우리가 숨겨온 폭탄 가방을 그이 집에 숨겨두도록 하는 등 어떤 위험도 무릅쓰려 했다. 이처럼 그의 대외적 지위가 오히려 독립운동에 기여를 한 것이다. 물론 민족의 한 사람으로 당연한 일이었는지도 모르지만, 개인적으로는 그러한 용기가 어디 흔한 것인가. 소위 '의열단사건'으로 나를 비롯한 많은 동지들이 옥중생활을 했을 때 그의 부인 나혜석씨는 우리를 찾아와 건강을 걱정해 주고 민족을 회생시키기 위한 용기를 북돋워주는 일을 잊지 않았다. 또 그러한 정신적 격려를 바탕으로 민족을 위한 동지들이 결의가 더욱 굳어졌음도 물론이다.

형을 살고 풀려났을 때 나혜석씨가 찾아와 권총 두 자루를 전했다. 그 권총은 일경에 체포되기 전 내가 그의 집에 숨어 있으면서 갖고 있던 것이었다. 그 부부는 그 권총을 잊지 않고 잘 보관해 두었다가 내가 출소해서 전해줄 날을 기다렸던 것이다. 권총 두 자루가 뭐가 대단한 것이었겠는가마는 나는 바로 그들의 우의와 '민족 위한 정성'을 전해 받는 것 같아 그 감회를 아직도 잊지 못하고 있다.[41]

이로써 본다면, 1923년 3월의 '의열단사건' 또는 '황옥경부 폭탄사건'에는 김·나 부부가 직·간접적으로 협조했음이 분명한 사실로 드러난 셈이다. 특히 위험부담이 컸던 이 사건에 폭탄과 권총을 숨겨주고, 또 체포되었던 의열단원에게 출소 후 보관해 주었던 권총을 돌려줄 만큼 나혜석은 투철한 민족애와 함께 진실되고 순정적인 고귀한 인간애의 소유자였음도 입증되었다. 진실과 아름다움을 추구하는 것이 참다운 예술가의 태도일진대, 앞의 일화에 나타나 있듯이 민족의 독립을 위한 일이라면 일신의 안위(安危)를 초월하려는 여성으로서 대담성과 '민족을 위한 정성'은, 일생을 통해 나혜석이 열정적으로 추구했던 예술혼과 민족혼이 상반되는 것이 아니었음을 말해준다.

---

41) 유석현, 앞의 글, 1984.11.6.

제 4 부 한국 민족의식에 나타난 나혜석

나혜석은 1929년 3월 세계일주 여행에서 귀국한 뒤 9월 13~14일 수원 용주사 포교당에서 귀국 개인전을 가진 바 있다.[42] 1930년 선전 제9회, 이듬해 제10회에도 작품을 출품했으며, 이 해 10월 일본에 건너가 도쿄에서 개최된 제전(帝展)에 〈정원〉(제10회 선전 특선작품)을 출품하여 입선하는 등 활발한 창작활동을 보였다. 그러나 그림과 문학적 재능, 또 뜨거운 민족의식의 소유자였던 그녀는, 1927~1928년 파리 체류(滯留) 기간 중에 최린과 염문 사건으로, 4남매의 소생을 남겨둔 채 1931년 봄 김우영과 이혼하기에 이르렀다. 1933년 제12회 선전 이후 나혜석의 그림은 다시는 나타나지 않는 가운데, 미술 활동보다는 문필 활동에 주력하면서 이 시기 사회의 온갖 비난과 회오리 속에서도 자유주의적 여성해방론과 유럽여행·이혼사건 등에 대한 자신의 견해와 체험을 대담하게 밝히기도 하였다.[43]

이후 나혜석은 많은 정신적 번민과 갈등을 겪는 가운데 그녀가 태어나 소녀시절을 보낸 고향 수원에 돌아와 살면서, 〈수원 서호〉(1934), 〈화녕전 작약〉(1935), 〈수원의 호숫가〉(1940) 등 자신이 소녀시절을 보낸 향촌을 주제로 한 그림을 남겼다. 1933년 서울 수송동에 미술연구소 '여자미술학사' 를 운영하기도 했다.[44] 생계를 위해 1935년 10월 서울 서린동의 조선관에서 200여 점의 근작소품전(近作小品展)을 열었다. 그러나 세인의 냉소와 무관심 속에서 성공을 거두지 못하자,[45] 예술가로서 그

---

42) 「나여사 화전 수원에서 개최」, 《동아일보》, 1929.9.23.

43) 「천도교 신파 대도정 최린씨 걸어 제소 원고는 여류화가 나혜석여사 정조유린 위자료 청구」, 《조선중앙일보》, 1934.9.20.

44) 「수송동에 여자미술학사」, 《중앙일보》, 1933.2.4 ; 「나혜석여사 여자미술학사 창설 시내 수송동에」, 《동아일보》, 1933.2.4.

45) 「나혜석여사 개전(個展) 본정 3정목 조선관에서」, 《조선중앙일보》, 1935.11.1 ; 나혜석, 「신생활에 들면서」, 《삼천리》 7, 1935.

녀의 좌절은 돌이킬 수 없을 만큼 심각하였다. 결국 1938년 「해인사의 풍광」을 끝으로, 그녀는 극도의 신경쇠약에 시달린 나머지 세상으로부터 도피하여 행적을 감춰버리기에 이르렀다.[46]

그녀는 말년에 서울 시립남부병원 · 청운양로원 · 안양 경성보육원 등을 전전하며 병고와 불우한 생활을 보내다가 별세하였다. 1949년 3월 15일자 관보는 서울 시립 자제원(慈濟院)에서 1948년 12월 10일 오후 8시 30분 '나혜석'이라는 이름의 53세가량의 여성이 병사한 것으로 기록해 놓았다.[47] 수원지방이 낳은 선구적인 여류화가 · 문필가 · 여권론자의 최후는 그 화려하고 촉망받던 젊은 시절의 명성이 거의 상상되지 않을 정도로 너무나 가엾고 비참하였다.

4. 맺음말

이 글은 20세기 초 신문화운동기에 수원지방이 낳은 한국 최초의 근대 여류화가이자 문필가 · 여성해방론자인 나혜석의 가족사와 민족의식에 비중을 두고 이를 살펴본 것이다. 가족사는 이 선구적인 여류 예술가의 정신사적 배경을 이해하는 데 단서를 제공해 줄 뿐만 아니라, 향토사적인 관점에서 나혜석의 가문이 수원 향촌사회 내에서 어떻게 살아오고, 어떤 위치를 차지하고 있는지를 가늠하는 데 매우 중요한 부문을 이룬다고 할 수 있다.

한 시대를 통해서 예술과 같은 특정 분야에서 두각을 나타낸 역사적 인물이 나타나게 된 정신사적 배경과 그 양태를 이해하기 위하여 가족

---

46) 나혜석, 「해인사 풍광」, 《삼천리》 10, 1938.8.
47) 『관보』, 1949.3.15.

사는 일차적으로 주요 관건이 되어 준다. 나혜석의 가족사에 대한 서술은 주로 그녀의 친가를 중심으로 수원 향촌사회 내에서의 삶과 역할, 그리고 식민지시대에 대한 대응방법으로써 특히 민족의식의 양상을 조명하였다.

먼저 이 글에서는 나주나씨 가문이 수원지방에 입향한 유래, 선대 조상의 관직과 품계의 제수, 경제적으로 부유하고 번성한 가문을 이루기까지의 과정을 살피는 데 힘썼다. 이어서 나혜석의 사촌오빠인 중석이 수원지방에 신교육기관을 설립하고 대지주로서 향촌 소작인들에게 베푼 자선, 그리고 큰오빠 홍석의 청년운동 등 수원 향촌사회 내에서의 사회활동에 대하여 관심을 기울였다. 무엇보다도 근대적 신문화의 깊은 이해자로서 나혜석의 유학생활과 그녀가 예술가로 입신하기까지 큰 도움을 주었던 둘째오빠 경석의 사상적 성향과 사회운동가로서 행적, 특히 그의 민족의식의 척도를 가늠하는 데 역점을 두었다.

끝으로 여류화가·문필가·여권론자로서 나혜석의 생애와 활동을 간략히 기술하였다. 그녀의 근대 계몽주의적 자유주의 여성해방론[48]과 민족의 자주독립을 위한 민족의식은 그녀의 내면 깊숙이 아무런 모순 없이 공존해 오는 가운데 그녀가 순정적이고 뜨거운 민족애의 소유자였음을 밝히고자 하였다.

1919년 3·1운동의 적극적으로 참여한 결과 그녀는 일경에게 체포되어 5개월 동안 투옥된 바 있었다. 1923년 3월에는 만주 안둥현에서 위험을 무릅쓰고 의열단의 대규모 폭탄 반입사건에 일조하는 등 민족의 자유와 자주독립을 열망하는 그녀의 뜨거운 민족애는 확고하고 꺼질 줄을 몰랐다.

---

48) 이상경, 「나혜석 : 가부장제에 맞선 외로운 투쟁」, 《역사비평》 31, 1995, 324면.

따라서 나혜석이 생전에 선구적인 여류화가 · 여권론자로서 보여준 예술적 열정 · 업적과 함께 뜨거운 민족의식 · 역사의식은 높은 평가를 받아야 할 것이며, 그녀가 한갓 범속한 신여성이 아니었음을 증거하고 있는 것이라고 하겠다.

결론적으로 말해서 예술가 · 문필가 · 여권론자로서의 활동과 민족해 방운동의 이념은, 나혜석이 수용했던 근대 계몽주의적 자유주의와 표리 일체를 이루었다. 따라서 그러한 근대 자유주의 사상과 함께 자주독립 의 민족의식은 그녀의 삶과 예술활동 속에 아무런 모순 없이 공존할 수 있었다. 이는 그녀를 고결한 품격을 지닌 역사적 인물로 간주하게 되는 단서가 되었다.

(최홍규)

나혜석의 민족의식 형성과 3 · 1운동

1. 들어가는 말

나혜석(1896~1948)은 한국 최초의 서양화가로서 널리 알려진 인물이다. 최근에는 문학가와 여성해방운동가로서 주목받는 등 그녀에 대한 재평가 작업이 활발하게 전개되고 있다.[1] 나혜석의 다양한 삶의 흔적은 이를 통하여 상당한 부분이 밝혀지게 되었다. 1999년에는 나혜석 탄생 103주년, 나혜석 서거 51주년을 맞이하여 정월 나혜석 기념사업회 주최로 두 차례에 걸친 학술회의를 개최하였다. 그녀의 미술 · 문학작품과 여성해방론 · 가족사와 민족의식 등도 다각적으로 집중 조명되었다. 이는 나혜석 연구를 위한 새로운 장을 열었다는 데 중요한 의미를 부여할 수 있다.

---

[1] 대표적인 연구성과는 다음과 같다. 이구열, 『에미는 선각자였느니라』, 동화출판공사, 1974 ; 이상경, 「나혜석 : 가부장제에 맞선 외로운 투쟁」, 《역사비평》 31, 1995 ; 윤범모, 「나혜석의 족보논쟁과 미술학교 시절」, 《월간미술》 9월호, 1995 ; 황민수, 「정월 나혜석 연구」, 『수원문화사연구』 2, 수원문화원, 1998 ; 정월 나혜석 기념사업회, 『나혜석 바로알기 제1회 국제심포지엄』, 1999.4 ; 정월 나혜석 기념사업회, 『나혜석 바로알기 제2회 심포지엄』, 1999.12.

그럼에도 민족운동가나 독립운동가로서 나혜석의 모습은 제대로 조명되지 못하였다.[2] 그녀는 일본유학시절 조선여자유학생친목회를 주도적으로 조직하여 《여자계》라는 잡지 간행을 주도했다. 3·1운동 때에는 박인덕·김마리아 등과 적극적으로 참여하였다. 이는 단순한 참가에 그치지 않았다. 운동자금 모집을 위해 개성과 평양 등 황해도와 평안도 각지를 누비는 등 활발한 활동도 보였다. 5개월간 옥중투쟁은 미주지역 교포사회에 민족운동가로서 나혜석의 존재를 알리는 계기였다. 3·1운동사에서 차지하는 그녀의 비중은 결코 간단한 문제가 아니다.

이에 본고는 나혜석의 민족의식 형성과 민족운동에 대하여 다루고자 한다. 먼저 민족의식 형성이 어떠한 과정 속에서 이루어졌는지를 살펴보려고 하였다. 민족의식 형성에 절대적인 영향을 끼친 인물은 오빠 나경석(羅景錫)을 비롯한 약혼자 최승구(崔承九) 등 '도쿄유학생그룹'이었다. 근대적인 사조는 호기심 많은 나혜석의 지적 자극심을 충동시키기에 충분한 매력을 지녔다. 이는 그녀가 《학지광》에 발표한 「이상적 부인」·「잡감(雜感)」 등 여러 글에서 그대로 나타난다. 아울러 이들의 영향으로 일본에서 최초의 여성단체인 조선여자유학생친목회를 조직하였다고 생각된다. 다음에는 그녀의 민족운동을 3·1운동을 통하여 집중 조명하였다. 여기에는 최근 발굴된 나혜석·김마리아·박인덕(朴仁德)·황애시덕(黃愛施德) 등의 신문조서를 적극 활용했다.[3]

---

2) 다만 최홍규 교수가 나혜석의 가족사와 민족의식 부분에서 개척적으로 민족운동가로서 나혜석 연구의 단초를 제공하고 있을 뿐이다(최홍규, 「나혜석의 가족사와 민족의식」, 정월 나혜석 기념사업회, 『나혜석 바로알기 제1회 국제심포지엄』, 1999).

3) 지금까지 나혜석의 3·1운동 관련 내용은 예심종결서를 바탕으로 이루어졌다. 그 결과 나혜석의 만세운동 참여의 구체적인 내용이 제대로 밝혀지지 못하였다. 그런데 국사편찬위원회에는 3·1운동 관련 신문조서가 보관되어 있었고, 그것이 『한민족독립운동사자료집』 14권에 실리게 되었다. 여기에는 나혜석과 함께 활동한 김마리아·황애시덕·박인덕 등

이러한 검토를 통하여 나혜석이 민족운동사에서 차지하는 위상의 일단이 밝혀지기를 기대한다. 화가·문학가로서 그녀는 당대를 대표한 인물임에 틀림없다. 더불어 여성운동가 특히 독립운동가로서 역할도 적지 않았다. 이 글을 쓰는 이유도 바로 여기에 있다. 즉 나혜석의 여성운동가, 나아가 민족운동가로서 전체적인 모습을 조망하고자 한다.

2. 나혜석의 민족의식 형성 과정

나혜석의 나주나씨 가문은 조선 중기 수원지방에 터를 잡았다. 이들은 19세기 말부터 20세기 초반 지방관을 역임하는 한편 경제적 부를 축적하였다. 이를 기반으로 신교육이나 신문화운동 등을 선도적으로 이끄는 등 비교적 명문의 가계를 유지할 수 있었다.[4]

그녀는 경기도 수원군 수원면 신풍리(新豊里) 291번지에서[5] 1896년 4월 28일 출생하였다.[6] 그의 집안은 수원지역에서도 상당한 재력이 있는 집안이었다.[7] 그러므로 사람들은 나혜석이 태어난 큰 대문의 오랜 기와

다양한 인물들의 신문조서가 실려 있어 나혜석뿐만 아니라 3·1운동 직후 여성들의 만세운동에 대한 연구에 결정적인 영향을 미쳤다. 이들의 당시 정세 인식은 물론 구체적인 활동상이 그대로 드러났기 때문이다.

4) 최홍규, 앞의 글, 85면.

5) 국사편찬위원회, 「나혜석신문조서」, 『한민족독립운동사자료집』 14, 1991, 33면 ; 조선총독부 경무국, 「나경석조」, 『국외용의조선인명부』 ; 조선총독부 경무국, 『나기정 민적부』 참조. 신풍리 291번지는 현재 신풍동 45-1, 45-4, 45-5, 49번지 일대로 추정된다. 토지대장 등 여러 자료와 면밀한 비교 검토가 요망된다.

6) 나혜석은 민적부에 따르면 1896년 4월 28일에 출생하였다고 되어 있다. 그런데 진명여학교 학적부나 신문조서 등 기타 자료에는 4월 18일로 되어 있다.

7) 나경석은 나혜석의 약혼자인 최승구에게 보낸 편지에서 1914년경 부친의 소작지 6석 두락을 둘러본 소감을 전하고 있다(KS생, 「저급의 생존욕」, 《학지광》 4, 1915.2). 이는 1915년 부친의 사망 전 장남으로서 나경석이 부친 소유의 땅을 둘러보는 과정에서 최승구에게 쓴 편지로 생각된다. 이를 통하여 볼 때 나혜석의 집안은 최소 6석 두락의 농토를 소유한 지주였다.

집을 '나부잣집'이라고 호칭하였다.[8]

나혜석의 부친 나기정(羅基貞)은 1906년 10월 경기관찰도 주사에서 출발하여 관직을 하기 시작하였다.[9] 1910년 8월 나라가 망한 뒤 나기정은 10월 1일 경기도 시흥군수로 임명되었다.[10] 이어 1912년 3월 12일에는 용인군수로 부임하여[11] 1914년 2월 28일 관직에서 물러났다.[12] 이후 1915년 12월 10일 별세하였다.[13]

이를 통하여 볼 때 나혜석은 수원지역을 중심으로 한 상당한 재력가의 관료집안에서 태어났다. 특히 아버지는 구한말 관료로서 일제 지배하에서 군수와 조선총독부 중추원 부참의로 임명되어 활동한 현실에 순응한 인물이었다. 이러한 나혜석이 민족의식을 갖게 된 배경은 무엇일까. 그녀는 도쿄유학시절 이광수(李光洙)·염상섭(廉想涉) 등 여러 사람들로부터 영향을 받았다.[14] 특히 오빠 나경석[15]과 약혼자 최승구의 영향이 가장 컸다고 생각된다.

나혜석은 1910년 수원 삼일여학교를 졸업하고,[16] 그해 9월 1일 서울

---

8) 이구열, 앞의 책, 13면.

9) 안용식, 『대한제국관료사연구』 3, 연세대 사회과학연구소, 1995, 165면.

10) 『조선총독부관보』, 1910.10.7.

11) 『조선총독부관보』, 1912.3.13.

12) 『조선총독부관보』, 1914.3.5.

13) 통훈대부 행용인군수 나기정지묘(通訓大夫 行龍仁郡守 羅基貞之墓) 묘비명(남석우근찬(南石祐謹撰))은 경기도 화성시 봉담읍 수기리에 소재하였다가 현재는 분천리로 이장되어 있다. 부친은 음력 11월 4일 사망하였다.

14) 나혜석과 이광수의 관계에 대하여는 이구열, 앞의 책, 20~5면에 잘 나타나 있다.

15) 나경석은 나기정과 최시의의 5남매 중 차남이다(나경석, 『공민문집』, 정우사, 1980, 260면).

16) 삼일여학교에 대하여는 김형목, 「한말 수원지역 계몽운동과 운영주체」, 『한국민족운동사연구』 53, 한국민족운동사학회, 2007, 8~11면 참조. 삼일여학교는 현재 매향여자경영정보고등학교로 변화·발전하였다. 유수자 교장에 따르면 삼일여학교의 교훈이었던 경천애인이 현재에도 그대로 교훈으로 계승되고 있다고 한다.

진명여자고등보통학교에 입학하였다.[17] 동생과 함께 한 학창시절은 지적 호기심을 크게 자극하였다. 특히 과외활동으로써 그림그리기는 번화한 서울거리에 대한 관심으로 표출되었다. 1913년 3월 28일 최우등 졸업은 학구열에 몰두한 조그마한 성과였다.[18]

나경석은 이런 나혜석이 1913년 도쿄여자미술전문학교에 진학하여 서양화를 전공하고 그녀가 예술가로 입신하기까지 직·간접으로 많은 영향을 준 대표적인 인물이었다.[19] 여자로서 중등교육 나아가 0.001%에 불과한 도쿄유학은 누구에게나 주어지지 않는 '신의 선택'이나 마찬가지였다. 그런 만큼 나경석의 사상과 경향성이 나혜석에게 상당한 영향을 주었을 것으로 짐작하는 것은 너무나 자연스러운 일이다.

나경석은 1910년 일본으로 건너가 도쿄에 있는 정칙영어학교(正則英語學校)에서 2년간 수학했다. 이어 도쿄고등공업학교에 입학하여 1914년 7월 졸업하였다. 그는 바로 귀국하지 않고 오사카(大阪)에 거주하는 조선노동자들을 위한 노동운동에 참가했다.[20] 즉 나경석은 1910년대 중반 무정부주의자였던 하세가와(長谷川市松)과 생디칼리스트인 요코다 소지로(橫田宗次郎)를 매개로, 오사카지역 조선인노동자의 생활에 대해 관심을 기울이고 있었다.[21] 당시 한국인 유학생 상당수가 그러하듯이, 사회주의에도 상당히 경도되었다. 민족모순과 차별은 근대적인 지식을 바탕으로 그에게 커다란 모순으로 인식될 만큼 중대한 문제였다. 오스기 사

17) 진명여학교 나혜석 학적부 참조.
18) 「재자재원(才子才媛) 진명녀즈고등보통학교 본과 졸업싱 라혜석(羅蕙錫)」, 《매일신보》, 1913.4.1.
19) 이구열, 앞의 책, 14면.
20) 나경석, 앞의 책, 261면.
21) 유시현, 「나경석의 '생산증식'론과 물산장려운동」, 『역사문제연구』 2, 역사문제연구소, 1997, 296~9면.

카에(大杉榮)·이즈미 나오죠(逸見直造) 등과 교제하는 등 사회주의운동에
관심을 보인 이유도 여기에서 찾을 수 있다.[22] 그는 자신의 계급적인 입
장과 달리 이러한 활동을 지식인의 의무라고 생각했다. 당시 나경석은
일본경찰에 의해 "배일선인"으로 주목받지 않을 수 없었다.[23]

　한편 1915년 1월경 나경석은 오사카에서 조직된 재오사카조선인친목
회에서 총간사로서 주도적인 활동을 전개하였다. 이 단체는 친목도모나
노동자 구호보다는 노동자 규합이 주요한 목적이었다.[24] 당시 그가 쓴
「저급의 생존욕」(《학지광》 4, 1915.2)에서 그는 자신의 소작지에서 일하
고 있는 농민들을 동정하면서, 이러한 상황을 극복하는 방법은 "제너럴
스트라이크, 사보타지 이것이 그들이 자위·자존하는 유일방법이요, 삶
의 진리이지만 누가 '브-나로드' 하면서 깃발을 높이 들 사람이 있겠
소"라고 하여 지식인들의 역할과 사명을 강조하였다. 즉 1910년대 중반
일본에서 유학한 나경석은 당시 일본 사상계의 한 흐름인 초기 사회주
의에 대한 이해를 바탕으로 생디칼리즘과 공산주의적 무정부주의를 지
향했던 일본인 사회주의자들과 함께 오사카에서 사회운동에 참여했다.
당시 일본에서는 일본의 산업화가 진전됨에 따라 노동문제·부인문
제·폐창(廢娼)문제 등 자본주의 사회가 초래한 문제 등에 대한 비판적
시각에서 많은 주의자들이 등장하고 있었다.[25] 더욱이 한국인의 삶은
이중적인 차별과 멸시를 받는 '저급한 삶' 자체였다.

　나혜석의 일본유학을 주선하고 나혜석에게 큰 영향을 주었던 인물인

22) 작자 미상, 『왜정시대인물사료』 1, 107면.
23) 유시현, 앞의 글, 298면.
24) 정혜경, 「일제하 재일한국인 민족운동의 연구」, 한국정신문화연구원 박사학위논문,
　　1999, 75~6면.
25) 유시현, 앞의 글, 300면.

나경석은 지금까지 검토한 바와 같이 초기 사회주의자였다. 그러므로 일본에서 유학한 나혜석 역시 오빠를 통하여 사회주의적 경향의 영향을 받았다고 생각된다. 아울러 '배일선인'이었던 오빠로부터 항일의식을 갖게 되었다고 보는 것은 자연스러운 일이다.

또한 약혼자이며 오빠 나경석의 친구이기도 했던[26] 최승구의 영향 또한 컸을 것으로 짐작된다. 나혜석은 최승구가 사망하자 그의 죽음이 자신에게 끼친 파급 효과를 그녀가 1934년에 《삼천리》에 발표한 「이혼 고백장(離婚 告白狀)」에서 다음과 같이 서술하였다.

> 벌써 옛날 내가 19세 되었을 때 일이외다. 약혼하였던 애인이 폐병으로 사거(死去)하였습니다. 그때 내 가슴의 상처는 심하여 일시 발광이 되었고 연(連)하여 정신쇄약이 만성에 달하였습니다.

즉 최승구는 나혜석의 약혼자였으므로 그의 죽음이 나혜석에게 미친 영향 또한 컸겠지만 그녀의 사상 형성에 최승구가 미친 영향 또한 컸으리라 생각된다.

최승구는 1892년 경기도 시흥 출신으로 보성중학교와 보성전문학교를 거쳐[27] 1910년경 일본으로 건너가 게이오대학 예과에 입학하였다. 거기서 그는 역사학을 전공하려 하였으나 경제적 사정과 심한 폐결핵으로 예과 과정만 이수하고 귀국해 1916년 24세의 나이로 타계하고 말았다.[28]

---

26) 최승구, 「정감적 생활의 요구-K.S형에게 여(與)허는 서)」, 《학지광》 3 ; KS생, 앞의 글 등을 통해 최승구와 나경석이 친구 사이임을 알 수 있다.
27) 최승만, 『나의 회고록』, 인하대학교 출판부, 1985, 9면.
28) 김학동, 「소월 최승구론」, 『한국근대시인연구』, 일조각, 1974, 16~7면에서 김학동은 최승구가 1917년에 사망하였다고 하고 있으나, 최승만의 『나의 회고록』에는 1916년으로 되어 있다. 필자 생각은 최승만의 행적 등으로 미루어 보아 1916년이 타당하다고 보인다. 최승

최승구는 일본유학시절 한국인 유학생들이 중심이 되어 조직한 학우회의 기관지인 《학지광》에서[29] 인쇄인으로 중심적인 역할을 하였다.[30] 또한 《학지광》에 시 1편과 수필·평론 등을 발표하였다. 이를 통하여 그의 사상적 경향성을 부분적이나마 살펴볼 수 있다.[31]

최승구는 《학지광》 5호(1915.5.2)에 실린 「너를 혁명하라!」라는 글을 통하여 너와 나 우리 모든 개인의 혁명을 강조하였다. 이를 위하여 우리 개인은 깨어 일어나 광선을 받고, 혁명을 하여야 함을 강조했다. 아울러 우리가 추구하는 바를 다음과 같이 서술하였다.

> 저(這)의 절규는 우리로 하여금 송구스럽고 부끄럽게 한다. 보아라. 우리의 위치는 여하한 지점에 있나. (…중략…) 이들은 문명의 선에서, 더 나은 문명, 더 높은 문명을 요구함이어니와 우리는 더 못한 문명, 더 얕은 문명의 선에 가기에도 전도(前途)가 상원(尚遠)하였고, 문명선 이내─제2의 출발점에도 아직 도달치 못하였다.[32]

라고 하여 혁명하여 추구하고자 하는 바가 문명임을 나타내고 있다. 그리고 이러한 문명된 사회에 도달하기 위해 10배의 속도로 질주해야 하며, "정의의 앞에는 공포가 없고, 확신의 앞에는 용기가 생기는 것이다"[33]라

구가 사망하기 직전 나혜석과 전남 고흥에서 만났던 일에 대하여는 최승만 회고록 44~7면에 상세히 나타나 있다.

29) 김인덕, 「학우회의 조직과 활동」, 『국사관논총』 66, 1995 참조.

30) 《학지광》 3, 4호에 최승구는 인쇄인으로 기록되어 있다. 편집 겸 발행인은 신익희로 되어 있다. 최승구의 사촌동생인 최승만은 그의 회고록에서 최승구가 학우회의 편집국장을 역임했다고 밝히고 있다(최승만, 앞의 책, 10면).

31) 최승구가 《학지광》에 발표한 것과 그 외에 『유고시집 노우트』(1915)에 있는 작품들은 모두 김학동, 『최소월 작품집』─어문총서 119(형설출판사, 1982)에 실려 있다.

32) 최승구, 「너를 혁명하라!」, 《학지광》 5, 17면.

33) 위의 글, 18면.

고 주장하였다. 즉 최승구는 조선을 비문명화된 사회로 보고 자신들을 혁명하여 문명화된 근대사회로 나아갈 것을 강조하였다.

최승구는 강한 민족의식의 소유자이기도 하였던 것 같다. 그가 《학지광》 4호(1915.2.28)에 발표한 「벨지엄의 용사」에서 그의 민족의식의 일단면을 살펴볼 수 있다. 시의 내용으로 보아 제1차 세계대전 당시 독일군에게 점령당했던 벨기에 운명을 서술한 것이다. 최승구는 이 시에서 독일군의 점령하에 있었던 벨기에 운명을 통하여 식민지치하의 한국민족의 비애와 울분을 토로하고 있다.[34] 아울러 일제에 대한 강한 저항의식을 은유적으로 보여주고 있는 것이다. 즉 그는 자신의 시에서,

벨지엄의 용사여!
최후까지 싸울 뿐이다.
너의 옆에
부러진 창이 그저 있다.

벨지엄의 용사여!
벨지엄은 너의 것이다!
네 것이면
꼭 잡아라!

벨지엄의 용사여!
너의 버디는 너의 것이다.
너, 인생이면
권위를 드러내거라!

벨지엄의 용사여!

34) 김학동, 「소월 최승구론」, 앞의 책, 24면.

창구(瘡口)를 부둥키고 일어나거라
너의 피 괴이는 곳에
벨지엄의 자손 불어나리라

벨지엄의 히로여!
너의 몸 쓰러지는 곳에
그 누구가 월계관을
받들고 섰으리라(1914.11.3).

라고 하여 벨지엄의 용사들에게 강한 저항을 요구하고 있으며, 끝까지
투쟁할 것을 주장하고 있다. 이러한 그의 주장은 당시 일제에 의해 강점
당하고 있던 조선민족의 일제에 대한 저항을 주장한 것으로 생각된다.

즉 최승구는 근대지향적 인물이었을 뿐만 아니라 나경석과 교유 등을
통하여 민족의식을 소유하고 있던 인물로 짐작된다. 그러므로 나혜석은
오빠 나경석과 약혼자 최승구를 통하여 보다 직접적으로 근대적인 의식
과 민족의식을 소유한 인물로 변화·발전되었다고 생각된다.

나혜석은 1916년 최승구가 사망한 이후 김우영(金雨英)[35]의 구애로 그
와 사귀게 되었다. 그 역시 민족의식을 갖춘 인물이었으므로 나혜석의
민족의식의 강화에 도움을 주었을 것이다. 교토제국대학 법과생인 김우
영은 일제가 주시하는 활동적인 인물이었다. 그는 1915년 1월 24일 교
토 시내 대한청년회관 기숙사 안에서 자신의 주최하에 유학생 약 20명
을 모아 교토조선유학생 친목회 조직을 위한 회의를 갖는 한편, 동년 3
월 6일에는 다시 같은 장소에서 회칙을 협정하고 간부를 선출하였다.
이때 김우영은 간사로 임명되어 회계 김시학(金時學), 서기 경석우(慶錫

---

35) 김우영의 삶에 대하여는 그의 회고록이 크게 참조된다(김우영, 『회고』, 신생공론사,
1954).

祐) 등과 함께 활동하였다.[36]

국내에서 3·1운동이 발발한 이후 3월 19일 일본은 여명회(黎明會)라는 단체를 조직하여 일본에 거주하고 있는 한인들의 의견을 수렴한 적이 있었다. 이때 김우영은 모든 한인이 자주 독립을 갈망하며 일본에 동화될 수 없다고 주장하는 등 항일적인 면모를 보여주고 있다.[37]

1920년 6월 수원에 연고를 두고 있던 박선태(朴善泰)·이득수(李得壽)·이선경(李善卿)·임순남(林順男) 등이 구국민단을 조직하여 활동하다 체포되어 재판을 받게 되었다.[38] 김우영은 변호사로서 피고가 행한 일이 사회에 아무런 영향을 끼치지 아니한 이상 될 수 있으면 무죄로 하고 유죄의 판결이 있더라도 집행유예 되기를 바란다고 변론하는 등 항일운동에 대하여 긍정적 태도를 보였다.[39]

이처럼 나혜석은 나경석·최승구·김우영 등으로부터 민족의식을 고취·발전시켜 나갔다. 독립운동 참여는 자신의 이상적인 사회를 쟁취하는 과정 중 하나였다. 나아가 자신이 꿈꾼 이상적인 사회를 실현하는 현장이었다. 자주독립된 국가에서 남녀가 동등한 권리를 보장하는 사회는 나혜석이 궁극적으로 지향하는 바였다.

3. 나혜석의 조선여자유학생친목회 결성과 민족의식

나혜석은 일본유학시절 여성해방운동에 관심을 기울이게 된다. 이점에서는 나경석과 최승구 등의 영향과 더불어 당시 일본에서 여성해방론

---

36) 독립운동사편찬위원회, 『독립운동사자료집』 13, 1977, 31~2면.
37) 위의 책, 42~3면.
38) 박환, 「1920년대 초 수원지방의 비밀결사운동―혈복단과 구국민단을 중심으로―」, 『경기사학』 2, 1998, 171~5면.
39) 「구국민단 공판」, 《동아일보》, 1921.4.6.

이 주장되고 있었던 점 또한 크게 주목해야 할 것이다. 당시는 여성해방을 주장하던 잡지 《세이토(靑鞜)》(1911~1916)가 간행되어 사회의 주목을 받고 있었으며, 이 잡지 관계자 중에는 도쿄여자미술전문학교 졸업생이 3명이나 있었다.[40] 나혜석은 바로 이러한 일본 여성운동계의 분위기에 큰 영향을 받았을 것이며,[41] 아울러 조선을 문명화된 근대사회로 만들어야겠다는 강한 의지를 갖고 있었을 것이다. 그 결과 나혜석은 「이상적 부인」(《학지광》 3, 1914.12) 등을 통하여 여성해방론을 주장하게 되었던 것이다.

나혜석의 민족의식 형성은 그녀가 《학지광》에 발표한 글들 속에서 찾아볼 수 있다. 그녀는 《학지광》 12호(1917.4) 「잡감(雜感)」에서,

> 우리 조선여자도 인제는 그만 사람같이 좀 돼봐야만 할 것이 아니오? 여자다운 여자가 되어야만 할 것 아니오? 미국여자는 이성과 철학으로 여자다운 여자요. 프랑스여자는 과학과 예술로 여자다운 여자요. 독일여자는 용기와 노동으로 여자다운 여자요. 그런데 우리는 인제서야 겨우 여자다운 여자의 제일보를 밟는다하면 이 너무 늦지 않소? 우리의 비운은 너무 참혹하오 그래.

라고 하여 미국 · 프랑스 · 독일여자 등과 비교하며 한국여자도 이제 여자다운 여자가 되어야 함을 강조하고 있다. 즉 나혜석은 다른 나라와 비교하며 한국의 자주적인 의식하에 여자다운 여자가 될 것을 강조하고 있었다. 또한 나혜석은 《학지광》 13호(1917.7)에 실린 글(1917.5.16 작성) 「잡감─K언니에게 여(與)함」에서도,

---

40) 이노우에 가즈에(井上和枝), 「나혜석의 여성해방론의 특색과 사회적 갈등」, 정월 나혜석 기념사업회, 『나혜석 바로알기 제1회 국제심포지엄』, 1999, 71면.

41) 노희정, 「나혜석, 그 '이상적 부인'의 꿈」, 『한림일본학연구』 2, 1997, 50~1면.

내가 여자요, 여자가 무엇인지 알아야겠소. 내가 조선사람이오. 조선사람이
어떻게 해야 할 것을 알아야겠소.

　이(二)는 자기소유로 만들려는 욕심이 있어야겠소. 「수처작주(隨處作主)면
입처계진(立處皆眞)」이란 진리도 있소. 우리는 일시에 지나(支那)의 「天」자와
일본의 「ア」자와 서양의 「A」자를 배우게 되었소. 우리가 항용 부르는 일본의
「야마도다마시이」가 무엇이오. 일본은 남의 문화를 수용하되 일본화 하는 것
이오. 일본사람은 외적 자극을 받아 가지고 내적 조직을 만드는 것이오. 우리
도 배우는 학문을 내 소유로 만들어야겠소. 조선화시킬 욕심을 가져야겠소.

라고 하여 우리가 배우는 것을 조선화시켜야 함을 강조하는 등 조선인
으로서 자주의식을 보여주고 있다. 나혜석은 또한 소설 「회생한 손녀에
게」(《여자계》 1918.9)에서도,

　그러면 너는 그 깍두기 맛으로 회생한 너로구나. 오냐 너는 죽기 전에는 그
깍두기가 너의 정신을 반짝하게 해주는 인상을 잊으려야 잊을 수 없게 되었구
나. (…중략…) 너는 할 수 없이 깍두기의 딸이다. 너도 이제 꼭 그런 줄을 알
았을 줄 믿는다. 깍두기로 영생하는 내 기특한 손녀여!

라고 하여 맛있는 서양식 빵과 스프 등보다도 한국인들은 깍두기와 같
은 조선음식을 먹었을 때 참 정신이 나고 병도 완쾌된다고 하여 조선민
족으로서 강한 자긍심을 심어 주고자 하였다. 즉 무조건적인 서구지향
을 경계하며 민족적 자의식을 드러내고 있는 것이다.[42]

　한편 나혜석은 1915년 4월 김정화(金貞和) 등과 함께 발기하여 조선
여자유학생친목회를 조직하였다.[43] 초대회장에는 김필례가 피선되었

---

42) 이상경, 앞의 글, 331~2면.
43) 長久保宏人, 「二・八獨立宣言への道－1910年代後半の在日朝鮮人留學生運動」, 『복대사
　　학(福大史學)』 29, 복도대학(福島大學), 1980, pp.29~30.

다.[44] 이 단체의 설립목적은 도쿄에 거주하는 한국여학생 상호간의 친목을 도모하고 아울러 지식계발 및 국내 여성을 지도·계몽하는 데에 있었다. 창립 당시에는 전영택과 이광수 등이 고문으로서 활동하였다.[45]

나혜석은 이 조직에서 이광수·전영택 등과 함께 활동하였다. 이들은 도쿄에서 조직된 조선학회의 중심 멤버였다. 이광수는 1916년 1월 29일 YMCA에서 개최된 제1회 총회 시 주최자로서 활동하였다. 그리고 전영택은 1918년 1월 17일 김철수(金喆壽)·백남훈(白南薰)·김도연(金度演) 등과 함께 간사로서 활동하였다. 이광수와 전영택이 활동한 조선학회는 1915년 12월 말 와세다대학생 신익희(申翼熙) 외 7명, 메이지대학생 김양수(金良洙)·장덕수(張德秀)·최두선(崔斗善) 등의 발기로 조직되었다. 설립목적은 조국에 관한 학술연구에 있으나 사실은 일종의 애국적 비밀결사였다.[46] 그러므로 이들의 자문을 받고 활동하던 조선여자유학생친목회 역시 항일적인 성향을 띠게 되었을 것이다.

조선여자유학생친목회는 잡지 《여자계》[47]를 간행하는 한편 기금 모집에 힘쓰며, 정기 연3회 또는 임시총회를 열고 시사에 관한 사항을 논의하였다.[48] 특히 시사에 관하여 논의할 때 조선의 근대화문제·제1차

---

44) 박정애, 「1910~1920년대 초반 여자일본유학생연구」, 숙명여자대학교 석사학위논문, 1999, 27면.

45) 박경식, 『재일조선인관계자료집성』 1, 삼일서방, 1975, 89면. 한편 전영택과 이광수는 무슨 이유인지 모르나 1918년 9월부터 이 단체와의 연계를 끊었다. 그리고 이광수는 《여자계》 2호에 「어머니의 무릎」이라는 시를, 전영택은 「가정제도를 개혁하라」라는 글을 각각 기고하였다.

46) 독립운동사편찬위원회, 앞의 책, 31면.

47) 《여자계》 2호(대정 7년 3월), 3호(대정 7년 9월), 4호(대정 9년 3월), 속간4호(소화 2년 1월) 등이 현재 연세대 도서관 한결 김윤경문고에 소장되어 있다.

48) 박경식, 『재일조선인관계자료집성』 1, 89면.

세계대전 문제 · 여성해방론 · 민족문제 등이 논의되었을 것으로 짐작된다.

한편 나혜석은 1917년 10월 17일 도쿄 국정구(麴町區) 반전정(飯田町) 조선교회당 내에서 개최된 임시총회에서 여자친목회의 총무로 선출되었다. 회장에는 김마리아, 서기 정자영(鄭子英), 부서기 김충의(金忠義), 회계 현덕신(玄德信) 등이 선출되었다. 나혜석은 허영숙(許英肅),[49] 황애시덕 등과 함께 《여자계》의 편집위원으로 선출되어 편집부장인 김덕성(金德成)을 보필하였다. 그리고 이광수와 전영택이 편집찬조로서 《여자계》의 편집을 도와주었다.[50] 나혜석은 여자유학생친목회 활동을 통하여 3 · 1운동 당시 함께 활동하게 되는 김마리아와 황애시덕 등과 긴밀한 관계를 갖고 있었다. 즉 김마리아는 회장, 나혜석은 총무, 황애시덕은 《여자계》 편집부원이었다.

나혜석은 1918년 3월 9일 오후 2시부터 국정구 판전정 조선연합기독교 교회 내에서 개최된 여자친목회 졸업생 축하회에서 회장 김마리아 (여자학원생) 외 24명이 출석한 가운데 허영란과 김덕성 등과 함께 졸업 소감 연설을 하였다.[51] 이어 잡지 《여자계》 제2호 발행 건을 협의하였다.[52] 사실 조선유학생여자친목회에서는 1917년 7월 기관지 《여자계》 창간호를 간행한 이후 경비문제로 휴간하고 있는 상황이었다. 이에 1918년 1월 나혜석은 전영택과 함께 적극적으로 학생들 사이를 오가며

---

49) 나경석은 나혜석과 허영숙(이광수의 부인이 됨)을 함께 일본으로 데리고 가 유학하게 하였다. 이때 나경석은 남자건 여자건 자질만 있으면 활동해야 한다고 하였다고 한다(나영균, 「「나경석의 장녀」의 회고」, 정월 나혜석 기념사업회, 『나혜석 바로알기 제1회 국제심포지엄』, 1999.4.27).

50) 「소식」, 《여자계》 2.

51) 「소식」, 《여자계》 3.

52) 박경식, 앞의 책, 68면.

간행기금을 호소한 결과 1918년 3월 하순 《여자계》 제2호를 발행하기에 이르렀다.[53] 그녀는 《여자계》 2호에 소설 「경희」,[54] 그리고 3호에 「회생한 손녀에게」[55] 등을 각각 발표하였다.

또한 《여자계》 3호를 간행하는 데도 많은 찬조를 하였다. 즉 그녀는 김덕성 15원에 이어 김자신(金子信)·최의경(崔義卿) 등과 함께 5원을 기부했다. 그리고 구순선(具順善)·김충의·정자영·이양선(李良善)·오희영(吳喜永)·황애시덕 등은 각 3원씩을 기부하였다.[56] 나혜석은 조선여자유학생친목회의 주도적인 발기인이자 활동가였으며 또한 잡지 《여자계》의 편집·집필·찬조 등에도 중심적인 역할을 하였다. 《여자계》 3호(1918년 9월 간행) 「소식」은 이러한 활동상을 잘 보여준다.

> 본지를 위하여 금옥 같은 원고를 늘 쓰시고 본지의 유지와 발전을 위하여 참 분골쇄신으로 자기를 잊어버리고 헌신적으로 힘써 주시던 나정월(羅晶月, 정월은 나혜석 호─필자 주)씨는 졸업하신 후에 경성 진명여학교에서 교편을 잡고 일하시다 근일은 건강이 불량하여 익선동(益善洞) 자택에서 정양 중이시라는데 지금도 오히려 본지를 위하여 힘 많이 쓰신다더라. 본지 동인은 그가 속히 건강이 회복하시기를 기원하나이다.

라고 하여 나혜석과 《여자계》가 긴밀한 관련을 맺고 있음을 보여주고 있다.

53) 위의 책, 70면.
54) 《여자계》 2.
55) 《여자계》 3.
56) 「소식」, 《여자계》 3 참조.
57) 「근축졸업(謹祝卒業)」, 《여자계》 2.

4. 나혜석과 3·1운동

1918년 3월 도쿄여자미술전문학교를 졸업한 나혜석은[57] 동년 4월 귀국하여 모교인 진명여학교에서 교편을 잡고 일하다가 건강상의 이유로 익선동에서 요양하다가[58] 1919년 경성부 운니동 37번지 집에서 혼자 그림 연구를 하고 있었다.[59] 이러한 때에 도쿄에서는 유학생들을 중심으로 2·8독립선언이 있었고, 이때 조선여자유학생친목회 회원들도 이에 가담하여 활동하였다. 즉 1919년 2월 도쿄 남학생이 결속해서 독립운동을 일으키자 여자들도 조국을 위해 나서서 일할 것을 결심하고 동회의 명의로 운동비 100원을 기탁하는 등 많은 성원을 보였다. 또한 국내에서 독립운동을 전개하기 위하여 김마리아와 황애시덕 등 일부 회원이 귀국하여 국내운동을 전개하고자 하였다.[60]

2·8독립선언에 참여한 조선여자유학생친목회 회장 김마리아와 황애시덕은 이 사건을 계기로 경시청에 체포되었다가 풀려났다.[61] 그 후 곧 김마리아는 국내에서 만세운동을 전개하기 위하여 2월 15일에 부산에 도착하였으며,[62] 2월 21일에는 서울에 도착하였다.[63] 서울로 올라온 김마리아는 1919년 3월 2일 일본 도쿄에서 조선여자유학생친목회에서 함께 활동하였던 나혜석을 만나 일본에서 만세운동에 대하여 이야기하고 함께 활동할 것을 권유하였다. 이에 동의한 나혜석은 김마리아와 함께

58) 「소식」, 《여자계》 3.
59) 국사편찬위원회, 「나혜석 신문조서」, 앞의 책.
60) 박경식, 앞의 책, 89면.
61) 이현희, 「김마리아의 생애와 애국운동」, 『한국사논총』 3, 성신여자사범대학 국사교육학회, 1978, 90면.
62) 정충량, 「김마리아의 생애와 사상」, 『나라사랑』 30, 1978, 24~5면.
63) 국사편찬위원회, 「김마리아 신문조서」, 앞의 책.

이화학당 기숙사 박인덕의 방으로 갔다. 그때 박인덕의 방에 모인 사람은 나혜석을 비롯하여 김마리아·박인덕·황애시덕·김하르논·손정순(孫正順)·안병숙(安秉淑)·안숙자(安淑子)·신준려(申俊勵, 신체르뇨)·박승일(朴勝一)·안병수 등 모두 11명이었다.[64]

나혜석과 함께 활동한 김마리아는 황해도 출신으로 조실부모하고 서울로 올라와 정신여학교를 졸업하고 모교의 교사로 재직하였다.[65] 1919년 당시 도쿄여자학원 학생이었다. 그녀는 1915년 5월부터 도쿄에서 유학하였으며, 기독교신자였다.[66] 황애시덕(황에스터, 황신덕(黃信德)의 언니)은 평남 평양 사람이다. 이화학당을 졸업하고 평양 숭의여학교 교사로 근무하던 그녀는 1913년 비밀 결사 송죽(松竹)결사대를 조직하였다.[67] 8세 때부터 기독교를 믿은 그녀는 1919년 당시 도쿄여자의학전문학교에 유학 중이던 학생이었다. 1919년 1월 6일 도쿄 간다(神田) 조선청년회관에서 김마리아·노덕신(盧德信)·유영준(劉英俊)·박정자(朴貞子)·최청숙(崔淸淑) 등과 함께[68] 독립운동에 대하여 논의하였으며 2·8독립선언 이후 국내에서 활동하기 위하여 2월 28일 도쿄에서 귀국하였다.[69]

즉 도쿄에서 2·8독립선언에 참여한 김마리아·황애시덕 등이 귀국하여 여성들을 중심으로 한 만세운동을 추진하고자 하였다. 이에 김마리아는 일본에서 함께 활동한 나혜석에게 협조를 요청했고, 나혜석이 이에 동의했다. 이들 3인은 도쿄에서 조선여자유학생친목회의 주요 간

64) 국사편찬위원회, 「나혜석 신문조서」·「신준려 신문조서」, 위의 책.
65) 국가보훈처, 『독립유공자공훈록』 5, 1988, 487면.
66) 국사편찬위원회, 「김마리아 신문조서」, 앞의 책.
67) 국가보훈처, 『독립유공자공훈록』 7, 1990, 723~4면.
68) 국사편찬위원회, 「김마리아 신문조서」, 앞의 책.
69) 국사편찬위원회, 「황애시덕 신문조서」, 위의 책.

부였다는 공통점과 함께 같은 기독교 신자라는 공통점 또한 갖고 있었던 것이다. 나혜석은 소학교 때부터 기독교를 믿었는데 1917년 12월 도쿄의 조선교회에서 조선인 목사에게 세례를 받았다.[70]

함께 모임에 참여한 사람들 중에는 이화학당 교사와 학생 그리고 졸업생이 대다수였으며, 기독교 신자들이 다수를 이루고 있었다. 이 점은 황애시덕이 이화학당 졸업생이며 기독교 신자였던 점과 관련이 있는 것이 아닌가 한다. 즉 운동의 구성원 조직에서는 황애시덕의 영향력이 크게 작용한 것으로 보인다. 박인덕[71]은 이화학당 교사였다. 출생지는 평남 진남포이며, 1916년 3월 이화학당을 졸업하고 그해부터 이화학당 교원으로 영어 · 수학 · 체조 · 음악 · 재봉 · 성서를 가르치고 있었다. 박인덕은 나혜석을 3월 2일의 회합 이전부터 알고 있었다. 그리고 그녀는 기독교 신자로 6세부터 신앙하여 9세 때 진남포에서 세례를 받은 인물이었다.[72] 손정순은 이화학당 학생으로 대학교 1학년 혹은 2학년생이었고[73], 안병숙은 중앙 교회당 유년부 선생이었다.[74] 안숙자는 경성부 서린동 100번지에서 출생하였고 이화학당 중학과를 1918년에 졸업하였다. 남편은 일본 육군 보병 중위 염창섭(廉昌燮)으로 당시 12사단 소속이었고 시베리아에 출정 중이었다.[75] 김하르논과 박승일은 이화학당 선생이었다.[76] 신준려도 1917년부터 이화학당 선생으로 일하였으며 어릴 때

---

70) 국사편찬위원회, 「나혜석 신문조서」, 위의 책.
71) 박인덕의 해방 이전과 이후의 활동에 대하여는 다음 홈페이지 친일인사—여성계—박인덕이 참조된다. http://www.banmin.or.kr
72) 국사편찬위원회, 「박인덕 신문조서」, 앞의 책.
73) 국사편찬위원회, 「신준려 신문조서」, 위의 책.
74) 국사편찬위원회, 「나혜석 신문조서」, 위의 책.
75) 국사편찬위원회, 「안숙자 신문조서」, 위의 책.
76) 국사편찬위원회, 「나혜석 신문조서」, 위의 책.

부터 기독교 신자였다.[77]

나혜석 등 11명이 모인 가운데 김마리아는 어제 남학생들이 먼저 독립운동을 시작했는데 여자 쪽은 어떻게 하면 좋겠는가라는 의견을 제시하였다. 이에 대하여 황애시덕은 다음과 같이 3가지 안을 제시하였다. 첫째 부인단체를 조직하여 조선의 독립운동을 전개할 것, 둘째 남자단체와 여자단체와의 사이에 연락을 취할 것, 셋째 남자단체에서 활동할 수 없을 때에는 여자단체가 그것을 대신하여 운동할 것[78] 등이었다.

이에 대하여 나혜석은 첫째 안과 둘째 안에 찬동을 표하였다. 이어 활동 자금 문제가 논의되었고 나혜석 등은 자금은 개개인이 마련하자고 결의하였다. 아울러 김마리아의 제안으로 이 단체를 영구히 지속화시키기 위하여 회장을 선출하자고 제의하였다. 향후계획은 3월 4일에 다시 모여서 구체적으로 논의하기로 하고 헤어졌다.[79] 한편 그들은 이날 모임에서 각 학교가 휴교할 것, 3월 5일 남학생들의 독립운동에 가담할 것 등을 결의하고 박인덕과 신준려 등이 학생들을 동원하기로 하였다.[80]

이에 나혜석은 3월 3일 오후 8시경 자금 조달을 위해서 자신과 연고가 있는 개성과 평양으로 출발하였다. 개성에서 나혜석은 정화여숙(貞華女塾)의 교장인 이정자(李正子)를 방문하였다. 나혜석이 그녀를 방문하게 된 것은 이정자의 질녀가 경성의 여자고등보통학교에 다니고 있었는데 나혜석과 이웃에 살고 있던 인연 때문이었다. 그녀에게 지금 경성에서 여자단체를 조직하여 독립운동을 하기로 되어 있으니 만약 개성에서 그런 일이 있으면 통지하고 연락을 취해달라고 말하였다. 이에 이정자는 그

77) 국사편찬위원회, 「신준려 신문조서」, 위의 책.
78) 국사편찬위원회, 「김마리아 신문조서」 · 「나혜석 신문조서」, 위의 책.
79) 국사편찬위원회, 「나혜석 신문조서」, 위의 책.
80) 국사편찬위원회, 「황애시덕 신문조서」, 위의 책.

뜻에는 기본적으로 동의하지만 교장으로서 참가할 수 없다고 하였다.[81]

이어 나혜석은 평양으로 향하였다. 평양에서는 정진(貞進)여학교의 선생인 박충애(朴忠愛)를 찾아 방문하였다.[82] 그녀는 나혜석과는 수원 삼일여학교 동창생으로 서로 1등을 다투었다고 전해진다. 박충애는 이화학당을 졸업하고 강원도 원주 감리교회 부속국민학교에서 교원으로 일하였으며, 일본에 유학하여 요코하마(橫濱)에 있는 여자신학교를 다녔다. 한편 박충애의 어머니는 나혜석의 삼일학교 은사이기도 하였다.[83] 귀국 후 박충애는 평양에서의 만세운동에 참여한 바 있었다. 나혜석은 이러한 박충애에게 독립운동에 참여할 것을 요청하였다. 이에 그녀는 관헌의 주목의 대상이 되어 있으므로 가능한 대로 참여하겠다고 하였다.[84]

이처럼 나혜석은 3월 2일 모임 이후 3월 3일 저녁 개성과 평양으로 가 직접 조직과 자금을 마련하고자 진력하였다. 이점으로 보아 3·1운동 당시 나혜석은 독립운동에 적극적인 인물이었음을 짐작해 볼 수 있다.

3월 4일 아침에 경성으로 돌아온 나혜석은 3월 8일 황애시덕을 통하여 자신이 이 조직의 간사가 되었다는 사실을 알았다. 당시 3월 4일 모임에서 간사로 선출된 인물은 김마리아·황애시덕·박인덕·나혜석 등이었고 박인덕이 학생 쪽을 담당하기로 하였다.[85] 이 결의에 따라 3월 5일 이화학당의 식당에서 아침식사 때 신준려와 박인덕이 학생들에게 만세를 부르도록 지도하였다.[86] 이 사건으로 인하여 나혜석은 김마리아·

81) 국사편찬위원회, 「나혜석 신문조서」, 위의 책.
82) 박충애는 1922년 8월 최승구의 사촌동생인 최승만과 혼인하였다(최승만, 앞의 책, 110면 참조).
83) 최승만, 위의 책, 50~3면.
84) 국사편찬위원회, 「나혜석 신문조서」, 앞의 책.
85) 위의 글.
86) 국사편찬위원회, 「신준려 신문조서」, 위의 책.

황애시덕·박인덕 등과 함께 일경에 체포되어 3월 18일 경성지방검사국에서 신문을 받았다.[87] 그 결과 투옥되었다가 김마리아 등과 함께 동년 8월 증거 불충분으로 면소되었다.[88]

그 후에도 나혜석은 계속 민족의식을 갖고 활동하였다. 그리하여 1923년 3월의 의열단 사건 또는 황옥(黃鈺)경부 폭탄사건에[89] 나혜석은 부군 김우영과 함께 직간접으로 협조하였다.[90] 특히 위험부담이 컸던 이 사건에서 폭탄과 권총을 숨겨주고, 또 체포되었던 의열단원 유석현(劉錫鉉)이 출소한 후 보관해 두었던 권총을 돌려줄 정도로 나혜석은 민족의식을 갖고 있던 인물이었다.[91] 특히 의열단원이었던 유석현은 회고에서 다음과 같은 사실을 밝혔다.

소위 '의열단 사건'으로 나를 비롯한 많은 동지들이 옥중생활을 했을 때, 그의 부인 나혜석씨는 우리를 찾아와 건강을 걱정해주고 민족을 회생시키기 위한 용기를 복돋워 주는 일을 잊지 않았다. 또 그러한 정신적 격려를 바탕으로 민족을 위한 동지들의 결의가 더욱 굳어졌음은 물론이다.[92]

---

87) 국사편찬위원회, 「나혜석 신문조서」, 위의 책.
88) 독립운동사편찬위원회, 『독립운동사자료집』 5, 1983, 55~7면.
89) 김영범, 「의열단의 민족운동에 관한 사회사적 연구」, 서울대학교 박사학위논문, 1994, 76~9면.
90) 김우영, 『회고』, 79~81면.
91) 최홍규, 앞의 글, 99~100면.
92) 유석현, 「잊을 수 없는 사람들」, 《한국경제신문》, 1986.11.6. 그는 충북 충주사람으로 의열단에서 1923년 5월을 기하여 전국 각지에서 대폭동을 일으키고 요인을 암살하라는 지령을 받았다. 그는 김시현·황옥·김지섭 등 동지를 규합하여 무기반입을 모의한 후 베이징에서 폭탄 36개, 권총 5정, 독립선언문 3천매 등을 소지하고 입국하여 거사를 계획 중 밀고자에 의해 1923년 3월 15일 피체되었다. 그리하여 경성지방법원에서 징역 8년을 언도받고 옥고를 치른 후 1931년 만기출옥하였다(국가보훈처, 『독립유공자공훈록』 8, 1990, 196~7면).

라고 언급하고 있는 점을 통해서도 그녀의 민족의식을 짐작해 볼 수 있다. 3·1운동 이후 그녀의 민족의식은 점차 쇠퇴하였던 것으로 보인다. 우선 특별한 민족운동을 전개하지 않았으며, 그녀의 삶 속에서 남편 김우영이 일본관료로서 일하였다는 것에 대해 고민한 흔적이 보이지 않고 있기 때문이다. 또한 구미여행 중에 식민지 고급관료들과도 인적교류를 갖고 있었으며, 조선총독부와 밀접한 관련을 갖고 내선일체 정책에 적극적이었던 오사카의 사업가 유원길병위(柳原吉兵衛)와도 친분을 쌓고 있었다.[93]

5. 결어

나혜석은 지주이며 일제시대 관리였던 부친 밑에서 성장하였다. 그럼에도 불구하고 그녀는 민족의식을 가진 인물로 성장하였다. 이처럼 그녀가 성장한 데는 그녀의 오빠 나경석과 약혼자 최승구의 영향이 컸다. 아울러 결혼하게 되는 김우영의 영향 또한 작용하였을 것이라고 생각된다.

나혜석은 학우회 활동과 조선여자유학생친목회의 활동 등을 통하여 자신의 근대의식과 민족의식을 성숙시켜 나갔으며, 여성해방운동의 선구자적 역할을 담당하였다. 1918년 귀국한 나혜석은 1919년 2·8독립선언에 참여하였다가 귀국한 조선여자유학생친목회 동지들인 김마리아·황애시덕 등과 함께 3·1운동을 전개하기 위하여 계획을 수립하였다. 그리고 간사 역할을 맡게 되었고 개성과 평양을 방문하여 조직의 확장과 자금 마련을 위하여 노력하였다. 그러다 일경에 체포되어 투옥된 후 증거 불충분으로 1919년 8월 석방되었다.

---

93) 송연옥, 「조선의 '신여성'의 내셔널리즘과 젠더」, 『근대적 여성상의 한·일 비교』, 한일 국제심포지엄, 2000, 57~8면.

이후에도 나혜석은 의열단 사건에서 보여주듯이 계속 민족의식을 갖고 독립운동을 후원하였다. 중국 안둥현에서는 직접 여자야학을 설립·운영하는 등 계몽운동가로서 활동했다. 특히 신문과 잡지 등을 통한 여성운동에도 열성적이었다. 어머니·외교관 부인·화가·문학가로서 1인 4역은 그녀의 '천재적인 재능'에 족쇄로 다가왔다. 치열한 현실비판은 생기를 잃게 되었다. 아울러 그녀의 민족의식도 점차 쇠퇴의 길을 걷게 된다. 즉 그녀의 관심은 민족과 계급보다는 자신의 생활 범위에 한정되어 갔다.

김우영과 이혼 이후 시대를 앞선 선각자로서 나혜석의 존재는 호사가들의 '단골메뉴'로 전락하고 말았다. 최린과의 관계는 1930년대 한국사회를 뒤흔든 최고의 화제였다. 경제적인 빈곤과 건강 악화는 그림그리기마저도 불가능하게 만들었다. 가족은 물론 사회적인 냉대는 '인간 나혜석'을 나락의 궁지로 내몰았다. 더욱이 사회적인 냉대와 무관심은 비수처럼 그녀를 압박하는 요인이었다. 1940년대에 이르러 항변하거나 저항할 기력도 쇠진한 상태였다. 삶의 고단한 무게는 너무나 가혹하였다. 1948년 12월 행려병자로서 싸늘한 시신이 전부였다. 한국인 '여성 최초'라는 수식어는 공허한 메아리로 남아 있을 뿐이다. 그렇게 나혜석은 우리 곁을 홀연히 떠났다.

(박환)

'금기된 인습'에 도전장을 던진
민족운동가 나혜석

1. 나혜석은 누구인가

나혜석은 여성운동가와 예술가로서 가장 널리 알려진 인물임에 틀림없다. 시대를 초월한 인식이나 생활방식으로 '커리어우먼'이라는 찬사도 잠깐, 지탄의 대상으로 낙인 찍혔다. 강고한 인습이 잔존한 시대상황은 결국 그녀를 나락의 궁지로 내몰았다. 사회적인 냉대와 편견에도 끝까지 현혹되거나 굴복하지 않았다. 오히려 소신에 따라 자신이 꿈꾼 세상을 향해 내달리기를 주저하지 않았다. 결과는 참담한 현실로서 다가왔다. 가족은 물론 사회로부터 철저하게 소외되는 등 혹독한 시련을 감내해야만 했다. 「이혼 고백서」 발표와 '정조 유린에 대한 고소사건'은 인간 나혜석을 더욱 소외시켰다.[1] 정신적인 방황과 경제적인 곤궁에 따

[1) 김우영, 『청구회고록』, 신생공론사, 1954. 남편인 김우영은 회고록에서 두 번째와 세 번째 부인인 나혜석과 신정숙에 대해 전혀 언급하지 않았다. 뿐만 아니라 딸과 아들 등이 나혜석과 만나는 것을 엄격하게 제한하는 등 사실상 인연마저 끊도록 강요하였다. 이혼 이후 그녀는 1930년대 후반까지 일부 호사가들에게 가십거리를 제공하는 '버림받은' 비운의 주

른 불행한 말년은 이러한 과정에서 연유하였다.

그녀의 삶에 대한 평가는 가치관의 변화와 더불어 객관적인 관점에서 접근하는 계기를 맞았다. 1980년대 이후 '민주화열풍'은 다양한 역사인식을 제공하는 자양분이었다. 나혜석을 대중적인 관심 속으로 이끌어낸 본격적인 시점은 사후 반세기나 지난 이후였다. 물론 화가 · 문학가로서 개별적인 연구는 1970년대부터 지속적으로 이루어져 왔다.[2] 1999년 2회나 개최된 '나혜석 바로알기' 학술대회는 본격적으로 여성운동가와 민족운동가로서 위상 등을 규명하는 시발점이었다. 2010년 4월까지 13회에 걸친 정기적인 학술회의는 다양한 관점에서 인식의 지평을 넓히는 밑거름이었다.[3] 이는 '인간 나혜석'에 대한 진면목을 새로운 관점에서 접근하는 계기로 이어졌다. 새로운 사료 · 작품 발굴과 정리 등은 이러한 연구 분위기를 조성하는 밑바탕이었다. 21세기를 맞아 한국사에서 '여성인물찾기'는 새로운 국면에 접어들고 있음을 실감하지 않을 수 없다.

다만 일부 성과물은 지나치게 자의적으로 해석하는 등 문제점을 드러내었다. 식민지사회의 특수성을 무시한 경향은 연구 심화와 더불어 점차 극복될 수 있으리라 전망된다. 최근 아들과 조카 등의 회고록도 이면에 묻혀 있던 새로운 사실을 부분적으로 전해주고 있다. 다만 가족애(家

인공이었다. 1930년대 후반에 들어서면서 그녀 존재에 대해 관심을 보인 사람도 거의 없었다. 철저하리만큼 우리에게 잊힌 존재나 다름없었다. 절망적인 나락에서 헤매다가 그녀는 우리로부터 홀연히 떠나갔다. 행려병자로서 '비극적인' 죽음은 이러한 상황을 극명하게 보여준다(윤범모, 『첫사랑 무덤으로 신혼여행을 가다』, 다홀미디어, 2007, 263~71면).

2) 그녀가 남긴 글은 서정자, 『(원본)정월 나혜석 전집』(국학자료원, 2001)과 이상경 편집 · 교열, 『나혜석 전집』(태학사, 2000) 등에 수록되어 있다.

3) 이구열, 『에미는 선각자였느니라』, 동화출판공사, 1974 ; 이상경, 『나는 인간으로 살고 싶다』, 한길사, 2000 · 2008 ; 정규웅, 『나혜석 평전』, 중앙M&B, 2003 ; 유진월, 『불꽃의 여자 나혜석』, 평민사, 2003 ; 윤범모, 『(화가) 나혜석』, 현암사, 2005 ; 윤범모, 『첫사랑 무덤으로 신혼여행을 가다』, 다홀미디어, 2007.

族愛)에 치우친 서술은 객관적인 사실과 부합되지 않는다.[4] 이는 나혜석이나 가족사 이해에 오히려 걸림돌로써 작용됨을 부인할 수 없다. 사실과 너무나 괴리된 시대상황 설정은 특정 인물에게 면죄부를 주기 위한 '변명을 위한 변명'에 불과하기 때문이다.

그동안 연구 결과로 나혜석의 민족의식 형성과 항일운동 행적 등은 '비교적' 자세하게 밝혀졌다. 도쿄 유학시절 조선유학생학우회와 조선여자유학생친목회 활동, 귀국 이후 3·1운동 참여와 조직화, 조선학생대회 등 학생운동 지원, 여자야학과 여자미술학교 설립·운영 등 교육활동, 국외항일세력과 의열단에 대한 후원, 언론을 통한 여성운동·문화계몽운동 참여 등은 이를 반증한다.[5] 모순된 현실에 대한 갈등과 번민은 스스로 각성하는 가운데 체득한 인생 이정표였다.

이 글은 나혜석의 현실인식과 문화계몽운동가·민족운동가로서 위상을 파악하는 데 중점을 두었다. 근대교육은 가부장적인 가족제도의 문제점과 식민지배에 따른 민족모순을 인식시키는 요인이었다. 특히 도쿄에서 유학생활과 대외활동은 현실인식 심화로 귀결되었다. 서구사조와 자유연애론 등은 남녀평등을 위한 현실적인 대안으로써 그녀에게 성큼 다가왔다. 「경희」는 자신의 가족사에 얽힌 인습을 정면으로 반박한 소설이자 사회에 대한 일종의 '경고장'이었다.

그녀는 자아를 찾기 위한 정체성 정립에 부단한 노력을 기울었다. 현실인식 심화에 따른 정체성은 대부분 신여성이 친일파나 부일파로 전락하는 상황과 달리 나혜석을 견지하는 에너지원이었다. 물론 인습과 사회적인 모순을 개혁하는 데에도 자신의 주장을 당당하게 펼쳤다. 불합

---

4) 나영균, 『일제시대 우리의 가족은』, 황소자리, 2004 ; 김진·이연택, 『그땐 그길이 왜 그리 좁았던고』, 해누리, 2009, 76~93면.
5) 김형목, 「나혜석의 현실인식과 민족운동에서 역할」, 『숭실사학』 24, 숭실사학회, 2010, 113면.

리한 제도나 편견에 대한 '합리적인' 비판과 대안 제시는 이를 반증한다. 봉건적인 잔재가 온존한 상황에서 시대상황을 초월한 비판과 사회적인 고발은 나혜석을 사회로부터 더욱 소외시키고 말았다. 그녀는 근대여성운동사와 민족운동사상 '뚜렷한' 족적을 남긴 인물이다.[6] 시대를 앞서 간 인물은 당대에 비난과 조소를 면하기 어렵다. 시대상황은 이를 수용하기 너무나 척박하기 때문이다. 민족운동가로서 나혜석 진면목을 이해하기 시론으로 이 글을 쓴다.

2. 근대교육을 통하여 현실을 직시하다

1) 자아를 각성시킨 근대교육

수원지역 계몽운동은 다른 지역과 마찬가지로 19세기 말부터 20세기에 들어오면서 활성화되었다. 동학농민군 활동, 기독교 전래, 일본인 이주와 거류지 형성, 경부선 개통 등에 따른 새로운 유통망 형성과 인적교류 확대, 근대교육 확산 등은 사회적인 변동을 초래하였다. 특히 일본인 거주자 증가에 따른 근대적인 시설 확충과 기독교 선교사업은 주민들에게 현실인식을 각성시키는 '기폭제'나 다름없었다.[7] 선교사업의 일환으로 전개된 근대교육운동은 시세변화를 직접 목격하는 생활체험장이었다. 학교는 '배움터'라는 차원을 넘어 근대문물의 '상징이자 표

---

6) 「수원시, 나혜석 생가 복원한다」, 《경인일보》, 2011.1.19. 수원시에서는 나혜석 생가를 복원한다는 입장을 밝혔다. 목적은 문화예술공간을 제공하는 동시에 청소년 체험학습 등을 통하여 수원인으로서 자긍심을 고취하는 데 있다. 또한 정월 나혜석 기념사업회도 올해부터 학술상을 제정하는 등 신진연구자 양성에 노력을 기울이고 있다.

7) 김형목, 「한말 수원지역 계몽운동과 운영주체」, 『한국민족운동사연구』 53, 한국민족운동사학회, 2007, 8~11면.

상' 바로 그것이라고 해도 과언이 아니었다. 의식개혁과 인식변화는 이러한 가운데 점진적으로 이루어질 수 있었다.

기독교 전래와 더불어 '종교계학교'인 사립학교는 신도수 증가에 따른 교세 확장과 더불어 발전을 거듭할 수 있었다. 수원 종로교회 부속학교인 삼일여학당(현 매향여자중학교 · 매향정보여자고등학교 전신)은 1902년 선교사에 의하여 설립되었다.[8] 이듬해 나중석(羅重錫) · 이하영(李夏榮) · 김제구(金濟九) · 임면수(林勉洙) 등 지역유지와 기독교인에 의하여 삼일남학당도 설립되는 등 근대교육은 확산되어 나갔다. 대한제국기 수원지역에서는 20여 개교 사립학교가 운영될 만큼 주민들의 상당한 호응을 받았다. 근대교육은 수원인들의 가치관을 크게 변화시키는 요인 중 하나였다. 지적 능력배양은 개인의 사회적인 위상을 결정지을 만큼 강력한 수단이었다. 대한제국기 고조된 향학열은 이러한 시대상황을 그대로 반영하고 있었다.

국채보상운동 전개와 참여는 변화에 대한 인식을 새롭게 하는 계기였다. 경기관찰사서리 김한목(金漢睦)과 부친 나기정(羅基貞)은 수원 종로에 국채보상금모집사무지소를 설립하였다. 이들은 주민들을 효유하는 한편 경기도 관내 군수들에게 적극적인 동참을 훈령하기에 이르렀다. 이곳에서 활발하게 전개된 국채보상운동은 이러한 역사적인 배경에서 비롯되었다. 나혜석의 모친인 최시의(崔是議)도 부인회를 조직하는 등 시세변화에 적극 부응하고 나섰다. 목적은 여성교육 보급과 자선사업을 통한 여성 지위향상에 있었다.[9]

일부 여성들은 교회와 삼일여학교 등을 통하여 자신들의 존재 의미를

8) 수원종로교회, 『수원종로교회사 1899~1950』, 2000, 102~10면.
9) 「양씨 애국」, 《황성신문》, 1907.3.2 ; 「일가교육」, 《황성신문》, 1908.12.23.

점차 자각하기 시작하
였다. 여성들의 '유일
한' 사회 활동공간이
자 의견 수렴은 사실상
이곳을 중심으로 이루
어졌다. 이러한 활동은
어린 나혜석에게 사회
변동과 더불어 여성의
사회적인 역할을 스스
로 느끼게 하는 요인
이었다. 부모님의 적
극적인 사회활동은 그
녀로 하여금 자신의
사회적인 존재성을 일
깨우도록 했다.

1910년대 삼일여학교 교사와 학생

김메례 선생 송별회(1916년)

　나혜석은 부모님의
열성과 집안 분위기 등으로 일찍부터 삼일여학당에서 동생과 함께 근대
교육의 수혜를 받았다. 관내 여학교를 망라한 연합운동회는 여학생들에
게 사회적인 존재성을 일깨우는 요인이었다. 학교생활을 통하여 민족의
식 형성과 아울러 여성평등 문제 등도 부분적이나마 인식하는 계기를
맞았다. 여성의 사회적인 역할을 강조하는 교풍은 이러한 문제에 대한
관심을 더욱 증폭시켰다.[10] 교훈인 '경천애인(敬天愛人)'은 이와 관련하

10) 기호흥학회, 「학계휘문 : 묘년장지(妙年壯志)」, 『기호흥학회회월보』 11, 49~50면 ; 박환, 「최
　　초의 서양화가 나혜석의 민족의식 형성과 3·1운동」, 『경기지역 3·1독립운동사』, 선인,
　　2007, 474면.

제
4
부

한
국
민
족
의
식
에
나
타
난
나
혜
석

여 시사하는 바가 크다. 이는 자연법에 기초한 인간평등이라는 의미를 내포하는 동시에 실천적인 덕목 강조로 이어졌다. 여교사 김메례(金袂禮)와 이사라는 학생들의 의식을 일깨우는 선구자였다. 특히 김메례는 교육내실화를 통하여 삼일여학교를 발전시킨 주역 중 한 사람이었다.

여성에 대한 순종만을 강요하는 불평등한 사회구조에 대한 비판의식은 학창생활을 통하여 심화될 수 있었다. 곧 여성해방을 인간평등을 위한 가장 기본적인 요인으로 인식하기 시작하였다. 축첩제도가 지닌 모순과 잘못된 관행적인 인습도 일상사에서 직접 체험하고 있었다.[11] 부친의 이중적인 생활은 바로 그것이었다. 한편 조혼제도는 여성의 자율성을 크게 제한할 뿐만 아니라 사회생활을 극도로 억압하였다. '나약한 여성상'을 조장하는 측면도 적지 않았다. 경제적인 의존과 예속은 이와 관련하여 충분한 시사점을 제공한다.

1910년 삼일여학교를 졸업한 다음 9월 서울 진명여자고등보통학교로 진학한 나혜석은 주위의 부러움을 한 몸에 받았다. 동생과 함께 한 학창생활은 희망과 고뇌를 동반한 기간이었다.[12] '번화한' 서울거리는 확실하게 수원과는 너무도 달랐다. 근대문물의 메카인 서울은 전차·전기 등을 비롯한 처음 보는 신기한 문물로 가득 차 있었다. 이는 호기심 많은 그녀를 자극시키기에 충분한 요인이었다. 낯선 서울거리는 시간의 흐름과 더불어 친숙한 이미지로 다가왔다. 풍경화를 그리기 위하여 거리도 자주 활보했다. 다방이나 카페 등 생소한 단어도 눈에 들어왔다.[13]

---

11) 김형목, 「3·1운동에서 거듭나는 수원지역 여성들」, 『수원지역 여성과 3·1운동』, 경기도 여성가족정책국, 2008, 33면.

12) 김형목, 「나혜석의 현실인식과 민족운동에서 역할」, 앞의 책, 118면.

13) 권보드래, 『1910년대, 풍문의 시대를 읽다-매일신보를 통해 본 한국 근대의 사회 문화 키워드-』, 동국대출판부, 2008.

▲진명여학교 설립인가서
◀진명여학교 설립자 엄귀비

처음으로 맛본 양과류·빙과류 등은 별미 중 별미였다. 새로움에 대한
관심은 세계사적 안목을 넓히는 데 노력을 기울이는 촉매제였다.

　반면 근대적인 시설인 기숙사생활의 편리함 이면에는 항상 일상을 통
제하는 무형의 '기제'가 상존하고 있었다.[14) 기숙사 사감이 학생들 일
거수일투족을 감시하는 상황이었다. 학생들의 활동이 크게 위축되는 동
시에 학생들은 은밀한 자신들만의 생활공간을 조성하였다. 감시에 비례
하여 비합법적인 영역은 확대될 수밖에 없었다. 나혜석은 스스로 재능
을 배양하는 등 선각자적인 여성으로서 삶의 '에너지원'을 이곳에서 찾
았다.

　학사 운영은 아주 엄격한 통제 아래 운영되었다. 교사는 절대적인 권
한을 행사하는 등 학생들과 수직적인 인간관계를 형성하고 있었다. '학
생인권이나 인격권' 등은 현실과 너무나 동떨어진 몽상일 뿐이었다. 식

14) 홍양희, 「한국 : 현모양처론과 식민지 '국민' 만들기」, 《역사비평》 52, 역사문제연구소, 2000.

민당국자는 「조선교육령」 취지에 따른 '충량한 신민(忠良臣民)' 양성에 몰두하였다.[15] 이는 학교운영자에 대한 자율성을 크게 훼손시키고 말았다. 오직 저들이 추구하는 바에 복종하기만을 강요하는 상황이었다. 일부 교사는 시류에 영합하지 않은 채 민족의식을 일깨우는 '민족교육'에 매진하였다. 이들은 한글ㆍ역사ㆍ지리ㆍ창가 등을 통하여 항일의식을 배양하는 데 주저하지 않았다.

교과목은 수신ㆍ국어ㆍ조선어 및 한문ㆍ역사ㆍ지리ㆍ수학ㆍ이과ㆍ가사ㆍ실습ㆍ재봉 및 수예ㆍ창가ㆍ음악ㆍ체조 등이었다. 여기에는 식민지교육의 목적이 고스란히 담겨 있다. 가정생활과 관련된 가사ㆍ재봉ㆍ수예 등 교과목 편성과 강조는 이를 반증한다. 그녀는 3년간 수학한 후 최우등으로 졸업하는 영광을 안았다. 성적은 평균 90점 이상으로 7명의 졸업생 중 발군의 실력을 나타내었다.[16] 물론 학과 공부와 병행하여 그림그리기도 과외활동 중 가장 중점을 둔 영역이었다. 조선총독부 기관지인 《매일신보》는 나혜석을 '모범적인' 재원(才媛)을 지닌 학생으로 보도하였다.

온순한 성질은 가정의 칭찬하는 바이오, 명민한 두뇌는 학교에 애중하는 바이라. 제반 학과를 평균히 잘 닦는 중 특히 수학은 교사로 하여금 그 민첩한 재주를 놀라게 한 일이 많고 장구한 세월을 하루와 같이 근면한 결과 졸업시험에 최우등의 성적을 얻었는데 방년 십팔의 현숙한 화용에는 장래의 무한한 광명이 저절로 나타나더라.[17]

15) 유봉호, 「일제에 대한 민족적 저항기의 중등교육」, 『한국교육사학』 16, 한국교육학회 교육사연구회, 1994.
16) 이상경, 앞의 책, 30면.
17) 「재자재원(才子才媛), 진명(進明)녀ᄌ고등보통학교 본과 졸업싱 라혜석(羅蕙錫)」, 《매일신보》, 1913.4.1.

즉 모든 교과목 중 특히 수학에서 두각을 나타내었다. 물론 국어(일본어-필자 주)나 도화 등도 마찬가지였다. 명석한 두뇌를 소유한 이른바 다재다능한 '재주꾼'이자 향학열에 불타는 비범한 규수였다. 일본유학에서 그렇게 쉽게 적응할 수 있었던 요인도 출중한 어학 실력과 무관하지 않았다.[18] 신지식으로 무장한 여성운동가 나혜석은 이미 준비된 바나 다름없었다.

어쩌면 이때부터 그녀는 '신데렐라'로서 각인되었다고 해도 결코 지나친 표현은 아니었다. 극소수만이 누리는 중등교육 수혜와 최우등 졸업은 세인의 관심을 끌기에 충분한 '사건'이었다. 더욱이 명석한 두뇌와 그림에 대한 애착은 미래를 향한 원대한 포부와 함께 새로운 도전으로 이어졌다. 집안 분위기도 이러한 계획을 실행할 수 있는 든든한 배경으로 작용했다.[19] 가부장적인 권위주의자인 부친마저도 자녀들 교육에 대해서는 상당히 열성적이었다. 이는 5남매 중 큰딸인 계석을 제외하고 모두 일본으로 유학을 보낸 사실에서 엿볼 수 있다. 오빠 나경석(羅京錫)은 이러한 분위기를 주도할 정도로 상당한 신임을 받았다. 부친도 관직 생활 등을 통하여 변화하는 시세에 누구보다 적극적인 입장이었다. 미지의 세계에 대한 도전은 순탄하게 전개되고 있었다. 화가를 지망하는 꿈 많은 소녀의 이상향은 현실적인 문제로 다가왔다. 나혜석은 운명처럼 다가온 기회를 놓치지 않았다. 아니 포기해서는 절대로 안 되는 중차대한 문제였다. 눈물이 날 만큼 주님께 감사할 뿐이었다.

---

18) 김형목, 「나혜석의 현실인식과 민족운동에서 역할」, 앞의 책, 120면.
19) 최홍규, 「나혜석의 가족사와 민족의식」, 『한국근대정신사의 탐구』, 경인문화사, 2006, 132 · 140면.

2) 일본유학과 좌절, 그리고 현실인식

나혜석은 오빠 나경석의 권유로 진명여고보를 졸업한 후 곧바로 동생과 함께 도쿄로 유학하였다. 사립여자미술학교에 입학한 그녀는 새로운 환경에 재빨리 적응하는 등 매사에 적극적이었다. '낯선 새로움'은 오히려 그녀의 지적 호기심을 크게 자극시켰다. 번화한 도쿄거리는 새로운 도전을 위한 실험무대이자 생활현장이었다. 여기에 오빠를 비롯한 주위 사람들의 '각별한' 도움 등은 학업에 전념할 수 있는 밑바탕이었다.

> 조선여자로 동경에 유학, 공부가 내지 여자의 이상
> 경기도 용인군 금량장에 사는 재산가 나경석(龍仁郡 金良場 羅京錫)씨의 영양으로 동경여자미술학교 서양그림과에서 공부하는 규수이니 어려서부터 기이한 필재(筆才)가 당당한 장부를 업수히 생각하였고 지금도 그 학교에서 학업성적이 또한 내지 여자보다도 더 뛰어나다하니 규수의 전도를 위하여 진실로 축하할 일이로다. 향년십팔세.[20]

나경석 딸로 보도한 부분은 명백한 오보이다. 부친은 나경석이 아니라 나기정으로 용인군수로 재직하고 있었다. 그는 용인지역을 대표할 만큼 상당한 재산가였다. 나혜석에 대한 이와 같은 찬사는 결코 과장된 표현이 아니었다. 특히 쾌활한 성격과 여성다운 독특한 매력 등으로 유학생 사회에서 인기를 독차지하는 독보적인 존재나 다름없었다.[21] 유학생 남자 중 기혼자들조차도 그녀와 만남을 염원하는 분위기였다. 최승구(崔承九)·이광수(李光洙)·염상섭(廉想涉) 등을 비롯한 문학청년들은 재기발랄한 그녀에게 매료되고 있었다. 심지어 일본인 청년화가 사토(佐藤

---

20) 「동경학교의 조선규수」, 《매일신보》, 1914.4.7.
21) 이상경, 「일본유학, 낯선 세계로 1913~1918」·「청춘, 그 안과 밖 1914~1918」, 앞의 책 참조.

彌太)는 일방적으로 만남을 애걸할 만큼 화제의 주인공으로 부각되었다. 김필례·김명순·김일엽·허영숙 등과 더불어 유학생 사회에서 '신데 렐라' 는 바로 나혜석이었다.[22]

첫사랑 최승구

그녀는 빈번한 만남을 통하여 감수성 이 풍부하고 이지적인 최승구에게 자신 도 모르는 사이에 연정을 느꼈다. 그는 기혼자로서 국내에 부인을 두었고 오빠 와 절친한 관계였다. 그런데 보호자격인 오빠는 두 사람의 만남을 묵인하거나 방 조하는 입장이었다. 오빠도 기혼자로서 이와 유사한 입장이었다. 동병상련이라 고나 할까. 이들은 열렬한 사랑에 빠져 약혼까지 거행하기에 이르렀다. 자유연 애는 유학생활 중 그녀에게 가장 행복을 가져다준 '선물' 이었다. 너무 나 달콤한 순간이자 영원히 지속되기를 갈망하였던 순간이었다. 하지만 행복은 오랫동안 지속될 수 없었다. 부친의 결혼 강요로 학업을 중단한 채 1915년 그녀는 귀국하지 않을 수 없었다. 강제적인 귀국이었다. 아버 지의 명령을 거역하고 사랑하는 사람과 함께 어디론가 도피하고 싶었 다. 정신적인 후원자이자 보호자인 나경석은 귀국하여 새로운 대안을 찾아보라고 권했다. 귀국 직후 여주공립보통학교 교사로서 재직은 강요 하는 결혼을 모면하기 위한 일환이었다.[23] 이를 주선한 사람은 삼일여 학교 시절 존경한 은사였다고 한다. 아마 이사라가 아닌가 생각된다.

22) 「여자유학생중의 특색」, 《매일신보》, 1914.4.9.
23) 나혜석, 「나의 여교원시대」, 《삼천리》 7, 1935.

그녀는 이듬해 다시 일본으로 유학길을 떠날 수 있었다. '제왕'으로 군림하던 아버지가 숙환으로 별세하였기 때문에 가능하였다. 부친 사망을 슬픔보다 자신의 새로운 인생행로를 밝혀주는 기회로 생각했다. 물론 그러한 자신의 '잘못된' 생각에 대한 미안함도 착종되고 있었다. 연인과 만남만이 번민을 치유할 수 있다는 부푼 희망을 안고 한걸음에 도쿄로 내달렸다. '억압'으로부터 탈출을 희망봉을 찾아가는 순례처럼 느꼈으리라.

꿈에도 그리던 약혼자인 최승구는 그곳에 없었다. 현지 지인들이 전해주는 소식은 절망감 바로 그것이었다. 건강 악화로 연인은 학업을 중단한 채 귀국했다는 비보였다. 너무나도 그립고 보고 싶어 하루도 도쿄에서 지체할 수 없었다. 곧바로 전남 고흥에 요양 중인 그를 찾아 단신으로 장도에 올랐다. 고흥으로 가는 길은 험난함과 고통으로 점철되었다. 육로와 뱃길은 '과년한' 처녀로서 다니기에 만만치 않은 역정이었다. 애절한 염원과 달리 만남은 짧은 순간에 그치고 말았다. 그녀와 만난 직후인 1916년 4월경에 약혼자는 폐결핵으로 사망했다. 허망함과 아울러 삶의 무게를 실감하는 시간이었다. 그의 죽음은 일시적인 '광란'에 가까운 충격으로 다가올 만큼 정신적인 방황을 수반하였다.[24] 심지어 동반 자살까지 생각할 정도였다. 하지만 목숨은 모질고 쉽게 포기할 수 없었다. 살아야만 그와 못다 이룬 이상을 성취할 수 있다는 다짐으로 이어졌다. 그렇게 다짐하지 않고는 자신을 지탱하기에 벅찬 나날이었다.

한편 당시 일본 여성들은 문예지 《세이토(靑鞜)》를 통하여 여성해방운동을 전개하고 있었다. 주요한 쟁점은 정조문제·낙태논쟁·공창폐지

---

24) 윤정란, 「예술가 나혜석의 독립운동」, 정월 나혜석 기념사업회, 『나혜석 바로알기 제10회 심포지엄』, 2007, 99~100면.

등 일상사와 밀접한 연관성을 지닌 문제였다. 즉 무조건적으로 여성에게만 정조를 강요하는 성윤리에 대한 비판과 성매매 여성에 대한 연대감 표명 등은 실천적인 사안으로 부각되었다. 진보적인 잡지인 《태양》과 《중앙공론》은 부인문제를 특집으로 다루었다. 가정과 사회에서 부인의 역할과 중요성 강조는 여성해방운동 분위기를 고조시키는 계기로 작용했다.[25] 각지에서 조직된 여성단체는 강연회 · 연설회 등을 통하여 잠재적인 의식을 일깨웠다. 이러한 활동은 한국 여자유학생에게 현실적인 문제로 운명처럼 다가왔다. 특히 기혼 유학생들의 이중적인 생활태도는 '증오와 애증'이 교차되는 문제였다. 자유연애 · 자유결혼 · 자유이혼 등을 절박한 현실문제로 인식하였다. 나혜석도 예외적인 존재일 수 없었다.

이와 같은 상황은 도쿄유학생학우회 기관지인 《학지광》 투고로 이어졌다. 「이상적 부인」은 근대적인 사조를 수용한 그녀의 현실인식을 잘 보여준다. 이 글에서 완벽한 이상적인 여성은 없다고 언급하였다. 다만 혁신적인 여성은 카츄샤, 이기(利己)로 이상을 삼은 막다, 진(眞)의 연애로 이상을 삼은 노라, 종교적 평등주의로 이상을 삼은 스토우 부인, 천재적으로 이상을 삼은 라이조 여사, 원만한 가정의 이상을 가진 요사노 여사 등을 거론했다.[26] 현모양처론은 교육가들이 상업적으로 내세우는 논리로 보았다. 궁극적인 의도는 여자를 노예로 만들기 위한 수식어에 불과하다고 비판하였다.

특히 순종적인 여인상에 대한 비판도 마다하지 않았다. "우리 조선여

25) 문옥표, 「조선과 일본의 신여성 : 나혜석과 히라츠카 라이초우의 생애사 비교」, 『신여성 – 한국과 일본의 근대 여성상』, 청년사, 2003 ; 윤범모, 「나혜석의 족보논쟁과 미술학교 시절」, 《월간미술》 9월호, 1995 참조.
26) 김형목, 「나혜석의 현실인식과 민족운동에서 역할」, 앞의 책, 122면.

자도 인제는 그만 사람이 좀 되어 봐야만 할 것이 아니요? 여자다운 여자가 되어야할 것이 아니요? 미국 여자는 이성과 철학으로 여자다운 여자요. 프랑스 여자는 과학과 예술로 여자다운 여자요. 독일 여자는 용기와 노동으로 여자다운 여자요. 그런데 우리는 인제서야 겨우 여자다운 여자의 제일보를 밟는다 하면 이는 너무 늦지 않소? 우리의 비운은 너무 참혹하오."[27]라며 외국의 여러 사례를 거론한 뒤 자신의 견해를 밝혔다. 조선여자는 조선여자다운 자주의식을 가져야 한다는 점을 강조하였다. 이어 「잡감―K언니에게 여(與)함」도 이러한 관점에서 신교육을 통한 여성해방을 주장했다. '조선여자다운' 여인상 정립을 여성해방을 위한 주요한 논제로 부각시켰다.

이러한 인식으로 김필례·김마리아 등과 조선여자유학생친목회를 조직하는 등 활동가로서 역할을 마다하지 않았다.[28] 1917년 10월 임시총회에서 나혜석은 총무로 선출되었다. 기관지 《여자계》 발행·편집 등을 주간하는 한편 발간을 위한 기금모금 등에 열성적이었다. 그녀는 자금 조달은 물론 직접 원고 집필과 수집에도 노력을 아끼지 않았다.

> 본지를 위하여 금옥 같은 원고를 늘 쓰시고 본지의 유지와 발전을 위하여 참 분골쇄신으로 자기를 잊어버리고 헌신적으로 힘써 주시던 나정월씨(羅晶月氏)는 졸업하신 후에 경성 진명여학교에서 교편을 잡고 일하시다 근일은 건강이 불량하여 익선동(益善洞) 자택에서 정양 중이시라는데 지금도 오히려 본지를 위하여 힘을 많이 쓰신다더라. 본지 동인은 그가 속히 건강이 회복하시기를 기원하나이다.[29]

---

27) 나혜석, 「잡감」, 《학지광》 12, 1917.
28) 박정애, 「1910~1920년대 초반 여자일본유학생 연구」, 숙명여자대학교 석사학위논문, 1999, 33면.
29) 「소식」, 《여자계》, 1918.

나혜석은 다양한 대외활동과 학업 등을 통하여 근대적인 사조를 수용하는 데 적극적이었다. 단지 새로운 사조 수용에 그치지 않고 자주적인 '조선적인 여인상'을 정립·실천하는 방안까지 모색하였다.[30] 잡지와 신문지 등을 통한 계몽활동은 이러한 의도에서 비롯되었다. 1920년대 여성해방을 둘러싼 논쟁은 이와 같은 배경과 맞물려 진전될 수 있었다.

3) 결혼과 미술전람회

1918년 3월 여자미술전문학교를 졸업한 그녀는 곧바로 귀국하였다. 고향 수원에서 잠깐 체류한 후 나혜석은 모교인 진명여고보 미술교사로 초빙되었다. 재능과 적극적인 성격은 학생들로부터 인기를 독차지하는 비결이었다. 나혜석은 학생들에게 '전설적인' 인생모델로서 부각되었다. 미술활동과 더불어 소설·시 창작활동도 병행하는 등 새로운 환경에 적응하여 나갔다. 교사생활은 그리 오랫동안 지속할 수 없었다. 건강 악화는 정열적인 그녀의 활동을 가로막는 최대 장애물이었다.

교직을 사직한 후 그림그리기에만 전념하면서 계몽활동을 위한 여러 방안도 강구하였다. 《매일신보》에 시세풍속과 관련된 그림을 연재한 것은 이러한 계획의 일환이었다.[31] 예술을 향한 열정은 환경에 적응하면서 예술혼으로 승화할 수 있는 기반을 구축할 수 있었다. 중등교육기관에 종사하는 신여성과 교류도 활발하게 추진하는 등 여성운동 기반을 확대하였다. 이런 와중에 어머니 사망은 커다란 충격파였다. 과년한 딸을 결혼시키지 못한 현실을 어머니는 자신의 '멍에'로서 인식하였다.

---

30) 김은실, 「나혜석의 자유에 관한 여성학적 접근 – "여자도 사람이다"와 사람이 되는 길로서의 예술」, 정월 나혜석 기념사업회, 『나혜석 바로알기 제7회 심포지엄』, 2004.

31) 「섯달디목(一)~초하로날(十), 나혜석여사필(筆)」, 《매일신보》, 1919.1.21~2.7.

다정한 시절 남편 김우영

사실상 유언이나 마찬가지였
다면 지나친 과장일까.

김우영의 끈질긴 구혼에
1920년 4월 10일 정동교회에
서 마침내 결혼식도 올렸
다.[32] 이어 첫사랑 최승구의
무덤이 있는 전남 고흥으로
신혼여행을 떠났다. 이들 부
부는 묘비석을 세우는 등 영
혼을 달래었다. 함께 하지 못
하는 미안함과 아울러 이승

과 저승으로 분리된 현실을 인정하는 의미도 있었다. 그녀는 이를 망자
에 대한 최소한 예의라고 생각하였다. 안정된 생활 여건은 예술혼을 자
극하는 요인이었다. 신혼여행에서 돌아온 나혜석은 이전보다 왕성하게
그림그리기에 집중하였다.

이듬해 3월에는 경성일보사 내청각에서 한국인 여성 최초로 미술전
람회를 개최하는 등 세인의 관심을 받았다. 이틀간 관람객이 무려 5천
여 명에 달할 정도로 대성황을 이루었다. 작품 중 대작은 300원에 팔리
는 등 전혀 예상하지 못한 성황이었다.[33] 그녀는 이에 즈음하여 자신의
감회를 다음과 같이 술회하였다.

32) 「변호사 김우영, 나혜석양과 정동예배당에서 결혼식(肖)」, 《동아일보》, 1920.4.10.
33) 「양화전람회 초일(初日) 대성황, 삼벅여원짜리 기타가 날기가 돗친듯이」, 《매일신보》,
    1921.3.16 ; 「나여사 전람회 제이일(第二日)의 성황 관긱이 무려 수오천에 달ᄒ엿섯다」,
    《매일신보》, 1921.3.21 ; 「나혜석여사의 미술작품」, 《동아일보》, 1921.3.19.

나 같은 자가 개인전람회 같은 것을 개최함은 너무 급한 듯하지만 실상 자기의 천재(天才)를 자랑하여 일반인사에게 뵙고자 하는 것이 아니라 오히려 자기의 실력을 널리 사회에 물음에 불과합니다. 동경에서 돌아온 지가 벌써 사년이나 되었사오나 그동안 직접 간접으로 여러 가지 사정이 있어서 이러한 시험을 하여볼 기회도 얻지 못하였을 뿐만 아니라 여러 가지 관계로 너무나 오래 동안 침묵을 지키어서 어떻게 생각하오면 매우 우리 양화계를 위하여 미안한 생각도 있습니다. 그리하여 이번에 여러분의 원조를 받아 비록 아름답지 못하나 처음 성적을 여러분 앞에 보여드리고자 하는 바올시다.[34]

라고 하였다. 목적은 전람회 개최를 통한 화단에 대한 사회적인 인식을 변화시키기 위함이었다. 전람회 개최는 신문·잡지 등을 통하여 세상에 널리 알려졌다. 남편 김우영도 적극적인 후원에 나섰다. 그림그리기에 대한 작업은 이후 4남매를 양육하는 중에도 지속되었다. 선각자로서 '강박관념'은 어머니·외교관 부인·화가·작가 등 1인4역을 마다하지 않게 한 원동력이었다.[35]

3. 이상적인 사회를 꿈꾸며 민족운동에 투신하다

1919년 3·1만세운동은 서울을 시발로 전국적으로 확산되었다. 그녀는 김마리아·황애시덕 등 도쿄유학생 시절 동지들과 함께 만세운동을 주도하기를 주저하지 않았다. 당시 그녀는 건강상 이유로 요양 중에 있었다. 거처도 익선동에서 운니동 37번지로 옮겼다. 동지들은 2·8독립운동에 참여한 후 귀국하여 여성을 중심으로 한 3·1운동을 계획하고 있었다. 이들이 그녀에게 동참과 지원을 요청하자 이를 적극적으로 받

---

34) 「양화가 나혜석녀사 개인전람회를 개최」, 《동아일보》, 1921.3.18.
35) 박정애, 「정조는 취미다」, 『20세기 여성사건사』, 여성신문사, 2001, 112면.

아들였다. 그녀는 김마리아 등과 함께 이화학당 교사 박인덕의 기숙사 방으로 찾아갔다. 모임에 참석한 사람은 나혜석을 포함한 당대 여성을 대표하는 김마리아 · 박인덕 · 황애시덕 · 김하르논 · 손정순 · 안병숙 · 안숙자 · 신준려(일명 신체르뇨) · 박승일 · 안병수 등 모두 11명이었다.[36] 참석자 대부분은 기독교인으로 이화학당 교사 · 학생 · 졸업생이었다. 나혜석은 이들과 기독교인으로서 동질감과 아울러 도쿄유학생 시절부터 동지로서 돈독한 유대감을 지니고 있었다.

여기에서 여성계의 3 · 1만세운동 참여 방안이 논의되었다. 황애시덕은 3가지 방안을 제시하였다. 첫째는 여자단체를 조직하여 독립운동을 전개할 것, 둘째는 남자단체와 여자단체 사이에 상호연락을 취할 것, 셋째는 남자단체 활동이 불가능할 경우에 여자단체가 이를 대신할 것 등이었다. 향후 계획은 3월 4일 다시 모여 논의하기로 결정하였다. 그녀는 첫째와 둘째의 안에 찬성한 후 다음 날 활동자금 모금을 위하여 서북지방으로 떠났다.[37]

3월 3일 개성에서 나혜석은 정화(貞華)여학교 교장인 이정자(李正子)를 만나 여자단체 결성에 동참하기를 권유하였다. 이정자는 현재 교장으로서 참가는 불가능하지만 지원을 약속했다. 다음 날 삼일여학교 동창인 박충애(朴忠愛)를 평양의 정진(貞進)여학교에서 만났다.[38] 박충애도 그녀의 뜻에는 동의하지만 적극적인 참여는 현실적인 여건상 어렵다는 의견을 표명하였다. 3월 5일 서울로 돌아온 그녀는 이들과 지속적인 만남을 통하여 만세시위운동을 지도하는 데 앞장섰다. 이 사건으로 나혜석은 김

36) 국사편찬위원회, 「나혜석 신문조서」 · 「신준려 신문조서」, 『한민족독립운동사자료집』 14, 298 · 301면.
37) 국사편찬위원회, 「나혜석 신문조서」, 위의 책.
38) 윤정란, 앞의 글, 105~6면.

마리아 · 박인덕 · 황애시덕 등과 체포되어 경성지방검사국에서 신문을 받았다. 그녀는 서대문감옥에 투옥되었다가 8월 5일 증거불충분으로 면소 방면되었다.[39] 옥중에서도 동지들과 암호로 연락을 취하며 식민지배 부당성을 폭로하는 데 노력을 기울였다. 이른바 '옥중투쟁'을 통하여 한국인의 독립의지를 만천하에 알리고자 했다. 여성 3 · 1운동 주도는 국내외적으로 나혜석의 존재를 알리는 계기였다. 그러나 김마리아와 황애시덕 등이 조직한 대한민국애국부인회에는 가담하지 않았다.[40] 그녀는 모친 사망과 옥중투쟁에 따른 건강을 위하여 잠시 휴식을 취하고 있었다.

한편 나혜석은 외교관 부인이라는 특권을 이용하여 의열투쟁의 대표적인 단체인 의열단(義烈團)에 대한 지원과 후원을 아끼지 않았다.[41] 1921년 남편 김우영은 일본 외무성 안둥(安東)현 부영사로 부임하였다. 이는 남편의 항일운동가에 대한 지원과 무관하지 않았다. 당시까지 독립운동을 후원할 정도로 남편의 민족의식이나 민족정신은 크게 훼손되지 않았다. 현지 청년단체 조직이나 활동 등에 대한 후원에도 적극적이었다. '재외청년동포의 책임'이라는 연제로 행한 강연회는 청중에게 많은 찬사를 받았다.[42] 하지만 이후 식민체제에 안주하면서 친일의 길로 들어서는 등 개인적인 불행은 물론 민족사적 불행을 초래하고 말았다. 세계일주 당시 미국 뉴욕에서 발생한 '습격사건'과 해방 이후 반민특위에서 겪은 고초 등은 이를 반증한다.[43]

39) 독립운동사편찬위원회, 『독립운동사자료집』 5, 1972, 55~8면.
40) 이송희, 「신여성 나혜석의 민족의식과 민족운동」, 정월 나혜석 기념사업회, 『나혜석 바로 알기 제9회 심포지엄』, 111면.
41) 황민호, 「나혜석의 민족의식과 민족운동의 전개」, 『수원문화사연구』 5, 101~5면.
42) 「안동조선인청년회」, 《동아일보》, 1922.10.4.
43) 「부령사 김우영 피상과 뉴욕 한인사회 살풍경 망년회석상에서 김롱하씨의 의긔 등등」, 《신한민보》, 1929.1.17 ; 「김우영 하판락은 부산에서 체포구금」, 《동아일보》, 1949.1.26.

의열단은 3·1운동 이후 보다 강력한 항일투쟁을 위한 단체로서 김원봉(金元鳳) 등을 비롯한 독립전쟁론자들에 의하여 조직되었다. 1919년 11월 10일 만주 지린(吉林)에서 조직된 의열투쟁단체였다. 단체 목적은 조선총독부·동양척식주식회사와 조선총독·정무총감 등 식민통치기관 폭파·식민통치요인 암살을 통한 항일의식 고취에 있었다.[44] 군자금 탈취도 주요한 활동 중 하나였다. 이는 1920년대 국내외 항일단체의 독립운동노선으로 채택되었다. 각지에서 들려오는 의열단의 투쟁 소식은 청소년은 물론 한국인에게 항일의식을 일깨우는 밑거름이었다. 훼손되던 민족정기가 되살아나는 등 독립에 대한 '희망의 끈'이나 마찬가지였다.

의열단원 회고는 이들에 대한 지원과 후원의 실상을 잘 보여준다. 이른바 황옥사건(黃玉事件)은 대표적인 경우 중 하나이다.[45] 이와 관련된 주요 내용은 다음과 같다.

중국 대륙으로 넘어가는 열차를 탔을 때 김우영씨는 자신의 명함에 내가 북경대학 학생임을 증명하는 글을 적어주어 궐석재판에 유죄를 선고받아 수배 중이던 내가 일제 이동 경찰의 감시를 뚫고 국경을 넘을 수 있도록 배려를 아끼지 않았다.

그는 또 우리가 숨겨온 폭탄 가방을 그의 집에 숨겨두도록 하는 등 어떤 위험도 무릅쓰려 했다. 이처럼 그의 대외적 지위가 오히려 독립운동에 기여를 한 것이다. 물론 민족의 한 사람으로 당연한 일이었는지도 모르지만, 개인적으로는 그러한 용기가 어디 흔한 것인가. 소위 '의열단사건'으로 나를 비롯한 많은 동지들이 옥중생활을 했을 때, 그의 부인 나혜석씨는 우리를 찾아와 건강을 걱정해주고 민족을 회생시키기 위한 용기를 북돋워주는 일을 잊지 않았

44) 김영범, 『한국독립운동의 역사 26 : 의열투쟁 Ⅰ-1920년대』, 한국독립운동사편찬위원회·독립기념관 한국독립운동사연구소, 2009, 3~6면.

45) 「의열단 공판 황옥의 진술은 무엇이라 말하엿나」, 《동아일보》, 1923.8.9 ; 황용건, 「의열단과 황옥」, 『문경 한두리의 재발견』, 한국학술정보, 2009.

다. 또 그러한 정신적 격려를 바탕으로 민족을 위한 동지들의 결의가 더욱 굳어졌음도 물론이다.

형을 살고 풀려났을 때 나혜석씨가 찾아와 권총 두 자루를 전했다. 그 권총은 일경에 체포되기 전 내가 그의 집에 숨어 있으면서 갖고 있던 것이었다. 그부부는 그 권총을 잊지 않고 잘 보관해 두었다가 내가 출소해서 전해줄 날을 기다렸던 것이다. 권총 두 자루가 뭐가 대단한 것이었겠는가마는 나는 바로 그들의 우의와 '민족 위한 정성'을 전해 받는 것 같아 그 감회를 아직도 잊지 못하고 있다.[46]

김우영의 부인 나혜석은 애국부인회의 김마리아와 친한 사이었는데 김마리아가 애국부인회사건으로 대구 일본감옥에 갇혀 있을 때 나혜석이 대구로 찾아가 철창 밖에서 김마리아를 보고 뜻 깊고 감정 있는 「김마리아 방문기」를 써서 신문에 발표한 일이 있었다. 나도 그때 한성에서 그의 글을 보게 되어서 깊은 감동을 느꼈던 것이다. 그리고 나혜석은 남정각과 박기홍을 자기의 친형제와 같이 대접하고 또는 자기의 숙사에서 숙식을 같이하게 했었다.[47]

이처럼 나혜석 부부는 의열단원은 물론 당시 국외 항일운동에 대한 지원을 마다하지 않았다. 비록 식민지 관리로서 살아가지만 조국독립을 위한 염원은 어느 누구보다 강렬한 의식의 소유자임을 알 수 있다.[48] 생사를 건 '모험적인' 활동은 의열단원에게 용기와 아울러 활동영역을 확대할 수 있는 밑바탕이나 다름없었다. 1920년대 국내외 항일운동세력과 연계된 의열단의 활동 확대는 이와 무관하지 않았다.

그녀는 신문을 통한 계몽활동도 병행하였다. 한국 여성들이 그림에 별로 관심을 가지지 않는 원인은 화가를 천시하는 인습에서 비롯되었다

---

46) 유석현, 「잊을 수 없는 사람들」, 《한국경제신문》, 1986.11.6.
47) 한국독립운동사연구소, 「유자명 수기, 한 혁명자의 회고록」, 126면.
48) 박태원, 「약산과 의열단」, 백양사, 1947, 208면.

고 비판했다. 만약 그림에 약간이나마 관심을 가지면, 한국 여성들도 세계적인 작가로서 대성할 수 있다고 강조하였다. 나혜석은 "조선여자는 결코 그림을 배우지 않으려 하니까 그렇지 만일 배우고자 할진대 반드시 외국여자의 능히 따르지 못할 특점이 있는 실례를 나는 어느 고등 정도 여학교에서 도화를 교수하는 동안에 발견하였습니다. 그러할 뿐만 아니라 학생들에게 그림에 대한 재미있는 이야기나 혹은 자기가 「스켓치」하러 나갔을 때의 감상을 말할 때에는 일반학생들은 매우 재미있게 듣는 것을 보았습니다. 그러하니까 아직 우리의 여러 가지 형편이 조선여자로 하여금 그림에 대한 흥미를 줄 만한 기회와 편의를 가로막고 있으니까 그러하지 만일 이 앞으로라도 일반여자계에 그림에 대한 취미를 고취할 만한 운동이 일어나기만 하면 반드시 여류화가가 배출할 줄로 믿습니다. 그리하여 비록 자기는 힘은 부치고 재주는 변변치 못하나 곧바로 단독전람회를 열고 아무쪼록 일반부인계에서 많이 와서 구경하여 주도록 하여볼까 합니다."[49]라는 주장을 펼쳤다.

1923년 강진구(姜振九)·박영(朴榮)·백남순(白南舜) 등과 창립한 고려미술회도 양화를 보급하기 위함이었다. 양화전람회 개최는 불모지나 다름없는 상황에서 당시 세인들의 주목을 받았다. 이 단체는 고려미술원으로 개편하는 등 내실화를 도모했다.[50] 그녀는 교사로 임명되었으나 곧바로 만주로 되돌아감으로써 적극적인 참여는 어려웠다. 외교관 부인으로서 생활과 자녀 양육도 커다란 걸림돌이었다. 이와 같은 와중에도 시간을 내어 그림그리기와 글쓰기에 게을리 하지 않았다.

1933년 여자미술학사 설립도 이러한 의도에서 비롯되었다. 이는 고루

49) 「신진여류의 기염(氣焰)(六) 회화와 조선여자」, 《동아일보》, 1921.2.26.
50) 김형목, 「나혜석의 현실인식과 민족운동에서 역할」, 앞의 책, 129면.

한 인습과 그녀의 파격적인 활동 등으로 별다른 성과를 거두지 못하였다.[51] 이혼녀라는 사회적인 편견은 그녀에게 미술교육을 받으려는 학생들과 관계를 차단시켰다. 수강 중인 학생들조차도 부모님의 완강한 반대로 퇴원하였다. 하지만 '여성에 의한, 여성을 위한' 미술학교 설립은 중요한 의미를 지닌다. 전람회 개최도 이러한 목적과 무관하지 않았다. 수원과 예산 등 지방에서 개최한 개인전람회는 자신의 의지를 관철시키기 위함이었다.[52] 지역사회의 문화 전파와 풍부한 소양은 이러한 활동에서 비롯될 수 있었기 때문이다. 후일 한국 미술계를 대표하는 이응로(李應魯) 화백도 그녀에게 상당한 영향을 받았다. 수덕사 앞 수덕여관을 개조한 미술관은 두 사람의 예술적인 교류가 이루어진 교육현장이었다.

여성생활의 향상을 위한 의복개량문제에 대한 의견도 개진하였다. 외래지향적인 의복개량은 주체적인 여성상을 오히려 훼손하는 요인이라고 비판했다. 편의성과 아울러 전통적인 고유한 멋을 살리는 방향에서 의복개량이 합리적인 대안이라고 주장하였다.[53] 생활개량을 위한 구체적인 방안도 모색하는 등 현실적인 대안을 제시하기에 이르렀다. 부부애에 기반을 둔 화목한 가정생활은 남성들의 인식변화와 여성들의 자주적인 노력으로 이루어질 수 있다고 보았다. "먼저 마음부터 고치자 그리고 살림을 고치자"라는 슬로건은 이를 단적으로 보여준다.[54] 이는 1920년대 여성운동의 방향성을 일부나마 제시한 점에서 중요한 의미를 지닌다.

참된 남녀애정 문제도 언급하는 등 사회적인 약자인 여성에 대한 문

---

51) 「수송동에, 여자미술학사」, 《중앙일보》, 1933.2.4 ; 「라혜석녀사 녀자미술학사창설 시내 수송동에」, 《동아일보》, 1933.2.4.

52) 「나혜석여사 구미사생전람, 그의 고향인 수원에서」, 《중외일보》, 1929.9.24 ; 「예산읍 공회당에서 나혜석씨 개인전」, 《조선중앙일보》, 1935.8.22.

53) 「부녀의복개량문제–나혜석여사」, 《동아일보》, 1921.9.28~10.4.

54) 「생활개량에 대한 여자의 부르짖음」, 《동아일보》, 1926.1.24.

제를 지속적으로 제기하였다. 기생 강명화(康明花) 자살에 대한 의견은 남성 위주의 사회제도나 관념 등을 사회적인 문제로서 널리 부각시켰다.[55] 1923년 4회에 걸쳐 《동명》에 연재한 「모(母)된 감상기」는 임신과 출산에 따른 여성의 고통을 실감나게 언급했다. 자신의 체험을 바탕으로 한 글쓰기는 사회적인 반향을 불러일으키기에 충분하였다.[56] 1930년대 《동아일보》에 연재한 「구미시찰기」도 바람직한 가정생활과 부부간 애정 등을 제시하기에 이르렀다. 가사노동 분담과 참된 애정은 가정생활의 근간임을 강조했다.[57]

중국 안동현에서 1922년 3월 여자야학을 개설하는 등 근대교육 보급에도 앞장섰다. 이는 3·1운동 이래 문화계몽운동 동참과 같은 목적에서 비롯되었다.

> 우리 조선여자계를 위하여 열심진력하는 나혜석여사는 금번 당지 팔번통 태성병원(泰誠醫院) 내에 여자야학을 설립하고 매주 삼 일간 오후 칠시부터 동십시까지 단독히 열성으로 교편을 집(執)한다하며 입학지원자가 축일답지 (逐日踏至)한다하더라.[58]

여자야학 운영은 신교육을 통한 민지계발에 목적을 두었다. 신의주청년회 주최로 개최된 가정문제에 관한 특별강연회에서 발표는 이러한 목적에 따라 이루어졌다. 그녀는 '생활개선에 대한 부인의 부르짖음' 이라는 발표를 하여 청중들로부터 아낌없는 박수갈채를 받았다.[59] 이로써

---

55) 「강명화의 자살에 대하야, 나정월」, 《동아일보》, 1923.7.8.
56) 나혜석, 「모된 감상기」, 《동명》 18~21, 1923.
57) 「구미 시찰긔, 불란서 가정은 얼마나 다를가」, 《동아일보》, 1930.3.28~4.2.
58) 「안동현 여자야학」, 《동아일보》, 1922.3.22.
59) 「집회와 강연」, 《시대일보》, 1924.10.24.

자신이 신문·잡지 등 기고문을 통해 그동안 주장한 바를 더욱 논리적으로 개진할 수 있었다. 하지만 사회단체와 연결된 활동은 이후 제대로 추진되지 않았다. 사회적인 편견은 나혜석의 사회적인 참여와 활동을 철저하게 봉쇄하는 족쇄나 마찬가지였다.[60] 장애물을 제거하고 자신의 의지를 관철시키기에는 너무나 미약한 존재일 따름이었다.

4. 여성운동가로서 거듭나다

나혜석은 한국근대사에서 '불꽃'처럼 살다간 대표적인 여성 중 한 사람이었다. 극소수 여성만이 누릴 수 있었던 근대교육 수혜는 자아각성과 아울러 '파격적인' 삶을 지탱하는 '에너지원'이나 다름없었다. 특히 일본에서 유학생활은 시대적인 사조를 인식·체험하는 교육현장 그 자체였다. 오빠 나경석, 약혼자 최승구, 남편인 김우영, 소설가 이광수·전영택·염상섭 등은 자기정체성과 민족의식 형성에 많은 영향을 끼쳤다.[61] 현지 여성운동도 시대적인 변화 상황을 일깨우는 중요한 기제 중 하나임에 틀림없다. 학창생활과 병행된 다양한 교외활동은 선각자적인 여성으로 성장시키는 원동력이었다.

인식은 조직적인 여성단체 조직과 활동으로 이어졌다. 김일엽 등과 당시 30여 명 여자유학생을 중심으로 한 조선여자유학생학우회 조직은 이러한 상황과 맞물려 있었다. 회원 상호간 친목도모와 여성 계몽을 위한 잡지 발간에도 매우 열성적이었다. 《여자계》는 사실상 그녀의 주도

---

60) '정조 유린죄 고소사건'은 일회성 보도로 끝나고 말았다. 이는 조선총독부를 비롯한 언론 기관의 '최린구하기'를 위한 서막에 불과하다. 반면 나혜석은 사회적으로 가장 지탄받는 여성으로 '낙인'을 찍히기에 이르렀다.

61) 박환, 앞의 글, 475~80면.

로 발간되었다. 기고문이나 소설 등을 통한 부조리한 현실에 대한 고발과 비판의식은 상당한 반향을 불러 일으켰다.[62] 귀국 이후 '민중예술' 표방, 독립운동 참여와 지원, 지속적인 계몽운동 동참 등은 이러한 현실 인식 속에서 이루어졌다. 다만 이혼 이후 시대를 초월한 생활방식은 찬사보다 비난의 대상이었다. 이는 나혜석을 사회로부터 점차 고립시키는 요인 중 하나로 작용하였다. 남성 중심주의가 난무한 현실은 나혜석을 가만히 두지 않았다. 선각자를 자처하는 지식인들도 흠집 내기에 열을 올렸다.

3·1운동 참여와 지도는 그녀를 여성지도자로서 부각시키는 계기였다. 당시 미주지역에서 발간된 《신한민보》는 이러한 사실을 생생하게 보여준다.

대한독립선언의 선봉된 동경 유학생 수십여 명 형제를 5월 초순에 포착 호송하여 경성지방법원으로 끌어내 와 신문중이라는데 그중에 왜경 명고옥여자미술학교(도쿄 - 필자 주) 졸업생 나혜석씨와 여자학원 대학부 출신 김마리아 씨 등은 방금 감옥 중에서 무쌍한 수욕을 당하면서 왜놈검사의 취조를 받되 조금도 겁나함이 없이 용감 활발한 태도로 정당한 도리를 들어 항변하여 왜놈들도 크게 놀라나 법리상으로 검사하지 못할 줄 알고 혹독한 형벌을 베풀어 취조하는 중이라더라.[63]

나혜석은 김마리아와 더불어 3·1운동을 주도한 여성지도자로서 미주 한인사회에 널리 알려졌다. 실제로 3·1운동사에서 그녀의 역할은 결코 과소평가될 부분이 아니다. 개성과 평양을 직접 방문한 활동반경

---

62) 이송희, 앞의 글, 100~3면.
63) 「세계 자유사상에 처음 보는 십만명 애국녀자의 대활동==부녀계에 2대 명사가 피착되어==」, 《신한민보》, 1919.6.7.

은 '실천적인' 나혜석의 진면목을 보여준다.[64] 학생들을 이끌고 직접 만세시위에도 참가하였다. 특히 옥중투쟁은 식민통치의 부당함을 폭로하는 제2의 독립운동이었다.

의열단에 대한 지원도 국외항일운동을 진전시키는 데 주요한 요인 중 하나였다. 생사를 건 모험은 단원들 활동영역을 확대시키는 밑거름이었다. 이들은 국내와 연계된 활동을 병행하는 등 민족의식을 고취함과 동시에 자발적인 참여를 유도할 수 있었다.[65] 다만 단체와 연계된 활동이 거의 없다는 사실은 아쉬움으로 남는다. 이는 그녀가 처한 환경과 무관하지 않았다. 아내이자 어머니로서, 그리고 전문적인 화가와 작가로서의 활동은 항일운동 동참을 제한할 수밖에 없었다. 그만큼 식민지배에 대한 현실인식은 삶의 고단함과 더불어 약화되고 말았다. 하지만 나혜석은 민족운동전선에서 탈락하거나 일제에 영합하지는 않았다. 이전처럼 적극적이지 않았을 뿐이다.

잡지와 신문 등을 통한 계몽활동은 여성해방을 위한 구체적이고 적절한 방법론을 제시한 점에서 의미를 지닌다. 인습에 얽매인 가족제도나 사회적인 편견에 대한 비판은 이와 같은 의도에서 비롯되었다. 신교육 보급을 통한 민지계발과 생활개선을 위한 자신의 의견 개진은 1920년대 여성운동의 방향성을 어느 정도나마 제시할 수 있었다. 여자야학이나 미술학사 운영은 여성들 스스로 사회적인 '억압'으로부터 해방되기 위한 한 방편이었다. 일제강점기 여자야학 성행은 이러한 시대적인 분위기에서 가능할 수 있었다.[66]

64) 김형목, 「나혜석의 현실인식과 민족운동에서 역할」, 앞의 책, 133면.

65) 김영범, 「혁명과 의열─한국독립운동의 내면─」, 경인문화사, 2010, 474~5면.

66) 김형목, 「1920~1924년 여자야학 현황과 성격」, 《한국여성교양학회》 12, 한국여성교양학회, 2003 참조.

다만 이혼 이후 점차 사회로부터 고립되면서 그녀의 현실인식이 편협화되는 등 개인적인 삶에 매몰된 사실은 안타까움을 더할 뿐이다. 편견은 의욕적이고 열정적인 삶에 대한 억눌림으로 다가왔다. 부당함에 대한 항변을 당대인은 애써 외면하거나 비웃기에 급급하였다. 사회적인 낙인은 나혜석이 살아온 인생역정을 올바로 보지 않았다. 결국 편견만이 난무하는 상황으로 귀결되었다. 개인적으로 이를 감당하기에는 역부족인 상황이었다.[67] 삶은 엄청난 무게로 다가오는 가운데 그녀는 점차 관심 밖으로 밀려났다. '주변인'으로서 존재할 수밖에 없는 상황이었다. 이는 개인적인 불행이자 모순으로 점철된 한국근대사의 한 단면을 그대로 보여준다. 여기에서 이 글의 의미를 찾아볼 수 있지 않을까 한다.

5. 21세기에 부응한 '나혜석이미지'를 생각하자

나혜석은 시대를 초월하여 소신대로 생활하다가 홀연히 우리 곁을 떠났다. 마지막 안간힘을 다해 자신의 생애에 대해 남기기를 갈망했던 한 줄 회고조차도 없이 말이다. 미완인 글이나마 부분적으로 남아 있었더라면 하는 아쉬움을 지울 수 없다. 그녀의 조그마한 소망이 이루어졌으면, 아마 근대문학사·예술사·지성사 등에 좀 더 생생하게 접근할 수 있지 않을까. 체험과 이상을 제대로 융합하지 못한 인식과 행동을 보인 인물은 나혜석만이 아니었다. 신여성 대부분은 그러한 길을 걸었다. 이들에 대한 가혹한 비판도 어느 정도 면죄부를 줄 수 있었기 때문이다. 그런 만큼 '나혜석 바로알기'는 현대를 살아가는 우리가 짊어져야 할 '책무'라고 생각한다.

---

67) 김진송, 「식민지 근대화와 신여성 : 최초의 여류 서양화가 나혜석—자유주의의 파탄—」, 《역사비평》 17, 역사문제연구소, 1992.

학창시절 그녀는 도쿄유학생 사회를 휘어잡는 명실상부한 신데렐라였다. 무수한 열애설과 염문설은 이러한 상황을 실증적으로 반증한다. 혼돈된 상황과 정신적인 방황도 스스로 극복하는 용단을 보였다. 그녀는 민족운동가로서, 솔선수범하는 활동가로서 의지대로 살았다. '슈퍼우먼'으로서 인식은 자신의 생애를 옥죄는 멍에였다. 경제적인 궁핍과 함께 찾아온 비참한 인생말로는 이러한 사실을 극명하게 보여준다. 그녀의 죽음에 어느 한 사람도 애도를 표하지 않았다. 죽음 자체를 아는 지인조차도 거의 없었다. 빈손으로 왔다가 빈손으로 말없이 떠났다. 향후 진실된 '인간 나혜석이미지'를 재고하기 위한 과제를 제시하면서 글을 맺고자 한다.[68]

첫째, 식민지 상황에 대한 현실인식 문제이다. 그녀는 '그림그리기'에 치중하는 동시에 작가나 여성계몽가로서 다양한 활동을 전개하였다. 신문이나 잡지에 투고한 글은 자신의 일생사와 더불어 계몽적인 성격을 지닌 글들이 상당수를 차지한다. 그런데 당대 식민지화에 대한 인식이나 이를 극복하기 위한 대안 등은 거의 나타나지 않는다. 단지 불합리한 제도나 인습 등을 비판하고 있을 뿐이다. 소설 등에서 부분적으로 언급하지만, 식민지배의 본질에 대해 지나치게 간과하고 있다. 1920년대 중반을 전후한 사회주의 여성활동가와 사뭇 다른 성격을 보여준다. 1926년 1월 《동아일보》에 7회로 연재한 「생활개선에 대한 부르짖음」은 강한 '엘리트의식'을 표출하였다. 무지한 여성은 그녀에게 단지 '계몽대상'일 뿐 동반자로서 인식되지 않았다. 현실인식은 생애를 관통하는 생활방식과 활동을 이해하는 밑바탕으로써 중요한 의미를 지닌다. 이에 대한 시기별 변화는 물론 정치한 추적과 분석이 절실하게 요청된다.

68) 김형목, 「나혜석의 현실인식과 민족운동에서 역할」, 앞의 책, 134~6면.

둘째, 민족의식 형성과 관련된 문제이다. 집안분위기, 학창시절 스승이나 교우관계, 사회활동 등과 관련된 인물 등 다양한 요인은 복합적으로 작용하였다. 민족의식 형성과 관련하여 기존 연구는 일본유학생시절을 주요 대상으로 삼았다. 물론 그러한 측면은 무시할 수 없는 중요한 요인임에 틀림없다. 삼일여학교나 진명여고보 학창시절도 '절대적인' 요인 중 하나라고 생각한다. 삼일여학교 교사 김메레나 이사라는 그녀에게 상당한 영향을 끼친 인물이다. 진명여고보에 재직한 교사도 마찬가지라고 생각된다. 일본유학시절 스승이나 한국인 유학생 등과 교류나 대외활동에서 만난 사람들은 정체성 형성과 민족의식에 지대한 영향을 주었다. 특히 현지 여성운동 분위기나 경향성은 근대적인 사조 수용과 관련하여 중요한 부분임에 틀림없다. 이와 같은 인물들과 관계성이나 영향도 주목해야 할 부분이다.

셋째, 민족운동 동참과 평가문제이다. 그녀는 3·1운동에 직접 동참하여 5개월 동안 옥고를 치렀다. 이어 안동부영사관 부인으로서 여자야학 설립과 의열단 활동도 측면에서 지원하는 등 항일운동에 동참하였다. 또한 잡지나 신문 등 기고문을 통한 계몽활동도 병행하였다. 그러나 1920년대 중반 이후 이러한 활동은 거의 찾아볼 수 없다. 항일운동 참여나 지원은 일회성에 불과한 것인가. 아니면 자신의 삶에 대한 애착에 안주함으로써 이를 애써 외면하였는가. 그렇다면 이를 어떠한 관점에서 평가·정리해야 하는가.

마지막으로 사회적인 파문에도 자신의 생활방식대로 살아갈 수 있었던 요인은 무엇인가. 이는 그녀의 인간적인 '참모습'을 규명할 수 있는 관건 중 하나이다. 「이혼 고백서」 발표나 '정조유린 고소사건' 등이 몰고 올 엄청난 파장을 어느 정도 예견할 수 있었다. 더욱이 그녀에게 가장 영향을 미친 오빠도 여러 차례 설득하고 만류하였다. 그럼에도 나혜석은 이를 결행하는 데 아무런 주저함이 없었다. 주위 사람들의 부추김에 자신의 의지와 무관하게 이러한 '엄청난' 일을 결행하였을까. 삶에 대한 자포자기 상태였을까. 의문에 의문은 꼬리를 물고 늘어만 갈 뿐이다. 그래서 타자가 살다간 인생은 우리의 삶을 살찌우는 시금석으로 다가온다.

(김형목)

정월 나혜석의 인생역정

1896년(태어남)

■ 4월 28일, 경기도 수원군 수원면 신풍리 291번지 나주나씨 가문에서 태어났다. 아버지 나기정(羅基貞)과 어머니 수성최씨 최시의(崔是議)의 5남매 중 넷째이자 차녀였다. 진명여학교 학적부와 3 · 1운동 신문조서 등에는 4월 18일로 되어 있다.

— 아버지 나기정(1863~1915)은 나기완(羅永完)의 3남으로 태어났다. 형은 나기원(羅基元)과 나기형(羅基亨)이었다. 그는 1900년 경기관찰부주사(판임관 8등), 1909년 경기도관찰도주사(판임관 3등), 1910년 시흥군수, 1912년 용인군수 등을 지낸 관료로 1914년 군수에서 면직되었다. 일찍이 삼일남학당 설립에 찬성원으로 가담하는 등 근대교육 보급에 열성적이었다. 관내 사립학교에 대한 경제적인 후원과 사립학교설립운동 추진 등은 이를 반증한다. 1907년 2월 말에는 경기도관찰서리 김한목(金漢睦)과 더불어 경기도 각 군에 국채보상운동 동참을 촉구하는 훈령을 내렸다. 이하영(李夏榮) · 김제구(金濟九) 등과 함께 수원군에 국채보상금모집사무소를 설립한 것은 조직적인 의연금 모금을 위함이었다. 그는 전형적인 관료로서 시세변화에 잘 적응하는 현실주의자였다. 자녀 교육에 상당히 개방적인 인물이었다.

— 나씨 가문은 조선 중기에 수원에 터전을 잡은 이래 19세기 말부터 지방관을 역임하거나 재산을 축적하는 가운데 명문가로 자리를 잡았다. 이들은 화성군 봉담면 수기리(峯潭面 水機里)에 세거지를 마련하였다. 수원에서는 나씨 가문을 '나 부잣집' 혹은 '나 참판댁' 이라 불렀다. 후자는 실직(實職)이라기보다 증직(贈職)에 의한 호칭이다. 1915년 부친 사망 당시 재산은 전답 6석 두락의 수준으로 추수한 벼는 48석이었다.

— 백부 나기원은 가선대부 동중추부사(嘉善大夫 同中樞府使)를 지내고 정

부인(貞夫人) 철원송씨 사이에 아들 중석(重錫)을 두었다. 나씨 가문 종손인 나중석은 1878년 출생으로 자는 성규(聖奎), 호는 매조(梅祖) 또는 이당(聄堂)이다. 1901년 함경북도 관찰부주사, 1906년 정3품 통정대부(通政大府)가 되었다. 그는 수원을 대표하는 대지주로서 삼일남학당(三一男學堂) 설립을 주도하는 등 대한제국기 계몽운동가로서 널리 알려진 인물이다. 소작료도 경감하는 등 자선사업가로서 명망도 높았다. 특히 전답을 소작인에게 분배하는 등 '토지개혁'에 솔선수범한 사례로서 전국적인 이목을 받았다. 향리인 봉담면 분천리(汾川里)에는 그의 공적을 기리는 자선송덕비(1947년 설립)가 남아 있다.

■ 나혜석 형제는 2남 3녀로 홍석(弘錫)·경석(京錫)·혜석·지석(芝錫) 등이다. 언니로 알려진 계석(稽錫)은 호적 등 관련 서류에는 등재되어 있지 않다. 계석(1883~1939)은 다른 형제와 달리 근대교육을 받지 않고 수원의 갑부 최기환(崔箕煥, 1884년생)과 일찍이 혼인하였다.

— 동생 지석의 초명은 간난(看蘭)이었다. 혜석과 함께 삼일여학교와 진명여자고등보통학교를 졸업한 후 도쿄(東京)에 유학했다. 그녀는 평남 정주군 부호 김창곤(金昌坤)과 언니보다 먼저 결혼한 후 사립 영창학교(永昌學校) 명예교사로 재직하는 한편 곽산야학교 교장과 현지 유치원에 대한 지원을 아끼지 않았다. 1920~1930년대 정주지역 문화계몽운동사에서 그녀의 역할은 높이 평가될 만하다.

— 큰오빠 나홍석은 와세다대학(早稻田大學) 정치과를 1909년 졸업한 후 귀국하여 수원금융조합 서기(1918)·수원면협의원(1920)을 거쳐 임대업체인 경성편리사(京城便利社) 이사(1923) 등을 거쳤다. 수원청년구락부 회장 등 청년운동과 신흥종교 대화교(大華敎) 임원으로도 활동했다. 1924년 4월 친일을 표방한 각파유지연맹(各派有志聯盟)에 조선소작인상조회 임원으로서 박해묵(朴海默)·이동혁(李東赫) 등과 함께 참여했다. 만주로 이주한 이후에는 박광(朴洸)·강한조(姜漢朝) 등과 위익농민회(衛益農民會) 결성하는 한편 이주한인 권익옹호에 앞장섰다. 이곳에서 이승희를 추종하여 공자교에 가담했다. 그는 중부인 나기형의 승계자(承繼子)로 입양되었다.

— 작은오빠 나경석(1890~1959)의 아명은 두남(斗南), 호는 공민(公民)이다. 향리에서 한학을 수학한 후 도일하여 도쿄 정칙영어학교(正則英語學校)에서 2년간 수학하였다. 구라마에(藏前)고등공업학교(현 도쿄공과대학)에서 화공학을 전공하여 1914년 졸업한 후 이듬해부터 3년간 오사카(大阪)에서

이주한국인 빈민구호와 노동운동 등을 지원했다. 1918년 귀국하여 중앙
중학교에서 물리교사로 재직하였다. 3·1운동 당시에는 독립선언서를 만
주 지린(吉林) 손정도(孫貞道) 목사에게 전달하고 무기를 구입하여 귀국하
다가 발각되어 3개월 처분을 받았다. 일본경찰의 요시찰 대상이 된 그는
블라디보스토크로 망명하여 동아일보사 객원기자로 글을 발표하였다.
1923년 일본 제품을 배격하고 국산품을 장려하기 위한 조선물산장려회
이사로 선임되었다. 이듬해에는 만주 펑톈에 농지개간사업을 위한 민천
공사(民天公司), 1936년에는 고무공장을 경영하다가 1941년 귀국하였다.
만주지역에서 대종교 포교활동과 교민들의 지위 향상을 위한 활동 등 빈
민구제사업도 병행했다. 저서로『공민문집(公民文集)』이 있다. 그는 나혜
석의 일본 유학을 주선하는 한편 그녀에게 가장 커다란 영향을 끼친 인물
이다.

■■■ 혜석의 초명은 아기(兒只)로 진명여자고등보통학교 입학 무렵에 명순(明
順)으로, 졸업 당시에 혜석으로 개명하였다가 1920년 5월에야 비로소 호
적에 등재되었다.

〈가계도〉

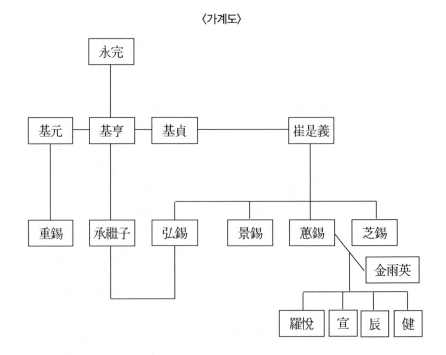

1906(11세)

~~~~~ 4월, 수원 삼일여학교(三一女學校, 현 매향여자경영정보고등학교)에 동
생 지석과 함께 입학했다. 나혜석은 재학 시절에 이미 그림그리기에 솜씨
를 발휘하였다. 이때부터 개신교에 더욱 관심을 기울였다.

―― 삼일여학교는 1902년 개신교 선교사업의 일환으로 설립되어 수원지역을
대표하는 근대 여성교육기관으로 발전을 거듭했다. 교훈은 경천애인(敬天
愛人)으로 자연법에 기초한 인간평등과 민주적 자유주의에 기초하고 있었
다. 교사 김메례(金袂禮)와 이사라 등은 현지 여성교육과 여성운동에 막대
한 영향을 미쳤다. 국채보상운동에 여성들이 경쟁적으로 참여한 사실은
여성교육 확대와 무관하지 않다. 자극을 받은 개신교도와 선각자 등이 이
듬해에 삼일남학교를 설립했다. 졸업생은 이곳 3·1운동은 물론 일제강점
기 여성운동·대중운동을 주도하는 등 수원지역 발전에 지대한 공헌을 남
겼다.

1910년(15세)

~~~~~ 6월, 수원 삼일여학교를 졸업했다.

~~~~~ 9월 1일, 동생 지석과 함께 서울 진명여자고등보통학교에 입학하여 기숙
사 생활을 시작했다. 번화한 서울에서의 학창시절은 새로운 세계에 대한
지적 호기심을 크게 자극시켰다. 그림그리기를 위한 과외활동은 근대문물
에 대한 이해에 크게 도움을 주었다.

―― 진명여자고등보통학교는 1905년 3월 엄준원(嚴俊源)의 사저인 달성위궁
에 사숙을 설립하면서 시작되었다. 이듬해 4월 초대교장으로 엄준원이 취
임했다. 엄귀비가 1907년 5월에 약 200만 평의 땅을 하사하여 재정적인 기
반을 확충할 수 있었다. 1908년 6월에는 '사립학교령' 시행에 따라 교칙
을 제정하여 학부 인가를 받았다. 1912년 재단법인 설립과 엄준원의 이사
장 취임은 교육내실화를 다지는 계기였다. 졸업생 중 허영숙(許英肅, 이광
수 부인)은 일제강점기 여성운동을 주도한 인물이었다.

1913년(18세)

~~~~~ 3월 28일, 진명여자고등보통학교를 제1회로 졸업했다. 졸업생은 동생 지
석 등 모두 7명으로 그녀는 최우등생이었다. 《매일신보》 4월 1일자 보도는
그녀가 사회적인 주목을 받게 되는 계기였다. 학적부에 의하면 졸업시험

성적은 10점 만점에 평균 9점을 받았다. 졸업 무렵에 명순(明順)이라는 이름을 혜석으로 개명했다.

▨ 4월 15일, 작은오빠 경석의 적극적인 후원에 의하여 도쿄사립여자미술학교 서양화과 선과(選科) 보통과에 입학했다. 이 학교는 4년제였으나 이후 5년제의 여자미술전문학교가 된다. 고희동(高羲東)·김관호(金觀鎬)·김찬영(金瓚永) 등 3명이 도쿄미술학교에 재학 중이었다. 혜석은 한국인 최초의 여성 유화가이자 근대문학가가 된다.

▨ 3학기제인 미술학교 수업일수 228일 중 6일을 결석했다. 성적은 평균 77점을 받았다. 수강과목별 점수는 수신 83점, 가사 56점, 국어(일본어) 76점, 영어 72점, 조화(造花) 85점, 실기과목인 목탄화와 유화는 평균 79점을 받았다.

1914년(19세)

▨ 1월, 학교 기숙사로 입사했다.

── 4월 7일, 《매일신보》에서 도쿄여자미술학교에 유학 중인 나혜석의 근황을 소개했다.

── 4월 9일, 《매일신보》에서 도쿄에 유학 중인 한국인 여학생 현황 등을 소개했다.

▨ 미술학교를 59일이나 결석하는 등 학업에 충실하지 못했다.

▨ 미술학교 제2학년 성적은 가사 65점, 국어 49점, 영어 80점, 조화 81점 등 평균점수는 70점을 받았다. 실기과목인 목탄화(82점)와 유화(86점)의 평균은 84점이었다. 학과와 실기과목을 합한 평균점수는 77점을 받았다.

▨ 여름, 부친의 결혼 강요를 거부했다. 작은오빠의 친구이자 게이오대학(慶應大學) 유학생인 최승구(崔承九)와 열애에 빠졌다.

── 소월(素月) 최승구(1892~1916)는 작은오빠 나경석의 친구로, 만남을 통하여 연인관계로 급진전되었다. 그는 게이오대학에 수학 중인 문학도였으나 이미 결혼하여 고향에 아내가 있었다. 최승구는 《학지광(學之光)》 제3호에 「감정적 생활의 요구」와 「남조선의 신부」 등을 발표했다. 이듬해에는 「벨지움의 용사」라는 시를 투고하는 등 다수의 시를 썼다. 유학 중 폐결핵으로 1916년 요절하고 말았다. 유고집인 『최소월 작품집』이 있다.

▨ 근대적인 여권론에 관심을 가졌다. 스웨덴의 여성사상가 엘렌 케이(Ellen

Key, 1849~1926)라든가 일본 첫 여성 문예동인지인 《세이토(靑鞜)》 등을 통하여 여성운동 또는 여권에 대한 본격적인 관심과 아울러 글쓰기를 시작했다. 나혜석은 혁신으로 이상을 삼은 가추샤, 이기로 이상을 삼은 막다, 진정한 연애로 이상을 삼은 노라부인, 종교적 평등주의로 이상을 삼은 스토우부인, 천재적으로 이상을 삼은 라이쵸부인, 원만한 가정의 이상을 가진 요사노여사 등을 자신이 숭배하는 이상적 부인으로 들었다.

▬ 10월 28일, 정교구 백목정(淀橋區 柏木町) 979번지 중천방(中川方)으로 이사했다.

▬ 12월, 도쿄한국인유학생 기관지인 《학지광》 제3호에 「이상적 부인(理想的 婦人)」을 발표했다. 이 글은 여성의 교육문제를 중요시하는 등 근대적인 여권론의 주요 문건이 된다. 《학지광》은 이광수(李光洙)·전영택(田榮澤) 등이 편집진이었고 최승구(崔承九)는 인쇄인이었다.

── 《학지광》은 재일 조선유학생학우회(朝鮮留學生學友會)가 도쿄에서 발행한 기관지이다. 1914년 4월 창간되어 1930년 4월에 종간된 잡지로 통권 29호가 발행되었다. 이 잡지는 유학생의 논문·기행·수필·시·한시(漢詩)·희곡·소설·학우회 기사 등을 게재한 종합 잡지로서 성격을 지녔다. 《학지광》은 격월간 형식을 띠고 있었으나, 실제로는 연 2회 내지 3~4회 발행되었고 매호 분량은 100면 내외였다. 16년 동안 29호밖에 발행되지 못했으며, 3~4회 이상 발매금지 처분을 받았다. 7~9호까지 발매금지 처분을 당했으며, 창간호 및 2호, 16호, 23~26호는 그 실체가 확인되지 않고 있으나 대부분 압수되었다고 판단된다. 1920년 7월 20호를 발행한 이후 1921년부터 매년 한 권씩 발행되었던 것으로 보이며, 1927년 3월 28호를 내고 한동안 휴간되었다가 1930년 4월 갱생호(更生號)를 내고 마침내 종간되었다. 발행부수는 600~1,000부였고, 일본과 국내뿐만 아니라 미주지역에까지 배포되었다. 초기 투고방침은 "언론·학술·문예·진담(珍談)·기타[단 시사(時事) 정론(政論)은 접수하지 않는다]"라고 하여 정치·시사문제를 제외하였다. 이후 종교·전기(傳記)에 관한 투고를 받았다. 편집인은 신익희(申翼熙)·장덕수(張德秀)·현상윤(玄相允)·최팔용(崔八鏞)·박승철(朴勝喆) 등이다. 《학지광》은 당시 지식인층의 사상적 동향을 파악하는 데 중요한 자료로서 가치를 지닌다.

1915년(20세)

- 1월, 아버지의 결혼 강요로 거의 강제적인 귀국을 했다. 결혼을 회피하기 위하여 삼일여학교 은사의 도움으로 여주공립보통학교 교사로 1년간 취직했다.
- 11월 15일, 복학했으나 학교에 다니지 않았다. 주소는 동대구보정(東大久保町) 357번지 지촌방(志村方).
- 12월 10일, 결혼을 강요하던 아버지가 사망했다. 수원군 봉담면 수기리에 안장되었다.

1916년(21세)

- 4월 1일, 미술학교 서양화과 고등사범과 1학년에 복학했다. 성적은 국화(國花, 일본화) 260점(85+90+85), 용기화(用器畵) 130점(50+30+50), 윤리학 233점(65+98+70), 교육학 262점(83+91+88), 일본미술사 250점(80+90+80), 예용해부(藝用解剖) 246점(86+85+85)으로 실기과목은 평균 85점을 받았다. 학과와 실기 평균점수는 81점이었다.
- 봄, 결핵으로 귀국하여 전남 고흥군수인 형 최승칠(崔承七)의 집에서 요양 중인 약혼자 최승구를 문병했다. 최승구는 나혜석이 다녀간 직후에 사망했다. 묘지는 전남 고흥군 남계리 오리정 공동묘지에 있다. 그의 사망 이후 거의 발광 상태에 이르렀으나 여름 방학 무렵에 가까스로 안정을 찾을 수 있었다.
- 춘원 이광수와 연인 관계라는 소문이 나돌 정도로 가깝게 지내게 되었다. 오빠 나경석은 최승구 때와 달리 이광수와 교제를 적극적으로 반대했다. 기혼자였던 이광수는 이듬해 결핵에 걸리자 나혜석의 친구인 허영숙과 밀접한 관계로 발전하였다. 허영숙 집안의 반대로 결혼이 어렵게 되자, 이들은 1918년 베이징(北京)으로 사랑의 밀월여행을 떠났다. 이듬해 대한민국 임시정부가 수립되자, 이광수는 기관지 《독립신문》의 주필을 맡았다.
- 여름, 오빠 주선으로 청구(靑邱) 김우영(金雨英, 1886~1958)을 만나 가깝게 지냈다. 김우영은 교토(京都)대학 법학부에 재학 중이었다. 그는 경남 동래 출신으로 조혼한 부인과 사별한 기혼자로서 딸을 두고 있었다. 그는 평생 4번을 결혼하였는데, 나혜석보다 10살 연상이었다.

1917년(22세)

▰▰ 미술전문학교 고등사범과 3학년에 재학했다. 성적은 수신 92점, 국어 79
점, 교육 64점, 해부 92점, 미술사 94점, 미학 75점, 용기화 48점, 모필화
88점으로 평균 79점을 받았다. 실기과목은 연필화+수채화 88점, 목탄화+
유화 84점, 인체 유화 92점을 받아 평균점수는 90점이었다. 나혜석은 이
후에 학과는 우등하지 못하고 실기만 우등했다고 회고하였다.

▰▰ 3월, 《학지광》에 「잡감」을 발표했다. 이 글은 도쿄유학생학우회 망년회
에 참석한 소감을 서간체 형식으로 쓴 것으로 여성도 사람이라는 여권을
주장한 내용이다. 이때부터 필명으로 정월(晶月)이라는 호를 사용한다.

▰▰ 6월, 도쿄여자유학생친목회(東京女子留學生親睦會) 기관지인 《여자계》
창간호에 처녀소설 「부부」를 발표했다. 이는 근대문학 최초 여성소설로
한국문학사의 서장을 장식하는 획기적인 작품이 된다. 주제는 여권에 관
한 내용으로 짐작되나 현재까지 발굴되지 않았다. 이후 나혜석의 문학가
로서 자질은 이러한 사실에서 연유한다.

── 《여자계》는 여자일본유학생들의 단체인 도쿄여자유학생친목회와 조선
여자유학생학흥회의 기관지이다. 1917년 봄에 창간호를 내고, 1918년 3월
제2호부터 여자유학생 단체의 기관지가 되었다가 1921년 7월 제7호로 종
간되었다. 《여자계》는 처음에는 숭의여학교 출신 여자유학생의 간단한 소
식지 형태로 나왔다가 유학생뿐만 아니라 조선 본국의 여성들도 참여하
였다. 전영택·이광수는 고문으로 추대되었다. 편집부장은 황애시덕(황
에스더)이고 편집부원은 허영숙·나혜석 등이었다. 1920년 1월 조선여자
유학생학흥회로 개칭과 동시에 여성대중에 대한 계몽운동에 좀 더 집중
되었다. 이때부터 남자유학생들의 간여에서 벗어나 《여자계》를 독립경영
한 점은 주목된다. 독립경영은 "모든 새 것을 요구하는 현대의 사조에 응
(應)키 위하여 우리 여자계도 새해에 새로운 면모로 새로운 운명의 신기
원을 세우게" 된 것으로 이해하였다. 당시 편집부장은 유영준(劉英俊), 편
집부원은 현덕신·이현경(李賢卿) 등이었다. 《여자계》의 발간은 무엇보다
여자유학생들이 여성으로서 자각을 가지고 자신의 의견을 집단적으로 드
러낼 수 있는 공간을 확보한 점에서 의미가 있다. 발간 초기에는 남성지
식인들의 논의를 중심으로 여성교육의 필요성과 현모양처 역할의 중요성
을 강조하는 글들을 주로 게재하였다. 남성지식인들이 논설문을 통해 그
들의 논리를 전개한다면, 여자유학생들은 모성론·육아법 등을 서술하거

나 시 · 소설 등 문학작품을 싣는 정도의 수준이었다. 그러나 편집 · 경영을 전담하는 제4호부터 사회문제 · 여성문제를 바라보는 여자유학생들의 다양한 시각을 한층 풍부하게 담아내었다. 이는 3 · 1운동 이후 식민지 조선과 조선여성의 현실에 관한 논의, 여성지식인으로서 자신들이 가지는 책임과 각오, 새로운 남녀관계에 대한 주장, 여성노동에 대한 관심 등으로 나타났다. 《여자계》는 여성들의 자의식에 바탕을 둔 최초의 여성잡지라는 평가를 받는다. 새로운 사상 · 지식을 기반으로 여성주체의 자의식을 형성하면서 사회와 민족문제에 적극적으로 개입하려 했던 여성지식인들의 땀과 결실이 고스란히 담겨 있기 때문이다. 제7호 이후 《여자계》 발간 중지의 이유는 재정곤란이었다. 1923년 관동대지진 발발로 조선여자유학생학흥회도 전면 휴지기 상태를 맞게 되었다.

▬ 7월, 《학지광》에 「잡감—K언니에게 여(與)함」을 발표했다. 내용은 탐험하는 자가 없으면 그 길은 영원히 못갈 것이라는 여성의 실천력을 강조하는 것이었다.

▬ 여름, 김우영이 있는 교토에서 졸업작품으로 가모가와(鴨川) 풍경을 그리면서 그곳에 머물기도 하였다.

▬ 10월, 도쿄여자유학생친목회 임시총회에서 총무로 선임되었다. 기관지 《여자계》 편집부원으로 선임되어 부장 김덕성(金德成), 부원 허영숙 · 황애시덕과 활동했다.

▬ 12월, 도쿄 한인교회에서 한국인 목사로부터 세례를 받았다.

— 도쿄여자유학생친목회는 1915년 4월 3일 도쿄에서 결성된 여자유학생 단체이다. 김필례(金弼禮) · 나혜석 등 여자유학생 10여 명이 발기인으로 초대회장은 김필례였다. 설립목적은 "재경(在京) 조선여자 상호간의 친목 도모와 품성함양"이었다. 창립초기 친목모임 성격을 가지면서 도쿄에 있는 여자유학생들의 단결과 지식교류를 도모하였다. 1910년 이후 일본유학생 사회에는 새로운 분위기가 조성되고 있었다. 이들은 지식인의 입장에서 일제에게 국권을 강탈당한 현실을 타개하기 위해 고민하였으며, 우선은 개인적인 실력을 기르자는 분위기가 팽배해 있었다. 도쿄여자유학생친목회도 당시 일본유학생사회에 실력배양의 분위기가 고조되고 남자유학생 중심의 통일단체가 결성된 상황 속에서 이루어졌다. 조선여성이 처한 특수한 문제에 관심을 가지고 여성문제를 사회문제의 일환으로 제

기할 수 있는 여성주체세력 형성기반이 점차 갖춰지기 시작하였다. 당시 일본 각지에는 지역별 여자유학생친목회가 조직되었는데, 1917년 10월 17일 임시총회를 계기로 지방에 있는 여자친목회 대표는 도쿄여자유학생친목회의 총회에 참석하였다. 임시총회는 임원을 개선하여 김마리아(金瑪利亞)를 회장, 나혜석을 총무로 선출하고 편집부를 구성하여 여성잡지 《여자계》 발간을 결정하였다. 숭의여학교(崇義女學校) 출신 여자유학생들의 주도로 발간되던 《여자계》는 제2호부터 도쿄여자유학생친목회 기관지로서 발간되었다. 이후 이 단체는 매년 3차의 정기총회를 열고 "호상친목하며 감상과 학식을 대론하고 여러 가지 회무를 처리"하였다. 여자일본유학생들은 2·8독립선언과 3·1운동에 참가하면서 일제 관헌의 주목을 받기 시작하였다. 일제는 한국을 강점한 후 조선유학생감독부를 설치하여 유학을 억제하고 유학생의 성적·품행·사상 등에 대해 끊임없이 감시하였으나 여자유학생에 대한 감시는 상대적으로 소홀하였다. 유학을 억제할 정도로 여자유학생수가 많지 않았고 한국여성들은 오랫동안 집안에만 갇혀서 사회정세에는 전혀 관심이 없을 것이라고 생각했기 때문이었다. 여자유학생들은 일제 관헌의 특별한 주목대상이 아닌 사실을 이용하여 3·1운동 시기 커다란 활약을 전개할 수 있었다. 「독립선언서」 밀송·유포를 맡아 일본·조선을 오가면서 선전·선동활동을 하였다. 두드러진 활동가는 김마리아·황애시덕 등이었다. 이들의 노력으로 2·8독립선언의 분위기와 사상이 국내로 빠르게 확산될 수 있었다. 1920년 3월 1일 히비야(日比谷)공원에서 거행된 독립운동 1주년 기념 '소요(騷擾)'에는 황신덕(黃信德)·현덕신(玄德信) 등 도쿄여자유학생친목회 회원 7명이 참가하여 일본경찰에 검거되었다. 이 단체는 여자일본유학생들의 단결과 사상교류를 도모하는 공간으로서 여성지식인 집단이 성장할 수 있는 기반이었다. 이들은 도쿄여자유학생친목회를 중심으로 여자계를 이끌 선도자로서 자신의 책임감을 자각하고 실력을 다지는 한편 이를 서로 공유해 갔다. 남녀평등을 실현하려는 여성들이 가진 장점을 이용한 민족운동 동참은 여성대중의 조직적인 참여를 유도할 수 있었다. 당시 여성들의 적극적인 참여는 여성의 가치·역할에 대한 사회적 인식을 높였을 뿐만 아니라 사회문제에 대한 여성의 관심을 높이는 계기였다.

1918년(23세)

■ 3월, 《여자계》 제2호에 단편소설 「경희(瓊姬)」를 발표했다. 이 소설은 200자 원고지 125매 분량으로 그녀의 대표적인 소설임은 물론 한국근대문학사 초창기를 빛나게 하는 역작이다. 자전적인 소설로서 남성 중심적인 가치관과 사회제도를 비판하였다. H.S란 이름으로 시 「광(光)」도 《여자계》 제2호에 발표했다.

■ 3월, 여자미술전문학교를 졸업했다. 3월 9일에는 도쿄여자유학생친목회 주최 졸업생축하회에 참석하였다. 사회 김마리아, 기도 황에스터, 축사 현상윤(玄相允)·백남훈(白南薰), 졸업생 답사는 나혜석·김덕성·허영숙 등이 맡았다.

■ 4월, 귀국 직후에 모교인 진명여자고등보통학교 교원으로 재직하였으나 8월경 건강상 이유로 사직했다. 운니동 37번지 집에서 정양하는 가운데 그림그리기에만 열중하였다.

■ 9월, 《여자계》 제3호에 단편소설 「회생한 손녀에게」를 발표했다. 이 소설은 편지 형식으로 주체적인 인간으로서의 삶을 강조하는 한편 애국심을 주제로 삼았다.

1919년(24세)

■ 1월 21일~2월 7일, 《매일신보》에 '섣달대목' 이라는 주제로 4회, '초하룻날' 이라는 주제로 5회 등 모두 9점의 만평을 연재했다. 이는 귀국 후 대중에게 자신을 알리는 최초의 활동이었다. 여성의 가사노동을 주제로 하여 만평 형식의 그림과 짧은 글이 첨부된 독특한 작품이다. 여성의 시각으로 그린 연말연시의 풍속이라는 점에서 최초 페미니스트 만평으로 평가된다. 1917년 같은 지면에 게재된 고희동의 단순한 시세풍속에 비하여 여성의식을 보다 선명하게 부각시켰다.

■ 3월 2일, 3·1운동이 일어나자 전국적인 차원으로 확산시키기 위한 계획을 세웠다. 박인덕·신준려·김마리아·황애시덕 등과 함께 박인덕의 이화학당 기숙사 방에 모여 구체적인 실행 방안을 모색하였다. 나혜석은 자금모금과 조직적인 인원동원을 위하여 3월 3~4일 개성과 평양 등지를 방문했다. 개성에서 정화여학교 교장 이정자(李正子)와 평양 숭의여학교 교사인 박충애(朴忠愛)를 만나고 서울로 돌아왔다. 5일 아침 이화학당 만세

사건과 관련되어 8일경 일제 경찰에 체포되어 5개월간 옥중생활을 했다.

▓ 8월 4일, 증거 불충분으로 경성지방법원의 '면소 및 방면' 결정으로 석방되었다. 김우영은 변호사 자격을 얻어 귀국하였으나 나혜석의 공판 날짜가 지나 변호할 기회를 놓쳤다.

▓ 출옥 후 정신여자고등보통학교 미술교사로 약 1년간 근무하였다.

▓ 11월, 고려화회(高麗畵會)가 설립되어 실기실이 운영됨에 따라 고희동의 요청으로 후학 구본웅(具本雄) 등을 지도했다. 1923년에는 고려미술회로 확대되었다. 부설인 고려미술원 교사는 김은호(金殷鎬)·강진구·나혜석·허백련(許百鍊) 등이었다.

── 고려화회는 11월 1일 정식으로 발기하였다. 발기인은 박영래(朴榮來)·강진구(姜振九)·김창섭(金昌燮)·안석주(安碩柱)·이제창(李濟昶)·장발(張勃) 등으로 창립 당시 12명이었다. 고문 겸 선생은 야마모토(山本梅涯)·다카끼(高木背水)·마루노(丸野鶒)·고희동 등으로 종로 중앙청년회관을 빌려서 그림그리기 등을 가르쳤다. 1923년에는 고려미술회로 명칭 변경과 동시에 양화전람회도 개최하는 등 예술인 저변 확대에 노력했다. 주요 회원은 박영래·강진구·김석영(金奭永)·정규익(丁奎益)·이재정(李載淳)·백남순(白南舜) 등이었다. 유화 동인전을 개최하는 한편 후진 양성을 목적으로 고려미술원도 설치·운영했다.

▓ 12월 24일, 어머니 최시의가 사망했다. 모친 사망으로 인한 고독감과 외로움을 그림그리기에 집중하여 정신적인 안정을 취할 수 있었다.

1920년(25세)

▓ 3월, 김일엽(金一葉)·박인덕·김활란(金活蘭) 등과 청탑회(靑鞜會)를 조직하고 매주 회합을 가지면서 여성 중심의 잡지 《신여자》를 창간했다.

── 이 잡지는 김일엽의 남편인 이노익(李魯翊)의 재정 지원으로 발행되다가 그들의 이혼에 의해 4호로 종간되었다. 목적은 여성교육 보급과 여성의 자아각성에 있었다. 대표는 김일엽이었다. 창간호에 나혜석은 만화를 발표하려 했으나 인쇄소 사정으로 뜻을 이루지 못하였다. 정동예배당에서 개최된 강연회에는 500여 명이나 방청하는 등 대성황이었다.

▓ 4월, 《신여자》 제2호에 판화 〈저것이 무엇인고〉를 발표했다. 이는 신여성에 대한 남성들의 편견을 비판한 것이다. 제4호에는 〈김일엽 선생의 가정생활〉이라는 만화형식의 판화와 김우영과 약혼시절을 회상한 「4년 전의

연보
─
531

일기 중에서」라는 글을 발표하였다.

■■ 4월 10일, 서울 정동예배당에서 김필수(金弼秀) 목사의 주례로 김우영과 결혼했다. 나혜석은 결혼 승낙 조건으로 평생 동안 자신만을 사랑할 것, 작품 제작에 방해하지 말 것, 시어머니와 전처 소생 딸과 같이 살지 않을 것을 요구하여 약속을 받았다. 그러나 이 약속은 제대로 지켜지지 않았다.

■■ 신혼여행으로 첫사랑 최승구 무덤에 갔다. 전남 고흥에 며칠간 묵으면서 최승구 무덤에 비석을 세웠다. "죽은 애인의 무덤으로 신혼여행"은 장안의 화제로 대단한 주목을 받았다. 이후 여행기는 염상섭 소설 「해바라기」의 소재로 널리 알려졌다.

■■ 5월 3일, 민예학자 야나기 무네요시(柳宗悅)의 부인이며 가수인 야나기 가네코(柳兼子)와 버나드 리치가 서울에 왔다. 한국 여성계를 대표하여 허영숙과 함께 서울역으로 출영을 나갔다. 《폐허》 동인 주최로 이들을 위한 환영회를 개최하였다. 야나기 가네코는 여러 차례 독창회를 열어 수익금을 조선민족미술관 건립비로 희사했다.

■■ 5월 9일, 정동예배당에서 남녀 학생 800여 명이 참석한 가운데 개최된 조선학생대회에 허영숙·김원주 등과 여성계 대표로 참석하여 학생운동을 격려했다.

■■ 5월, 1919년 11월 '애국부인회 사건'으로 체포된 김마리아가 고문후유증으로 앓고 있는 대구형무소로 면회를 갔다.

■■ 7월, 《서광》에 「부인문제의 일단」을 발표했다.

■■ 7월, 문학동지 《폐허》 창간 동인으로 김억(金億)·남궁벽(南宮璧)·염상섭·오상순·황석우·김일엽 등과 참여했다. 김억과 함께 창간호를 편집하였다.

■■ 9월, 최초 노동운동 단체인 조선노동공제회 기관지인 《공제(公濟)》 창간호에 판화 〈조조(早朝)〉를 발표하였다. 이 작품은 동트는 아침에 들판으로 나가는 시골 농부의 모습을 그린 것이다. 비록 필치는 투박하고 거칠지만 주제의식 만큼은 선명한 작품이다.

■■ 첫딸 나열 임신으로 입덧이 심하자 정신여학교를 사직했다. 이로 인한 불안감을 떨쳐내고자 연말 단신으로 도일했다. 2개월간 도쿄에 머물면서 연구생활을 하였다. 이 기간이 미술학교 유학시절보다 유익했다고 한다.

1921년(26세)

- 1월, 《폐허》 제2호에 시 「모래(沙)」와 「냇물」을 발표했다.
- 2월 26일, 《동아일보》에 「회화와 조선여자」를 발표했다. 미술에 대한 사회적인 편견에 대한 비판과 여성화가의 출현을 기대하였다.
- 3월 4~5일, 《매일신보》에 「인형의 집」 삽화를 그렸다.
- 3월 17일, 미술에 대한 논평인 「양화전람회에 대하여」를 《매일신보》에 발표했다.
- 3월 19~20일, 경성일보사 내청각(來靑閣)에서 유화 개인전을 개최하였다. 임신 9개월 몸으로 치른 이 전시에 70여 점이 진열되었다. 이틀간 5천여 명에 달하는 관람객이 운집하는 성황을 거뒀다. 20여 점은 고가로 팔렸으며, 〈신춘〉은 거금 350원에 팔렸다. 이는 서울에서 개최된 최초 유화 개인전으로 기록되었다. 국내에서는 1916년 평양에서 개최된 김관호 개인전에 이은 두 번째이며, 여자로서는 최초이다. 당시 전시된 작품이 무엇인지는 현재 파악할 수 없다.
—— 필명 급우생은 《동아일보》 3월 23일자에 「미술전람회 감상 소감」을 발표했다. 그는 전시회 개최를 미술가의 인간해방이라는 차원에서 극찬을 아끼지 않았다. 특히 직업적인 예술가로서 여성의 등장은 한국사회의 발전상을 보여주는 증좌라고 표현했을 정도이다.
- 4월 3일, 《매일신보》에 연재되던 입센의 희곡 「인형의 가(家)」 마지막회에 나혜석 작사, 김영환 작곡의 〈인형의 가〉 가사와 악보를 발표하였다.
- 4월, 서화협회가 연례전을 개최하기로 하여 제1회 서화전을 개최했다. 그림 78점과 서예 30점 속에 유화는 고희동과 나혜석 등의 작품 8점이 전시되었다.
- 4월 28일, 장녀 김나열(金羅悅)을 서울 종로구 숭이동 96번지에서 출산하였다. 자신과 같은 날 태어나는 등 각별한 인연에 새삼 감격스러움을 맛보았다. 이름은 김우영과 나혜석의 기쁨이라는 뜻에서 '김나열'로 지었다. 딸은 1948년 미국으로 유학을 떠난 이래 현지에서 2녀1남을 두고 정착하였다.
- 7월, 《신가정》 창간호에 소설 「규원(閨怨)」을 발표했다. 내용은 봉건적인 결혼제도와 정조관에 희생된 여성의 이야기이다. 제2호에 연재될 예정이었으나 잡지가 발간되지 않아 미완성으로 남았다.
- 7월, 《개벽》에 판화 〈개척자(開拓者)〉를 발표했다. 이는 새벽에 곡괭이질

을 하며 일하는 사람의 뒷모습을 묘사하는 등 민중예술의 건전성을 부분적으로 보여준다.

▬ 9월 28일~10월 1일, 부인의복 개량문제에 대한 반론인 「김원주 형의 의견에 대하여」를 《동아일보》에 4회 동안 연재했다.

── 9월, 남편 김우영이 외무성 외교관으로 만주 안둥현(현 단둥) 부영사로 임명·부임하자 이곳으로 이사하였다(부영사 임명 발표는 9월 22일).

1922년(27세)

▬ 3월, 안둥현 8번통 태성의원(泰誠醫院) 내에 여자야학을 설립하였다. 직접 교수는 물론 운영비 일체를 부담하는 등 현지 여성교육 보급에 진력하였다.

▬ 6월 1~21일, 조선총독부에 의하여 연례 공모전인 조선미술전람회가 개최되었다. 나혜석은 제1회부터 제11회까지 작품 총 18점을 제출했다. 제1회전에 〈봄이 오다〉와 〈농가〉가 입선하였다. 전자는 미루나무가 있는 농촌의 평화스러운 시골 풍경을 배경으로 도랑에서 빨래하는 여성을 화면 앞으로 설정한 작품이다. 후자는 집 마당에서 추수하는 농민 부부를 묘사한 그림이다. 남성 화가들이 단순한 풍경이나 누드를 소재로 즐겨 선택한 당시 상황과 달리 상당한 차별성을 보여준다. 조선총독 사이토(齋藤實)는 전람회를 관람한 후 오세창(吳世昌) 서예 작품과 나혜석 그림에 대해 관심을 가지고 근황을 물어보았다.

1923년(28세)

▬ 1월, 최남선이 주관하는 《동명》에 「모(母)된 감상기(感想記)」를 발표했다. 이는 임신에서 출산, 그리고 양육에 이르기까지 자신의 심리와 육체적 변화 등 체험을 솔직하면서도 파격적으로 기술한 글이다. 백결생(百結生)이라는 독자는 「관념의 남루를 벗은 비애」라는 비판을 《동명》 2월호에 발표했다.

▬ 3월 18일, 《동명》 3월호에서 「백결생에게 답함」을 통해 반박하였다. 반박문은 대단한 수준의 문장이다.

▬ 3월, 의열단사건(일명 黃玉事件)에 연루되어 나혜석 부부가 곤혹을 치렀다.

── 의열단은 1919년 만주 지린(吉林)에서 창립되어 중국 관내지역과 국내·일본을 주무대로 활동한 독립운동단체이다. 1920년대 전반기에는 강도

높은 암살파괴운동으로 의열투쟁의 상징이요 대명사처럼 여겨졌다. 후반기에는 중국혁명운동과 민족유일당운동에 참가하는 한편 국내 대중운동의 역량 강화에도 주력하였다. 1930년대 전반기에는 항일청년투사 양성 및 민족혁명 조직기반 강화와 국외 민족전선의 통일에 진력하였다. 창단 기획 및 준비의 주역은 조선독립군정사(朝鮮獨立軍政司)였다. 회계과장이던 황상규(黃尙奎)의 막후 지도로 김원봉(金元鳳)이 전면에 나서서 동지를 규합했다. 창립단원은 13명으로 형제의 의를 맺고 '공약 10조'로써 조직 기율을 정하였다. 창단과 동시에 조선총독 이하 고관·군부 수뇌·대만총독·매국적(賣國賊)·친일파 거두·적탐(敵探)·반민족적 토호열신(土豪劣紳) 등 일곱 부류의 암살대상을 정하고, 조선총독부·동양척식회사·매일신보사·각 경찰서·기타 왜적 중요기관을 파괴대상으로 정하였다. 준비작업은 김원봉이 장건상(張建相)과 긴밀히 협의·지휘하는 가운데 상하이와 톈진에서 진행되었다. 이 과정에서 경기도경찰부 소속의 현직 경부 황옥(黃鈺)을 협조자로 포섭하였다. 그의 도움으로 1923년 3월 행동대장 역할을 맡은 단원 김시현(金始顯)이 홍종우(洪鍾祐) 등 고려공산당원들과 함께 시한폭탄 6개와 수류탄 30개를 서울로 반입하였다. 그러나 밀정의 제보로 인하여 거사 요원과 국내 협력자 18명이 폭탄반입 직후 전원 검거되었다('황옥사건'). 이 거사계획의 규모와 대담성은 총독부 당국자만 아니라 일본 언론계에도 큰 충격을 주었다. 1923년 1월에는 신채호(申采浩)가 작성해 준 「조선혁명선언」을 단의 이름으로 발표하였다. 이 선언은 민중사회건설론 및 민중직접혁명론을 결합시켜 폭력으로써 일제 '강도정치'를 타도할 것과 독립자주·자유평등의 '이상적 조선'을 건설함을 이념적 지표로 제시하였다. 대일 폭력투쟁노선의 정당성을 확보함과 아울러 운동이념·이론·방략의 정립을 통하여 '혁명단체'로서 위상과 정체성을 확립하였다. 의열단은 1920~1930년대의 독립운동 과정에서 주요 국면마다 중요한 역할을 수행하였고 의미 있는 공적을 쌓았다.

── 3월, 나경석은 김하종(金河鍾)·설원식(薛元植) 등과 펑톈(鳳天)에 민천공사를 설립하여 토지개간사업에 주력했다. 나경석은 만주 일대에 고무공장을 운영하는 등 사업가로서 수완을 발휘하였다.

▬ 4월, 《부인》 4월호에 「『부인』의 탄생을 축하하여」를 발표했다.

▬ 5월, 제2회 조선미술전람회에 〈봉황성의 남문〉이 4등, 〈봉황산〉이 입선하다. 전자는 중국의 고성(固城)을 사실적으로 묘사하였다. 견고한 구도가

단연 돋보인다. 후자는 화면을 수평으로 양분하여 산줄기와 벌판을 짜임새 있게 형상화한 작품이다.

▰ 6월 21, 평양 기생 강명화(康明花)가 갑부 아들과 사랑에 빠졌다가 결혼을 이루지 못하고 자살한 사건에 접하고 「강명화의 자살에 대하여」를 《동아일보》에 발표했다(보도는 7월 8일). 이 글을 통하여 남녀의 애정문제에 대한 고루한 인습을 비판하는 동시에 자유연애의 타당성을 주장했다.

── 7~8월, 염상섭이 《동아일보》에 소설 「해바라기」를 연재하였다.

▰ 9월, 정규익·박영채·강진구·백남순 등과 고려미술회 발기동인으로 참여했다. 목적은 한국 미술의 고유성 회복과 화가 양성이었다.

▰ 11월, 남녀평등문제를 다룬 「부처 간의 문답」을 《신여성》에 발표하였다.

▰ 염상섭의 소설집 『견우화』의 표지인 〈진달래꽃〉을 그렸다.

1924년(29세)

▰ 5월, 제3회 조선미술전람회에 〈가을의 정원〉이 4등, 〈초하(初夏)의 오전〉이 입선되었다. 고려미술원 동인은 전원 입선되는 등 활약상이 두드러졌다.

── 6월, 나경석은 물산장려회 이사직을 사임하고 평텐으로 이주했다. 그는 민천공사를 확장하여 장춘(長春) 등지에 출장소를 설치하는 한편 미곡무역과 고무공장을 경영하는 등 사업을 확장하였다. 특히 이주한인에 대한 자선사업으로 현지에서 명망을 얻었다.

▰ 7월, 「만주의 여름」을 《신여성》에 발표했다.

▰ 7월, 조선미술전람회 참석을 위하여 서울에 온 감상문인 「1년 만에 본 경성의 잡감」을 《개벽》에 발표했다. 음악회·미술전람회·토월회의 연극 등을 보고 쓴 글로 신랄한 비평이 곁들여져 있다.

▰ 8월, 「나를 잊지 않은 행복」을 《신여성》에 발표했다. 체험을 통한 남녀평등 문제를 제기하였다.

▰ 10월 20일, 신의주제2기독교청년회 주최인 가정문제 특별강연회에서 「생활개선에 관한 여자의 부르짖음」을 발표했다.

▰ 12월, 첫아들 선(宣)을 출산했다.

1925년(30세)

▰ 5월, 조선미술전람회 출품 마감을 앞두고 외교관 부인으로, 특히 두 아이의 어머니로 분주한 가사로 인해 작품을 제작하지 못하였다. 아이의 홍역

으로 아무런 준비를 못하다가 겨우 작품을 출품하였다. 출품작 〈낭랑묘(娘娘廟)〉는 3등에 입선했다. 여기는 중국 사람들이 명절이면 모여 제사를 지내는 곳으로 김복진은 한국인 작품 중 수작이라고 칭찬을 아끼지 않았다.

■■■ 11월 26일, 최은희(崔恩喜) 기자가 안동 자택을 방문하여 「여류화가 나혜석 여사 가정방문기」 기사를 《조선일보》에 발표했다. 나혜석은 이듬해 다렌(大連)과 베이징(北京)에서 전시회 개최를 계획 중임을 밝혔다.

1926년(31세)

■■■ 1월 3일, 육아 경험을 바탕으로 한 「내가 어린애를 기른 경험」을 《조선일보》에 발표했다. '진취적인' 육아법도 소개하였다.

■■■ 1월 24~30일, 《동아일보》에 7회에 걸쳐 「생활 개량에 대한 여자의 부르짖음」을 발표했다. 우리 생활이 개량되기 위해서는 남성이 우월의식을 버리고 여성을 인격적으로 대하여야 가능하다는 논리이다.

■■■ 4월, 소설 「원한」을 《조선문단》에 발표하였다. 남편의 축첩 때문에 여성이 겪는 희생문제를 심도 있게 다루었다.

■■■ 5월, 제5회 조선미술전람회에 〈천후궁(天后宮)〉이 특선, 〈지나정(支那町)〉이 입선했다. 30호 크기의 전자는 해신(海神)을 받들어 바닷사람들이 제사를 지내는 곳이다. 후자는 〈천후궁〉을 제작하기 위해 왕래하다가 중국인촌에서 영감을 얻어 완성한 작품이다. 제작과정에 얽힌 이야기는 《조선일보》 20~23일자에 「미전 출품 제작 중에」로 발표했다. 김복진은 「미전 제5회 단평」을 《개벽》 6월호에 발표하면서 신랄한 비판을 가했다.

■■■ 5월 18일, 자신의 화가로서 입문 동기와 생활상을 「그림을 그리게 된 동기와 경력과 구심」으로 《동아일보》에 발표했다.

■■■ 6월, 남편 김우영의 성격을 다룬 「내 남편은 이러하외다」를 《신여성》에 발표했다.

■■■ 6월 6일, 시 「중국과 조선의 국경」을 《시대일보》에 발표했다.

■■■ 12월 19일, 둘째 아들 진(辰)을 출산하였다. 진은 법학자로서 서울대 교수를 역임한 후 1960년대 미국으로 이민을 갔다. 어린 시절과 부모에 대한 글을 남겼다.

1927년(32세)

■■■ 봄, 만주 안동현에서 살림살이를 정리하고 귀국했다. 동래 시집으로 내려

가 세계여행을 준비하였다.

■ 5월, 제6회 조선미술전람회에 〈봄의 오후〉가 무감사로 입선했다.

■ 5월 27일, 작품을 출품하기 위하여 상경하여 「경성에 온 감상의 일편」을 《동아일보》에 발표했다. 내용은 젊은 세대의 사치와 허영심, 무분별한 연애 등을 비판한 글이다.

■ 5월, 상경 중 제자 구본웅을 만났다. 그는 친구 이상(李箱, 본명 김해경)을 동반하여 나혜석으로부터 향후 미술계 동향에 대한 의견을 들었다. 그녀는 구본웅에게 일본으로 유학을 권유하였다.

■ 6월, 「예술가의 생활」을 《청년》에 발표했다.

■ 6월 19일, 외교관으로서 재직한 남편에 대한 조선총독부 배려로 부부동반 세계일주 여행을 떠났다. 나열·선·진 등 3남매는 동래 시댁에 맡기고 장도에 올랐다. 오전 11시 부산역에서 만주 펑톈행 열차에 몸을 실었다. 일제강점기 부부동반 세계일주 여행은 '신이 내린 축복' 이지만, 나혜석에게는 기쁨과 멍에를 동시에 안겨준 여행이었다.

■ 6월 23일, 곽산역에서 동생 지석 부부가 동승하여 11시경 안둥역에 도착하였다. 남편 부영사 시절에 지면이 있는 안둥조선인회장과 일본인 십여 명이 나와 환영을 받았다. 숙소를 안둥호텔로 정하고 여러 사람을 만나 현지 생활상 등을 경청했다.

■ 6~7월, 펑톈-하얼빈(哈爾賓) 등을 거쳐 시베리아 횡단 철도로 모스크바를 경유하여 한 달 뒤에 파리에 도착했다(7월 19일). 유학생 이종우(李鍾禹)·안재학 등이 출영을 나왔다.

■ 7월 27일, 스위스에서 개최된 군축회의 총회를 참관하고 영친왕도 만났다.

■ 7월 27일, 바이칼호를 지나면서 최은희 기자에게 보낸 엽서인 「아우 추계에게」가 《조선일보》에 발표되었다.

■ 8월 14일, 파리로 되돌아갔다.

■ 8월 24일, 벨기에와 네덜란드를 관광했다. 헤이그에서 이준(李儁) 열사의 묘소를 찾아보려 했으나 찾지 못하고 이준 열사 부인과 딸에게 현지에서 구입한 엽서를 보냈다.

■ 8월, 파리에 와서 야수파 화가인 비시에르(Roger Bissier, 1888~1964)가 지도하는 아카데미 랑송에 다니면서 미술수업을 받았다. 이 시절에 〈스페인 국경〉·〈스페인 해수욕장〉·〈무희〉·〈파리 풍경〉·〈나부〉 등 유화작품을 남겼다. 남편 김우영은 법률 공부를 위해 베를린에 머물렀다.

■ 10월, 화가 이종우 집에서 파리 유학생들의 모임을 가졌다. 거기에서 '운명적인' 만남인 최린을 만나게 되었다. 나혜석은 최린과 함께 파리 시내를 관광하면서 가깝게 지내게 된다.

■ 11월 11일, 최린과 함께 살레의 집을 방문했다. 드디어 11월 20일에 파리 셀렉트호텔에서 최린과 육체관계를 가졌다. 파리 유학생 사회에 '나혜석은 최린의 작은댁'이라는 소문이 나돌았다. 이는 이후 그녀를 사회적인 파멸로 내몬 비극의 '전주곡'이었다.

■ 12월 20일, 남편이 있는 베를린으로 갔다가 이듬해 정초에 파리로 되돌아왔다.

1928년(33세)

■ 1월 1일, 베를린에서 새해를 맞이한 후 4일 파리로 되돌아왔다.

■ 3월, 부부는 이탈리아·영국 등지를 여행하고 8월에 다시 파리로 돌아왔다. 나혜석은 본격적인 미술 수업을 받고자 파리에 남기를 원했으나 남편은 허락하지 않았다. 파리 체류를 위하여 당시에 유학 중인 백남순에게 남편 설득을 부탁하고자 모임을 주선하기도 하였으나 끝내 파리 유학은 이루어지지 않았다.

■ 7월, 영국을 관광하고 영국 여성참정권운동에 참가했던 이에게 영어를 배우면서 여성참정권운동에 대해 관심을 가졌다.

■ 8~9월, 스페인 등지를 관광하였다.

■ 9월 17일, 미국으로 떠나 김우영의 도쿄유학시절 가까운 지인인 장덕수(張德秀) 등을 만났다.

■ 9월 23일, 뉴욕항에 도착해 장덕수 등의 안내로 김마리아와 서재필(徐載弼)을 만났다.

— 12월 말, 김우영은 뉴욕 재미한인회가 주최한 송년파티 석상에서 김용하(金龍河)로부터 친일파라는 이유로 테러를 당했다.

1929년(34세)

■ 1~2월, 나이아가라폭포·시카고·그랜드캐니언·로스앤젤레스·요세미티·마리포사 대삼림 등지를 관광했다.

■ 2월 14일, 샌프란시스코에서 선편으로 귀국길에 올랐다. 이어 하와이·요코하마(橫濱)·도쿄 등지를 경유했다. 3월 3일 요코하마에 도착하여 1

주일 정도 도쿄에 머물렀다.

■■■ 3월 12일, 부산항에 도착했다. 약 21개월간의 세계일주 여행은 1920년대 한국사에서 획기적인 세계여행의 하나로 기록될 만하다.

■■■ 3~6월, 김우영은 변호사 개업을 위하여 서울에 머물고, 나혜석은 동래 시댁에서 생활했다.

■■■ 6월 20일, 막내아들 건(健)을 동래 시집에서 출산했다. 그는 한국 은행감독원장·증권거래소 이사장·한국은행 총재 등을 역임했다.

── 8월, 기자 차상찬이 쓴 「구미를 만유하고 온 여류화가 나혜석씨와의 문답기」가 《별건곤》에 게재되었다.

■■■ 9월 23~24일, 수원 남수리 불교포교당에서 동아일보사 수원지국 주최와 중외일보사 수원지국 후원으로 구미 사생화전람회를 개최했다. 전시 작품은 여행 중에 자신이 직접 그린 그림과 함께 구입한 명화 복제품 등이었다.

1930년(35세)

■■■ 1월, 「애아(愛兒) 병간호」를 《삼천리》에 발표했다.

■■■ 3월 28일~4월 2일, 「구미시찰기, 불란서 가정은 얼마나 다를까」를 6회에 걸쳐 《동아일보》에 발표했다.

■■■ 3월, 김우영이 서울에서 변호사 생활을 시작하였다. 한편 파리에서 있었던 최린과 연애에 대한 소문이 사교계에 퍼져나가면서 남편과 극도로 사이가 악화되기 시작했다.

■■■ 4월 3~10일, 「구미시찰기」를 《동아일보》에 6회에 걸쳐 발표했다.

■■■ 5월 13일, 「미전을 앞두고 아뜨리에를 찾아」라는 인터뷰 기사가 《매일신보》에 게재되었다.

── 5월 29일, 남편 김우영은 동래기자단사건 변론을 위하여 대구로 출장을 갔다.

■■■ 6월, 제9회 조선미술전람회에 〈아이들〉과 〈화가촌〉이 입선했다. 전자는 딸 나열이 막내 건을 업은 모습, 후자는 파리 화가촌 풍경을 그린 작품이다.

■■■ 6월, 「우애결혼 시험결혼」과 「만혼 타개 좌담회」에 관한 인터뷰 기사가 《삼천리》에 게재되었다.

■■■ 7월, 「파리에서 본 것, 느낀 것」을 《대조》에 발표했다.

■■■ 9월, 「젊은 부부」를 《대조》에 발표했다. 지극히 평범한 부부의 모습에 감동하면서 일남일녀가 서로 만나 서로 사랑하는 것이 좋다는 논리이다. 당

시 자신이 처한 심정을 간접적으로 표출한 글이다.

▨▨▨ 11월 20일, 김우영의 간통죄 운운하는 압박에 의하여 이혼장에 도장을 찍었다. 완전한 이혼이 아니라 별거 형식으로 2년간 냉각기를 갖기로 서로 합의하였다. 이 기간 동안 재가(再嫁)나 재취(再娶)를 하지 않기로 서약하였으나 김우영은 이를 어기고 기생 출신인 신정숙과 혼인신고를 하고 같이 생활했다.

1931년(36세)

▨▨▨ 이 무렵 위자료 등을 제대로 받지 못하여 경제적인 곤경에 처하여 떠돌이 신세가 되었다.

── 2월, 김우영은 변호사 일이 잘 되지 않아 일제의 식민관료로 다시 들어가 전라남도 이사관으로 발령받아 전남 광주로 갔다. 그는 1940년까지 광주에 살면서 산업부 산업과장·상공과장·농촌진흥과장 등을 역임했다.

▨▨▨ 5월, 제10회 조선미술전람회에 〈정원〉이 특선, 〈작약〉과 〈나부〉가 입선했다. 〈정원〉은 2000년이나 된 파리의 크루니미술관 정원을 사실적으로 묘사한 작품이다. 그런데 이 작품에 대한 비판적인 글이 신문에 게재되었다. 이혼 이후 첫 번째 작품 발표에 대한 사회와 미술계의 곱지 않은 시각을 실감하게 된다.

▨▨▨ 여름, 금강산(金剛山)에서 작품 제작에 몰두했다. 여기에서 매일신보사 사장을 지낸 아베 요시에(阿部充家)와 박희도(朴熙道)를 만나 이들과 함께 압록강(鴨綠江) 상류를 여행하였다. 이어 만주 펑톈에서 미술전람회를 개최하였다.

▨▨▨ 9월, 제12회 제국미술전람회에 작품을 출품하기 위하여 도일했다. 조선미술전람회 특선작 〈정원〉과 〈금강산 삼선암〉을 출품하여 1,224점 가운데 〈정원〉이 입선작으로 채택되었다. 이 작품을 300원에 팔고 또 다른 소품 등을 팔아 1,400여 원의 수익을 올렸다.

▨▨▨ 11월, 도쿄에 머물면서 제국미술전람회에 입선된 소감을 「나를 잊지 않는 행복─제전 입선 후 감상」으로 《삼천리》에 발표하였다. 이혼 이후 전업 화가로서 살아갈 수 있으리라는 자신감을 드러냈다.

1932년(37세)

▨▨▨ 1월, 도쿄에서 쓴 「아아 자유의 파리가 그리워」를 《삼천리》에 발표했다.

이혼 이후 가부장 중심의 사회가 보여주는 제도적 도덕적 억압을 절감한 심경을 피력했다.

- 3월, 《삼천리》 3월호와 4월호에 「파리의 모델과 화가 생활」을 발표하였다.
- 4월, 귀국하여 잠시 중앙보육학교 미술교사로 근무했다.
- 6월, 제11회 조선미술전람회에 〈소녀〉·〈금강산 만상정〉·〈창가에서〉 등이 무감사로 입선되었다.
- 7월, 《삼천리》에 「조선미술전람회 서양화 총평」을, 《동광》에 「앙데팡당식이다—혼미 저조의 조선미술전람회를 비판함」 등을 발표했다.
- 여름, 금강산 해금강에서 2개월간 머물며 제국미술원전람회에 출품할 30~40점의 작품을 제작하였으나 묵고 있던 집에서 일어난 화재로 말미암아 겨우 10여 점만 건졌다. 이때 충격으로 병이 났다.
- 9월, 《신동아》에 「이혼 1주년—양화가 나혜석 씨」 인터뷰 기사가 게재되었다. 이혼 이후 그림에 전력을 다하고 있는 근황을 소개하는 동시에 조만간 전람회도 개최할 예정이라고 소개했다.
- 12월, 이듬해 9월까지 《삼천리》에 구미여행기 「구미 유기」를 연재했다. 이후 신문이나 잡지 등에 구미여행기와 관련된 기고문을 많이 투고하였다.
- 12월, 《계명》 12월호에 삽화 〈이상을 지시하는 계명자〉를 그렸다.

1933년(38세)

- 1월, 분주한 결혼생활을 회상한 「화가로서, 어머니로—나의 10년간 생활」을 《신동아》에 발표했다. 어머니로서, 외교관 부인으로서, 화가로서, 파리의 자유인으로서, 독신생활인으로서 자신의 삶을 되돌아보는 글이다.
- 1월, 《신가정》에 구미여행 당시 베를린에서 맞았던 정월 풍속을 소개한 글 「백림의 그 새벽」을 발표했다.
- 2월 4일, 서울 종로구 수송동 146−15호에 '여자미술학사'라는 미술학원을 개설했다. 미술학원 내부에 불단(佛壇)을 설치하는 등 불교에 심취하였다. 이혼과 화재 충격으로 왼팔에 수전증이 생겼다. 이때부터 생활 방편으로 주문에 의한 초상화를 제작했다. 한 대학교수의 초상화를 제작하여 80원을 받았다.
- 2월 28일, 《조선일보》에 「모델—여인일기」를 발표했다.
- 4월, 죽은 지 17년 된 첫사랑 최승구를 추모하는 글 「원망스러운 봄밤」을 《신동아》에 발표했다.

■■■■ 5월, 《신가정》 잡지에 제12회 조선미술전람회에 작품 2점을 출품할 예정 이라는 인터뷰가 소개되었으나 막상 입상자 명단에서는 누락되는 등 낙선 된 듯하다.

■■■■ 5월, 《신가정》에 「파리의 어머니날」을 발표했다.

■■■■ 5월, 개성의 선죽교를 그렸다. 현존 〈선죽교〉라는 유화가 당시 작품으로 추정된다. 이는 최린에 대한 위자료 청구소송 시 변화사인 소완규(蘇完奎) 에게 소송비용 대신 준 것으로 알려졌다. 제12회 조선미술전람회에 이일 석의 〈선죽교〉라는 작품이 입선되어 나혜석이 비평의 대상으로 삼은 바 있다.

■■■■ 5월 16~21일, 조선미술전람회에 대한 견해인 「미전의 인상」을 《매일신 보》에 발표했다.

■■■■ 10월, 도쿄 유학시절 일본인 화가 사토가 자기를 연모하여 일어났던 사건 을 회상한 「연필로 쓴 편지」를 《신동아》에 발표했다.

■■■■ 11월, 자전적 장편소설 『김명애(金明愛)』를 탈고하여 춘원 이광수에게 보 냈다. 삼천리사에서는 이를 '나혜석 여사의 장편'이라는 제목으로 소개했 다. 그러나 이 소설은 발표되지 않았다. 오빠 나경석을 비롯한 주위 지인 들의 만류로 보류된 듯하다.

1934년(39세)

■■■■ 1월 4일, 조선중앙일보사가 주최한 우스운 이야기 현상 공모에 「떡 먹은 이야기」가 입선하여 상금 2원을 받았다. 이는 극도로 곤궁해진 생활고 해 결과 사회적 외면 현상에서 새로운 돌파구를 찾기 위한 방편의 일환으로 생각된다.

■■■■ 2월, 《중앙》에 「밤거리의 축하식-외국의 정월」을 발표했다. 「백림의 그 새벽」과 유사한 내용이다.

■■■■ 3월, 샬레 부인의 생활을 소개한 「다정하고 실질적인 프랑스 부인-구미 부인의 가정생활」을 《중앙》에 발표했다.

■■■■ 5월, 삼일여학교 시절 남학생에 대한 추억담 「날아간 청조」를 《중앙》에 발표했다.

■■■■ 7월, 「여인 독거기」를 《삼천리》에 발표했다. 여자로서 혼자 살아가기 어 려운 현실을 표현하였다.

■■■■ 8월, 여름 총석정 해변에서 만난 구여성의 이야기를 담은 「총석정 해변」

을 《월간 매신》에 발표했다.

▬ 8~9월, 「이혼 고백서」를 《삼천리》에 발표했다. 김우영에게 보내는 편지 형식으로 이혼 이후 심정을 허심탄회하게 토로한 글이다. 약혼 내력부터 10년간 부부생활, 모성애, 금욕생활, 한국사회의 인심 등에 이르기까지 상세하게 기술하였다. 부부 관계 및 정조에 대한 남녀평등을 주장한 내용이어서 사회적으로 커다란 충격을 일으켰다. 남녀 문제를 사실적이고 적나라하게 밝힌 여성의 글은 이전에는 전무하였다. 이 글에 대하여 한 여성은 익명으로 《신가정》에 반론을 발표했다.

▬ 9월 19일, 천도교 신파 대도정 최린을 상대로 처권(妻權) 침해에 대한 위자료 청구 소송을 제기했다. 소완규 변호사를 소송대리인으로 삼아 손해배상 12,000원을 경성지방법원 민사부에 제기하였다. 소송취하 조건으로 최린으로부터 수천 원을 받았다고 한다.

── 위자료 청구소송의 주요 내용은 다음과 같다.

• 원고는 소화2년(1927) 여름 예술증진을 목적하고 불란서에 유학하기 위하여 남편인 김우영과 함께 구미만유의 길에 올라 동년 7월경부터 1년 반 파리에 체재 중에 남편인 김우영은 법학연구를 목적하야 백림(伯林)에 2~3개월 체류한 일이 있다. 원고는 파리에 계속 체재하며 미술을 연구 중 일불미술전람회의 특별상까지 받게 되었다.

• 피고는 당시 천도교 도령(敎主)으로 정치시찰을 하기 위하여 세계를 만유 중 마침 원고의 부부와 파리에서 만나게 되어 동포로서 쌍방의 정의는 전보다 더욱 깊어졌다.

• 김우영은 백림유학을 하기 위하야 독일에 여행 중 원고 나(羅)를 피고 최(崔)에게 부탁하여 원고는 피고를 유일의 보호자로 신용하고 매일과 같이 유람과 시찰을 하게 되었다.

• 피고는 원고의 유약한 것을 기화로 때때로 유혹적 추파를 보냈으나 피고는 처음부터 이에 쏠리지 않고 단지 유일의 선생으로, 유일의 지도자로 매일과 같이 날을 보냈다.

• 소화3년 11월 20일에 원고는 피고에게 끌리어 오페라극을 구경하고 숙소인 '셀렉트호텔'에 돌아오자 피고 역시 원고를 미행해왔다.

• 피고는 비상히 흥분한 기분으로 원고에게 ××(섹스)를 요구하므로 원고는 이에 거절하였으나 피고는 자기의 지위와 명예로써 원고를 유인하고 원고에 대한 장래는 일체 인수하기로 굳게 약속할 뿐만 아니라 만약 피고의 명

령에 복종치 않은 때에는 위험한 상태를 보일 기세이므로 원고는 부득이 ×
×(섹스)를 허락하고 이래 피고의 유혹에 끌리어 수십 회 정조를 ○○(유린)
당하였다.

- 원고는 전기 행위가 남편인 김우영에게 발각되어 이혼요구를 당할 때에
  원고는 타인의 유혹이라 할지라도 자기의 죄가 만 번 죽어도 부족하지 않
  으나 가련한 장래는 피고에게 의뢰할 수밖에 없다하여 피고에게 상의한
  결과 이광수를 시켜 원고의 장래를 인수하기로 약속하고 또 김우영의 청
  구한 협의이혼에 응할 것을 전하기에 원고는 피고의 인격을 신뢰하고 김
  우영과 이혼하였다.
- 그후 피고는 언제든지 원고의 생활비를 지급하기로 약속하고 수년간 말
  을 좌우로 중략하고 한 푼의 원조도 없는 고로 원고는 경제적 비상한 고통
  을 받아 현재는 전혀 비참한 생활을 하고 있다.
- 금년 4월경에 원고는 부득이 자기의 전도를 개척하려고 불란서 유학을
  하기로 하야 피고에게 여행권과 보증인이 되어 달라고 하여 여비로 1천원
  의 지급을 청구하였던바 피고는 의외에도 냉혹하게 이를 거절하였다.
- 피고는 원래 자기의 일시적 ○○을 만족시키기 위하야 유혹 수단을 써가
  지고 원고로 하야금 ××의 희생이 되게 하였다. 원고는 남편에게 이혼되
  고 사회로부터 배척되어 생활상 비상한 정신적 경제적 고통을 받아 이것
  이 원인으로 현재 극도의 신경쇠약이 들었는데도 불구하고 피고는 전혀
  고의로 원고의 전부 김우영에 대한 처권(妻權)을 침해하여 원고로 하여금
  일생에 대한 막대한 손해를 받게하였다.
- ▨▨▨ 11~12월, 《삼천리》에 「이태리 미술관」과 「이태리 미술기행」을 발표했다.

1935년(40세)

- ▨▨▨ 1월, 「그 뒤에 이야기하는 제 여사의 이동 좌담회」에서 자유로운 남녀교
  제가 창작성을 일깨운다는 주장을 《중앙》에 게재했다.
- ▨▨▨ 2월, 이혼 이후 생활 「신생활에 들면서」를 《삼천리》에 발표했다. 여기서
  "정조는 도덕도 법률도 아니고 오직 취미다"라는 주장을 펼쳤다. 더불어
  "사 남매 아이들아, 에미를 원망치 말고 사회제도와 도덕과 법률과 인습
  을 원망하라. 네 어미는 과도기의 선각자로 그 운명의 줄에 희생된 자이었
  더니라"라는 소신을 밝혔다.
- ▨▨▨ 3월, 시 「아껴 무엇하리, 청춘을」을 《삼천리》에 발표하였다.

- 이 무렵 심신이 피로하여 고향인 수원 서호 근처의 대장면 지리(池里) 557번지로 이사하여 정양하면서 그림을 그렸다.
- 6월, 「구미 여성을 보고 반도 여성에게」·「이성간의 우정론-아름다운 남매의 기」를 《삼천리》에 발표했다.
- 7월, 교사시절 경험인 「나의 여교원 시대」를 《삼천리》에 발표했다.
- 8월 24~25일, 충남 예산읍 공회당에서 수덕사 근방의 정경을 그린 40여 점의 그림으로 전람회를 개최했다.
— 9월, 김우영과 신정숙 사이에서 아들 무(武)가 태어났다.
- 10월, 「독신여성의 정조론」을 《삼천리》에 발표했다.
- 10월 24일, 서울 진고개(현 충무로) 조선관 전시장에서 소품 200점으로 2주간 개인전을 개최했다. 그러나 미술계·언론계는 물론 주위로부터도 외면당했다. 첫 개인전의 화려하던 각광과는 너무나 대조적이었다.
- 첫아들 선이 폐렴으로 열두 살에 사망하여 대단한 충격을 받았다.
- 11월, 희곡 「파리의 그 여자」를 《삼천리》에 발표했다. 이는 파리에서 최린과의 연애사건을 소재로 한 작품이다. 귀국 후 두 사람의 대화가 등장한 점이 흥미롭다.

1936년(41세)
- 1월, 「영미 부인 참정권운동자 회견기」를 《삼천리》에 발표했다.
- 4월, 《삼천리》에 「런던 구세군 탁아소를 심방하고」와 「프랑스 가정은 얼마나 다를까」를 발표했다.
- 12월, 소설 「현숙(玄淑)」을 《삼천리》에 발표했다. 신여성 현숙을 내세워 인간의 이중성을 다뤘다.
- 이 무렵까지 그린 작품인 〈수원 서호〉·〈인천 풍경〉·〈별장〉·〈화녕전 작약〉 등의 그림이 남아 있다.

1937년(42세)
- 4월, 「애정에 우노라-화필을 안고 산간 유곡 3년의 심회를 기한다」를 《삼천리》에 발표했다.
- 5월, 「나의 동경여자미술학교 시대」를 《삼천리》에 발표했다.
- 10월, 소설 「어머니와 딸」을 《삼천리》에 발표했다. 이는 결혼문제로 인한 모녀간의 세대 갈등에 대한 내용이다.

■ 12월, 모윤숙의 영적 연애관을 비판하며 진정한 연애는 영과 육이 일치해야 한다는 논조의 「영이냐, 육이냐, 영육이냐」를 《삼천리》에 발표했다.

■ 시어머니가 사망했다는 소식을 듣고 동래로 달려갔으나 김우영의 저지로 상청(喪廳)에서 끌려나오는 수모를 당했다. 시어머니는 "어미를 데려다가 아이들을 기르게 하라"는 유언을 남겼다.

■ 12월, 예산 수덕사(修德寺)에 갔다. 거기에는 이미 신여성 김일엽이 비구니가 되어 수도승의 길을 걷고 있었다. 출가할 의지가 없지는 않았으나 나혜석은 정식 출가는 하지 않았다. 김일엽이 출가를 권유하자 유명한 여승이 둘씩이나 있는 것은 싫다면서 사양했다. 그러나 그녀의 내면세계는 서서히 불교에 귀의하여 선승처럼 살게 된다. 이후 수덕사 아래 수덕여관에 장기 체류하면서 합천 해인사(海印寺), 사천 다솔사(多率寺), 공주 마곡사(麻谷寺), 양산 통도사(通道寺) 등지 사찰을 순례했다. 그림을 그려 일부를 판매하여 생활비로 충당하였다.

1938년(43세)

■ 8월, 「해인사 풍광」을 《삼천리》에 발표했다. 이는 나혜석이 마지막으로 발표한 글이다.

■ 해인사를 떠나 수덕사 환희암(歡喜庵)에서 독서와 그림그리기에 전력을 기울였다. 근황은 《삼천리》 8월호에서 소개되었다.

■ 중일전쟁 발발 이후 전시체제로 바뀌는 가운데 민족해방운동 전선에서 탈락한 인사들의 친일행위가 본격화되었다. 이광수 · 최린 · 김우영 등이 친일파로 활동할 때에 나혜석은 은둔자적 생활을 영위하였다.

1939년(44세)

― 1월, 김우영이 신정숙과 이혼한 뒤 기독교여성운동가 양한나(梁漢拿)와 결혼했다.

■ 겨울, 수덕여관에 이 지역 출신인 고암 이응로가 자주 찾아왔다. 일본 귀족 출신 청년과의 사이에서 태어난 김일엽의 아들 김태신도 방학을 맞아 수덕사를 찾아왔다. 그때마다 어머니 역할을 대신하는 나혜석과 수덕여관에서 함께 지냈다.

■ 삭발은 하지 않았지만 승복 차림으로 생활했다. 승복 차림으로 서울은 물론 오빠 나경석의 집을 방문하였다.

1940년(45세)

▨▨▨ 9월, 김우영은 조선총독부 참여관으로 승진하여 충남 산업부장으로 3년 가량을 대전에서 근무했다. 이무렵 나혜석은 자식들이 보고 싶어 대전을 자주 갔다. 학교 앞에서 기다리고 있다가 아이들을 만나려 했으나 오히려 아이들이 도망을 갔다. 김우영은 경찰을 동원하여 아이들과 만남을 원천적으로 차단하였다.

1941년(46세)

▨▨▨ 세계일주 여행 시 구입한 그림들을 되찾기 위하여 화가 이승만의 집을 방문했다.

1943년(48세)

▨▨▨ 수덕사 만공(滿空) 스님과 함께 서산군 부석면 간월암에 갔다. 간월암 복원불사에 500원이라는 거금을 시주했다. 이 돈은 서산군수 박영준(朴永俊)이 나혜석 작품 〈독서〉를 매입한 대금이다.

▨▨▨ 이 무렵 수덕여관을 나와 인근 사천리의 한 농가에 거주하였다. 만공 스님의 초상화를 제작하여 스님께 선물했다. 초상화는 스님의 초당에 걸려 있었으나 시자인 원담(圓潭) 스님이 초상화 때문에 악귀의 악몽을 꾸는 바람에 불에 태워졌다. 아들처럼 따르던 청년이 수덕사 객실에 보관 중이던 나혜석의 작품을 사찰 측이 임의 처분한 것으로 오해하여 법정 소송을 제기했다. 뒤늦게 이 사실을 안 나혜석이 무마하였으나 수덕사를 방문하기가 민망스러워 거처를 해인사로 옮겼다.

▨▨▨ 9월, 김우영은 조선총독부 농지개발영단 이사와 중추원 참의가 되어 상경하였다. 아이들이 보고 싶어 양한나와 거주하는 돈암동 집으로 찾아가나 문전박대를 당한다.

1944년(49세)

▨▨▨ 개성에서 교편생활을 하는 딸 나열을 찾아갔으나 만나지 못했다. 오빠 경석의 서울 집을 찾아가기도 한다. 오빠로부터도 냉대와 인간적인 수모를 여러 번 받았다. 건넛방에 숨어 있다가 들켜 쫓겨나기도 한다. 이는 여동생에 대한 기대가 매우 컸던 오빠의 실망과 분노의 표현이리라. 이전에 여러 차례 사회적인 물의를 일으키지 말고 몇 년 동안만이라도 참고 조용히

지낼 것을 권고하였으나 나혜석을 이를 수용하지 않았다. 이러한 생활태도는 오빠로부터 철저하게 외면당하는 요인이었다.

■■■ 10월 21일, 서울 인왕산 청운양로원에 들어갔다. 올케 배숙경이 60세 노인이라고 속이고 심영덕(이후 羅古根)이라는 가명을 사용했다. 양로원 생활을 견디지 못하고 빠져나와 서울 친지들을 자주 찾아왔다가 사라졌다.

1945년(50세)

── 일본에 살던 고암 이응로가 귀국하여 수덕여관을 인수했다. 해방을 맞이하자 이응로는 운영권을 동생 이홍로(李興魯)에게 맡기고 상경하였다.

■■■ 나혜석은 수덕사 아래에 있는 인근 허름한 주막에서 주모생활을 했다

1947년(52세)

■■■ 안양 경성보육원에서 기거했다. 이화여대 미술과 출신으로 후일 이응로 부인이 된 박인경(朴仁景)을 만났다. 그녀는 집안 어른이 운영하는 보육원의 자원봉사자로서 1년 정도를 이곳에서 지내는 중이었다. 나혜석은 집필 중이던 자서전 성격의 글을 넘겨주며 정서를 부탁하였다. 그러나 이 글은 흔적도 없이 사라지고 말았다.

1948년(53세)

■■■ 12월 10일, 서울 원효로 시립자제원(市立慈濟院, 현 용산경찰서 자리)에서 행려병자로 사망했다. 헌옷을 입고 있었고 소지품은 전혀 없었다. 당시 그녀를 화가 나혜석으로 알아본 사람은 아무도 없었다.

── 호적은 오빠 경석에게 입적되어 있다가 현재는 호주 상속한 나상균의 호적에 고모라는 이름으로 등재되어 있다. 흥미로운 사실은 사망 신고가 이루어지지 않아 나혜석은 호적상 영생하고 있는 중이라는 것이다. 더불어 그의 결혼 관련은 "1920년 5월 3일 김병영과 혼인 신고, 1930년 11월 20일 김병영과 이혼 신고"라고 되어 있다. 김우영이 김병영으로 오기되어 나타난다. 나혜석은 죽지 않고 현재까지 살아 있는 셈이다.

── 나혜석이 사망할 무렵 그와 깊은 관계를 맺었던 남성들─이광수 · 최린 · 김우영─은 반민특위의 법정에 섰다. 이들 친일파들은 민족의 이름 아래 단죄를 받았다. 이광수와 최린은 한국전쟁 당시 납북되어 사망하였다.

1949년
—— 1월 25일, 김우영은 부산에서 반민특위에 의해 체포되어 서울로 압송된
후 서대문감옥에 수감되었다.

1951년
—— 1월 12일, 부산 무구(戊區) 국회의원 보궐선거에 김우영은 출마후보로 등
록했다.

1954년
—— 1월, 염상섭이 나혜석의 죽음 소식을 듣고 그를 추모하는 글 「추도」를
《신천지》에 발표했다.
—— 7월, 김우영이 자신의 회고록 『회고』를 신생공론사에서 발간했다. 둘째
부인인 나혜석과 셋째 부인인 신정숙에 대해서는 일언반구도 없다.

1958년
—— 4월 16일, 김우영이 사망했다.

1974년
—— 이구열이 나혜석의 작품과 연보를 최초로 정리한 『에미는 선각자였느니
라』를 동화출판공사에서 발간했다.

1980년
—— 김종욱이 나혜석 전집 『날아간 청조』를 신흥출판사에서 출판했다.

1988년
—— 한국여성문학연구회 창립 심포지엄에서 서정자가 소설 「경희」와 「회생한
손녀에게」를 발굴·소개했다. 최초 근대여성작가로서 나혜석의 위상을 밝
혔다.

1995년
—— 4월, 고향인 수원에서 나혜석탄생100주년기념 '나혜석 예술제'를 개최했
다. 장안갤러리에서 '나혜석 생애와 예술전'이 열렸다.

1996년
—— 12월, 서울국제판화비엔날레에 나혜석의 판화 〈개척자〉가 한국 창작판화 효시로서 소개되었다.

1997년
—— 1월, '동국문화전' 일환으로 서울 아산방화랑에서 전시회를 개최하였다. 김중현·이인성 등의 작품과 함께 소개되었다.
—— 수원시에서 제1회 '나혜석 여성미술대전'을 개최했다. 이후 매년 1회 공모전과 초대전을 개최하고 있다.
—— 12월 9일~3월 10일, 과천 국립현대미술관이 '근대를 보는 눈' 전을 개최했다. 박수근·이인성 등의 작품과 함께 나혜석의 작품도 소개되었다.

1998년
—— 1월 16~28일, 서울 청담동 샘터화랑에서 루푸스환자를 위한 자선전시회를 개최하였다. 전혁림·박고석 등의 작품과 함께 전시되었다.
—— 11월, 서울시립미술관에서 나혜석 등을 비롯한 근대화가의 작품 구입을 광고하였다.
—— 12월, 정월 나혜석 기념사업회가 발족되었다. 회장 유동준(한국단민사료협회 회장), 상무이사 이선열(수원고 교사).

1999년
—— 1월 8일, KBS 1TV '20세기 한국 톱10'에서 최초 여성 서양화가로 나혜석을 소개했다.
—— 4월 27일, 정월 나혜석 기념사업회 추최로 제1회 '나혜석 바로알기 심포지엄'이 개최되었다. 이후 2010년 4월까지 제13회를 개최하여 '인간 나혜석'의 삶과 예술세계에 대한 이해를 높였다.
—— 5월 6일, MBC '한국 1백년 우리는 이렇게 살았다 – 여성의 사랑과 혼인'에서 나혜석과 김우영의 결혼을 다루었다.
—— 11월, 2000년 2월 '이달의 문화인물'로 선정된 나혜석에 대한 찬반양론이 치열하게 전개되었다.
—— 12월 10일, 제2회 '나혜석 바로알기 심포지엄'과 '나혜석 자료전'을 개최하였다.

── 12월, 과천 국립현대미술관이 '한국미술 99' 전을 개최했다. 고희동 · 김관호 등의 작품과 함께 나혜석의 작품이 전시되었다.

2000년
── 1월 15일~2월 7일, 서울 예술의전당이 '나혜석 생애와 그림전'을 개최했다(유작 및 관련 사진 80여 점 전시).
── 2월, 문화관광부에서 나혜석을 '이달의 문화인물'로 선정했다.
── 2월 28~29일, 케이블 방송대학티브이에서 '다시 보는 페미니즘 미술'을 방영했다.
── 3월, 경성대 미술관에서 '나혜석의 생애와 그림전'을 개최하였다.
── 5월, 대전 교차로아트 갤러리에서 '나혜석의 생애와 그림전'을 개최했다.
── 6월 24일, 수원시 인계동에 '나혜석거리' 조성 준공 축제로 새로운 명소로 각광받게 되었다.
── 7월 29일, 수원시연극협회에서 제4회 '2000 수원 화성 국제연극제'에 〈선각인간 나혜석〉을 출품했다.
── 10월 16일, 극단 산울림이 소극장 개관 15주년 기념으로 유진월 극본, 채윤일 연출의 〈불꽃의 여자, 나혜석〉을 12월 31일까지 상연했다.
── 11월 1~2일, 세실극장에서 차범석 극본에 공호석이 연출한 신세계극단 물레의 〈화조─나혜석 불새되어 날아가다〉가 정월 나혜석 기념사업회 후원으로 공연되었다.
── 12월, 연극협회가 주관한 〈불꽃의 여자, 나혜석〉이 올해의 작품상을 수상했다.

2001년
── 2월, 동아일보사 주최 제37회 동아연극제에서 〈불꽃의 여자, 나혜석〉이 연출상을 수상하였다.
── 2월, 정월 나혜석 기념사업회가 서정자 편집으로 『(원본)정월 나혜석 전집』을 국학자료원에서 출간했다.
── 6월, 제1회 '나혜석 거리문화축제'를 개최했다.
── 6월 29일~7월 7일, 2001미메시스 영상미술제에 곽은숙이 연출한 〈나혜석 괴담〉이 상영되었다.
── 12월 6~9일, 시울시 주최로 서울시립미술관에서 '서울 여성사전'을 개

최하였다. 최초의 여자 서양화가로 소개되었다.

2002년
— 1월, 구광모「'우인상'(友人像)과 '여인상'(女人像)—구본웅 이상 나혜석
의 우정과 예술」이라는 논픽션이 《신동아》 현상공모에 최우수작으로 당선
되었다. 나혜석과 인간관계 및 구본웅의 역작이 나오게 된 배경 등을 정치
하게 서술하였다.

2003년
— 1월, 여성부 주최로 '위대한 유산 : 할머니, 우리의 딸들을 깨우다'라는
주제의 전시회가 개최되었다.
— 6월 27일~7월 14일, 세종문화회관이 '한국의 누드미학 2003전'을 개최했
다.
— 12월, 정월 나혜석 기념사업회가 정규웅 글로 『나혜석 평전』을 중앙M&B
에서 발간했다.

2004년
— 9월, 나영균은 『일제시대 우리 가족은』을 황소자리에서 출판했다. 아버지
나경석과 가족들의 고모에 대한 보살핌과 애정을 지나치게 강조하였다.

2005년
— 5월 14일, 나혜석거리에서 '나혜석 추모 백일장'을 개최하였다.
— 5월, 부산 공간화랑에서 '현대에서 동시대까지' 기획전시회에서 나혜석
의 작품을 소개했다.
— 9월, 윤범모의 『(화가) 나혜석』이 현암사에서 출판되었다.

2007년
— 윤범모가 『첫사랑 무덤으로 신혼여행을 가다, 화가 나혜석의 고백』을 다할
미디어에서 출간했다. 나혜석의 입장에서 인생역정을 반추하는 형식이다.

2009년
— 9월 10일, 아들 김진과 이연택이 『그땐 그길이 왜 그리 좁았던고』를 해누

리 출판사에서 발간했다.

— 9월, 박선미가 『근대여성, 제국을 거쳐 조선으로 회유하다』를 창비에서 출간하였다.

— 10월, 경기도박물관에서 도내 28개 박물관에 소장 중인 대표적인 유물과 미술품으로 '미술관 옆 박물관'을 주제로 전시회를 개최했다. 나혜석의 작품 〈무희〉가 전시되었다.

— 11월 27일, 부평역사박물관에서 '1920 여성, 새로운 세계의 문을 열다'를 주제로 특별전시회를 개최하였다. 4부인 신여성의 문화와 사회생활에 나혜석 작품인 〈무희〉(국립현대미술관 소장)를 전시했다.

2011년

— 1월, 수원시에서 나혜석생가 복원계획을 발표했다. '나혜석거리' 조성과 더불어 근대 수원지역에 대한 이해를 새롭게 심화할 수 있는 계기이다.

— 1월, 정월 나혜석 기념사업회에서 '나혜석 학술상'을 제정했다.

— 4월, 정월 나혜석 기념사업회에서 그동안 나혜석 관련 연구 성과 중 미술·문학·여성학·역사학 분야의 대표적인 성과물을 엄선하여 『나혜석, 한국 근대사를 거닐다』를 푸른사상에서 출판했다.

(김형목)

참고문헌

1. 사료

《동아일보》, 《매일신보》, 《신한민보》, 《조선일보》, 《조선중앙일보》, 《중앙일보》, 《한국경제신문》, 《황성신문》.

『구한국관보』, 『대한민국 관보』, 『시정년보』, 『조선총독부관보』, 『통계년보』.

《개벽》, 《동광》, 《동명》, 《삼천리》, 《신가정》, 《신동아》, 《신여성》, 《신천지》, 《여성동아》, 《여자계》, 《중앙》, 《학지광》.

『민족정기의 심판』.

국사편찬위원회, 『일제침략하 한국삼십육년사』, 1972.

_____, 『한민족독립운동사자료집』 14, 1990.

김우영, 『회고』, 신생공론사, 1954.

김일엽, 『미래세가 다하고 남도록─김열엽문집』, 인물연구소, 1974.

나경석, 『공민문집』, 정우사, 1980.

독립운동사편찬위원회, 『독립운동사자료집』 5, 1972.

_____, 『독립운동사자료집』 13, 1976.

박경식, 『재일조선인관계자료집성』, 삼일서방, 1975.

사카이(酒井政之助), 『수원(水原)』, 주정출판부(酒井出版部), 1923.

_____, 『發展せる水原』, 일한인쇄주식회사, 1914.

서정자, 『(원본)정월 나혜석 전집』, 국학자료원, 2001.

염상섭, 『해바라기(견우화)』, 1924.

윤범모·최 열 공편, 『김복진전집』, 청년사, 1995.

윤치호, 『윤치호일기』, 국사편찬위원회.

이광수, 『이광수전집』 9, 삼중당, 1971.

이상경 편집·교열, 『나혜석 전집』, 태학사, 2000.

조선총독부 경무국, 『국외용의조선인명부(國外容疑朝鮮人名簿)』.

최 린, 『여암문집』, 여암 최린선생 문집편찬위원회, 1971.

「구회사진(口繪寫眞), 조선의 명승 수원수유사」, 《조선공론》 2, 1913.

「그뒤에 이야기하는 제 여사의 이동좌담회」, 《중앙》, 1935.1.

김복진, 「미전 제5회 단평」, 《개벽》, 1926.6.

김일엽, 「진리를 모릅니다」, 《여성동아》, 1972.

나경석, 「저급의 생존욕—타작 마당에서 C군에게」, 《학지광》 4, 1915.

백결생, 「관념의 남루를 벗은 비애」, 《동명》, 1923.2.

CY생, 「과부해방론」, 《학지광》 20, 1920.

염상섭, 「추도」, 《신천지》 1월호, 1954.

유석현, 「잊을 수 없는 사람들」, 《한국경제신문》, 1986.11.6.

윤범모, 「LA의 옛 화가 백남순 여사」, 《경향신문》, 1985.2.8.

이종우, 「양화초기」, 《중앙일보》, 1971.8.28.

최승구, 「너를 혁명하라」, 《학지광》 5, 1915.

칠보산인, 「엘렌 케이의 연애관—연애는 영육 일치」, 《신여성》 1월호, 1926.

황석우, 「도쿄 유학생과 그 활약」, 《삼천리》 2월호, 1933.

효 종, 「예술계의 회고 1년간」, 《개벽》 12월호, 1921.

2. 단행본

광주비엔날레, 『한국근대미술의 한국성』, 1995.

국립중앙박물관, 『한국근대회화 100년 1850~1950』, 1987.

국립현대미술관, 『근대를 보는 눈』, 1998.

_____, 『근대미술60년전』, 1973.

도올아트센터, 『나혜석 미술제』, 1995.

송원화랑, 『근대명가전』, 1981.

수원, 『나혜석 예술제』, 1995.

예술의전당, 『한국의 누드미술80년 1916~1996』, 1996.

장안갤러리, 『나혜석의 생애와 예술』, 1995.

호암갤러리, 『조선미술전람회』, 1982.

『한국근대회화선집』, 금성출판사, 1990.

경기도교육위원회, 『경기교육사 1883~1959』 상, 1975.

경기도사편찬위원회, 『경기도항일독립운동사』, 1995.

_____, 『경기인물지』, 2005.

고려화랑, 『도입기의 서양화전』, 1980.

국가보훈처, 『독립유공자공훈록』 8, 1990.

김동춘, 『자유라는 화두―한국 자유주의의 열가지 표정』, 삼인, 1999.

김미현 편, 『연애소설 : 나혜석에서 김영하까지』, 이화여대출판부, 2004.

김병종, 『화첩기행』, 조선일보사, 1998.

김세환, 『삼일학원60년사』, 삼일중고등학교, 1965.

김영덕, 『한국여성사 : 개화기~1945』, 이화여대출판부, 1972.

김영범, 『한국근대민족운동과 의열단』, 창작과 비평사, 1997.

김영재, 『한국 양화 백년』 1, 한국미술연감사, 1988.

김종욱 편, 『라혜석, 날아간 청조』, 신흥출판사, 1981.

김 진·이연택, 『그땐 그길이 왜 그리 좁았던고』, 해누리기획, 2009.

김진송, 『현대성의 형성―서울에 딴스홀을 허하라』, 현실문화연구, 1999.

김태신, 『라홀라의 사모곡』, 한길사, 1991.

김학동, 『최소월 작품집―어문총서 119』, 형설출판사, 1982.

김항명·오재호·한운사, 『여성캘린더 : 환희속에 피는 꽃 나혜석』, 성도문화사, 1993.

김형목, 『대한제국기 야학운동』, 경인문화사, 2005.

나영균, 『일제시대 우리 가족은』, 황소자리, 2004.

나혜석(오형협 편), 『나혜석 작품집』, 지식을만드는지식, 2008.

_____, 『백만 송이 장미』, 오상출판사, 1997.

_____(김승옥 편), 『아껴 무엇하리! 이 청춘을』, 월간독서출판부, 1979.

_____, 『이혼고백서』, 오상출판사, 1987.

_____(서경석·우미영 편), 『잃어버린 풍경 : 1920~1940년대 3, 신여성, 길위에 서다』, 호미, 2007.

린다 노클린, 오진경 역, 『여성, 미술 그리고 힘』, 예경, 1997.

_____, 오진경 역, 『페미니즘 미술사』, 예경, 1997.

박용옥, 『김마리아, 나는 대한의 독립과 결혼하였다』, 홍성사, 2003.

_____ 편, 『여성-역사와 현재-』, 국학자료원, 2001.

_____ 『한국 여성 항일운동사 연구』, 지식산업사, 1996.

반민족문제연구소 편, 『친일파 99인』, 학민사, 1999.

서경석·우미영 편저, 『신여성 길위에 서다』, 호미, 2007.

서동수, 『나혜석 : 한국여성작가연구』, 한국학술정보, 2010.

서정자 편, 『한국여성소설선 1 ; 1910~1950』, 갑인출판사, 1991.

수원종로교회, 『수원종로교회사 1899~1950』, 기독교 대한감리회 수원종로교회, 2000.

안숙원, 『여성작가 작품선』, 새문사, 2009.

염혜정, 『여성의 삶과 미술 : 나혜석과 현대 여성작가 3인-나혜석·김원숙·정종미』, 창해, 2001.

오광수, 『한국현대미술사』, 영화당, 1979.

_____, 『한국현대미술사의 단층』, 평민사, 1984.

유진월, 『불꽃의 여자 나혜석』, 평민사, 2003.

_____, 『한국희곡과 여성주의 비평』, 집문당, 1996.

윤범모, 『(화가) 나혜석』, 현암사, 2005.

_____, 『첫사랑 무덤으로 신혼여행을 가다, 화가 나혜석의 고백』, 다할미디어, 2007.

_____, 『한국현대미술 100년』, 현암사, 1984.

_____, 『한국근대미술의 한국성』, 가나아트, 1995.

_____, 『한국근대미술의 형성』, 미진사, 1988.

이경성, 『한국근대미술 100년』, 일지사, 1980.

_____, 『한국근대미술산고』, 일지사, 1974.

_____, 『한국근대미술연구』, 동화출판상사, 1975.

이광수, 『나의 자서전』, 1936.

이구열, 『(나혜석 일대기)에미는 선각자였느니라』, 동화출판공사, 1974.

_____, 외 편저, 『한국근대회화선집-양화편』, 금성출판사, 1990.

이규일, 『뒤집어 본 한국미술』, 시공사, 1993.

이극로, 『고투 40년』, 을유문화사, 1946.

이덕일, 『여인열전』, 김영사, 2003.

이배용 외, 『유교문화의 전통과 변형 속의 여성』, 이화여대 한국여성연구원, 1995.

이상경, 『나는 인간으로 살고 싶다 – 영원한 신여성 나혜석』, 한길사, 2000.

이상현, 『달뜨고 별지면 울고 싶어라 : 나혜석의 사랑과 예술』, 국문, 1981.

이윤희, 『한국민족주의와 여성운동』, 신서원, 1995.

이응로·박인경·도미야마 다에코, 『이응로 – 서울·파리·도쿄』, 삼성미술문화
　　재단, 1994.

이창식, 『수원 사람들은 어떻게 살았을까』, 수원문화원, 2003.

이화여대 한국학문화연구원, 『한국여성사』, 이화여대출판부, 1972.

이효재, 『한국의 여성운동』, 정우사, 1989.

장백일, 『한국여류명수필선』, 계원출판사, 1978.

정규웅, 『나혜석 평전 : 내무덤에 꽃 한송이 꽂아주오』, 중앙M&B출판, 2003.

정금희, 『프리다 칼로와 나혜석 그리고 까미유 끌로델』, 재원, 2004.

정영자, 『한국여성문학론』, 지평, 1983.

정우택, 『한국근대 시인의 영혼과 형식』, 깊은샘, 2005.

정을병, 『火花圖 : 나혜석을 다시본다』, 제오출판사, 1978.

정혜경, 『일제하 재일한국인 민족운동의 연구』, 국학자료원, 2001.

정화암, 『이 조국 어디로 갈 것인가』, 자유문고, 1982.

조선미, 『화가의 자화상』, 예경, 1995.

조수비, 『백년의 고독』, 찬섬, 1999.

조용만, 『30년대 문화예술인들』, 범양사, 1988.

최　열, 『한국근대미술의 역사 : 1800~1945』, 열화당, 1998.

최은희, 『추계 최은희전집』, 조선일보사, 1991.

최승만, 『나의 회고록』, 인하대출판부, 1985.

최혜실, 『신여성들은 무엇을 꿈꾸었는가』, 생각의 나무, 2000.

편찬위원회 편, 『여자미술대학약사(女子美術大學略史)』, 도쿄여자미술대학,
　　1960.

＿＿＿＿ 편, 『창립90주년기념사진집』, 도쿄여자미술대학, 1990.

한국여성연구소, 『여성학 방법론 – 사회과학적 접근』, 한학사, 1986.

한국여성연구회, 『한국여성사』, 풀빛, 1992.

한국일보사 출판국, 『한국현대미술전집』, 1977.

한운사, 『여성실화 7 – 나의 길을 가련다, 나혜석』, 명서원, 1976.

3. 논문 및 기타

강병식, 「일제하 한국에서의 결혼과 이혼 및 출산 실태 연구」, 『사학지』 28, 단국 대사학회, 1995.

강정숙, 「한국근대여성운동사」, 『여성학강의』, 동녘, 1991.

구광모, 「'우인상(友人像)'과 '여인상(女人像)'-구본웅 이상 나혜석의 우정과 예술」, 《신동아》 518, 동아일보사, 2002.

구명숙, 「나혜석의 시를 통해 본 여성의식 연구」, 정월 나혜석 기념사업회, 『나혜 석 바로알기 제5회 심포지엄』, 2002 : 『여성문학연구』 7, 한국여성문학연 구학회, 2002에 재수록.

구정화, 「나혜석의 농촌풍경 연구」, 정월 나혜석 기념사업회, 『나혜석 바로알기 제13회 심포지엄』, 2010.

김명구, 「1910년대 도일 유학생의 사회사상」, 『사학연구』 64, 한국사학회, 2001.

김미경, 「정월 나혜석을 바라보는 21세기의 시각」, 정월 나혜석 기념사업회, 『나 혜석 바로알기 제9회 국제심포지엄』, 2006.

김병종, 「나혜석, 그 실존과 자유의 삶」, 정월 나혜석 기념사업회, 『나혜석 바로 알기 제2회 심포지엄』, 1999.

김복순, 「『경희』에 나타난 신여성 기획과 타자성」, 정월 나혜석 기념사업회, 『나 혜석 바로알기 제4회 심포지엄』, 2001.

김윤수 외, 「인형의 집 나혜석」, 『한국미술 100년 ①』, 한길사, 2006.

김은실, 「나혜석의 자유에 관한 여성학적 접근-"여자도 사람이다"와 사람이 되 는 길로서의 예술」, 정월 나혜석 기념사업회, 『나혜석 바로알기 제7회 심 포지엄』, 2004.

_____, 「1920년대 초국가적 맥락 속에서 본 나혜석의 글쓰기」, 정월 나혜석 기 념사업회, 『나혜석 바로알기 제13회 심포지엄』, 2010.

김이순, 「화가로서의 나혜석연구에 대하여」, 정월 나혜석 기념사업회, 『나혜석 바로알기 제10회 국제심포지엄』, 2007.

김인덕, 「학우회의 조직과 활동」, 『국사관논총』 66, 국사편찬위원회, 1995.

김정동, 「'나혜석 거리' 이미지 조성계획」, 정월 나혜석 기념사업회, 『나혜석 바 로알기 제6회 심포지엄』, 2003.

_____, 「나혜석의 미술 동선」, 정월 나혜석 기념사업회, 『나혜석 바로알기 제5 회 심포지엄』, 2002.

_____, 「최초의 여류화가 나혜석의 미술 동선」, 『일본 속의 한국 근대사 현장』
　　　1, 하늘재, 2003.

김진송, 「식민지 근대화와 신여성 : 최초의 여류 서양화가 나혜석-자유주의의
　　　파탄-」, 『역사비평』 17, 역사문제연구소, 1992.

김진하, 「개척자이자 선각자, 나혜석과 신여성」, 『나무거울』, 우리미술연구소
　　　품, 2009.

김학동, 「소월 최승구론」, 『한국근대시인연구』, 일조각, 1974.

김형목, 「기호흥학회 경기도 지회 현황과 성격」, 『중앙사론』 12 · 13, 한국중앙사
　　　학회, 1999.

_____, 「나혜석의 현실인식과 민족운동에서 역할」, 『숭실사학』 24, 숭실사학회,
　　　2010.

_____, 「대한제국기 화성지역 계몽운동의 성격」, 『동국사학』 45, 동국사학회,
　　　2008.

_____, 「3 · 1운동에서 거듭나는 수원지역 여성들」, 『수원지역 여성과 3 · 1운
　　　동』, 경기도향토사협의회 · 경기도 여성정책국, 2008.

_____, 「식민지 교육정책과 경기도내 교육실태」, 『경기도사 7-일제강점기』, 경
　　　기도사편찬위원회, 2006.

_____, 「정월 나혜석의 현실인식과 민족운동」, 정월 나혜석 기념사업회, 『나혜
　　　석 바로알기 제13회 심포지엄』, 2010.

_____, 「1910년대 경기도의 일어보급과 국어강습회」, 『동양학』 39, 단국대 동양
　　　학연구소, 2006.

_____, 「한말 경기도 사립학교설립운동의 성격」, 『한국독립운동사연구』 32, 한
　　　국독립운동사연구소, 2009.

_____, 「한말 경기지역 야학운동의 배경과 실태」, 『중앙사론』 10 · 11, 한국중앙
　　　사학회, 1998.

_____, 「한말 수원지역 계몽운동과 운영주체」, 『한국민족운동사연구』 53, 한국
　　　민족운동사학회, 2007.

김홍희, 「근대 여성화단 30년 ; 1920~1950년」, 『한국근대미술사학』 6, 한국근대
　　　미술사학회, 1998.

_____, 「나혜석 미술작품에 나타난 양식의 변화-일본식 관학파 인상주의에서
　　　프랑스 야수파 풍의 인상주의로」, 정월 나혜석 기념사업회, 『나혜석 바로

알기 제2회 심포지엄』, 1999.

_____, 「나혜석-페미니즘 시각에서 다시보기」, 한국미술가평론협회, 『한국현대 미술가100인』, 사문난적, 2009.

_____, 「나혜석의 양면성-페미니스트 나혜석 vs 화가 나혜석」, 『한국근대미술사학』 7, 한국근대미술사학회, 1999.

김화영, 「'유방'을 읽는다는 것-나혜석의 나체화에 나타난 '여성'」, 정월 나혜석 기념사업회, 『나혜석 바로알기 제9회 국제심포지엄』, 2006.

김효중, 「나혜석 시연구」, 『문학비평』 7, 한국문학비평가협회, 2003.

나영균, 「나경석 장녀의 회고」, 정월 나혜석 기념사업회, 『나혜석바로알기 제1회 국제심포지엄』, 1999.

노영희, 「나혜석의 「이상적 부인」론과 일본의 신여성과의 관련성」, 정월 나혜석 기념사업회, 『나혜석 바로알기 제2회 심포지엄』, 1999.

노희정, 「나혜석, 그 '이상적 부인'의 꿈」, 『한림일본학연구』 2, 한림대 일본학연구소, 1997.

문옥표, 「조선과 일본의 신여성 : 나혜석과 히라츠카 라이초우의 생애사 비교」, 문옥표 외, 『신여성-한국과 일본의 근대 여성상-』, 청년사, 2003.

문정희, 「나혜석 회화창작에 나타난 근대적 자아」, 『한국문화연구』 11, 이화여자대학교 한국문화연구원, 2006.

_____, 「여자미술학교와 나혜석의 미술-1910년대 유학기 예술사상과 창작태도를 중심으로-」, 정월 나혜석 기념사업회, 『나혜석 바로알기 제8회 국제심포지엄』, 2005.

민족문제연구소, 「시대를 너무 앞서간 선각자-나혜석과 김일엽」, 『여인열전-여성, 세상을 열다(임종국선집 7)』, 아세아문화사, 2006.

박계리, 「나혜석의 회화와 페미니즘」, 정월 나혜석 기념사업회, 『나혜석 바로알기 제7회 심포지엄』, 2004.

박래경, 「나혜석 그림, 풀어야 할 당면과제들」, 정월 나혜석 기념사업회, 『나혜석 바로알기 제4회 심포지엄』, 2001.

박영택, 「한국 근대미술사에서 나혜석의 위치」, 정월 나혜석 기념사업회, 『나혜석 바로알기 제6회 심포지엄』, 2003.

박정애, 「1910~1920년대 초반 여자일본유학생연구」, 숙명여대 석사학위논문, 1999.

박창수, 「모진 비바람에도 제 목소리를 내며 억새처럼 살다간 여인 나혜석」, 『여 인별곡-거침없이 살다간 여인들의 파란만장 인생이야기』, 인화, 2007.

박 환, 「나혜석의 민족의식 형성과 민족운동」, 박용옥 편, 『여성-역사와 현 재-』, 국학자료원, 2001.

_____, 「식민지시대 예술가 나혜석의 민족운동」, 정월 나혜석 기념사업회, 『나 혜석 바로알기 제8회 국제심포지엄』, 2005.

_____, 「최초의 서양화가 나혜석의 민족의식 형성과 3 · 1운동」, 『경기지역 3 · 1 독립운동사』, 선인, 2007.

서굉일, 「민족과 함께 한 정월 나혜석」, 정월 나혜석 기념사업회, 『나혜석 바로알 기 제4회 심포지엄』, 2001.

서정자, 「나혜석론」, 정월 나혜석 기념사업회, 『나혜석 바로알기 제9회 국제심포 지엄』, 2006.

_____, 「나혜석의 문학과 미술이어 읽기」, 『현대소설연구』 38, 한국현대소설학 회, 2008.

_____, 「나혜석의 처녀작 「부부」에 대하여-최초의 여성작가론」, 정월 나혜석 기념사업회, 『나혜석 바로알기 제3회 심포지엄』, 2000.

성주현, 「근대 식민지 도시의 형성과 수원」, 『수원학연구』 2, 수원학연구소, 2005.

소재영 편, 「쏘비엣 노서아행(露西亞行)……나혜석」, 『간도유랑 40년 ; 중국 시베 리아기행문 23선』, 조선일보사, 1989.

소현숙, 「이혼사건을 통해 본 나혜석의 여성해방론」, 정월 나혜석 기념사업회, 『나혜석 바로알기 제5회 심포지엄』, 2002.

손유경, 「나혜석의 구미 만유기에 나타난 여성 산책자의 시선과 지리적 상상력」, 『식민지 근대의 뜨거운 만화경-'삼천리'와 1930년대 문화정치』, 성균관 대출판부.

송명희, 「「어머니와 딸」의 대화체와 제3의 길」, 정월 나혜석 기념사업회, 『나혜석 바로알기 제6회 심포지엄』, 2003.

_____, 「나혜석의 미술과 문학의 상호텍스트성」, 정월 나혜석 기념사업회, 『나 혜석 바로알기 제13회 심포지엄』, 2010.

신지영, 「여성주의로 읽는 나혜석 그림 : 나혜석의 풍경화와 여성의 공간」, 정월 나혜석 기념사업회, 『나혜석 바로알기 제13회 심포지엄』, 2010.

안숙원, 「나혜석 문학과 미술의 만남」, 정월 나혜석 기념사업회, 『나혜석 바로알기 제3회 심포지엄』, 2000.

_____, 「나혜석의 소설 「경희」의 검토」, 정월 나혜석 기념사업회, 『나혜석 바로알기 제1회 국제학술심포지엄』, 1999.

양문규, 「1910년대 이광수와 나혜석의 문학 대비적 고찰」, 『민족문학사학연구』 43, 민족문학사학회, 1910.

양태석, 「신여성 나혜석」, 『한국화가 기인열전』, 이종문화사, 2010.

오노 이쿠히코(大野郁彦), 「일본 근대미술과 도쿄미술학교」, 《월간미술》 9월호, 1989.

_____, 「일본 근대양화의 형성과 전개」, 《월간미술》 11월호, 1990.

유시현, 「나경석의 '생산증식' 론과 물산장려운동」, 『역사문제연구』 2, 역사문제 연구소, 1997.

유지나, 「나혜석 섹슈얼리티 담론 연구」, 정월 나혜석 기념사업회, 『나혜석 바로알기 제7회 심포지엄』, 2004.

_____, 「나혜석, 한국의 선구적 페미니스트/ 종합예술가」, 정월 나혜석 기념사업회, 『나혜석 바로알기 제8회 국제심포지엄』, 2005.

_____, 「비극화와 교훈 : 영화 〈화조〉에 재현된 나혜석의 삶」, 정월 나혜석 기념사업회, 『나혜석 바로알기 제9회 국제심포지엄』, 2006.

유진월, 「캐릭터로서의 나혜석 연구」, 정월 나혜석 기념사업회, 『나혜석 바로알기 제5회 심포지엄』, 2002.

유홍준, 「나혜석을 다시 생각한다」, 정월 나혜석 기념사업회, 『나혜석 바로알기 제1회 국제학술심포지엄』, 1999.

윤범모, 「나혜석 미술의 재검토」, 정월 나혜석 기념사업회, 『나혜석 바로알기 제1회 국제학술심포지엄』, 1999.

_____, 「나혜석 예술세계의 원형 탐구」, 『미술사논단』 9, 한국미술연구소, 1999.

_____, 「나혜석의 '정월 현상' 과 사회적 반응」, 정월 나혜석 기념사업회, 『나혜석 바로알기 제8회 국제심포지엄』, 2005.

_____, 「나혜석의 조선미전 출품작 고찰」, 정월 나혜석 기념사업회, 『나혜석 바로알기 제5회 심포지엄』, 2002.

_____, 「나혜석의 족보논쟁과 미술학교 시절」, 《월간미술》 9월호, 1995.

_____, 「여성 유화가 나혜석과 고향 논쟁」, 『한국근대미술―시대정신과 정체성의 탐구』, 한길아트, 2000.

_____, 「1910년대 양화도입과 한국화단」, 『미술사학연구』 203, 1994.

윤정란, 「예술가 나혜석의 독립운동」, 정월 나혜석 기념사업회, 『나혜석 바로알기 제10회 국제심포지엄』, 2007.

윤혜원, 「한·일 개화기 여성의 비교 연구―자아의식의 내면화 과정을 중심으로」, 『아세아여성연구』 14, 숙명여대 아세아여성연구소, 1975.

_____, 「현대 일본 여성운동―신부인협회와 그 사회적 배경을 중심으로」, 『아세아여성연구』 23, 숙명여대 아세아여성연구소, 1984.

_____, 「현대 일본 여성운동―청탑운동과 그 사회적 배경을 중심으로」, 『아세아여성연구』 18, 숙명여대 아세아여성연구소, 1979.

이경성, 「미의 십자가를 진 여인, 나혜석 시론」, 『예술논집』 1, 예술원, 1962.

_____, 「한국여성미술가 종횡기」, 《여상》 4월호, 1963.

이구열, 「근대여류화가의 등장과 활약」, 『미술평단』 9, 1988.

_____, 「나혜석, 영욕의 삶과 빛」, 정월 나혜석 기념사업회, 『나혜석 바로알기 제3회 심포지엄』, 2000.

_____, 「비극으로 생애 마친 선구자」, 《세대》 5월호, 1979.

이남신, 「근대 여성화단의 형성과 실상에 관한 고찰(1910~1945)」, 숙명여대 석사학위논문, 1990.

이노우에 가즈에(井上和枝), 「나혜석의 여성해방론의 특색과 사회적 갈등」, 정월 나혜석 기념사업회, 『나혜석 바로알기 제1회 국제학술심포지엄』, 1999.

_____, 「나혜석의 여성해방론의 특색과 역사적 의의」, 『여성문학연구』 창간호, 한국여성문학학회, 1999.

이덕화, 「나혜석, '날몸'의 시학」, 정월 나혜석 기념사업회, 『나혜석 바로알기 제4회 심포지엄』, 2001.

_____, 「영국과 한국에 있어서의 초기해방 두 여성 작가들의 여성성의 실천적 의미 비교연구」, 정월 나혜석 기념사업회, 『나혜석 바로알기 제10회 국제심포지엄』, 2007.

이명은, 「그 찬란한 꽃과 꽃잎의 생애」, 『불꽃여자 나혜석의 꽃의 파리행』, 오상사, 1983.

_____, 「정월, 그 위대한 몸부림」, 『한국근대여류선집』, 신흥출판사, 1981.

이배용, 「시대를 앞서간 서양화가 나혜석」, 『우리나라 여성들은 어떻게 살았을까』 2, 청년사, 1999.

이상경, 「나혜석 : 가부장제에 맞선 외로운 투쟁」, 『역사비평』 31, 역사문제연구소, 1995.

_____, 「나혜석의 여성해방론」, 『한국근대여성문학사론』, 소명출판, 2002.

_____, 「양화가 나혜석 여사」, 『나혜석 전집』, 태학사, 2000.

_____, 「여성의 근대적 자기표현의 역사와 의의」, 『민족문학사연구』 9, 민족문학사연구소, 1996.

_____, 「한 페미니스트 자유혼의 패배」, 『자유라는 화두』, 삼인, 1999.

_____, 「한국여성문학론의 도입과 전개에 관한 연구」, 『여성문학연구』 창간호, 한국여성문학학회, 1999.

이상근, 「경기지역 국채보상운동에 관한 연구」, 『한국민족운동사연구』 24, 한국민족운동사연구회, 2000.

이   설, 「나혜석 둘째 아들 김진 전 서울대 교수가 띄우는 고백」, 《여성동아》 5월호, 2009.

이송희, 「신여성 나혜석의 민족의식과 민족운동」, 정월 나혜석 기념사업회, 『나혜석 바로알기 제9회 국제심포지엄』, 2006.

이윤희, 「나혜석의 삶과 문학에 대한 소고」, 『서일논총』 18, 서일대학, 2002.

_____, 「나혜석의 선각적 사상 연구」, 『백산학보』 66, 백산학회, 2003.

_____, 「3·1운동과 여성의 역할」, 『유관순 연구』 창간호, 백석대 유관순연구소, 2002.

_____, 「화가로서의 나혜석 연구」, 『백산학보』 71, 백산학회, 2005.

이재광, 「나혜석(1896~1949)」, 『이 땅에 문화를 일군 사람들』, 세상의창, 2001.

이종호, 「일제시대 아나키즘 문학형성연구」, 성균관대 석사학위논문, 2006.

이주향, 「생철학자로서의 나혜석─생철학자 니체와 비교하여─」, 정월 나혜석 기념사업회, 『나혜석 바로알기 제6회 심포지엄』, 2003.

이   철, 「여성 화가 나혜석, 정조 유린 고발장을 던지다─나는 불륜이 아니라 취미로 즐겼을 뿐」, 『경성을 뒤흔든 11가지 연애사건─모던걸과 모던보이를 매혹시킨 치명적인 스캔들』, 다산초당, 2008.

이호숙, 「나혜석 문학 연구─그 페미니즘의 허와 실」, 《문학과 의식》 가을호, 1994.

_____, 「위악적 자기방어기제로서의 에로티즘—나혜석론」, 『페미니즘과 소설 비평』, 한길사, 1995.

이화형, 「나혜석—시대를 앞서간 비극적 주인공」, 『뜻은 하늘에 몸은 땅에—세상에 맞서 살았던 멋진 여성들』, 새문사, 2009.

정미숙, 「나혜석의 공간과 육체페미니즘」, 정월 나혜석 기념사업회, 『나혜석 바로알기 제10회 국제심포지엄』, 2007.

정민아, 「나혜석이미지, 위험한 여성성의 재현」, 정월 나혜석 기념사업회, 『나혜석 바로알기 제10회 국제심포지엄』, 2007.

정수자, 「수원천, 나혜석의 화홍 물빛」, 『수원사랑』 234, 수원문화원, 2010.

정순진, 「여성이 여성의 언어로 표현한 여성 섹슈얼리티—나혜석의 페미니스트 산문을 중심으로—」, 정월 나혜석 기념사업회, 『나혜석 바로알기 제7회 심포지엄』, 2004.

_____, 「정월 나혜석의 초기 단편소설고」, 『한국문학과 여성주의 비평』, 국학자료원, 1992.

정영자, 「나혜석 연구—그의 문학적 성과를 중심으로」, 정월 나혜석 기념사업회, 『나혜석 바로알기 제2회 심포지엄』, 1999.

조용훈 「영원한 신여성, 최초의 선각자—나혜석」, 『요절』, 효형, 2002.

조 은, 「페미니스트로서 나혜석 읽기 : "신여성"의 담론과 정치성」, 정월 나혜석 기념사업회, 『나혜석 바로알기 제6회 심포지엄』, 2003.

채홍기, 「민족의 독립을 잃어버린 선각적 근대의식의 여정—나혜석론」, 정월 나혜석 기념사업회, 『나혜석 바로알기 제3회 심포지엄』, 2000.

최동호, 「나혜석과 『인형의 집』의 노라」, 정월 나혜석 기념사업회, 『나혜석 바로알기 제8회 국제심포지엄』, 2005.

_____, 「나혜석의 선각자적 삶과 시—그 문학사적 의미를 중심으로」, 정월 나혜석 기념사업회, 『나혜석 바로알기 제4회 심포지엄』, 2001.

최민지, 「한국여성운동소사」, 『여성해방의 이론과 현실』, 창작과 비평사, 1980.

최혜실, 「신여성의 고백과 근대성」, 『여성문학연구』 2, 한국여성문학학회, 1999.

최홍규, 「나혜석의 가족사와 민족의식」, 『한국 근대정신사의 탐구』, 경인문화사, 2005.

함규진, 「나혜석, 최린과 함께 파리를 거닐다」, 『역사를 바꾼 운명적 만남 ; 한국편』, 미래인, 2010.

허미자, 「근대화 과정의 문학에 나타난 성의 갈등구조 연구」, 『연구논문집』 34, 성신여대 인문과학연구소, 1996.

홍복선, 「한국 최초의 여류서양화가 나혜석 연구」, 이화여대 석사학위논문, 1970.

홍원기, 「1920~1930년대 유럽에서 활동한 한국화가들」, 《월간미술》 9월호, 1994.

홍인숙, 「석연 : 나혜석 · 백남순—별들의 운행, 단 한 번의 스침」, 『누가 나의 슬픔을 놀아주랴—여성 예술가 열전』, 서해문집, 2007.

황민수, 「정월 나혜석 연구」, 『수원문화사연구』 2, 수원문화원, 1998.

황민호, 「나혜석의 민족의식과 민족운동의 전개」, 『수원문화사연구』 5, 수원문화사연구회, 2002.

찾아보기

ㄱ

박영택

성균관대학교 대학원(미술사 전공)에서 석사학위를 받았다. 현재 경기대학교 예술대학 미술경영전공 교수이다. 저서로 『예술가로 산다는 것』, 『식물성의 사유』, 『미술전시장 가는 날』, 『나는 붓을 던져도 그림이 된다』, 『가족을 그리다』, 『얼굴이 말하다』, 논문으로는 「한국 전통미술과 근대미술 속에 반영된 여성 이미지」, 「한국 현대미술 속에 반영된 가족 이미지」, 「김환기의 백자항아리 그림과 문장지의 상고주의」, 「산수화에 반영된 자연관과 집의 의미」, 「옛 그림을 통해 본 원림의 미학」, 「권옥연의 회화세계-인물화를 중심으로」, 「박정희 시대의 문화와 미술」 등이 있다.

문정희

중국 베이징 중앙미술학원에서 문학박사 학위를 받았다. 현재 한국미술연구소 학술팀장, 숙명여자대학교 겸임교수이다. 주요 논문으로는 「上海摩登/京城毛斷 : 1930년대 소비문화공간의 매체와 여성 이미지」, 「중국미술의 모더니즘과 전위미술운동」, 「皇都에서 유토피아의 광장, 北京」, 「금강산/위엔산/낙토의 표상, 동아시아 식민지 관설 전람회」 등이 있다.

윤범모

동국대학교 미술사학과를 졸업하고 문학박사 학위를 받았다. 뉴욕대학교 대학원에서 예술행정학을 수학하였고 사우스플로리다대학교 연구교수, 한국근현대미술사학회 회장, 한국미술품감정협회 회장, 문화재청 문화재위원을 역임했다. 현재 경원대학교 미술디자인대학 교수이다. 저서로 『미술과 함께 사회와 함께』, 『화가 나혜석』, 『김복진연구』 등이 있다.

구정화

홍익대학교 대학원 미술사학과에서 「한국근대기 여성인물화연구」로 석사 학위를 받았다. 쌈지스페이스 큐레이터, 경기문화재단 미술전문위원을 거쳐 현재 백남준아트센터 학예연구사로 재직 중이다. 주요 논문으로는 「한국근대기의 여성인물화에 나타난 여성이미지」, 「1920년대 나혜석의 농촌풍경화연구」, 「하인두의 만다라 작품연구－제작배경을 중심으로」 등이 있다.

박계리

이화여자대학교 대학원 미술사학과에서 「20세기 한국회화와 전통론」으로 박사 학위를 받았다. (재)한국미술연구소 선임연구원을 역임하였고, 현재 이화여자대학교 박물관에 재직하면서, 전시기획 및 한국근현대미술에 대한 글쓰기를 지속하고 있다.

김홍희

홍익대학교 서양미술사 박사, 캐나다 몬트리올 Concordia University 미술사학과 석사 학위를 받았다. 1995광주비엔날레 특별전 〈InfoART〉 큐레이터, 2000광주비엔날레 본전시 커미셔너, 제50회 베니스비엔날레 한국관 커미셔너, 쌈지스페이스 관장, 2006광주비엔날레 총감독, 홍익대학교 겸임교수, 경기도미술관 관장을 역임했다. 저서로 『페미니즘·비디오·미술』, 『여성과 미술』, 『한국화단과 현대미술』, 『굿모닝 미스터 백』 등이 있고 그밖에 다수의 논문이 있다.

최동호

고려대학교 국어국문학과를 졸업하고 동 대학원에서 문학박사 학위를 받았다. 시인, 문학평론가로 경남대학교와 경희대학교 교수를 역임하였으며 현재 고려대학교 국어국문학과 교수이다. 편운문학상, 대산문학상, 고산윤선도문학대상, 박두진문학상 등을 수상하였다. 시집 『황사바람』, 『아침책상』, 『공놀이하는 달마』, 『불꽃 비단벌레』, 『얼음 얼굴』, 시론집 『현대시정신사』, 『디지털 문화와 생태 시학』, 『진흙 천국의 시적 주술』 등이 있다.

서정자

숙명여자대학교 국어국문학과를 졸업하고 동 대학원에서 문학박사 학위를 받았다. 한양대학교·한국외국어대학교·숙명여자대학교 강사, 초당대학교 교수, 초당대학교 부총장을 역임하였다. 현재 초당대학교 명예교수로 한국여성문학학회 고문, 박화성연구회 회장, 세계한국어문학회 회장, 숙대문학인회 회장, 한국문인협회 회원(평론), 한국여성문학인회 이사이다. 저서로 『한국근대여성소설연구』, 『한국여성소설과 비평』, 『(원본) 정월 라혜석 전집』(편저), 『지하련 전집』(편저), 『박화성 문학전집』(편저), 『강경애선집 인간문제 외』(편저), 『김명순문학전집』(편저)과 수필집 『여성을 중심에 놓고 보다』 등이 있고, 그밖에 다수의 여성문학연구논문이 있다.

김복순

연세대학교 국어국문학과에서 학사, 석사, 박사 학위를 받았다. 한국여성문학학회 회장을 역임하였고 현재 명지대학교 방목기초교육대학 교수이다. 저서로『1910년대 한국문학과 근대성』,『페미니즘 미학과 보편성의 문제』,『한국여성문학연구의 현황과 전망』(공저),『『여원』 연구』(공저),『1960년대 문학연구』(공저),『1970년대 문학연구』(공저),『한국현대문학사』(공저),『한국현대예술사대계 4』(공저),『역사소설이란 무엇인가』(공저),『슬픈 모순(외)』(편저) 등이 있다. 논문으로는「아일랜드 문학의 전유와 민족문학 상상의 젠더」,「전향자의 역사 다시쓰기」,「전후 여성교양의 재배치와 젠더정치」,「정치적 여성주체의 탄생과 반미소설의 계보」,「1950년대 소설에 나타난 반미의 양상과 젠더」,「강경애의 '프로-여성적 플롯'의 특징」,「『무정』과 소설 형식의 젠더화」,「페미니즘 시학과 리얼리티의 문제」 등이 있다.

송명희

고려대학교 대학원 박사과정(국어국문학과)을 졸업했다. 해운대포럼 회장을 역임하였고, 2010마르퀴즈 후즈후 세계인명사전에 등재되었다. 현재 부경대학교 교수, 부경대학교 인문사회과학연구소 소장, 한국언어문학교육학회 회장이다. 저서로『소설서사와 영상서사』,『타자의 서사학』,『현대소설의 이론과 분석』,『시읽기는 행복하다』,『미주지역한인문학의 어제와 오늘』 등이 있다.

정순진

충남대학교에서 문학박사 학위를 받았다. 현재 대전대학교 문예창작학과 교수로 재직 중이다. 저서로『김기림 문학 연구』,『한국문학과 여성주의 비평』,『글의 무늬 읽기』와 수필집『행복은 힘이 세다』,『롤러브레이드를 타는 여자』,『기쁨이 노을처럼』 등이 있다.

유진월

경희대학교 국어국문학과 및 동 대학원에서 문학박사 학위를 받았다. 극작가이며 한서대학교 교수이다. 동랑희곡상 등을 수상하였다. 저서로『김일엽의〈신여자〉연구』,『여성의 재현을 보는 열개의 시선』, 작품으로「불꽃의 여자 나혜석」,「헬로우 마미」 등이 있다.

김은실

이화여자대학교 영어영문학과를 졸업하고, 서울대학교와 미국 University of California에서 인류학을 공부했다. 한국의 국민국가형성과 근대화과정에 여성이 통합되는 방식에 관한 연구를 진행하면서 여성의 몸/섹슈얼리티와 근대성, 민족주의, 국가에 관한 연구를 해

왔다. 근대성, 민족/국가, 여성 주체의 형성이 화두이다. 현재는 지구화, 지식/권력과 여성, 트랜스내셔널 페미니즘, 식민지와 아시아 연구를 하고 있으며, '또하나의문화' 동인, 서울국제여성영화제의 집행위원, 이화여자대학교 여성학과 교수이다. 저서 『여성의 몸, 몸의 문화정치학』, 『성해방과 성정치』(공저), 『우리 안의 파시즘』(공저), 논문 「민족담론과 여성」, 「지구화시대 근대의 탈영토화된 공간으로서의 이태원에 대한 민족지적 연구」, 「조선족사회의 위기 담론과 여성이주 경험의 성별정치학」 등이 있다.

이노우에 가즈에

도쿄대학교 박사과정을 수료했다. 현재 가고시마국제대학교 교수이다. 저서로 『신여성』(공저), 『동아시아 근대경제의 형성과 발전—동아시아 자본주의 형성사』 I(공저), 『근대 동아시아 경제의 역사적 구조』(공저) 등이 있다.

정민아

뉴욕대학교 시네마스터디즈 석사, 동국대학교 영화학 박사 학위를 받았다. 현재 경성대학교 연극영화학과 초빙외래교수, EBS 국제다큐영화제 프로그래머, 한국문화예술교육진흥원 교육위원이다. 주요 논문으로 「1930년대 조선영화의 젠더 재구성」, 「디지털 미디어 시대의 매혹 : 동시대 매혹의 시네마」 등이 있고, 역서로는 『시각문화의 매트릭스』, 『화이트』 등이 있다.

유지나

이화여자대학교에서 불어불문학을 전공한 후, 파리 7대학에서 문학박사(영화기호학 전공) 학위를 받았다. 영화와 삶을 접속시키는 작업을 글쓰기와 강연, 콘서트 등을 통해 벌이고 있다. 영화평론가로 스크린쿼터 문화연대 이사장을 역임하였으며 현재 '침묵을 깨는 아름다운 사람들' 운영위원, 동국대학교 영화영상학과 교수이다. 세계문화다양성증진에 기여한 공로로 프랑스 정부로부터 학술훈장을 받았다. 저서로 『유지나의 여성영화 산책』, 『한국영화사공부 1980—1997』(공저), 『말의 색채』(번역), 『UNESCO's Convention on the Protection and Promotion of the Diversity of Cultural Expressions』(공저), 『영화, 나를 찾아가는 여정』(공저) 등이 있다.

조 은

서울대학교 영어영문학과를 졸업하고 미국 하와이대학에서 사회학 박사 학위를 받았다. 다큐 〈사당동 더하기 22〉를 제작·감독했다. 현재 동국대학교 사회학과 교수이다. 저서 『성 해방과 성 정치』(공저), 『도시빈민의 삶과 공간』(공저), 논문 「전쟁과 분단의 일상화와 기억의 정치」, 「분단사회의 '국민 되기'와 가족」, 「세계화의 최첨단에 선 한국의 가족」 등이 있다.

최홍규

고려대학교 및 동 대학원을 졸업하고 중앙대학교 대학원에서 문학박사 학위를 받았다. 경기대학교 사학과 교수, 경기대학교 박물관장, 화성학연구소장, 경기도문화재위원을 역임했다. 현재 경기사학회장이다. 학술부분 경기도문화상 등을 수상했다. 저서로 『신채호의 민족주의사상』, 『국역 과농소초』, 『우하영의 실학사상연구』, 『수원 화성군읍지』, 『정조의 화성건설』, 『조선후기향촌사회연구』, 『조선시대지방사연구』, 『신채호의 역사학과 민족운동』, 『정조의 화성경영연구』, 『한국근대정신사의 탐구』, 『정조와 화성관련 주요 자료집』 1·2 등이 있다.

박 환

서강대학교 사학과를 졸업하고 문학박사 학위를 받았다. 한국민족운동사학회장을 역임하였고 현재 수원대학교 사학과 교수로 재직 중이다. 저서로 『러시아 한인민족운동사』, 『만주한인민족운동사』, 『김좌진평전』, 『강우규평전』 등이 있다.

김형목

중앙대학교 사학과 석사, 박사를 거쳐 한국근현대사에 관심을 가진 사람이다. 특히 근대교육운동을 통해 사람과 사람 사이에 가교를 모색한다. 독립기념관 한국독립운동사연구소 선임연구위원, 한국민족운동사학회 회장, 한국교육사학회 연구이사이다.

나혜석, 한국 근대사를 거닐다

인쇄 2011년 4월 25일 | 발행 2011년 5월 5일

지은이 · 윤범모, 박영택, 서정자, 송명희, 김은실, 김형목 외
펴낸이 · 한봉숙
펴낸곳 · 푸른사상사

등록 제2-2876호
주소 서울시 중구 을지로3가296-10 장양B/D 7층
대표전화 02) 2268-8706(7) 팩시밀리 02) 2268-8708
이메일 prun21c@yahoo.co.kr / prun21c@hanmail.net
홈페이지 www.prun21c.com
책임편집 지순이

ⓒ 2011, 윤범모, 박영택, 서정자, 송명희, 김은실, 김형목 외

ISBN 978-89-5640-818-7 93300
 값 33,000원